U0419531

# Advanced Time Series Econometrics

# 高级时间序列经济计量学

〔英〕陆懋祖 著

北京大学出版社
PEKING UNIVERSITY PRESS

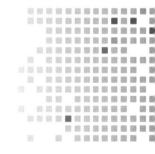

**图书在版编目(CIP)数据**

高级时间序列经济计量学/(英)陆懋祖著. —北京:北京大学出版社,2015.10
ISBN 978-7-301-24300-8

Ⅰ. ①高… Ⅱ. ①陆… Ⅲ. ①时间序列分析—计量经济学—教材 Ⅳ. ①F224.0
中国版本图书馆CIP数据核字(2015)第226897号

| | |
|---|---|
| **书　　名** | 高级时间序列经济计量学<br>Gaoji Shijian Xulie Jingji Jiliangxue |
| **著作责任者** | 〔英〕陆懋祖　著 |
| **责任编辑** | 刘誉阳 |
| **标准书号** | ISBN 978-7-301-24300-8 |
| **出版发行** | 北京大学出版社 |
| **地　　址** | 北京市海淀区成府路205号　100871 |
| **网　　址** | http://www.pup.cn |
| **电子信箱** | em@pup.cn　　QQ:552063295 |
| **新浪微博** | @北京大学出版社　@北京大学出版社经管图书 |
| **电　　话** | 邮购部62752015　发行部62750672　编辑部62752926 |
| **印 刷 者** | 三河市北燕印装有限公司 |
| **经 销 者** | 新华书店 |
| | 730毫米×1020毫米　16开本　18.75印张　347千字 |
| | 2015年10月第1版　2015年10月第1次印刷 |
| **印　　数** | 0001—3000册 |
| **定　　价** | 48.00元 |

# 再版前言

自 1998 年本书出版以来，在非稳定的时间序列领域中又出现了许多重要的研究成果，故借本书由北京大学出版社再版之际尽力添加了些内容，但还是保持了原书的结构，不至于篇幅过大。

在过去的十几年中，经济计量学在各个领域内都取得了重要的进展。这不仅使得经济计量学本身成为一门日趋重要的学科，也使得它在现代经济学和现代金融学中起到越来越重要的作用。如今很多研究经济学或经济计量学的人往往称自己为宏观经济计量学家、微观经济计量学家等，可见经济计量学与现代经济学已不可分割。

本书旨在介绍过去几十年中经济计量学在时间序列领域的一些重要发展，重点介绍非稳定的单位根过程、协整过程和协整系统，变异性和随机变异性模型的一些主要理论。这些理论在 20 世纪 80 年代初兴起后，在很大程度上改变了传统的时间序列经济计量学的理论和方法。稳定的时间学列不再是经济计量学研究的唯一对象，非稳定的时间序列也不再是不可涉足的领域，特别是其中的 $I(1)$ 和 $I(2)$ 过程与协整过程已成为研究的主要对象，它们已在经济学和金融学中得到了广泛的应用。经济计量学的这些发展也得益于数学方法上的改进，基于维纳过程的泛函中心极限定理成为研究非稳定时间序列的主要数学工具，这使得我们能在更为广泛的条件下研究时间序列的统计量的极限分布。

当然，要在一本书中全面介绍这些内容是有很大困难的。尽管这些理论和方法只有十几年的发展历史，它们已包含了如此丰富的内容，以至于在一本书中对这些理论作详细介绍是不可能的。不仅如此，这些浩瀚的文献中存在着不同的体系和观点，它们对整个学科的发展起着相辅相成的作用，但却很难在一本书中全面反映。

本书以介绍单位根过程、协整过程、ARCH 模型和随机变异性模型的基础的数学结构作为主要目的，旨在帮助经济系或统计系的本科高年级学生、研究生及科研人员掌握现代化的经济计量学工具，使他们在理论基础上受到一定的训练，以便今后在此领域中作出自己的贡献。这也是本书自称为“高级”的原因，以强调理论推导的严格性。书中对主要定理都作了较为详细的数学证明，希望对研究生和研究人员有帮助，作者一直认为理解这些证明对进一步掌握理论是有益的。当然，初学者可将这些证明留到以后必要时或更久的将来再读。

本书的第一章至第三章介绍了单位根过程的结构和主要特征，以及对单位根过程的参数估计和假设检验；第四章至第六章介绍了协整过程和协整系统的结构、主要特征与表示形式，以及参数估计和假设检验的方法，重点介绍了约翰逊的系统方法，并以一个例子详细说明了约翰逊建模方法；第七章介绍 ARCH 模型和它的几种重要的衍生和推广，以及随机变异性模型的理论和应用，以及它们在金融学中的应用。我们特别介绍了“间接推理估计方法(IIE)”以及它在随机变异性模型估计中的应用。

本书在写作过程中得到了易纲教授和秦朵教授的鼓励和支持，在此谨表示感谢；本书第一版出版后，许多读者来信指出了书中的错误和缺点及改进的建议，在此作者特别感谢南开大学张晓桐教授、南京财经大学徐承明教授和上海社科院朱平芳教授。

最后，我在此恭谦地引用已故的格兰杰爵士 (Sir Clive Granger) 为我的另一本书——《预测经济时间序列》作的序言中的一段话：“预测的形成过程过去是，现在和将来仍将是令人振奋的科研领域，它将不断地产生新的技术和方法，并应用于新领域中新的时间序列。这本书为研究者和学生提供了这样的机会，使他们能带着信心进入这一充满希望的领域，并得到理性上的享受。”本书介绍了格兰杰爵士首创的、获诺贝尔经济学奖的协整理论，没有涉及预测，但也希望读者能带着信心进入这一充满希望的领域，并在其中得到理性上的享受。

陆懋祖

2015 年 6 月于英国南安普敦

# 目 录

# 第一章　单位根过程

## 1.1　简介

现代时间序列经济计量学的一个重要研究课题，是探索经济时间序列的动态结构，研究它们的统计性质，理解产生这些经济数据的数据生成过程(data generating process)的特点和性质，从而更有效地利用经济数据构造和建立经济计量模型，用作经济预测，检验各种经济理论的可靠性和可行性，并为各级政府和企业的经济决策提供数量化的建议。

传统的时间序列经济计量学在进行这些研究时，通常假设经济数据产生的随机过程是稳定的过程(stationary process)，在此基础上对经济计量模型中的参数作估计和假设检验。稳定过程是数理统计和随机过程理论中最常研究的一种过程，已有很成熟的研究结果。图 1.1 和图 1.2 给出了两个稳定过程的图像，这两个过程的一个共同特点是都有一固定的均值，且在每一时刻对均值的偏离基本相同。下面给出稳定过程的定义。

**定义 1.1　单变量的稳定过程**

随机过程$\{x_t,\ t=1,\ 2,\cdots\}$，其中 $x_t$ 为一随机变量，是矩稳定过程(moment stationary process)，简称稳定过程，若

(a) 在每一时刻 $t$，$t=1,2,\cdots$，$x_t$ 的期望值和方差为常数，$E(x_t)=\mu$，$\mathrm{var}(x_t)=\sigma^2$；

(b) $x_t(t=1,2,\cdots)$的协方差 $\mathrm{cov}(x_t,x_j)$只与随机变量 $x_t$ 和 $x_j$ 在过程中的间隔 $t-j$ 有关，而与它们的具体位置无关，即

$$\mathrm{cov}(x_t,x_{t-s}) = E\{(x_t-\mu)(x_{t-s}-\mu)\} = \mu_s < \infty \tag{1.1}$$

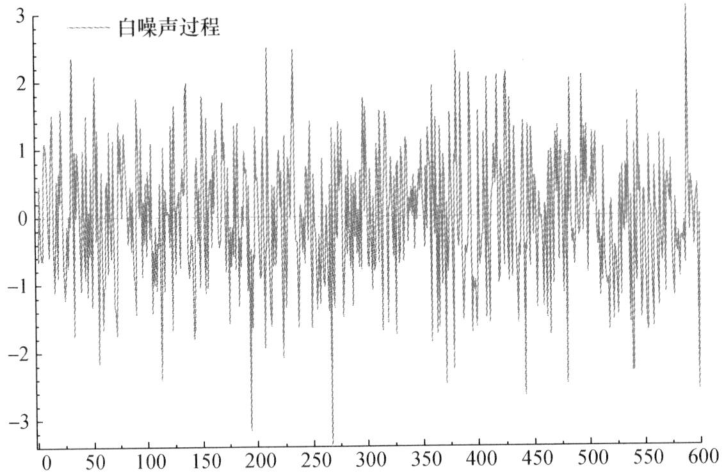


**图 1.1　白噪声过程**

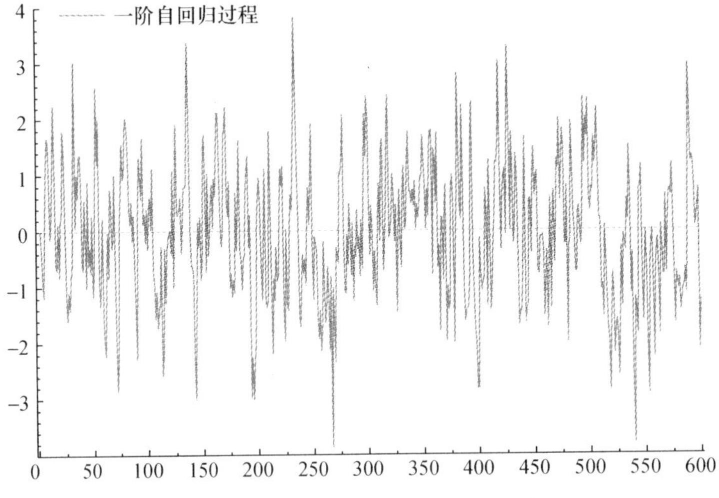


**图 1.2　一阶自回归过程 ($\rho=0.5$)**

以图 1.2 中的一阶自回归过程 $y_t=0.5y_{t-1}+\varepsilon_t$ 为例，这里$\{\varepsilon_t\}$为独立同分布，且 $E(\varepsilon_t)=0$，$\mathrm{var}(\varepsilon_t)=E(\varepsilon_t^2)=\sigma^2$。由于：

$$y_t = 0.5y_{t-1}+\varepsilon_t=\sum_{j=0}^{\infty}(0.5)^j\varepsilon_{t-j},$$

因此，

$$E(y_t)=\sum_{j=0}(0.5)^jE(\varepsilon_{t-j})=0,$$

$$\begin{aligned}\operatorname{cov}(y_t, y_{t-s}) &= E\left\{\left[\sum_{j=0}^{\infty}(0.5)^j\varepsilon_{t-j}\right]\left[\sum_{j=0}^{\infty}(0.5)^j\varepsilon_{t-j-s}\right]\right\}\\ &= (0.5)^s\sigma^2\{1+(0.5)^2+(0.5)^4+\cdots\}\\ &= (0.5)^s\frac{\sigma^2}{1-(0.5)^2}.\end{aligned}$$

它们显然都和时间 $t$ 无关，因此 $y_t=0.5y_{t-1}+\varepsilon_t$ 为稳定的随机过程。

由于稳定的时间序列过程有固定的一阶和二阶矩，过程中的未知参数常可用最小二乘法或最大似然方法估计得到，在一定的条件下这些估计量的极限分布可由中心极限定理得到。比如，一阶自回归过程

$$y_t = \rho y_{t-1} + \varepsilon_t,\quad t = 1,2,\cdots,T,$$

若 $\{\varepsilon_t\}$ 为独立同分布，$E(\varepsilon_t)=0$，$\operatorname{var}(\varepsilon_t)=E(\varepsilon_t^2)=\sigma^2$，$|\rho|<1$，那么 $\{y_t\}$ 为稳定过程，它的参数 $\rho$ 可以由最小二乘法（OLS）估计得到：

$$\hat{\rho} = \frac{\sum_{t=1}^{T} y_t y_{t-1}}{\sum_{t=1}^{T} y_{t-1}^2},$$

这里的 $T$ 为样本量。当 $T\to\infty$ 时，最小二乘估计量 $\hat{\rho}$ 是未知参数 $\rho$ 的一致估计（consistent estimation），根据中心极限定理，$\sqrt{T}(\hat{\rho}-\rho)$ 有正态的极限分布。

再如，简单的两变量回归模型

$$y_t = \alpha + \beta x_t + \varepsilon_t,$$

如果变量 $\{x_t\}$ 为稳定过程，$\{\varepsilon_t\}$ 为独立同分布，且有 $E(\varepsilon_t)=0$，$\operatorname{var}(\varepsilon_t)=E(\varepsilon_t^2)=\sigma^2$，$x_t$ 和 $\varepsilon_t$ 不相关，即 $\operatorname{cov}(x_t,\varepsilon_t)=0$，那么 $\{y_t\}$ 也是稳定过程，参数 $\alpha,\beta$ 和 $\sigma^2$ 的估计量可由最小二乘法得到，而且都是一致估计量。

但是，许多经济指标的时间序列并不具有稳定过程的特征。如图 1.3 中所示的英国 M1 货币年度供应量的时间序列，显然不具有固定的期望值，因此不是稳定的时间序列。

对于由非稳定随机过程（non-stationary stochastic process）生成的时间序列数据，传统的数理统计和经济计量方法显得无能为力。特别地，这时传统的中心极限定理不再适用。值得注意的是，如对图 1.3 中的时间序列取一阶差分，

$$\Delta\ln M_t = \ln M_t - \ln M_{t-1},$$

其图像（见图 1.4）呈现出稳定过程的特征。

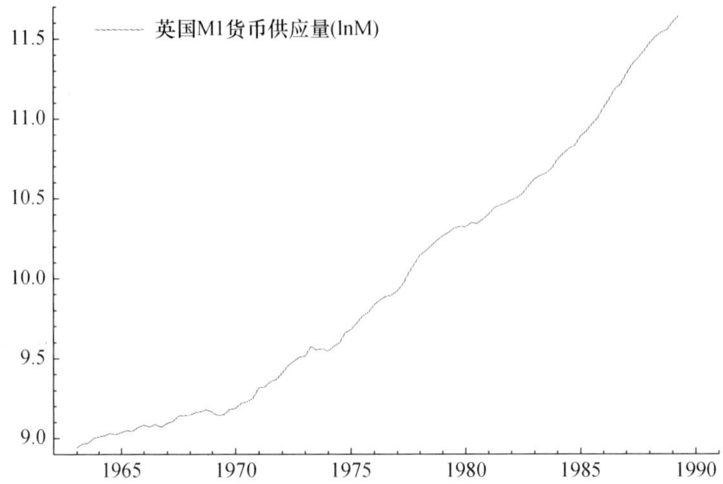


**图 1.3　英国 M1 货币年度供应量($\ln M_t$)**

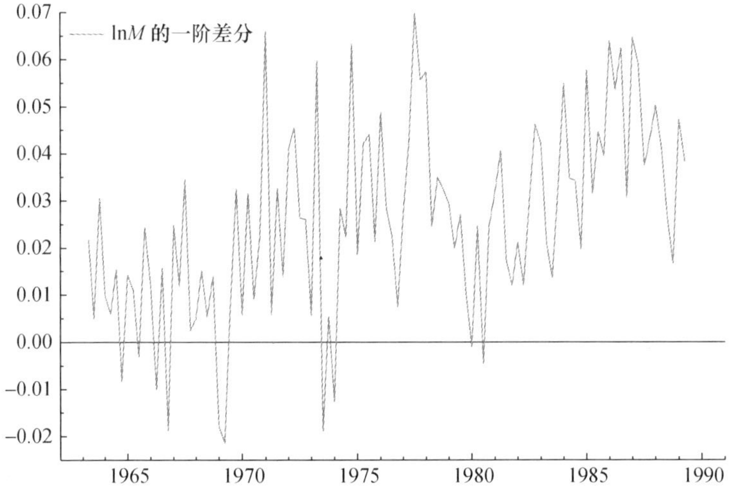


**图 1.4　$\Delta \ln M$ 的一阶差分**

若随机过程$\{x_t\}$的一阶差分$\{\Delta x_t = x_t - x_{t-1}\}$为稳定过程,则称$\{x_t\}$为一个单位根过程(unit root process)。特别地,若$\{\varepsilon_t\}$为独立同分布,且 $E(\varepsilon_t)=0$, $\mathrm{var}(\varepsilon_t)=E(\varepsilon_t^2)=\sigma^2$,我们可以由$\{\varepsilon_t\}$构造一个随机游动过程(random walk process): $x_t = x_{t-1}+\varepsilon_t$。显然,随机游动过程是单位根过程的一个特例(见图 1.5)。

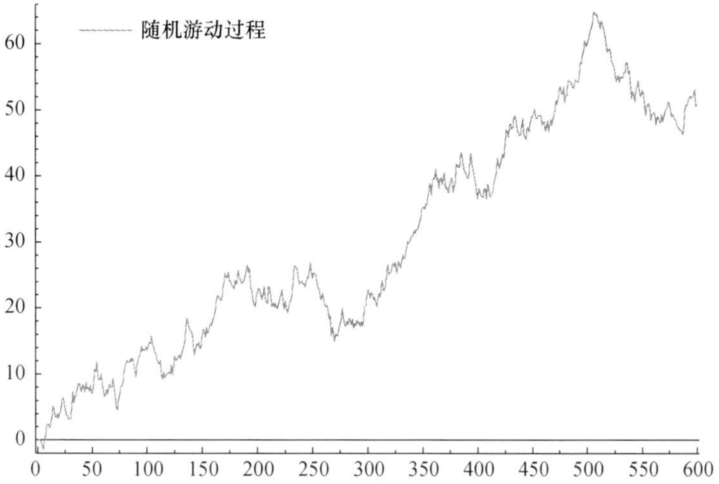


**图 1.5　随机游动过程**

单位根过程是最常见的非稳定过程之一。由于它在现代金融学和宏观经济学的理论和实践中应用广泛，对单位根过程的研究成为当今经济计量学的主要课题之一，特别是自 20 世纪 80 年代以来，出现了许多理论和实践上的重大突破，使得研究人员可以有效地处理以前不能处理的数据。金融市场中的股票价格是最常见的单位根过程：设 $S_t$ 为某一股票在时刻 $t$ 的价格，根据金融学中有效市场的假设(efficient market hypothesis)，在时刻 $t+1$ 的股价 $S_{t+1}$ 可由单位根过程描述：

$$S_{t+1} = \rho S_t + u_{t+1}. \tag{1.2}$$

这里，$\rho=1$，$\{u_t\}$为独立同分布，且 $E(u_t)=0$，$\mathrm{var}(u_t)=\sigma^2<\infty$。如果将式(1.2)看作一阶自回归过程 AR(1) 的一个特例，参数 $\rho$ 和 $\sigma^2$ 可由最小二乘法估计得到，有非标准的分布。将式(1.2)不断向后迭代，并令 $\rho=1$，则有：

$$\begin{aligned} S_{t+1} &= S_t + u_{t+1} \\ &= S_{t-1} + u_t + u_{t+1} \\ &= u_1 + u_2 + \cdots + u_t + u_{t+1}, \end{aligned}$$

因此，$\mathrm{var}(S_{t+1}) = \mathrm{var}\left(\sum_{i=1}^{t+1} u_i\right) = (t+1)\sigma^2$。当 $t\to\infty$ 时，$S_t$ 的方差趋于无穷大，传统的中心极限定理在此是适用的。

在两变量回归模型 $y_t=\alpha+\beta x_t+\varepsilon_t$ 中，若$\{x_t\}$是单位根过程，未知参数 $\alpha$ 和 $\beta$ 的最小二乘估计量有非标准的极限分布，因为这时传统的中心极限定理已不适用。一个折中的方法是先对 $x_t$ 和 $y_t$ 取一阶差分：

$$\Delta x_t = x_t - x_{t-1}, \quad \Delta y_t = y_t - y_{t-1},$$

由于$\{x_t\}$和$\{y_t\}$都为单位根过程，因此$\{\Delta x_t\}$和$\{\Delta y_t\}$都为稳定过程，对它们可以应用中心极限定理。然后，用 $\Delta y_t$ 和 $\Delta x_t$ 构造新的回归模型：

$$\Delta y_t = a + b\Delta x_t + v_t,$$

其中的未知参数 $a$ 和 $b$ 的最小二乘估计是一致的估计量，并有正态的极限分布。虽然这种差分方法在统计上是有效的，克服了用单位根数据作参数估计的困难，但由于层面数据 $y_t$ 和 $x_t$ 往往具有重要的经济意义，以一阶差分 $\Delta y_t$ 和 $\Delta x_t$建立的模型不能对层面变量之间关系作充分的描述，因此不能满足检验经济理论、进行经济预测的要求。

本章的以下几节将介绍有关单位根过程的一些基本概念和运算方法，着重讨论适合于单位根过程的中心极限定理，由此建立最小二乘估计的极限分布。

## 1.2 单位根过程的定义

我们首先定义随机游动过程。

**定义 1.2 随机游动过程**

随机过程$\{y_t, t=1,2,\cdots\}$为随机游动过程，若

$$y_t = y_{t-1} + \varepsilon_t, \quad t = 1,2,\cdots,$$

其中，$\{\varepsilon_t\}$为独立同分布，且 $E(\varepsilon_t) = 0$, $\mathrm{var}(\varepsilon_t) = E(\varepsilon_t^2) = \sigma^2 < \infty$。

随机游动是一非稳定过程，因为尽管 $y_t$ 有固定的期望值：

$$E(y_t) = E(y_0 + \varepsilon_1 + \varepsilon_2 + \cdots + \varepsilon_t) = y_0.$$

但其方差却是时间的函数：

$$\mathrm{var}(y_t) = E(y_t - y_0)^2 = E(\varepsilon_1 + \varepsilon_2 + \cdots + \varepsilon_t)^2 = t\sigma^2,$$

而且随时间 $t$ 发散到无穷大。

较随机游动更为一般的，是单位根过程。

**定义 1.3 单位根过程**

随机过程$\{y_t, t=1,2,\cdots\}$为单位根过程，若

$$y_t = \rho y_{t-1} + u_t, \quad t = 1,2,\cdots, \tag{1.3}$$

其中，$\rho=1$，$\{u_t\}$为稳定过程，且 $E(u_t)=0$，$\mathrm{cov}(u_t, u_{t-s})=\mu_s<\infty$，这里 $s=0,1,2,\cdots$。

显然，随机游动过程是单位根过程的一个特例。单位根过程中的随机干扰项 $u_t$ 只需服从一般的稳定过程。$\{\varepsilon_t\}$和$\{u_t\}$这种假设上的差异使它们在现代经济学

和金融学上有不同的应用。当然从统计学的角度,单位根过程在技术处理上更为复杂。

将式(1.3)改写成以下形式:

$$(1-\rho L)y_t = u_t,\quad t=1,2,\cdots,$$

其中,$L$ 为滞后算子,使得 $Ly_t=y_{t-1}$。$(1-\rho L)$称为滞后多项式,它的特征方程为

$$1-\rho z=0,\tag{1.4}$$

有根 $\rho^{-1}$。当 $\rho=1$,方程(1.4) 有一个单位根,这就是称呼"单位根过程"的来历。分别以 $I(1)$和 $I(0)$表示单位根过程和稳定过程,可将 $y_t$ 和 $\Delta y_t$ 记为:

$$y_t \sim I(1),\quad \Delta y_t \sim I(0).$$

虽然随机游动和单位根过程在定义上有所不同,为叙述上的简便,在不引起混淆的情况下,以下统称单位根过程。

为进一步理解单位根过程和稳定过程之间的本质区别,考虑以下一阶自回归过程

$$y_t = \rho y_{t-1} + \varepsilon_t,\quad t=1,2,\cdots,\tag{1.5}$$

若这时$\{\varepsilon_t\}$为独立同分布,并且有 $E(\varepsilon_t)=0$, $\mathrm{var}(\varepsilon_t)=\sigma^2$,利用样本 $y_1,\cdots,y_T$ 构造 $\rho$ 的最小二乘估计量:

$$\hat{\rho}=\frac{\sum_{t=1}^{T}y_t y_{t-1}}{\sum_{t=1}^{T}y_{t-1}^2}\tag{1.6}$$

将式(1.5) 代入式(1.6),可得

$$\hat{\rho}=\rho+\frac{\sum_{t=1}^{T}y_{t-1}\varepsilon_t}{\sum_{t=1}^{T}y_{t-1}^2}\tag{1.7}$$

当$|\rho|<1$, $\{y_t\}$为稳定过程。由于$\{\varepsilon_t\}$为独立同分布,滞后变量 $y_{t-1}$ 与 $\varepsilon_t$ 不相关,即 $\mathrm{cov}(y_{t-1},\varepsilon_t)=0$。根据大数定律,当 $T\to\infty$,$\hat{\rho}_T$ 以概率收敛于真实参数 $\rho$,因此最小二乘估计是一致的估计。再根据中心极限定理,统计量$\sqrt{T}(\hat{\rho}_T-\rho)$有正态的极限分布:

$$\sqrt{T}(\hat{\rho}_T-\rho)\xrightarrow{d}N(0,\sigma^2(1-\rho^2)).\tag{1.8}$$

这里,"$\xrightarrow{d}$"表示以分布收敛。从式(1.8)不难看出,当$\{y_t\}$是稳定过程,$|\rho|<1$时,方差 $\sigma^2(1-\rho^2)$为一个大于零的正数,$\sqrt{T}(\hat{\rho}_T-\rho)$的极限分布有明确定义。当

$\rho \to 1$ 时，$\{y_t\}$ 趋于一个单位根过程，这时 $\sigma^2(1-\rho^2)$ 相应地趋于零，$\sqrt{T}(\hat{\rho}_T-\rho)$ 趋于一退化的极限分布。这说明，最小二乘估计 $\sqrt{T}(\hat{\rho}_T-\rho)$ 的极限分布在 $\rho=1$ 这点发生了质的变化，传统的稳定过程理论和中心极限定理这时已无能为力，需要有新的理论和工具。

研究单位根过程的有力工具是维纳过程（Wiener process）和泛函中心极限定理（functional central limit theorem）。正是在这一理论基础上，过去几十年中在单位根过程的研究中出现了许多重要的成果，使得我们能理解 $\sqrt{T}(\hat{\rho}_T-\rho)$ 在 $\rho=1$ 时的极限分布。

## 1.3 维纳过程

维纳过程也称为布朗运动(Brownian motion)，在现代随机过程理论中起了重要的作用。

**定义 1.4 标准维纳过程**

标准维纳过程 $\{W(t), t\in[0,1]\}$ 是定义在闭区间 $[0,1]$ 上的连续变化的单变量的随机过程，满足以下条件：

(a) $W(0)=0$；

(b) 对闭区间 $[0,1]$ 上任何一组有限分割 $0\leqslant t_1<t_2<\cdots<t_k\leqslant 1$，相应的 $W(t_j)$，$j=1,2,\cdots,k$ 的变化量

$$[W(t_2)-W(t_1)], \quad \cdots, \quad [W(t_k)-W(t_{k-1})],$$

为相互独立的随机变量；

(c) 对任何 $0\leqslant s<t\leqslant 1$，有

$$W(t)-W(s)\sim N(0,t-s). \tag{1.9}$$

标准维纳过程可看作闭区间 $[0,1]$ 上连续变化的随机游动。事实上，若令 $s=t-\Delta t\geqslant 0$，根据式(1.9)，对任何 $t\in[0,1]$，有

$$W(t)-W(t-\Delta t)=\eta_t\sim N(0,\Delta t),$$

也即

$$W(t)=W(t-\Delta t)+\eta_t, \quad \eta_t\sim N(0,\Delta t). \tag{1.10}$$

显然，式(1.10)可看作间隔为 $\Delta t$ 的随机游动。

由标准维纳过程 $W(t)$，可定义一般维纳过程。令

$$B(t)=\sigma W(t)$$

其中 $\sigma>0$，$B(t)$ 称为方差为 $\sigma^2$ 的维纳过程。显然，对任何 $0\leqslant s<t\leqslant 1$，有

$$B(t)-B(s)\sim N(0,\sigma^2(t-s)), \tag{1.11}$$

特别地,若令 $s=0,t=1$,则有

$$B(1)\sim N(0,\sigma^2)$$

维纳过程 $B(t)$和标准维纳过程 $W(t)$是对正态分布 $N(0,\sigma^2)$与标准正态分布的推广,它们具有连续函数和正态分布的良好性质,许多有关单位根过程的极限分布可表示成维纳过程的泛函。比如,可以定义:

$$V(t)=(B(t))^2.$$

根据维纳过程 $B(t)$的性质,在任何一时刻 $t$ ,$V(t)$有分布

$$V(t)\sim\sigma^2 t\chi^2(1).$$

这里,$\chi^2(1)$是自由度为 1 的 $\chi^2$ 分布。给定 $\chi^2(1)$,$V(t)$是 $t$ 的连续函数。这一性质当然也适用于标准维纳过程 $W(t)$:在任一给定时刻,它是一个随机变量,同时它的轨线(path)是时间 $t$ 的函数。标准维纳过程 $W(t)$的轨线对 $t$ 的连续性是一个重要的特征。为了说明这一特性,给定任何 $t_1,t_2\in[0,1]$, $t_2>t_1$,我们可以定义 $W(t_1)$和 $W(t_2)$之间的距离:

$$d(t_1,t_2)=\sqrt{E\,(W(t_2)-W(t_1))^2}. \tag{1.12}$$

因为在任何一时刻 $t$ ,$W(t)$是一随机变量,所以这一度量基于$(W(t_2)-W(t_1))^2$ 的期望值,与一般的距离函数不同。

**定理 1.1** 标准维纳过程 $W(t)$的轨线在闭区间$[0,1]$上对于 $t$ 处处连续。

**证明** 对于任何 $t_0\in[0,1]$,取 $\Delta t>0$,使得 $t_0,t_0+\Delta t\in[0,1]$,维纳过程 $W(t)$在 $t_0+\Delta t$ 和 $t_0$ 之间的距离为

$$d(t_0,t_0+\Delta t)=\sqrt{E\,(W(t_0+\Delta t)-W(t_0))^2}.$$

若当 $\Delta t\to 0$ 时, $d(t_0,t_0+\Delta t)$也趋于零,则称 $W(t)$的轨线在 $t=t_0$ 处连续。由 $W(t)$的定义可知,

$$W(t_0+\Delta t)-W(t_0)\sim N(0,\Delta t).$$

因此,

$$E\,(W(t_0+\Delta t)-W(t_0))^2=\mathrm{var}(W(t_0+\Delta t)-W(t_0))=\Delta t$$

当 $\Delta t\to 0$ 时,显然有

$$\begin{aligned}d(t_0,t_0+\Delta t)&=\sqrt{E\,(W(t_0+\Delta t)-W(t_0))^2}\\&=\sqrt{\Delta t}\to 0.\end{aligned}$$

由此,定理得证。

在闭区间$[0,1]$上的连续性是标准维纳过程 $W(t)$最重要的性质之一,在有关

单位根过程的极限分布的讨论中起重要作用。尽管如此，$W(t)$的轨线在$[0,1]$对于$t$却处处不可微。

**定理 1.2** 维纳过程$W(t)$的轨线在闭区间$[0,1]$上对于$t$处处不可微。

**证明** 对$\forall t_0\in[0,1]$，取$\Delta t>0$，使得$t+\Delta t\in[0,1]$，标准维纳过程$W(t)$在$t=t_0$处可微，若

$$\lim_{\Delta t\to 0}\frac{d(t_0,t_0+\Delta t)}{\Delta t}$$

存在。由定理 1.1 可知，此时$d(t_0,t_0+\Delta t)=\sqrt{\Delta t}$，但是

$$\lim_{\Delta t\to 0}\frac{d(t_0,t_0+\Delta t)}{\Delta t}=\lim_{\Delta t\to 0}\frac{\sqrt{\Delta t}}{\Delta t}=\infty$$

因此，标准维纳过程$W(t)$的轨线在$t=t_0$处处不可微。定理得证。

以上两个定理刻画了维纳过程的本质：它的轨线随时间的变化是光滑连续的，但在每一时刻却有变化莫测的运动方向。同时，标准维纳过程$W(t)$可以作为一个随机测度，构造在闭区间$[0,1]$上的随机积分。但由于标准维纳过程$W(t)$在$[0,1]$上不可微，由它定义的随机积分与一般积分不同。我们将在以后章节中对随机积分作简要说明。

## 1.4 泛函中心极限定理

中心极限定理（Central Limit Theorem）是概率论和数理统计研究随机变量序列极限分布的主要工具之一，但正如我们前面指出的，它不适用于非稳定的时间序列过程。以下介绍的泛函中心极限定理（Functional Central Limit Theorem），是对一般中心极限定理的推广，而且可以用来研究单位根过程的极限分布。以下先介绍常用的林德伯格-利维（Lindeberg-Levy）中心极限定理，然后将其推广为泛函中心极限定理。

**定理 1.3 林德伯格-利维中心极限定理**

若$\varepsilon_1,\cdots,\varepsilon_t,\cdots$为一组独立同分布的随机变量序列，且有$E(\varepsilon_t)=\mu$，$\mathrm{var}(\varepsilon_t)=\sigma^2<\infty$，$t=1,2,\cdots$。那么序列的标准化的样本均值

$$\xi_T=\frac{1}{\sigma\sqrt{T}}\sum_{t=1}^{T}(\varepsilon_t-\mu),$$

有正态的极限分布，即当$T\to\infty$，有

$$\xi_T=\frac{1}{\sigma\sqrt{T}}\sum_{t=1}^{T}(\varepsilon_t-\mu)\xrightarrow{d}N(0,1). \tag{1.13}$$

以上定理的证明在一般概率论和数理统计教科书中都能找到，故不再赘述。以下介绍泛函中心极限定理。

对于给定的时间序列样本，$\varepsilon_1, \cdots, \varepsilon_T$，我们仅用前一半的样本构造部分和样本均值：

$$\xi_{[T/2]} = \frac{1}{\sqrt{[T/2]}} \sum_{t=1}^{[T/2]} (\varepsilon_t - \mu) \tag{1.14}$$

这里 $[T/2]$表示 $T/2$ 的整数部分。显然，若 $T$ 为偶数，那么$[T/2]=T\ /\ 2$；若 $T$ 为奇数，则有$[T/2]=(T-1)/2$。假设 $E(\varepsilon_t)=0$，$t=1,2,\cdots,T$，根据林德伯格-利维中心极限定理，式(1.14) 中的样本均值有正态的极限分布：

$$\xi_{[T/2]} = \frac{1}{\sqrt{[T/2]}} \sum_{t=1}^{[T/2]} \varepsilon_t \xrightarrow{d} N(0, \sigma^2). \tag{1.15}$$

将以上想法进一步推广：令 $r$ 为闭区间$[0,1]$上的任一实数，对于给定的样本 $\varepsilon_1, \cdots, \varepsilon_T$，取前$[Tr]$ 部分的样本，并构造统计量：

$$X_T(r) = \frac{1}{T} \sum_{t=1}^{[Tr]} \varepsilon_t. \tag{1.16}$$

这一统计量在泛函中心极限定理中起重要作用。

当 $r$ 在闭区间$[0,1]$上从 0 到 1 连续变化，$X_T(r)$是闭区间上的一个阶梯函数，其值为：

$$X_T(r) = \begin{cases} 0 & 0 \leqslant r < \frac{1}{T} \\ \varepsilon_1 / T & \frac{1}{T} \leqslant r < \frac{2}{T} \\ \vdots & \\ (\varepsilon_1 + \varepsilon_2 + \cdots + \varepsilon_T)/T & r = 1. \end{cases} \tag{1.17}$$

将$\sqrt{T}$乘以 $X_T(r)$，再令 $T \to \infty$，可得$\sqrt{T} X_T(r)$的极限分布，它将是 $r$ 的函数。将 $\sqrt{T} X_T(r)$ 改写成以下形式：

$$\sqrt{T} X_T(r) = \frac{1}{\sqrt{T}} \sum_{t=1}^{[Tr]} \varepsilon_t = \frac{\sqrt{[Tr]}}{\sqrt{T}} \left\{ \frac{1}{\sqrt{[Tr]}} \sum_{t=1}^{[Tr]} \varepsilon_t \right\}. \tag{1.18}$$

由式(1.15) 中的结果，立即可知

$$\frac{1}{\sqrt{[Tr]}} \sum_{t=1}^{[Tr]} \varepsilon_t \xrightarrow{d} N(0, \sigma^2).$$

另一方面，对任意 $r \in [0,1]$

$$\lim_{T\to\infty}\frac{\sqrt{[Tr]}}{\sqrt{T}}=\sqrt{r}.$$

综合上述，$\sqrt{T}X_T(r)$有极限分布

$$\sqrt{T}X_T(r)=\frac{1}{\sqrt{T}}\sum_{t=1}^{[Tr]}\varepsilon_t\xrightarrow{d}\sqrt{r}N(0,\sigma^2)\equiv N(0,r\sigma^2).$$

由正态分布和标准维纳过程之间的关系，可知对任意 $r\in[0,1]$，有

$$W(r)\sim N(0,r).$$

这说明，$\sqrt{T}X_T(r)$的极限分布与维纳过程 $B(r)=\sigma W(r)$ 的分布是一致的，这为以下的定理作了理论上的准备。

**定理 1.4　泛函中心极限定理**

设 $\varepsilon_1,\cdots,\varepsilon_t,\cdots$ 为一列独立同分布的随机变量，对所有的 $t=1,2,\cdots$ 有 $E(\varepsilon_t)=0$，$\mathrm{var}(\varepsilon_t)=\sigma^2$，$r$ 为闭区间 $[0,1]$ 中的任一正实数。给定样本 $\varepsilon_1,\cdots,\varepsilon_T$，取前 $[Tr]$ 部分样本作统计量：

$$X_T(r)=\frac{1}{T}\sum_{t=1}^{[Tr]}\varepsilon_t.$$

那么，当 $T\to\infty$ 时，

$$\sqrt{T}X_T(r)=\frac{1}{\sqrt{T}}\sum_{t=1}^{[Tr]}\varepsilon_t\Rightarrow\sigma W(r)\equiv B(r).\tag{1.19}$$

式中的"$\Rightarrow$"表示"弱收敛于"(weak convergence)。

弱收敛是数理统计中广泛应用的概念，这里只作介绍，不作详细讨论，有兴趣读者可参阅 Billingsley(1968)。简单地说，对于 $n=1,2,\cdots$，设$\{P_n\}$和$\{P\}$为定义在某一度量空间 $S$ 上的概率测度，若对于任意定义在 $S$ 上的有界连续函数 $f$，

$$\lim_{n\to\infty}\int_S f\,\mathrm{d}P_n=\int_S f\,\mathrm{d}P$$

成立，则称 $P_n$弱收敛于 $P$，记作 $P_n\Rightarrow P$。

以上的泛函中心极限定理也称为 Donsker 定理，它在研究诸如$\{X_T(r)\}$的随机函数序列的极限分布中有重要作用，正如中心极限定理在研究随机变量序列的极限分布中的作用一样。定理 1.4 的严格证明和对弱收敛的详细讨论，可参阅 Billingsley (1968)和 Hall and Heyde (1980)。

若在 (1.19) 式中取 $r=1$，那么

$$\sqrt{T}X_T(r)=\frac{1}{\sqrt{T}}\sum_{t=1}^{T}\varepsilon_t\Rightarrow\sigma W(1)\equiv B(1)\sim N(0,\sigma^2).$$

可见，林德伯格-利维中心极限定理是泛函中心极限定理的一个特例。

## 1.5 连续映照定理

连续映照定理(Continuous Mapping Theorem)在概率和数理统计中有重要应用,是研究经过连续变化后的随机变量序列的极限分布的有力工具。以下我们介绍它的泛函形式。首先我们给出常见的连续映照定理。

**定理 1.5　连续映照定理**

设$\{x_t\}$, $t=1,2,\cdots$为随机变量序列,且以分布收敛于随机变量$x$。若$g(\cdot)$为连续函数,那么随机变量序列$\{g(x_t),t=1,2,\cdots\}$以分布收敛于随机变量$g(x)$,记为:

$$g(x_t) \xrightarrow{d} g(x). \tag{1.20}$$

上述定理的证明在一般教科书中都能找到,在此从略。下面我们将此结果推广,使它适应于随机函数序列$X_t(r)$, $t=1,2,\cdots$,

$$X_t(r) = \frac{1}{t}\sum_{i=1}^{[tr]}\varepsilon_i.$$

令$D[0,1]$为闭区间$[0,1]$上所有右连续、并有左有限极限实函数组成的度量空间,其上赋予度量:

$$\rho(x,y) = \sup_{0\leqslant t\leqslant 1} |x(t)-y(t)|, \quad \forall x(t),\ y(t) \in D[0,1], \tag{1.21}$$

在$D[0,1]$上定义到$R^1$内的连续映照$g(\cdot)$,它是定义在$[0,1]$上的泛函。

**定义 1.5　$D[0,1]\mapsto R^1$内的连续映照**

假设函数$f_1(t)$和$f_2(t)$分别为定义在闭区间$[0,1]$上的任意两个右连续且有左有限极限的函数,即$f_1(t),f_2(t)\in D[0,1]$,若对$\forall\varepsilon>0$, $\exists\delta>0$,当$\rho(f_1(t),f_2(t))<\delta$,有

$$|g(f_1(t))-g(f_2(t))|<\varepsilon,$$

则称$g(\cdot)$为$D[0,1]\mapsto R^1$内的连续映照。

**例 1.1**　闭区间$[0,1]$上的积分算子是度量空间$D[0,1]$到$R^1$内的连续映照。

闭区间$[0,1]$上任何右连续且有左有限极限的函数可积,因此$[0,1]$上的积分算子对度量空间$D[0,1]$中所有元素有定义。给定$\forall\varepsilon>0$,取$\delta=\varepsilon$,当$D[0,1]$中的任何两个元素$f_1(t)$,$f_2(t)$满足

$$\rho(f_1(t),f_2(t)) = \sup_{0\leqslant t\leqslant 1} |f_1(t)-f_2(t)| < \delta,$$

我们有:

$$\left|\int_0^1 f_1(t)\mathrm{d}t-\int_0^1 f_2(t)\mathrm{d}t\right|=\left|\int_0^1(f_1(t)-f_2(t))\mathrm{d}t\right|$$
$$\leqslant\int_0^1 \mid f_1(t)-f_2(t)\mid \mathrm{d}t$$
$$\leqslant\int_0^1 \sup_{0\leqslant t\leqslant 1} \mid f_1(t)-f_2(t)\mid \mathrm{d}t$$
$$\leqslant\delta\int_0^1 \mathrm{d}t=\delta=\varepsilon.$$

**定理 1.6** 若$\{S_t(r),t=1,2,\cdots\}$为随机函数序列，$S_t(r)\in D[0,1]$，$r\in[0,1]$，$g(\cdot)$是定义在$D[0,1]$到$R^1$内的连续映照。如果序列$S_t(r)$，$t=1,2,\cdots$弱收敛于随机函数$S(r)$，那么

$$g(S_t(r))\Rightarrow g(S(r)),\quad r\in[0,1]. \tag{1.22}$$

上述定理的证明需要一些准备知识，故不在此介绍，有兴趣的读者可参阅 Hall and Heyde (1980) 中第 276 页的定理 3 及其证明。

以下的例子利用了泛函中心极限定理和泛函连续映照定理。

**例 1.2** 当$T\to\infty$，求$\int_0^1\sqrt{T}X_T(r)\mathrm{d}r$的极限。

根据泛函中心极限定理，部分和

$$\sqrt{T}X_T(r)=\frac{1}{\sqrt{T}}\sum_{t=1}^{T}\varepsilon_t$$

弱收敛于维纳过程$B(r)$：

$$\sqrt{T}X_T(r)\Rightarrow B(r)\equiv\sigma W(r).$$

对于给定的样本$\varepsilon_1,\varepsilon_2,\cdots,\varepsilon_T$，$X_T(r)$，$r\in[0,1]$是闭区间$[0,1]$上的阶梯函数，因此$X_T(r)\in D[0,1]$。由例 1.1 可知闭区间$[0,1]$上的积分算子$\int_0^1\cdot\,\mathrm{d}t$是$D[0,1]$上的连续映照，根据连续映照定理，可得

$$\int_0^1\sqrt{T}X_T(r)\mathrm{d}t\Rightarrow\sigma\int_0^1 W_T(r)\mathrm{d}t. \tag{1.23}$$

## 1.6 有关随机游动的极限分布

我们以下继续讨论本章开始时提出的问题：在 AR(1) 过程

$$y_t=\rho y_{t-1}+\varepsilon_t \tag{1.24}$$

中，$\{\varepsilon_t\}$为独立同分布，$E(\varepsilon_t)=0$，$\mathrm{var}(\varepsilon_t)=E(\varepsilon_t^2)\sigma^2$，当参数$\rho=1$时，最小二乘估计

$$\hat{\rho}_T = \frac{\sum_{t=1}^{T} y_t y_{t-1}}{\sum_{t=1}^{T} y_{t-1}^2}$$

是否仍然有效，有怎样的分布？

### 1.6.1 几个重要的极限

若 AR(1) 过程为单位根过程，那么

$$y_t = \sum_{j=1}^{t} \varepsilon_j,$$

这里设 $y_0=0$。对于任何 $r \in [0,1]$ 和样本 $\varepsilon_1, \cdots, \varepsilon_T$，部分和

$$X_T(r) = \frac{1}{\sqrt{T}} \sum_{t=1}^{[Tr]} \varepsilon_t$$

为闭区间[0,1]上的阶梯函数：

$$X_T(r) = \begin{cases} 0 & 0 \leqslant r < \dfrac{1}{T} \\ y_1/T & \dfrac{1}{T} \leqslant r < \dfrac{2}{T} \\ \vdots & \\ y_T/T & r = 1. \end{cases} \tag{1.25}$$

式中，$y_T = \sum_{j=1}^{t} \varepsilon_j$，$t = 1, 2, \cdots, T$。阶梯函数 $X_T(r)$ 在闭区间[0,1]上的积分可由图 1.6 定义：

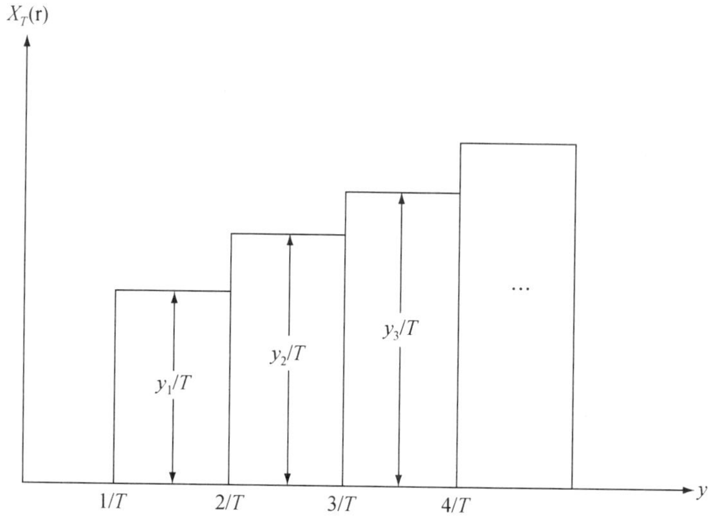


**图 1.6 $X_T(r)$ 在 [0,1] 上的积分**

图中每块小矩形的面积为$(y_j/T)\cdot(1/T)$，$j=0,1,\cdots,T$。这些小矩形面积的和就定义为阶梯函数 $X_T(r)$在闭区间$[0,1]$上的积分：

$$\int_0^1 X_T(r)\mathrm{d}r=\frac{y_1}{T^2}+\frac{y_2}{T^2}+\cdots+\frac{y_{T-1}}{T^2}=T^{-2}\sum_{t=1}^{T}y_{t-1}.$$

再以$\sqrt{T}$乘上式，得

$$\int_0^1 \sqrt{T}X_T(r)\mathrm{d}r=T^{-3/2}\sum_{t=1}^{T}y_{t-1}.$$

由前面的讨论可知，$\sqrt{T}X_T(r)$弱收敛于$\sigma W(r)$，再根据连续映照定理，可得

$$T^{-3/2}\sum_{t=1}^{T}y_{t-1}=\int_0^1\sqrt{T}X_T(r)\mathrm{d}r\Rightarrow\sigma\int_0^1 W(r)\mathrm{d}r \tag{1.26}$$

从而证明了 $T^{-3/2}\sum_{t-1}^{T}y_{t-1}$ 的极限为维纳过程的泛函。我们还可证明 $\sigma\int_0^1 W(r)\mathrm{d}r$ 有正态的分布：以 $y_t=\sum_{j=1}^{t}\varepsilon_j$代入 $T^{-3/2}\sum_{t-1}^{T}y_{t-1}$，可得

$$\begin{aligned}T^{-3/2}\sum_{t=1}^{T}y_{t-1}&=T^{-3/2}[\varepsilon_1+(\varepsilon_1+\varepsilon_2)+(\varepsilon_1+\varepsilon_2+\varepsilon_3)\\&\quad+\cdots+(\varepsilon_1+\varepsilon_2+\cdots+\varepsilon_{T-1})]\\&=T^{-3/2}[(T-1)\varepsilon_1+(T-2)\varepsilon_2+\cdots+2\varepsilon_{T-2}+\varepsilon_{T-1}]\\&=T^{-3/2}\sum_{t=1}^{T}(T-t)\varepsilon_t\\&=T^{-1/2}\sum_{t=1}^{T}\varepsilon_t-T^{-3/2}\sum_{t=1}^{T}t\varepsilon_t\\&=(1,-1)\boldsymbol{h}_t.\end{aligned} \tag{1.27}$$

其中，

$$\boldsymbol{h}_t=\begin{bmatrix}T^{-1/2}\sum_{t=1}^{T}\varepsilon_t\\T^{-3/2}\sum_{t=1}^{T}t\varepsilon_t\end{bmatrix}$$

不难计算（见习题 2），当 $T\to\infty$时，随机向量 $\boldsymbol{h}_t$有极限的正态联合分布

$$N\left(\begin{bmatrix}0\\0\end{bmatrix},\sigma^2\begin{bmatrix}1&1/2\\1/2&1/3\end{bmatrix}\right). \tag{1.28}$$

因此$(1,-1)\boldsymbol{h}_t$也有极限的正态分布，其期望为零，方差为

$$\sigma^2(1 \quad -1)\begin{bmatrix} 1 & 1/2 \\ 1/2 & 1/3 \end{bmatrix}\begin{pmatrix} 1 \\ -1 \end{pmatrix} = \frac{1}{3}\sigma^2,$$

从而有

$$T^{-3/2}\sum_{t=1}^{T} y_{t-1} \Rightarrow \sigma\int_0^1 W(r)\mathrm{d}r \sim N\left(0, \frac{1}{3}\sigma^2\right). \tag{1.29}$$

由式(1.29)可以进一步推出单位根过程$\{y_t\}$的样本均值 $\bar{y} = 1/T\sum_{t=1}^{T} y_t$ 是发散的。

式(1.27) 右侧的第一项有极限

$$T^{-1/2}\sum_{t=1}^{T} \varepsilon_t \Rightarrow \sigma W(r),$$

重新组合后可得

$$T^{-3/2}\sum_{t=1}^{T} t\varepsilon_t \Rightarrow \sigma W(1) - \sigma\int_0^1 W(r)\mathrm{d}r.$$

以上的几个极限为推导最小二乘估计 $\hat{\rho}_T$ 的极限分布作了准备。以下的定理收集几个重要的极限。

**定理 1.7**　设随机游动过程

$$y_t = y_{t-1} + \varepsilon_t$$

中，$\{\varepsilon_t, t=1,2,\cdots\}$为独立同分布，$E(\varepsilon_t)=0$，$\mathrm{var}(\varepsilon_t)=E(qt^2)=\sigma^2$。若 $y_0=0$，以下的极限成立：

(1) $T^{-1/2}\sum_{t=1}^{T} \varepsilon_t \Rightarrow \sigma W(r)$；

(2) $T^{-1}\sum_{t=1}^{T} y_{t-1}\varepsilon_t \Rightarrow \frac{1}{2}\sigma^2(W^2(1) - 1)$；

(3) $T^{-3/2}\sum_{t=1}^{T} t\varepsilon_t \Rightarrow \sigma W(1) - \sigma\int_0^1 W(r)\mathrm{d}r$；

(4) $T^{-3/2}\sum_{t=1}^{T} y_{t-1} \Rightarrow \sigma\int_0^1 W(r)\mathrm{d}r$；

(5) $T^{-5/2}\sum_{t=1}^{T} t y_{t-1} \Rightarrow \sigma\int_0^1 rW(r)\mathrm{d}r$；

(6) $T^{-2}\sum_{t=1}^{T} y_{t-1}^2 \Rightarrow \sigma^2\int_0^1 W^2(r)\mathrm{d}r$.

**证明**　定理中的结果(1)、(3) 和 (4) 前面已有推导，以下证明其他结论。

(1) 结论(2) 的证明。首先，可将 $y_t^2$ 表示为

$$y_t^2 = (y_{t-1} + \varepsilon_t)^2 = y_{t-1}^2 + \varepsilon_t^2 + 2y_{t-1}\varepsilon_t.$$

重新整理后可得：

$$y_{t-1}\varepsilon_t = \frac{1}{2}(y_t^2 - y_{t-1}^2 - \varepsilon_t^2).$$

将上式两侧对 $t$ 作和，并除以 $T$，可得：

$$\frac{1}{T}\sum_{t=1}^{T} y_{t-1}\varepsilon_t = \frac{1}{2}\left(\frac{1}{T}y_T^2 - \frac{1}{T}\sum_{t=1}^{T}\varepsilon_t^2\right). \tag{1.30}$$

注意到：

$$X_T(1) = \frac{1}{T}\sum_{t=1}^{T}\varepsilon_t = \frac{1}{T}y_T,$$

并将此代入式（1.29）：

$$\frac{1}{T}\sum_{t=1}^{T} y_{t-1}\varepsilon_t = \frac{1}{2}\left[(\sqrt{T}X_T(1))^2 - \frac{1}{T}\sum_{t=1}^{T}\varepsilon_t^2\right].$$

由泛函中心定理可得：

$$\sqrt{T}X_T(1) \Rightarrow \sigma W(1).$$

而 $\frac{1}{T}\sum_{t=1}^{T}\varepsilon_t^2$ 服从大数定律的条件，有

$$\frac{1}{T}\sum_{t=1}^{T}\varepsilon_t^2 \xrightarrow{P} \sigma^2.$$

综合以上结果，就有

$$\frac{1}{T}\sum_{t=1}^{T} y_{t-1}\varepsilon_t \Rightarrow \frac{1}{2}\sigma^2(W^2(1) - 1).$$

（2）结论（5）的证明。将 $T^{-5/2}\sum_{t=1}^{T} t y_{t-1}$ 改写成

$$T^{-5/2}\sum_{t=1}^{T} t y_{t-1} = T^{1/2}\sum_{t=1}^{T}\frac{t}{T}\left(\frac{y_{t-1}}{T}\right)\frac{1}{T}. \tag{1.31}$$

由阶梯函数 $X_T(r)$ 的表示形式（1.25）可知，当 $\frac{t-1}{T} \leqslant r \leqslant \frac{t}{T}$ 时，有

$$X_T(r) = \frac{y_{t-1}}{T};\quad [Tr] + 1 = t.$$

所以

$$\begin{aligned} T^{-5/2}\sum_{t=1}^{T} t y_{t-1} &= T^{1/2}\sum_{t=1}^{T}\frac{[Tr]+1}{T}(X_T(r))\frac{1}{T} \\ &= \int_0^1 \frac{[Tr]+1}{T}(X_T(r))\mathrm{d}r. \end{aligned}$$

因为 $\lim\limits_{T\to\infty}\frac{[Tr]}{T} = r$，根据泛函中心极限定理，

$$\sqrt{T}X_T(r)\Rightarrow\sigma W(r).$$

再由连续映照定理可得：

$$T^{-5/2}\sum_{t=1}^{T}ty_{t-1}=\int_0^1\frac{[Tr]+1}{T}(X_T(r))\mathrm{d}r$$

$$\Rightarrow\int_0^1 rW(r)\mathrm{d}r$$

(3) 结论 (6) 的证明。将 $T^{-2}\sum_{t=1}^{T}y_{t-1}^2$ 改写成：

$$T^{-2}\sum_{t=1}^{T}y_{t-1}^2=T\left\{\left(\frac{y_1^2}{T^2}+\frac{y_2^2}{T^2}+\cdots+\frac{y_{T-1}^2}{T^2}\right)\frac{1}{T}\right\}.$$

由阶梯函数 $X_T(r)$ 的表示形式可知，当 $\frac{t-1}{T}\leqslant r\leqslant\frac{t}{T}$ 时，有

$$X_T^2(r)=\left(\frac{y_{t-1}}{T}\right)^2;\quad [Tr]+1=t.$$

再由 $X_T^2(r)$在$[0,1]$上积分的定义，

$$T^{-2}\sum_{t=1}^{T}y_{t-1}^2=T\int_0^1 X_T^2(r)\mathrm{d}r.$$

最后，由泛函中心极限定理和连续映照定理，可得：

$$T^{-2}\sum_{t=1}^{T}y_{t-1}^2=T\int_0^1 X_T^2(r)\mathrm{d}r\Rightarrow\sigma^2\int_0^1 W^2(r)\mathrm{d}r.$$

定理由此得证。

### 1.6.2　随机积分

以上介绍了随机函数 $X_T(r)$在$[0,1]$上对于积分元 $\mathrm{d}r$ 的积分。这节中我们讨论以维纳过程 $W(r)$作为随机测度，以积分元 $\mathrm{d}W(r)$定义的随机积分(stochastic integration)。

根据标准维纳过程的性质，对于 $\forall t_1,t_2\in[0,1],t_2>t_1$，

$$W(t_2)-W(t_1)\sim N(0,t_2-t_1)$$

以 $\mathrm{d}t$ 表示在时刻 $t$ 的微小的时间增量，使得 $t+\mathrm{d}t\in[0,1]$，定义

$$\mathrm{d}W(t)=W(t+\mathrm{d}t)-W(t),$$

显然，

$$\mathrm{d}W(t)\sim N(0,\mathrm{d}t),$$

而且有

$$E(\mathrm{d}W(t))=0,\quad \mathrm{var}(\mathrm{d}W(t))=E(\mathrm{d}W(t))^2=\mathrm{d}t.$$

令 $\Phi(t)$ 为闭区间[0,1]的函数（或随机函数），考虑以下和式：

$$S_n=\sum_{k=1}^{n}\Phi(t_{k-1})[W(t_k)-W(t_{k-1})]. \tag{1.32}$$

其中，$t_k(k=1,2,\cdots,n)$ 为区间 [0,1]上的任意一组分割点，$0\leqslant t_1<\cdots<t_n=1$，并满足条件：

$$\lim_{n\to\infty}\max_k(t_k-t_{k-1})=0.$$

若 $n\to\infty$ 时，$S_n$ 的极限存在，则称函数 $\Phi(t)$ 在闭区间 [0,1] 上可积，记为：

$$\lim_{n\to\infty}S_n=\lim_{n\to\infty}\sum_{k=1}^{n}\Phi(t_{k-1})[W(t_k)-W(t_{k-1})]=\int_0^1\Phi(t_{k-1})\mathrm{d}W(r).$$

尽管随机积分的定义看起来和一般的积分定义很相似，由于 $\mathrm{d}W(r)$ 的随机性，它们的计算规则却很不一样。试考虑以下积分：

$$\int_0^1 W(t)\mathrm{d}W,$$

根据定义作和式：

$$S_n=\sum_{k=1}^{n}W(t_{k-1})[W(t_k)-W(t_{k-1})].$$

注意到

$$\begin{aligned}&W(t_{k-1})[W(t_k)-W(t_{k-1})]\\&=\frac{1}{2}[W^2(t_k)-W^2(t_{k-1})]-\frac{1}{2}[W(t_k)-W(t_{k-1})]^2,\end{aligned}$$

令 $t_k=k/n$, $k=1,2,\cdots,n$，注意到 $W(0)=0$，可将 $S_n$ 简化为

$$S_n=\frac{1}{2}W^2(1)-\frac{1}{2}\sum_{k=1}^{n}\left[W\left(\frac{k}{n}\right)-W\left(\frac{k-1}{n}\right)\right]^2.$$

再令

$$V(k)=W\left(\frac{k}{n}\right)-W\left(\frac{k-1}{n}\right)=\sqrt{\frac{1}{n}}\cdot Z(k),$$

这里，$Z(k)$，$k=1,2,\cdots,n$，相互独立，并为标准正态分布，所以，

$$V^2(k)=\frac{1}{n}Z^2(k)\sim\frac{1}{n}\chi^2(1),$$

因此，根据大数定律，

$$\operatorname*{plim}_{n\to\infty}\frac{1}{n}\sum_{k=1}^{n}Z^2(k)=E(Z^2(k))=1,$$

从而有

$$\operatorname*{plim}_{n\to\infty}S_n=\frac{1}{2}W^2(1)-\frac{1}{2}\operatorname*{plim}_{n\to\infty}\sum_{k=1}^{n}Z^2(k)=\frac{1}{2}(W^2(1)-1).$$

根据随机积分的定义，可知

$$\int_0^1 W(t)\mathrm{d}W = \frac{1}{2}(W^2(1)-1). \tag{1.33}$$

显然，这一结果与传统的结果是很不一样的。

### 1.6.3 最小二乘估计 $\hat{\rho}_T$ 的极限分布

基于前两节中准备的知识，我们以下讨论在 AR(1) 模型中，

$$y_t = \rho y_{t-1} + \varepsilon_t, \quad t = 1,2,\cdots,$$

当 $\rho=1$ 时，参数 $\rho$ 的最小二乘估计 $\hat{\rho}_T$ 的极限分布。仍假设这里 $E(\varepsilon_t)=0$, $\mathrm{var}(\varepsilon_t)=\sigma^2$。对于更一般的单位根过程，我们留在以后讨论。

最小二乘估计 $\hat{\rho}_T$ 可以表示为：

$$\hat{\rho}_T = \frac{\sum_{t=1}^{T} y_{t-1}y_t}{\sum_{t=1}^{T} y_{t-1}^2}.$$

当 $\rho=1$ 时，$\{y_t\}$为随机游动过程，上式可表示为：

$$\hat{\rho}_T = 1 + \frac{\sum_{t=1}^{T} y_{t-1}\varepsilon_t}{\sum_{t=1}^{T} y_{t-1}^2}.$$

根据定理 1.7 的结论(2) 和 (6)，可得：

$$T^{-2}\sum_{t=1}^{T} y_{t-1}^2 \Rightarrow \sigma^2 \int_0^1 W^2(r)\mathrm{d}r,$$

$$T^{-1}\sum_{t=1}^{T} y_{t-1}\varepsilon_t \Rightarrow \frac{1}{2}\sigma^2(W^2(1)-1),$$

从而有

$$\hat{\rho}_T = 1 + \frac{\sum_{t=1}^{T} y_{t-1}\varepsilon_t}{\sum_{t=1}^{T} y_{t-1}^2} \xrightarrow{P} 1.$$

所以最小二乘估计 $\hat{\rho}_T$是参数 $\rho$ 的一致估计，尽管这时 $\rho=1$。

另一方面，若以 $T$ 乘 $\hat{\rho}_T$，再令 $T\to\infty$，可得：

$$T(\hat{\rho}_T - 1) = \frac{\left(\sum_{t=1}^{T} y_{t-1}\varepsilon_t\right)/T}{\left(\sum_{t=1}^{T} y_{t-1}^2\right)/T^2} \Rightarrow \frac{\frac{1}{2}(W^2(1)-1)}{\int_0^1 W^2(r)\mathrm{d}r}. \tag{1.34}$$

由以上结果我们可以得出以下几个推论：

(1) 由式(1.34) 给出的 $T(\hat{\rho}_T-1)$的极限和极限分布，与$\{y_t\}$是稳定过程时的情况（$|\rho|<1$）大不相同，形成明显的对照。对于后者，根据中心极限定理，有

$$\sqrt{T}(\hat{\rho}_T-\rho)\xrightarrow{d}N(0,\sigma^2(1-\rho^2)).$$

但当 $\rho=1$ 时，$T(\hat{\rho}_T-1)$有非退化的分布。这说明在 $\rho=1$ 时，最小二乘估计 $\hat{\rho}_T$的收敛速度为 $T$，而非通常的 $T^{1/2}$。因此，我们称 $\hat{\rho}_T$ 为参数 $\rho=1$ 的超一致估计量(super-consistent estimator)。

(2) $T(\hat{\rho}_T-1)$的极限分布是维纳过程 $W(t)$的泛函，有非标准的分布。由于 $W^2(1)\sim\chi^2(1)$，式(1.34) 中的分子的分布是不对称的，尽管它的期望为零。这一非对称性对假设检验有很大的影响，比如，

$$\text{prob}\{W^2-1<0\}=\text{prob}\{\chi^2(1)<0\}=0.68$$

这说明，对于给定的样本，最小二乘估计 $\hat{\rho}_T$ 的值有 2/3 强的机会小于 1，尽管这时 $\rho=1$。

(3) 由于 $T(\hat{\rho}_T-1)$的极限分布的非标准性，传统计算分布的临界值的方法不再适用。书后的附表是由蒙特卡洛(Monte Carlo)模拟方法计算所得。

### 1.6.4 $t_T$ 统计量的极限分布

传统的经济计量学教科书告诉我们，若一阶自回归过程

$$y_t=\rho y_{t-1}+\varepsilon_t$$

是稳定的，参数 $\rho$ 的假设 $H_0:\rho=\rho_0$可使用 $t_T$统计量检验：

$$t_T=\frac{\hat{\rho}_T-\rho_0}{\hat{\eta}_T}.$$

其中，$\hat{\rho}_T$ 是最小二乘估计，$\hat{\eta}_T$ 为估计量 $\hat{\rho}_T$ 的标准差：

$$\hat{\eta}_T=\left[\frac{\hat{\sigma}_T^2}{\sum_{t=1}^{T}y_{t-1}^2}\right]^{1/2}.$$

$\hat{\sigma}_T^2$是随机干扰项 $\varepsilon_t$的方差的最小二乘估计：

$$\hat{\sigma}_T^2=\frac{\sum_{t=1}^{T}(y_t-\hat{\rho}_Ty_{t-1})^2}{T-1}. \tag{1.35}$$

当原假设 $H_0:\rho=\rho_0$为真时，$t_T$统计量有自由度为 $T-1$ 的 $t$-分布。

现在的问题是：统计量 $t_T$ 是否还能用来检验假设 $H_0:\rho=1$？原假设成立时

$\{y_t\}$是一个随机游动过程，这时 $t_T$ 会有怎样的分布？我们下面就来回答这些问题。将 $\hat{\eta}_T$ 的表达式代入 $t_T$，可得：

$$t_T = \frac{\sum_{t=1}^{T} y_{t-1}\varepsilon_t}{\hat{\sigma}_T \sqrt{\sum_{t=1}^{T} y_{t-1}^2}}.$$

我们在前面指出，最小二乘估计 $\hat{\rho}_T$ 在 $\rho=1$ 时是超一致的估计量，因此估计量 $\hat{\sigma}_T^2$ 也是参数 $\sigma^2$ 的一致估计量，$\hat{\sigma}_T^2 \xrightarrow{p} \sigma^2$。另一方面，因为

$$T^{-1}\sum_{t=1}^{T} y_{t-1}\varepsilon_t \Rightarrow \frac{1}{2}\sigma^2(W^2(1)-1),$$

$$T^{-2}\sum_{t=1}^{T} y_{t-1}^2 \Rightarrow \sigma^2 \int_0^1 W^2(r)\mathrm{d}r,$$

所以当原假设 $H_0:\rho=1$ 为真时，统计量 $t_T$有以下的极限分布：

$$t_T = \frac{T^{-1}\sum_{t=1}^{T} y_{t-1}\varepsilon_t}{\hat{\sigma}_T \sqrt{T^{-2}\sum_{t=1}^{T} y_{t-1}^2}} \Rightarrow \frac{\frac{1}{2}(W^2(1)-1)}{\left\{\int_0^1 W^2(r)\mathrm{d}r\right\}^{\frac{1}{2}}}. \tag{1.36}$$

统计量 $t_T$ 弱收敛于一个维纳过程的泛函，有非对称和非标准的分布。与最小估计量 $\hat{\rho}_T$ 的分布值一样，$t_T$的值由蒙特卡洛方法模拟得到。

## 1.7 带常数项的随机游动

在一阶自回归过程中，

$$y_t = \alpha + \rho y_{t-1} + \varepsilon_t, \tag{1.37}$$

若 $\alpha \neq 0, \rho=1$，$\{\varepsilon_t\}$为独立同分布，$E(\varepsilon_t)=0$，$\mathrm{var}(\varepsilon_t)=\sigma^2$，则称$\{y_t\}$为带常数的随机游动过程。

不难看出，带常数的随机游动过程的增长率是非零的常数 $\alpha$ 加上随机干扰项 $\varepsilon_t$，因此它适合于描述带有趋势的经济变量，如国民经济总值等。

我们下面考虑对参数 $\alpha$ 和 $\rho$ 的最小二乘估计 $\hat{\alpha}_T$ 和 $\hat{\rho}_T$，着重讨论它们在 $\alpha \neq 0$ 且 $\rho=1$ 情况下的极限分布。尽管和一般的随机游动相比，式(1.37)中只多了一个非零的常数项 $\alpha$，它却使得随机游动有非常不同的统计性质，这从以下的分析中马上可以看出。若将式(1.37) 中的 $y_t$ 往后迭代，注意 $\rho=1$，可得：

$$
\begin{aligned}
y_t &= \alpha + y_{t-1} + \varepsilon_t \\
&= \alpha + (\alpha + y_{t-2} + \varepsilon_{t-1}) + \varepsilon_t \\
&= 2\alpha + y_{t-2} + \varepsilon_{t-1} + \varepsilon_t \\
&= \cdots \\
&= \alpha t + y_0 + \xi_t.
\end{aligned} \tag{1.38}
$$

这里 $\xi_t = \varepsilon_1 + \varepsilon_2 + \cdots + \varepsilon_t$。再对 $y_t$ 从 $y_0$ 到 $y_{T-1}$ 作和：

$$
\begin{aligned}
\sum_{t=1}^{T} y_{t-1} &= \sum_{t=1}^{T} [(t-1)\alpha + y_0 + \xi_{t-1}] \\
&= T y_0 + \frac{T(T-1)\alpha}{2} + \sum_{t=1}^{T} \xi_{t-1}.
\end{aligned} \tag{1.39}
$$

根据定理 1.7，式(1.39)中的第三项有极限：

$$
T^{-3/2} \sum_{t=1}^{T} \xi_{t-1} \Rightarrow \sigma \int_0^1 W(r)\mathrm{d}r.
$$

而其他两项均为常数，分别与 $T$ 和 $T^2$ 同阶，显然，$T(T-1)\alpha/2$ 在式(1.39)中起主导作用。以 $T^2$ 同除和式 $\sum_{t=1}^{T} y_{t-1}$ 的两边，并令 $T \to \infty$，可得：

$$
\begin{aligned}
T^{-2} \sum_{t=1}^{T} y_{t-1} &= T^{-1} y_0 + \frac{T(T-1)\alpha}{2T^2} + T^{-1/2} \left\{ T^{-3/2} \sum_{t=1}^{T} \xi_{t-1} \right\} \\
&\xrightarrow{p} \frac{\alpha}{2}.
\end{aligned} \tag{1.40}
$$

将式(1.40)与定理 1.7 的结论(6)比较，可以看出常数项 $\alpha$ 改变了 $\{y_t\}$ 的统计性质，部分和 $T^{-2} \sum_{t=1}^{T} y_{t-1}$ 趋向于一个常数，不再有非退化的概率分布。另一方面，如以 $T^{3/2}$ 除 $\sum_{t=1}^{T} y_{t-1}$：

$$
T^{-3/2} \sum_{t=1}^{T} y_{t-1} = T^{-1/2} y_0 + \frac{T(T-1)\alpha}{2T^{3/2}} + T^{-3/2} \sum_{t=1}^{T} \xi_{t-1}.
$$

式中的第一项和第三项存在非退化的极限分布，但是起主导作用的是第二项，它将随 $T$ 的增加发散到无穷大，因此 $T^{-3/2} \sum_{t=1}^{T} y_{t-1}$ 也发散。

为了推导 $\hat{\alpha}_T$ 和 $\hat{\rho}_T$ 的极限分布，我们还需要计算和式 $T^{-3} \sum_{t=1}^{T} y_{t-1}^2$ 和 $T^{-3/2} \sum_{t=1}^{T} y_{t-1} \varepsilon_t$ 的极限。

先将和式 $\sum_{t=1}^{T} y_{t-1}^2$ 作以下处理：

$$\begin{aligned}\sum_{t=1}^{T} y_{t-1}^2 &= \sum_{t=1}^{T}\left[y_0+(t-1)\alpha+\xi_{t-1}\right]^2 \\ &= Ty_0^2+\sum_{t=1}^{T}\alpha^2(t-1)^2+\sum_{t=1}^{T}\xi_{t-1}^2 \\ &\quad +2\sum_{t=1}^{T}y_0\alpha(t-1)+2\sum_{t=1}^{T}y_0\xi_{t-1}+2\sum_{t=1}^{T}\alpha(t-1)\xi_{t-1}. \qquad (1.41)\end{aligned}$$

根据定理 1.7 的结论(6)，可知：

$$T^{-2}\sum_{t=1}^{T}\xi_{t-1}^2 \Rightarrow \sigma^2\int_0^1 W^2(r)\,\mathrm{d}r.$$

另一方面，有

$$T^{-3}\sum_{t=1}^{T}\alpha^2(t-1)^2=\frac{\alpha^2}{6}\cdot\frac{T(T-1)(2T+1)}{T^3}\rightarrow\frac{\alpha^2}{3},$$

$$T^{-3/2}\sum_{t=1}^{T}\xi_{t-1}\Rightarrow\sigma\int_0^1 W(r)\,\mathrm{d}r.$$

因此，若将式(1.41) 除以 $T^3$，第二项 $T^{-3}\sum_{t=1}^{T}\alpha^2(t-1)^2$ 在 $T\rightarrow\infty$ 起主导作用：

$$\begin{aligned}T^{-3}\sum_{t=1}^{T}y_{t-1}^2 &= T^{-2}y_0^2+T^{-3}\sum_{t=1}^{T}\alpha^2(t-1)^2+T^{-3}\sum_{t=1}^{T}\xi_{t-1}^2 \\ &\quad +2y_0\alpha T^{-3}\sum_{t=1}^{T}(t-1)+2y_0T^{-3}\sum_{t=1}^{T}\xi_{t-1} \\ &\quad +2\alpha T^{-3}\sum_{t=1}^{T}(t-1)\xi_{t-1} \\ &\xrightarrow{p}\frac{\alpha^2}{3}. \qquad (1.42)\end{aligned}$$

最后，考虑和式 $\sum_{t=1}^{T}y_{t-1}\varepsilon_t$。因为，

$$\begin{aligned}\sum_{t=1}^{T}y_{t-1}\varepsilon_t &= \sum_{t=1}^{T}\left[y_0+(t-1)\alpha+\xi_{t-1}\right]\varepsilon_t \\ &= y_0\sum_{t=1}^{T}\varepsilon_t+\alpha\sum_{t=1}^{T}(t-1)\varepsilon_t+\sum_{t=1}^{T}\xi_{t-1}\varepsilon_t, \qquad (1.43)\end{aligned}$$

根据前面的讨论，

$$T^{-1}\sum_{t=1}^{T}\varepsilon_t \xrightarrow{p} 0,$$

$$T^{-1}\sum_{t=1}^{T}\xi_{t-1}\varepsilon_t \Rightarrow \frac{1}{2}\sigma^2(W^2(1)-1),$$

$$T^{-3/2}\sum_{t=1}^{T}(t-1)\varepsilon_t \Rightarrow \sigma W(1)-\sigma\int_0^1 W(r)\mathrm{d}r,$$

显然，和式(1.43)中的第二项 $\alpha\sum_{t=1}^{T}(t-1)\varepsilon_t$ 在 $T\to\infty$ 时起主导作用。以 $T^{3/2}$ 除和式(1.43)，并令 $T\to\infty$，可得：

$$T^{-3/2}\sum_{t=1}^{T}y_{t-1}\varepsilon_t = y_0 T^{-3/2}\sum_{t=1}^{T}\varepsilon_t + \alpha T^{-3/2}\sum_{t=1}^{T}(t-1)\varepsilon_t + T^{-3/2}\sum_{t=1}^{T}\xi_{t-1}\varepsilon_t$$

$$\Rightarrow \sigma W(1)-\sigma\int_0^1 W(r)\mathrm{d}r \tag{1.44}$$

基于以上这些结果，我们给出带常数项的随机游动

$$y_t = \alpha + \rho y_{t-1} + \varepsilon_t$$

中参数 $\alpha$ 和 $\rho$ 的最小二乘估计 $\hat{\alpha}_T$ 和 $\hat{\rho}_T$ 的极限分布。将 $\hat{\alpha}_T$ 和 $\hat{\rho}_T$ 表示成向量形式：

$$\begin{pmatrix}\hat{\alpha}_T\\ \hat{\rho}_T\end{pmatrix} = \begin{pmatrix}\alpha\\ 1\end{pmatrix} + \begin{pmatrix} T & \sum_{t=1}^{T}y_{t-1}\\ \sum_{t=1}^{T}y_{t-1} & \sum_{t=1}^{T}y_{t-1}^2\end{pmatrix}^{-1}\begin{pmatrix}\sum_{t=1}^{T}\varepsilon_t\\ \sum_{t=1}^{T}y_{t-1}\varepsilon_t\end{pmatrix}.$$

分别以 $T^{1/2}$ 和 $T^{3/2}$ 乘 $\hat{\alpha}_T$ 和 $\hat{\rho}_T$：

$$\begin{pmatrix}T^{1/2} & 0\\ 0 & T^{3/2}\end{pmatrix}\begin{pmatrix}\hat{\alpha}_T-\alpha\\ \hat{\rho}_T-1\end{pmatrix}$$

$$=\left\{\begin{pmatrix}T^{-1/2} & 0\\ 0 & T^{-3/2}\end{pmatrix}\begin{pmatrix} T & \sum_{t=1}^{T}y_{t-1}\\ \sum_{t=1}^{T}y_{t-1} & \sum_{t=1}^{T}y_{t-1}^2\end{pmatrix}\right.$$

$$\left.\cdot\begin{pmatrix}T^{-1/2} & 0\\ 0 & T^{-3/2}\end{pmatrix}\right\}^{-1}\begin{pmatrix}T^{-1/2} & 0\\ 0 & T^{-3/2}\end{pmatrix}\begin{pmatrix}\sum_{t=1}^{T}\varepsilon_t\\ \sum_{t=1}^{T}y_{t-1}\varepsilon_t\end{pmatrix}.$$

整理后可得：

$$\begin{pmatrix} T^{1/2}(\hat{\alpha}_T - \alpha) \\ T^{3/2}(\hat{\rho}_T - 1) \end{pmatrix} = \begin{pmatrix} 1 & T^{-2}\sum_{t=1}^{T} y_{t-1} \\ T^{-2}\sum_{t=1}^{T} y_{t-1} & T^{-3}\sum_{t=1}^{T} y_{t-1}^2 \end{pmatrix}^{-1} \begin{pmatrix} T^{-1/2}\sum_{t=1}^{T}\varepsilon_t \\ T^{-3/2}\sum_{t=1}^{T} y_{t-1}\varepsilon_t \end{pmatrix}. \quad (1.45)$$

令 $T \to \infty$，注意到式(1.40)和式(1.42)中的结果，可得：

$$\begin{pmatrix} 1 & T^{-2}\sum_{t=1}^{T} y_{t-1} \\ T^{-2}\sum_{t=1}^{T} y_{t-1} & T^{-3}\sum_{t=1}^{T} y_{t-1}^2 \end{pmatrix} \xrightarrow{p} \begin{pmatrix} 1 & \frac{\alpha}{2} \\ \frac{\alpha}{2} & \frac{\alpha^2}{3} \end{pmatrix} \equiv \boldsymbol{Q}, \quad (1.46)$$

这里的 $\boldsymbol{Q}$ 是一个对称正定的实矩阵。将式（1.45）右侧的向量改写成以下形式：

$$\begin{pmatrix} T^{-1/2}\sum_{t=1}^{T}\varepsilon_t \\ T^{-3/2}\sum_{t=1}^{T} y_{t-1}\varepsilon_t \end{pmatrix} = \begin{pmatrix} T^{-1/2}\sum_{t=1}^{T}\varepsilon_t \\ T^{-3/2}\sum_{t=1}^{T} \alpha(t-1)\varepsilon_t \end{pmatrix} + \begin{pmatrix} 0 \\ T^{-3/2}\sum_{t=1}^{T}(y_0 + \xi_{t-1})\varepsilon_t \end{pmatrix}. \quad (1.47)$$

根据定理 1.7 的结论(2)：

$$T^{-1}\sum_{t=1}^{T}\xi_{t-1}\varepsilon_t \Rightarrow \frac{1}{2}\sigma^2(W^2(1) - 1),$$

所以式(1.47)右侧的第二项随 $T$ 趋于零。参照式(1.28)中的结果，可知：

$$\begin{pmatrix} T^{-1/2}\sum_{t=1}^{T}\varepsilon_t \\ T^{-3/2}\sum_{t=1}^{T} \alpha(t-1)\varepsilon_t \end{pmatrix} \xrightarrow{d} N\left[\begin{pmatrix} 0 \\ 0 \end{pmatrix} \quad \sigma^2\begin{pmatrix} 1 & \frac{\alpha}{2} \\ \frac{\alpha}{2} & \frac{\alpha^2}{3} \end{pmatrix}\right] \equiv N(\boldsymbol{0}, \sigma^2\boldsymbol{Q}).$$

综合以上的讨论，可得：

$$\begin{pmatrix} T^{1/2}(\hat{\alpha}_T - \alpha) \\ T^{3/2}(\hat{\rho}_T - 1) \end{pmatrix} \xrightarrow{d} N(\boldsymbol{0}, \sigma^2\boldsymbol{Q}^{-1}\boldsymbol{Q}\boldsymbol{Q}^{-1}) \equiv N(\boldsymbol{0}, \sigma^2\boldsymbol{Q}^{-1}). \quad (1.48)$$

不难看出，与不带常数项的随机游动相比，$T^{1/2}(\hat{\alpha}_T - \alpha)$和 $T^{3/2}(\hat{\rho}_T - 1)$的极限分布有以下特点：

（1）在不带常数项的情况下，统计量 $T(\hat{\rho}_T - 1)$ 的极限分布是非标准和非对称的;但在带常数项的情况下,$T^{1/2}(\hat{\alpha}_T-\alpha)$ 和 $T^{3/2}(\hat{\rho}_T-1)$都有正态的极限分布;

(2) 尽管 $\hat{\alpha}_T$和 $\hat{\rho}_T$ 都是一致的估计量,它们有不同的收敛速度;

(3) 带常数项时 $\hat{\rho}_T$ 的收敛速度为 $T^{3/2}$,而在不带常数项的情况下 $\hat{\rho}_T$ 的收敛速度为 $T$ 。

## 1.8 有关一般单位根过程的极限分布

一个一般的不带常数项的单位根过程可以有以下的表示形式:

$$y_t = \rho y_{t-1} + u_t,$$

它比以前介绍的随机游动过程有更一般的性质。其中,$\{u_t\}$为一个稳定过程,可以表示为有无穷阶的 MA 形式:

$$\begin{aligned} u_t &= \varepsilon_t + \varphi_1 \varepsilon_{t-1} + \varphi_2 \varepsilon_{t-2} + \cdots \\ &= \varphi(L)\varepsilon_t = \sum_{j=0}^{\infty} \varphi_j \varepsilon_{t-j}. \end{aligned} \tag{1.49}$$

其中,$\{\varepsilon_t\}$为独立同分布,有 $E(\varepsilon_t)=0$, $\mathrm{var}(\varepsilon_t)=\sigma^2$;$L$ 为滞后算子,$\varphi(L)$ 为无穷阶的滞后多项式,其系数满足条件:

$$\sum_{j=0}^{\infty} j \mid \varphi_j \mid < \infty. \tag{1.50}$$

大多数常见的稳定过程都有式 (1.49) 这样的表示形式,其中随机游动过程是最简单的一种。

下面将前面讨论的参数 $\alpha$ 和 $\rho$ 的最小二乘估计的极限分布推广到一般的单位根过程,为此先介绍一个有用的引理。

**引理 1.1 BN 分解**

设$\{u_t\}$为稳定过程,可表示为:

$$u_t = \varphi(L)\varepsilon_t = \sum_{j=0}^{\infty} \varphi_j \varepsilon_{t-j}.$$

这里,$\{\varepsilon_t\}$为独立同分布,$E(\varepsilon_t)=0$,$\mathrm{var}(\varepsilon_t)=\sigma^2<\infty$。若系数 $\varphi_j$,$j=1,2,\cdots$,$\varphi_0=1$,满足式 (1.50)的条件,那么$\{u_t\}$的部分和 $\sum_{t=1}^{T} u_t$ 有 BN 分解:

$$\sum_{t=1}^{T} u_t = \varphi(1)\sum_{t=1}^{T} \varepsilon_t + \eta_T - \eta_0. \tag{1.51}$$

其中,$\varphi(1) = \sum_{j=0}^{\infty} \varphi_j$,$\eta_T = \sum_{j=0}^{\infty} \alpha_j \varepsilon_{T-j}$,$\alpha_j = -\sum_{i=1}^{\infty} \varphi_{j+i}$;$\sum_{j=0}^{\infty} \mid \alpha_j \mid < \infty$。

此引理由 Beveridge and Nelson (1981) 提出,故得名。此引理的证明与本书内容无直接关系,故从略。

根据 BN 分解引理,形如式 (1.49) 的稳定过程$\{u_t\}$的部分和可分解成两部分,其中 $\varphi(1)\sum_{t=1}^{T}\varepsilon_t$ 以概率与 $T^{1/2}$同阶($O_p(T^{1/2})$),另一部分 $\eta_T-\eta_0$以概率与常数同阶($O_p(1)$)。这样,若以 $T^{-1/2}$乘式 (1.50) ,并令 $T\to\infty$,只有第一部分有非退化的极限分布。第二部分以概率趋向于零。

利用 BN 分解,可将泛函中心极限定理(定理 1.4)推广到一般的单位根过程。

**定理 1.8 一般形式的泛函中心极限定理**

给定稳定过程$\{u_t\}$:

$$u_t = \varphi(L)\varepsilon_t = \sum_{j=0}^{\infty}\varphi_j\varepsilon_{t-j}$$

其中,系数$\{\varphi_j\}$满足式 (1.50)的条件,$\{\varepsilon_t\}$为独立同分布,对任何 $t=1,2,\cdots$, $E(\varepsilon_t)=0$,$\mathrm{var}(\varepsilon_t)=\sigma^2<\infty$。构造随机函数:

$$X_T(r) = \frac{1}{T}\sum_{t=1}^{[Tr]}u_t,\quad r\in[0,1],$$

那么,序列$\{\sqrt{T}X_T(r)\}$弱收敛,且有

$$\sqrt{T}X_T(r)\Rightarrow\sigma\varphi(1)W(r). \tag{1.52}$$

**证明** 利用引理 1.1,将$\sqrt{T}X_T(r)$ 作 BN 分解:

$$\begin{aligned}\sqrt{T}X_T(r) &= \frac{1}{\sqrt{T}}\sum_{t=1}^{[Tr]}u_t \\ &= \frac{1}{\sqrt{T}}\left(\varphi(1)\sum_{t=1}^{[Tr]}\varepsilon_t + \eta_{[Tr]} - \eta_0\right) \\ &= \varphi(1)\frac{1}{\sqrt{T}}\sum_{t=1}^{[Tr]}\varepsilon_t + R_T(r).\end{aligned} \tag{1.53}$$

因为 $\eta_{[Tr]}-\eta_0=O_p(1)$,当 $T\to\infty$时,有

$$R_T(r) = \frac{1}{\sqrt{T}}(\eta_{[Tr]}-\eta_0)\xrightarrow{p}0.$$

另由定理 1.4,可知:

$$\frac{1}{\sqrt{T}}\sum_{t=1}^{[Tr]}\varepsilon_t\Rightarrow\sigma W(r),$$

所以，

$$\sqrt{T}X_T(r)=\varphi(1)\frac{1}{\sqrt{T}}\sum_{t=1}^{[Tr]}\varepsilon_t+R_T(r)$$
$$\Rightarrow\sigma\varphi(1)W(r). \tag{1.54}$$

定理证毕。

不难看出，对于任何给定的 $r\in[0,1]$，有

$$\sigma\varphi(1)W(r)\sim N(0,r\sigma^2\varphi^2(1)).$$

**定理 1.9　定理 1.7 的推广形式**

我们下面在一般单位根的假设下，推广定理 1.7 的结果。仍假设随机干扰过程$\{u_t\}$是稳定的，并满足定理 1.8 的条件，令

$$r_j=\mathrm{cov}(u_t,u_{t-1})=\sigma^2\sum_{s=0}^{\infty}\varphi_s\varphi_{s+j},\quad j=0,1,2,\cdots,$$
$$\xi_t=u_1+u_2+\cdots+u_t,\quad t=1,2,\cdots,T.$$

如果 $\xi_0=0$，那么

(1) $T^{1/2}\sum_{t=1}^{T}u_t\Rightarrow\sigma\varphi(1)W(1)$；

(2) $T^{-1/2}\sum_{t=1}^{T}u_{t-j}\varepsilon_t\xrightarrow{d}N(0,\sigma^2r_0)$，$j=1,2,\cdots$；

(3) $T^{-1}\sum_{t=1}^{T}u_tu_{t-j}\xrightarrow{p}r_j$，$j=0,1,2,\cdots$；

(4) $T^{-1}\sum_{t=1}^{T}\xi_{t-1}\varepsilon_t\Rightarrow\frac{1}{2}\sigma^2\varphi(1)\{W^2(1)-1\}$；

(5) $T^{-1}\sum_{t=1}^{T}\xi_{t-1}u_{t-j}\Rightarrow\frac{1}{2}\{\sigma^2\varphi^2(1)W^2(1)-r_0\}$；$j=0$

$\Rightarrow\frac{1}{2}\{\sigma^2\varphi(1)W^2(1)-r_0\}+\sum_{i=0}^{j-1}r_i$；$j=1,2,\cdots$；

(6) $T^{-3/2}\sum_{t=1}^{T}\xi_{t-1}\Rightarrow\sigma\varphi(1)\int_0^1W(r)\mathrm{d}r$；

(7) $T^{-3/2}\sum_{t=1}^{T}tu_{t-j}\Rightarrow\sigma\varphi(1)\{W(1)-\int_0^1W(r)\mathrm{d}r\}$，$j=0,1,2,\cdots$；

(8) $T^{-2}\sum_{t=1}^{T}\xi_{t-1}^2\Rightarrow\sigma^2\varphi^2(1)\int_0^1W^2(r)\mathrm{d}r$；

(9) $T^{-5/2}\sum_{t=1}^{T}t\xi_{t-1}\Rightarrow\sigma\varphi(1)\int_0^1rW(r)\mathrm{d}r$；

(10) $T^{-3}\sum_{t=1}^{T} t\xi_{t-1}^2 \Rightarrow \sigma^2\varphi^2(1)\int_0^1 rW^2(r)\mathrm{d}r.$

**证明**

**结论(1)**：在式(1.54)中令 $r=1$ 即得。

**结论(2)**：对任何 $j=1,2,\cdots,u_{t-j}$ 与 $\varepsilon_t$ 独立，因此 $E(u_{t-j}\varepsilon_t)=0$。变量 $u_{t-j}\varepsilon_t$ 的方差为

$$
\begin{aligned}
\mathrm{var}(u_{t-j}\varepsilon_t) &= E(\varepsilon_{t-j}\varepsilon_t+\varphi_1\varepsilon_{t-j-1}\varepsilon_t+\cdots)^2 \\
&= \sigma^2(1+\varphi_1^2+\cdots)=\sigma^2 r_0,\quad j=1,2,\cdots.
\end{aligned}
$$

因此序列 $\{u_{t-j}\varepsilon_t, t=1,2,\cdots\}$ 为独立同分布，由中心极限定理，可得：

$$
\frac{1}{\sqrt{T}}\sum_{t=1}^{T}u_{t-j}\varepsilon_t \xrightarrow{d} N(0,\sigma^2 r_0).
$$

**结论(3)**：直接利用大数定律即得。

**结论(4)**：对 $\xi_{t-1}$ 作 BN 分解：

$$
\xi_{t-1}=\sum_{j=1}^{t-1}u_j=\varphi(1)\sum_{j=1}^{t-1}\varepsilon_j+\eta_{t-1}-\eta_0,
$$

再乘以 $\varepsilon_t$，并作和式：

$$
\begin{aligned}
T^{-1}\sum_{t=1}^{T}\xi_{t-1}\varepsilon_t &= T^{-1}\sum_{t=2}^{T}\left\{\varphi(1)\sum_{j=1}^{t-1}\varepsilon_j+\eta_{t-1}-\eta_0\right\}\varepsilon_t \\
&= \varphi(1)T^{-1}\sum_{t=2}^{T}(\varepsilon_1+\varepsilon_2+\cdots+\varepsilon_{t-1})\varepsilon_t \\
&\quad + T^{-1}\sum_{t=2}^{T}(\eta_{t-1}-\eta_0)\varepsilon_t.
\end{aligned}
$$

由定理 1.7 的结论(2)，可知

$$
T^{-1}\sum_{t=2}^{T}(\varepsilon_1+\varepsilon_2+\cdots+\varepsilon_{t-1})\varepsilon_t \Rightarrow \frac{1}{2}\sigma^2\{W^2(1)-1\}.
$$

又因为 $(\eta_{t-1}-\eta_0)$ 与 $\varepsilon_t$ 相互独立，所以有

$$
T^{-1}\sum_{t=2}^{T}(\eta_{t-1}-\eta_0)\varepsilon_t \xrightarrow{p} 0.
$$

综上所述，得

$$
T^{-1}\sum_{t=1}^{T}\xi_{t-1}\varepsilon_t \Rightarrow \frac{1}{2}\sigma^2\varphi(1)\{W^2(1)-1\}.
$$

**结论(5)**：先考虑 $j=0$。因为

$$
\xi_t^2=(\xi_{t-1}+u_t)^2=\xi_{t-1}^2+u_t^2+2\xi_{t-1}u_t,
$$

所以，

$$T^{-1}\sum_{t=1}^{T}\xi_{t-1}u_{t-j}=\frac{1}{2}T^{-1}\sum_{t=1}^{T}(\xi_t^2-\xi_{t-1}^2-u_t^2)$$

$$=\frac{1}{2}T^{-1}\xi_T^2-\frac{1}{2}T^{-1}\sum_{t=1}^{T}u_t^2.$$

注意到，

$$\frac{1}{2}T^{-1}\xi_T^2=\frac{1}{2}\left[T^{-1/2}\sum_{t=1}^{T}u_t\right]^2,$$

而且，

$$T^{-1/2}\sum_{t=1}^{T}u_t\Rightarrow\sigma\varphi(1)W(1),$$

由连续映照定理，可得

$$\frac{1}{2}T^{-1}\xi_T^2=\frac{1}{2}\left[T^{-1/2}\sum_{t=1}^{T}u_t\right]^2\Rightarrow\frac{1}{2}\sigma^2\varphi^2(1)W^2(1).$$

另一方面，有本定理的结论(3)：

$$T^{-1}\sum_{t=1}^{T}u_t^2\xrightarrow{p}r_0,$$

所以，

$$T^{-1}\sum_{t=1}^{T}\xi_{t-1}u_{t-j}\Rightarrow\frac{1}{2}\{\sigma^2\varphi^2(1)W^2(1)-r_0\}. \tag{1.55}$$

其次，考虑 $j>0$。因为

$$\xi_{t-1}=\xi_{t-2}+u_{t-1}=\xi_{t-j-1}+u_{t-j}+u_{t-j+1}+\cdots+u_{t-1},$$

以 $u_{t-j}$ 乘上式，并从 $t=j+1$ 到 $T$ 作和式：

$$T^{-1}\sum_{t=1}^{T}\xi_{t-1}u_{t-j}=T^{-1}\sum_{t=j+1}^{T}(\xi_{t-j-1}+u_{t-j}+u_{t-j+1}+\cdots+u_{t-1})u_{t-j}$$

$$=T^{-1}\sum_{t=j+1}^{T}\xi_{t-j+1}u_{t-j}+\sum_{t=j+1}^{T}(u_{t-j}+u_{t-j+1}+\cdots+u_{t-1})u_{t-j}. \tag{1.56}$$

对式(1.56)中的第一项应用式 (1.55)，即有

$$T^{-1}\sum_{t=j+1}^{T}\xi_{t-j-1}u_{t-j}=\frac{T-j}{T}\left\{\frac{1}{T-j}\sum_{t=j+1}^{T}\xi_{t-j-1}u_{t-j}\right\}$$

$$\Rightarrow\frac{1}{2}\{\sigma^2\varphi^2(1)W^2(1)-r_0\}.$$

对式(1.56) 中的第二个和式应用本定理的结论(3)：

$$T^{-1}\sum_{t=j+1}^{T}(u_{t-j}+u_{t-j+1}+\cdots+u_{t-1})u_{t-j}\xrightarrow{p}\sum_{i=0}^{j-1}r_i.$$

综上所述，可得

$$T^{-1}\sum_{t=1}^{T}\xi_{t-1}u_{t-j}\Rightarrow\frac{1}{2}\{\sigma^2\varphi(1)W^2(1)-r_0\}+\sum_{i=0}^{j-1}r_i.$$

最后，对于 $\forall j>0$，和式 $T^{-1}\sum_{t=1}^{T}\xi_{t-1}u_{t-j}$ 与 $T^{-1}\sum_{t=j+1}^{T}\xi_{t-1}u_{t-j}$ 有相同的极限，因为

$$T^{-1}\sum_{t=1}^{T}\xi_{t-1}u_{t-j}-T^{-1}\sum_{t=j+1}^{T}\xi_{t-1}u_{t-j}=T^{-1}\sum_{t=1}^{j}\xi_{t-1}u_{t-j}\xrightarrow{p}0.$$

**结论(6)**：根据定义，$X_T(r)=\frac{1}{T}\sum_{t=1}^{[Tr]}u_t$ 在闭区间上的积分可表示为

$$\int_0^1 X_T(r)\mathrm{d}r=T^{-2}\sum_{t=1}^{T}\xi_{t-1},$$

以$\sqrt{T}$乘上式，根据本定理的结论(1)和连续映照定理，当 $T\to\infty$，可得：

$$T^{-3/2}\sum_{t=1}^{T}\xi_{t-1}=\int_0^1\sqrt{T}X_T(r)\mathrm{d}r\Rightarrow\sigma\varphi(1)\int_0^1 W(r)\mathrm{d}r.$$

**结论(7)**：将和式 $T^{-3/2}\sum_{t=1}^{T}tu_{t-j}$ 改写成以下形式：

$$\begin{aligned}T^{-3/2}\sum_{t=1}^{T}tu_{t-j}&=T^{-3/2}\sum_{t=1}^{T}(t-j+j)u_{t-j}\\&=T^{-3/2}\sum_{t=1}^{T}(t-j)u_{t-j}+T^{-3/2}\sum_{t=1}^{T}ju_{t-j},\end{aligned}$$

对于固定的 $j$，和式的第二项在 $T\to\infty$时以概率趋向于零；和式中的第一项对于固定的 $j$，与 $T^{-3/2}\sum_{t=1}^{T}tu_t$ 有相同的极限。采用式（1.27）中的方法作分解：

$$T^{-3/2}\sum_{t=1}^{T}tu_t=T^{-1/2}\sum_{t=1}^{T}u_t-T^{-3/2}\sum_{t=1}^{T}\xi_{t-1}.$$

由以上的结论(1)和(6)，就有：

$$\begin{aligned}T^{-3/2}\sum_{t=1}^{T}tu_t&=T^{-1/2}\sum_{t=1}^{T}u_t-T^{-3/2}\sum_{t=1}^{T}\xi_{t-1}\\&\Rightarrow\sigma\varphi(1)W(1)-\sigma\varphi(1)\int_0^1 W(r)\mathrm{d}r\\&=\sigma\varphi(1)\left\{W(1)-\int_0^1 W(r)\mathrm{d}r\right\}.\end{aligned}$$

**结论(8)**：将和式改写成以下形式：

$$T^{-2}\sum_{t=1}^{T}\xi_{t-1}^2=T^{-1}\{\xi_1^2/T+\xi_2^2/T+\cdots+\xi_{t-1}^2/T\},$$

根据积分的定义，上式是$(\sqrt{T}X_T(r))^2$ 在闭区间[0,1] 上的积分，即

$$T^{-2}\sum_{t=1}^{T}\xi_{t-1}^{2}=\int_{0}^{1}(\sqrt{T}X_{T}(r))^{2}\mathrm{d}r.$$

由泛函中心极限定理和连续映照定理，可得：

$$T^{-2}\sum_{t=1}^{T}\xi_{t-1}^{2}=\int_{0}^{1}(\sqrt{T}X_{T}(r))^{2}\mathrm{d}r\Rightarrow\sigma^{2}\varphi^{2}(1)\int_{0}^{1}W^{2}(r)\mathrm{d}r.$$

**结论(9)**：将 $T^{-5/2}\sum_{t=1}^{T}t\xi_{t-1}$ 改写成下式：

$$T^{-5/2}\sum_{t=1}^{T}t\xi_{t-1}=T^{1/2}\sum_{t=1}^{T}\left(\frac{t}{T}\right)\left(\frac{\xi_{t-1}}{T}\right)\left(\frac{1}{T}\right).$$

当 $r\in[0,1]$，且 $(t-1)/T\leqslant r<t/T$ 时，我们有：

$$[Tr]+1=t,\quad \frac{\xi_{t-1}}{T}=X_{T}(r).$$

从而有

$$T^{-5/2}\sum_{t=1}^{T}t\xi_{t-1}=T^{1/2}\int_{0}^{1}\left(\frac{[Tr]+1}{T}\right)X_{T}(r)\mathrm{d}r.$$

又因为

$$\lim_{T\to\infty}\frac{[Tr]+1}{T}=r\quad \sqrt{T}X_{T}(r)\Rightarrow\sigma\varphi(1)W(r),$$

所以

$$T^{-5/2}\sum_{t=1}^{T}t\xi_{t-1}=T^{1/2}\int_{0}^{1}\left(\frac{[Tr]+1}{T}\right)X_{T}(r)\mathrm{d}r$$

$$\Rightarrow\sigma\varphi(1)\int_{0}^{1}rW(r)\mathrm{d}r.$$

**结论(10)**：将和式 $T^{-3}\sum_{t=1}^{T}t\xi_{t-1}^{2}$ 写成以下形式：

$$T^{-3}\sum_{t=1}^{T}t\xi_{t-1}^{2}=T\sum_{t=1}^{T}\left(\frac{t}{T}\right)\left(\frac{\xi_{t-1}^{2}}{T^{2}}\right)\left(\frac{1}{T}\right),$$

由上一结论的证明方法，可得以下关系式：

$$T^{-3}\sum_{t=1}^{T}t\xi_{t-1}^{2}=\int_{0}^{1}\{([Tr]+1)/T\}\{\sqrt{T}X_{T}(r)\}^{2}\mathrm{d}r,$$

当 $T\to\infty$，就有

$$T^{-3}\sum_{t=1}^{T}t\xi_{t-1}^{2}=\int_{0}^{1}\{([Tr]+1)/T\}\{\sqrt{T}X_{T}(r)\}^{2}\mathrm{d}r$$

$$\Rightarrow\sigma^{2}\varphi^{2}(1)\int_{0}^{1}rW^{2}(r)\mathrm{d}r.$$

定理证毕。

## 1.9 时间序列的去势

许多时间序列数据，特别是宏观经济数据，常常呈现出明显的时间趋势（time trend），即时间序列的期望值是时间 $t$ 的函数，而这样的时间趋势往往在时间序列中起主导作用，决定了序列的统计性质。显然，这样的时间序列是非稳定的，习惯上常用去势的方法（de-trending）消除时间趋势的作用，使序列成为稳定过程，然后对时间序列作统计分析。

时间序列中的趋势有不同的表现形式，比如，在带趋势的稳定过程

$$y_t = c + rt + u_t \tag{1.57}$$

中，$rt$ 表示了时间序列 $\{y_t\}$ 中的确定性的趋势（deterministic trend），这时 $y_t$ 的期望是时间 $t$ 的线性函数，$y_t$ 的值在直线 $c+rt$ 周围波动（见图 1.7）。

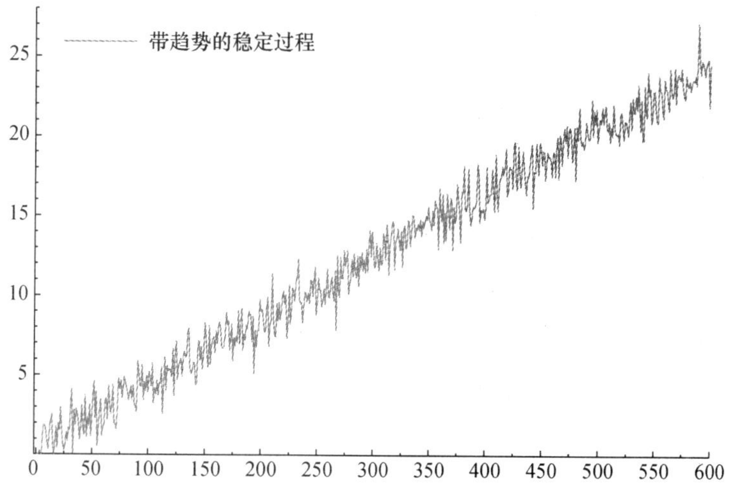


**图 1.7　带趋势的稳定过程：$y_t = at + u_t$**

有些时间序列的趋势隐性地存在，并不在模型中直接表示出来。如在带常数项的单位根过程

$$y_t = \alpha + y_{t-1} + u_t \tag{1.58}$$

中，如对 $y_t$ 不断向后迭代，可得：

$$\begin{aligned} y_t &= \alpha + (a + y_{t-2} + u_{t-1}) + u_t \\ &= \cdots = \alpha t + \sum_{j=1}^{t} u_j \end{aligned} \tag{1.59}$$

经处理后的 $y_t$ 包含一个确定性的时间趋势 $\alpha t$，它由单位根中的常数项积累而成

(见图 1.8)。尽管式 (1.57) 和式 (1.58) 都含有确定性的时间趋势,而且从图形上看也很相似,它们有非常不同的统计性质,在经济上的应用也不一样,因此区分这两种过程在理论和实践上都有重要意义。

在实际工作中,如果需要确定模型 $y_t=c+rt+u_t$ 中是否存在确定性的时间趋势,我们可进行假设检验。设 $H_0: r=0$,如果原假设被拒,则接受过程中的参数 $r$ 不为零。

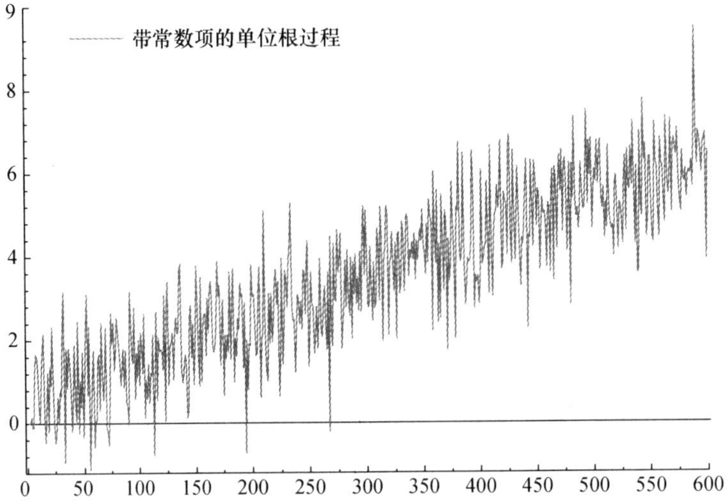


**图 1.8 带常数的单位根过程:$y_t=\alpha+y_{t-1}+u_t$**

下面说明仅以假设 $H_0: r=0$ 的检验来判断是否接受式 (1.57),在许多场合下不一定恰当,因为数据有可能是由带常数的单位根过程式 (1.58) 产生,而我们却错误地选取了模型 $y_t=c+rt+u_t$ 来检验时间趋势的存在。为了确认模型的合理性,我们对参数 $c$ 和 $r$ 的显著性作假设检验。分别以 $\hat{c}_T$ 和 $\hat{r}_T$ 表示相应参数的最小二乘估计。首先考虑 $\hat{c}_T$:

$$\hat{c}_T = d^{-1}\left\{\left(\sum_{t=1}^{T}t^2\right)\left(\sum_{t=1}^{T}y_t\right)-\left(\sum_{t=1}^{T}ty_t\right)\left(\sum_{t=1}^{T}t\right)\right\}, \tag{1.60}$$

式中 $d=T\sum_{t=1}^{T}t^2-\left(\sum_{t=1}^{T}t\right)^2$。

由于真实的数据产生过程为 (1.58),因此 $y_t$ 有表达式:

$$y_t=\alpha+y_{t-1}+u_t=\alpha t+\xi_t,\quad \xi_t=\sum_{j=1}^{t}u_j,$$

这里 $u_t=\sum_{j=1}^{\infty}\varphi_j\varepsilon_{t-j}$,$\{\varepsilon_t\}$为独立同分布,且 $E(\varepsilon_t)=0$,$\mathrm{var}(\varepsilon_t)=\sigma^2$。代入式 (1.60),

可得：

$$T^{-1/2}\hat{c}_T=(T^{-4}d)^{-1}\left\{T^{-3}\left(\sum_{t=1}^{T}t^2\right)\left(T^{-3/2}\sum_{t=1}^{T}\xi_t\right)\right.$$

$$\left.-T^{-2}\left(\sum_{t=1}^{T}t\right)\left(T^{-5/2}\sum_{t=1}^{T}t\xi_t\right)\right\} \tag{1.61}$$

由定理 1.9 的结论(6)和结论(9)，可知：

$$T^{-3/2}\sum_{t=1}^{T}\xi_{t-1}\Rightarrow\sigma\varphi(1)\int_0^1 W(r)\mathrm{d}r,$$

$$T^{-5/2}\sum_{t=1}^{T}t\xi_{t-1}\Rightarrow\sigma\varphi(1)\int_0^1 rW(r)\mathrm{d}r.$$

另一方面，

$$T^{-3}\sum_{t=1}^{T}t^2=T^{-3}\left\{\frac{1}{6}T(T+1)(2T+1)\right\}\rightarrow\frac{1}{3},$$

$$T^{-2}\sum_{t=1}^{T}t=T^{-2}\left\{\frac{1}{2}T(T+1)\right\}\rightarrow\frac{1}{2},$$

所以，

$$T^{-4}d=T^{-4}\left\{T\sum_{t=1}^{T}t^2-\left(\sum_{t=1}^{T}t\right)^2\right\}$$

$$=T^{-3}\sum_{t=1}^{T}t^2-\left(T^{-2}\sum_{t=1}^{T}t\right)^2\rightarrow\frac{1}{12}.$$

综上所述，

$$T^{-1/2}\hat{c}_T\Rightarrow 12\left\{\frac{1}{3}\sigma\varphi(1)\int_0^1 W(r)\mathrm{d}r-\frac{1}{2}\sigma\varphi(1)\int_0^1 rW(r)\mathrm{d}r\right\}$$

$$=4\sigma\varphi(1)\int_0^1 W(r)\mathrm{d}r-6\sigma\varphi(1)\int_0^1 rW(r)\mathrm{d}r$$

$$=6\sigma\varphi(1)\int_0^1\left(\frac{2}{3}-r\right)W(r)\mathrm{d}r.$$

这说明 $T^{-1/2}\hat{c}_T$ 有非退化的极限分布，因此最小二乘估计 $\hat{c}_T$ 本身的绝对值随 $T$ 以概率发散到无穷大。

其次考虑最小二乘估计 $\hat{r}_T$，它可表示为：

$$\hat{r}_T=d^{-1}\left\{T\sum_{t=1}^{T}ty_t-\left(\sum_{t=1}^{T}t\right)\left(\sum_{t=1}^{T}y_t\right)\right\}.$$

同样以 $y_t=at+\xi_t$ 代入，整理后可得：

$$\sqrt{T}(\hat{r}_T-\alpha)=(T^{-4}d)^{-1}\left\{T^{-5/2}\sum_{t=1}^{T}t\xi_t-T^{-2}\left(\sum_{t=1}^{T}t\right)\left(T^{-3/2}\sum_{t=1}^{T}\xi_t\right)\right\}.$$

令 $T\to\infty$，根据定理 1.7 和以上的讨论，可得：

$$\sqrt{T}(\hat{r}_T-\alpha)\Rightarrow 12\sigma\varphi(1)\left\{\int_0^1 rW(r)\mathrm{d}r-\frac{1}{2}\int_0^1 W(r)\mathrm{d}r\right\}$$
$$=12\sigma\varphi(1)\int_0^1\left(r-\frac{1}{2}\right)W(r)\mathrm{d}r.$$

这样，$\sqrt{T}(\hat{r}_T-\alpha)$就有非退化的极限分布，因此$(\hat{r}_T-\alpha)$以概率收敛于零，即

$$\hat{r}_T\xrightarrow{p}\alpha.$$

这说明，只要数据产生过程 $y_t=\alpha+y_{t-1}+u_t$中的参数 $\alpha\neq 0$，模型 $y_t=c+rt+u_t$中的参数 $r$ 的最小二乘估计 $\hat{r}_T$就有非零的极限，检验原假设 $H_0:r=0$ 的 $t_T$统计量也会呈显著性。同样用以上方法，不难证明统计量 $T^{-1/2}t_T$有非退化的极限分布，从而$|t_T|$ 随 $T$ 以概率发散到无穷大。

以上分析在方法论上有重要意义：对一个从图像上看来有时间趋势的序列，仅用 $t_T$统计量对参数 $c$ 和 $r$ 作检验是不够的，因为这时 $c$ 和 $r$ 的显著性并不能帮助我们区分式(1.57)和式(1.58)。正确的方法是先对时间序列作单位根检验，只有在单位根假设被拒绝后，对式 (1.57) 中的参数 $c$ 和 $r$ 作通常的 $t$ 检验才有意义。我们将在下一章中讨论对单位根过程的假设检验。

## 1.10 近单位根过程

在一阶自回归过程

$$y_t=\rho y_{t-1}+\varepsilon_t \tag{1.62}$$

中，若参数$|\rho|<1$，但却非常接近于 1，则称$\{y_t\}$服从一阶近单位根过程(near unit root process)。近单位根过程介于稳定过程和单位根过程之间，对它的研究可以揭示参数 $\rho$ 从$|\rho|<1$ 趋于 $\rho=1$ 时，式 (1.62) 的统计性质发生突变的过程。

菲利普斯(1988) 提出了一个模式，其中“单位根过程”和“近单位根过程”在统一的框架中处理，这为研究一阶自回归过程从稳定到非稳定的转变提供了有效的方法。我们下面就介绍这一方法。

在一阶自回归过程 (1.62) 中，假设参数 $\rho$ 是样本量 $T$ 的函数：

$$\rho=\exp\left(\frac{c}{T}\right). \tag{1.63}$$

其中，参数 $c$ 是一小于零的实数。当 $T\gg -c$ 时，$\rho$ 是一个小于 1，但很接近于 1 的正数。对于任何给定的 $c$，当 $T\to\infty$时，$\rho\to 1$。

菲利普斯关心的是如下的问题：如果参数 $\rho$ 根据式 (1.62) 随样本量 $T$ 变化，

它的最小二乘估计量 $\hat{\rho}_T$ 在 $\rho$ 小于 1 而趋于 1 时将有怎样的变化？为了回答这一问题，我们先介绍随机过程 $K_c(r)$：

$$K_c(r) = W(r) + c\int_0^r \exp[c(r-s)]W(s)\mathrm{d}s \tag{1.64}$$

其中，$c<0$，$W(r)$ 和 $W(s)$ 为标准维纳过程。$K_c(r)$ 是维纳过程 $W(r)$ 的一个泛函。当 $\rho\to 1$ 时，$c\to 0$，随机过程 $K_c(r)$ 简化为标准维纳过程。$K_c(r)$ 在文献中成为 Ornsten-Uhlenbeck 过程，它是随机微分方程

$$\mathrm{d}K_c(r) = cK_c(r) + \mathrm{d}W(r)$$

的解。

菲利普斯证明，若 $\rho=\exp(cT^{-1})$，$\{y_t\}$ 服从一阶自回归过程式 (1.62)，那么以下极限成立：

$$\begin{aligned}
&(1)\ (\sigma^2 T)^{-1/2} y_{[Tr]} \Rightarrow K_c(r);\\
&(2)\ (\sigma^2 T)^{-2}\sum_{t=1}^{T} y_t^2 \Rightarrow \int_0^1 K_c^2(r)\mathrm{d}r;\\
&(3)\ T^{-1}\sum_{t=1}^{T} y_{t-1}\varepsilon_t \Rightarrow \frac{\sigma^2}{2}[K_c^2(1)-1] - c\int_0^1 K_c^2(r)\mathrm{d}r.
\end{aligned} \tag{1.65}$$

以上结果的证明，请读者参阅菲利普斯(1988)。下面我们利用这些结果推导参数 $\rho$ 的最小二乘估计 $\hat{\rho}_T$ 的分布。首先，

$$\hat{\rho}_T = \frac{\sum_{t=1}^{T} y_{t-1}y_t}{\sum_{t=1}^{T} y_{t-1}^2} = \rho + \frac{\sum_{t=1}^{T} y_{t-1}\varepsilon_t}{\sum_{t=1}^{T} y_{t-1}^2},$$

以 $T$ 乘上式，整理后可得：

$$T(\hat{\rho}_T - \rho) = \frac{T^{-1}\sum_{t=1}^{T} y_{t-1}\varepsilon_t}{T^{-2}\sum_{t=1}^{T} y_{t-1}^2}. \tag{1.66}$$

用泰勒级数将 $\rho$ 在 $c=0$ 处展开，得：

$$\rho = 1 + \frac{c}{T} + O(T^{-2}).$$

代入式 (1.66)，可得：

$$T(\hat{\rho}_T - 1) = c + O(T^{-1})\ \frac{T^{-1}\sum_{t=1}^{T} y_{t-1}\varepsilon_t}{T^{-2}\sum_{t=1}^{T} y_{t-1}^2}. \tag{1.67}$$

根据式 (1.65) 中的结果,当 $T\to\infty$时,$T(\hat{\rho}_T-1)$有极限:

$$T(\hat{\rho}_T-1)\Rightarrow c+\left\{\int_0^1 K_c^2(r)\mathrm{d}r\right\}^{-1}\times\left\{\frac{1}{2}[K_c^2(1)-1]-\frac{c}{\sigma^2}\int_0^1 K_c^2(r)\mathrm{d}r\right\}$$

$$=\frac{K_c^2(1)-1}{2\int_0^1 K_c^2(r)\mathrm{d}r}+c\left(1-\frac{1}{\sigma^2}\right). \tag{1.68}$$

从式 (1.68) 中的极限可以引出以下的推论:

(1) 若数据生成过程是一个单位根过程,即 $\rho=1$,从式 (1.63) 可知这时有 $c=0$ 和 $K_c=W(r)$,式(1.68) 简化为:

$$T(\hat{\rho}_T-1)\Rightarrow\frac{W^2(1)-1}{2\int_0^1 W^2(r)\mathrm{d}r}. \tag{1.69}$$

这和式 (1.34) 中的结果是一致的。

(2) 若 $c\neq0$,极限式 (1.68) 有一个非零的位移。特别当 $\sigma^2\ll1$ 时,由于 $c$ 小于零,因此 $c(1-\sigma^{-2})$ 为一个很大的正数,这将在式 (1.68) 中占主导作用。因为 $K_c(r)$ 的方差为 $[\mathrm{e}^{2rc}-1]/2$ (菲利普斯,1988),将其在 $c=0$ 处用泰勒级数展开至 $c^2$ 项,可得:

$$\frac{1}{2c}[\mathrm{e}^{2rc}-1]\approx r(1+c^2)>r.$$

这说明,当 $c\neq0$ 时,$T(\hat{\rho}_T-1)$的极限不仅有非零的位移,而且比 $W(r)$ 有更大的方差。

(3) 式(1.68)中的非零位移 $c(1-\sigma^{-2})$ 并不影响估计量 $\hat{\rho}_T$的一致收敛性,因为$(\hat{\rho}_T-1)$以概率收敛于零,即

$$\hat{\rho}_T\xrightarrow{p}1.$$

## 1.11 本章小结

本章讨论了单位根过程的结构和一些主要性质,着重介绍了泛函中心极限定理和连续映照定理,以及这两个定理在讨论单位根过程的极限中的应用。

维纳过程在本章的讨论中起关键的作用,许多统计量的极限是维纳过程的泛函。维纳过程在闭区间 [0,1] 上连续,但几乎处处不可微。

本章主要在一阶自回归过程

$$y_t=\rho y_{t-1}+u_t$$

的框架中讨论单位根过程的性质，特别是参数 $\rho$ 的最小二乘估计 $\hat{\rho}_T$ 的极限分布。当 $\rho=1$ 时，以上的一阶自回归过程是一个单位根过程，估计量 $\hat{\rho}_T$ 是超一致的估计量，$T(\hat{\rho}_T-1)$ 弱收敛于一个维纳过程的泛函，有非标准和非对称的极限分布。

带常数项和不带常数项的单位根过程有不同的统计性质。前者由于受到积累的常数项的控制，其参数 $\alpha$ 和 $\rho$ 的最小二乘估计 $\hat{\alpha}_T$ 和 $\hat{\rho}_T$ 都有更高的收敛速度，而且有正态的极限分布。

本章的最后讨论了近单位根过程，介绍了菲利普斯方法，它为分析单位根过程和近单位根过程提供了一个统一的框架，这对理解在从稳定的一阶自回归过程向单位根过程的转化中，最小二乘估计极限的变化的规律及其意义。

## 习题

1. 对任意给定的实数 $r\in[0,1]$，证明：

$$\lim_{T\to\infty}\frac{[Tr]}{T}=r.$$

这里，$[Tr]$ 表示实数 $Tr$ 的整数部分。

2. 设 $\varepsilon_1,\varepsilon_2,\cdots,\varepsilon_t,\cdots$ 为一列独立同分布的随机变量，而且有 $E(\varepsilon_t)=0$，$\operatorname{var}(\varepsilon_t)=\sigma^2<\infty$。构造随机向量：

$$\boldsymbol{z}_t=\begin{pmatrix} T^{-1/2}\sum_{t=1}^{T}\varepsilon_t \\ T^{-3/2}\sum_{t=1}^{T}t\varepsilon_t \end{pmatrix}.$$

证明：当 $T\to\infty$，有

$$\boldsymbol{z}_t\xrightarrow{d}N\left(\mathbf{0},\sigma^2\begin{bmatrix}1 & 1/2\\ 1/2 & 1/3\end{bmatrix}\right).$$

3. 设 $\{u_t\}$ 为稳定过程，并有表达式：

$$u_t=\sum_{j=0}^{\infty}\varphi_j\varepsilon_{t-j}.$$

其中，$\{\varepsilon_t\}$ 为独立同分布，且有 $E(\varepsilon_t)=0$，$\operatorname{var}(\varepsilon_t)=\sigma^2<\infty$。对 $\sum_{i=1}^{t}u_i$ 作 BN 分解：

$$\sum_{i=1}^{t}u_i=\varphi(1)\sum_{i=1}^{t}\varepsilon_i+\eta_i-\eta_0.$$

式中 $\eta_i$ 为

$$\eta_i = \sum_{p=0}^{\infty}\alpha_p\varepsilon_{i-p};\quad \alpha_p = -\sum_{g=1}^{\infty}\varphi_{p+g}.$$

证明：

$$T^{-1}\sum_{t=2}^{T}(\eta_{t-1}-\eta_0)\varepsilon_t \xrightarrow{p} 0.$$

4. 利用随机积分的定义，证明：

$$\int_0^1 rW(r)\mathrm{d}r = W\left(\frac{1}{3}\right).$$

这里，$W(r)$为定义在闭区间[0,1]上的标准维纳过程。

# 第二章　单位根过程的假设检验

## 2.1　简介

经济时间序列数据，特别是宏观经济数据，常常呈现明显的时间趋势，但仅从图像上是无法准确地判断数据是由带时间趋势的稳定过程，还是由带常数项的单位根过程产生的。

第一章中曾指出，如果数据是由带常数的单位根过程产生的，那么我们不能在以下带时间趋势的稳定过程

$$y_t = c + rt + u_t \tag{2.1}$$

中，通过对参数 $c$ 和 $r$ 作通常的 $t$ 检验来发现模型的设置错误。因为这时的 $t_T$ 统计量总会是显著的，而且其绝对值随样本本趋向无穷大，如果以此接受式(2.1)则是错误的。

这一切都是由产生数据的单位根过程的不稳定性造成，因此正确的方法是在检验时间趋势之前，先确定时间序列中是否存在单位根。只有在单位根假设被拒绝后，对式(2.1)中的参数作假设检验才有意义。下面考虑一阶自回归过程

$$y_t = \rho y_{t-1} + \varepsilon_t, \tag{2.2}$$

$$y_t = \alpha + \rho y_{t-1} + \varepsilon_t, \tag{2.3}$$

对单位根假设 $H_0:\rho=1$ 作检验。我们先假设随机干扰过程$\{\varepsilon_t\}$为独立同分布，然后再将结果推广到一般的稳定过程。我们所考虑的检验方法仍然基于传统的 $t$ 检验，它们的极限分布将也是非标准和非对称的。单位根检验的一个重要特点，是必须在式 (2.2) 和式 (2.3)中分别检验四种不同的情况。

**情况一**：假设数据由 $y_t=\rho y_{t-1}+\varepsilon_t$产生，并在其中检验假设

$$H_0:\rho=1;\quad H_1:\rho<1.$$

**情况二**：假设数据由 $y_t=\rho y_{t-1}+\varepsilon_t$产生，但在模型 $y_t=\alpha+\rho y_{t-1}+\varepsilon_t$ 中检验假设

$$H_0:\rho=1,\alpha=0;\quad H_1:\rho<1,\alpha\neq 0.$$

**情况三**：假设数据由 $y_t=\alpha+\rho y_{t-1}+\varepsilon_t$产生，并在其中检验假设

$$H_0:\rho=1;\quad H_1:\rho<1.$$

**情况四**：假设数据由 $y_t=\alpha+\rho y_{t-1}+\varepsilon_t$产生，但在模型 $y_t=\alpha+\rho y_{t-1}+\delta t+\varepsilon_t$中检验假设

$$H_0:\rho=1,\delta=0;\quad H_1:\rho<1,\delta\neq 0.$$

在推导这些统计量的极限分布前，我们先作以下说明：

(1) 我们将看到，以上这些检验统计量的极限分布都是维纳过程的泛函，是非标准的，因此只能通过模拟的方法计算它们的临界值。这样的模拟结果还依赖于计算模型的具体形式，因此不可能得到适应于所有以上情况的临界值；

(2) 我们这里检验的原假设是 $H_0:\rho=1$，备选假设是 $H_1:\rho<1$，而不是通常的备选假设 $H_1:\rho\neq1$。因为 $\rho\neq1$ 包括 $\rho>1$ 的情况，而在这种情况下，时间序列是爆炸性的，因此检验统计量在备选假设下的统计性质不对称（$\rho<1$，时间序列是稳定的）。除了技术上的困难，爆炸性的时间序列在经济中也不常见，因此在文献中一般只讨论单位根的单边检验（$H_1:\rho<1$）。

(3) 情况一和情况二假设数据是由 $y_t=\rho y_{t-1}+\varepsilon_t$ 产生的，而情况三和情况四则假设数据由 $y_t=\alpha+\rho y_{t-1}+\varepsilon_t$产生，在单位根假设 $H_0:\rho=1$ 为真时，这两个过程有很不同的统计性质，因此统计量 $T(\hat{\rho}_T-1)$ 和检验统计量 $t_T$在情况二和情况三下有不同的分布。

(4) 在每种情况下，我们讨论两种检验方法：迪基-福勒(Dickey-Fuller) 方法和菲利普斯-配荣 (Phillips-Perron)方法，并举例说明这两种方法的应用。

## 2.2 迪基-福勒检验法

迪基-福勒的单位根检验法（以下简称“DF 检验法”）是由迪基和福勒在 20 世纪 70 和 80 年代发表的一系列文章基础上建立起来的。为了理解 DF 方法，先回忆一下在稳定过程时的情况。考虑以下一阶自回归过程：

$$y_t=\rho y_{t-1}+\varepsilon_t.$$

我们对参数 $\rho$ 作假设检验。若$|\rho|<1$，$\{\varepsilon_t\}$为独立同分布，且 $E(\varepsilon_t)=0$，$\mathrm{var}(\varepsilon_t)=\sigma^2<\infty$，检验假设

$$H_0:\rho=\rho_0;\quad H_1:\rho\neq\rho_0.$$

的 $t_T$ 统计量由下式给出：

$$t_T = \frac{\hat{\rho}_T - \rho_0}{\hat{\eta}_T}.$$

其中，$\hat{\rho}_T$ 为参数 $\rho$ 的最小二乘估计，$\hat{\eta}_T$ 为 $\hat{\rho}_T$ 的标准差的估计值，$|\rho_0|<1$。当原假设 $H_0:\rho=\rho_0$ 为真时，即数据由 $y_t=\rho_0 y_{t-1}+\varepsilon_t$ 产生，那么统计量 $t_T$ 有自由度为 $T-1$ 的 $t$ 分布。选取一适当的显著水平 $\alpha$（如 $\alpha=5\%$、$1\%$等），可以从 $t$ 分布表中查到相应的临界值 $t_{\alpha/2}$。若 $|t_T|<t_{\alpha/2}$，接受原假设 $H_0:\rho=\rho_0$；否则，拒绝原假设，而接受备选假设 $H_1:\rho\neq\rho_0$。

但是，这一传统的方法不能直接用来检验假设 $H_0:\rho=1$，因为当原假设为真时，最小二乘估计量 $\hat{\rho}_T$ 和检验统计量 $t_T$ 都有非标准和非对称的极限分布，它们的临界值要通过模拟的方法得到。而且这两个统计量都不存在小样本分布，只有当样本量 $T$ 足够大时，它们的极限分布才有实际的使用价值。为了克服这些困难，迪基和福勒用模拟的方法对统计量 $T(\hat{\rho}_T-1)$ 和 $t_T$ 的极限分布作了模拟计算，采用了不同的样本量，如 $T=25$、$50$、$100$ 等。这些模拟值收集在书后的表一和表二中，其中表 1 给出了 $T(\hat{\rho}_T-1)$ 的分布的临界值，表 2 给出了检验统计量 $t_T$ 的临界值。这两张表格中的值对于 DF 检验和 PP 检验都适用，对于给定的样本量 $T$ 和显著水平 $\alpha$，可以在表 1 和表 2 中找到相应于 $T(\hat{\rho}_T-1)$ 和 $t_T$ 的临界值。若统计量的实际计算值小于临界值，则拒绝原假设；若大于或等于临界值，则接受原假设 $H_0:\rho=1$。注意到这里的备选假设是 $H_1:\rho<1$，我们采用的是单边检验，只有在统计量的实际值小于临界值时拒绝原假设。以下分别考虑四种情况下的 DF 检验。

### 2.2.1　情况一和情况二的 DF 检验

我们现在讨论在情况一和情况二中的单位根检验。在这两种情况下，我们都假设数据的产生过程为一阶自回归过程

$$y_t = \rho y_{t-1} + \varepsilon_t.$$

其中，$\{\varepsilon_t\}$ 为独立同分布，$E(\varepsilon_t)=0$，$\mathrm{var}(\varepsilon_t)=\sigma^2$。我们将在以后章节中讨论更一般的单位根过程，其中的随机干扰项服从一般的稳定过程。我们检验的是原假设 $H_0:\rho=1$ 和备选假设 $H_1:\rho<1$。如原假设成立，$\{y_t\}$ 是一随机游动过程，而在备选假设成立时，$\{y_t\}$ 是一个稳定的一阶自回归过程。

在情况一中，我们在模型 $y_t=\rho y_{t-1}+\varepsilon_t$ 中检验单位根，参数 $\rho$ 的最小二乘估计为：

$$\hat{\rho}_T = \frac{\sum_{t=1}^{T} y_{t-1} y_t}{\sum_{t=1}^{T} y_{t-1}^2}. \tag{2.4}$$

根据第一章中的式(1.34)，统计量 $T(\hat{\rho}_T-1)$弱收敛于以下极限：

$$T(\hat{\rho}_T-1)\Rightarrow\frac{W^2(1)-1}{2\int_0^1 W^2(r)\mathrm{d}r}.\tag{2.5}$$

以 $\hat{\eta}_T$表示统计量$\hat{\rho}_T$的标准差的估计量：

$$\hat{\eta}_T=\left(\frac{\hat{\sigma}_T^2}{\sum_{t=1}^{T}y_{t-1}^2}\right)^{\frac{1}{2}}.\tag{2.6}$$

其中的 $\hat{\sigma}_T^2$ 是方差$\sigma^2$ 的最小二乘估计：

$$\hat{\sigma}_T^2=\frac{1}{T-1}\sum_{t=1}^{T}(y_t-\hat{\rho}_T y_{t-1})^2.$$

因此检验统计量 $t_T$可表示为：

$$t_T=\frac{\hat{\rho}_T-1}{\hat{\eta}_T}=\frac{T(\hat{\rho}_T-1)}{\hat{\sigma}_T}\left(\frac{1}{T^2}\sum_{t=1}^{T}y_{t-1}^2\right)^{\frac{1}{2}}.$$

由第一章的式 (1.36)，统计量 $t_T$弱收敛，其极限为：

$$T(\hat{\rho}_T-1)\Rightarrow\frac{W^2(1)-1}{2\left\{\int_0^1 W^2(r)\mathrm{d}r\right\}^{\frac{1}{2}}}.\tag{2.7}$$

统计量 $T(\hat{\rho}_T-1)$ 和 $t_T$都可用来检验单位根假设 $H_0:\rho=1$，它们的临界值分别在附录的表 1 和表 2 中给出。两张表中的第一行给出了从 0.01 到 0.99 的概率值，第一列表示不同的样本量，此后的每一列给出了对应于第一行中概率值和不同样本量的临界值。例如，表 1 中情况一的第一个值－11.9 是对应于样本量 $T=25$ 和 $\mathrm{Prob}(T(\hat{\rho}_T-1)<-11.9)=0.01$ 的临界值。对于给定的样本量 $T$ 和显著水平 $\alpha$，若 $T(\hat{\rho}_T-1)$ 和 $t_T$的实际计算值小于相应的临界值，则拒绝原假设 $H_0:\rho=1$。

**例 2.1**　图 2.1 描述了美国财政部债券从 1975 年 1 月到 2000 年 12 月的二级市场的月度利息率 $i_t$。作最简单的不带常数项的一阶自回归，可得：

$$\hat{i}_t=\underset{(0.0044)}{0.9964}i_{t-1}.\tag{2.8}$$

括弧中的数字为$\hat{\rho}_T$ 的标准差。分别计算统计量 $T(\hat{\rho}_T-1)$ 和 $t_T$，并对原假设 $H_0:\rho=1$ 作检验。因为这时 $T=312$，$\hat{\rho}_T=0.9964$，$\hat{\eta}_T=0.0044$，可得：

$$T(\hat{\rho}_T-1)=312\times(0.9964-1)=-1.123.$$

选取显著水平 $\alpha=5\%$，从附录表 1 的情况一中可查得相应的临界值为 －8.0，由于－1.123＞－8.0，我们接受原假设 $H_0:\rho=1$。

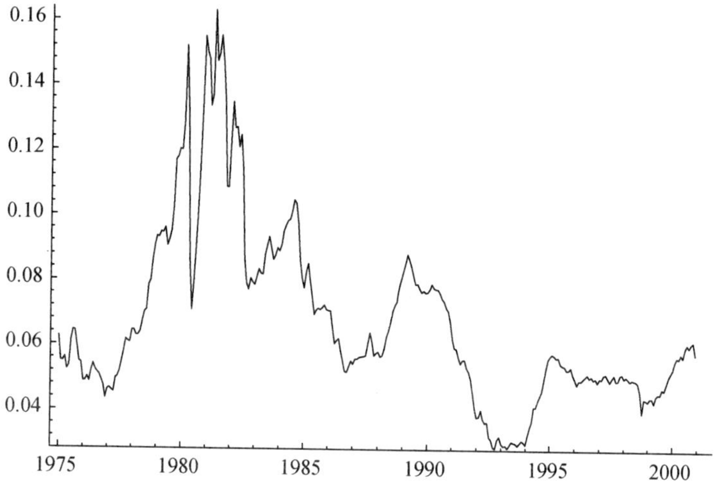


**图 2.1　美国财政部债券的月利息率(1975.1—2000.12)**

再计算统计量 $t_T$ 的值：

$$t_T = \frac{\hat{\rho}_T - 1}{\hat{\eta}_T} = \frac{0.9964 - 1}{0.0044} = -0.818.$$

由附录表 2 的情况一查得对应于 $\alpha=5\%$ 的临界值为 $-1.95$。由于 $-0.818>-1.95$，我们再次接受原假设 $H_0:\rho=1$。我们在式(2.8)中没有包含常数项，因为任何一个非零的常数隐含着利率以一个固定的速率增加或减少，这会使模型失去合理的经济解释。

但是如果不存在来自经济或其他意义上的约束条件，我们可以采用更为一般的检验框架：

$$y_t = \alpha + \rho y_{t-1} + \varepsilon_t. \tag{2.9}$$

并在其中检验假设：

$$H_0:\alpha = 0, \rho = 1.$$

备选假设为：

$$H_1:\alpha \neq 0, \rho < 1.$$

这是要讨论的情况二。注意在情况二中仍假设数据是由 $y_t=\rho y_{t-1}+\varepsilon_t$ 产生的。

式(2.9)中参数的最小二乘估计为：

$$\begin{pmatrix} \hat{\alpha}_T \\ \hat{\rho}_T \end{pmatrix} = \begin{pmatrix} T & \sum_{t=1}^{T} y_{t-1} \\ \sum_{t=1}^{T} y_{t-1} & \sum_{t=1}^{T} y_{t-1}^2 \end{pmatrix}^{-1} \begin{pmatrix} \sum_{t=1}^{T} y_t \\ \sum_{t=1}^{T} y_{t-1} y_t \end{pmatrix}.$$

当原假设 $H_0: \alpha=0, \rho=1$ 成立时，上式可改写成：

$$\begin{pmatrix} \hat{\alpha}_T \\ \hat{\rho}_T - 1 \end{pmatrix} = \begin{pmatrix} T & \sum_{t=1}^{T} y_{t-1} \\ \sum_{t=1}^{T} y_{t-1} & \sum_{t=1}^{T} y_{t-1}^2 \end{pmatrix}^{-1} \begin{pmatrix} \sum_{t=1}^{T} \varepsilon_t \\ \sum_{t=1}^{T} y_{t-1} \varepsilon_t \end{pmatrix}.$$

以 $T^{1/2}$ 和 $T$ 分别乘 $\hat{\alpha}_T$ 和 $\hat{\rho}_T-1$，得：

$$\begin{pmatrix} T^{1/2} & 0 \\ 0 & T \end{pmatrix} \begin{pmatrix} \hat{\alpha}_T \\ \hat{\rho}_T - 1 \end{pmatrix}$$

$$= \left\{ \begin{pmatrix} T^{-1/2} & 0 \\ 0 & T^{-1} \end{pmatrix} \begin{pmatrix} T & \sum_{t=1}^{T} y_{t-1} \\ \sum_{t=1}^{T} y_{t-1} & \sum_{t=1}^{T} y_{t-1}^2 \end{pmatrix} \begin{pmatrix} T^{-1/2} & 0 \\ 0 & T^{-1} \end{pmatrix} \right\}^{-1}$$

$$\cdot \left\{ \begin{pmatrix} T^{-1/2} & 0 \\ 0 & T^{-1} \end{pmatrix} \begin{pmatrix} \sum_{t=1}^{T} \varepsilon_t \\ \sum_{t=1}^{T} y_{t-1} \varepsilon_t \end{pmatrix} \right\}.$$

整理后得：

$$\begin{pmatrix} T^{1/2} \hat{\alpha}_T \\ T(\hat{\rho}_T - 1) \end{pmatrix} = \begin{pmatrix} 1 & T^{-3/2} \sum_{t=1}^{T} y_{t-1} \\ T^{-3/2} \sum_{t=1}^{T} y_{t-1} & T^{-2} \sum_{t=1}^{T} y_{t-1}^2 \end{pmatrix}^{-1} \begin{pmatrix} T^{-1/2} \sum_{t=1}^{T} \varepsilon_t \\ T^{-1} \sum_{t=1}^{T} y_{t-1} \varepsilon_t \end{pmatrix}. \quad (2.10)$$

在原假设成立时，$y_t = \sum_{i=1}^{t} \varepsilon_i$，根据定理 1.7，可得：

$$T^{-3/2} \sum_{t=1}^{T} y_{t-1} \Rightarrow \sigma \int_0^1 W(r) \mathrm{d}r,$$

$$T^{-1/2}\sum_{t=1}^{T}\varepsilon_t \Rightarrow \sigma W(1),$$

$$T^{-2}\sum_{t=1}^{T}y_{t-1}^2 \Rightarrow \sigma^2\int_0^1 W^2(r)\mathrm{d}r,$$

$$T^{-1}\sum_{t=1}^{T}y_{t-1}\varepsilon_t \Rightarrow \frac{1}{2}\sigma^2(W^1(1)-1).$$

从而有：

$$\begin{pmatrix} 1 & T^{-3/2}\sum y_{t-1} \\ T^{-3/2}\sum y_{t-1} & T^{-2}\sum y_{t-1}^2 \end{pmatrix}^{-1}$$

$$\Rightarrow \begin{pmatrix} 1 & \sigma\int_0^1 W(r)\mathrm{d}r \\ \sigma\int_0^1 W(r)\mathrm{d}r & \sigma^2\int_0^1 W^2(r)\mathrm{d}r \end{pmatrix}^{-1}$$

$$= \begin{pmatrix} 1 & 0 \\ 0 & \sigma^{-1} \end{pmatrix} \begin{pmatrix} 1 & \int_0^1 W(r)\mathrm{d}r \\ \int_0^1 W(r)\mathrm{d}r & \int_0^1 W^2(r)\mathrm{d}r \end{pmatrix}^{-1} \begin{pmatrix} 1 & 0 \\ 0 & \sigma^{-1} \end{pmatrix},$$

$$\begin{pmatrix} T^{-1/2}\sum_{t=1}^{T}\varepsilon_t \\ T^{-1}\sum_{t=1}^{T}y_{t-1}\varepsilon_t \end{pmatrix} \Rightarrow \begin{pmatrix} \sigma W(1) \\ \frac{1}{2}\sigma^2(W^2(1)-1) \end{pmatrix} = \begin{pmatrix} \sigma & 0 \\ 0 & \sigma^2 \end{pmatrix} \begin{pmatrix} W(1) \\ \frac{1}{2}(W^2(1)-1) \end{pmatrix}.$$

综上所述，可得：

$$\begin{pmatrix} T^{1/2}\hat{\alpha}_T \\ T(\hat{\rho}_T-1) \end{pmatrix} \Rightarrow \begin{pmatrix} 1 & 0 \\ 0 & \sigma^{-1} \end{pmatrix} \begin{pmatrix} 1 & \int_0^1 W(r)\mathrm{d}r \\ \int_0^1 W(r)\mathrm{d}r & \int_0^1 W^2(r)\mathrm{d}r \end{pmatrix}^{-1}$$

$$\cdot \begin{pmatrix} 1 & 0 \\ 0 & \sigma^{-1} \end{pmatrix} \begin{pmatrix} \sigma & 0 \\ 0 & \sigma^2 \end{pmatrix} \begin{pmatrix} W(1) \\ \frac{1}{2}(W^2(1)-1) \end{pmatrix}$$

$$= \begin{pmatrix} \sigma & 0 \\ 0 & 1 \end{pmatrix} \begin{pmatrix} 1 & \int_0^1 W(r)\mathrm{d}r \\ \int_0^1 W(r)\mathrm{d}r & \int_0^1 W^2(r)\mathrm{d}r \end{pmatrix}^{-1} \begin{pmatrix} W(1) \\ \frac{1}{2}(W^2(1)-1) \end{pmatrix}.$$

其中的逆阵可表示为：

$$\begin{pmatrix} 1 & \int_0^1 W(r)\mathrm{d}r \\ \int_0^1 W(r)\mathrm{d}r & \int_0^1 W^2(r)\mathrm{d}r \end{pmatrix}^{-1} = \Delta^{-1}\begin{pmatrix} \int_0^1 W^2(r)\mathrm{d}r & -\int_0^1 W(r)\mathrm{d}r \\ -\int_0^1 W(r)\mathrm{d}r & 1 \end{pmatrix}.$$

这里，

$$\Delta = \int_0^1 W^2(r)\mathrm{d}r - \left(\int_0^1 W(r)\mathrm{d}r\right)^2$$

是原矩阵的行列式。因此，$T^{1/2}\hat{\alpha}_T$和 $T(\hat{\rho}_T-1)$ 的极限可表示为：

$$T^{1/2}\hat{\alpha}_T \Rightarrow \frac{\sigma W(1)\int_0^1 W^2(r)\mathrm{d}r - \frac{1}{2}(W^2(1)-1)\int_0^1 W(r)\mathrm{d}r}{\int_0^1 W^2(r)\mathrm{d}r - \left(\int_0^1 W(r)\mathrm{d}r\right)^2}, \tag{2.11}$$

$$T(\hat{\rho}_T-1) \Rightarrow \frac{\frac{1}{2}(W^2(1)-1) - W(1)\int_0^1 W(r)\mathrm{d}r}{\int_0^1 W^2(r)\mathrm{d}r - \left(\int_0^1 W(r)\mathrm{d}r\right)^2}. \tag{2.12}$$

与情况一相比，式(2.12) 中统计量 $T(\hat{\rho}_T-1)$的极限和式 (2.7) 的形式很不一样，这是由对常数项的估计引起的。$T(\hat{\rho}_T-1)$在检验假设 $H_0:\rho=1$ 中的作用与情况一是一样的，它的分布的临界值在附录表 1 的情况二中给出。

检验统计量 $t_T$ 的构造形式与情况一是一样的：

$$t_T = \frac{\hat{\rho}_T - 1}{\hat{\eta}_T},$$

其中的标准差 $\hat{\eta}_T$ 为下式的平方根：

$$\hat{\eta}_T^2 = \hat{\sigma}_T^2(0,1)\begin{pmatrix} T & \sum y_{t-1} \\ \sum y_{t-1} & \sum y_{t-1}^2 \end{pmatrix}^{-1}\begin{pmatrix} 0 \\ 1 \end{pmatrix},$$

其中的 $\hat{\sigma}_T^2$ 是方差 $\sigma_T^2$ 的最小二乘估计：

$$\hat{\sigma}_T^2 = \frac{1}{T-2}\sum_{t=1}^{T}(y_t - \hat{\alpha}_T^2 - \hat{\rho}_T y_{t-1})^2,$$

以 $T^2$ 乘 $\hat{\eta}_T$，整理后可得

$$T^2\hat{\eta}_T^2 = \hat{\sigma}_T^2(0,T)\begin{pmatrix} T & \sum y_{t-1} \\ \sum y_{t-1} & \sum y_{t-1}^2 \end{pmatrix}^{-1}\begin{pmatrix} 0 \\ T \end{pmatrix}$$

$$= \hat{\sigma}_T^2(0,T)\begin{pmatrix} 1 & T^{-3/2}\sum y_{t-1} \\ T^{-3/2}\sum y_{t-1} & T^{-2}\sum y_{t-1}^2 \end{pmatrix}^{-1}\begin{pmatrix} 0 \\ 1 \end{pmatrix}.$$

又因为

$$\begin{pmatrix} 1 & T^{-3/2}\sum y_{t-1} \\ T^{-3/2}\sum y_{t-1} & T^{-2}\sum y_{t-1}^2 \end{pmatrix}$$

$$\Rightarrow \begin{pmatrix} 1 & 0 \\ 0 & \sigma^{-1} \end{pmatrix}\begin{pmatrix} 1 & \int_0^1 W(r)\mathrm{d}r \\ \int_0^1 W(r)\mathrm{d}r & \int_0^1 W^2(r)\mathrm{d}r \end{pmatrix}^{-1}\begin{pmatrix} 1 & 0 \\ 0 & \sigma^{-1} \end{pmatrix},$$

所以，统计量 $T^2\hat{\eta}_T^2$ 有以下极限：

$$T^2\hat{\eta}_T^2 \Rightarrow (0,1)\begin{pmatrix} 1 & \int_0^1 W(r)\mathrm{d}r \\ \int_0^1 W(r)\mathrm{d}r & \int_0^1 W^2(r)\mathrm{d}r \end{pmatrix}^{-1}\begin{pmatrix} 0 \\ 1 \end{pmatrix}$$

$$= \frac{1}{\int_0^1 W^2(r)\mathrm{d}r - \left(\int_0^1 W(r)\mathrm{d}r\right)^2}. \tag{2.13}$$

统计量 $T(\hat{\rho}_T-1)$ 和 $T^2\hat{\eta}_T^2$ 极限给出了统计量 $t_T$ 的极限：

$$t_T = \frac{T(\hat{\rho}_T-1)}{(T^2\hat{\eta}_T^2)^{1/2}} \Rightarrow \frac{\frac{1}{2}(W^2(1)-1) - W(1)\int_0^1 W(r)\mathrm{d}r}{\int_0^1 W^2(r)\mathrm{d}r - \left(\int_0^1 W(r)\mathrm{d}r\right)^2}$$

$$\cdot \left\{\int_0^1 W^2(r)\mathrm{d}r - \left(\int_0^1 W(r)\mathrm{d}r\right)^2\right\}^{1/2}$$

$$= \frac{\frac{1}{2}(W^2(1)-1) - W(1)\int_0^1 W(r)\mathrm{d}r}{\left\{\int_0^1 W^2(r)\mathrm{d}r - \left(\int_0^1 W(r)\mathrm{d}r\right)^2\right\}^{1/2}}. \tag{2.14}$$

与情况一相比较，情况二的 $t_T$ 统计量有较为复杂的极限，它的分布的临界值列在附录表 2 的情况二中。统计量 $t_T$ 在检验 $\rho=1$ 中的作用与情况一的一样。

从附录表 1 和表 2 中可看出，情况二中的值都小于相应的情况一中的值，这表明对于带常数项的单位根过程，统计量 $T(\hat{\rho}_T-1)$ 和 $t_T$ 的极限有更偏左的分布。以 $\alpha=0.05$，$T=100$ 为例，表 1 的情况一和情况二中的临界值分别为 $-7.9$ 和 $-13.7$，而表 2 中的相应值分别为 $-1.95$ 和 $-2.89$。

**例 2.2** 仍利用例 2.1 的数据，估计带常数项的一阶自回归模型，可得：

$$\hat{i}_t = \underset{(0.0009)}{0.0014} + \underset{(0.0119)}{0.9782} i_{t-1}.$$

我们检验假设 $H_0:\rho=1$。给定 $T=312$，统计量 $T(\hat{\rho}_T-1)$ 的值为：

$$T(\hat{\rho}_T - 1) = 312 \times (0.9782 - 1) = -6.802.$$

由表 1 情况二可查得相应于 $\alpha=0.05$ 的临界值为 $-14.0$，因为 $-6.802>-14.0$，我们接受原假设 $H_0:\rho=1$。

统计量 $t_T$ 的实际值为：

$$t_T = \frac{\hat{\rho}_T - 1}{\hat{\eta}_T} = \frac{0.9782 - 1}{0.0119} = -1.832.$$

由表 2 情况二可查得相应于 $\alpha=0.05$ 的临界值为 $-2.87$，因为 $-1.832>-2.87$ 我们又一次接受单位根假设 $H_0:\rho=1$。

严格地说，我们还需在上例中对假设 $\alpha=0$ 作检验，因为我们所用的统计量 $T(\hat{\rho}_T-1)$ 和 $t_T$ 的极限只有在 $\rho=1$ 和 $\alpha=0$ 同为真时才成立。但是，假设 $\alpha=0$ 不能由统计量 $T^{1/2}\hat{\alpha}_T$ 作检验，因为它的极限式 (2.11) 包含未知参数 $\sigma$。

我们可以对原假设 $H_0:\rho=1,\alpha=0$ 作联合检验，采用传统的 $F_T$ 统计量。统计学教科书告诉我们，在稳定的一阶自回归规过程

$$y_t = \alpha + \rho y_{t-1} + \varepsilon_t$$

中，$|\rho|<1$，对假设 $H_0:\rho=\rho_0,\alpha=0$ 作联合检验的 $F_T$ 统计量可表示为：

$$F_T = \frac{(\tilde{R}^2 - \hat{R}^2)/2}{\hat{R}^2/(T-2)}.$$

其中的 $\tilde{R}^2$ 和 $\hat{R}^2$ 分别为有约束和无约束的残差平方和：

$$\tilde{R}^2 = \sum_{t=1}^{T} (y_t - \rho_0 y_{t-1})^2, \quad \hat{R}^2 = \sum_{t=1}^{T} (y_t - \hat{\alpha}_T - \hat{\rho}_T y_{t-1})^2.$$

在原假设 $H_0:\rho=\rho_0,\alpha=0$ 为真时，统计量 $F_T$ 有自由度为 $(2,T-2)$ 的 $F$ 分布。如果 $\rho_0=1$，$F_T$ 的极限存在，但有非标准的分布。迪基和福勒对 $F_T$ 的极限分布的模拟值在附录表 3 中列出。

**例 2.3** 仍考虑例 2.2 中的估计模型：

$$\hat{i}_t = \underset{(0.0009)}{0.0014} + \underset{(0.0119)}{0.9782} i_{t-1}$$

检验假设 $H_0:\rho=1,\alpha=0$ 的 $F_T$ 统计量的值为 3.411，从表 3 的情况二查得相应于 $\alpha=0.05$ 的临界值为 4.62，因为 $3.411<4.62$，我们接受联合原假设。

## 2.2.2　情况三和情况四的 DF 检验

和情况一、情况二不同，我们在情况三、情况四中假设数据由带常数项的单位根过程

$$y_t = \alpha + \rho y_{t-1} + \varepsilon_t \tag{2.15}$$

产生，其中 $\rho=1$，$\{\varepsilon_t\}$为独立同分布，$E(\varepsilon_t)=0$，$\mathrm{var}(\varepsilon_t)=\sigma^2<\infty$。

我们先考虑情况三，在式 (2.15) 中检验假设。我们在第一章中说明了统计量 $T^{1/2}(\hat{\alpha}_T-\alpha)$ 和 $T^{3/2}(\hat{\rho}_T-1)$都有正态的极限分布，这与情况一和情况二不同（参见第一章第 7 节中的讨论）。因此，情况三的单位根假设 $H_0:\rho=1$ 的检验，可从一般的正态分布和 $t$ 分布表中得到所需的临界值。

在情况四中，我们考虑含有常数项和时间趋势的一阶自回归模型：

$$y_t = \alpha + \rho y_{t-1} + \delta t + \varepsilon_t, \tag{2.16}$$

并对单位根假设作检验。我们先讨论对假设 $H_0:\rho=1$ 的检验，然后讨论对假设 $H_0:\rho=1,\delta=0$ 的联合检验。

当假设 $\rho=1$ 和 $\delta=0$ 为真时，可将 $y_t$ 表示为：

$$y_t = \alpha t + y_0 + \xi_t.$$

这里

$$\xi_t = \varepsilon_1 + \varepsilon_2 + \cdots + \varepsilon_t = \sum_{i=1}^{t}\varepsilon_i.$$

式 (2.16) 的回归变量 $\rho y_{t-1}$ 和 $\delta t$ 都含有时间趋势，直接对式(2.16)作最小二乘估计会出现共线性问题(collinearity)。因此我们先对式 (2.16) 作以下的线性变换：

$$\begin{aligned} y_t &= \alpha + \rho y_{t-1} + \delta t + \varepsilon_t \\ &= (1-\rho)\alpha + \rho[y_{t-1} - \alpha(t-1)] + (\delta + \rho\alpha)t + \varepsilon_t \\ &= \alpha^* + \rho^* \xi_{t-1} + \delta^* t + \varepsilon_t, \end{aligned}$$

其中，$\alpha^*=(1-\rho)\alpha$，$\rho^*=\rho$，$\delta^*=\delta+\rho\alpha$，$\xi_t=y_t-\alpha t$。这样，原假设

$$H_0:\alpha=\alpha_0,\rho=1,\delta=0$$

就等价于

$$H_0:\alpha^*=0,\rho^*=1,\delta^*=\alpha_0. \tag{2.17}$$

我们下面将讨论对式 (2.17) 中原假设的检验。

参数 $\alpha^*$，$\rho^*$ 和 $\delta^*$ 的最小二乘估计可由向量形式表示：

$$\begin{pmatrix}\hat{\alpha}_T^*\\ \hat{\rho}_T^*\\ \hat{\delta}_T^*\end{pmatrix}=\begin{pmatrix}T & \sum\xi_{t-1} & \sum t\\ \sum\xi_{t-1} & \sum\xi_{t-1}^2 & \sum\xi_{t-1}t\\ \sum t & \sum\xi_{t-1}t & \sum t^2\end{pmatrix}^{-1}\begin{pmatrix}\sum y_t\\ \sum\xi_{t-1}y_t\\ \sum ty_t\end{pmatrix}.$$

当假设 $\alpha^*=0,\rho^*=1,\delta^*=\alpha_0$ 为真时，上式可简化为：

$$\begin{pmatrix}\hat{\alpha}_T^*\\ \hat{\rho}_T^*-1\\ \hat{\delta}_T^*-\alpha_0\end{pmatrix}=\begin{pmatrix}T & \sum\xi_{t-1} & \sum t\\ \sum\xi_{t-1} & \sum\xi_{t-1}^2 & \sum\xi_{t-1}t\\ \sum t & \sum\xi_{t-1}t & \sum t^2\end{pmatrix}^{-1}\begin{pmatrix}\sum\varepsilon_t\\ \sum\xi_{t-1}\varepsilon_t\\ \sum t\varepsilon_t\end{pmatrix}. \tag{2.18}$$

定义对角矩阵 $\boldsymbol{R}_T$ 如下：

$$\boldsymbol{R}_T=\begin{pmatrix}T^{1/2} & 0 & 0\\ 0 & T & 0\\ 0 & 0 & T^{3/2}\end{pmatrix}$$

并以其左乘式(2.18)，可得：

$$\begin{pmatrix}T^{1/2} & 0 & 0\\ 0 & T & 0\\ 0 & 0 & T^{3/2}\end{pmatrix}\begin{pmatrix}\hat{\alpha}_T^*\\ \hat{\rho}_T^*-1\\ \hat{\delta}_T^*-\alpha_0\end{pmatrix}$$

$$=\left\{\begin{pmatrix}T^{-1/2} & 0 & 0\\ 0 & T^{-1} & 0\\ 0 & 0 & T^{-3/2}\end{pmatrix}\begin{pmatrix}T & \sum\xi_{t-1} & \sum t\\ \sum\xi_{t-1} & \sum\xi_{t-1}^2 & \sum\xi_{t-1}t\\ \sum t & \sum\xi_{t-1}t & \sum t^2\end{pmatrix}\right.$$

$$\left.\cdot\begin{pmatrix}T^{-1/2} & 0 & 0\\ 0 & T^{-1} & 0\\ 0 & 0 & T^{-3/2}\end{pmatrix}\right\}^{-1}\left\{\begin{pmatrix}T^{-1/2} & 0 & 0\\ 0 & T^{-1} & 0\\ 0 & 0 & T^{-3/2}\end{pmatrix}\begin{pmatrix}\sum\varepsilon_t\\ \sum\xi_{t-1}\varepsilon_t\\ \sum t\varepsilon_t\end{pmatrix}\right\}.$$

经整理后可简化为：

$$\begin{pmatrix}T^{1/2}\hat{\alpha}_T^*\\ T(\hat{\rho}_T^*-1)\\ T^{3/2}(\hat{\delta}_T^*-\alpha_0)\end{pmatrix}=\begin{pmatrix}1 & T^{-3/2}\sum\xi_{t-1} & T^{-2}\sum t\\ T^{-3/2}\sum\xi_{t-1} & T^{-2}\sum\xi_{t-1}^2 & T^{-5/2}\sum\xi_{t-1}t\\ T^{-2}\sum t & T^{-5/2}\sum\xi_{t-1}t & T^{-3}\sum t^2\end{pmatrix}\begin{pmatrix}T^{-1/2}\sum\varepsilon_t\\ T^{-1}\sum\xi_{t-1}\varepsilon_t\\ T^{-3/2}\sum t\varepsilon_t\end{pmatrix}.$$

由定理 1.7 中的结果，可得以下极限：

$$\begin{pmatrix} T^{1/2}\hat{\alpha}_T^* \\ T(\hat{\rho}_T^* - 1) \\ T^{3/2}(\hat{\delta}_T^* - \alpha_0) \end{pmatrix}$$

$$\Rightarrow \begin{pmatrix} 1 & \sigma\int_0^1 W(r)\mathrm{d}r & \frac{1}{2} \\ \sigma\int_0^1 W(r)\mathrm{d}r & \sigma^2\int_0^1 W^2(r)\mathrm{d}r & \sigma\int_0^1 rW(r)\mathrm{d}r \\ \frac{1}{2} & \sigma\int_0^1 rW(r)\mathrm{d}r & \frac{1}{3} \end{pmatrix}^{-1} \begin{pmatrix} \sigma W(1) \\ \frac{1}{2}\sigma^2\{W^2(1)-1\} \\ \sigma\{W(1) - \int_0^1 W(r)\mathrm{d}r \end{pmatrix}$$

$$= \begin{pmatrix} \sigma & 0 & 0 \\ 0 & 1 & 0 \\ 0 & 0 & \sigma \end{pmatrix} \begin{pmatrix} 1 & \int_0^1 W(r)\mathrm{d}r & \frac{1}{2} \\ \int_0^1 W(r)\mathrm{d}r & \int_0^1 W^2(r)\mathrm{d}r & \int_0^1 rW(r)\mathrm{d}r \\ \frac{1}{2} & \int_0^1 rW(r)\mathrm{d}r & \frac{1}{3} \end{pmatrix}^{-1} \begin{pmatrix} W(1) \\ \frac{1}{2}\{W^2(1)-1\} \\ \sigma\{W(1) - \int_0^1 W(r)\mathrm{d}r \end{pmatrix}. \tag{2.19}$$

从以上表达式我们注意到，只有统计量 $T(\hat{\rho}_T^* - 1)$（也即统计量 $T(\hat{\rho}_T - 1)$）的极限中不含有未知参数 $\sigma$，因此其他两个统计量都不能直接参与对单位根假设 $H_0: \rho = 1$ 的检验。下面我们考虑用统计量 $T(\hat{\rho}_T - 1)$ 和 $t_T$ 作单位根检验，首先讨论 $\hat{\rho}_T$ 的估计的标准差 $\hat{\eta}_T$ 的极限分布。统计量 $\hat{\eta}_T$ 由下式给出：

$$\hat{\eta}_T^2 = \hat{\sigma}_T^2[0,1,0] \begin{pmatrix} T & \sum\xi_{t-1} & \sum t \\ \sum\xi_{t-1} & \sum\xi_{t-1}^2 & \sum\xi_{t-1}t \\ \sum t & \sum\xi_{t-1}t & \sum t^2 \end{pmatrix}^{-1} \begin{pmatrix} 0 \\ 1 \\ 0 \end{pmatrix}.$$

以 $T^2$ 乘上式：

$$T^2\hat{\eta}_T^2 = \hat{\sigma}_T^2[0,1,0] \begin{pmatrix} 1 & T^{-3/2}\sum\xi_{t-1} & T^{-2}\sum t \\ T^{-3/2}\sum\xi_{t-1} & T^{-2}\sum\xi_{t-1}^2 & T^{-5/2}\sum\xi_{t-1}t \\ T^{-2}\sum t & T^{-5/2}\sum\xi_{t-1}t & T^{-3}\sum t^2 \end{pmatrix}^{-1} \begin{pmatrix} 0 \\ 1 \\ 0 \end{pmatrix}.$$

根据定理 1.7，上式有极限：

$$T^2\hat{\eta}_T^2 \Rightarrow [0,1,0]\begin{pmatrix} 1 & \int_0^1 W(r)\mathrm{d}r & \frac{1}{2} \\ \int_0^1 W(r)\mathrm{d}r & \int_0^1 W^2(r)\mathrm{d}r & \int_0^1 rW(r)\mathrm{d}r \\ \frac{1}{2} & \int_0^1 rW(r)\mathrm{d}r & \frac{1}{3} \end{pmatrix}^{-1}\begin{pmatrix}0\\1\\0\end{pmatrix}$$

$$= \boldsymbol{Q}. \tag{2.20}$$

用代数余子式的方法可以计算 $\boldsymbol{Q}$ 的值如下：

$$\boldsymbol{Q} = \frac{1}{12}\cdot\frac{1}{|\boldsymbol{A}|}, \tag{2.21}$$

其中，$|\boldsymbol{A}|$ 为矩阵

$$\boldsymbol{A} = \begin{pmatrix} 1 & \int_0^1 W(r)\mathrm{d}r & \frac{1}{2} \\ \int_0^1 W(r)\mathrm{d}r & \int_0^1 W^2(r)\mathrm{d}r & \int_0^1 rW(r)\mathrm{d}r \\ \frac{1}{2} & \int_0^1 rW(r)\mathrm{d}r & \frac{1}{3} \end{pmatrix}$$

的行列式。

有了 $T^2\hat{\eta}_T$ 的极限，我们可以进一步计算统计量 $T(\hat{\rho}_T-1)$ 和 $t_T$ 的极限。从式(2.19) 的 $T^{1/2}\hat{\alpha}_T^*$，$T(\hat{\rho}_T^*-1)$ 和 $T^{3/2}(\hat{\delta}_T^*-\alpha_0)$ 的联合极限分布中，我们可用代数余子式的方法抽取出 $T(\hat{\rho}_T^*-1)$（也即 $T(\hat{\rho}_T-1)$）的极限，因为 $\rho^*=\rho$：

$$T(\hat{\rho}_T-1) \Rightarrow \frac{1}{|\boldsymbol{A}|}\left\{\frac{1}{6}W(1)\int_0^1 W(r)\mathrm{d}r - \frac{1}{2}W(1)\int_0^1 rW(r)\mathrm{d}r + \frac{1}{24}(W^2(1)-1) + \int_0^1 W(r)\mathrm{d}r\int_0^1 rW(r)\mathrm{d}r - \frac{1}{2}\left(\int_0^1 W(r)\mathrm{d}r\right)^2\right\}. \tag{2.22}$$

对于原假设 $H_0:\rho=1$，统计量 $t_T$ 由下式给出：

$$t_T = \frac{\hat{\rho}_T-1}{\hat{\eta}_T} = \frac{T(\hat{\rho}_T-1)}{(T^2\hat{\eta}_T^2)^2}.$$

根据 $\boldsymbol{Q}$ 的表达式，统计量 $t_T$ 的极限为：

$$t_T = \frac{T(\hat{\rho}_T-1)}{(T^2\hat{\eta}_T^2)^{1/2}} \Rightarrow \frac{\sqrt{3}}{12}|\boldsymbol{A}|^{-\frac{1}{2}}\left\{4W(1)\int_0^1 W(r)\mathrm{d}r - 12W(1)\int_0^1 rW(r)\mathrm{d}r + (W^2(1)-1)\right.$$

$$+24\int_0^1 W(r)\mathrm{d}r\int_0^1 rW(r)\mathrm{d}r-12\left(\int_0^1 W(r)\mathrm{d}r\right)^2\Bigg\}. \tag{2.23}$$

以上结果说明，统计量 $T(\hat{\rho}_T-1)$和 $t_T$ 的极限有非标准的分布，但都不含有未知参数 $\alpha_0$ 和 $\sigma^2$，因此可用来检验单位根假设 $H_0:\rho=1$，而不受到其他参数的影响。统计量 $T(\hat{\rho}_T-1)$和 $t_T$ 的极限临界值也可由模拟方法计算得到，分别列在附录表 1 和表 2 的情况四中。

联合假设 $H_0:\rho=1,\delta=0$ 可由 $F_T$ 统计量检验，它由式(2.24)给出：

$$F_T=\frac{(\widetilde{\hat{R}^2-\hat{R}^2})/2}{\hat{R}^2/(T-3)}. \tag{2.24}$$

其中，分子中的 2 表示原假设中受到约束的参数的个数，分母中的 3 表示式中所有参数的个数。当联合假设为真时，$F_T$统计量的极限是维纳过程的泛函，有非标准的极限分布。附录表 3 的情况四中列出了 $F_T$的临界值。

### 2.2.3　DF 检验小结

本节介绍的 DF 方法是单位根假设中最常用的检验方法之一，它基于一阶自回归过程（带常数和不带常数项）中参数的最小二乘估计，由给定的样本构造统计量 $T(\hat{\rho}_T-1)$，$t_T$ 和 $F_T$，将它们的实际计算值与附录表 1、表 2 和表 3 中相应的临界值比较，若实际值小于临界值，则拒绝单位根假设 $H_0:\rho=1$，不然则接受单位根假设。DF 方法的检验结果，还取决于是否选择了合适的原假设和备选假设，由于统计量 $T(\hat{\rho}_T-1)$、$t_T$ 和 $F_T$ 的值不仅决定于数据产生过程的形式(带常数和不带常数项)，还受到估计模型的形式的影响，对于给定的数据，应该尽量从经济学和统计学的角度考虑数据生成过程可能有的形式，并不一定要采用最广泛的形式。比如，在处理诸如利息率数据时（见例 2.1 和例 2.2)，应仔细考虑模型中包含常数项在经济学上的合理性，如果这些考虑不能给出明确结论，则采用较为广泛的模型，如情况二和情况四，作为数据生成过程和估计模型，然后在其中对单位根假设作检验。下面我们再次考虑美国财政部债券的例子，以加深对 DF 方法的理解。假如我们有自 1958 年 12 月到 1978 年 12 月的月度数据，如图 2.2 所示：

从图像上看，数据中存在明显的上升趋势，似乎表示我们可以在情况三或情况四的框架中检验单位根假设。但从经济学的角度，却没有理由认为月度利率含有确定性的趋势（参考例 2.1 中的讨论)，因此假设数据生成过程是不带常数项的单位根过程：

$$i_t=\rho i_{t-1}+\varepsilon_t, \tag{2.25}$$

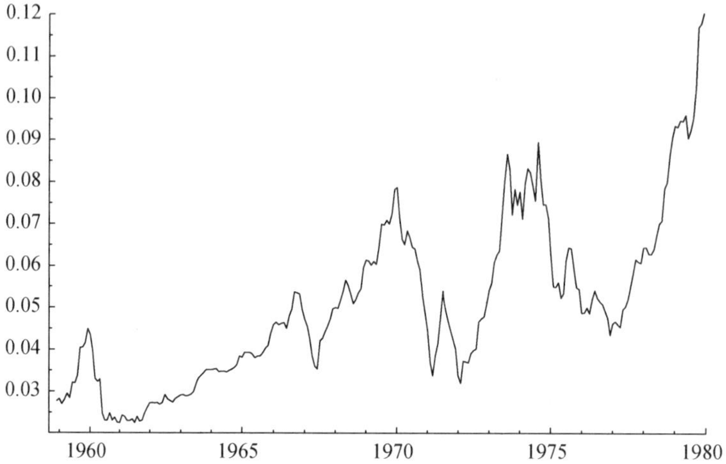


**图 2.2　美国财政部债券的月利息率(1958.12—1978.12)**

并在此中检验单位根假设 $H_0:\rho=1$，似乎较为合理。但这使得我们在选择备选假设 $H_1$ 时遇到了困难，因为图 2.1 显然表明数据有大于零的平均值，如果这时我们选择备选假设 $H_1:\rho<1$，那么当它为真时，式(2.25)中的过程是期望为零的稳定过程，这似乎与数据的事实不符。因此在备选假设成立时，模型中应包含一个正的常数项，以解释图中明显的趋势：

$$i_t=\alpha+\rho i_{t-1}+\varepsilon_t. \tag{2.26}$$

其中，$\alpha>0$，$\rho<1$。基于这些考虑，合理的检验框架应是情况二，在其中检验 $H_0:\rho=1$ 和 $H_1:\rho<1$，或者 $H_0:\alpha=0,\rho=1$ 和 $H_0:\alpha\neq0,\rho<1$。

我们再考虑以下检验单位根的例子。图 2.3 给出了从 1969 年第一季度到 2005 年第三季度的美国实际国民总产值的季度数据，其中已除去了物价的影响。图像呈现了明显的时间趋势，我们的任务是决定在哪个框架中对数据作单位根检验。从历史和经济的角度看，第二次世界大战以后，美国人口一直稳步增长，经济技术持续发展，因此有理由假设美国国民经济总产值的数据产生过程带有增长的时间趋势。但究竟它是带常数项的单位根过程：

$$y_t=\alpha+y_{t-1}+\varepsilon_t, \tag{2.27}$$

还是带时间趋势的稳定过程：

$$y_t=\alpha+\rho y_{t-1}+\delta t+\varepsilon_t, \tag{2.28}$$

这里 $|\rho|<1$。如前所述，这里带时间趋势的稳定过程，是指 $y_t$ 是由稳定过程加上一个时间趋势 $\delta t$ 构成的，但 $y_t$ 本身并不稳定，因为它的期望随时间变化：

$$E(y_t)=\alpha+\rho y_{t-1}+\delta t.$$

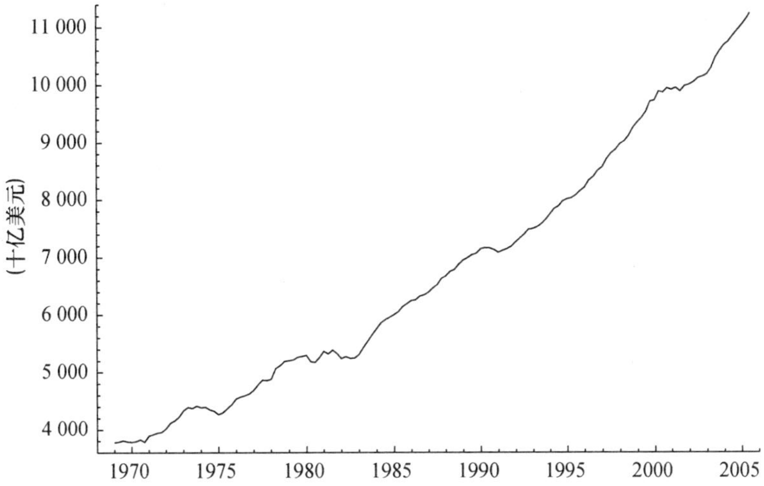


**图 2.3　美国实际国民总产值(1969 年第一季度—2005 年第三季度)**

区分以上两种趋势的合理方法是采用情况四作为检验框架,以式(2.27)作为数据生成过程,以式(2.28)作为估计模型,检验假设 $H_0:\rho=1$ 或 $H_0:\rho=1,\delta=0$。我们对式 (2.28) 作最小二乘估计,可得:

$$\hat{y}_t = \underset{(36.39)}{32.73} + \underset{(0.012)}{0.9956}y_{t-1} + \underset{(0.598)}{0.6420}t,$$

括号中的值为最小二乘估计的标准差。图 2.4 给出了实际数据和拟合模型的比较,表明模型有较好的拟合度。由附录表 1 的情况四查得相应于样本量 $T=146$、

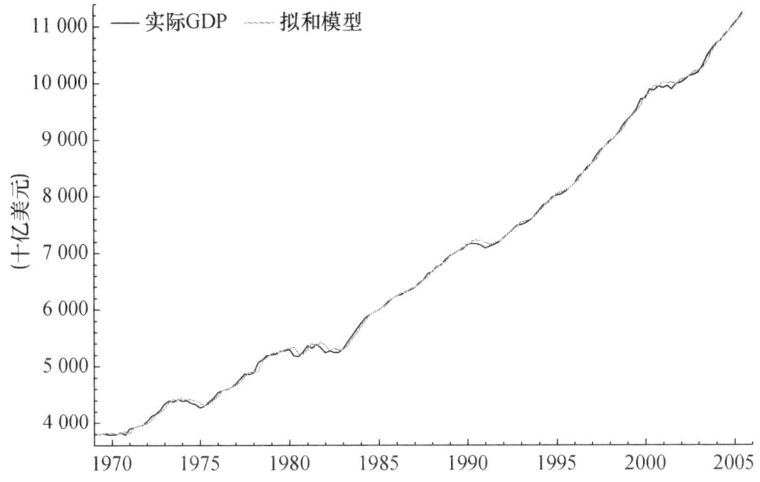


**图 2.4　美国实际国民总产值与其拟和数据**

显著性水平 $\alpha=5\%$的临界值为$-21.1$，统计量 $T(\hat{\rho}_T-1)$的实际值为：

$$T(\hat{\rho}_T-1)=146\times(0.9956-1)=-0.642.$$

因为$-0.624>-21.1$，我们接受原假设 $H_0:\rho=1$。

对于 $t_T$统计量，我们有

$$t_T=\frac{\hat{\rho}_T-1}{\hat{\eta}_T}=\frac{0.9956-1}{0.012}=-0.367.$$

由附录表 2 的情况四查得相应于样本量 $T=146$、显著性水平 $\alpha=5\%$的临界值为$-3.44$，因为$-0.367>-3.44$，我们又一次在 5%的水平上接受原假设 $H_0:\rho=1$。

最后，我们对假设 $H_0:\rho=1,\delta=0$ 作联合检验。统计量 $F_T$ 由式(2.24)给出，在本例中它的实际值为 5.853。根据附录表 3 的情况四，相应于样本量 $T=146$、显著性水平 $\alpha=5\%$的临界值为 6.42。因为 5.853<6.42，我们接受联合假设。

从以上的例子可以看出，如果选择不合适的模型作为数据产生过程或估计模型，不仅可能导致错误的统计结论，还会引起不正确的经济解释。

最后我们指出，在 DF 单位根检验方法的讨论中，我们假设一阶自回归过程中的随机干扰服从白噪声过程，但这是个较强的假设，使得 DF 检验在实际应用中很受限制。我们以后将其推广，考虑在一般的稳定的随机干扰下的 DF 方法。但首先，我们讨论菲利普斯-配荣方法。

## 2.3 菲利普斯-配荣检验法

菲利普斯-配荣检验法(以下简称"PP 检验法")，是在菲利普斯(1987)和菲利普斯、配荣(1988)中提出的。这一方法的一个重要特点，是能处理一般形式的单位根过程，其中的随机干扰 $u_t$ 服从一般形式的稳定过程。以下先考虑情况二，然后讨论情况一和情况四的 PP 检验法。由于情况三中的最小二乘估计的极限有正态的极限分布(见上一节中的讨论)，在此不作专门讨论。

### 2.3.1 情况二的 PP 检验

在情况二中，我们假设数据由不带常数项的一阶自回归过程 $y_t=\rho y_{t-1}+u_t$产生，但我们在带常数项的单位根过程

$$y_t=\alpha+\rho y_{t-1}+u_t \tag{2.29}$$

中作单位根检验，其中$\{u_t\}$为一稳定过程，可表示为：

$$u_t=\varphi(L)\varepsilon_t=\sum_{j=1}^{\infty}\varphi_j\varepsilon_{t-j}.$$

这里，$\{\varepsilon_t\}$为独立同分布，$E(\varepsilon_t)=0$，$\mathrm{var}(\varepsilon_t)=\sigma^2<\infty$。$\varphi(L)$为无穷阶的滞后多项式，其系数满足条件 $\sum_{j=0}^{\infty} j\mid\varphi_j\mid$。

与 DF 检验法一样，PP 检验法也基于参数 $\alpha$ 和 $\rho$ 的最小二乘估计，它们有以下的表示形式：

$$\begin{pmatrix}\hat{\alpha}_T\\ \hat{\rho}_T\end{pmatrix}=\begin{pmatrix}T & \sum y_{t-1}\\ \sum y_{t-1} & \sum y_{t-1}^2\end{pmatrix}^{-1}\begin{pmatrix}\sum y_t\\ \sum y_{t-1}y_t\end{pmatrix}. \tag{2.30}$$

当原假设 $H_0:\alpha=0,\rho=1$ 为真时，我们有

$$\Delta y_t=y_t-y_{t-1}=u_t=\varphi(L)\varepsilon_t=\sum_{j=0}^{\infty}\varphi_j\varepsilon_{t-j}.$$

因此可将式 (2.30) 改写为：

$$\begin{pmatrix}T^{1/2}\hat{\alpha}_T\\ T(\hat{\rho}_T-1)\end{pmatrix}=\begin{pmatrix}T & T^{-3/2}\sum y_{t-1}\\ T^{-3/2}\sum y_{t-1} & T^{-2}\sum y_{t-1}^2\end{pmatrix}^{-1}\begin{pmatrix}T^{-1/2}\sum u_t\\ T^{-1}\sum y_{t-1}u_t\end{pmatrix}. \tag{2.31}$$

根据定理 1.7 的结论，

$$T^{-3/2}\sum_{t=1}^{T}y_{t-1}\Rightarrow\sigma\varphi(1)\int_0^1 W(r)\mathrm{d}r,$$

$$T^{-2}\sum_{t=1}^{T}y_{t-1}^2\Rightarrow\sigma^2\varphi^2(1)\int_0^1 W^2(r)\mathrm{d}r,$$

因此在式(2.30)中，我们有以下极限：

$$\begin{aligned}&\begin{pmatrix}T & T^{-3/2}\sum y_{t-1}\\ T^{-3/2}\sum y_{t-1} & T^{-2}\sum y_{t-1}^2\end{pmatrix}^{-1}\\ \Rightarrow&\begin{pmatrix}1 & \sigma\varphi(1)\int_0^1 W(r)\mathrm{d}r\\ \sigma\varphi(1)\int_0^1 W(r)\mathrm{d}r & \sigma^2\varphi^2(1)\int_0^1 W^2(r)\mathrm{d}r\end{pmatrix}^{-1}\\ =&\begin{pmatrix}1 & 0\\ 0 & \sigma\varphi(1)\end{pmatrix}^{-1}\begin{pmatrix}1 & \int_0^1 W(r)\mathrm{d}r\\ \int_0^1 W(r)\mathrm{d}r & \int_0^1 W^2(r)\mathrm{d}r\end{pmatrix}^{-1}\begin{pmatrix}1 & 0\\ 0 & \sigma\varphi(1)\end{pmatrix}^{-1},\end{aligned} \tag{2.32}$$

和

$$\begin{pmatrix}T^{-1/2}\sum u_t\\ T^{-1}\sum y_{t-1}u_t\end{pmatrix}\Rightarrow\begin{pmatrix}\sigma\varphi(1)W(1)\\ \frac{1}{2}\{\sigma^2\varphi^2(1)W^2(1)-r_0\}\end{pmatrix}$$

$$
= \begin{bmatrix} \sigma\varphi(1)W(1) \\ \frac{1}{2}\{\sigma^2\varphi^2(1)\}\{W^2(1)-1\} \end{bmatrix} + \begin{bmatrix} 0 \\ \frac{1}{2}\{\sigma^2\varphi^2(1)-r_0\} \end{bmatrix}
$$

$$
= \sigma\varphi(1)\begin{bmatrix} 1 & 0 \\ 0 & \sigma\varphi(1) \end{bmatrix}\begin{bmatrix} W(1) \\ \frac{1}{2}\{W^2(1)-1\} \end{bmatrix} + \begin{bmatrix} 0 \\ \frac{1}{2}\{\sigma^2\varphi^2(1)-r_0\} \end{bmatrix}, \tag{2.33}
$$

其中，$r_0=E(u_t^2)$。综合以上两式,可得：

$$
\begin{bmatrix} T^{1/2}\hat{\alpha}_T \\ T(\hat{\rho}_T-1) \end{bmatrix} \Rightarrow \begin{bmatrix} 1 & 0 \\ 0 & \sigma\varphi(1) \end{bmatrix}^{-1} \begin{bmatrix} 1 & \int_0^1 W(r)\mathrm{d}r \\ \int_0^1 W(r)\mathrm{d}r & \int_0^1 W^2(r)\mathrm{d}r \end{bmatrix}^{-1} \begin{bmatrix} 1 & 0 \\ 0 & \sigma\varphi(1) \end{bmatrix}^{-1}
$$

$$
\left\{\sigma\varphi(1)\begin{bmatrix} 1 & 0 \\ 0 & \sigma\varphi(1) \end{bmatrix}\begin{bmatrix} W(1) \\ \frac{1}{2}\{W^2(1)-1\} \end{bmatrix} + \begin{bmatrix} 0 \\ \frac{1}{2}\{\sigma^2\varphi^2(1)-r_0\} \end{bmatrix}\right\}
$$

$$
= \begin{bmatrix} \sigma\varphi(1) & 0 \\ 0 & 1 \end{bmatrix}\begin{bmatrix} 1 & \int_0^1 W(r)\mathrm{d}r \\ \int_0^1 W(r)\mathrm{d}r & \int_0^1 W^2(r)\mathrm{d}r \end{bmatrix}^{-1}\begin{bmatrix} W(1) \\ \frac{1}{2}\{W^2(1)-1\} \end{bmatrix}
$$

$$
+ \begin{bmatrix} 1 & 0 \\ 0 & \sigma^{-1}\varphi^{-1}(1) \end{bmatrix}\begin{bmatrix} 1 & \int_0^1 W(r)\mathrm{d}r \\ \int_0^1 W(r)\mathrm{d}r & \int_0^1 W^2(r)\mathrm{d}r \end{bmatrix}^{-1}\begin{bmatrix} 0 \\ \frac{1}{2\sigma\varphi(1)}\{\sigma^2\varphi^2(1)-r_0\} \end{bmatrix}.
$$

从上式中可将 $T(\hat{\rho}_T-1)$ 的极限分离出来：

$$
T(\hat{\rho}_T-1) \Rightarrow [0 \quad 1]\begin{bmatrix} 1 & \int_0^1 W(r)\mathrm{d}r \\ \int_0^1 W(r)\mathrm{d}r & \int_0^1 W^2(r)\mathrm{d}r \end{bmatrix}^{-1}\begin{bmatrix} W(1) \\ \frac{1}{2}\{W^2(1)-1\} \end{bmatrix}
$$

$$
+ \frac{1}{2}\cdot\frac{\sigma^2\varphi^2(1)-r_0}{\sigma^2\varphi^2(1)}[0 \quad 1]\begin{bmatrix} 1 & \int_0^1 W(r)\mathrm{d}r \\ \int_0^1 W(r)\mathrm{d}r & \int_0^1 W^2(r)\mathrm{d}r \end{bmatrix}^{-1}\begin{bmatrix} 0 \\ 1 \end{bmatrix}
$$

$$
= \frac{\frac{1}{2}\{W^2(1)-1\} - W(1)\int_0^1 W(r)\mathrm{d}r}{\int_0^1 W^2(r)\mathrm{d}r - \left(\int_0^1 W(r)\mathrm{d}r\right)^2}
$$

$$+\frac{\frac{1}{2}\{\sigma^2\varphi^2(1)-r_0\}}{\sigma^2\varphi^2(1)\left\{\int_0^1 W^2(r)\mathrm{d}r-\left(\int_0^1 W(r)\mathrm{d}r\right)^2\right\}}. \tag{2.34}$$

式 (2.34) 中 $T(\hat{\rho}_T-1)$的极限由两部分组成,第一项与式(2.12)一致,可以看作随机干扰$\{u_t\}$为独立同分布时 $T(\hat{\rho}_T-1)$的极限;第二项是由随即干扰$\{u_t\}$的自相关系数产生的,当$\{u_t\}$为独立时,它等于零,因为这时 $\varphi_0=1,\varphi_j=0,j=1,2,\cdots,r_0=E(u_t^2)=\sigma^2$,因此

$$\sigma^2\varphi^2(1)-r_0=\sigma^2-\sigma^2=0.$$

但是,$T(\hat{\rho}_T-1)$的极限不能直接用来检验单位根假设 $H_0:\rho=1$,因为它的第二项中包含未知参数 $r_0$ 和 $\sigma^2$。我们因此对统计量 $T(\hat{\rho}_T-1)$ 作以下的修正,使它的极限不包含表达式中的第二项。以 $s_T^2$表示随机干扰 $u_t$ 的方差的最小二乘估计:

$$s_T^2=\frac{1}{T-2}\sum_{t=1}^{T}(y_t-\hat{\alpha}_T-\hat{\rho}_T y_{t-1})^2.$$

当 $T\to\infty$时,$s_T^2$是 $\mathrm{var}(u_t)$的一致估计量:

$$s_T^2\to\mathrm{var}(u_t)=r_0.$$

以 $s_T^2$代入标准差 $\hat{\eta}_T$ 的估计量,可得:

$$\begin{aligned}T^2\hat{\eta}_T^2&=s_T^2[0\quad T]\begin{pmatrix}T & \sum y_{t-1}\\ \sum y_{t-1} & \sum y_{t-1}^2\end{pmatrix}^{-1}\begin{pmatrix}0\\ T\end{pmatrix}\\&=s_T^2[0\quad 1]\begin{pmatrix}1 & T^{-3/2}\sum y_{t-1}\\ T^{-3/2}\sum y_{t-1} & T^{-2}\sum y_{t-1}^2\end{pmatrix}^{-1}\begin{pmatrix}0\\ 1\end{pmatrix}.\end{aligned}$$

令 $T\to\infty$,则有

$$\begin{aligned}T^2\hat{\eta}_T^2&\Rightarrow r_0[0\quad 1]\begin{pmatrix}1 & \int_0^1 W(r)\mathrm{d}r\\ \int_0^1 W(r)\mathrm{d}r & \int_0^1 W^2(r)\mathrm{d}r\end{pmatrix}^{-1}\begin{pmatrix}1 & 0\\ 0 & \sigma^{-1}\varphi^{-1}(1)\end{pmatrix}\begin{pmatrix}0\\ 1\end{pmatrix}\\&=\frac{r_0}{\sigma^2\varphi^2(1)}\cdot\frac{1}{\int_0^1 W^2(r)\mathrm{d}r-\left(\int_0^1 W(r)\mathrm{d}r\right)^2}.\end{aligned}\tag{2.35}$$

与式(2.12)比较,式(2.35)多了因子 $r_0/\sigma^2\varphi^2(1)$,它的大小反映了随机干扰$\{u_t\}$的自相关程度。当$\{u_t\}$独立时,$\varphi_0=1,\varphi_j=0,j=1,2,\cdots$,则有

$$r_0/\sigma^2\varphi^2(1)=1.$$

由此可对统计量 $T(\hat{\rho}_T-1)$ 作如下修正：

$$T(\hat{\rho}_T-1)-\frac{1}{2}\{\sigma^2\varphi^2(1)-r_0\}\{T^2\hat{\eta}_T^2/S_T^2\}.$$

根据式(2.34)和式(2.35)中的结果，可知上式有极限：

$$\begin{aligned}
&T(\hat{\rho}_T-1)-\frac{1}{2}\{\sigma^2\varphi^2(1)-r_0\}\{T^2\hat{\eta}_T^2/S_T^2\}\\
&\Rightarrow\frac{\frac{1}{2}\{W^2(1)-1\}-W(1)\int_0^1 W(r)\mathrm{d}r}{\int_0^1 W^2(r)\mathrm{d}r-\left(\int_0^1 W(r)\mathrm{d}r\right)^2}\\
&\quad+\frac{\frac{1}{2}\{\sigma^2\varphi^2(1)-r_0\}}{\sigma^2\varphi^2(1)\left\{\int_0^1 W^2(r)\mathrm{d}r-\left(\int_0^1 W(r)\mathrm{d}r\right)^2\right\}}\\
&\quad-\frac{\frac{1}{2}\{\sigma^2\varphi^2(1)-r_0\}}{\sigma^2\varphi^2(1)\left\{\int_0^1 W^2(r)\mathrm{d}r-\left(\int_0^1 W(r)\mathrm{d}r\right)^2\right\}}\\
&=\frac{\frac{1}{2}\{W^2(1)-1\}-W(1)\int_0^1 W(r)\mathrm{d}r}{\int_0^1 W^2(r)\mathrm{d}r-\left(\int_0^1 W(r)\mathrm{d}r\right)^2}.
\end{aligned}\tag{2.36}$$

修正后的统计量和式(2.12)有一样的极限，它不再含有任何未知参数，它的临界值在附录表 1 的情况二中列出。当然，对统计量 $T(\hat{\rho}_T-1)$ 的修正仍需用到未知参数 $r_0$ 和 $\sigma^2\varphi^2(1)$，我们将讨论对它们的估计方法，这是 PP 检验法的一个重要组成部分。

我们可以用同样的方法，对统计量 $t_T$ 作类似的修正，使它的极限不含未知参数。利用式 (2.35) 中 $T^2\hat{\eta}_T^2$ 的极限，可得：

$$\begin{aligned}
t_T&=\frac{\hat{\rho}_T-1}{\hat{\eta}_T}=\frac{T(\hat{\rho}_T-1)}{(T^2\hat{\eta}_T^2)^{1/2}}\\
&\Rightarrow\frac{\frac{1}{2}\{W^2(1)-1\}-W(1)\int_0^1 W(r)\mathrm{d}r}{\int_0^1 W^2(r)\mathrm{d}r-\left(\int_0^1 W(r)\mathrm{d}r\right)^2}\\
&\quad\cdot\left(\frac{\sigma^2\varphi^2(1)}{r_0}\right)^{1/2}\left\{\int_0^1 W^2(r)\mathrm{d}r-\left(\int_0^1 W(r)\mathrm{d}r\right)^2\right\}^{1/2}
\end{aligned}$$

$$+\frac{1}{2}\cdot\frac{1}{\sigma^2\varphi^2(1)}\cdot(\sigma^2\varphi^2(1)-r_0)\left(\frac{\sigma^2\varphi^2(1)}{r_0}\right)^{1/2}$$

$$/\left\{\int_0^1 W^2(r)\mathrm{d}r-\left(\int_0^1 W(r)\mathrm{d}r\right)^2\right\}^{1/2}$$

$$=\frac{\frac{1}{2}\{W^2(1)-1\}-W(1)\int_0^1 W(r)\mathrm{d}r}{\left\{\int_0^1 W^2(r)\mathrm{d}r-\left(\int_0^1 W(r)\mathrm{d}r\right)^2\right\}^{1/2}}\cdot\frac{\sigma\varphi(1)}{r_0^{1/2}}$$

$$+\frac{\frac{1}{2}(\sigma^2\varphi^2(1)-r_0)}{\sigma r_0^{1/2}\varphi(1)\left\{\int_0^1 W^2(r)\mathrm{d}r-\left(\int_0^1 W(r)\mathrm{d}r\right)^2\right\}^{1/2}}. \tag{2.37}$$

与统计量 $T(\hat{\rho}_T-1)$ 一样，$t_T$统计量的极限也有两部分组成，其中的第二部分反映了随机干扰$\{u_t\}$ 的自相关程度。如果$\{u_t\}$ 为独立同分布，$E(\varepsilon_t)=0$，$\mathrm{var}(u_t)=\sigma^2$，那么 $\varphi(1)=1$，$r_0=\sigma^2$，式(2.37) 可简化为式(2.14)，后者是 DF 检验的 $t_T$统计量。类似于对 $T(\hat{\rho}_T-1)$ 的修正，我们考虑下式：

$$\frac{r_0^{1/2}}{\sigma\varphi(1)}\cdot t_T-\left\{\frac{1}{2}(\sigma^2\varphi^2(1)-r_0)/\sigma\varphi(1)\right\}\cdot\{T\hat{\eta}_T/s_T\}.$$

利用式 (2.35) 中 $T^2\hat{\eta}_T^2$的极限，立即可得：

$$\frac{r_0^{1/2}}{\sigma\varphi(1)}\cdot t_T-\left\{\frac{1}{2}(\sigma^2\varphi^2(1)-r_0)/\sigma\varphi(1)\right\}\cdot\{T\hat{\eta}_T/s_T\}.$$

$$\Rightarrow\frac{\frac{1}{2}(\sigma^2\varphi^2(1)-r_0)}{\left\{\int_0^1 W^2(r)\mathrm{d}r-\left(\int_0^1 W(r)\mathrm{d}r\right)^2\right\}^{1/2}}. \tag{2.38}$$

修正后的 $t_T$ 统计量的极限不再含有任何未知参数，可以用来作单位根假设的检验，它的临界值在附录表 2 的情况二中列出。

如前所述，尽管修正后的统计量 $T(\hat{\rho}_T-1)$ 和 $t_T$ 的极限中不再含有未知参数，可用附录表 1 和表 2 的情况二中临界值作单位根检验，这些统计量本身的构造中仍然含有未知参数 $r_0$和 $\sigma^2\varphi^2(1)$。我们下面对它们作估计，然后将估计量代入统计量 $T(\hat{\rho}_T-1)$ 和 $t_T$。首先，参数 $r_0$是随机干扰 $u_t$的方差，以下估计量是 $r_0$ 的一致估计：

$$\hat{r}_0=\frac{1}{T}\sum_{t=1}^{T}\hat{u}_t^2,$$

其中的 $\hat{u}_t$ 为估计残差：

$$\hat{u}_t = y_t - \hat{\alpha}_T - \hat{\rho}_T y_{t-1}.$$

为构造参数 $\sigma^2\varphi^2(1)$ 的一致估计，先对随机干扰 $u_t$ 作 BN 分解，然后作和，可得：

$$\sum_{t=1}^{T} u_t = \sum_{t=1}^{T} \varphi(1)\varepsilon_t + \eta_T - \eta_0.$$

再由中心极限定理，可得：

$$T^{-1/2}\sum_{t=1}^{T} u_t = \varphi(1) T^{-1/2}\sum_{t=1}^{T}\varepsilon_t + T^{-1/2}(\eta_T - \eta_0)$$

$$\xrightarrow{d} N(0,\sigma^2\varphi^2(1)).$$

由此可知，未知参数 $\sigma^2\varphi^2(1)$ 是 $T^{-1/2}\sum u_t$ 的极限分布的方差。由于 $\varphi(1)$中含有无穷多个未知参数 $\varphi_0,\varphi_1,\cdots$，我们不可能对它作直接的估计。PP 检验法的一个重要特点，是将对参数 $\varphi_0,\varphi_1,\cdots$ 的估计问题转换成对 $u_t$ 的自相关系数 $r_j, j=0,1,2,\cdots$ 的估计问题，而后者可由 $u_t$的样本自相关系数

$$\hat{r}_j = T^{-1}\sum_{t=j+1}^{T}\hat{u}_t\hat{u}_{t-j}$$

一致地估计。参数 $\varphi_j, j=0,1,2,\cdots$，和自相关系数 $r_j, j=0,1,2,\cdots$ 的关系由式(2.39)给出：

$$\sigma^2\varphi^2(1) = r_0 + 2\sum_{j=1}^{\infty} r_j. \tag{2.39}$$

在实际中，由于受到样本量的限制，我们只能计算有限阶的样本自相关系数 $\hat{r}_j$，因此我们希望能构造一个有高收敛速度的一致估计量。以下的估计量由 Newey and West (1987) 提出，它比一般的估计量有更高的收敛速度：

$$\hat{\sigma}^2\hat{\varphi}^2(1) = \hat{r}_0 + 2\sum_{j=1}^{q}\left[1 - \frac{j}{q+1}\right]\hat{r}_j \tag{2.40}$$

这里，$q$ 为一有限的正整数，当 $q\to\infty$时，式(2.40)的极限与式 (2.39) 一致；对于有限的 $q$，式(2.40) 中每项的权数随着 $j$ 的增加而减少，式中的前几项有更大的权重，因此它比平均加权的估计量

$$\tilde{\sigma}^2\tilde{\varphi}^2(1) = \hat{r}_0 + 2\sum_{j=1}^{q}\hat{r}_j$$

有更高的收敛速度。

将估计量 $\hat{r}_0$ 和 $\hat{\sigma}^2\hat{\varphi}^2(1)$代入修正过的 $T(\hat{\rho}_T - 1)$和 $t_T$统计量，即得：

$$T(\hat{\rho}_T - 1) - \frac{1}{2}\{\hat{\sigma}^2\hat{\varphi}^2(1) - \hat{r}_0\}\{T^2 s_T^{-2}\hat{\eta}_T^2\}, \tag{2.41}$$

$$\frac{\hat{r}_0^{1/2}}{\hat{\sigma}\hat{\varphi}(1)} \cdot t_T - \left\{\frac{1}{2}(\hat{\sigma}^2\hat{\varphi}^2(1) - \hat{r}_0)/\hat{\sigma}\hat{\varphi}(1)\right\} \cdot \{T\hat{\eta}_T/s_T\}. \tag{2.42}$$

以上两式分别称为 $Z_\rho$ 检验法的 $\rho$ 统计量和 $Z_t$ 检验法的 $t$ 统计量，由于 $\hat{r}_0$ 和 $\hat{\sigma}^2\hat{\varphi}^2(1)$ 都为一致的估计量，式(2.41) 和式 (2.42) 的极限仍由式 (2.36) 和式 (2.38) 给出。

对情况二的单位根假设 $H_0:\rho=1;H_1:\rho<1$，PP 检验法的步骤如下：

(1) 以最小二乘法估计模型

$$y_t = \alpha + \rho y_{t-1} + u_t$$

得到估计量 $\hat{\alpha}_T$，$\hat{\rho}_T$ 和估计残差 $\hat{u}_t = y_t - \hat{\alpha}_T - \hat{\rho}_T y_{t-1}$。

(2) 计算

$$\hat{r}_0 = \frac{1}{T}\sum_{t=1}^{T}\hat{u}_t^2, \quad \hat{r}_j = \frac{1}{T}\sum_{t=j+1}^{T}\hat{u}_t\hat{u}_{t-j};$$

$$\hat{\sigma}^2\hat{\varphi}^2(1) = \hat{r}_0 + 2\sum_{j=1}^{q}\left[1 - \frac{j}{q+1}\right]\hat{r}_j.$$

(3) 计算标准差 $\hat{\eta}_T$ 和方差的估计量 $s_T^2$；

(4) 由式(2.41)和式(2.42)计算 $\rho$ 统计量和 $t$ 统计量的实际值，然后与附录表 1 和表 2 的情况二中的临界值比较。

下面用例子说明 PP 方法的应用。

**例 2.4**　在例 2.2 中我们曾假设随机干扰项为独立同分布，我们用 DF 方法检验单位根假设。下面我们进一步假设随机干扰 $\{u_t\}$ 服从一般的稳定过程，可表示为：

$$u_t = \sum_{j=0}^{\infty}\varphi_j\varepsilon_{t-j}.$$

计算可得残差的四阶样本相关系数：

$$\hat{r}_0 = T^{-1}\sum_{t=1}^{T}\hat{u}_t^2 = 3.245 \times 10^{-5},$$

$$\hat{r}_1 = T^{-1}\sum_{t=2}^{T}\hat{u}_t\hat{u}_{t-1} = 1.139 \times 10^{-5},$$

$$\hat{r}_2 = T^{-1}\sum_{t=3}^{T}\hat{u}_t\hat{u}_{t-2} = -3.819 \times 10^{-6},$$

$$\hat{r}_3 = T^{-1}\sum_{t=4}^{T}\hat{u}_t\hat{u}_{t-3} = -4.126 \times 10^{-6},$$

$$\hat{r}_4 = T^{-1}\sum_{t=5}^{T}\hat{u}_t\hat{u}_{t-4} = -1.927 \times 10^{-6}.$$

由此计算 $\hat{\sigma}^2\hat{\varphi}^2(1)$ 的值：

$$\hat{\sigma}^2\hat{\varphi}^2(1) = 10^{-5} \times \left\{3.245 + 2 \times \left(\frac{4}{5}\right) \times 1.139 - 2 \times \left(\frac{3}{5}\right) \times 0.3819 - 2 \times \left(\frac{2}{5}\right) \times 0.4126 - 2 \times \left(\frac{1}{5}\right) \times 0.1927\right\} = 3.508 \times 10^{-5},$$

以及 $\hat{\eta}_T$，$\hat{s}_T^2$ 的值：

$$\hat{\eta}_T = 0.0118, \quad \hat{s}_T^2 = 3.25 \times 10^{-5}.$$

因此 $Z_\rho$ 检验法的 $\rho$ 统计量为

$$\begin{aligned} & T(\hat{\rho}_T - 1) - \frac{1}{2}\{\hat{\sigma}^2\hat{\varphi}^2(1) - \hat{r}_0\}\{T^2 s_T^{-2}\hat{\eta}_T^2\} \\ & = 312 \times (0.9783 - 1) - \frac{1}{2} \times 10^{-5} \times \{3.508 - 3.245\} \\ & \quad \times \{312 \times 0.018 \div 0.0057\}^2 \\ & = -8.042 \end{aligned}$$

显著性水平为 5%，由附录表 1 的情况二查得相应于 $T=312$ 的临界值为 $-14.0$，因为 $-8.042 > -14.0$，我们接受原假设 $H_0: \rho = 1$。

同样可以计算 $Z_t$ 检验法中的 $t$ 统计量

$$\begin{aligned} & \frac{\hat{r}_0^{1/2}}{\hat{\sigma}\hat{\varphi}(1)} \cdot t_T - \left\{\frac{1}{2}(\hat{\sigma}^2\hat{\varphi}^2(1) - \hat{r}_0)/\hat{\sigma}\hat{\varphi}(1)\right\} \cdot \{T\hat{\eta}_T/s_T\} \\ & = \left(\frac{3.245 \times 10^{-5}}{3.508 \times 10^{-5}}\right)^{1/2} \times \frac{(0.9783 - 1)}{0.0118} \\ & \quad - \left\{\frac{1}{2}(3.508 \times 10^{-5} - 3.245 \times 10^{-5})/(3.508 \times 10^{-5})^{1/2}\right\} \\ & \quad \times (312 \times 0.018 \div 0.0057) \\ & = -1.988 \end{aligned}$$

附录表 2 的情况二中相应于 5% 显著性水平的临界值为 $-2.88$，而 $-1.99 > -2.88$，因此我们又一次接受单位根假设。

在实际计算 $\hat{\sigma}^2\hat{\varphi}^2(1)$ 时，自相关系数 $\hat{r}_j$ 的阶数 $q$ 的选取应根据实际情况而定。在例 2.4 中，第四阶相关系数 $\hat{r}_4$ 在 $\hat{\sigma}^2\hat{\varphi}^2(1)$ 的值中只占 5% 左右，更高阶的 $\hat{r}_j$ 由于其权数的递减，对 $\hat{\sigma}^2\hat{\varphi}^2(1)$ 的贡献是微不足道的，选取更大的 $q$ 不会进一步增进估计的精度。

## 2.3.2 情况一和情况四的 PP 检验法

前面讨论的 PP 检验法可以平行地推广到情况一和情况四。在情况一中,我们假设数据的产生过程为

$$y_t = \rho y_{t-1} + u_t,$$

在其中我们检验假设 $H_0:\rho=1$;而在情况四中,我们假设数据由

$$y_t = \alpha + \rho y_{t-1} + u_t$$

产生,并在模型

$$y_t = \alpha + \rho y_{t-1} + \delta t + u_t$$

中检验单位根假设。对于这两种情况,我们都假设随机干扰$\{u_t\}$为一稳定过程,可表示为:

$$u_t = \sum_{j=0}^{\infty} \varphi_j \varepsilon_{t-j}. \tag{2.43}$$

我们仍然用 $\rho$ 统计量和 $t$ 统计量作单位根检验,只是分别在附录表 1 和表 2 的情况一与情况四中选取适当的临界值。下面用例子说明具体的检验步骤。

**例 2.5** 在第 2.2 节的例子中,我们考虑了美国国民总产值 1969 年第一季度—2005 年第三季度的季度数据,并建立了以下模型:

$$\underset{}{\hat{y}_t} = \underset{(36.39)}{32.73} + \underset{(0.012)}{0.9956}\, y_{t-1} + \underset{(0.598)}{0.6420}\, t$$

在模型的估计中,我们假设随机干扰为独立同分布。现在我们进一步假设$\{u_t\}$服从一般的稳定过程式 (2.43),并计算它的前四阶样本相关系数:

$$\hat{r}_0 = T^{-1}\sum_{t=1}^{T}\hat{u}_t^2 = 2343.70,$$

$$\hat{r}_1 = T^{-1}\sum_{t=2}^{T}\hat{u}_t\hat{u}_{t-1} = 550.80,$$

$$\hat{r}_2 = T^{-1}\sum_{t=3}^{T}\hat{u}_t\hat{u}_{t-2} = 693.91,$$

$$\hat{r}_3 = T^{-1}\sum_{t=4}^{T}\hat{u}_t\hat{u}_{t-3} = 106.21,$$

$$\hat{r}_4 = T^{-1}\sum_{t=5}^{T}\hat{u}_t\hat{u}_{t-4} = 213.91,$$

以及 $s_T^2 = 2407.2$, $\hat{\eta}_T = 0.012$ 从而可以计算 $\hat{\sigma}^2\hat{\varphi}^2(1)$ 的值:

$$\hat{\sigma}^2\hat{\varphi}^2(1) = 2343.70 + 2\left\{\frac{4}{5}\times 550.80 + \frac{3}{5}\times 693.91 + \frac{2}{5}\times 106.21 + \frac{1}{5}\times 213.91\right\} = 4228.2,$$

以及 $\rho$ 统计量的值：

$$T(\hat{\rho}_T - 1) - \frac{1}{2}\{\hat{\sigma}^2\hat{\varphi}^2(1) - \hat{r}_0\}\{T^2 s_T^{-2}\hat{\eta}_T^2\}$$

$$= 146\times(0.9956 - 1) - \frac{1}{2}\times\{4228.2 - 2343.7\}\times\{146\times 0.012 \div 49.063\}^2$$

$$= -1.84$$

由附录表 1 的情况四可得相应于 $T=146$，显著水平为 5%的临界值为 $-20.9$。因为 $-1.84>-20.9$，我们接受单位根假设 $H_0:\rho=1$。

同样可以计算 $t$ 统计量的值：

$$\frac{\hat{r}_0^{1/2}}{\hat{\sigma}\hat{\varphi}(1)}\cdot t_T - \left\{\frac{1}{2}(\hat{\sigma}^2\hat{\varphi}^2(1) - \hat{r}_0)/\hat{\sigma}\hat{\varphi}(1)\right\}\cdot\{T\hat{\eta}_T/s_T\}$$

$$= \left(\frac{2343.70}{4228.2}\right)^{1/2}\times\frac{(0.9956-1)}{0.012} - \left\{\frac{1}{2}(4228.2 - 2343.7)/(4228.2)^{1/2}\right\}(146\times 0.012\div 49.063)$$

$$= -0.790$$

仍以 5%为显著性水平，由附录表 2 的情况四可得相应于 $T=146$ 的临界值为 $-3.44$。因为 $-0.790>-3.44$，我们再一次接受单位根假设。

当然，我们现在还不能对 DF 和 PP 方法的检验效果作直接的比较，因为前者假设过程中随机干扰是独立同分布的，而后者则假设其服从一般的稳定过程。由于多数经济数据都呈现明显的异方差和序列相关，DF 方法的应用受到了限制。下面我们将 DF 方法推广到一般的稳定过程。

## 2.4 增广的迪基-福勒检验法

增广的迪基-福勒检验法（Augmented Dickey-Fuller Test，以下简称“ADF 检验法”），将检验单位根的 DF 方法推广到一般的单位根过程，其中的随机干扰服从一般形式的稳定过程。ADF 检验法由迪基和福勒在 1979 年提出（Dickey and

Fuller, 1979)。

### 2.4.1 P 阶自回归过程

ADF 方法的一个重要特点，是假设数据生成过程$\{y_t\}$服从有单位根的 $P$ 阶自回归过程，这与以上介绍的 PP 方法形成对照，后者假设过程中的随机干扰服从无穷阶的移动平均过程，

$$u_t = \sum_{j=0}^{\infty} \varphi_j \varepsilon_{t-j}.$$

当然，$P$ 阶自回归和无穷阶移动平均过程(MA($\infty$)和 AR($p$)) 在一定条件下可以互相转换，它们之间的异同在后面有进一步讨论。

随机过程$\{y_t\}$服从有单位根的不带常数项的 $P$ 阶自回归过程 (AR($p$))，表示形式如下：

$$y_t = \varphi_1 y_{t-1} - \varphi_2 y_{t-2} - \cdots - \varphi_p y_{t-p} + \varepsilon_t, \tag{2.44}$$

或者

$$B(L) y_t = (1 - \varphi_1 L - \varphi_2 L^2 - \cdots - \varphi_p L^p) y_t = \varepsilon_t.$$

其中，$\{\varepsilon_t\}$为独立同分布，$E(\varepsilon_t)=0$，$\mathrm{var}(\varepsilon_t)=\sigma^2<\infty$；$B(L)$为 $P$ 阶的滞后多项式，它的特征方程为：

$$1 - \varphi_1 z - \varphi_2 z^2 - \cdots - \varphi_p z^p = 0.$$

我们进一步假设以上的特征方程有且仅有一个单位根($z=1$)，而其他根都在单位圆外。令

$$\rho = \varphi_1 + \varphi_2 + \cdots + \varphi_p,$$

$$\zeta_j = -(\varphi_{j+1} + \varphi_{j+2} + \cdots + \varphi_p); \quad j = 1,2,\cdots,p-1,$$

我们可将滞后多项式 $B(L)$改写成：

$$\begin{aligned} B(L) &= (1 - \varphi_1 L - \varphi_2 L^2 - \cdots - \varphi_p L^p) \\ &= (1 - \rho L) - (\zeta_1 L + \zeta_2 L^2 + \cdots + \zeta_{p-1} L^{p-1})(1 - L) \end{aligned} \tag{2.45}$$

从而可将$\{y_t\}$的 AR($p$)过程相应地改写成以下形式：

$$B(L) y_t = (1 - \rho L) y_t - (\zeta_1 L + \zeta_2 L^2 + \cdots + \zeta_{p-1} L^{p-1}(1 - L) y_t = \varepsilon_t.$$

整理后可得：

$$y_t = \rho y_{t-1} + \zeta_1 \Delta y_{t-1} + \zeta_2 \Delta y_{t-2} + \cdots + \zeta_{p-1} \Delta y_{t-p+1} + \varepsilon_t. \tag{2.46}$$

根据假设，特征多项式 $B(z)$有且只有一个单位根，因此当 $z=1$ 时，有

$$B(1) = (1 - \varphi_1 - \varphi_2 - \cdots - \varphi_p) = 1 - \rho.$$

显然，上式等价于 $\rho=1$。

若 $\rho=1$ 为真，可将 $B(L)$ 进一步改写成

$$\begin{aligned}B(L)&=(1-L)-(\zeta_1L+\zeta_2L^2+\cdots+\zeta_{p-1}L^{p-1})(1-L)\\&=(1-\zeta_1L-\zeta_2L^2-\cdots-\zeta_{p-1}L^{p-1})(1-L),\end{aligned}$$

相应地，

$$\begin{aligned}B(L)y_t&=(1-\varphi_1L-\varphi_2L^2-\cdots-\varphi_pL^p)y_t\\&=(1-\zeta_1L-\zeta_2L^2-\cdots-\zeta_{p-1}L^{p-1})(1-L)y_t\\&=C(L)\Delta y_t.\end{aligned}\tag{2.47}$$

由于 $B(z)$中只存在唯一的单位根，因此特征多项式

$$C(z)=1-\zeta_1z-\zeta_2z^2-\cdots-\zeta_{p-1}z^{p-1}$$

的根都在单位圆外，因此多项式 $C(L)$的逆存在，从而可得

$$\Delta y_t=C^{-1}(L)\varepsilon_t=\varphi(L)\varepsilon_t=u_t.\tag{2.48}$$

这里，$\varphi(L)$ 一般为无穷多阶的滞后多项式。容易看出，式(2.48) 和式 (2.29) 中的表达式是一致的（除常数项外）。

增广的 ADF 方法基于式 (2.46)，并在其中检验单位根假设 $H_0:\rho=1$。式(2.46)只含有回归变量 $y_{t-1}$ 以及它的各阶差分，并不包含任何未知参数和未知变量。由于$\{\varepsilon_t\}$为独立同分布，模型中的参数可由最小二乘法一致地估计。

下面讨论 ADF 方法在情况一、二和四中的应用。

## 2.4.2 情况二的 ADF 检验

假设数据的生成过程为：

$$y_t=\rho y_{t-1}+\zeta_1\Delta y_{t-1}+\zeta_2\Delta y_{t-2}+\cdots+\zeta_{p-1}\Delta y_{t-p+1}+\varepsilon_t.$$

考虑以下包含常数项的估计模型：

$$y_t=\zeta_1\Delta y_{t-1}+\zeta_2\Delta y_{t-2}+\cdots+\zeta_{p-1}\Delta y_{t-p+1}+\alpha+\rho y_{t-1}+\varepsilon_t.\tag{2.49}$$

这里我们仍然假设$\{\varepsilon_t\}$为独立同分布，$E(\varepsilon_t)=0$，$\mathrm{var}(\varepsilon_t)=\sigma^2<\infty$。令

$$\begin{aligned}\boldsymbol{\beta}&=[\zeta_1,\zeta_2,\cdots,\zeta_{p-1},\alpha,\rho]',\\\boldsymbol{x}_t&=[\Delta y_{t-1},\Delta y_{t-2},\cdots,\Delta y_{t-p+1},1,y_{t-1}]',\end{aligned}$$

可将式 (2.49) 写成矩阵形式：

$$y_t=\boldsymbol{x}_t'\boldsymbol{\beta}+\boldsymbol{\varepsilon}_t.\tag{2.50}$$

给定 $y_t$ 的初始值 $y_{t-p+1},y_{t-p+2},\cdots,y_0$，参数 $\boldsymbol{\beta}$ 的最小二乘估计为：

$$\boldsymbol{b}_T=\left[\sum_{t=1}^{T}\boldsymbol{x}_t\boldsymbol{x}_t'\right]^{-1}\left[\sum_{t=1}^{T}\boldsymbol{x}_ty_t\right].$$

以 $y_t=\boldsymbol{x}_t'\boldsymbol{\beta}+\boldsymbol{\varepsilon}_t$代入，又得：

$$\boldsymbol{b}_T - \boldsymbol{\beta} = \left[\sum_{t=1}^{T} \boldsymbol{x}_t \boldsymbol{x}_t'\right]^{-1} \left[\sum_{t=1}^{T} \boldsymbol{x}_t \varepsilon_t\right]. \tag{2.51}$$

其中的矩阵 $\sum \boldsymbol{x}_t \boldsymbol{x}_t'$ 和向量 $\sum \boldsymbol{x}_t \varepsilon_t$ 分别为：

$$\sum_{t=1}^{T} \boldsymbol{x}_t \boldsymbol{x}_t' = \begin{pmatrix} \sum \Delta y_{t-1}^2 & \sum \Delta y_{t-1}\Delta y_{t-2} & \cdots & \sum \Delta y_{t-1}\Delta y_{t-p+1} & \sum \Delta y_{t-1} & \sum \Delta y_{t-1} y_{t-1} \\ \sum \Delta y_{t-2}\Delta y_{t-1} & \sum \Delta y_{t-2}^2 & \cdots & \sum \Delta y_{t-2}\Delta y_{t-p+1} & \sum \Delta y_{t-2} & \sum \Delta y_{t-2} y_{t-1} \\ \vdots & \vdots & & \vdots & \vdots & \vdots \\ \sum \Delta y_{t-p+1}\Delta y_{t-1} & \sum \Delta y_{t-p+1}\Delta y_{t-2} & \cdots & \sum \Delta y_{t-p+1}^2 & \sum \Delta y_{t-p+1} & \sum \Delta y_{t-p+1} y_{t-1} \\ \sum \Delta y_{t-1} & \sum \Delta y_{t-2} & \cdots & \sum \Delta y_{t-p+1} & T & \sum y_{t-1} \\ \sum y_{t-1}\Delta y_{t-1} & \sum y_{t-1}\Delta y_{t-2} & \cdots & \sum y_{t-1}\Delta y_{t-p+1} & \sum y_{t-1} & \sum y_{t-1}^2 \end{pmatrix},$$

$$\sum_{t=1}^{T} \boldsymbol{x}_t \varepsilon_t = \begin{pmatrix} \sum \Delta y_{t-1}\varepsilon_t \\ \sum \Delta y_{t-2}\varepsilon_t \\ \vdots \\ \sum \Delta y_{t-p+1}\varepsilon_t \\ \sum \varepsilon_t \\ \sum y_{t-1}\varepsilon_t \end{pmatrix}.$$

定义$(p+1)$维对角阵为：

$$\boldsymbol{D}_T = \begin{pmatrix} \sqrt{T} & 0 & \cdots & 0 & 0 \\ 0 & \sqrt{T} & \cdots & 0 & 0 \\ \vdots & \vdots & \ddots & \vdots & \vdots \\ 0 & 0 & \cdots & \sqrt{T} & 0 \\ 0 & 0 & \cdots & 0 & T \end{pmatrix},$$

将其左乘式 (2.51)，可得：

$$\boldsymbol{D}_T(\boldsymbol{b}_T - \boldsymbol{\beta}) = \left\{\boldsymbol{D}_T^{-1}\left[\sum_{t=1}^{T} \boldsymbol{x}_t \boldsymbol{x}_t'\right]\boldsymbol{D}_T^{-1}\right\}^{-1} \left\{\boldsymbol{D}_T^{-1}\left[\sum_{t=1}^{T} \boldsymbol{x}_t \varepsilon_t\right]\right\}. \tag{2.52}$$

对角阵 $\boldsymbol{D}_T$ 对角线上的前 $p$ 个元素均为$\sqrt{T}$，因此矩阵 $\boldsymbol{D}_T^{-1}\left[\sum \boldsymbol{x}_t \boldsymbol{x}_t'\right]\boldsymbol{D}_T^{-1}$ 左上角的$(p\times p)$维子矩阵的每个元素都有因子 $T^{-1}$，最后一行和最后一列(除了最后一个元素外）的每个元素都有因子 $T^{-3/2}$，而右下角的最后一个元素有因子 $T^{-2}$。

考虑原假设 $H_0:\alpha=0,\rho=1$，当其成立时，根据定理 1.9，可得：

$$T^{-1}\sum \Delta y_{t-i}\Delta y_{t-j} \xrightarrow{p} r_{|i-j|}, \quad i \neq j,$$

$$T^{-1}\sum \Delta y_{t-j} \xrightarrow{p} E(\Delta y_{t-j}) = 0,$$

$$T^{-3/2}\sum y_{t-1}\Delta y_{t-j} \xrightarrow{p} 0,$$

$$T^{-3/2}\sum y_{t-1} \Rightarrow \sigma\psi(1)\int_0^1 W(r)\mathrm{d}r,$$

$$T^{-2}\sum y_{t-1}^2 \Rightarrow \sigma^2\psi^2(1)\int_0^1 W^2(r)\mathrm{d}r.$$

其中，$r_j = E(\Delta y_t \Delta y_{t-j})$， $\psi(1) = (1-\zeta_1-\zeta_2-\cdots-\zeta_{p-1})^{-1}$。
由此可得如下极限

$$\boldsymbol{D}_T^{-1}\left[\sum_{t=1}^{T}\boldsymbol{x}_t\boldsymbol{x}_t'\right]\boldsymbol{D}_T^{-1} \Rightarrow \begin{pmatrix} \mathbf{V} & \mathbf{0} \\ \mathbf{0} & \boldsymbol{Q} \end{pmatrix} \tag{2.53}$$

其中的 $\mathbf{V}$ 和 $\boldsymbol{Q}$ 分别为 $(p-1)\times(p-1)$ 维和 $2\times 2$ 维的方阵：

$$\mathbf{V} = \begin{pmatrix} r_0 & r_1 & \cdots & r_{p-2} \\ r_1 & r_0 & \cdots & r_{p-3} \\ \vdots & \vdots & \ddots & \vdots \\ r_{p-2} & r_{p-3} & \cdots & r_0 \end{pmatrix}, \tag{2.54}$$

$$\boldsymbol{Q} = \begin{pmatrix} 1 & \sigma\psi(1)\int_0^1 W(r)\mathrm{d}r \\ \sigma\psi(1)\int_0^1 W(r)\mathrm{d}r & \sigma^2\psi^2(1)\int_0^1 W^2(r)\mathrm{d}r \end{pmatrix}. \tag{2.55}$$

其次，我们考虑向量 $\boldsymbol{D}_T^{-1}\left[\sum \boldsymbol{x}_t\varepsilon_t\right]$，它可表示为：

$$\boldsymbol{D}_T^{-1}\left[\sum_{t=1}^{T}\boldsymbol{x}_t\varepsilon_t\right] = \begin{pmatrix} T^{-1/2}\sum \Delta y_{t-1}\varepsilon_t \\ T^{-1/2}\sum \Delta y_{t-2}\varepsilon_t \\ \vdots \\ T^{-1/2}\sum \Delta y_{t-p+1}\varepsilon_t \\ T^{-1/2}\sum \varepsilon_t \\ T^{-1}\sum y_{t-1}\varepsilon_t \end{pmatrix}, \tag{2.56}$$

其中的前 $p-1$ 个元素都具有 $T^{-1/2}\sum \Delta y_{t-i}\varepsilon_t (i=1,2,\cdots,p-1)$ 的形式，由于$\{\varepsilon_t\}$和$\{\Delta y_{t-i}\}$ 都为稳定过程，根据中心极限定理，前 $p-1$ 维子向量有正态的极限分

布，不难看出，其协方差矩阵为(2.53)中的左上角子矩阵 $\mathbf{V}$ 乘以 $\sigma^2$，即

$$\begin{pmatrix} T^{-1/2}\sum\Delta y_{t-1}\varepsilon_t \\ T^{-1/2}\sum\Delta y_{t-2}\varepsilon_t \\ \vdots \\ T^{-1/2}\sum\Delta y_{t-p+1}\varepsilon_t \end{pmatrix} \Rightarrow \boldsymbol{h}_1 \sim N(\mathbf{0},\sigma^2\mathbf{V}). \tag{2.57}$$

根据定理 1.9，还可得：

$$\begin{pmatrix} T^{-1/2}\sum\varepsilon_t \\ T^{-1}\sum y_{t-1}\varepsilon_t \end{pmatrix} \Rightarrow \boldsymbol{h}_2 = \begin{pmatrix} \sigma W(1) \\ \frac{1}{2}\sigma^2\psi(1)(W^2(1)-1) \end{pmatrix}.$$

综上所述，$\boldsymbol{D}_T(\boldsymbol{b}_T-\boldsymbol{\beta})$ 有如下极限：

$$\begin{aligned} \boldsymbol{D}_T(\boldsymbol{b}_T-\boldsymbol{\beta}) &= \{\boldsymbol{D}_T^{-1}\sum \boldsymbol{x}_t\boldsymbol{x}_t'\boldsymbol{D}_T^{-1}\}^{-1}\{\boldsymbol{D}_T^{-1}\sum \boldsymbol{x}_t\varepsilon_t\} \\ &\Rightarrow \begin{pmatrix} \mathbf{V} & \mathbf{0} \\ \mathbf{0} & Q \end{pmatrix}^{-1}\begin{pmatrix} \boldsymbol{h}_1 \\ \boldsymbol{h}_2 \end{pmatrix} = \begin{pmatrix} \mathbf{V}^{-1}\boldsymbol{h}_1 \\ Q^{-1}\boldsymbol{h}_2 \end{pmatrix}. \end{aligned} \tag{2.58}$$

将参数向量 $\boldsymbol{\beta}$ 作相应的分块，

$$\boldsymbol{\beta}_1' = (\zeta_1,\quad \zeta_2,\quad \cdots,\quad \zeta_{p-1}),\quad \boldsymbol{\beta}_2' = (\alpha,\quad \rho),$$

我们以下分别对它们作假设检验。如果对子向量 $\boldsymbol{\beta}_1$ 的假设可表示成线性约束 $\boldsymbol{R}_1\boldsymbol{\beta}_1=\boldsymbol{\gamma}_1$ 的形式，其中的 $\boldsymbol{R}_1$ 为一给定的 $m\times(p-1)$ 维矩阵，其秩为 $m$；$\boldsymbol{\gamma}_1$ 为一给定的 $m$ 维向量。根据以上的讨论与式(2.57)和式(2.58)中的结果，$\boldsymbol{\beta}_1$ 的最小二乘估计 $\boldsymbol{b}_T^1$ 有正态的极限分布：

$$\sqrt{T}(\boldsymbol{b}_T^1-\boldsymbol{\beta}_1)\Rightarrow \mathbf{V}^{-1}\boldsymbol{h}_1 \sim N(\mathbf{0},\sigma^2\mathbf{V}^{-1}).$$

当假设 $H_0:\boldsymbol{R}_1\boldsymbol{\beta}_1=\boldsymbol{\gamma}_1$ 为真时，我们有

$$\sqrt{T}\boldsymbol{R}_1\boldsymbol{b}_T^1 \xrightarrow{d} N(\boldsymbol{\gamma}_1,\sigma^2\boldsymbol{R}_1\mathbf{V}^{-1}\boldsymbol{R}_1'), \tag{2.59}$$

从而可以构造二次型：

$$T(\boldsymbol{R}_1\boldsymbol{b}_T^1-\boldsymbol{\gamma}_1)'(s_T^2\boldsymbol{R}_1\hat{\mathbf{V}}^{-1}\boldsymbol{R}_1')^{-1}(\boldsymbol{R}_1\boldsymbol{b}_T^1-\boldsymbol{\gamma}_1).$$

上式在原假设 $H_0:\boldsymbol{R}_1\boldsymbol{\beta}_1=\boldsymbol{\gamma}_1$ 为真时，有 $\chi^2(m)$ 的极限分布，这里的 $s_T^2$ 和 $\hat{\mathbf{V}}$ 分别为参数 $\sigma^2$ 和 $\mathbf{V}$ 的最小二乘估计，表达式为：

$$s_T^2 = \frac{1}{T-(p+1)}\sum_{t=1}^{T}(y_t-\hat{\zeta}_1\Delta y_{t-1}-\cdots-\hat{\zeta}_{p-1}\Delta y_{t-p+1}-\hat{\alpha}_T-\hat{\rho}_T y_{t-1})^2,$$

$$\hat{\mathbf{V}} = (\boldsymbol{I}_{p-1},\quad \mathbf{0}_{p-1,2})\left\{\boldsymbol{D}_T^{-1}\left[\sum_{t=1}^{T}\boldsymbol{x}_t\boldsymbol{x}_t'\right]\boldsymbol{D}_T^{-1}\right\}\begin{pmatrix} \boldsymbol{I}_{p-1}' \\ \mathbf{0}_{p-1,2}' \end{pmatrix}.$$

这里，$\boldsymbol{I}_{p-1}$ 为$(p-1)\times(p-1)$维单位矩阵，$\boldsymbol{0}_{p-1,2}$ 为$(p-1)\times 2$ 维零矩阵。$s_T^2$ 和 $\hat{\boldsymbol{V}}$ 都是一致的估计量，当 $T\to\infty$，分别有

$$s_T^2 \xrightarrow{p} \sigma^2, \quad \hat{\boldsymbol{V}} \xrightarrow{p} \boldsymbol{V}.$$

以上分析说明，由于最小二乘估计量 $\boldsymbol{b}_T^1$ 有正态的极限分布，因此对参数 $\boldsymbol{\beta}_1$ 的限制条件 $\boldsymbol{R}_1\boldsymbol{\beta}_1=\boldsymbol{\gamma}_1$ 的检验可用通常的 $\chi^2$ 检验法，所需的临界值可在 $\chi^2$ 分布表中查到。

我们下面考虑对参数 $\boldsymbol{\beta}_2=(\alpha,\ \rho)'$ 的假设检验。根据以上讨论，统计量$\sqrt{T}\hat{\alpha}_T$ 和 $T(\hat{\rho}_T-1)$在原假设 $H_0:\alpha=0,\rho=1$ 为真时，有以下极限：

$$\begin{pmatrix} T^{1/2}\hat{\alpha}_T \\ T(\hat{\rho}_T-1) \end{pmatrix} \Rightarrow \begin{pmatrix} 1 & \sigma\psi(1)\int_0^1 W(r)\mathrm{d}r \\ \sigma\psi(1)\int_0^1 W(r)\mathrm{d}r & \sigma^2\psi^2(1)\int_0^1 W^2(r)\mathrm{d}r \end{pmatrix}^{-1} \cdot \begin{pmatrix} \sigma W(1) \\ \frac{1}{2}\sigma^2\psi^2(1)\{W^2(1)-1\} \end{pmatrix}$$

$$= \sigma\begin{pmatrix} 1 & 0 \\ 0 & \sigma\psi(1) \end{pmatrix}^{-1} \begin{pmatrix} 1 & \int_0^1 W(r)\mathrm{d}r \\ \int_0^1 W(r)\mathrm{d}r & \int_0^1 W^2(r)\mathrm{d}r \end{pmatrix}^{-1} \begin{pmatrix} 1 & 0 \\ 0 & \sigma\psi(1) \end{pmatrix}^{-1} \cdot \begin{pmatrix} 1 & 0 \\ 0 & \sigma\psi(1) \end{pmatrix} \begin{pmatrix} W(1) \\ \frac{1}{2}\{W^2(1)-1\} \end{pmatrix}$$

$$= \begin{pmatrix} \sigma & 0 \\ 0 & 1/\psi(1) \end{pmatrix} \begin{pmatrix} 1 & \int_0^1 W(r)\mathrm{d}r \\ \int_0^1 W(r)\mathrm{d}r & \int_0^1 W^2(r)\mathrm{d}r \end{pmatrix}^{-1} \begin{pmatrix} W(1) \\ \frac{1}{2}\{W^2(1)-1\} \end{pmatrix}.$$

从中可以分离出相应于 $T(\hat{\rho}_T-1)$的极限，整理后可得：

$$T\cdot\psi(1)(\hat{\rho}_T-1) \Rightarrow \frac{\frac{1}{2}\{W^2(1)-1\}-W(1)\int_0^1 W(r)\mathrm{d}r}{\int_0^1 W^2(r)\mathrm{d}r-\left(\int_0^1 W(r)\mathrm{d}r\right)^2}. \qquad (2.60)$$

此极限与式(2.12)中的一致，只是左侧多了因子 $\psi(1)$，它是由$\{u_t\}$中的自相关引起的，可以看作对 $T(\hat{\rho}_T-1)$ 的修正。当$\{u_t\}$为独立同分布时，$\psi(1)=1$，式(2.60)与式(2.12)就完全一致。

因为

$$\psi(1)^{-1}=(1-\zeta_1-\zeta_2-\cdots-\zeta_{p-1}),$$

$\psi(1)$的估计值可由 $\zeta_j, j=1,2,\cdots,p-1$,的最小二乘估计得到,因此有:

$$\hat{\psi}(1)^{-1}=(1-\hat{\zeta}_1-\hat{\zeta}_2-\cdots-\hat{\zeta}_{p-1}).$$

由于 $\hat{\zeta}_j(j=1,2,\cdots,p-1)$的一致性,$\hat{\psi}(1)$也是 $\psi(1)$的一致估计量。以 $\hat{\psi}(1)$代入式(2.60),就可得到 ADF 的 $\rho$ 统计量

$$\frac{T(\hat{\rho}_T-1)}{1-\hat{\zeta}_1-\hat{\zeta}_2-\cdots-\hat{\zeta}_{p-1}}\Rightarrow\frac{\frac{1}{2}\{W^2(1)-1\}-W(1)\int_0^1 W(r)\mathrm{d}r}{\int_0^1 W^2(r)\mathrm{d}r-\left(\int_0^1 W(r)\mathrm{d}r\right)^2}. \tag{2.61}$$

与 PP 检验法的 $\rho$ 统计量一样,ADF 检验法的 $\rho$ 统计量也需经过修正才能得到式 (2.60),但不同的是,在 ADF 检验中,统计量 $T(\hat{\rho}_T-1)$ 的修正利用了参数 $\zeta_j(j=1,2,\cdots,p-1)$ 的估计值,在这个意义上,这种修正是“参数的”;而在 PP 检验法中,统计量的修正利用了估计的相关系数 $\hat{r}_j$,但它们并非模型固有的参数,因此称这种方法为“非参数的”。除了修正方法的不同,ADF 检验法和 PP 检验法的 $\rho$ 统计量有一样的极限。

下面我们讨论 ADF 检验法的 $t_T$统计量。令 $\boldsymbol{e}_{p+1}$ 为 $p+1$ 维的选择向量:

$$\boldsymbol{e}_{p+1}=[0,\quad 0,\quad \cdots,\quad 0,\quad 1]'.$$

我们可将统计量 $T(\hat{\rho}_T-1)$的标准差的最小二乘估计表示为:

$$\hat{\eta}_T=\left\{s_T^2\cdot\boldsymbol{e}_{p+1}'\left(\sum_{t=1}^T\boldsymbol{x}_t\boldsymbol{x}_t'\right)^{-1}\boldsymbol{e}_{p+1}\right\}^{1/2}.$$

其中的 $s_T^2$ 为$\sigma^2$ 的一致估计量:

$$s_T^2=\frac{1}{T-(p+1)}\sum_{t=1}^T(y_t-\hat{\zeta}_1\Delta y_{t-1}-\cdots-\hat{\zeta}_{p-1}\Delta y_{t-p+1}-\hat{\alpha}_T-\hat{\rho}_T y_{t-1})^2.$$

由此,ADF 检验法中的 $t_T$统计量可表示为:

$$t_T=\frac{\hat{\rho}_T-1}{\left\{s_T^2\cdot\boldsymbol{e}_{p+1}'\left(\sum\boldsymbol{x}_t\boldsymbol{x}_t'\right)^{-1}\boldsymbol{e}_{p+1}\right\}^{1/2}}=\frac{T(\hat{\rho}_T-1)}{\left\{s_T^2\cdot\boldsymbol{e}_{p+1}'\left[T^2\left(\sum\boldsymbol{x}_t\boldsymbol{x}_t'\right)^{-1}\right]\boldsymbol{e}_{p+1}\right\}^{1/2}}.$$

其中,$\boldsymbol{e}_{p+1}'\left(\sum\boldsymbol{x}_t\boldsymbol{x}_t'\right)^{-1}\boldsymbol{e}_{p+1}$包含矩阵$\left(\sum\boldsymbol{x}_t\boldsymbol{x}_t'\right)^{-1}$ 的右下角元素。由式(2.54) 和式(2.55)中矩阵 $\boldsymbol{V}$ 和 $\boldsymbol{Q}$ 的表达式,可知当 $T\to\infty$,有:

$$s_T^2 \boldsymbol{e}'_{p+1}\left[T^2\left(\sum \boldsymbol{x}_t\boldsymbol{x}'_t\right)^{-1}\right]\boldsymbol{e}_{p+1} = s_T^2 \boldsymbol{e}'_{p+1}\left(\boldsymbol{D}_T^{-1}\left(\sum \boldsymbol{x}_t\boldsymbol{x}'_t\right)\boldsymbol{D}_T^{-1}\right)^{-1}\boldsymbol{e}_{p+1}$$

$$\Rightarrow \sigma^2 \boldsymbol{e}'_{p+1}\begin{bmatrix}\boldsymbol{V}^{-1} & \boldsymbol{0}\\ \boldsymbol{0} & \boldsymbol{Q}^{-1}\end{bmatrix}\boldsymbol{e}_{p+1}.$$

将 $\boldsymbol{Q}$ 的表达式代入上式,又得:

$$s_T^2 \boldsymbol{e}'_{p+1}\left[T^2\left(\sum \boldsymbol{x}_t\boldsymbol{x}'_t\right)^{-1}\right]\boldsymbol{e}_{p+1} \Rightarrow \frac{1}{\psi^2(1)\left\{\int_0^1 W^2(r)\mathrm{d}r - \left(\int_0^1 W(r)\mathrm{d}r\right)^2\right\}}.$$

这样,ADF 检验法中的 $t_T$ 统计量有极限

$$t_T = \frac{T(\hat{\rho}_T - 1)}{\left\{s_T^2 \cdot \boldsymbol{e}'_{p+1}\left[T^2\left(\sum \boldsymbol{x}_t\boldsymbol{x}'_t\right)^{-1}\right]\boldsymbol{e}_{p+1}\right\}^{1/2}}$$

$$\Rightarrow \frac{1}{\psi(1)} \cdot \frac{\frac{1}{2}\{W^2(1) - 1\} - W(1)\int_0^1 W(r)\mathrm{d}r}{\int_0^1 W^2(r)\mathrm{d}r - \left(\int_0^1 W(r)\mathrm{d}r\right)^2}$$

$$\cdot \left\{\psi^2(1)\left[\int_0^1 W^2(r)\mathrm{d}r - \left(\int_0^1 W(r)\mathrm{d}r\right)^2\right]\right\}^{\frac{1}{2}}$$

$$= \frac{\frac{1}{2}\{W^2(1) - 1\} - W(1)\int_0^1 W(r)\mathrm{d}r}{\left\{\int_0^1 W^2(r)\mathrm{d}r - \left(\int_0^1 W(r)\mathrm{d}r\right)^2\right\}^{\frac{1}{2}}}. \tag{2.62}$$

式(2.62)中的 $t_T$ 统计量极限与式(2.14)是一致的,只是后者是在随机干扰为独立同分布的情况下得到的。这说明,ADF 检验法的 $t_T$ 统计量并不需要作任何修正就能得到与以前一样的极限,这与 PP 检验法形成明显的对照。这一区别是由这两种方法采用的不同估计方法引起的。在 PP 检验法中,最小二乘估计 $\hat{\rho}_T$ 由 $y_t$ 对 $y_{t-1}$ 作回归所得,稳定过程$\{u_t\}$的自相关并未在估计中得到处理,尽管这并不影响 $\hat{\rho}_T$ 的收敛性,因为当$\{y_t\}$服从单位根过程时,$\hat{\rho}_T$ 是超一致的估计量。但是在 ADF 检验法中,$\hat{\rho}_T$ 是和其他估计量 $\hat{\zeta}_1, \hat{\zeta}_2, \cdots, \hat{\zeta}_{p-1}$ 一同取得的,$\{u_t\}$的自相关已得到处理,因此 $t_T$ 统计量不再需要作修正。

**例 2.6** 利用例 2.3 中的数据,可得以下估计模型:

$$\hat{i}_t = \underset{(0.0573)}{0.4564}\Delta i_{t-1} - \underset{(0.0630)}{0.2942}\Delta i_{t-2} + \underset{(0.0627)}{0.0522}\Delta i_{t-3} - \underset{(0.0574)}{0.0536}\Delta i_{t-4}$$

$$+ \underset{(0.0008)}{0.0014} + \underset{(0.0111)}{0.9786}\, i_{t-1},$$

其中不仅包括了 $i_{t-1}$ 项和常数项，还包括了 $\Delta i_{t-i}$ 项 ($i=1,2,3,4$)。由此计算 ADF 检验法的 $\rho$ 统计量：

$$\frac{T(\hat{\rho}_T-1)}{1-\hat{\zeta}_1-\hat{\zeta}_2-\cdots-\hat{\zeta}_{p-1}}=\frac{146\times(0.9786-1)}{1-0.4564+0.2942-0.0522+0.0536}$$
$$=-3.72.$$

由附录表 1 的情况二查得相应于 $T=146$、显著性水平为 5% 的临界值为 $-13.8$。因为 $-3.72>-13.8$，我们接受单位根假设。

同样也可以计算 ADF 检验法的 $t_T$ 统计量的值：

$$t_T=\frac{\hat{\rho}_T-1}{\hat{\eta}_T}=\frac{0.9786-1}{0.0111}=-1.93.$$

由附录表 2 的情况二查得相应于 $T=146$、显著性水平为 5% 的临界值为 $-2.89$。因为 $-1.93>-2.89$，我们接受单位根假设。

由于在模型中明确地包括了差分的滞后项 $\Delta i_{t-i}$，$i=1,2,3,4$，模型的动态特征可以得到更好的描述，也使得我们能对模型的设置作假设检验。比如，我们可以检验假设 $H_0:\zeta_4=0$，相对于 $H_1:\zeta_4\neq 0$，由于滞后项 $\Delta i_{t-i}$ 都为稳定变量，我们可作传统的 $t$ 检验：

$$t_T=\frac{\hat{\zeta}_4}{\hat{\eta}_{4,T}}=\frac{-0.0536}{0.0574}=-0.934.$$

由于相应于 2.5% 的临界值为 1.96，$|-0.934|<1.96$，接受原假设 $\zeta_4=0$。

下面讨论对联合假设 $H_0:\alpha=0,\rho=1$ 作检验的 $F_T$ 统计量的特性。先将 $H_0$ 写成矩阵形式：

$$H_0:\boldsymbol{R\beta}=\boldsymbol{\gamma}.$$

与以前的讨论一样，这里我们将系数矩阵分块，使得 $\boldsymbol{\beta}'=(\boldsymbol{\beta}_1' \quad \boldsymbol{\beta}_2')$，其中：

$$\boldsymbol{\beta}_1'=(\zeta_1,\quad \zeta_2,\quad \cdots,\quad \zeta_{p-1}),\quad \boldsymbol{\beta}_2'=(\alpha,\quad \rho),$$

矩阵 $\boldsymbol{R}=(\boldsymbol{0}_{2,p-1} \quad \boldsymbol{I}_2)$，其中 $\boldsymbol{0}_{2,p-1}$ 为 $2\times(p-1)$ 维零矩阵，$\boldsymbol{I}_2$ 为 $2\times 2$ 维的单位矩阵，$\boldsymbol{\gamma}=(0,1)'$。以 $\boldsymbol{b}_T$ 表示参数 $\boldsymbol{\beta}$ 的最小二乘估计，检验假设 $\boldsymbol{R\beta}=\boldsymbol{\gamma}$ 的 $F_T$ 统计量可表示为：

$$F_T=\frac{1}{2}(\boldsymbol{b}_T-\boldsymbol{\beta})'\boldsymbol{R}'\left\{s_T^2\boldsymbol{R}\left(\sum_{t=1}^{T}\boldsymbol{x}_t\boldsymbol{x}_t'\right)^{-1}\boldsymbol{R}'\right\}^{-1}\boldsymbol{R}(\boldsymbol{b}_T-\boldsymbol{\beta}). \tag{2.63}$$

它也可由最小二乘估计的残差表示：

$$F_T=\frac{(\widetilde{R}^2-\hat{R}^2)/2}{\hat{R}^2/(T-p-1)},$$

其中，$\tilde{R}^2$ 和 $\hat{R}^2$ 分别为有约束和无约束的残差平方和：

$$\tilde{R}^2 = \sum_{t=1}^{T} (\Delta y_t - \tilde{\zeta}_1 \Delta y_{t-1} - \cdots - \tilde{\zeta}_{p-1} \Delta y_{t-p+1})^2,$$

$$\hat{R}^2 = \sum_{t=1}^{T} (y_t - \hat{\zeta}_1 \Delta y_{t-1} - \cdots - \hat{\zeta}_{p-1} \Delta y_{t-p+1} - \hat{\alpha}_T - \hat{\rho}_T y_{t-1})^2,$$

其中，$\tilde{\zeta}_j$ 和 $\hat{\zeta}_j$，$j=1,2,\cdots,p-1$，分别为有约束和无约束的最小二乘估计。

分别定义 $2\times 2$ 维和$(p+1)\times(p+1)$维对角矩阵 $\overline{\boldsymbol{D}}_T$ 和 $\boldsymbol{D}_T$ 如下：

$$\overline{\boldsymbol{D}}_T = \begin{pmatrix} \sqrt{T} & 0 \\ 0 & T \end{pmatrix}, \quad \boldsymbol{D}_T = \begin{pmatrix} \sqrt{T} & 0 & \cdots & \cdots & 0 & 0 \\ 0 & \sqrt{T} & 0 & \cdots & 0 & 0 \\ \vdots & 0 & \ddots & \vdots & \vdots & \vdots \\ \vdots & \vdots & \vdots & \ddots & \vdots & \vdots \\ 0 & 0 & 0 & \cdots & \sqrt{T} & 0 \\ 0 & 0 & 0 & \cdots & 0 & T \end{pmatrix}.$$

以上的 $F_T$ 统计量式 (2.63) 可写成以下形式：

$$F_T = \frac{1}{2}(\boldsymbol{b}_T - \boldsymbol{\beta})'\boldsymbol{R}'\overline{\boldsymbol{D}}_T \left\{ s_T^2 \overline{\boldsymbol{D}}_T \boldsymbol{R} \left( \sum_{t=1}^{T} \boldsymbol{x}_t \boldsymbol{x}_t' \right)^{-1} \boldsymbol{R}'\overline{\boldsymbol{D}}_T \right\}^{-1} \cdot \overline{\boldsymbol{D}}_T \boldsymbol{R}(\boldsymbol{b}_T - \boldsymbol{\beta}). \tag{2.64}$$

由于

$$\overline{\boldsymbol{D}}_T \boldsymbol{R} = \boldsymbol{R}\boldsymbol{D}_T,$$

而且

$$\boldsymbol{R}\boldsymbol{D}_T(\boldsymbol{b}_T - \boldsymbol{\beta}) \Rightarrow \boldsymbol{Q}^{-1}\boldsymbol{h}_2,$$

这里的矩阵 $\boldsymbol{Q}$ 和向量 $\boldsymbol{h}_2$ 由式 (2.58) 给出，从而可得 $F_T$ 统计量的极限：

$$\begin{aligned} F_T &= \frac{1}{2}(\boldsymbol{b}_T - \boldsymbol{\beta})'\boldsymbol{R}'\overline{\boldsymbol{D}}_T \left\{ s_T^2 \overline{\boldsymbol{D}}_T \boldsymbol{R} \left( \sum_{t=1}^{T} \boldsymbol{x}_t \boldsymbol{x}_t' \right)^{-1} \boldsymbol{R}'\overline{\boldsymbol{D}}_T \right\}^{-1} \overline{\boldsymbol{D}}_T \boldsymbol{R}(\boldsymbol{b}_T - \boldsymbol{\beta}) \\ &\Rightarrow \frac{1}{2}(\boldsymbol{Q}^{-1}\boldsymbol{h}_2)'(\sigma^2 \boldsymbol{Q}^{-1})^{-1}(\boldsymbol{Q}^{-1}\boldsymbol{h}_2) \\ &= \frac{1}{2\sigma^2}\left( \sigma W(1), \quad \frac{1}{2}\sigma^2 \psi(1)\{W^2(1) - 1\} \right) \\ &\quad \times \begin{pmatrix} 1 & \sigma\psi(1)\int_0^1 W(r)\mathrm{d}r \\ \sigma\psi(1)\int_0^1 W(r)\mathrm{d}r & \sigma^2\psi^2(1)\int_0^1 W^2(r)\mathrm{d}r \end{pmatrix}^{-1} \begin{pmatrix} \sigma W(1) \\ \frac{1}{2}\sigma^2\psi^2(1)\{W^2(1) - 1\} \end{pmatrix} \end{aligned}$$

$$= \frac{1}{2}\left(W(1),\quad \frac{1}{2}\{W^2(1)-1\}\right)\begin{pmatrix}1 & 0\\ 0 & \sigma\psi(1)\end{pmatrix}\begin{pmatrix}1 & 0\\ 0 & \sigma\psi(1)\end{pmatrix}^{-1}$$

$$\times\begin{bmatrix}1 & \int_0^1 W(r)\mathrm{d}r\\ \int_0^1 W(r)\mathrm{d}r & \int_0^1 W^2(r)\mathrm{d}r\end{bmatrix}^{-1}\begin{pmatrix}1 & 0\\ 0 & \sigma\psi(1)\end{pmatrix}^{-1}$$

$$\times\begin{pmatrix}1 & 0\\ 0 & \sigma\psi(1)\end{pmatrix}\begin{bmatrix}W(1)\\ \frac{1}{2}\{W^2(1)-1\}\end{bmatrix}$$

$$= \frac{1}{2}\left[W(1),\quad \frac{1}{2}\{W^2(1)-1\}\right]\begin{bmatrix}1 & \int_0^1 W(r)\mathrm{d}r\\ \int_0^1 W(r)\mathrm{d}r & \int_0^1 W^2(r)\mathrm{d}r\end{bmatrix}^{-1}\begin{bmatrix}W(1)\\ \frac{1}{2}\{W^2(1)-1\}\end{bmatrix}. \tag{2.65}$$

不难看出，以上的表达式中不含有任何未知参数，也不包含由变量 $\Delta y_{t-i}$ 产生的极限。这是因为在原假设为真时，一阶差分过程 $\Delta y_{t-i}$ 为稳定过程，$y_t$ 是单位根过程，在极限过程中 $\{y_t\}$ 占主导地位，使得式 (2.65) 的结果中只含有 $y_t$ 和它的函数的极限。不难验证，如果在以上模型中，略去一阶差分项，将 $y_t$ 只对常数项和 $y_{t-1}$ 作回归，所得的 $F_T$ 统计量的极限与式 (2.65) 一致。统计量 $F_T$ 的临界值在附录表 3 的情况二中给出。

在例 2.6 中，如果我们对假设 $H_0:\alpha=0,\rho=1$ 作联合检验，可得：

$$F_T = \frac{(\tilde{R}^2-\hat{R}^2)/2}{\hat{R}^2/(T-p-1)} = 1.87.$$

由附录表 3 的情况二，可知相应于 5% 显著性水平的临界值为 4.66，因此我们不拒绝联合假设。

### 2.4.3　情况一和情况四的 ADF 检验

根据前面的讨论，很容易导出情况一和情况四的 ADF 检验，详细推导过程在此不再赘述，只介绍检验步骤。

**情况一**　假设数据生成过程为：

$$y_t = \zeta_1\Delta y_{t-1} + \cdots + \zeta_{p-1}\Delta y_{t-p+1} + y_{t-1} + \varepsilon_t,$$

其中 $\{\varepsilon_t\}$ 为独立同分布，$E(\varepsilon_t)=0$，$\mathrm{var}(\varepsilon_t)=\sigma^2<\infty$，这是一个不带常数项的单位根过程。估计模型为：

$$y_t = \zeta_1 \Delta y_{t-1} + \cdots + \zeta_{p-1} \Delta y_{t-p+1} + \rho y_{t-1} + \varepsilon_t,$$

并在其中检验单位根假设 $H_0: \rho=1$，和 $H_1: \rho<1$。计算 ADF 检验法的 $\rho$ 统计量

$$\frac{T(\hat{\rho}_T - 1)}{1 - \hat{\zeta}_1 - \cdots - \hat{\zeta}_{p-1}}$$

和 $t_T$ 统计量

$$t_T = \frac{\hat{\eta}_T - 1}{\hat{\eta}_T}.$$

它们的临界值分别在附录表 1 和表 2 的情况一中给出。

**情况四** 假设数据生成过程为：

$$y_t = \zeta_1 \Delta y_{t-1} + \cdots + \zeta_{p-1} \Delta y_{t-p+1} + \alpha + y_{t-1} + \varepsilon_t,$$

其中$\{\varepsilon_t\}$为独立同分布，$E(\varepsilon_t)=0$，$\text{var}(\varepsilon_t)=\sigma^2<\infty$，它是一个带常数项的单位根过程。估计模型为：

$$y_t = \zeta_1 \Delta y_{t-1} + \cdots + \zeta_{p-1} \Delta y_{t-p+1} + \alpha + \rho y_{t-1} + \delta t + \varepsilon_t,$$

其中包括常数项和时间趋势，它们的作用以上已有讨论。我们在以上估计模型中检验假设 $H_0: \rho=1$。计算 ADF 检验法的 $\rho$ 统计量：

$$\frac{T(\hat{\rho}_T - 1)}{1 - \hat{\zeta}_1 - \cdots - \hat{\zeta}_{p-1}}$$

和 $t_T$ 统计量

$$t_T = \frac{\hat{\eta}_T - 1}{\hat{\eta}_T}.$$

它们的临界值分别在附录表 1 和表 2 的情况四中给出。

对于其他的参数 $\zeta_1, \cdots, \zeta_{p-1}$ 的假设，一般可采用传统的 $t$ 检验和 $F$ 检验，它们的临界值可在一般的 $t$ 分布和 $F$ 分布表中查得。

对于联合假设 $H_0: \rho=1, \delta=0$，我们采用 $F_T$统计量

$$F_T = \frac{(\tilde{R}^2 - \hat{R}^2)/2}{\hat{R}^2/(T-p-1)}$$

作检验，其中的 $\tilde{R}^2$ 和 $\hat{R}^2$ 与以上讨论的类似，分别为有约束和无约束的残差平方和：

$$\tilde{R}^2 = \sum_{t=1}^{T} (\Delta y_t - \tilde{\zeta}_1 \Delta y_{t-1} - \cdots - \tilde{\zeta}_{p-1} \Delta y_{t-p+1} - \tilde{\alpha}_T)^2,$$

$$\hat{R}^2 = \sum_{t=1}^{T} (y_t - \hat{\zeta}_1 \Delta y_{t-1} - \cdots - \hat{\zeta}_{p-1} \Delta y_{t-p+1} - \hat{\alpha}_T - \hat{\rho}_T y_{t-1} - \hat{\delta}_T t)^2.$$

统计量 $F_T$ 的临界值由附录表 3 的情况四给出。

## 2.5　单位根检验的推广

我们下面考虑两个最常见的单位根检验的推广：多重单位根检验和季节性单位根检验（seasonal unit root test）。一个随机变量 $y_t$ 有双重单位根，如果它的两阶差分是平稳的，则 $\Delta^2 y_t \sim I(0)$。一个很好的例子是所谓的库存问题：一个库存变量很可能是一个有双重单位根序列 $I(2)$，因为它是流量变量的综合，而流量一般都是$I(1)$ 的变量，由此我们在分析库存时有必要检验库存变量的双重单位根假设。后者在使用季节性数据作实证研究时有重要作用，这时盲目地使用一般的单位根检验可以给出误导性的结果。

### 2.5.1　多重单位根检验

多重单位根的检验初看起来很简单：我们似乎可以先检验时间序列中一个单位根的假设，如果未被拒绝，则在序列的一阶差分序列中再作单位根检验，如此等等。但实际上这一检验方法是不可行的，因为我们至今考虑的所有单位根检验，都以平稳过程作为备选假设，而当备选假设为单位根时，DF 检验法和 ADF 检验法的极限分布是没有定义的。Dicky 和 Pantula (1987) 提出了一个更为自然的对多重单位根的检验顺序：先检验最大的单位根个数，以它作为原假设，然后一步步降低差分的阶数，即减少单位根的个数，如果原假设不断地被拒绝，这样一直进行到原假设被接受。可以看出，在这样的检验过程中，每一步检验的备选假设都为平稳过程，因此检验量的极限分布是有定义的。

我们用以下双重单位根的情况作为例子说明 Dicky 和 Pantula (1987) 的检验过程。考虑以下的 AR(2) 过程：

$$(1-\rho_1 L)(1-\rho_2 L)y_t = u_t,$$

它可被改写成：

$$\Delta^2 y_t = \beta_1 \Delta y_{t-1} + \beta_2 y_{t-1} + u_t,$$

其中，$\beta_1 \equiv (\rho_1\rho_2 - 1)$，　$\beta_2 \equiv -(1-\rho_1)(1-\rho_2)$。

这个改写是非常重要的，它使得我们在检验双单位根的假设中总是以 $y_t$ 为稳定过程作为备选假设。对这一过程中的检验，可采用以下步骤：

(1) 先对序列中存在双单位根的原假设做检验，此时的备选假设为序列中只存在单个单位根，因此可用 $F$ 检验对 $H_0:\beta_1=\beta_2=0$ 作检验。原假设为真显然意味着 $\rho_1=1$ 和 $\rho_2=1$ 同时成立。但由于 $F$ 统计量是平方的结果，它不能反映这一检验的单边性质。如果进一步考虑这一检验过程，我们可以设计更有效用的检验程序。需要注意，在这样的原假设和备选假设之下，我们都有 $\beta_2=0$；而在原假设下 $\beta_1=0$，在备选假设下 $\beta_1<0$。这样，我们可以由 $\Delta^2 y_t$ 对 $\Delta y_{t-1}$ 的回归得到 $\beta_1$ 的估计量 $\hat{\beta}_1$，并用迪基-福勒临界值，以 $t$ 检验量对其作单边的显著性检验。

（2）如果以上原假设被拒绝，则继续对时间序列进行前述的单位根检验。这时原假设为 $H_0:\beta_1<0,\beta_2=0$，而备选假设则为 $H_1:\beta_1<0,\beta_2<0$。因此，我们需要以 $\Delta^2 y_t$ 对 $\Delta y_{t-1}$ 和 $y_{t-1}$ 的回归得到参数 $\beta_2$ 的估计量 $\hat{\beta}_2$，并用迪基-福勒临界值，以 $t$ 检验量对其作单边的显著性检验。

可以将以上的检验程序推广为对三个或更多的单位根的检验。Dicky 和 Pantula (1987) 中还给出了一个蒙特卡洛研究结果，其结果表明这样的序列检验，即检验有 $k$ 个单位根的原假设和有 $k-1$ 个单位根的备选假设，比基于 $F$ 统计量的检验程序有更高的效用。

### 2.5.2 季节性单位根检验

从谱分析的角度来看，我们至今讨论的单位根检验都是在谱函数的零频率上对单位根的检验。如果我们所用的数据是有季节性的，那么单位根就可能出现在谱函数的其他频率上，只有进行季节性差分才能使序列达到平稳。例如，我们有一月度数据序列，如果存在季度单位根，可采用 $x_t-x_{t-4}$ 使季度数据序列达到平稳；若存在年度单位根，则 $x_t-x_{t-12}$ 可使数据序列达到平稳，而不是使用正常的一阶差分 $x_t-x_{t-1}$。许多作者对季度性单整(协整)和在季节频率上的单位根检验有过讨论，包括 Engle、Granger 和 Hallman (1988)，Ghysels (1990)，Hylleberg、Engle、Granger 和 Yoo (1990)，Engle、Granger、Hylleberg 和 Lee (1993)等。和通常的时间序列一样，序列的季节性成分也可由确定性过程、平稳过程和单整过程，或者它们的组合来描述。为了能更好地描述季节性单位根过程，我们将过程的滞后多项式作分解。如果一个滞后多项式含有因子 $(1-L^s)=\Delta_s$，相应于一个季节单位根，那么它可被分解成：

$$(1-L^s)=(1-L)(1+L+L^2+\cdots+L^{s-1})=\Delta S(L),$$

这说明一个季节性差分算子可以分解成一个一阶差分算子和一个移动平均的季节性滤波 $S(L)$ 的乘积。

恩格尔等(1988) 定义变量 $x_t$ 为阶数为 $d$ 和 $D$ 的季节单整变量，记为 $SI(d, D)$，如果 $\Delta^d S(L)^D x_t$ 为平稳过程。比如，如果 $\Delta^4 x_t$ 为平稳过程，说明变量 $x_t$ 为 $SI(4, 1)$ 过程，其中 $S(L)=1+L+L^2+L^3$。由于

$$
\begin{aligned}
(1-L^4) &= (1-L)(1+L+L^2+L^3) \\
&= (1-L)(1+L)(1+L^2) \\
&= (1-L)(1+L)(1-\mathrm{i}L)(1+\mathrm{i}L),
\end{aligned}
$$

因此,季度性单位根过程有四个模数为 1 的复数根:一个在零频率,一个在两季度频率(半年),两个为四季度频率(一年)上的共轭复根。为了将这些根直观地和频率相联系,我们考虑一个确定性的过程:$\alpha(L)x_t=0$。若 $\alpha(L)=1+L$,那么 $x_{t+1}=-x_t$,$x_{t+2}=x_t$,这样,过程以 2 为周期回到它的起始值;若 $\alpha(L)=1-iL$, 那么 $x_{t+1}=\mathrm{i}x_t$,$x_{t+2}=\mathrm{i}^2x_t=-x_t$,$x_3=-\mathrm{i}x_t$,$x_4=-\mathrm{i}^2x_t=x_t$,因此过程每 4 个时段重复一次。

正如在零频率上有单个单位根的过程(如随机游动过程$(1-L)x_t=\varepsilon_t$),季节性单整过程,如$(1-L^4)x_t=\varepsilon_t$,也永久地保留进入过程的随机干扰,过程的方差是随时间递增的线性函数。但是,由于季节性单整过程有四个模数为 1 的复数根,它的表现与一般的 $I(1)$ 过程不尽相同。比如,进入系统的随机干扰会改变序列的季节性模式,致使相应于每一季度的观察值序列以不同的方式发展。这样的季节性单整序列的一阶差分将不是平稳的。

在季节性频率上检验单位根和一般的单位根检验很相似。检验的方法和程序由许多作者讨论过,他们包括 Hasza 和 Fuller (1982), Dicky、Hasza 和 Fuller (1984), Osborn、Chui、Smith 和 Birchenhall (1988), Hylleberg 等(1990), 等等。以下的讨论主要基于 Hylleberg 等(1990) 提出的方法.

假设数据生成过程为

$$\gamma(L)x_t=\varepsilon_t, \tag{2.66}$$

但我们只能得到季度性的观察值,这里$\{\varepsilon_t\}$为独立同分布,$iid(0,\sigma^2)$,$\gamma(L)$为四阶的滞后多项式。我们需要检验的原假设是多项式 $\gamma(L)$的所有根都在单位圆上,备选假设是它们都在单位圆外。设 $\delta_1$,$\delta_2$ 和 $\delta_3$ 为三个正的参数,多项式 $\gamma(L)$可分解为:

$$\gamma(L)=(1-\delta_1L)(1+\delta_2L)(1+\delta_3L^2).$$

这里,我们没有将上式的最后一项写成$(1+\delta_3L)(1+\delta_4L)$是因为 $\gamma(L)$为一实的滞后多项式,至少有两个共轭的复数根。当 $\delta_j$ 接近于 1,可进一步将上式以泰勒展开作近似:

$$
\begin{aligned}
\gamma(L) =& \lambda_1L(1+L)(1+L^2)-\lambda_2L(1-L)(1+L^2) \\
& -\lambda_3\mathrm{i}L(1-L)(1+L)(1-\mathrm{i}L) \\
& +\lambda_4\mathrm{i}L(1-L)(1+L)(1+\mathrm{i}L)+\gamma^*(L)(1-L^4),
\end{aligned}
$$

其中的最后一项为残差项(见 Engle 等(1993) 中近似定理)。以参数 $\pi_1=-\lambda_1$,

$\pi_2=-\lambda_2, 2\lambda_3=-\pi_3+i\pi_4$ 和 $2\lambda_4=-\pi_3-i\pi_4$ 代入，可将上式进一步改写成：

$$\gamma(L)=-\pi_1 L(1+L+L^2+L^3)+\pi_2 L(1-L+L^2-L^3)$$
$$+(\pi_3 L+\pi_4)L(1-L^2)+\gamma^*(L)(1-L^4).$$

将上式代入式(2.66)，重新组合后可得：

$$\gamma^*(L)(1-L^4)x_t=\pi_1 z_{1t-1}+\pi_2 z_{2t-1}+\pi_4 z_{3t-1}+\pi_3 z_{3t-2}+\varepsilon_t, \quad (2.67)$$

其中，$z_{1t}=(1+L+L^2+L^3)x_t, z_{2t}=-(1-L+L^2-L^3)x_t, z_{3t}=-(1-L^2)x_t$。

式 (2.67) 可由最小二乘法估计，在操作中可加入自变量的滞后项，以改进随机干扰中的自相关。为检验在零频率上的单位根，我们检验 $\lambda_1=0$，这对应于 $\pi_1=0$；为检验在半年频率上的单位根 $-1$，我们检验 $\lambda_2=0$，这对应于 $\pi_2=0$；为检验在年度频率上的单位根 $\pm i$，我们可以检验 $\lambda_3=0$ 或 $\lambda_4=0$，每个都需要检验联合假设 $\pi_3=\pi_4=0$。对以上所有这些假设的拒绝，说明过程是平稳的。这些检验的临界值和 Dicky-Fuller 的值（对于 $\pi_1$ 和 $\pi_2$）和 Dicky-Hasza-Fuller 有密切联系，它们的表由 Hylleber 等给出。

以上检验所用的模型和方法在文献中都有进一步的推广，如 Hasza 和 Fuller (1982)，Dicky 等(1984)，和 Osborn 等(1988)，他们在模型 (2.66) 中进一步包括常数项和时间趋势项，并允许过程有更高阶的单整。

## 2.6 本章小结

本章讨论了单位根过程的假设检验，着重介绍了检验单位根的迪基-福勒(DF)方法，增广的迪基-福勒(ADF)方法和菲利普斯-配荣(PP)方法。这三种方法都基于统计量 $T(\hat{\rho}_T-1)$ 和 $t_T$ 以及它们的极限分布。若单位根过程$\{y_t\}$的随机干扰$\{u_t\}$为独立同分布，则它们的极限是标准维纳过程的泛函，不依赖于任何位置参数；若$\{u_t\}$为一般的稳定过程，有自相关，ADF 方法和 PP 方法的统计量 $T(\hat{\rho}_T-1)$ 和 $t_T$ 需要作适当的修正，使得修正后的极限仍与$\{u_t\}$为独立同分布时的一样。

在运用 ADF 方法和 PP 方法时需要确定数据生成的过程的形式，建立实际的估计模型，以及检验的原假设：单一假设 $H_0:\rho=1$，或联合假设 $H_0:\rho=1, \delta=0$；然后在情况一、二和四中选择适当的临界值作为检验的依据。这些选择不当不仅会引起不正确的统计结论，也会导致不正确的经济解释。

如何在 ADF 方法和 PP 方法之间作选择，文献中不存在一般的原则。在实际中人们常常根据模型的结构作选择。比如，如果估计模型中不仅包含了 $y_{t-1}$ 项，还包括了 $\Delta y_{t-1}$ 项，这时选择 ADF 方法较合理，因为不需再对统计量作修正；如果模

型只描述了 $y_t$ 和 $y_{t-1}$ 之间的关系，对随机干扰 $\{u_t\}$ 只作了较为一般的假设，那么选择 PP 方法比较合理，可以用"非参数"的方法对统计量作修正。

## 习题

1. 在 $T^{1/2}\hat{\alpha}_T^*$，$T(\hat{\rho}_T^*-1)$ 和 $T^{3/2}(\hat{\delta}_T^*-\alpha_0)$ 的联合极限分布中（见式(2.19)），用代数余子式的方法验证：

$$T(\hat{\rho}_T^*-1)\Rightarrow\frac{1}{|\boldsymbol{A}|}\left\{\frac{1}{6}W(1)\int_0^1 W(r)\mathrm{d}r-\frac{1}{2}W(1)\int_0^1 rW(r)\mathrm{d}r\right.$$
$$\left.+\frac{1}{24}(W^2(1)-1)+\int_0^1 W(r)\mathrm{d}r\int_0^1 rW(r)\mathrm{d}r-\frac{1}{2}\left(\int_0^1 W(r)\mathrm{d}r\right)^2\right\}.$$

2. 在随机过程 $y_t=\alpha+\rho y_{t-1}+\varepsilon_t$ 中，假设 $\{\varepsilon_t\}$ 为独立同分布，$E(\varepsilon_t)=0$，$\mathrm{var}(\varepsilon_t)=\sigma^2<\infty$。

(1) 令 $\boldsymbol{\beta}=[\alpha,\rho]'$，$R=\begin{pmatrix}1 & 0\\ 0 & 1\end{pmatrix}$，$\boldsymbol{\gamma}=[0,1]'$，验证：假设 $H_0:\alpha=0,\rho=1$ 等价于 $H_0:\boldsymbol{R\beta}=\boldsymbol{\gamma}$。

(2) 以 $\boldsymbol{b}_T$ 表示 $\boldsymbol{\beta}$ 的最小二乘估计，求 $\boldsymbol{D}_T(\boldsymbol{R\beta}-\boldsymbol{\gamma})$ 的极限，这里

$$\boldsymbol{D}_T=\begin{bmatrix}\sqrt{T} & 0\\ 0 & T\end{bmatrix}.$$

(3) 构造检验 $H_0:\boldsymbol{R\beta}=\boldsymbol{\gamma}$ 的 $F_T$ 统计量，并求其极限。

# 第三章　多变量单位根过程

## 3.1 简介

前两章讨论了单变量的单位根过程的结构和它们的统计性质，以及它们的参数估计和对参数的假设检验。我们着重讨论了检验单位根假设的 ADF 检验法和 PP 检验法。本章的目的是将这些结果推广到多变量的单位根过程，讨论多变量单位根过程特有的一些性质，如伪回归（spurious regression）等现象。本章中的许多结果在以后讨论协整理论(co-integration)时有重要应用。

## 3.2 多变量单位根过程的极限定理

在讨论单变量单位根过程的极限定理时，维纳过程 $W(t)(t\in[0,1])$起了关键作用。同样地，在多变量的情况下，多维的维纳过程 $\boldsymbol{W}(t)(t\in[0,1])$对于推导多变量的泛函中心极限定理、最小二乘估计量和检验统计量的极限也是至关重要的。

**定义 3.1　多维的维纳过程**

向量 $\boldsymbol{W}(t)=[W_1(t),W_2(t),\cdots,W_n(t)]'$是定义在闭区间 $[0,1]$ 上的 $n$ 维标准维纳过程，若

(1) $\boldsymbol{W}(0)=\boldsymbol{0}$;

(2) 对任何一组$[0,1]$上的分割点 $0\leqslant t_1<t_2<\cdots<t_k\leqslant 1$，相应的

$$[\boldsymbol{W}(t_2)-\boldsymbol{W}(t_1)],\quad [\boldsymbol{W}(t_3)-\boldsymbol{W}(t_2)],\quad \cdots,\quad [\boldsymbol{W}(t_k)-\boldsymbol{W}(t_{k-1})]$$

为独立的正态向量，且有

$$[\boldsymbol{W}(s)-\boldsymbol{W}(t)]\sim N(\boldsymbol{0},(s-t)\boldsymbol{I}_n),\quad \forall s>t.$$

$n$ 维向量随机过程$\{\boldsymbol{y}_t\}$为一个 $n$ 维的单位根过程，如果 $\Delta\boldsymbol{y}_t\sim\boldsymbol{I}(0)$ 是一个 $n$ 维的稳定过程。这时可将 $\boldsymbol{y}_t$表示为：

$$\boldsymbol{y}_t=\boldsymbol{y}_{t-1}+\boldsymbol{v}_t,$$

其中$\{\boldsymbol{v}_t\}$为独立同分布，$E(\boldsymbol{v}_t)=\boldsymbol{0}$，$\mathrm{var}(\boldsymbol{v}_t)=E(\boldsymbol{v}_t\boldsymbol{v}_t')=\boldsymbol{I}_n$，这里$\boldsymbol{I}_n$为一$n$维的单位矩阵。

构造$\boldsymbol{v}_t$的部分和均值：

$$\widetilde{\boldsymbol{X}}_T^* = T^{-1}(\boldsymbol{v}_1+\boldsymbol{v}_2+\cdots+\boldsymbol{v}_{[Tr]}),$$

其中，$r\in[0,1]$。随机向量$\{\boldsymbol{v}_t\}$的独立同分布也适用于它的各个分量，即$\{v_{it}\}$也独立同分布，有$E(v_{it})=0$，$\mathrm{var}(v_{it})=1$。根据单变量的泛函中心极限定理，对于给定的$i$，$1\leqslant i\leqslant n$，有：

$$\sqrt{T}\widetilde{X}_{iT}^* = \frac{1}{\sqrt{T}}(v_{i1}+v_{i2}+\cdots+v_{i[Tr]})\Rightarrow W_i(r),$$

因此对于向量$\widetilde{\boldsymbol{X}}_T^*$就有：

$$\sqrt{T}\widetilde{\boldsymbol{X}}_T^* = \frac{1}{\sqrt{T}}(\boldsymbol{v}_1+\boldsymbol{v}_2+\cdots+\boldsymbol{v}_{[Tr]})\Rightarrow\boldsymbol{W}(r). \tag{3.1}$$

当然，这样假设的$\{\boldsymbol{v}_t\}$为最简单的$n$维独立同分布的稳定过程，它的各分量中都没有序列相关，而且也互不相关，即$E(v_{it}v_{jt})=0$，$i\neq j$。以下考虑较为一般的独立同分布的稳定过程$\{\boldsymbol{\varepsilon}_t\}$，$E(\boldsymbol{\varepsilon}_t)=0$，$\mathrm{var}(\boldsymbol{\varepsilon}_t)=E(\boldsymbol{\varepsilon}_t\boldsymbol{\varepsilon}_t')=\boldsymbol{\Omega}$，这里的$\boldsymbol{\Omega}$为一个$n\times n$维非异正定矩阵。如果$\boldsymbol{\Omega}\neq\boldsymbol{I}_n$，向量$\boldsymbol{\varepsilon}_t$的各分量相关，可将矩阵$\boldsymbol{\Omega}$作如下分解：

$$\boldsymbol{\Omega}=\boldsymbol{PP}',$$

其中，矩阵$\boldsymbol{P}$为非异的$n\times n$维矩阵，因此有：

$$\boldsymbol{\varepsilon}_t=\boldsymbol{P}\boldsymbol{v}_t.$$

对$\{\boldsymbol{\varepsilon}_t\}$作部分和均值$\boldsymbol{X}_T^*$：

$$\begin{aligned}\boldsymbol{X}_T^* &= T^{-1}(\boldsymbol{\varepsilon}_1+\boldsymbol{\varepsilon}_2+\cdots+\boldsymbol{\varepsilon}_{[Tr]}) = T^{-1}\sum_{t=1}^{[Tr]}\boldsymbol{\varepsilon}_t \\ &= T^{-1}\sum_{t=1}^{[Tr]}\boldsymbol{P}\boldsymbol{v}_t = \boldsymbol{P}\left\{T^{-1}\sum_{t=1}^{[Tr]}\boldsymbol{v}_t\right\} \\ &= \boldsymbol{P}\widetilde{\boldsymbol{X}}_T^*.\end{aligned}$$

根据式(3.1)，有：

$$\sqrt{T}\boldsymbol{X}_T^* = \boldsymbol{P}\{\sqrt{T}\widetilde{\boldsymbol{X}}_T^*\}\Rightarrow\boldsymbol{PW}(r) \tag{3.2}$$

式(3.2)中的$\boldsymbol{PW}(r)$称为方差为$\boldsymbol{\Omega}$的$n$维维纳过程。对于任何给定的$r\in[0,1]$，有：

$$\boldsymbol{PW}(r)\sim\boldsymbol{P}\cdot N(\boldsymbol{0},r\boldsymbol{I}_n)=N(\boldsymbol{0},r\boldsymbol{PP}')=N(0,r\boldsymbol{\Omega}).$$

我们还可将上式中的结果进一步推广到一般的稳定过程。设$\{\boldsymbol{u}_t\}$为一个$n$维的稳定过程，有表示形式：

$$\boldsymbol{u}_t = \sum_{s=0}^{\infty} \boldsymbol{\psi}_s \boldsymbol{\varepsilon}_{t-s}, \tag{3.3}$$

其中，$\{\boldsymbol{\varepsilon}_t\}$为独立同分布，$E(\boldsymbol{\varepsilon}_t)=0$，$\mathrm{var}(\boldsymbol{\varepsilon}_t)=\boldsymbol{\Omega}$；$\boldsymbol{\psi}_s(s=1,2,\cdots)$ 为 $n\times n$ 维矩阵。以 $\psi_{ij}^{(s)}$ 表示第 $s$ 个矩阵的第 $i,j$ 个元素，对于任何 $i,j\in[1,n]$，它们满足以下条件 $(s=1,2,\cdots)$：

$$\sum_{s=0}^{\infty} s\cdot|\psi_{ij}^{(s)}| < \infty. \tag{3.4}$$

以下引理给出了多变量稳定过程的 BN 分解形式。

**引理 3.1　多变量稳定过程的 BN 分解**

设 $\boldsymbol{u}_t = \boldsymbol{\psi}(L)\boldsymbol{\varepsilon}_t = \sum_{s=0}^{\infty}\boldsymbol{\psi}_s\boldsymbol{\varepsilon}_{t-s}$ 为一个 $n$ 维的稳定过程，其中$\{\boldsymbol{\varepsilon}_t\}$为独立同分布，$E(\boldsymbol{\varepsilon}_t)=0$，$\mathrm{var}(\boldsymbol{\varepsilon}_t)=\boldsymbol{\Omega}$。若 $\boldsymbol{\psi}_s(s=1,2,\cdots)$ 中的每一元素组成的序列满足式(3.4)，$\{\boldsymbol{u}_t\}$的部分和 $\sum_{t=1}^{T}\boldsymbol{u}_t$ 有以下 BN 分解：

$$\sum_{t=1}^{T}\boldsymbol{u}_t = \boldsymbol{\psi}(1)\sum_{t=1}^{T}\boldsymbol{\varepsilon}_t + \boldsymbol{\eta}_T - \boldsymbol{\eta}_0, \tag{3.5}$$

其中，$\boldsymbol{\psi}(1) = (\boldsymbol{\psi}_0 + \boldsymbol{\psi}_1 + \cdots)$，$\eta_T = \sum_{s=1}^{\infty}\boldsymbol{\alpha}_s\boldsymbol{\varepsilon}_{T-s}$，$\boldsymbol{\alpha}_s = -(\boldsymbol{\psi}_{s+1} + \boldsymbol{\psi}_{s+2} + \cdots)$。$\boldsymbol{\eta}_T$为一个稳定过程，矩阵列$\{\boldsymbol{\alpha}_s\}$中的每一元素列$\{\boldsymbol{\alpha}_{ij}^{(s)}, s=1,2,\cdots\}$绝对可和：

$$\sum_{s=1}^{\infty}|\alpha_{ij}^{(s)}| < \infty。$$

下面将第一章中的定理 1.9 推广为向量形式。对于 $n$ 维稳定过程$\{\boldsymbol{u}_t\}$，构造部分和均值：

$$\boldsymbol{X}_T(r) = T^{-1}\sum_{t=1}^{[Tr]}\boldsymbol{u}_t,$$

并作 BN 分解：

$$\boldsymbol{X}_T(r) = T^{-1}\left\{\boldsymbol{\psi}(1)\sum_{t=1}^{[Tr]}\boldsymbol{\varepsilon}_t + \boldsymbol{\eta}_{[Tr]} - \boldsymbol{\eta}_0\right\}. \tag{3.6}$$

其中$(\boldsymbol{\eta}_{[Tr]} - \boldsymbol{\eta}_0)$的每一个分量都为一稳定过程，因此有

$$\sup_{r\in[0,1]} T^{-1/2}|\eta_{i,[Tr]} - \eta_{i0}| \xrightarrow{p} 0,\quad i=1,2,\cdots,n.$$

以$\sqrt{T}$乘 $\boldsymbol{X}_T(r)$，并令 $T\to\infty$，可得

$$\sqrt{T}\boldsymbol{X}_T(r) = \frac{1}{\sqrt{T}}\left(\boldsymbol{\psi}(1)\sum_{t=1}^{[Tr]}\boldsymbol{\varepsilon}_t\right) + \frac{1}{\sqrt{T}}(\boldsymbol{\eta}_{[Tr]} - \boldsymbol{\eta}_0) \Rightarrow \psi(1)\boldsymbol{PW}(r), \tag{3.7}$$

其中 $\boldsymbol{P}$ 为一个 $n\times n$ 维非异矩阵，且有 $\boldsymbol{PP}'=\boldsymbol{\Omega}$。对于任意给定的 $r\in[0,1]$，我们有 $\boldsymbol{W}(r)\sim N(\boldsymbol{0},r\boldsymbol{I}_n)$，这样，$\boldsymbol{\psi}(1)\boldsymbol{PW}(r)$就有分布：

$$\begin{aligned}\boldsymbol{\psi}(1)\boldsymbol{PW}(r)&\sim N(\boldsymbol{0},r\boldsymbol{\psi}(1)\boldsymbol{PP}'\boldsymbol{\psi}(1)')\\&=N(\boldsymbol{0},r\boldsymbol{\psi}(1)\boldsymbol{\Omega}\boldsymbol{\psi}(1)').\end{aligned}$$

我们称 (3.7) 中的结果为多变量的泛函中心极限定理。

作为多变量泛函中心极限定理的应用，我们考虑以下的例子。若$\{\boldsymbol{\xi}_t\}$为一个 $n$ 维单位根过程，$\boldsymbol{\xi}_t=\boldsymbol{\xi}_{t-1}+\boldsymbol{u}_t$，$\boldsymbol{\xi}_t$ 为 $t$ 个随机干扰的和：

$$\boldsymbol{\xi}_t=\sum_{j=1}^{t}\boldsymbol{u}_j.$$

我们再对 $\boldsymbol{\xi}_t$ 的部分和 $\sum_{t=1}^{T}\boldsymbol{\xi}_t$ 作 BN 分解：

$$\begin{aligned}\sum_{t=1}^{T}\boldsymbol{\xi}_t&=\sum_{t=1}^{T}\left(\sum_{j=1}^{t}\boldsymbol{u}_j\right)=\sum_{t=1}^{T}\left(\boldsymbol{\psi}(1)\sum_{j=1}^{t}\boldsymbol{\varepsilon}_j+\boldsymbol{\eta}_t-\boldsymbol{\eta}_0\right)\\&=\sum_{t=1}^{T}\left(\boldsymbol{\psi}(1)\sum_{j=1}^{t}\boldsymbol{P}\boldsymbol{v}_j\right)+\sum_{j=1}^{T}(\boldsymbol{\eta}_t-\boldsymbol{\eta}_0)\\&=\boldsymbol{\psi}(1)\boldsymbol{P}\sum_{t=1}^{T}\boldsymbol{\delta}_t+\sum_{j=1}^{T}(\boldsymbol{\eta}_t-\boldsymbol{\eta}_0),\end{aligned}$$

这里，$\boldsymbol{\delta}_t=\sum_{j=1}^{t}\boldsymbol{v}_j$，因此 $\boldsymbol{\delta}_t=\boldsymbol{\delta}_{t-1}+\boldsymbol{v}_t$，其中，$\{\boldsymbol{v}_j\}$为独立同分布，而且有 $E(\boldsymbol{v}_t)=0$，$\mathrm{var}(\boldsymbol{v}_t)=\boldsymbol{I}_n$。由$(\boldsymbol{\eta}_t-\boldsymbol{\eta}_0)$的稳定性，可知：

$$\sup_{r\in[0,1]}T^{-1/2}\mid\eta_{i,[Tr]}-\eta_{i,0}\mid\xrightarrow{p}0,\quad i=1,2,\cdots,$$

从而有：

$$T^{-3/2}\sum_{j=1}^{T}(\boldsymbol{\eta}_t-\boldsymbol{\eta}_0)\xrightarrow{p}0,$$

因此，我们得出以下结论：

$$\begin{aligned}T^{-3/2}\sum_{t=1}^{T}\boldsymbol{\xi}_t&=\boldsymbol{\psi}(1)\boldsymbol{P}\left\{T^{-3/2}\sum_{t=1}^{T}\boldsymbol{\delta}_t\right\}+T^{-3/2}\sum_{j=1}^{T}(\boldsymbol{\eta}_t-\boldsymbol{\eta}_0)\\&\Rightarrow\boldsymbol{\psi}(1)\boldsymbol{P}\int_0^1\boldsymbol{W}(r)\mathrm{d}r.\end{aligned}\tag{3.8}$$

这是第一章的定理 1.9 中结论(6) 的推广。

下面给出向量形式的随机积分的定义。

对于向量 $\boldsymbol{\delta}_t=\sum_{j=1}^{t}\boldsymbol{v}_j$ 的每一分量构成序列$\{\delta_{it},t=1,2,\cdots\}$，根据第一章定理 1.9 结论(5)，我们有：

$$T^{-1}\sum_{t=1}^{T}\delta_{i,t-1}v_{it}\Rightarrow\frac{1}{2}\{W_i^2(1)-1\},\quad i=1,2,\cdots,n,$$

又根据第一章第 6 节中关于随机积分的讨论，下列关系成立：

$$\int_0^1 W_i(r)\mathrm{d}W_i(r)=\frac{1}{2}\{W_i^2(1)-1\},$$

从而有：

$$T^{-1}\sum_{t=1}^{T}\delta_{i,t-1}v_{it}\Rightarrow\int_0^1 W_i(r)\mathrm{d}W_i(r). \tag{3.9}$$

对于 $i\neq j$，可推得相应的极限：

$$T^{-1}\sum_{t=1}^{T}\delta_{i,t-1}v_{jt}\Rightarrow\int_0^1 W_i(r)\mathrm{d}W_j(r). \tag{3.10}$$

综合式(3.9)和式(3.10)，可得：

$$\begin{aligned}T^{-1}\sum_{t=1}^{T}\boldsymbol{\delta}_{t-1}\boldsymbol{v}_t&\Rightarrow\int_0^1\boldsymbol{W}(r)\mathrm{d}W(r)\\&=\frac{1}{2}\{\boldsymbol{W}(1)\boldsymbol{W}(1)'-\boldsymbol{I}_n\}.\end{aligned} \tag{3.11}$$

这一结果以后常会用到。

**定理 3.1　向量形式的定理 1.9：**

设 $\{\boldsymbol{u}_t\}$ 为一个 $n$ 维的随机向量过程，表达形式为：

$$\boldsymbol{u}_t=\boldsymbol{\psi}(L)\boldsymbol{\varepsilon}_t=\sum_{s=0}^{\infty}\boldsymbol{\psi}_s(L)\boldsymbol{\varepsilon}_{t-s},$$

其中的矩阵 $\boldsymbol{\psi}_s$ 满足条件：

$$\sum_{s=0}^{\infty}s\mid\psi_{ij}^{(s)}\mid<\infty,\quad i,j=1,2,\cdots,n,$$

$\{\boldsymbol{\varepsilon}_t\}$ 为独立同分布，$E(\boldsymbol{\varepsilon}_t)=0$，$\mathrm{var}(\boldsymbol{\varepsilon}_t)=\boldsymbol{\Omega}=\boldsymbol{PP}'$，$PP'$ 为非异正定矩阵。矩阵 $\boldsymbol{\Omega}$ 的第 $i,j$ 个元素为 $\sigma_{ij}=E(\varepsilon_{it}\varepsilon_{jt})$。令

$$\boldsymbol{\Gamma}_s=E(\boldsymbol{u}_t\boldsymbol{u}_{t-s}')=\sum_{k=0}^{\infty}\psi_{s+k}\Omega\psi_k';\quad s=0,1,2,\cdots,$$

$$\boldsymbol{z}_t=[\boldsymbol{u}_{t-1}',\boldsymbol{u}_{t-2}',\cdots,\boldsymbol{u}_{t-k}']';\quad k\geqslant 1,$$

$$\mathbf{V}=\boldsymbol{E}(\boldsymbol{z}_t\boldsymbol{z}_t')=\begin{pmatrix}\boldsymbol{\Gamma}_0&\boldsymbol{\Gamma}_1&\cdots&\boldsymbol{\Gamma}_{k-1}\\\boldsymbol{\Gamma}_{-1}&\boldsymbol{\Gamma}_0&\cdots&\boldsymbol{\Gamma}_{k-2}\\\vdots&\vdots&\ddots&\vdots\\\boldsymbol{\Gamma}_{-k+1}&\boldsymbol{\Gamma}_{-k+2}&\cdots&\boldsymbol{\Gamma}_0\end{pmatrix},$$

$$\boldsymbol{\Lambda}=\boldsymbol{\psi}(1)\cdot\boldsymbol{P}=(\boldsymbol{\psi}_0+\boldsymbol{\psi}_1+\cdots)\cdot\boldsymbol{P},$$

$$\boldsymbol{\xi}_t = \boldsymbol{u}_1 + \cdots + \boldsymbol{u}_t,$$

若 $\boldsymbol{\xi}_0 = 0$,以下结果成立:

(1) $T^{-1/2}\sum_{t=1}^{T}\boldsymbol{u}_t \Rightarrow \boldsymbol{\Lambda}\boldsymbol{W}(1)$;

(2) $T^{-1/2}\sum_{t=1}^{T}\boldsymbol{z}_t\boldsymbol{\varepsilon}_t \xrightarrow{d} N(\boldsymbol{0},\sigma_{ii}\boldsymbol{V})$;　$i = 1,2,\cdots,n$;

(3) $T^{-1}\sum_{t=1}^{T}\boldsymbol{u}_t\boldsymbol{u}'_{t-s} \xrightarrow{p} \boldsymbol{\Gamma}_s$,　$s = 1,2,\cdots$;

(4) $T^{-1}\sum_{t=1}^{T}(\boldsymbol{\xi}_{t-1}\boldsymbol{u}'_{t-s} + \boldsymbol{u}_{t-s}\boldsymbol{\xi}'_{t-1}) \Rightarrow \begin{cases} \boldsymbol{\Lambda}\boldsymbol{W}(1)\boldsymbol{W}(1)'\boldsymbol{\Lambda}' - \boldsymbol{\Gamma}_0, & s = 0, \\ \boldsymbol{\Lambda}\boldsymbol{W}(1)\boldsymbol{W}(1)'\boldsymbol{\Lambda}' - \sum_{k=-s+1}^{s-1}\boldsymbol{\Gamma}_k, & s = 1,2,\cdots; \end{cases}$

(5) $T^{-1}\sum_{t=1}^{T}\boldsymbol{\xi}_{t-1}\boldsymbol{u}'_t \Rightarrow \boldsymbol{\Lambda}\left\{\int_0^1 \boldsymbol{W}(r)\,[\mathrm{d}\boldsymbol{W}(r)]'\right\}\boldsymbol{\Lambda}' + \sum_{k=1}^{\infty}\boldsymbol{\Gamma}'_k$;

(6) $T^{-1}\sum_{t=1}^{T}\boldsymbol{\xi}_{t-1}\boldsymbol{\varepsilon}'_t \Rightarrow \boldsymbol{\Lambda}\left\{\int_0^1 \boldsymbol{W}(r)\,[\mathrm{d}\boldsymbol{W}(r)]'\right\}\boldsymbol{P}'$;

(7) $T^{-3/2}\sum_{t=1}^{T}\boldsymbol{\xi}_{t-1} \Rightarrow \boldsymbol{\Lambda}\int_0^1 \boldsymbol{W}(r)\,\mathrm{d}r$;

(8) $T^{-3/2}\sum_{t=1}^{T}t\boldsymbol{u}_{t-s} \Rightarrow \boldsymbol{\Lambda}\left\{\boldsymbol{W}(1) - \int_0^1 \boldsymbol{W}(r)\,\mathrm{d}r\right\}$,　$s = 0,1,2,\cdots$;

(9) $T^{-2}\sum_{t=1}^{T}\boldsymbol{\xi}_{t-1}\boldsymbol{\xi}'_{t-1} \Rightarrow \boldsymbol{\Lambda}\left\{\int_0^1 \boldsymbol{W}(r)\boldsymbol{W}(r)'\right\}\boldsymbol{\Lambda}'$;

(10) $T^{-5/2}\sum_{t=1}^{T}t\boldsymbol{\xi}_{t-1} \Rightarrow \boldsymbol{\Lambda}\int_0^1 r\boldsymbol{W}(r)\,\mathrm{d}r$;

(11) $T^{-3}\sum_{t=1}^{T}t\boldsymbol{\xi}_{t-1}\boldsymbol{\xi}'_{t-1} \Rightarrow \boldsymbol{\Lambda}\left\{\int_0^1 r\boldsymbol{W}(r)\boldsymbol{W}(r)'\right\}\boldsymbol{\Lambda}'$.

**证明:**

(1) 在式(3.7)中,令 $r=1$,即得结论。

(2) 利用一般的中心极限定理,即得结论。

(3) 利用大数定律,即得结论。

(4) 由于

$$\sum_{t=1}^{T}\boldsymbol{\xi}_t\boldsymbol{\xi}'_t = \sum_{t=1}^{T}(\boldsymbol{\xi}_{t-1} + \boldsymbol{u}_t)(\boldsymbol{\xi}'_{t-1} + \boldsymbol{u}'_t)$$

$$= \sum_{t=1}^{T}(\boldsymbol{\xi}_{t-1}\boldsymbol{\xi}'_{t-1} + \boldsymbol{\xi}_{t-1}\boldsymbol{u}'_t + \boldsymbol{u}_t\boldsymbol{\xi}'_{t-1} + \boldsymbol{u}_t\boldsymbol{u}'_t),$$

因此,可得

$$\sum_{t=1}^{T}(\boldsymbol{\xi}_{t-1}\boldsymbol{u}_t' + \boldsymbol{u}_t\boldsymbol{\xi}_{t-1}') = \sum_{t=1}^{T}\boldsymbol{\xi}_t\boldsymbol{\xi}_t' - \sum_{t=1}^{T}\boldsymbol{\xi}_{t-1}\boldsymbol{\xi}_{t-1}' - \sum_{t=1}^{T}\boldsymbol{u}_t\boldsymbol{u}_t'$$

$$= \boldsymbol{\xi}_T\boldsymbol{\xi}_T' - \sum_{t=1}^{T}\boldsymbol{u}_t\boldsymbol{u}_t'.$$

根据式(3.6) 中 $\boldsymbol{X}_T(r)$ 的 BN 分解形式,

$$\boldsymbol{\xi}_T = T\boldsymbol{X}_T(1),$$

可得:

$$T^{-1}\sum_{t=1}^{T}(\boldsymbol{\xi}_{t-1}\boldsymbol{u}_t' + \boldsymbol{u}_t\boldsymbol{\xi}_{t-1}') = T^{-1}\boldsymbol{\xi}_T\boldsymbol{\xi}_T' - T^{-1}\sum_{t=1}^{T}\boldsymbol{u}_t\boldsymbol{u}_t'$$

$$= [\sqrt{T}\boldsymbol{X}_T(1)][\sqrt{T}\boldsymbol{X}_T(1)]' - T^{-1}\sum_{t=1}^{T}\boldsymbol{u}_t\boldsymbol{u}_t'.$$

因为

$$\sqrt{T}\boldsymbol{X}_T(1) \Rightarrow \boldsymbol{\psi}(1)\boldsymbol{P}\boldsymbol{W}(1) = \boldsymbol{\Lambda}\boldsymbol{W}(1),$$

$$T^{-1}\sum_{t=1}^{T}\boldsymbol{u}_t\boldsymbol{u}_t' \xrightarrow{p} \boldsymbol{\Gamma}_0,$$

所以

$$T^{-1}\sum_{t=1}^{T}(\boldsymbol{\xi}_{t-1}\boldsymbol{u}_{t-s}' + \boldsymbol{u}_{t-s}\boldsymbol{\xi}_{t-1}') \Rightarrow \boldsymbol{\Lambda}\boldsymbol{W}(1)\boldsymbol{W}(1)'\boldsymbol{\Lambda}' - \boldsymbol{\Gamma}_0$$

另一方面,对于 $s>0$,有:

$$T^{-1}\sum_{t=s+1}^{T}(\boldsymbol{\xi}_{t-1}\boldsymbol{u}_{t-s}' + \boldsymbol{u}_{t-s}\boldsymbol{\xi}_{t-1}')$$

$$= T^{-1}\sum_{t=s+1}^{T}\{(\boldsymbol{\xi}_{t-s-1} + \boldsymbol{u}_{t-s} + \boldsymbol{u}_{t-s+1} + \cdots + \boldsymbol{u}_{t-1})\boldsymbol{u}_{t-s}'$$

$$+ \boldsymbol{u}_{t-s}(\boldsymbol{\xi}_{t-1}' + \boldsymbol{u}_{t-s}' + \boldsymbol{u}_{t-s+1}' + \cdots + \boldsymbol{u}_{t-1}')\}$$

$$= T^{-1}\sum_{t=s+1}^{T}(\boldsymbol{\xi}_{t-s-1}\boldsymbol{u}_{t-s}' + \boldsymbol{u}_{t-s}\boldsymbol{\xi}_{t-s-1}')$$

$$+ T^{-1}\sum_{t=s+1}^{T}\{(\boldsymbol{u}_{t-s}\boldsymbol{u}_{t-s}') + (\boldsymbol{u}_{t-s+1}\boldsymbol{u}_{t-s}') + \cdots + (\boldsymbol{u}_{t-1}\boldsymbol{u}_{t-s}')$$

$$+ (\boldsymbol{u}_{t-s}\boldsymbol{u}_{t-s}') + (\boldsymbol{u}_{t-s}\boldsymbol{u}_{t-s+1}') + \cdots + (\boldsymbol{u}_{t-s}\boldsymbol{u}_{t-1}')\},$$

从而有:

$$T^{-1}\sum_{t=1}^{T}(\boldsymbol{\xi}_{t-1}\boldsymbol{u}_{t-s}' + \boldsymbol{u}_{t-s}\boldsymbol{\xi}_{t-1}')$$

$$= T^{-1}\left(\sum_{t=1}^{s}+\sum_{t=s+1}^{T}\right)(\boldsymbol{\xi}_{t-1}\boldsymbol{u}_{t-s}'+\boldsymbol{u}_{t-s}\boldsymbol{\xi}_{t-1}')$$

$$= T^{-1}\sum_{t=s+1}^{T}(\boldsymbol{\xi}_{t-1}\boldsymbol{u}_{t-s}'+\boldsymbol{u}_{t-s}\boldsymbol{\xi}_{t-1}')+\boldsymbol{O}_p(T^{-1})$$

$$\Rightarrow \boldsymbol{\Lambda W}(1)\boldsymbol{W}(1)'\boldsymbol{\Lambda}'-\boldsymbol{\Gamma}_0+[\boldsymbol{\Gamma}_0+\boldsymbol{\Gamma}_1+\cdots+\boldsymbol{\Gamma}_{s-1}+\boldsymbol{\Gamma}_0+\boldsymbol{\Gamma}_{-1}+\cdots+\boldsymbol{\Gamma}_{-s+1}]$$

$$= \boldsymbol{\Lambda W}(1)\boldsymbol{W}(1)'\boldsymbol{\Lambda}'+\sum_{k=-s+1}^{s-1}\boldsymbol{\Gamma}_k.$$

因此，结论得证。

（5）当 $s=0$，可将结论（4）改写成：

$$T^{-1}\sum_{t=1}^{T}(\boldsymbol{\xi}_{t-1}\boldsymbol{u}_{t-s}'+\boldsymbol{u}_{t-s}\boldsymbol{\xi}_{t-1}')\Rightarrow \boldsymbol{\Lambda W}(1)\boldsymbol{W}(1)'\boldsymbol{\Lambda}'-\boldsymbol{\Gamma}_0$$

$$=\boldsymbol{\Lambda}\{\boldsymbol{W}(1)\boldsymbol{W}(1)'-\boldsymbol{I}_n\}\boldsymbol{\Lambda}'+(\boldsymbol{\Lambda\Lambda}'-\boldsymbol{\Gamma}_0).$$

因为

$$\boldsymbol{\Lambda\Lambda}'=\boldsymbol{\psi}(1)\boldsymbol{PP}'\boldsymbol{\psi}(1)'=\boldsymbol{\psi}(1)\boldsymbol{\Omega\psi}(1)'$$

$$=\boldsymbol{\Gamma}_0+\sum_{k=1}^{\infty}(\boldsymbol{\Gamma}_k+\boldsymbol{\Gamma}_k'),$$

根据式（3.11），可得：

$$T^{-1}\sum_{t=1}^{T}(\boldsymbol{\xi}_{t-1}\boldsymbol{u}_{t-s}'+\boldsymbol{u}_{t-s}\boldsymbol{\xi}_{t-1}')$$

$$\Rightarrow 2\boldsymbol{\Lambda}\left\{\int_0^1\boldsymbol{W}(r)[\mathrm{d}\boldsymbol{W}(r)]'\right\}\boldsymbol{\Lambda}'+\sum_{k=1}^{\infty}(\boldsymbol{\Gamma}_k+\boldsymbol{\Gamma}_k').$$

结论（5）得证。

（6）因为 $\boldsymbol{\xi}_{t-1}=\sum_{j=1}^{t-1}u_j$，$u_t=\boldsymbol{\psi}(L)\boldsymbol{\varepsilon}_t$，对 $\boldsymbol{u}_t$ 作 BN 分解，可得：

$$\sum_{t=1}^{T}\boldsymbol{\xi}_{t-1}\boldsymbol{\varepsilon}_t'=\psi(1)\sum_{t=1}^{T}\boldsymbol{\delta}_{t-1}^{*}\boldsymbol{\varepsilon}_t'+\sum_{t=1}^{T}(\boldsymbol{\eta}_{t-1}-\boldsymbol{\eta}_0)\boldsymbol{\varepsilon}_t',\tag{3.12}$$

其中，$\boldsymbol{\delta}_{t-1}^{*}=\sum_{j=1}^{t-1}\boldsymbol{\varepsilon}_j$，$(\boldsymbol{\eta}_{t-1}-\boldsymbol{\eta}_0)\sim I(0)$。

将 $\boldsymbol{\delta}_{t-1}^{*}$ 和 $\boldsymbol{\varepsilon}_t$ 分别写成以下形式：

$$\boldsymbol{\delta}_{t-1}^{*}=\boldsymbol{P\delta}_{t-1},\quad \boldsymbol{\varepsilon}_t=\boldsymbol{Pv}_t,$$

这里$\{\boldsymbol{v}_t\}$为独立同分布，$E(\boldsymbol{v}_t)=0$，$\mathrm{var}(\boldsymbol{v}_t)=\boldsymbol{I}_n$，$\boldsymbol{\delta}_{t-1}=\sum_{j=1}^{t-1}\boldsymbol{v}_j$，代入式（3.12），

可得：

$$T^{-1}\sum_{t=1}^{T}\boldsymbol{\xi}_{t-1}\boldsymbol{\varepsilon}_t' = \boldsymbol{\psi}(1)\boldsymbol{P}\left\{T^{-1}\sum_{t=1}^{T}\boldsymbol{\delta}_{t-1}\boldsymbol{v}_t'\right\}\boldsymbol{P}' + T^{-1}\sum_{t=1}^{T}(\boldsymbol{\eta}_{t-1}-\boldsymbol{\eta}_0)\boldsymbol{\varepsilon}_t'$$

$$\Rightarrow \boldsymbol{\Lambda}\left\{\int_0^1 \boldsymbol{W}(r)\,[\mathrm{d}\boldsymbol{W}(r)]'\right\}\boldsymbol{P}',$$

这是因为

$$T^{-1}\sum_{t=1}^{T}\boldsymbol{\delta}_t\boldsymbol{v}_t' \Rightarrow \int_0^1 \boldsymbol{W}(r)[\mathrm{d}\boldsymbol{W}(r)]',$$

$$T^{-1}\sum_{t=1}^{T}(\boldsymbol{\eta}_{t-1}-\boldsymbol{\eta}_0)\boldsymbol{\varepsilon}_t' \xrightarrow{p} 0.$$

结论（6）得证。

（7）已在式（3.8）中得证。

（8）将 $T^{-3/2}\sum_{t=1}^{T}\boldsymbol{\xi}_{t-1}$ 写成以下形式：

$$T^{-3/2}\sum_{t=1}^{T}\boldsymbol{\xi}_{t-1} = T^{-1/2}\sum_{t=1}^{T}\boldsymbol{u}_t - T^{-3/2}\sum_{t=1}^{T}t\boldsymbol{u}_t,$$

从而有

$$T^{-3/2}\sum_{t=1}^{T}t\boldsymbol{u}_t = T^{-1/2}\sum_{t=1}^{T}\boldsymbol{u}_t - T^{-3/2}\sum_{t=1}^{T}\boldsymbol{\xi}_{t-1}.$$

由结论（1）和（7），立即可得：

$$T^{-3/2}\sum_{t=1}^{T}t\boldsymbol{u}_t \Rightarrow \boldsymbol{\Lambda}\left\{\boldsymbol{W}(1)-\int_0^1\boldsymbol{W}(r)\mathrm{d}r\right\}.$$

对于 $s>0$，作以下变换：

$$T^{-3/2}\sum_{t=1}^{T}t\boldsymbol{u}_t = T^{-3/2}\sum_{j=1-s}^{T-s}(j+s)\boldsymbol{u}_j$$

$$= T^{-3/2}\sum_{j=1-s}^{T-s}j\boldsymbol{u}_j + T^{-3/2}s\sum_{j=1-s}^{T-s}\boldsymbol{u}_j$$

对于任何给定的 $s$，上式的第二项以概率趋向于零，而第一项与 $T^{-3/2}\sum_{t=1}^{T}t\boldsymbol{u}_t$ 的极限一致。结论(8)得证。

（9）根据式（3.8）中的推导，将 $T^{-2}\sum_{t=1}^{T}\boldsymbol{\xi}_{t-1}\boldsymbol{\xi}_{t-1}'$ 写成以下形式：

$$T^{-2}\sum_{t=1}^{T}\boldsymbol{\xi}_{t-1}\boldsymbol{\xi}_{t-1}' = \int_0^1[\sqrt{T}\boldsymbol{X}_T(r)][\sqrt{T}\boldsymbol{X}_T(r)]'\mathrm{d}r$$

令 $T\to\infty$，则有

$$T^{-2}\sum_{t=1}^{T}\boldsymbol{\xi}_{t-1}\boldsymbol{\xi}_{t-1}'\Rightarrow\boldsymbol{\Lambda}\left\{\int_0^1\boldsymbol{W}(r)\left[\mathrm{d}\boldsymbol{W}(r)\right]'\right\}\boldsymbol{\Lambda}'$$

结论(9)得证。

(10) 先将 $T^{-5/2}\sum_{t=1}^{T}t\boldsymbol{\xi}_{t-1}$ 改写成以下形式：

$$T^{-5/2}\sum_{t=1}^{T}t\boldsymbol{\xi}_{t-1}=T^{1/2}\sum_{t=1}^{T}\left(\frac{t}{T}\right)(\boldsymbol{\xi}_{t-1}/T^{2}).$$

根据随机积分的定义，并参照第一章定理 1.9 结论(9)的证明方法，可得：

$$\begin{aligned}T^{-5/2}\sum_{t=1}^{T}t\boldsymbol{\xi}_{t-1}&=T^{1/2}\int_0^1\left\{\frac{[Tr]+1}{T}\right\}\{(\boldsymbol{u}_1+\cdots+\boldsymbol{u}_{[Tr]})/T\}\mathrm{d}r\\&=T^{1/2}\int_0^1\left\{\frac{[Tr]+1}{T}\right\}\boldsymbol{X}_T(r)\mathrm{d}r.\end{aligned}$$

因为

$$\frac{[Tr]+1}{T}\to r,\quad \sqrt{T}\boldsymbol{X}_T(r)\Rightarrow\boldsymbol{\psi}(1)\boldsymbol{P}\int_0^1 W(r)\mathrm{d}r,$$

所以

$$T^{-5/2}\sum_{t=1}^{T}t\boldsymbol{\xi}_{t-1}\Rightarrow\boldsymbol{\Lambda}\int_0^1 r\boldsymbol{W}(r)\mathrm{d}r.$$

结论(10) 得证。

(11) 与结论 (10) 的证明相似，将 $T^{-3}\sum_{t=1}^{T}t\boldsymbol{\xi}_{t-1}\boldsymbol{\xi}_{t-1}'$ 改写成下式：

$$T^{-3}\sum_{t=1}^{T}t\boldsymbol{\xi}_{t-1}\boldsymbol{\xi}_{t-1}'=T\sum_{t=1}^{T}\left(\frac{t}{T}\right)(\boldsymbol{\xi}_{t-1}/T^{2})(\boldsymbol{\xi}_{t-1}'/T^{2})\left(\frac{1}{T}\right).$$

由随机积分的定义，可得：

$$\begin{aligned}T^{-3}\sum_{t=1}^{T}t\boldsymbol{\xi}_{t-1}\boldsymbol{\xi}_{t-1}'&=T\sum_{t=1}^{T}\left(\frac{t}{T}\right)(\boldsymbol{\xi}_{t-1}/T^{2})(\boldsymbol{\xi}_{t-1}'/T^{2})\left(\frac{1}{T}\right)\\&=T\int_0^1\left\{\frac{[Tr]+1}{T}\right\}\{(\boldsymbol{u}_1+\cdots+\boldsymbol{u}_{[Tr]})/T\}\\&\quad\times\{(\boldsymbol{u}_1+\cdots+\boldsymbol{u}_{[Tr]})'/T\}\mathrm{d}r\\&=\int_0^1\left\{\frac{[Tr]+1}{T}\right\}\{\sqrt{T}\boldsymbol{X}_T(r)\}\{\sqrt{T}\boldsymbol{X}_T(r)\}'\mathrm{d}r.\end{aligned}$$

因为

$$\frac{[Tr]+1}{T}\to r,\quad \sqrt{T}\boldsymbol{X}_T(r)\Rightarrow\boldsymbol{\psi}(1)\boldsymbol{P}\int_0^1 W(r)\mathrm{d}r,$$

所以

$$T^{-3}\sum_{t=1}^{T}t\boldsymbol{\xi}_{t-1}\boldsymbol{\xi}_{t-1}'\Rightarrow\boldsymbol{\Lambda}\left\{\int_0^1 r\boldsymbol{W}(r)\boldsymbol{W}(r)'\right\}\boldsymbol{\Lambda}'.$$

结论(11) 得证。定理证毕。

## 3.3 含单位根的向量自回归过程

向量自回归过程 (vector autoregressive process 简称“VAR 过程”)是分析多变量时间序列的有力工具。本节主要介绍含有单位根的 VAR 过程,将以前的讨论进一步推广。VAR 过程在以后协整理论的讨论中起重要作用。

### 3.3.1 VAR($p$)的表示形式

一个 $n$ 维的随机向量 $\boldsymbol{y}_t$ 服从 $P$ 阶的向量自回归过程,记作 VAR($p$),有以下的表现形式:

$$\boldsymbol{y}_t=\boldsymbol{\alpha}+\boldsymbol{\Phi}_1\boldsymbol{y}_{t-1}+\boldsymbol{\Phi}_2\boldsymbol{y}_{t-2}+\cdots+\boldsymbol{\Phi}_p\boldsymbol{y}_{t-p}+\boldsymbol{\varepsilon}_t, \tag{3.13}$$

其中,$\boldsymbol{\alpha}$ 为一个 $n$ 维常数向量,$\boldsymbol{\Phi}_s(s=1,2,\cdots,p)$ 为 $n\times n$ 维矩阵,$\{\boldsymbol{\varepsilon}_t\}$为 $n$ 维独立同分布的随机向量,并有 $E(\boldsymbol{\varepsilon}_t)=\boldsymbol{0}$,$\mathrm{var}(\boldsymbol{\varepsilon}_t)=\boldsymbol{\Omega}$。式 (3.13) 也可等价地表示为:

$$(\boldsymbol{I}_n-\boldsymbol{\Phi}_1L-\boldsymbol{\Phi}_2L^2-\cdots-\boldsymbol{\Phi}_pL^p)\boldsymbol{y}_t=\boldsymbol{\alpha}+\boldsymbol{\varepsilon}_t, \tag{3.14}$$

其中的 $L$ 为滞后算子。令

$$\boldsymbol{\rho}=\boldsymbol{\Phi}_1+\boldsymbol{\Phi}_2+\cdots+\boldsymbol{\Phi}_p,$$
$$\boldsymbol{\zeta}_s=-[\boldsymbol{\Phi}_{s+1}+\boldsymbol{\Phi}_{s+2}+\cdots+\boldsymbol{\Phi}_p],$$

其中 $s=1,2,\cdots,p-1$。将滞后多项式$(\boldsymbol{I}_n-\boldsymbol{\Phi}_1L-\boldsymbol{\Phi}_2L^2-\cdots-\boldsymbol{\Phi}_pL^p)$作如下分解:

$$\begin{aligned}&\boldsymbol{I}_n-\boldsymbol{\Phi}_1L-\boldsymbol{\Phi}_2L^2-\cdots-\boldsymbol{\Phi}_pL^p\\&=(\boldsymbol{I}_n-\boldsymbol{\rho}L)-(\boldsymbol{\zeta}_1L+\boldsymbol{\zeta}_2L^2+\cdots+\boldsymbol{\zeta}_{p-1}L^{p-1})(1-L).\end{aligned} \tag{3.15}$$

因为

$$\begin{aligned}&(\boldsymbol{I}_n-\boldsymbol{\rho}L)-(\boldsymbol{\zeta}_1L+\boldsymbol{\zeta}_2L^2+\cdots+\boldsymbol{\zeta}_{p-1}L^{p-1})(1-L)\\&=\boldsymbol{I}_n-\boldsymbol{\rho}L-\boldsymbol{\zeta}_1L+\boldsymbol{\zeta}_1L^2-\boldsymbol{\zeta}_2L^2+\boldsymbol{\zeta}_2L^3-\cdots-\boldsymbol{\zeta}_{p-1}L^{p-1}+\boldsymbol{\zeta}_{p-1}L^p\\&=\boldsymbol{I}_n-[(\boldsymbol{\Phi}_1+\boldsymbol{\Phi}_2+\cdots+\boldsymbol{\Phi}_p)-(\boldsymbol{\Phi}_2+\boldsymbol{\Phi}_3+\cdots+\boldsymbol{\Phi}_p)]L\\&\quad-[-(\boldsymbol{\Phi}_3+\boldsymbol{\Phi}_4+\cdots+\boldsymbol{\Phi}_p)+(\boldsymbol{\Phi}_2+\boldsymbol{\Phi}_3+\cdots+\boldsymbol{\Phi}_p)]L^2-\cdots\\&\quad-[-(\boldsymbol{\Phi}_p)+(\boldsymbol{\Phi}_{p-1}+\boldsymbol{\Phi}_p)]L^{p-1}-(\boldsymbol{\Phi}_p)L^p\\&=\boldsymbol{I}_n-\boldsymbol{\Phi}_1L-\boldsymbol{\Phi}_2L^2-\cdots-\boldsymbol{\Phi}_{p-1}L^{p-1}-\boldsymbol{\Phi}_pL^p,\end{aligned}$$

利用式 (3.15),可将 VAR($p$) 表示成下列形式：

$$\begin{aligned}&(\boldsymbol{I}_n-\boldsymbol{\Phi}_1L-\boldsymbol{\Phi}_2L^2-\cdots-\boldsymbol{\Phi}_pL^p)\boldsymbol{y}_t\\&=[(\boldsymbol{I}_n-\boldsymbol{\rho}L)-(\boldsymbol{\zeta}_1L+\boldsymbol{\zeta}_2L^2+\cdots+\boldsymbol{\zeta}_{p-1}L^{p-1})(1-L)]\boldsymbol{y}_t\\&=\boldsymbol{y}_t-\boldsymbol{\rho}\boldsymbol{y}_{t-1}-\boldsymbol{\zeta}_1\Delta\boldsymbol{y}_{t-1}-\boldsymbol{\zeta}_2\Delta\boldsymbol{y}_{t-2}-\cdots-\boldsymbol{\zeta}_{p-1}\Delta\boldsymbol{y}_{t-p+1}\\&=\boldsymbol{\alpha}+\boldsymbol{\varepsilon}_t,\end{aligned}$$

从而有

$$\boldsymbol{y}_t=\boldsymbol{\zeta}_1\Delta\boldsymbol{y}_{t-1}+\boldsymbol{\zeta}_2\Delta\boldsymbol{y}_{t-2}+\cdots+\boldsymbol{\zeta}_{p-1}\Delta\boldsymbol{y}_{t-p+1}+\boldsymbol{\alpha}+\boldsymbol{\rho}\boldsymbol{y}_{t-1}+\boldsymbol{\varepsilon}_t.\tag{3.16}$$

在以上的 VAR($p$) 中,若随机向量 $\boldsymbol{y}_t$ 的每一个分量都含有单位根,即

$$\Delta\boldsymbol{y}_t=\boldsymbol{y}_t-\boldsymbol{y}_{t-1}\sim I(0),$$

那么, $\boldsymbol{\rho}=\boldsymbol{I}_n$,且有

$$\boldsymbol{\Phi}_1+\boldsymbol{\Phi}_2+\cdots+\boldsymbol{\Phi}_p=\boldsymbol{I}_n.$$

## 3.3.2　不带常数项的 VAR($p$)过程

下面我们先假设数据生成过程是一个 $n$ 维的不带常数项的 VAP($p$) 过程：

$$\boldsymbol{y}_t=\boldsymbol{\zeta}_1\Delta\boldsymbol{y}_{t-1}+\boldsymbol{\zeta}_2\Delta\boldsymbol{y}_{t-2}+\cdots+\boldsymbol{\zeta}_{p-1}\Delta\boldsymbol{y}_{t-p+1}+\boldsymbol{\rho}\boldsymbol{y}_{t-1}+\boldsymbol{\varepsilon}_t,\tag{3.17}$$

其中,$\boldsymbol{\rho}$ 和 $\boldsymbol{\zeta}_1,\cdots,\boldsymbol{\zeta}_{p-1}$ 为 $n\times n$ 维矩阵,$\{\boldsymbol{\varepsilon}_t\}$为 $n$ 维独立同分布的随机向量,并有 $E(\boldsymbol{\varepsilon}_t)=\boldsymbol{0}$,$\mathrm{var}(\boldsymbol{\varepsilon}_t)=\boldsymbol{\Omega}=\boldsymbol{P}\boldsymbol{P}'$,$\boldsymbol{P}$ 为一个 $n\times n$ 维满秩矩阵。

由矩阵 $\boldsymbol{\zeta}_1,\cdots,\boldsymbol{\zeta}_{p-1}$ 构成的特征方程

$$|\boldsymbol{I}_n-\boldsymbol{\zeta}_1\boldsymbol{z}-\boldsymbol{\zeta}_2\boldsymbol{z}^2-\cdots-\boldsymbol{\zeta}_{p-1}\boldsymbol{z}^{p-1}|=0$$

的根都在单位圆以外。这样 $\boldsymbol{\rho}=\boldsymbol{I}_n$,即 $\Delta\boldsymbol{y}_t=\boldsymbol{y}_t-\boldsymbol{y}_{t-1}\sim I(0)$时,则可将式 (3.17) 转换成无穷阶的移动平均过程：

$$\begin{aligned}\Delta\boldsymbol{y}_t=\boldsymbol{u}_t&=(\boldsymbol{I}_n-\boldsymbol{\zeta}_1L-\boldsymbol{\zeta}_2L^2-\cdots-\boldsymbol{\zeta}_{p-1}L^{p-1})^{-1}\boldsymbol{\varepsilon}_t\\&=\sum_{s=0}^{\infty}\boldsymbol{\Psi}_s\boldsymbol{\varepsilon}_{t-s}=\boldsymbol{\Psi}(L)\boldsymbol{\varepsilon}_t.\end{aligned}\tag{3.18}$$

和以前讨论过的对单变量过程的单位根检验相似,我们首先以不带常数项的 VAR($p$) 过程作为数据生成过程,并在以下的估计模型中检验单位根假设：

$$\boldsymbol{y}_t=\boldsymbol{\zeta}_1\Delta\boldsymbol{y}_{t-1}+\boldsymbol{\zeta}_2\Delta\boldsymbol{y}_{t-2}+\cdots+\boldsymbol{\zeta}_{p-1}\Delta\boldsymbol{y}_{t-p+1}+\boldsymbol{\alpha}+\boldsymbol{\rho}\boldsymbol{y}_{t-1}+\boldsymbol{\varepsilon}_t.\tag{3.19}$$

我们对参数 $\boldsymbol{\alpha}$ 和 $\boldsymbol{\rho}$ 作最小二乘估计,然后检验原假设 $\boldsymbol{\alpha}=\boldsymbol{0}$ 和 $\boldsymbol{\rho}=\boldsymbol{I}_n$。

我们以 $y_{it}$ 表示向量 $\boldsymbol{y}_t$ 的第 $i$ 个元素,$i=1,2,\cdots,n$;$\boldsymbol{\zeta}_{is}'$ 表示矩阵 $\boldsymbol{\zeta}_s$ 的第 $i$ 行,$\boldsymbol{\rho}_i'$ 表示矩阵 $\boldsymbol{\rho}$ 的第 $i$ 行。这里 $s=1,2,\cdots,p-1$; $i=1,2,\cdots,n$。若随机向量 $\boldsymbol{y}_t$ 的单位根假设成立,则有 $\boldsymbol{\rho}=\boldsymbol{I}_n$,因此 $\boldsymbol{\rho}_i'=\boldsymbol{e}_i'$,这里 $\boldsymbol{e}_i'$ 为 $n\times n$ 维单位矩阵 $\boldsymbol{I}_n$ 的第 $i$ 行。下面先考虑式(3.19)中第 $i$ 个方程的参数估计。第 $i$ 个方程 ($i=1,2,\cdots,n$) 可表

示为：

$$y_{it}=\boldsymbol{\zeta}_{i1}'\Delta\boldsymbol{y}_{t-1}+\boldsymbol{\zeta}_{i2}'\Delta\boldsymbol{y}_{t-2}+\cdots+\boldsymbol{\zeta}_{i,p-1}'\Delta\boldsymbol{y}_{t-p+1}+\alpha_i+\boldsymbol{\rho}_i'\boldsymbol{y}_{t-1}+\varepsilon_{it}. \quad (3.20)$$

若单位根假设 $H_0:\boldsymbol{\rho}_i'=\boldsymbol{e}_i'$ 成立，式(3.20)中的 $\Delta\boldsymbol{y}_{t-i}$ 可由 $\boldsymbol{u}_{t-i}(i=1,2,\cdots,p-1)$ 代替，因此有：

$$y_{it}=\boldsymbol{\zeta}_{i1}'\boldsymbol{u}_{t-1}+\boldsymbol{\zeta}_{i2}'\boldsymbol{u}_{t-2}+\cdots+\boldsymbol{\zeta}_{i,p-1}'\boldsymbol{u}_{t-p+1}+\alpha_i+\boldsymbol{\rho}_i'\boldsymbol{y}_{t-1}+\varepsilon_{it}.$$

将上式中的参数 $\zeta_{i1},\cdots,\zeta_{i,p-1},\alpha_i$ 和 $\boldsymbol{\rho}_i$ 排成一行，组成以下行向量：

$$\boldsymbol{\beta}_i'=[\boldsymbol{\zeta}_{i1}',\boldsymbol{\zeta}_{i2}',\cdots,\boldsymbol{\zeta}_{i,p-1}',\alpha_i,\boldsymbol{\rho}_i'],$$

并令

$$\boldsymbol{x}_t'=[\boldsymbol{u}_{t-1}',\boldsymbol{u}_{t-2}',\cdots,1,\boldsymbol{y}_{t-1}'],$$

可将式(3.20)写成以下的向量形式：

$$y_{it}=\boldsymbol{\beta}_i'\boldsymbol{x}_t+\varepsilon_{it},\quad i=1,2,\cdots,n,\quad t=1,2,\cdots,T.$$

其中的参数向量 $\boldsymbol{\beta}_i$ 可由最小二乘法估计：

$$\boldsymbol{b}_T^i=\left[\sum\boldsymbol{x}_t\boldsymbol{x}_t'\right]^{-1}\left[\sum\boldsymbol{x}_t y_{it}\right]=\boldsymbol{\beta}_i+\left[\sum\boldsymbol{x}_t\boldsymbol{x}_t'\right]^{-1}\left[\sum\boldsymbol{x}_t\varepsilon_{it}\right]. \quad (3.21)$$

矩阵 $\left(\sum\boldsymbol{x}_t\boldsymbol{x}_t'\right)$ 和向量 $\left(\sum\boldsymbol{x}_t\boldsymbol{\varepsilon}_{it}\right)$ 的展开式分别为：

$$\begin{pmatrix}
\sum\boldsymbol{u}_{t-1}\boldsymbol{u}_{t-1}' & \sum\boldsymbol{u}_{t-1}\boldsymbol{u}_{t-2}' & \cdots & \sum\boldsymbol{u}_{t-1}\boldsymbol{u}_{t-p+1}' & \sum\boldsymbol{u}_{t-1} & \sum\boldsymbol{u}_{t-1}\boldsymbol{y}_{t-1}' \\
\sum\boldsymbol{u}_{t-2}\boldsymbol{u}_{t-1}' & \sum\boldsymbol{u}_{t-2}\boldsymbol{u}_{t-2}' & \cdots & \sum\boldsymbol{u}_{t-2}\boldsymbol{u}_{t-p+1}' & \sum\boldsymbol{u}_{t-2} & \sum\boldsymbol{u}_{t-2}\boldsymbol{y}_{t-1}' \\
\vdots & \vdots & \cdots & \vdots & \vdots & \vdots \\
\sum\boldsymbol{u}_{t-p+1}\boldsymbol{u}_{t-1}' & \sum\boldsymbol{u}_{t-p+1}\boldsymbol{u}_{t-2}' & \cdots & \sum\boldsymbol{u}_{t-p+1}\boldsymbol{u}_{t-p+1}' & \sum\boldsymbol{u}_{t-p+1} & \sum\boldsymbol{u}_{t-p+1}\boldsymbol{y}_{t-1}' \\
\sum\boldsymbol{u}_{t-1}' & \sum\boldsymbol{u}_{t-2}' & \cdots & \sum\boldsymbol{u}_{t-p+1}' & T & \sum\boldsymbol{y}_{t-1}' \\
\sum\boldsymbol{y}_{t-1}\boldsymbol{u}_{t-1}' & \sum\boldsymbol{y}_{t-1}\boldsymbol{u}_{t-2}' & \cdots & \sum\boldsymbol{y}_{t-1} & \sum\boldsymbol{y}_{t-1} & \sum\boldsymbol{y}_{t-1}\boldsymbol{y}_{t-1}'
\end{pmatrix}$$

和

$$\begin{pmatrix}
\sum\boldsymbol{u}_{t-1}\varepsilon_{it} \\
\sum\boldsymbol{u}_{t-2}\varepsilon_{it} \\
\vdots \\
\sum\boldsymbol{u}_{t-p+1}\varepsilon_{it} \\
\sum\varepsilon_{it} \\
\sum\boldsymbol{y}_{t-1}\varepsilon_{it}
\end{pmatrix}.$$

当单位根假设成立时，估计量 $\boldsymbol{b}_T^i$ 是参数 $\boldsymbol{\beta}_i$ 的一致估计。$(\boldsymbol{b}_T^i-\boldsymbol{\beta}_i)$ 有表达式：

$$(\boldsymbol{b}_T^i-\boldsymbol{\beta}_i)=\begin{pmatrix}\hat{\boldsymbol{\zeta}}_{i1}-\boldsymbol{\zeta}_{i1}\\ \hat{\boldsymbol{\zeta}}_{i2}-\boldsymbol{\zeta}_{i2}\\ \vdots\\ \hat{\boldsymbol{\zeta}}_{i,p-1}-\boldsymbol{\zeta}_{i,p-1}\\ \hat{\alpha}_i\\ \hat{\boldsymbol{\rho}}_i-\boldsymbol{e}_i\end{pmatrix}.$$

定义对角矩阵 $\boldsymbol{D}_T$ 如下：

$$\boldsymbol{D}_T=\begin{pmatrix}T^{1/2}\boldsymbol{I}_{n(p-1)} & 0 & 0\\ 0' & T^{1/2} & 0'\\ 0 & 0 & T\boldsymbol{I}_n\end{pmatrix},\tag{3.22}$$

其中，$\boldsymbol{I}_{n(p-1)}$ 和 $\boldsymbol{I}_n$ 分别为 $[n(p-1)]\times[n(p-1)]$ 维和 $n\times n$ 维单位矩阵，$\boldsymbol{D}_T$ 为 $(np+1)\times(np+1)$ 维满秩的对角矩阵。

以矩阵 $\boldsymbol{D}_T$ 左乘式 (3.21)，可得：

$$\boldsymbol{D}_T[\boldsymbol{b}_T^i-\boldsymbol{\beta}_i]=\left[\boldsymbol{D}_T^{-1}\left(\sum_{t=1}^{T}\boldsymbol{x}_t\boldsymbol{x}_t'\right)\boldsymbol{D}_T^{-1}\right]^{-1}\left[\boldsymbol{D}_T^{-1}\sum_{t=1}^{T}\boldsymbol{x}_t\varepsilon_{it}\right].\tag{3.23}$$

根据定理 3.1 的结论 (1)、(3)、(7) 和 (9)，当 $T\to\infty$，我们有

$$\boldsymbol{D}_T^{-1}\left(\sum_{t=1}^{T}\boldsymbol{x}_t\boldsymbol{x}_t'\right)\boldsymbol{D}_T^{-1}$$

$$=\begin{pmatrix}T^{-1}\sum\boldsymbol{u}_{t-1}\boldsymbol{u}_{t-1}' & \cdots & T^{-1}\sum\boldsymbol{u}_{t-1}\boldsymbol{u}_{t-p+1}' & T^{-1}\sum\boldsymbol{u}_{t-1} & T^{-3/2}\sum\boldsymbol{u}_{t-1}\boldsymbol{y}_{t-1}'\\ \vdots & \vdots & \vdots & \vdots & \vdots\\ T^{-1}\sum\boldsymbol{u}_{t-p+1}\boldsymbol{u}_{t-1}' & \cdots & T^{-1}\sum\boldsymbol{u}_{t-p+1}\boldsymbol{u}_{t-p+1}' & T^{-1}\sum\boldsymbol{u}_{t-p+1} & T^{-3/2}\sum\boldsymbol{u}_{t-p+1}\boldsymbol{y}_{t-1}'\\ T^{-1}\sum\boldsymbol{u}_{t-1}' & \cdots & T^{-1}\sum\boldsymbol{u}_{t-p+1}' & 1 & T^{-3/2}\sum\boldsymbol{y}_{t-1}'\\ T^{-3/2}\sum\boldsymbol{y}_{t-1}\boldsymbol{u}_{t-1}' & \cdots & T^{-3/2}\sum\boldsymbol{y}_{t-1} & T^{-3/2}\sum\boldsymbol{y}_{t-1} & T^{-2}\sum\boldsymbol{y}_{t-1}\boldsymbol{y}_{t-1}'\end{pmatrix}$$

$$\Rightarrow\begin{pmatrix}\boldsymbol{V} & \boldsymbol{0}\\ \boldsymbol{0} & \boldsymbol{Q}\end{pmatrix},\tag{3.24}$$

这里，

$$\boldsymbol{V}=\begin{pmatrix}\boldsymbol{\Gamma}_0 & \boldsymbol{\Gamma}_1 & \cdots & \boldsymbol{\Gamma}_{p-2}\\ \boldsymbol{\Gamma}_{-1} & \boldsymbol{\Gamma}_0 & \cdots & \boldsymbol{\Gamma}_{p-3}\\ \vdots & \vdots & \ddots & \vdots\\ \boldsymbol{\Gamma}_{-p+2} & \boldsymbol{\Gamma}_{-p+3} & \cdots & \boldsymbol{\Gamma}_0\end{pmatrix},$$

$$\boldsymbol{\Gamma}_s=E(\boldsymbol{u}_t\boldsymbol{u}_{t-s}'),\quad s=0,1,\cdots,p-2$$

$$\boldsymbol{Q}=\begin{pmatrix}1 & \left(\int_0^1\boldsymbol{W}(r)\mathrm{d}r\right)'\boldsymbol{\Lambda}'\\ \boldsymbol{\Lambda}\left(\int_0^1\boldsymbol{W}(r)\mathrm{d}r\right) & \boldsymbol{\Lambda}\left(\int_0^1\boldsymbol{W}(r)\boldsymbol{W}(r)'\mathrm{d}r\right)\boldsymbol{\Lambda}'\end{pmatrix}. \tag{3.25}$$

其中,

$$\boldsymbol{\Lambda}=(I_n-\boldsymbol{\zeta}_1-\boldsymbol{\zeta}_2-\cdots-\boldsymbol{\zeta}_{p-1})^{-1}\boldsymbol{P},\quad E(\boldsymbol{\varepsilon}_t\boldsymbol{\varepsilon}_t')=\boldsymbol{\Omega}=\boldsymbol{PP}',$$

$$\left(\boldsymbol{D}_T^{-1}\sum_{t=1}^T\boldsymbol{x}_t\varepsilon_{it}\right)=\begin{pmatrix}T^{-1/2}\sum_{t=1}^T\boldsymbol{u}_{t-1}\varepsilon_{it}\\ T^{-1/2}\sum_{t=1}^T\boldsymbol{u}_{t-2}\varepsilon_{it}\\ \vdots\\ T^{-1/2}\sum_{t=1}^T\boldsymbol{u}_{t-p-1}\varepsilon_{it}\\ T^{-1/2}\sum_{t=1}^T\varepsilon_{it}\\ T^{-1}\sum_{t=1}^T\boldsymbol{y}_{t-1}\varepsilon_{it}\end{pmatrix}\Rightarrow\begin{pmatrix}\boldsymbol{h}_1\\ \boldsymbol{h}_2\end{pmatrix}, \tag{3.26}$$

且

$$\boldsymbol{h}_1\sim N(\boldsymbol{0},\sigma_{ii}^2\boldsymbol{V}),\quad \sigma_{ii}^2=E(\varepsilon_{it}^2),$$

$$\boldsymbol{h}_2=\begin{pmatrix}\boldsymbol{e}_i'\boldsymbol{PW}(1)\\ \boldsymbol{\Lambda}\left\{\int_0^1\boldsymbol{W}(r)[\mathrm{d}\boldsymbol{W}(r)]'\right\}\boldsymbol{P}'\boldsymbol{e}_i\end{pmatrix},$$

向量 $\boldsymbol{e}_i$ 为 $n$ 维单位矩阵的第 $i$ 列。

将式(3.24)、(3.25)和式(3.26)代入式(3.23),可得:

$$\boldsymbol{D}_T[\boldsymbol{b}_T^i-\boldsymbol{\beta}_i]=\left[\boldsymbol{D}_T^{-1}\left(\sum_{t=1}^T\boldsymbol{x}_t\boldsymbol{x}_t'\right)\boldsymbol{D}_T^{-1}\right]^{-1}\left[\boldsymbol{D}_T^{-1}\sum_{t=1}^T\boldsymbol{x}_t\varepsilon_{it}\right]$$

$$\Rightarrow \begin{pmatrix} \boldsymbol{V}^{-1}\boldsymbol{h}_1 \\ \boldsymbol{Q}^{-1}\boldsymbol{h}_2 \end{pmatrix}. \tag{3.27}$$

由于向量 $\boldsymbol{h}_1$ 有多维的正态分布，$\boldsymbol{D}_T[\boldsymbol{b}_T^i-\boldsymbol{\beta}_i]$的前 $n(p-1)$维子向量也有渐近的正态分布：

$$\sqrt{T}[\boldsymbol{b}_{1T}^i-\boldsymbol{\beta}_{1i}]=\sqrt{T}\begin{pmatrix} \hat{\zeta}_{i1}-\zeta_{i1} \\ \vdots \\ \hat{\zeta}_{i,p-1}-\zeta_{i,p-1} \end{pmatrix} \Rightarrow \boldsymbol{V}^{-1}\boldsymbol{h}_1 \sim N(\boldsymbol{0},\sigma_{ii}^2\boldsymbol{V}^{-1}). \tag{3.28}$$

由于子向量 $\sqrt{T}[\boldsymbol{b}_{1T}^i-\boldsymbol{\beta}_{1i}]$和$[T^{1/2}\hat{\alpha}_i,T(\hat{\rho}_i-\boldsymbol{e}_i)']'$有不同的收敛速度，因此它们的极限 $\boldsymbol{V}^{-1}\boldsymbol{h}_1$ 和 $\boldsymbol{Q}^{-1}\boldsymbol{h}_2$ 不相关。这说明，在下列的模型中：

$$\Delta y_{it}=\alpha_i+\hat{\boldsymbol{\zeta}}_{i1}'\Delta\boldsymbol{y}_{t-1}+\cdots+\hat{\boldsymbol{\zeta}}_{i,p-1}'\Delta\boldsymbol{y}_{t-p+1}+\varepsilon_{it}, \tag{3.29}$$

若对参数 $\boldsymbol{\zeta}_{i1},\cdots,\boldsymbol{\zeta}_{i,p-1}$ 作最小二成估计，参数估计统计量有式(3.28)中的极限分布。式(3.28)和式(3.29)都可用来对参数 $\boldsymbol{\zeta}_{i1},\cdots,\boldsymbol{\zeta}_{i,p-1}$ 作估计和假设检验，估计量有相同的极限，只有当样本量 $T$ 不很大时它们之间才会出现较明显的差异。

根据式(3.26)和式(3.27)，子向量$[T^{1/2}\hat{\alpha}_i,T(\hat{\boldsymbol{\rho}}_i-\boldsymbol{e}_i)']'$有以下极限：

$$\begin{pmatrix} T^{1/2}\hat{\alpha}_i \\ T(\hat{\boldsymbol{\rho}}_i-\boldsymbol{e}_i) \end{pmatrix}=\begin{pmatrix} T^{1/2} & 0 \\ 0 & T\boldsymbol{I}_n \end{pmatrix}[\boldsymbol{b}_{2T}^i-\boldsymbol{\beta}_{2i}]$$

$$\Rightarrow \boldsymbol{Q}^{-1}\boldsymbol{h}_2=\boldsymbol{Q}^{-1}\begin{pmatrix} \boldsymbol{e}_i'\boldsymbol{P}\boldsymbol{W}(1) \\ \boldsymbol{\Lambda}\left\{\int_0^1\boldsymbol{W}(r)[\mathrm{d}\boldsymbol{W}(r)]'\right\}\boldsymbol{P}'\boldsymbol{e}_i \end{pmatrix}. \tag{3.30}$$

显然，估计量 $T^{1/2}\hat{\alpha}_i$的极限 $\boldsymbol{e}_i'\boldsymbol{P}\boldsymbol{W}(1)$有正态分布，但估计量 $T(\hat{\boldsymbol{\rho}}_i-\boldsymbol{e}_i)$ 的极限是非标准的。

以上的讨论基于式 (3.16) 中的 VAR($p$) 模型：

$$\boldsymbol{y}_t=\boldsymbol{\zeta}_1\Delta\boldsymbol{y}_{t-1}+\boldsymbol{\zeta}_2\Delta\boldsymbol{y}_{t-2}+\cdots+\boldsymbol{\zeta}_{p-1}\Delta\boldsymbol{y}_{t-p+1}+\boldsymbol{\alpha}+\boldsymbol{\rho}\boldsymbol{y}_{t-1}+\boldsymbol{\varepsilon}_t,$$

它便于对系数 $\boldsymbol{\rho}$ 的估计，有利于对单位根假设的检验，这在许多情况下是便利的。当然，我们也可直接对式 (3.13) 中的 VAR($p$) 模型作估计：

$$\boldsymbol{y}_t=\boldsymbol{\alpha}+\boldsymbol{\Phi}_1\boldsymbol{y}_{t-1}+\boldsymbol{\Phi}_2\boldsymbol{y}_{t-2}+\cdots+\boldsymbol{\Phi}_p\boldsymbol{y}_{t-p}+\boldsymbol{\varepsilon}_t.$$

估计值 $\hat{\boldsymbol{\Phi}}_j,(j=1,2,\cdots,p)$，与 $\hat{\boldsymbol{\zeta}}_s,(s=1,2,\cdots,p-1)$，$\hat{\boldsymbol{\alpha}}$和 $\hat{\boldsymbol{\rho}}$有以下的对应关系：

$$\hat{\boldsymbol{\Phi}}_p=-\hat{\boldsymbol{\zeta}}_{p-1},$$

$$\hat{\boldsymbol{\Phi}}_s=\hat{\boldsymbol{\zeta}}_s-\hat{\boldsymbol{\zeta}}_{s-1},\quad s=2,3,\cdots,p-1,$$

$$\hat{\boldsymbol{\Phi}}_1 = \hat{\boldsymbol{\rho}} + \hat{\boldsymbol{\zeta}}_1.$$

因为$\sqrt{T}(\hat{\boldsymbol{\zeta}}_s - \boldsymbol{\zeta}_s)$ 有正态的极限分布，统计量$\sqrt{T}(\hat{\boldsymbol{\Phi}}_s - \boldsymbol{\Phi}_s)$ $(s=2,3,\cdots,p-1)$也有正态的极限分布。估计量$\hat{\boldsymbol{\Phi}}_1$是$\hat{\boldsymbol{\rho}}$和$\hat{\boldsymbol{\zeta}}_1$的和，其中$\hat{\boldsymbol{\rho}}$的收敛速度为$T$，而估计量$\hat{\boldsymbol{\zeta}}_1$的收敛速度为$T^{1/2}$，因此在

$$\sqrt{T}(\hat{\boldsymbol{\Phi}}_1 - \boldsymbol{\Phi}_1) = \sqrt{T}(\hat{\boldsymbol{\rho}} - \boldsymbol{\rho}) + \sqrt{T}(\hat{\boldsymbol{\zeta}}_1 - \boldsymbol{\zeta}_1)$$

中，右侧的第一项$\sqrt{T}(\hat{\boldsymbol{\rho}} - \boldsymbol{\rho})$以概率趋向于零。所以，$\hat{\boldsymbol{\Phi}}_1$的收敛速度由后者决定，$\sqrt{T}(\hat{\boldsymbol{\Phi}}_1 - \boldsymbol{\Phi}_1)$和$\sqrt{T}(\hat{\boldsymbol{\zeta}}_s - \boldsymbol{\zeta}_s)$ 有相同的极限分布。这样，在式(3.13) 中：

$$\boldsymbol{y}_t = \boldsymbol{\alpha} + \boldsymbol{\Phi}_1 \boldsymbol{y}_{t-1} + \boldsymbol{\Phi}_2 \boldsymbol{y}_{t-2} + \cdots + \boldsymbol{\Phi}_p \boldsymbol{y}_{t-p} + \boldsymbol{\varepsilon}_t,$$

参数 $\hat{\boldsymbol{\Phi}}_j(j=1,2,\cdots,p)$的最小二乘估计量都有正态的极限分布。虽然单位根系数$\hat{\boldsymbol{\rho}}$的估计量出现在$\hat{\boldsymbol{\Phi}}_1$中，但由于收敛速度的不同，$\hat{\boldsymbol{\Phi}}_1$ 的极限分布由估计量 $\hat{\boldsymbol{\zeta}}_1$ 起主导作用，这样就很难在式 (3.13) 中分析单位根的作用。对参数 $\hat{\boldsymbol{\Phi}}_j(j=1,2,\cdots,p)$的假设检验可用一般的 $F$ 统计量，尽管这时 $\hat{\boldsymbol{\Phi}}_j$是非稳定变量 $\boldsymbol{y}_{t-1},\cdots,\boldsymbol{y}_{t-p}$的函数。

### 3.3.3 带常数项的 VAR($p$)过程

下面我们假设数据的生成过程为一带常数项的 VAR($p$) 过程：

$$\boldsymbol{y}_t = \boldsymbol{\zeta}_1 \Delta \boldsymbol{y}_{t-1} + \boldsymbol{\zeta}_2 \Delta \boldsymbol{y}_{t-2} + \cdots + \boldsymbol{\zeta}_{p-1} \Delta \boldsymbol{y}_{t-p+1} + \boldsymbol{\alpha} + \boldsymbol{\rho} \boldsymbol{y}_{t-1} + \boldsymbol{\varepsilon}_t, \tag{3.31}$$

其中，$\boldsymbol{\alpha} \neq 0$，参数向量 $\boldsymbol{\alpha}$ 中至少有一个非零的分量。当单位根假设成立时，$\boldsymbol{\rho} = \boldsymbol{I}_n$为一个 $n$ 维单位矩阵，式(3.31)可简化为：

$$\Delta \boldsymbol{y}_t = \boldsymbol{\delta} + \boldsymbol{u}_t,$$

其中，$\boldsymbol{\delta} = (\boldsymbol{I}_n - \boldsymbol{\zeta}_1 - \cdots - \boldsymbol{\zeta}_{p-1})^{-1} \boldsymbol{\alpha}$，$\boldsymbol{u}_t = \boldsymbol{\Psi}(L) \boldsymbol{\varepsilon}_t$，$\boldsymbol{\Psi}(L) = (\boldsymbol{I}_n - \boldsymbol{\zeta}_1 L - \boldsymbol{\zeta}_2 L^2 - \cdots - \boldsymbol{\zeta}_{p-1} L^{p-1})^{-1}$，它的特征方程

$$|\boldsymbol{I}_n - \boldsymbol{\zeta}_1 z - \boldsymbol{\zeta}_2 z^2 - \cdots - \boldsymbol{\zeta}_{p-1} z^{p-1}| = 0$$

的根都在单位圆外，因此矩阵$(\boldsymbol{I}_n - \boldsymbol{\zeta}_1 - \boldsymbol{\zeta}_2 - \cdots - \boldsymbol{\zeta}_{p-1})$ 和矩阵滞后多项式$(\boldsymbol{I}_n - \boldsymbol{\zeta}_1 L - \boldsymbol{\zeta}_2 L^2 - \cdots - \boldsymbol{\zeta}_{p-1} L^{p-1})$的逆存在。显然，上一节中讨论的情况相应于$\boldsymbol{\delta} = \boldsymbol{0}$。

我们在第一章中曾指出，在带常数项的自回归过程 $y_t = \alpha + \rho y_{t-1} + \varepsilon_t$中，若 $\rho = 1$，$\alpha \neq 0$，尽管这时$\{y_t\}$为一个单位根过程，参数的最小二乘估计 $\hat{\alpha}_T$和$\hat{\rho}_T$都有正态的极限分布。下面我们将这一结果推广至向量，讨论参数向量 $\boldsymbol{\alpha}$ 在式(3.31)中对参数估计和假设检验的作用。

将式(3.31) 等价地写为：

$$\boldsymbol{y}_t = \boldsymbol{y}_0 + \boldsymbol{\delta} t + \boldsymbol{u}_1 + \cdots + \boldsymbol{u}_t,$$

并不失一般性地假设向量 $\boldsymbol{\delta}$ 的第 $n$ 个分量不为零，即 $\delta_n \neq 0$：若 $\delta_n = 0$，我们总能找到一不为零的分量 $\delta_i$，将 $\boldsymbol{y}_t$ 重新排列后能使 $\delta_i$ 成为新的向量中的第 $n$ 个分量。参数向量 $\boldsymbol{\delta}$ 的其他分量是否为零并不影响我们的讨论结果。

对向量 $\boldsymbol{y}_t$ 作如下变换：

$$
\begin{aligned}
y_{1t}^* &= y_{1t} - (\delta_1/\delta_n)y_{nt}, \\
y_{2t}^* &= y_{2t} - (\delta_2/\delta_n)y_{nt}, \\
&\vdots \\
y_{n-1,t}^* &= y_{n-1,t} - (\delta_{n-1}/\delta_n)y_{nt}, \\
y_{nt}^* &= y_{nt}.
\end{aligned}
$$

对任何 $i=1,2,\cdots,n-1$，可得：

$$
\begin{aligned}
y_{it}^* &= y_{it} - (\delta_i/\delta_n)y_{nt} \\
&= [y_{i0} + \delta_{it} + u_{i1} + u_{i2} + \cdots u_{it}] \\
&\quad - (\delta_i/\delta_n)[y_{n0} + \delta_{nt} + u_{n1} + u_{n2} + \cdots u_{nt}] \\
&= y_{i0}^* + \xi_{it}^*.
\end{aligned}
$$

这里的 $y_{i0}^*$ 和 $\xi_{it}^*$ 为：

$$
\begin{aligned}
y_{i0}^* &= y_{i0} - (\delta_i/\delta_n)y_{n0}, \\
\xi_{it}^* &= u_{i1}^* + u_{i2}^* + \cdots + u_{it}^*, \\
u_{it}^* &= u_{it} - (\delta_i/\delta_n)u_{nt}.
\end{aligned}
$$

令 $(n-1)$ 维向量 $\boldsymbol{u}_t^*$ 为：

$$
\boldsymbol{u}_t^* = \begin{pmatrix} u_{1t}^* \\ u_{2t}^* \\ \vdots \\ u_{n-1,t}^* \end{pmatrix},
$$

和 $(n-1)\times n$ 维矩阵 $\boldsymbol{H}$ 为：

$$
\boldsymbol{H} = \begin{pmatrix}
1 & 0 & 0 & \cdots & 0 & -(\delta_1/\delta_n) \\
0 & 1 & 0 & \cdots & 0 & -(\delta_2/\delta_n) \\
\vdots & \vdots & \vdots & \cdots & \vdots & \vdots \\
0 & 0 & 0 & \cdots & 1 & -(\delta_{n-1}/\delta_n)
\end{pmatrix},
$$

由于

$$
\boldsymbol{u}_t = \boldsymbol{\Psi}(L)\boldsymbol{\varepsilon}_t,
$$

$$\boldsymbol{u}_t^* = \boldsymbol{H}\boldsymbol{u}_t,$$

因此有

$$\boldsymbol{u}_t^* = \boldsymbol{H}\boldsymbol{\Psi}(L)\boldsymbol{\varepsilon}_t = \boldsymbol{\Psi}^*(L)\boldsymbol{\varepsilon}_t.$$

矩阵多项式 $\boldsymbol{\Psi}(L)$中的系数矩阵 $\boldsymbol{\Psi}_s(s=0,1,2,\cdots)$满足可和性条件：$\{s\cdot\boldsymbol{\Psi}_s\}_{s=0}^{\infty}$的每一元素列绝对可和。矩阵多项式 $\boldsymbol{\Psi}(L)$和 $\boldsymbol{\Psi}^*(L)$之间的线性关系使得 $\boldsymbol{\Psi}^*(L)$的系数矩阵也满足同样的可和条件。随机向量 $\boldsymbol{y}_t^*$ 为$(n-1)$维，满足定理 3.1 中的条件。给定随机向量 $\boldsymbol{y}_t^*$ 的观察值，式(3.31)和式(3.32)对参数的估计是等价的：

$$\boldsymbol{y}_t = \boldsymbol{\zeta}_1\boldsymbol{u}_{t-1} + \boldsymbol{\zeta}_2\boldsymbol{u}_{t-2} + \cdots + \boldsymbol{\zeta}_{p-1}\boldsymbol{u}_{t-p+1} + \boldsymbol{\alpha}^* + \boldsymbol{\rho}^*\boldsymbol{y}_{t-1}^* + \boldsymbol{\gamma}y_{n,t-1} + \boldsymbol{\varepsilon}_t. \tag{3.32}$$

其中，$\boldsymbol{\rho}^*$ 为一个 $n\times(n-1)$维系数矩阵；$\boldsymbol{\gamma}$ 为 $n$ 维系数向量。不难看出，回归模型式(3.32)中的变量可分为三类：均值为零的稳定变量 $\boldsymbol{u}_{t-s}=\Delta\boldsymbol{y}_{t-s}-\boldsymbol{\delta}$，$s=1,2,\cdots,p-1$；常数项 $\boldsymbol{\alpha}^*$；不含常数项的 $I(1)$ 变量 $\boldsymbol{y}_{t-1}^*$和带常数项的 $I(1)$ 变量 $y_{n,t-1}$。因此，利用式 (3.32) 得到的参数估计量 $\hat{\boldsymbol{\zeta}}_1,\cdots,\hat{\boldsymbol{\zeta}}_{p-1}$，$\hat{\boldsymbol{\alpha}}^*$ 和 $\hat{\boldsymbol{\rho}}^*$，更有利于发现非零常数项对估计量的极限分布的影响。根据式(3.32)，随机向量 $\boldsymbol{y}_t$的第 $i$ 个分量 $y_{it}$的表达式为：

$$\begin{aligned} y_{it} &= \boldsymbol{\zeta}_{i1}'\boldsymbol{u}_{t-1} + \boldsymbol{\zeta}_{i2}'\boldsymbol{u}_{t-2} + \cdots + \boldsymbol{\zeta}_{i,p-1}'\boldsymbol{u}_{t-p+1} \\ &\quad + \alpha_i^* + \boldsymbol{\rho}_i^{*\prime}\boldsymbol{y}_{t-1}^* + \gamma_i y_{n,t-1} + \varepsilon_{it}, \end{aligned} \tag{3.33}$$

其中的 $\boldsymbol{\zeta}_{is}'$和 $\boldsymbol{\rho}_i^{*\prime}$ 为矩阵 $\boldsymbol{\zeta}_s$和 $\boldsymbol{\rho}^*$ 的第 $i$ 行。定义以下的$(np+1)$维向量：

$$\boldsymbol{x}_t^* = [\boldsymbol{u}_{t-1}', \boldsymbol{u}_{t-2}', \cdots, \boldsymbol{u}_{t-p+1}', 1, \boldsymbol{y}_{t-1}^{*\prime}, y_{n,t-1}]',$$

和$(np+1)\times(np+1)$维矩阵：

$$\boldsymbol{D}_T = \begin{pmatrix} T^{1/2}\cdot\boldsymbol{I}_{n(p-1)} & \boldsymbol{0} & \boldsymbol{0} & \boldsymbol{0} \\ \boldsymbol{0}' & T^{1/2} & \boldsymbol{0}' & 0 \\ \boldsymbol{0} & \boldsymbol{0} & T\cdot\boldsymbol{I}_{n-1} & \boldsymbol{0} \\ \boldsymbol{0}' & 0 & \boldsymbol{0}' & T^{3/2} \end{pmatrix}, \tag{3.34}$$

和$(n-1)\times n$ 维矩阵：

$$\boldsymbol{\Lambda}^* = \boldsymbol{\Psi}^*(1)\cdot\boldsymbol{P},$$

以及系数向量：

$$\boldsymbol{\beta}_i^* = [\boldsymbol{\zeta}_{i1}', \boldsymbol{\zeta}_{i2}', \cdots, \boldsymbol{\zeta}_{i,p-1}', \boldsymbol{\alpha}_i^*, \boldsymbol{\rho}_i^{*\prime}]'.$$

给定样本 $\boldsymbol{x}_1^*,\cdots,\boldsymbol{x}_T^*$，参数 $\boldsymbol{\beta}_i^*$ 的最小二乘估计为：

$$\boldsymbol{b}_T^{*i} = \boldsymbol{\beta}_i^* + \left[\sum_{i=1}^{T}\boldsymbol{x}_i^*\boldsymbol{x}_i^{*\prime}\right]^{-1}\left[\sum_{i=1}^{T}\boldsymbol{x}_i^*\varepsilon_{it}\right],$$

以矩阵 $\boldsymbol{D}_T$ 左乘，整理后可得：

$$\boldsymbol{D}_T[\boldsymbol{b}_T^{*i}-\boldsymbol{\beta}_i^*]=\left[\boldsymbol{D}_T^{-1}\left(\sum_{i=1}^{T}\boldsymbol{x}_i^*\boldsymbol{x}_i^{*\prime}\right)\boldsymbol{D}_T^{-1}\right]^{-1}\left[\boldsymbol{D}_T^{-1}\sum_{i=1}^{T}\boldsymbol{x}_i^*\varepsilon_{it}\right].$$

由于 $\mathrm{var}(\boldsymbol{\varepsilon}_t)=E(\boldsymbol{\varepsilon}_t\boldsymbol{\varepsilon}_t')=\boldsymbol{\Omega}=\boldsymbol{PP}'$，根据定理 3.1，可得：

$$\boldsymbol{D}_T^{-1}\left(\sum_{i=1}^{T}\boldsymbol{x}_i^*\boldsymbol{x}_i^{*\prime}\right)\boldsymbol{D}_T^{-1}$$

$$\Rightarrow\begin{pmatrix}\mathbf{V} & 0 & 0 & \mathbf{0}\\ \mathbf{0}' & 1 & \left[\int_0^1\boldsymbol{W}(r)\mathrm{d}r\right]'\boldsymbol{\Lambda}^{*\prime} & \delta_n/2\\ \mathbf{0} & \boldsymbol{\Lambda}^*\int_0^1\boldsymbol{W}(r)\mathrm{d}r & \boldsymbol{\Lambda}^*\left[\int_0^1\boldsymbol{W}(r)\boldsymbol{W}(r)'\mathrm{d}r\right]\boldsymbol{\Lambda}^{*\prime} & \delta_n\boldsymbol{\Lambda}^*\int_0^1 r\boldsymbol{W}(r)\mathrm{d}r\\ \mathbf{0}' & \delta_n/2 & \delta_n\left[\int_0^1\boldsymbol{W}(r)\mathrm{d}r\right]'\boldsymbol{\Lambda}^{*\prime} & \delta_n^2/3\end{pmatrix},$$

其中的子矩阵 $\mathbf{V}$ 为：

$$\mathbf{V}=\begin{pmatrix}\boldsymbol{\Gamma}_0 & \boldsymbol{\Gamma}_{-1} & \cdots & \boldsymbol{\Gamma}_{p-2}\\ \boldsymbol{\Gamma}_{-1} & \boldsymbol{\Gamma}_0 & \cdots & \boldsymbol{\Gamma}_{p-3}\\ \vdots & \vdots & \cdots & \vdots\\ \boldsymbol{\Gamma}_{-p+2} & \boldsymbol{\Gamma}_{-p+3} & \cdots & \boldsymbol{\Gamma}_0\end{pmatrix}. \tag{3.35}$$

同理可得

$$\boldsymbol{D}_T^{-1}\sum_{i=1}^{T}\boldsymbol{x}_i^*\varepsilon_{it}\Rightarrow\begin{pmatrix}\boldsymbol{h}_1\\ h_2\\ \boldsymbol{h}_3\\ h_4\end{pmatrix},$$

其中的各个子向量 $\boldsymbol{h}_s(s=1,2,3,4)$ 分别由下式得到：

$$T^{-1/2}\sum_{t=1}^{T}[\boldsymbol{u}_{t-1}'\varepsilon_{it},\boldsymbol{u}_{t-2}'\varepsilon_{it},\cdots,\boldsymbol{u}_{t-p+1}'\varepsilon_{it}]'\Rightarrow\boldsymbol{h}_1,$$

$$T^{-1/2}\sum_{t=1}^{T}\varepsilon_{it}\Rightarrow h_2,$$

$$T^{-1}\sum_{t=1}^{T}\boldsymbol{y}_{t-1}^*\varepsilon_{it}\Rightarrow\boldsymbol{h}_3,$$

$$T^{-3/2}\sum_{t=1}^{T}y_{n,t-1}\varepsilon_{it}\Rightarrow h_4.$$

不难看出，在以上的极限中，只有 $\boldsymbol{h}_3$ 有非标准的极限分布，其他的子向量 $\boldsymbol{h}_1$，$h_2$ 和

$h_4$都有正态的极限分布。由定理 3.1 的结论（2）容易验证以下结果：$\boldsymbol{h}_1 \sim N(\boldsymbol{0}, \sigma_{ii}^2 \boldsymbol{V})$，$h_2 \sim N(0, \sigma_{ii}^2)$；$h_4$ 也有正态的极限分布，这在第一章的式（1.48）中已得证。子向量 $\boldsymbol{h}_3$ 的非标准极限分布可由式(3.30)的推导中得到：

$$\boldsymbol{h}_3 \triangleq \boldsymbol{\Lambda}^* \left\{ \int_0^1 \boldsymbol{W}(r)[\mathrm{d}\boldsymbol{W}(r)]' \right\} \boldsymbol{P}' \boldsymbol{e}_i .$$

若令 $\boldsymbol{\omega}_i = [\boldsymbol{\zeta}_{i1}', \boldsymbol{\zeta}_{i2}', \cdots, \boldsymbol{\zeta}_{i,n-1}']'$，$\boldsymbol{D}_T[\boldsymbol{b}_T^{*i} - \boldsymbol{\beta}_i^*]$ 的极限可表示如下：

$$\boldsymbol{D}_T[\boldsymbol{b}_T^{*i} - \boldsymbol{\beta}_i^*] = \begin{pmatrix} T^{1/2}(\hat{\omega}_i - \boldsymbol{\omega}_i) \\ T(\hat{\alpha}_i - \alpha_i) \\ T(\hat{\boldsymbol{\rho}}_i^* - \boldsymbol{\rho}_i) \\ T^{3/2}(\hat{\boldsymbol{\gamma}}_i - \gamma_i) \end{pmatrix} \Rightarrow \begin{pmatrix} \boldsymbol{V}^{-1}\boldsymbol{h}_1 \\ \boldsymbol{Q}^{-1}\boldsymbol{\eta} \end{pmatrix},$$

其中，$\eta = [h_2, \boldsymbol{h}_3', h_4]'$，$\boldsymbol{Q}$ 是一个$(n+1)\times(n+1)$维的矩阵，由下式给出：

$$\boldsymbol{Q} = \begin{pmatrix} 1 & \left[\int_0^1 \boldsymbol{W}(r)\mathrm{d}r\right]' \boldsymbol{\Lambda}^{*\prime} & \delta_n/2 \\ \boldsymbol{\Lambda}^* \int_0^1 \boldsymbol{W}(r)\mathrm{d}r & \boldsymbol{\Lambda}^* \left[\int_0^1 \boldsymbol{W}(r)\boldsymbol{W}(r)'\mathrm{d}r\right] \boldsymbol{\Lambda}^{*\prime} & \delta_n \boldsymbol{\Lambda}^* \int_0^1 r\boldsymbol{W}(r)\mathrm{d}r \\ \delta_n/2 & \delta_n \left[\int_0^1 \boldsymbol{W}(r)\mathrm{d}r\right]' \boldsymbol{\Lambda}^{*\prime} & \delta_n^2/3 \end{pmatrix}.$$

而且，统计量 $T^{1/2}(\hat{\boldsymbol{\omega}}_i - \boldsymbol{\omega}_i)$有正态的极限分布：

$$T^{1/2}(\hat{\boldsymbol{\omega}}_i - \boldsymbol{\omega}_i) \xrightarrow{d} N(\boldsymbol{0}, \sigma_{ii}^2 \boldsymbol{V}^{-1}). \tag{3.36}$$

若在带常数项的 VAR($p$)过程式（3.31）中，令 $\boldsymbol{\rho} = \boldsymbol{I}_n$，并以 $\Delta \boldsymbol{y}_t$对其他自变量作回归，那么所得到的估计量 $\hat{\boldsymbol{\zeta}}_1, \hat{\boldsymbol{\zeta}}_2, \cdots, \hat{\boldsymbol{\zeta}}_{p-1}$的极限与式(3.36)有相同的形式。这一结果与上一节中相应的结果是一致的。

当然，也可对 VAR($p$)模型式（3.13）的参数直接作最小二乘估计。显然，估计量 $\hat{\boldsymbol{\Phi}}_s (s=1,2,\cdots,p)$ 是参数估计量 $\hat{\boldsymbol{\omega}}_i$，$\hat{\boldsymbol{\alpha}}_i$，$\hat{\boldsymbol{\rho}}_i$和 $\hat{\boldsymbol{\gamma}}_i$的线性组合。由于估计量 $\hat{\boldsymbol{\rho}}_i$和 $\hat{\boldsymbol{\gamma}}_i$的收敛速度都高于 $T^{1/2}$，$\hat{\boldsymbol{\Phi}}_s$的极限只是 $\hat{\boldsymbol{\omega}}_i$ 和 $\hat{\boldsymbol{\alpha}}_i$极限的线性组合，因此也有正态的极限分布。这一结果与上一节中的讨论也是一致的。由此，无论产生数据的数据生成过程是否带有常数项，式（3.13）的参数假设都可用一般的 $F$ 检验法检验，统计量 $F_T$在原假设为真时有 $\chi^2$ 极限分布。

## 3.4 伪回归

在用单位根变量进行计量经济分析时，需要注意避免伪回归现象(spurious regression)的发生。下面我们讨论伪回归现象产生的原因和纠正方法。

在简单的线性回归模型中：

$$y_t = x_t\beta + u_t, \quad t = 1,2,\cdots,T,$$

如果模型满足所有高斯-马尔可夫(Gauss-Markov)定理的条件，那么若参数的最小二乘估计 $\hat{\beta}$ 有显著的 $t$ 统计量，我们就不拒绝变量 $y_t$ 和 $x_t$ 之间存在线性关系的假设。而伪回归现象则是一种特例：回归变量之间不存在任何相关关系，但最小二乘估计 $\hat{\beta}$ 却有显著的 $t$ 统计量。经济学家们早已意识到经济变量之间可能存在伪回归现象，但在怎样的条件下会产生伪回归现象，长期以来并无统一的认识。直到20世纪70年代中期，Granger和Newbold(1974)用蒙特卡洛模拟方法表明：当变量 $y_t$ 和 $x_t$ 都为单位根过程时，即使它们之间不存在任何线性相关关系，以 $y_t$ 对 $x_t$ 作回归得到的最小二乘估计 $\hat{\beta}$ 会有显著的 $t$ 统计值。这一发现使人们开始认识伪回归现象的本质。作为这一工作的延续和发展，菲利普斯(1986)第一次在理论上证明了不相关的单位根变量之间可以产生伪回归现象。我们下面介绍这一成果。

考虑回归模型：

$$y_t = \alpha + \boldsymbol{\beta}'\boldsymbol{x}_t + u_t, \tag{3.37}$$

这里，$t=1,2,\cdots,T$，$\boldsymbol{x}_t$ 和 $\boldsymbol{\beta}$ 都为 $g$ 维向量，$y_t$ 和 $\boldsymbol{x}_t$ 都为单位根过程，而且它们相互独立，不存在任何相关关系。比如，$y_t$ 可以是累积的失业人数，而 $\boldsymbol{x}_t$ 可以是在时刻 $t$ 时累积的太阳黑子数，有人居然发现它们之间的回归竟然是很显著的！式(3.37)中参数 $\alpha$ 和 $\boldsymbol{\beta}$ 的最小二乘估计由下式给出：

$$\begin{pmatrix} \hat{\alpha} \\ \hat{\boldsymbol{\beta}} \end{pmatrix} = \begin{pmatrix} T & \sum \boldsymbol{x}_t' \\ \sum \boldsymbol{x}_t & \sum \boldsymbol{x}_t\boldsymbol{x}_t' \end{pmatrix}^{-1} \begin{pmatrix} \sum y_t \\ \sum \boldsymbol{x}_t y_t \end{pmatrix}. \tag{3.38}$$

考虑对参数向量 $\boldsymbol{\beta}$ 作假设检验 $H_0:\boldsymbol{R\beta}=\boldsymbol{\gamma}$，其中 $\boldsymbol{R}$ 为给定的 $m\times g$ 维矩阵，$\boldsymbol{\gamma}$ 为 $m$ 维已知向量。若 $\boldsymbol{R}=\boldsymbol{I}_g$，$\boldsymbol{\gamma}=0$，原假设简化为 $H_0:\boldsymbol{\beta}=\boldsymbol{0}$。检验 $H_0:\boldsymbol{R\beta}=\boldsymbol{\gamma}$ 的 $F$ 统计量由下式给出：

$$F_T = \{\boldsymbol{R}\hat{\boldsymbol{\beta}} - \boldsymbol{\gamma}\}' \left\{ s_T^2 [\boldsymbol{0}, \boldsymbol{R}] \begin{pmatrix} T & \sum \boldsymbol{x}_t' \\ \sum \boldsymbol{x}_t & \sum \boldsymbol{x}_t\boldsymbol{x}_t' \end{pmatrix}^{-1} \begin{bmatrix} \boldsymbol{0}' \\ \boldsymbol{R}' \end{bmatrix} \right\}^{-1} \{\boldsymbol{R}\hat{\boldsymbol{\beta}} - \boldsymbol{\gamma}\}/m, \tag{3.39}$$

其中的 $s_T^2$ 为方差的最小二乘估计：

$$s_T^2 = \frac{1}{T-g-1}\sum_{t=1}^{T}\hat{u}_t^2, \quad \hat{u}_t^2 = (y_t - \hat{\alpha} - \hat{\boldsymbol{\beta}}'\boldsymbol{x}_t)^2.$$

下面说明，如果 $y_t$ 和 $\boldsymbol{x}_t$ 都为单位根变量，那么即使它们之间不存在任何相关关系，统计量 $F_T$ 仍将随着样本量 $T$ 的增加，以概率发散到无穷大。因此只要样本足够大，统计量 $F_T$ 的值一定显著。

**定理 3.2** 设 $\boldsymbol{z}_t$ 为一个 $n$ 维的 $I(1)$ 随机向量，其一阶差分 $\Delta \boldsymbol{z}_t$ 为一稳定过程，$\Delta \boldsymbol{z}_t \sim I(0)$，有以下表达式：

$$\Delta \boldsymbol{z}_t = \boldsymbol{\Psi}(L)\boldsymbol{\varepsilon}_t = \sum_{s=0}^{\infty}\boldsymbol{\Psi}_s\boldsymbol{\varepsilon}_{t-s},$$

其中，随机向量 $\{\boldsymbol{\varepsilon}_t\}$ 为独立同分布，$E(\boldsymbol{\varepsilon}_t)=0$，$\text{var}(\boldsymbol{\varepsilon}_t)=\boldsymbol{\Omega}=\boldsymbol{PP}'$。$\{s\cdot\boldsymbol{\Psi}_s\}_{s=0}^{\infty}$ 的每一元素列绝对可和。令 $n=g+1$，$\boldsymbol{\Lambda}=\boldsymbol{\Psi}(1)\boldsymbol{P}$，将向量 $\boldsymbol{z}_t$ 分解为 $\boldsymbol{z}_t=[y_t, \boldsymbol{x}_t']'$，将矩阵 $\boldsymbol{\Lambda\Lambda}'$ 作相应的分块：

$$\boldsymbol{\Lambda\Lambda}' = \begin{pmatrix} \boldsymbol{\Sigma}_{11} & \boldsymbol{\Sigma}_{21}' \\ \boldsymbol{\Sigma}_{21} & \boldsymbol{\Sigma}_{22} \end{pmatrix}.$$

这里，$\boldsymbol{\Lambda\Lambda}'$ 为 $n\times n$ 维对称矩阵，其中 $\boldsymbol{\Sigma}_{11}$ 为一标量，$\boldsymbol{\Sigma}_{21}$ 为一个 $g$ 维向量，$\boldsymbol{\Sigma}_{22}$ 为一 $g\times g$ 维矩阵；$\boldsymbol{\Sigma}_{11}$ 和 $\boldsymbol{\Sigma}_{22}$ 分别为 $\Delta y_t$ 和 $\Delta \boldsymbol{x}_t$ 的方差和协方差矩阵。对矩阵 $\boldsymbol{\Sigma}_{22}^{-1}$ 作三角分解：

$$\boldsymbol{\Sigma}_{22}^{-1} = \boldsymbol{L}_{22}\boldsymbol{L}_{22}',$$

其中，$\boldsymbol{L}_{22}$ 为一个下三角矩阵。令 $(\sigma_1^*)^2 = \boldsymbol{\Sigma}_{11} - \boldsymbol{\Sigma}_{21}'\boldsymbol{\Sigma}_{22}^{-1}\boldsymbol{\Sigma}_{21}$，以 $y_t$ 对 $\boldsymbol{x}_t$ 作回归，得参数的最小二乘估计 $\hat{\alpha}$ 和 $\hat{\boldsymbol{\beta}}$，以下结果成立：

(1) 最小二乘估计 $\hat{\alpha}$ 和 $\hat{\boldsymbol{\beta}}$ 分别有以下极限

$$\begin{pmatrix} T^{-1/2}\hat{\alpha} \\ \hat{\boldsymbol{\beta}} - \boldsymbol{\Sigma}_{22}^{-1}\boldsymbol{\Sigma}_{21} \end{pmatrix} \Rightarrow \begin{pmatrix} \sigma_1^* h_1 \\ \sigma_1^* \boldsymbol{L}_{22}\boldsymbol{h}_2 \end{pmatrix},$$

其中，

$$\begin{pmatrix} h_1 \\ \boldsymbol{h}_2 \end{pmatrix} = \begin{bmatrix} 1 & \int_0^1 \boldsymbol{W}_2^*(r)'\mathrm{d}r \\ \int_0^1 \boldsymbol{W}_2^*(r)\mathrm{d}r & \int_0^1 \boldsymbol{W}_2^*(r)\boldsymbol{W}_2^*(r)'\mathrm{d}r \end{bmatrix}^{-1} \begin{bmatrix} \int_0^1 W_1^*(r)\mathrm{d}r \\ \int_0^1 \boldsymbol{W}_2^*(r)W_1^*(r)\mathrm{d}r \end{bmatrix}, \tag{3.40}$$

$W_1^*(r)$ 为一个单变量的标准维纳过程，$\boldsymbol{W}_2^*(r)$ 为一个 $g$ 维的标准维纳过程，$W_1^*(r)$ 与 $\boldsymbol{W}_2^*(r)$ 相互独立。

（2）$y_t$对$\boldsymbol{x}_t$的回归的残差平方和$RSS_T$有极限：

$$T^{-2}RSS_T \Rightarrow (\sigma_1^*)^2 \cdot \boldsymbol{H},$$

其中，

$$\boldsymbol{H}=\int_0^1 (W_1^*(r))^2 dr-\left\{\left[\int_0^1 W_1^*(r)dr, \int_0^1 W_1^*(r)\boldsymbol{W}_2^*(r)'dr\right]\right.$$

$$\left.\cdot\begin{pmatrix} 1 & \int_0^1 \boldsymbol{W}_2^*(r)'dr \\ \int_0^1 \boldsymbol{W}_2^*(r)dr & \int_0^1 \boldsymbol{W}_2^*(r)\boldsymbol{W}_2^*(r)'dr \end{pmatrix}^{-1}\begin{pmatrix} \int_0^1 \boldsymbol{W}_1^*(r)dr \\ \int_0^1 \boldsymbol{W}_2^*(r)W_1^*(r)dr \end{pmatrix}\right\}. \quad (3.41)$$

（3）对于式(3.39)中的$F_T$统计量，以下极限成立：

$$T^{-1}F_T \Rightarrow \{\sigma_1^* \boldsymbol{R}^* \boldsymbol{h}_2-\boldsymbol{\gamma}^*\}'$$

$$\cdot\left\{(\sigma_1^*)^2\boldsymbol{H}[0,\boldsymbol{R}^*]\cdot\begin{pmatrix} 1 & \int_0^1 \boldsymbol{W}_2^*(r)'dr \\ \int_0^1 \boldsymbol{W}_2^*(r)dr & \int_0^1 \boldsymbol{W}_2^*(r)\boldsymbol{W}_2^*(r)'dr \end{pmatrix}^{-1}\cdot\begin{pmatrix} 0 \\ \boldsymbol{R}^{*\prime} \end{pmatrix}\right\}^{-1}$$

$$\cdot\{\sigma_1^* \boldsymbol{R}^* \boldsymbol{h}_2-\boldsymbol{\gamma}^*\}, \quad (3.42)$$

其中，$\boldsymbol{R}^*=\boldsymbol{R}\cdot\boldsymbol{L}_{22}$，$\boldsymbol{\gamma}^*=\boldsymbol{\gamma}-\boldsymbol{R}\boldsymbol{\Sigma}_{22}^{-1}\boldsymbol{\Sigma}_{21}$。

**证明**　为了便于推导，先对向量$\boldsymbol{z}_t=[y_t,\boldsymbol{x}_t']'$作以下线性变换：

$$y_t^*=y_t-\boldsymbol{\Sigma}_{21}'\boldsymbol{\Sigma}_{22}^{-1}\boldsymbol{\Sigma}_{21},$$

$$\boldsymbol{x}_t^*=\boldsymbol{L}_{22}'\boldsymbol{x}_t. \quad (3.43)$$

不难验证，经变换后的$y_t^*$和$\boldsymbol{x}_t^*$是不相关的，而且$\mathrm{var}(\Delta\boldsymbol{x}_t^*)=\boldsymbol{I}_g$。构造回归模型：

$$y_t^*=\alpha^*+\boldsymbol{\beta}^{*\prime}\boldsymbol{x}_t^*+u_t^*,$$

可得参数$\alpha^*$和$\boldsymbol{\beta}^*$的最小二乘估计：

$$\begin{pmatrix} \hat{\alpha}^* \\ \hat{\beta}^* \end{pmatrix}=\begin{pmatrix} T & \sum \boldsymbol{x}_t^{*\prime} \\ \sum \boldsymbol{x}_t^* & \sum \boldsymbol{x}_t^*\boldsymbol{x}_t^{*\prime} \end{pmatrix}^{-1}\begin{pmatrix} \sum y_t^* \\ \sum \boldsymbol{x}_t^* y_t^* \end{pmatrix},$$

和估计残差：

$$\hat{u}_t^*=y_t^*-\hat{\alpha}^*-\hat{\boldsymbol{\beta}}^{*\prime}\boldsymbol{x}_t^*.$$

如果以$\hat{\alpha}$和$\hat{\boldsymbol{\beta}}$表示$y_t$对$\boldsymbol{x}_t$作回归所得的参数估计，以$\hat{u}_t=y_t-\hat{\alpha}-\hat{\boldsymbol{\beta}}'\boldsymbol{x}_t$表示估计残

差，那么容易验证（见本章后习题）残差 $\hat{u}_t$ 和 $\hat{u}_t^*$ 是一致的，因此有：

$$\begin{aligned} y_t - \hat{\alpha} - \hat{\boldsymbol{\beta}}'\boldsymbol{x}_t &= y_t^* - \hat{\alpha}^* - \hat{\boldsymbol{\beta}}^{*\prime}\boldsymbol{x}_t^* \\ &= (y_t - \boldsymbol{\Sigma}_{21}'\boldsymbol{\Sigma}_{22}^{-1}\boldsymbol{x}_t) - \hat{\alpha}^* - \hat{\boldsymbol{\beta}}^{*\prime}\boldsymbol{L}_{22}'\boldsymbol{x}_t \\ &= y_t - \hat{\alpha}^* - \{\hat{\boldsymbol{\beta}}^{*\prime}\boldsymbol{L}_{22}' + \boldsymbol{\Sigma}_{21}'\boldsymbol{\Sigma}_{22}^{-1}\}\boldsymbol{x}_t, \end{aligned}$$

由此可知

$$\hat{\alpha} = \hat{\alpha}^*, \quad \hat{\boldsymbol{\beta}} = \boldsymbol{L}_{22}\hat{\boldsymbol{\beta}}^* + \boldsymbol{\Sigma}_{22}^{-1}\boldsymbol{\Sigma}_{21},$$

而且有

$$\hat{\boldsymbol{\beta}}^* = \boldsymbol{L}_{22}^{-1}\hat{\boldsymbol{\beta}} - \boldsymbol{L}_{22}^{-1}\boldsymbol{\Sigma}_{22}^{-1}\boldsymbol{\Sigma}_{21} = \boldsymbol{L}_{22}^{-1}\hat{\boldsymbol{\beta}} - \boldsymbol{L}_{22}'\boldsymbol{\Sigma}_{21}.$$

另一方面，我们可将式（3.43）中的线性变换改写成矩阵形式，并以 $\sigma_1^*$ 除 $y_t^*$，可得：

$$\begin{pmatrix} y_t^*/\sigma_1^* \\ \boldsymbol{x}_t^* \end{pmatrix} = \begin{pmatrix} 1/\sigma_1^* & -1/\sigma_1^*\boldsymbol{\Sigma}_{21}'\boldsymbol{\Sigma}_{22}^{-1} \\ \boldsymbol{0} & \boldsymbol{L}_{22}' \end{pmatrix} \begin{pmatrix} y_t \\ \boldsymbol{x}_t \end{pmatrix} = \boldsymbol{L}'\boldsymbol{z}_t, \tag{3.44}$$

这里，

$$\boldsymbol{L}' = \begin{pmatrix} 1/\sigma_1^* & -1/\sigma_1^*\boldsymbol{\Sigma}_{21}'\boldsymbol{\Sigma}_{22}^{-1} \\ \boldsymbol{0} & \boldsymbol{L}_{22}' \end{pmatrix}.$$

分别以矩阵 $\boldsymbol{L}'$ 和 $\boldsymbol{L}$ 左乘和右乘矩阵 $\boldsymbol{\Lambda\Lambda}'$，则有：

$$\begin{aligned} \boldsymbol{L}'\boldsymbol{\Lambda\Lambda}'\boldsymbol{L} &= \begin{pmatrix} \frac{1}{\sigma_1^*} & -\frac{1}{\sigma_1^*}\boldsymbol{\Sigma}_{21}'\boldsymbol{\Sigma}_{22}^{-1} \\ \boldsymbol{0} & \boldsymbol{L}_{22}' \end{pmatrix} \begin{pmatrix} \boldsymbol{\Sigma}_{11} & \boldsymbol{\Sigma}_{21}' \\ \boldsymbol{\Sigma}_{21} & \boldsymbol{\Sigma}_{22} \end{pmatrix} \begin{pmatrix} \frac{1}{\sigma_1^*} & \boldsymbol{0}' \\ -\frac{1}{\sigma_1^*}\boldsymbol{\Sigma}_{22}^{-1}\boldsymbol{\Sigma}_{21} & \boldsymbol{L}_{22} \end{pmatrix} \\ &= \begin{pmatrix} \frac{1}{\sigma_1^*}(\boldsymbol{\Sigma}_{11} - \boldsymbol{\Sigma}_{21}'\boldsymbol{\Sigma}_{22}^{-1}\boldsymbol{\Sigma}_{21}) & \boldsymbol{0}' \\ \boldsymbol{L}_{22}'\boldsymbol{\Sigma}_{21} & \boldsymbol{L}_{22}'\boldsymbol{\Sigma}_{22} \end{pmatrix} \begin{pmatrix} \frac{1}{\sigma_1^*} & \boldsymbol{0}' \\ -\frac{1}{\sigma_1^*}\boldsymbol{\Sigma}_{22}^{-1}\boldsymbol{\Sigma}_{21} & \boldsymbol{L}_{22} \end{pmatrix} \\ &= \begin{pmatrix} (\sigma_1^*)^{-2}(\boldsymbol{\Sigma}_{11} - \boldsymbol{\Sigma}_{21}'\boldsymbol{\Sigma}_{22}^{-1}\boldsymbol{\Sigma}_{21}) & \boldsymbol{0}' \\ \boldsymbol{0} & \boldsymbol{L}_{22}'\boldsymbol{\Sigma}_{22}\boldsymbol{L}_{22} \end{pmatrix}. \end{aligned} \tag{3.45}$$

式(3.45)的结果是分块对角的，其副对角线上的子矩阵都为零。又因为：

$$(\sigma_1^*)^2 = (\boldsymbol{\Sigma}_{11} - \boldsymbol{\Sigma}_{21}'\boldsymbol{\Sigma}_{22}^{-1}\boldsymbol{\Sigma}_{21}), \quad \boldsymbol{\Sigma}_{22}^{-1} = \boldsymbol{L}_{22}\boldsymbol{L}_{22}^{-1},$$

所以，

$$\boldsymbol{L}'\boldsymbol{\Lambda\Lambda}'\boldsymbol{L} = \boldsymbol{I}_n. \tag{3.46}$$

以上这一关系式可以用来作为线性变换，将一个标准维纳过程变换为另一个标准维纳过程：

$$\boldsymbol{W}^*(r) = \boldsymbol{L}'\boldsymbol{\Lambda}\boldsymbol{W}(r).$$

构造随机向量 $\boldsymbol{z}_t$ 的部分和 $\sum_{t=1}^{T}\boldsymbol{z}_t$，由定理 3.1 的结论 (7)可得：

$$T^{-3/2}\sum_{t=1}^{T}\boldsymbol{z}_t \Rightarrow \boldsymbol{\Lambda}\int_0^1 \boldsymbol{W}(r)\mathrm{d}r,$$

再以 $T^{-3/2}$ 乘式(3.44)，并对 $t$ 作和，就可得：

$$T^{-3/2}\sum_{t=1}^{T}\begin{pmatrix} y_t^*/\sigma_1^* \\ \boldsymbol{x}_t^* \end{pmatrix} = T^{-3/2}\sum_{t=1}^{T}\boldsymbol{L}'\boldsymbol{z}_t = \boldsymbol{L}'\left\{T^{-3/2}\sum_{t=1}^{T}\boldsymbol{z}_t\right\}$$

$$\Rightarrow \boldsymbol{L}'\boldsymbol{\Lambda}\int_0^1 \boldsymbol{W}(r)\mathrm{d}r = \int_0^1 \boldsymbol{W}^*(r)\mathrm{d}r. \tag{3.47}$$

若再利用定理 3.1 的结论 (9)，还可知：

$$\begin{pmatrix} T^{-2}\sum (y_t^*)^2/(\sigma_1^*)^1 & T^{-2}\sum y_t^*\boldsymbol{x}_t^{*\prime}/\sigma_1^* \\ T^{-2}\sum \boldsymbol{x}_t^* y_t^*/\sigma_1^* & T^{-2}\sum \boldsymbol{x}_t^*\boldsymbol{x}_t^{*\prime} \end{pmatrix}$$

$$= \boldsymbol{L}'\left\{T^{-2}\sum_{t=1}^{T}\boldsymbol{z}_t\boldsymbol{z}_t'\right\}\boldsymbol{L} \Rightarrow \boldsymbol{L}'\boldsymbol{\Lambda}\left\{\int_0^1 \boldsymbol{W}(r)\boldsymbol{W}(r)'\mathrm{d}r\right\}\boldsymbol{\Lambda}'\boldsymbol{L}$$

$$= \int_0^1 \boldsymbol{W}^*(r)\boldsymbol{W}^*(r)'\mathrm{d}r \tag{3.48}$$

以上这些结果为证明定理的结论(1)、(2)和(3)作了准备。

以 $\sigma_1^*$ 除向量$[\hat{\alpha}^*, \hat{\boldsymbol{\beta}}^{*\prime}]'$，并以矩阵

$$\begin{pmatrix} T^{-1/2} & 0' \\ 0 & \boldsymbol{I}_g \end{pmatrix}$$

左乘，得：

$$\begin{pmatrix} T^{-1/2} & \boldsymbol{0}' \\ \boldsymbol{0} & \boldsymbol{I}_g \end{pmatrix}\begin{pmatrix} \hat{\alpha}^*/\sigma_1^* \\ \hat{\boldsymbol{\beta}}^*/\sigma_1^* \end{pmatrix}$$

$$= \begin{pmatrix} T^{-1/2} & \boldsymbol{0}' \\ \boldsymbol{0} & \boldsymbol{I}_g \end{pmatrix}\begin{pmatrix} T & \sum \boldsymbol{x}_t^{*\prime} \\ \sum \boldsymbol{x}_t^* & \sum \boldsymbol{x}_t^*\boldsymbol{x}_t^{*\prime} \end{pmatrix}^{-1}$$

$$\cdot \begin{pmatrix} T^{-3/2} & \boldsymbol{0}' \\ \boldsymbol{0} & T^{-2}\boldsymbol{I}_g \end{pmatrix}^{-1}\begin{pmatrix} T^{-3/2} & \boldsymbol{0}' \\ \boldsymbol{0} & T^{-2}\boldsymbol{I}_g \end{pmatrix}\begin{pmatrix} \sum y_t^*/\sigma_1^* \\ \sum \boldsymbol{x}_t^* y_t^*/\sigma_1^* \end{pmatrix},$$

整理后得：

$$\begin{pmatrix} T^{-1/2}\hat{\alpha}^*/\sigma_1^* \\ \hat{\boldsymbol{\beta}}^*/\sigma_1^* \end{pmatrix} = \begin{pmatrix} 1 & T^{-3/2}\sum \boldsymbol{x}_t^{*\prime} \\ T^{-3/2}\sum \boldsymbol{x}_t^* & T^{-2}\sum \boldsymbol{x}_t^*\boldsymbol{x}_t^{*\prime} \end{pmatrix}^{-1} \begin{pmatrix} T^{-3/2}\sum y_t^*/\sigma_1^* \\ T^{-2}\sum \boldsymbol{x}_t^* y_t^*/\sigma_1^* \end{pmatrix}.$$

由式(3.47)和式(3.48)中的结果，立即可得上式的极限：

$$\begin{pmatrix} T^{-1/2}\hat{\alpha}^*/\sigma_1^* \\ \hat{\boldsymbol{\beta}}^*/\sigma_1^* \end{pmatrix} \Rightarrow \begin{pmatrix} 1 & \int_0^1 \boldsymbol{W}_2^*(r)'\mathrm{d}r \\ \int_0^1 \boldsymbol{W}_2^*(r)\mathrm{d}r & \int_0^1 \boldsymbol{W}_2^*(r)\boldsymbol{W}_2^*(r)'\mathrm{d}r \end{pmatrix}^{-1}$$

$$\cdot \begin{pmatrix} \int_0^1 W_1^*(r)\mathrm{d}r \\ \int_0^1 \boldsymbol{W}_2^*(r)W_1^*(r)\mathrm{d}r \end{pmatrix} = \begin{pmatrix} h_1 \\ \boldsymbol{h}_2 \end{pmatrix}. \tag{3.49}$$

再以 $\hat{\alpha}^*=\hat{\alpha}$和$\hat{\boldsymbol{\beta}}^*=\boldsymbol{L}_{22}^{-1}\hat{\boldsymbol{\beta}}-\boldsymbol{L}_{22}\boldsymbol{\Sigma}_{21}$代入式(3.49)，并以矩阵

$$\begin{pmatrix} \sigma_1^* & \boldsymbol{0}' \\ \boldsymbol{0} & \sigma_1^*\boldsymbol{L}_{22} \end{pmatrix}$$

左乘，即可得结论(1)。

为证明结论(2)，先计算 $\mathrm{RSS}_T=\sum_{t=1}^{T}\hat{u}_t^2$ 的值：

$$\mathrm{RSS}_T=\sum_{t=1}^{T}\{y_t-\hat{\alpha}-\hat{\boldsymbol{\beta}}'\boldsymbol{x}_t\}^2$$

$$=\sum_{t=1}^{T}(y_t^*)^2-\left\{\left[\sum_{t=1}^{T}y_t^*,\sum_{t=1}^{T}y_t^*\boldsymbol{x}_t'\right]\begin{pmatrix} T & \sum \boldsymbol{x}_t^{*\prime} \\ \sum \boldsymbol{x}_t^* & \sum \boldsymbol{x}_t^*\boldsymbol{x}_t^{*\prime} \end{pmatrix}^{-1}\begin{pmatrix} \sum_{t=1}^{T}y_t^* \\ \sum_{t=1}^{T}y_t^*\boldsymbol{x}_t \end{pmatrix}\right\}$$

$$=\sum_{t=1}^{T}(y_t^*)^2-\left\{\left[\sum_{t=1}^{T}y_t^*,\sum_{t=1}^{T}y_t^*\boldsymbol{x}_t'\right]\begin{pmatrix} T^{1/2} & \boldsymbol{0}' \\ \boldsymbol{0} & \boldsymbol{I}_g \end{pmatrix}\right.$$

$$\cdot\left(\begin{pmatrix} T^{-3/2} & \boldsymbol{0}' \\ \boldsymbol{0} & T^{-2}\boldsymbol{I}_g \end{pmatrix}\begin{pmatrix} T & \sum \boldsymbol{x}_t^{*\prime} \\ \sum \boldsymbol{x}_t^* & \sum \boldsymbol{x}_t^*\boldsymbol{x}_t^{*\prime} \end{pmatrix}\begin{pmatrix} T^{1/2} & \boldsymbol{0}' \\ \boldsymbol{0} & \boldsymbol{I}_g \end{pmatrix}\right)^{-1}$$

$$\left.\cdot\begin{pmatrix} T^{-3/2} & \boldsymbol{0}' \\ \boldsymbol{0} & T^{-2}\boldsymbol{I}_g \end{pmatrix}\begin{pmatrix} \sum y_t^* \\ \sum \boldsymbol{x}_t^* y_t^* \end{pmatrix}\right\}. \tag{3.50}$$

以$(T\sigma_1^*)^2$除式(3.50)的两边,再令 $T\to\infty$,可得:

$$(\sigma_1^*)^{-2}T^{-2}\mathrm{RSS}_T = T^{-2}\sum_{t=1}^{T}(y_t^*/\sigma_1^*)^2 - \left\{\left[\sum_{t=1}^{T}(y_t^*/\sigma_1^*),\sum_{t=1}^{T}(y_t^*/\sigma_1^*)\boldsymbol{x}_t'\right]\right.$$

$$\cdot\begin{pmatrix} 1 & T^{-3/2}\sum \boldsymbol{x}_t^{*\prime} \\ T^{-3/2}\sum \boldsymbol{x}_t^* & T^{-2}\sum \boldsymbol{x}_t^*\boldsymbol{x}_t^{*\prime}\end{pmatrix}^{-1}\begin{pmatrix} T^{-3/2}\sum_{t=1}^{T}(y_t^*/\sigma_1^*) \\ T^{-2}\sum_{t=1}^{T}\boldsymbol{x}_t(y_t^*/\sigma_1^*)\end{pmatrix}$$

$$\Rightarrow \int_0^1 W_1^*(r)^2\mathrm{d}r - \left\{\left[\int_0^1 W_1^*(r)\mathrm{d}r,\int_0^1 W_1^*(r)\boldsymbol{W}_2^*(r)'\mathrm{d}r\right]\right.$$

$$\left.\cdot\begin{pmatrix} 1 & \int_0^1 \boldsymbol{W}_2^*(r)'\mathrm{d}r \\ \int_0^1 \boldsymbol{W}_2^*(r)\mathrm{d}r & \int_0^1 \boldsymbol{W}_2^*(r)\boldsymbol{W}_2^*(r)\mathrm{d}r\end{pmatrix}^{-1}\begin{pmatrix} \int_0^1 W_1^*(r)\mathrm{d}r \\ \int_0^1 \boldsymbol{W}_2^*(r)W_1^*(r)\mathrm{d}r\end{pmatrix}\right\}.$$

结论(2)由此得证。

为证明结论(3),我们在 $y_t=\alpha+\boldsymbol{\beta}'\boldsymbol{x}_t+u_t$中检验假设:

$$H_0:\boldsymbol{R\beta}=\boldsymbol{\gamma}.$$

由参数向量 $\boldsymbol{\beta}$ 和 $\boldsymbol{\beta}^*$ 的关系,我们可将原假设 $H_0$以 $\boldsymbol{\beta}^*$ 表示:

$$\begin{aligned}\boldsymbol{R\beta}-\boldsymbol{\gamma} &= \boldsymbol{R}(\boldsymbol{L}_{22}\boldsymbol{\beta}^*+\boldsymbol{\Sigma}_{22}^{-1}\boldsymbol{\Sigma}_{21})-\boldsymbol{\gamma} \\ &= (\boldsymbol{RL}_{22})\boldsymbol{\beta}^*-(\boldsymbol{\gamma}-\boldsymbol{R\Sigma}_{22}^{-1}\boldsymbol{\Sigma}_{21}) \\ &= \boldsymbol{R}^*\boldsymbol{\beta}^*-\boldsymbol{\gamma}^*\end{aligned}$$

其中,$\boldsymbol{R}^*=\boldsymbol{RL}_{22}$,$\boldsymbol{\gamma}^*=\boldsymbol{\gamma}-\boldsymbol{R\Sigma}_{22}^{-1}\boldsymbol{\Sigma}_{21}$。

另一方面,在 $y_t^*=\alpha^*+\boldsymbol{\beta}^{*\prime}\boldsymbol{x}_t^*+u_t^*$ 中,对原假设$\boldsymbol{R}^*\boldsymbol{\beta}^*=\boldsymbol{\gamma}^*$作检验的 $F_T$统计量,与式(3.39)中的表达式一致(见本章习题 4)。因此,可用检验原假设 $\boldsymbol{R}^*\boldsymbol{\beta}^*=\boldsymbol{\gamma}^*$ 的 $F_T$统计量来证明结论(3)。由于

$$F_T=\{\boldsymbol{R}^*\hat{\boldsymbol{\beta}}^*-\boldsymbol{\gamma}^*\}'\left\{s_T^{*2}[\boldsymbol{0},\boldsymbol{R}^*]\begin{pmatrix} T & \sum \boldsymbol{x}_t^{*\prime} \\ \sum \boldsymbol{x}_t^* & \sum \boldsymbol{x}_t^*\boldsymbol{x}_t^{*\prime}\end{pmatrix}^{-1}\begin{bmatrix}\boldsymbol{0}' \\ \boldsymbol{R}^{*\prime}\end{bmatrix}\right\}^{-1}$$

$$\cdot\{\boldsymbol{R}^*\hat{\boldsymbol{\beta}}^*-\boldsymbol{\gamma}^*\}/m,$$

以 $T$ 除上式,又可得:

$$T^{-1}F_T=\{\boldsymbol{R}^*\hat{\boldsymbol{\beta}}^*-\boldsymbol{\gamma}^*\}'\left\{T^{-1}s_T^{*2}[\boldsymbol{0},\boldsymbol{R}^*]\begin{bmatrix}1 & T^{-3/2}\sum\boldsymbol{x}_t^{*\prime}\\ T^{-3/2}\sum\boldsymbol{x}_t^* & T^{-2}\sum\boldsymbol{x}_t^*\boldsymbol{x}_t^{*\prime}\end{bmatrix}^{-1}\cdot\begin{bmatrix}\boldsymbol{0}'\\ \boldsymbol{R}^{*\prime}\end{bmatrix}\right\}^{-1}\{\boldsymbol{R}^*\hat{\boldsymbol{\beta}}^*-\boldsymbol{\gamma}^*\}/m,$$

其中，$(s_T^*)^2=(T-n)^{-1}\sum_{t=1}^{T}(\hat{u}_t^*)^2=(T-n)^{-1}\sum_{t=1}^{T}(\hat{u}_t)^2$。由式(3.50)和结论(2)，立即可得：

$$T^{-1}(s_T^{*2})=T^{-1}(s_T^2)=\left(\frac{T}{T-n}\right)T^{-2}\mathrm{RSS}_T$$
$$\Rightarrow(\sigma_1^*)^2\boldsymbol{H},\tag{3.51}$$

其中的矩阵 $\boldsymbol{H}$ 由式(3.41)给出。另一方面，由式(3.40)的推导，可得：

$$\begin{bmatrix}1 & T^{-3/2}\sum\boldsymbol{x}_t^{*\prime}\\ T^{-3/2}\sum\boldsymbol{x}_t^* & T^{-2}\sum\boldsymbol{x}_t^*\boldsymbol{x}_t^{*\prime}\end{bmatrix}^{-1}\Rightarrow\begin{bmatrix}1 & \int_0^1\boldsymbol{W}_2^*(r)'\mathrm{d}r\\ \int_0^1\boldsymbol{W}_2^*(r)\mathrm{d}r & \int_0^1\boldsymbol{W}_2^*(r)\boldsymbol{W}_2^*(r)'\mathrm{d}r\end{bmatrix}^{-1},$$

$$\hat{\boldsymbol{\beta}}^*\Rightarrow\sigma_1^*\boldsymbol{h}_2,$$

因此可得：

$$T^{-1}F_T=\{\sigma_1^*\boldsymbol{R}^*\boldsymbol{h}_2-\boldsymbol{\gamma}^*\}'\left\{(\sigma_1^*)^2\boldsymbol{H}[\boldsymbol{0},\boldsymbol{R}^*]\begin{bmatrix}1 & \int_0^1\boldsymbol{W}_2^*(r)'\mathrm{d}r\\ \int_0^1\boldsymbol{W}_2^*(r)\mathrm{d}r & \int_0^1\boldsymbol{W}_2^*(r)\boldsymbol{W}_2^*(r)'\mathrm{d}r\end{bmatrix}^{-1}\cdot\begin{bmatrix}\boldsymbol{0}'\\ \boldsymbol{R}^{*\prime}\end{bmatrix}\right\}^{-1}\{\sigma_1^*\boldsymbol{R}^*\boldsymbol{h}_2-\boldsymbol{\gamma}^*\}/m.$$

结论(3)由此得证。定理证毕。

在以上定理的证明中，我们揭示了这样一个事实：不管随机变量 $y_t$ 和 $\boldsymbol{x}_t$ 之间的相关性如何，检验它们的相关性的 $F_T$ 统计量，与检验 $y_t^*$ 和 $\boldsymbol{x}_t^*$ 的相关性的 $F_T$ 统计量有相同的表达式，而根据构造，$y_t^*$ 和 $\boldsymbol{x}_t^*$ 是不相关的。而且，$T^{-1}F_T$ 的极限见式(3.42)是一个正定的二次型，因此统计量 $F_T$ 以概率发散到无穷大。由此可知，任何两个(或两个以上)不相关的单位根变量，只要样本足够大，检验它们相关性的

$F_T$统计量一定呈显著性，这就是伪回归现象。

以下的例子更直观地说明了上述定理的意义。考虑两个相互独立的随机游动过程：

$$y_t = y_{t-1} + \varepsilon_{1t},$$
$$x_t = x_{t-1} + \varepsilon_{2t}.$$

其中，随机干扰$\{\varepsilon_{1t}\}$和$\{\varepsilon_{2t}\}$都为独立同分布，且有$E(\varepsilon_{1t})=E(\varepsilon_{2t})=0$，$\mathrm{var}(\varepsilon_{1t})=\sigma_1^2$，$\mathrm{var}(\varepsilon_{2t})=\sigma_2^2$。对任何给定的$t(t=1,2,\cdots)$、$\varepsilon_{1t}$和$\varepsilon_{2s}(s=1,2,\cdots)$互相独立。显然，由$\{\varepsilon_{1t}\}$和$\{\varepsilon_{2t}\}$产生的随机游动$y_t$和$x_t$也相互独立，不存在任何相关关系。如果用$y_t$和$x_t$建立以下的回归模型：

$$y_t = \alpha + \beta x_t + u_t$$

我们一般预计最小二乘估计$\hat{\alpha}$和$\hat{\beta}$有不显著的$t$值，因为这时参数$\alpha$和$\beta$的真值都为零。采用上述定理的结论(1)中的表达式：

$$\boldsymbol{P} = \begin{pmatrix} \sigma_1 & 0 \\ 0 & \sigma_2 \end{pmatrix}, \quad \boldsymbol{\Psi}(1) = \boldsymbol{I}_2,$$

$$\begin{pmatrix} \boldsymbol{\Sigma}_{11} & \boldsymbol{\Sigma}_{21}' \\ \boldsymbol{\Sigma}_{21} & \boldsymbol{\Sigma}_{22} \end{pmatrix} = \boldsymbol{\Psi}(1)\boldsymbol{P}\boldsymbol{P}'\boldsymbol{\Psi}(1)' = \begin{pmatrix} \sigma_1^2 & 0 \\ 0 & \sigma_2^2 \end{pmatrix},$$

从而有：

$$\begin{pmatrix} T^{-1/2}\hat{\alpha} \\ \hat{\beta} \end{pmatrix} \Rightarrow \begin{pmatrix} \sigma_1 h_1 \\ (\sigma_1/\sigma_2)h_2 \end{pmatrix}. \tag{3.52}$$

这样，最小二乘估计$\hat{\alpha}$和$\hat{\beta}$都不收敛于它们的真值 0，而且$\hat{\alpha}$还随着样本量$T$的增加而发散，这说明为什么$F_T$的值是显著的。

## 3.5　伪回归的纠正方法

下面介绍三种纠正伪回归现象的方法。

第一种方法是在回归模型中加入自变量和应变量的一阶滞后变量，比如在上一节的例子中加入$y_{t-1}$和$x_{t-1}$，使估计模型成为：

$$y_t = \alpha + \beta x_t + \phi y_{t-1} + \delta x_{t-1} + u_t. \tag{3.53}$$

不难验证，若这时$\{y_t\}$和$\{x_t\}$为独立的随机游动，那么参数$\beta$和$\delta$的最小二乘估计$\hat{\beta}$和$\hat{\delta}$将以概率收敛于零，而且以$T^{1/2}$的速率收敛于正态分布。这样，在式(3.53)加入了滞后变量后，伪回归的问题就解决了。

纠正伪回归的第二种方法是在建立估计模型之前，先对 $y_t$ 和 $x_t$ 作一阶差分。若这时 $\{y_t\}$ 和 $\{x_t\}$ 为独立的随机游动，那么它们的一阶差分 $\{\Delta y_t\}$ 和 $\{\Delta x_t\}$ 都为稳定过程，因此可以建立模型：

$$\Delta y_t = \alpha + \beta \Delta x_t + u_t.$$

若这时 $\{y_t\}$ 和 $\{x_t\}$ 不相关，参数 $\alpha$ 和 $\beta$ 的最小二乘估计 $\hat{\alpha}$ 和 $\hat{\beta}$ 以概率趋于零，并以 $T^{1/2}$ 的速率收敛于正态分布，因此它们的 $t_T$ 和 $F_T$ 统计量分别有正态的和 $\chi^2$ 的极限分布。

第三种方法是用所谓的科克伦-奥克特(Cochrane-Orcutt)方法，估计模型 $y_t = \alpha + \beta x_t + u_t$。这个方法最早由科克伦(Cochrane)和奥克特(Orcutt)提出，目的在于纠正有一阶自回归随机干扰 $u_t = \rho u_{t-1} + \varepsilon_t$ 引起的估计偏差。具体做法如下：对于模型：

$$y_t = \alpha + \beta x_t + u_t, \quad u_t = \rho u_{t-1} + \varepsilon_t, \tag{3.54}$$

以 $\rho$ 乘 $y_{t-1}$，得：

$$\rho y_{t-1} = \rho\alpha + \rho\beta x_{t-1} + \rho u_{t-1},$$

在将其从 $y_t$ 中减去，得

$$y_t - \rho y_{t-1} = \alpha(1-\rho) + \beta(x_t - \rho x_{t-1}) + \varepsilon_t. \tag{3.55}$$

科克伦-奥克特方法利用式(3.54)和式(3.55)，对估计值 $\hat{\alpha}$，$\hat{\beta}$ 和 $\hat{\rho}$ 作迭代更新。首先，由式(3.54)得到最小二乘估计 $\hat{\alpha}$ 和 $\hat{\beta}$，以及估计残差：

$$\hat{u}_t = y_t - \hat{\alpha} - \hat{\beta} x_t.$$

然后，以残差 $\hat{u}_t$ 对 $\hat{u}_{t-1}$ 作回归，得到最小二乘估计 $\hat{\rho}$。最后，以估计值 $\hat{\rho}$ 代入式(3.55)，可得到第二阶段的 $\alpha$ 和 $\beta$ 的估计值。以上的过程可循环多次，以提高估计的精度。可以证明，若以科克伦-奥克特方法估计

$$y_t = \alpha + \beta x_t + u_t$$

中的参数，即使这时 $\{y_t\}$ 和 $\{x_t\}$ 是不相关的随机游动，估计量 $\hat{\alpha}$ 和 $\hat{\beta}$ 都以概率趋向于它们的真值 $\alpha=0$ 和 $\beta=0$。

## 3.6 本章小结

本章讨论了多变量的单位根过程，将许多重要的单变量单位根过程的极限分布推广为向量形式。

向量的单位根过程常可表示为 VAR($p$)的形式：

$$\boldsymbol{y}_t = \boldsymbol{\alpha} + \boldsymbol{\Phi}_1 \boldsymbol{y}_{t-1} + \boldsymbol{\Phi}_2 \boldsymbol{y}_{t-2} + \cdots + \boldsymbol{\Phi}_p \boldsymbol{y}_{t-p} + \boldsymbol{\varepsilon}_t,$$

或其等价形式：

$$\boldsymbol{y}_t = \boldsymbol{\zeta}_1 \Delta \boldsymbol{y}_{t-1} + \boldsymbol{\zeta}_2 \Delta \boldsymbol{y}_{t-2} + \cdots + \boldsymbol{\zeta}_{p-1} \Delta \boldsymbol{y}_{t-p+1} + \boldsymbol{\alpha} + \boldsymbol{\rho} \boldsymbol{y}_{t-1} + \boldsymbol{\varepsilon}_t.$$

后者更利于对参数 $\boldsymbol{\zeta}_1,\cdots,\boldsymbol{\zeta}_{p-1},\boldsymbol{\alpha}$ 和 $\boldsymbol{\rho}$ 的估计和假设检验。

向量的单位根过程的表达形式、参数估计和假设检验，为以后的协整系统的分析作了理论上的准备。

在本章中我们也揭示了伪回归现象的本质，我们阐述了格兰杰和菲利普斯的研究结果：两个或多个毫不相关的单位根变量之间的回归，也会产生显著的 $t$ 检验和 $F$ 检验结果，而且它们的值随着样本的增加发散到无穷大。在历史上，这一现象的发现也催生了协整理论的形成和发展。

## 习题

1. 设 $\boldsymbol{u}_t = \sum_{s=0}^{\infty} \boldsymbol{\Phi}_s \boldsymbol{\varepsilon}_{t-s}$ 为一个 $n$ 维随机向量，其中$\{\boldsymbol{\varepsilon}_t\}$为独立同分布，$E(\boldsymbol{\varepsilon}_t)=0$，$\mathrm{var}(\boldsymbol{\varepsilon}_t)=\boldsymbol{\Omega}=\boldsymbol{P}\boldsymbol{P}'$，令

$$\boldsymbol{\Gamma}_s = E(u_t u_{t-s}') = \sum_{k=0}^{\infty} \boldsymbol{\Phi}_{s+k} \boldsymbol{\Omega} \boldsymbol{\Phi}_k', \quad s = 0,1,2,\cdots,$$

$$\boldsymbol{\Lambda} = \boldsymbol{\Phi}(1)\boldsymbol{P} = (\boldsymbol{\Phi}_0 + \boldsymbol{\Phi}_1 + \cdots)\boldsymbol{P},$$

证明：

$$\boldsymbol{\Lambda}\boldsymbol{\Lambda}' = \boldsymbol{\Phi}(1)\boldsymbol{P}\boldsymbol{P}'\boldsymbol{\Phi}(1)' = \boldsymbol{\Gamma}_0 + \sum_{k=1}^{\infty}(\boldsymbol{\Gamma}_k + \boldsymbol{\Gamma}_k').$$

2. 对上题中的 $\boldsymbol{u}_t$，证明：

$$\frac{1}{T}\sum_{t=1}^{T} \boldsymbol{u}_t \boldsymbol{u}_{t-s}' \xrightarrow{p} \boldsymbol{\Gamma}_s, \quad s = 0,1,2,\cdots.$$

3. 令 $\boldsymbol{\xi}_{t-1} = \boldsymbol{\varepsilon}_1 + \boldsymbol{\varepsilon}_2 + \cdots + \boldsymbol{\varepsilon}_{t-1}$，$X_T(r) = T^{-1}\sum_{t=1}^{[Tr]} \boldsymbol{\varepsilon}_t$，这里$\{\boldsymbol{\varepsilon}_t\}$是 $n$ 维随机向量，为独立同分布，期望为零，协方差矩阵为单位矩阵 $\boldsymbol{I}_n$。根据随机积分的定义，验证：

(1) $T^{-2}\sum_{t=1}^{T} \boldsymbol{\xi}_{t-1}\boldsymbol{\xi}_{t-1}' = \int_0^1 [\sqrt{T}\boldsymbol{X}_T(r)][\sqrt{T}\boldsymbol{X}_T(r)]' \mathrm{d}r$；

(2) $T^{-2}\sum_{t=1}^{T} \boldsymbol{\xi}_{t-1}\boldsymbol{\xi}_{t-1}' \Rightarrow \int_0^1 \boldsymbol{W}(r)\boldsymbol{W}(r)' \mathrm{d}r$.

其中，$\boldsymbol{W}(r)$为 $n$ 维的向量维纳过程。

4. 考虑以下回归模型：

$$y_t = \alpha + \boldsymbol{\beta}' \boldsymbol{x}_t + u_t,$$

其中$\{y_t\}$和$\{x_t\}$均为单位根过程，而且，

$$\begin{pmatrix} \Delta y_t \\ \Delta x_t \end{pmatrix} \sim N\left(0, \begin{bmatrix} \boldsymbol{\Sigma}_{11} & \boldsymbol{\Sigma}_{21}' \\ \boldsymbol{\Sigma}_{21} & \boldsymbol{\Sigma}_{22} \end{bmatrix}\right).$$

作以下线性变换：

$$y_t^* = y_t - \boldsymbol{\Sigma}_{21}' \boldsymbol{\Sigma}_{22}^{-1} \boldsymbol{x}_t,$$

$$\boldsymbol{x}_t^* = \boldsymbol{L}_{22}' \boldsymbol{x}_t,$$

其中 $\boldsymbol{L}_{22}$ 为一个下三角矩阵，$\boldsymbol{\Sigma}_{22}^{-1} = \boldsymbol{L}_{22} \boldsymbol{L}_{22}'$。

证明：检验假设 $H_0$：$\boldsymbol{R\beta} = \boldsymbol{\gamma}$ 的 $F$ 统计量，与在模型

$$y_t^* = \alpha^* + \boldsymbol{\beta}^{*\prime} \boldsymbol{x}_t^* + u_t^*$$

中检验假设 $H_0$：$\boldsymbol{R}^* \boldsymbol{\beta}^* = \boldsymbol{\gamma}^*$，其中 $\boldsymbol{R}^* = \boldsymbol{R}\boldsymbol{L}_{22}$，$\boldsymbol{\gamma}^* = \boldsymbol{\gamma} - \boldsymbol{R}\boldsymbol{\Sigma}_{22}^{-1} \boldsymbol{\Sigma}_{21}$ 的 $F$ 统计量是等同的。

# 第四章　协整过程的性质和表示形式

## 4.1　简介

从本章起，我们将讨论一种特殊的向量单位根过程——协整过程（co-integrated process）。对这一随机过程的研究不仅在经济计量学中开创了新的理论分支，也为实际研究人员在处理复杂的宏观经济问题时提供了有力的工具。本章主要讨论协整过程的一些重要性质和几种常见的表示形式，协整过程的参数估计和假设检验将在后面几章中讨论。

设$\{\boldsymbol{y}_t, t=1,2,\cdots\}$为一个$n$维的向量单位根过程，它的每一个分量序列$\{y_{it}, i=1,2,\cdots,n\}$为一单变量的单位根过程，$y_{it}\sim I(1)$。如果这时存在一个非零的$n$维向量$\boldsymbol{\alpha}$，使得$\boldsymbol{y}_t$的一个线性组合$\boldsymbol{\alpha}'\boldsymbol{y}_t$为一稳定过程，记为$\boldsymbol{\alpha}'\boldsymbol{y}_t\sim I(0)$，则称随机向量$\boldsymbol{y}_t$是一协整过程，$\boldsymbol{\alpha}$为其协整向量。下面我们用一个二维的随机向量说明协整的意义。考虑以下的二维系统：

$$\begin{aligned} y_{1t} &= \gamma y_{2t} + u_{1t}, \\ y_{2t} &= y_{2,t-1} + u_{2t}, \end{aligned} \tag{4.1}$$

其中的$\{u_{1t}\}$和$\{u_{2t}\}$为独立的白噪声过程。式(4.1)中的第二个方程表明$\{y_{2t}\}$为一单位根过程，因此$\{y_{1t}\}$也是一个$I(1)$过程。根据协整的定义，系统(4.1)中的第一个方程给出了单位根过程$y_{1t}$和$y_{2t}$之间的协整关系，因为若令$\boldsymbol{\alpha}=[1,-\gamma]'$，$\boldsymbol{y}_t=[y_{1t},y_{2t}]'$，则有$\boldsymbol{\alpha}'\boldsymbol{y}_t\sim I(0)$，向量$\boldsymbol{\alpha}=[1,-\gamma]'$即为$\boldsymbol{y}_t=[y_{1t},y_{2t}]'$的协整向量。

当向量$\boldsymbol{y}_t$的维数$n>2$时，可能存在多个线性独立的$n$维常数向量$\boldsymbol{\alpha}_s(s=1,2,\cdots,k)$使得$\boldsymbol{\alpha}_s'\boldsymbol{y}_t\sim I(0)$。将$k$个协整向量列在$n\times k$维矩阵$\boldsymbol{A}$中：

$$\boldsymbol{A} = [\boldsymbol{\alpha}_1, \boldsymbol{\alpha}_2, \cdots, \boldsymbol{\alpha}_k],$$

我们称$\boldsymbol{A}$为协整矩阵。由于向量$\boldsymbol{\alpha}_s(s=1,2,\cdots,k)$线性独立，矩阵$\boldsymbol{A}$的秩为$k$，记为$k=rk(\boldsymbol{A})$，$k$称为向量$\boldsymbol{y}_t$的协整秩（co-integration rank）。

协整理论为研究宏观经济系统的运作提供了有效的理论工具和实证分析的框

架。长期以来，人们发现许多经济时间序列，特别是宏观经济时间序列如国民收入（$y_t$）和总体消费（$c_t$）等，都呈现明显的非稳定单位根过程的特征。为了研究这些时间序列的特征以及它们相互之间的关系，如 $y_t$ 和 $c_t$ 之间的关系，传统的做法是先对它们作一阶差分，然后考虑差分后变量 $\Delta y_t$ 和 $\Delta c_t$ 之间的关系。若不取差分，直接考虑 $y_t$ 和 $c_t$ 之间的关系，则有可能出现伪回归现象，即变量 $y_t$ 和 $c_t$ 之间并不存在实际联系，但它们的非稳定性却使它们表面上呈现显著的关系，从而导致错误的结论。但另一方面，只对变量的一阶差分 $\Delta y_t$ 和 $\Delta c_t$ 之间的关系作分析，又往往不是经济学家的目标，因为对一阶差分的分析只能解释收入和消费的增长之间的关系，而不是收入和消费在水平面上的关系。这在过去是长期困扰经济学家的难题，而协整理论的出现和发展为分析非稳定变量在水平面上的关系提供了有效的工具。

在一代研究人员的共同努力下，协整理论在经济学和计量经济学的各个主要分支中，特别是在实证宏观经济的研究中，都有发展和应用，其中的一个重要原因是“协整”概念与宏观经济学中“长期均衡”（long-term equilibrium）概念有本质上的联系，即两个或多个单位根时间序列之间的协整关系反映了它们之间的长期均衡关系。我们下面用计算机模拟的变量，直观地说明变量间协整关系的意义。图 4.1 和图 4.2 分别给出了变量“收入 $y_t$”和“消费 $x_t$”的图像，显然它们都是非稳定的变量。单位根检验进一步证实它们都是一阶的单位根过程。我们作两个变量的线性组合：$\varepsilon_t = y_t - 5x_t - 600$，从图 4.3 中可看出这一线性组合是稳定的，图 4.4 更说明它有对称的分布，但比正态分布有更大的峰度。

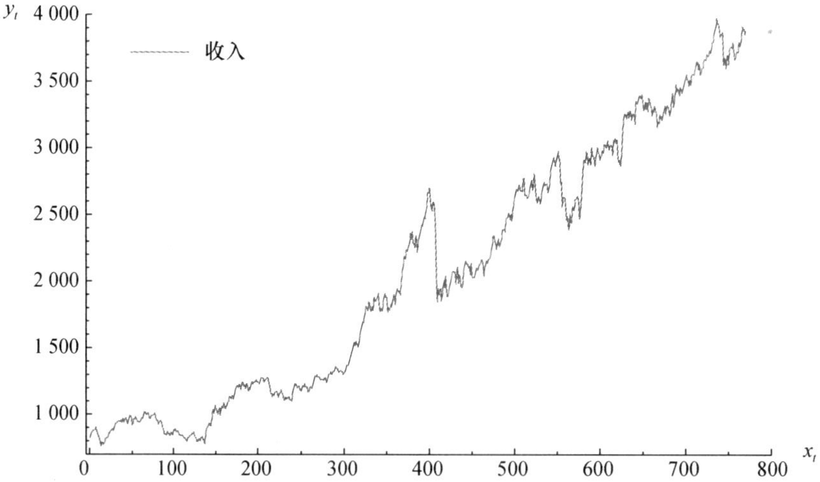


**图 4.1　收入（$y_t$）和消费（$x_t$）的时间序列**

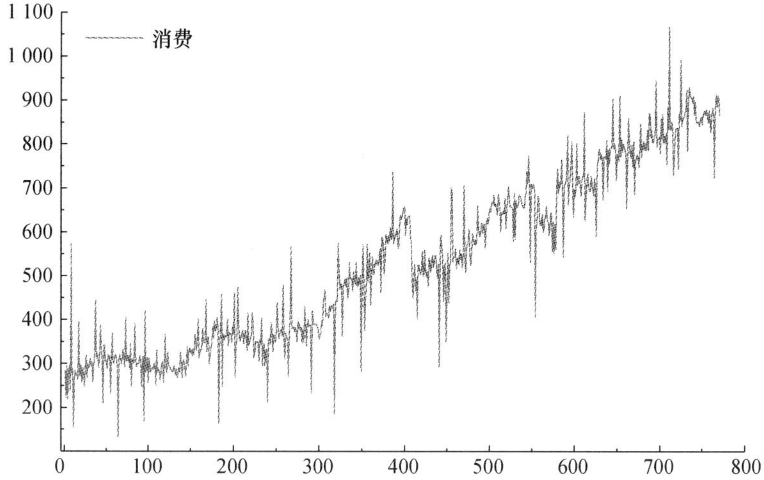


图 4.2　收入($y_t$)和消费($x_t$)的时间序列

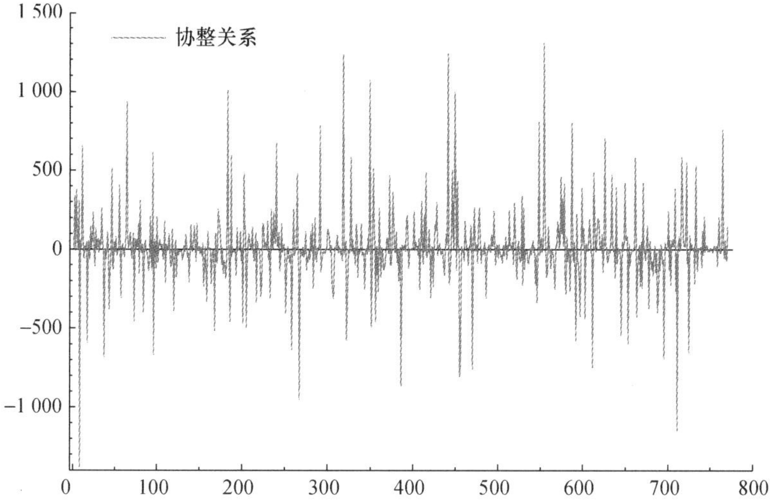


图 4.3　收入和消费的协整关系及其分布

## 4.2　协整系统的主要特征

我们下面考虑协整系统的结构和主要特征。仍以式(4.1)中的协整系统为例，对其中的 $I(1)$变量 $y_{1t}$作一阶差分，得：

$$\Delta y_{1t} = \gamma \Delta y_{2t} + \Delta u_{1t} = (\gamma u_{2t} + u_{1t} - u_{t,t-1}).$$

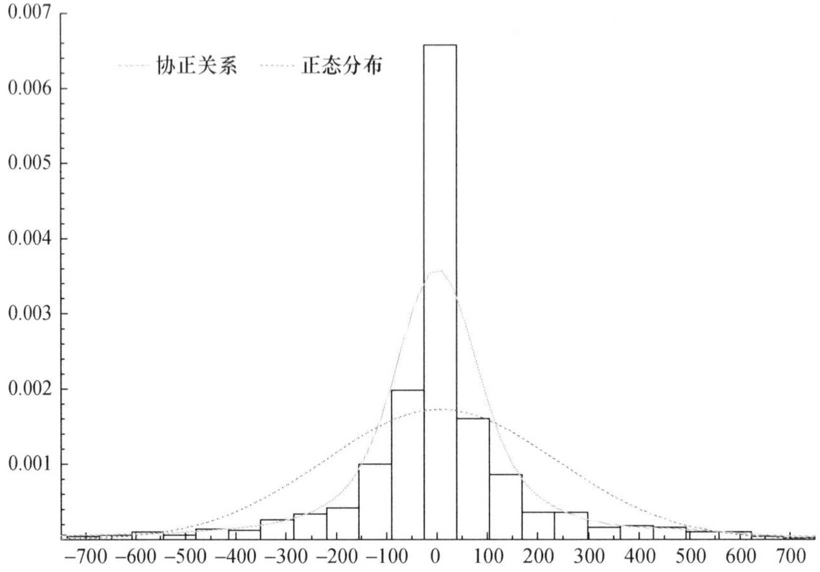


**图 4.4　收入和消费的协整关系及其分布**

令 $\varepsilon_{1t}=\gamma u_{2t}+u_{1t}$，可以将 $\Delta y_{1t}$ 和 $\Delta y_{2t}$ 写成矩阵的移动平均形式：

$$\begin{pmatrix}\Delta y_{1t}\\ \Delta y_{2t}\end{pmatrix}=\begin{pmatrix}1-L & \gamma L\\ 0 & L\end{pmatrix}\begin{pmatrix}\varepsilon_{1t}\\ u_{2t}\end{pmatrix}=\boldsymbol{\Psi}(L)\boldsymbol{\varepsilon}_t. \tag{4.2}$$

其中的滞后多项式 $\boldsymbol{\Psi}(L)$ 的特征方程 $|\boldsymbol{\Psi}(z)|=0$ 有一单位根，因为

$$|\ \boldsymbol{\Psi}(1)\ |=\begin{vmatrix}1-1 & \gamma\\ 0 & 1\end{vmatrix}=0,$$

所以滞后多项式 $\boldsymbol{\Psi}(L)$ 不可逆，向量的移动平均系统 $\Delta y_t=[\Delta y_{1t},\Delta y_{2t}]'$ 是不可逆的，即不存在有限阶的滞后多项式 $\boldsymbol{\Psi}^{-1}(L)$，使得 $\boldsymbol{\Psi}^{-1}(L)\Delta \boldsymbol{y}_t$ 有有限阶的自回归表示形式。这说明一个协整的单位根向量 $\boldsymbol{y}_t$，尽管其一阶差分 $\Delta \boldsymbol{y}_t$ 是稳定的，它不能由有限阶的 VAR($p$) 过程

$$\Delta y_t+\alpha_1\Delta y_{t-1}+\cdots+\alpha_p\Delta y_{t-p}=\varepsilon_t$$

（这里 $p$ 为一有限的正整数）来表示，因为 $\Delta y_t$ 是一个不可逆的移动平均过程。

进一步对一阶差分过程 $\Delta y_t=\boldsymbol{\Psi}(L)\varepsilon_t$ 作 BN 分解，并对 $t$ 构造部分和，可得

$$\sum_{t=1}^{T}\Delta y_t=\boldsymbol{\Psi}(1)\sum_{t=1}^{T}\boldsymbol{\varepsilon}_t+\boldsymbol{\eta}_T-\boldsymbol{\eta}_0,$$

以 $T$ 除上式，并计算其方差矩阵。令 $T\to\infty$，得：

$$\boldsymbol{Q}=\lim_{T\to\infty}\mathrm{var}\left(\frac{1}{T}\sum_{t=1}^{T}\Delta y_t\right)=\lim_{T\to\infty}\boldsymbol{\Psi}(1)\left(\frac{1}{T}\sum_{t=1}^{T}\boldsymbol{\varepsilon}_t\boldsymbol{\varepsilon}_t'\right)\boldsymbol{\Psi}(1)'$$

$$= \boldsymbol{\Psi}(1)\boldsymbol{\Omega}\boldsymbol{\Psi}(1)'$$

其中，$[(\boldsymbol{\eta}_T-\boldsymbol{\eta}_0)(\boldsymbol{\eta}_T-\boldsymbol{\eta}_0)']/T \to 0$，　$\boldsymbol{\Omega}=\mathrm{var}(\boldsymbol{\varepsilon}_t)$。矩阵 $\boldsymbol{Q}$ 称为随机向量 $\Delta y_t$ 的长期方差矩阵，它的值等于 $2\pi f(0)$，这里的 $f(0)$ 为 $\Delta y_t$ 的谱密度函数在零频率的值。由于 $|\boldsymbol{\Psi}(1)|=0$，矩阵 $\boldsymbol{Q}$ 是退化的。因为

$$|\boldsymbol{Q}| = |\boldsymbol{\Psi}(1)||\boldsymbol{\Omega}||\boldsymbol{\Psi}(1)'| = 0$$

这一特征，即协整系统有退化的长期方差矩阵，这是协整系统最本质的特征之一，以后讨论的协整系统的估计和检验方法与计算都基于这一特征。虽然这里的 $\boldsymbol{\Psi}(L)$ 是一个二维滞后矩阵，我们讨论的结果适合 $n$ 维的情况。

设 $\boldsymbol{y}_t \sim I(1)$ 为一个 $n$ 维的随机向量，它的一阶差分 $\Delta\boldsymbol{y}_t$ 为一稳定过程。假设 $E(\Delta\boldsymbol{y}_t)=\boldsymbol{\delta}$，$\boldsymbol{u}_t=\Delta\boldsymbol{y}_t-\boldsymbol{\delta}$，并将 $\boldsymbol{u}_t$ 写成移动平均形式：

$$\boldsymbol{u}_t = \Delta\boldsymbol{y}_t - \boldsymbol{\delta} = \boldsymbol{\varepsilon}_t + \boldsymbol{\Psi}_1\boldsymbol{\varepsilon}_{t-1} + \boldsymbol{\Psi}_2\boldsymbol{\varepsilon}_{t-2} + \cdots = \boldsymbol{\Psi}(L)\boldsymbol{\varepsilon}_t,$$

其中 $\boldsymbol{\Psi}_s(s=1,2,\cdots)$ 为 $n\times n$ 维矩阵序列，随机向量 $\{\boldsymbol{\varepsilon}_t\}$ 有独立同分布，且有 $E(\boldsymbol{\varepsilon}_t)=\boldsymbol{0}$，$\mathrm{var}(\boldsymbol{\varepsilon}_t)=\boldsymbol{\Omega}$。

若随机向量 $\{\boldsymbol{y}_t\}$ 为协整过程，有协整秩 $k$，则存在 $k$ 个线性独立的 $n$ 维向量 $\boldsymbol{\alpha}_1,\cdots,\boldsymbol{\alpha}_k$，使得 $\boldsymbol{\alpha}_s'\boldsymbol{y}_t \sim I(0)$，$s=1,2,\cdots,k$。将向量 $\boldsymbol{y}_t$ 表示成：

$$\boldsymbol{y}_t = \boldsymbol{y}_{t-1} + \boldsymbol{\delta} + \boldsymbol{u}_t = \boldsymbol{y}_0 + \boldsymbol{\delta}t + \sum_{j=1}^{t}\boldsymbol{u}_j,$$

并对 $\sum\boldsymbol{u}_j$ 作 BN 分解，可得

$$\boldsymbol{y}_t = \boldsymbol{y}_0 + \boldsymbol{\delta}t + \boldsymbol{\Psi}(1)\sum_{j=1}^{t}\boldsymbol{\varepsilon}_j + \boldsymbol{\eta}_t - \boldsymbol{\eta}_0, \tag{4.3}$$

令 $\boldsymbol{A} = [\boldsymbol{\alpha}_1,\cdots,\boldsymbol{\alpha}_k]$，　(4.4)

并以其左乘式(4.3)，又得：

$$\boldsymbol{A}'\boldsymbol{y}_t = \boldsymbol{A}'(\boldsymbol{y}_0 - \boldsymbol{\eta}_0) + \boldsymbol{A}'\boldsymbol{\delta}t + \boldsymbol{A}'\boldsymbol{\Psi}(1)\sum_{j=1}^{t}\boldsymbol{\varepsilon}_j \sim I(0).$$

上式右侧的第二项含有时间趋势，第三项含有一随机游动，因此都是非稳定的。显然，上式为稳定过程的充分和必要条件为：

$$\boldsymbol{A}'\boldsymbol{\delta} = \boldsymbol{0},\quad \boldsymbol{A}'\boldsymbol{\Psi}(1) = \boldsymbol{0}. \tag{4.5}$$

这说明矩阵 $\boldsymbol{\Psi}(1)$ 是退化的，由此可知 $\Delta\boldsymbol{y}_t$ 的长期方差矩阵也是退化的，因为：

$$\begin{aligned}\boldsymbol{Q} &= \lim_{T\to\infty}\left|\mathrm{var}\left(\frac{1}{T}\sum_{t=1}^{T}\Delta\boldsymbol{y}_t\right)\right| = |\boldsymbol{\Psi}(1)\boldsymbol{\Omega}\boldsymbol{\Psi}(1)'| \\ &= |\boldsymbol{\Psi}(1)||\boldsymbol{\Omega}||\boldsymbol{\Psi}(1)'| = \boldsymbol{0}.\end{aligned}$$

矩阵 $\boldsymbol{\Psi}(1)$ 的奇异性说明移动平均过程

$$\Delta \boldsymbol{y}_t = \boldsymbol{\delta} + \boldsymbol{\Psi}(L)\boldsymbol{\varepsilon}_t$$

是不可逆的，$\Delta \boldsymbol{y}_t$ 不存在有限阶的 VAR($p$)表示形式。

向量单位根过程 $\boldsymbol{y}_t$ 本身可由有限阶的 VAR($p$)形式表示：

$$\boldsymbol{y}_t = \boldsymbol{\alpha} + \boldsymbol{\Phi}_1 \boldsymbol{y}_{t-1} + \boldsymbol{\Phi}_2 \boldsymbol{y}_{t-2} + \cdots + \boldsymbol{\Phi}_p \boldsymbol{y}_{t-p} + \boldsymbol{\varepsilon}_t,$$

或者

$$\boldsymbol{\Phi}(L)\boldsymbol{y}_t = \boldsymbol{\alpha} + \boldsymbol{\varepsilon}_t,$$

其中，$\{\boldsymbol{\varepsilon}_t\}$为独立同分布，$E(\boldsymbol{\varepsilon}_t)=\boldsymbol{0}$，$\mathrm{var}(\boldsymbol{\varepsilon}_t)=\boldsymbol{\Omega}=\boldsymbol{PP}'$，滞后多项式 $\boldsymbol{\Phi}(L)$为：

$$\boldsymbol{\Phi}(L) = \boldsymbol{I}_n - \boldsymbol{\Phi}_1 L - \boldsymbol{\Phi}_2 L^2 - \cdots - \boldsymbol{\Phi}_p L^p.$$

另一方面，一阶差分过程$\{\Delta \boldsymbol{y}_t\}$有无限阶的移动平均表示形式：

$$\Delta \boldsymbol{y}_t = (1-L)\boldsymbol{y}_t = \boldsymbol{\delta} + \boldsymbol{\Psi}(L)\boldsymbol{\varepsilon}_t, \tag{4.6}$$

其中，$\boldsymbol{\Psi}(L) = I_n + \boldsymbol{\Psi}_1 L + \boldsymbol{\Psi}_2 L^2 + \cdots$。

以滞后多项式 $\boldsymbol{\Phi}(L)$左乘式(4.6)，得：

$$(1-L)\boldsymbol{\Phi}(L)\boldsymbol{y}_t = \boldsymbol{\Phi}(1)\boldsymbol{\delta} + \boldsymbol{\Phi}(L)\boldsymbol{\Psi}(L)\boldsymbol{\varepsilon}_t, \tag{4.7}$$

再以 $\boldsymbol{\Phi}(L)\boldsymbol{y}_t=\boldsymbol{\alpha}+\boldsymbol{\varepsilon}_t$ 代入，可得：

$$(1-L)(\boldsymbol{\alpha}_t + \boldsymbol{\varepsilon}_t) = (1-L)\boldsymbol{\varepsilon}_t = \boldsymbol{\Phi}(1)\boldsymbol{\delta} + \boldsymbol{\Phi}(L)\boldsymbol{\Psi}(L)\boldsymbol{\varepsilon}_t. \tag{4.8}$$

不难看出，式(4.8)成立的必要条件是：

$$\boldsymbol{\Phi}(1)\boldsymbol{\delta} = \boldsymbol{0}. \tag{4.9}$$

而且滞后多项式$(1-L)\boldsymbol{I}_n$ 与 $\boldsymbol{\Phi}(L)\boldsymbol{\Psi}(L)$相等，这意味着对任何实数 $z$ 都有

$$(1-z)\boldsymbol{I}_n = \boldsymbol{\Phi}(z)\boldsymbol{\Psi}(z).$$

特别地，取 $z=1$，则有

$$\boldsymbol{\Phi}(1)\boldsymbol{\Psi}(1) = \boldsymbol{0}. \tag{4.10}$$

以 $\boldsymbol{\pi}_i'$ 表示矩阵 $\boldsymbol{\Phi}(1)$的第 $i$ 行，对任何 $i=1,2,\cdots,n$，由式(4.9)和式(4.10)可知

$$\boldsymbol{\pi}_i'\boldsymbol{\delta} = \boldsymbol{0}, \quad \boldsymbol{\pi}_i'\boldsymbol{\Psi}(1) = \boldsymbol{0}.$$

与式(4.5)比较，可知 $\boldsymbol{\pi}_i$ 也为 $\boldsymbol{y}_t$ 的协整向量，可由式(4.4)中协整向量 $\boldsymbol{\alpha}_1,\cdots,\boldsymbol{\alpha}_k$ 的线性组合表示：$\boldsymbol{\pi}_i = \boldsymbol{Ab}_i = [\boldsymbol{\alpha}_1,\cdots,\boldsymbol{\alpha}_k]\boldsymbol{b}_i$ 或者 $\boldsymbol{\pi}_i' = \boldsymbol{b}_i'\boldsymbol{A}'(i=1,2,\cdots,n)$。这意味着矩阵 $\boldsymbol{\Phi}(1)$有以下分解：

$$\boldsymbol{\Phi}(1) = \boldsymbol{BA}', \tag{4.11}$$

其中，$\boldsymbol{B}$ 为 $n\times k$ 为矩阵，它的秩为 $k$，它的第 $i$ 行向量为 $\boldsymbol{b}_i'$。由于式(4.11)中的矩阵 $\mathbf{A}$ 和 $\boldsymbol{B}$ 都是秩为 $k$ 的 $n\times k$ 维矩阵，$k<n$，所以 $\boldsymbol{\Phi}(1)$的秩也为 $k$，因此$|\boldsymbol{\Phi}(1)|=0$。这说明多项式$|\boldsymbol{\Phi}(z)|$有一单位根，即当 $z=1$ 时，有

$$|\boldsymbol{I}_n - \boldsymbol{\Phi}_1 z - \boldsymbol{\Phi}_2 z^2 - \cdots - \boldsymbol{\Phi}_p z^p| = 0.$$

## 4.3 协整系统的表示形式

协整系统的表现形式是一个重要课题，只有在恰当的表示形式下，协整系统中的长期均衡状态和短期动态结构，才能通过参数估计和假设检验得到估计和分析。我们下面介绍的几种常见的协整系统的表示形式，它们从不同侧面反映了协整系统的实质。在不同场合恰当地使用合适的表示方法，是成功应用协整方法的关键之一。

### 4.3.1 均衡修正形式

一个 $n$ 维随机过程$\{\boldsymbol{y}_t\}$有均衡修正形式（equilibrium correction）[①]，如果 $\boldsymbol{y}_t$ 可表示为：

$$\boldsymbol{A}(L)(1-L)\boldsymbol{y}_t = -\boldsymbol{\gamma}\boldsymbol{\alpha}'\boldsymbol{y}_{t-1} + \boldsymbol{u}_t, \tag{4.12}$$

其中，$\boldsymbol{A}(L)$为 $n\times n$ 维矩阵滞后多项式，$\boldsymbol{A}(0)=\boldsymbol{I}_n$；$\boldsymbol{\gamma}$ 和 $\boldsymbol{\alpha}$ 均为秩为 $k$ 的 $n\times k$ 维矩阵，$n>k$，$\{\boldsymbol{\alpha}'\boldsymbol{y}_{t-1}\}$和$\{\boldsymbol{u}_t\}$都为稳定过程。均衡修正过程是经济计量学中常见的一种模型，它有明显的经济意义。

任何一个含有单位根的 $n$ 维 VAR($p$)过程

$$\boldsymbol{y}_t = \boldsymbol{\alpha} + \boldsymbol{\Phi}_1\boldsymbol{y}_{t-1} + \boldsymbol{\Phi}_2\boldsymbol{y}_{t-2} + \cdots + \boldsymbol{\Phi}_p\boldsymbol{y}_{t-p} + \boldsymbol{\varepsilon}_t, \tag{4.13}$$

都可以等价地表示为：

$$\boldsymbol{y}_t = \boldsymbol{\alpha} + \boldsymbol{\rho}\boldsymbol{y}_{t-1} + \boldsymbol{\zeta}_1\Delta\boldsymbol{y}_{t-1} + \cdots + \boldsymbol{\zeta}_{p-1}\Delta\boldsymbol{y}_{t-p+1} + \boldsymbol{\varepsilon}_t. \tag{4.14}$$

其中，$\boldsymbol{\rho} = \boldsymbol{\Phi}_1 + \boldsymbol{\Phi}_2 + \cdots + \boldsymbol{\Phi}_p$，$\boldsymbol{\zeta}_s = -[\boldsymbol{\Phi}_{s+1} + \boldsymbol{\Phi}_{s+2} + \cdots + \boldsymbol{\Phi}_p]$，$s = 1,2,\cdots,p-1$。

从式(4.14)中减去 $\boldsymbol{y}_{t-1}$，并令 $\boldsymbol{\zeta}_0 = \boldsymbol{\rho} - \boldsymbol{I}_n$，可得：

$$\Delta\boldsymbol{y}_t = \boldsymbol{\alpha} + \boldsymbol{\zeta}_0\boldsymbol{y}_{t-1} + \boldsymbol{\zeta}_1\Delta\boldsymbol{y}_{t-1} + \cdots + \boldsymbol{\zeta}_{p-1}\Delta\boldsymbol{y}_{t-p+1} + \boldsymbol{\varepsilon}_t. \tag{4.15}$$

由于

$$\boldsymbol{\zeta}_0 = \boldsymbol{\rho} - \boldsymbol{I}_n = -[\boldsymbol{I}_n - \boldsymbol{\Phi}_1 - \boldsymbol{\Phi}_2 - \cdots - \boldsymbol{\Phi}_p] = -\boldsymbol{\Phi}(1)$$

根据式(4.11)，有

$$\boldsymbol{\Phi}(1) = \boldsymbol{B}\boldsymbol{A}',$$

所以又可将式(4.15)改写成：

$$\Delta\boldsymbol{y}_t = \boldsymbol{\alpha} - \boldsymbol{B}\boldsymbol{A}'\boldsymbol{y}_{t-1} + \boldsymbol{\zeta}_1\Delta\boldsymbol{y}_{t-1} + \cdots + \boldsymbol{\zeta}_{p-1}\Delta\boldsymbol{y}_{t-p+1} + \boldsymbol{\varepsilon}_t. \tag{4.16}$$

矩阵 $\boldsymbol{A}$ 中含有 $\boldsymbol{y}_t$ 的 $k$ 个线性独立的协整向量，因此$\{\boldsymbol{A}'\boldsymbol{y}_{t-1}\}$为一个 $k$ 维的稳定过

---

① 在文献中一般称其为误差修正形式，但由于协整关系与经济中长期均衡之间的联系，David Hendry 建议采用"均衡修正"这一术语。David Hendry 是使用"误差修正形式"的先驱者之一。

程。式(4.16)称为协整过程的均衡修正形式。

我们仍以式(4.1)中的二维协整过程进一步说明均衡修正过程的意义。取 $y_{1t}$ 的一阶差分,可将 $\Delta y_{1t}$ 写成以下形式:

$$\Delta y_{1t} = -(y_{1,t-1} - \gamma y_{2,t-1}) + \varepsilon_{1t}, \tag{4.17}$$

这里,$\varepsilon_{1t} = \gamma u_{2t} + u_{1t}$。根据模型的构造,$y_{1t}$ 和 $y_{2t}$ 都为单位根过程,而且它们的线性组合 $y_{1t} - \gamma y_{2t} = u_{1t}$ 是一个稳定过程,因此 $y_{1t}$ 和 $y_{2t}$ 协整,它们之间存在长期的均衡关系。与式(4.16)比较,式(4.17)为协整系统 $y_t = [y_{1t}, y_{2t}]'$ 的均衡修正形式:变量 $y_{1t}$ 在时刻 $t$ 的增量,决定于在时刻 $t-1$ 时 $y_{1,t-1}$ 和 $y_{2,t-1}$ 均衡关系中的误差,如这一误差是正的,$y_{1t}$ 在时刻 $t$ 的值就作相应的负的修正,整个过程的进展依赖于均衡关系的误差,并不断地作"负反馈的修正"。

基于以上的讨论,我们下面给出协整系统的格兰杰表示定理,它给出了协整系统和均衡修正模型之间的本质联系。

**定理 4.1　格兰杰表示定理**

设 $\boldsymbol{y}_t$ 为 $n$ 维 $I(1)$ 随机向量,它的一阶差分 $\Delta \boldsymbol{y}_t$ 为一稳定的 $I(0)$ 过程,并有移动平均表示形式:

$$\Delta \boldsymbol{y}_t = \boldsymbol{\delta} + \boldsymbol{\Psi}(L)\boldsymbol{\varepsilon}_t.$$

其中,$\{\boldsymbol{\varepsilon}_t\}$ 为独立同分布,$E(\boldsymbol{\varepsilon}_t) = \boldsymbol{0}$,$\mathrm{var}(\boldsymbol{\varepsilon}_t) = \boldsymbol{\Omega}$,$\{s\boldsymbol{\Psi}_s\}_{s=0}^{\infty}$ 中的所有元素列都绝对可和。若 $\boldsymbol{y}_t$ 中有 $k$ 个线性独立的协整关系,则存在满秩的 $n \times k$ 矩阵 $\boldsymbol{A}$,$n > k$,使得

$$\boldsymbol{z}_t = \boldsymbol{A}'\boldsymbol{y}_t$$

为一个 $k$ 维的 $I(0)$ 过程。这里,矩阵 $\boldsymbol{A}$ 满足条件:

$$\boldsymbol{A}'\boldsymbol{\Psi}(1) = \boldsymbol{0}.$$

若将 $\boldsymbol{y}_t$ 表示成式(4.14)中的 VAR($p$)形式:

$$\boldsymbol{y}_t = \boldsymbol{\alpha} + \boldsymbol{\Phi}_1 \boldsymbol{y}_{t-1} + \boldsymbol{\Phi}_2 \boldsymbol{y}_{t-2} + \cdots + \boldsymbol{\Phi}_p \boldsymbol{y}_{t-p} + \boldsymbol{\varepsilon}_t,$$

则存在 $n \times k$ 维矩阵 $\boldsymbol{B}$,使得

$$\boldsymbol{\Phi}(1) = \boldsymbol{B}\boldsymbol{A}',$$

从而可将协整系统 $\boldsymbol{y}_t$ 表示成均衡修正形式

$$\Delta \boldsymbol{y}_t = \boldsymbol{\zeta}_1 \Delta \boldsymbol{y}_{t-1} + \cdots + \boldsymbol{\zeta}_{p-1} \Delta \boldsymbol{y}_{t-p+1} + (\boldsymbol{\alpha} - \boldsymbol{B}\boldsymbol{A}'\boldsymbol{y}_{t-1}) + \boldsymbol{\varepsilon}_t.$$

## 4.3.2　三角表示形式

以 $n \times k$ 维矩阵 $\boldsymbol{A} = [\boldsymbol{\alpha}_1, \cdots, \boldsymbol{\alpha}_k]$ 表示 $\boldsymbol{y}_t$ 的 $k$ 个线性独立的协整向量,它生成 $n$ 维线性空间的一个 $k$ 维的子空间,称为 $\boldsymbol{y}_t$ 的协整空间。若列向量 $\boldsymbol{\alpha}_1$ 的第一个元素不为零,则将其规范为 1;若其为零,则可将 $\boldsymbol{y}_t$ 重新排列,总能使其第一个元素不为

零,这样的重新排列并不影响一些讨论的普遍性。因此,矩阵 $\boldsymbol{A}'$ 有形式:

$$\boldsymbol{A}' = \begin{pmatrix} \boldsymbol{\alpha}_1' \\ \vdots \\ \boldsymbol{\alpha}_k' \end{pmatrix} = \begin{pmatrix} 1 & \alpha_{12} & \alpha_{13} & \cdots & \alpha_{1n} \\ \alpha_{21} & \alpha_{22} & \alpha_{23} & \cdots & \alpha_{2n} \\ \vdots & \vdots & \vdots & \cdots & \vdots \\ \alpha_{k1} & \alpha_{k2} & \alpha_{k3} & \cdots & \alpha_{kn} \end{pmatrix}.$$

将 $\boldsymbol{A}'$ 的第一行的每一个元素乘 $\alpha_{21}$,并将乘得的结果从相应的第二行的元素中减去。对 $\boldsymbol{A}'$ 中的其他各行作相同的处理,可得

$$\boldsymbol{A}_1' = \begin{pmatrix} 1 & \alpha_{12} & \alpha_{13} & \cdots & \alpha_{1n} \\ 0 & \alpha_{22}^* & \alpha_{23}^* & \cdots & \alpha_{2n}^* \\ \vdots & \vdots & \vdots & \cdots & \vdots \\ 0 & \alpha_{k2}^* & \alpha_{k3}^* & \cdots & \alpha_{kn}^* \end{pmatrix}.$$

同理可设 $\alpha_{22}^*$ 不为零,将其除遍第二行的各元素,在以上述方法将第二列中除了 $\alpha_{22}^*$ 以外的其他元素都变为零。对 $\boldsymbol{A}'$ 的其他各行、列都作同样的处理,最后可得矩阵 $\overline{\boldsymbol{A}}'$:

$$\overline{\boldsymbol{A}}' = \begin{pmatrix} 1 & 0 & \cdots & 0 & -\gamma_{1,k+1} & \cdots & -\gamma_{1n} \\ 0 & 1 & \cdots & 0 & -\gamma_{2,k+1} & \cdots & -\gamma_{2n} \\ 0 & 0 & \cdots & 0 & -\gamma_{3,k+1} & \cdots & -\gamma_{3n} \\ \vdots & \vdots & \cdots & \vdots & \vdots & \vdots & \vdots \\ 0 & 0 & \cdots & 1 & -\gamma_{k,k+1} & \cdots & -\gamma_{kn} \end{pmatrix} = (\boldsymbol{I}_k, -\boldsymbol{\Gamma}'). \tag{4.18}$$

这里,$\boldsymbol{\Gamma}'$ 为 $k\times(n-k)$ 维矩阵。从矩阵 $\boldsymbol{A}'$ 到 $\overline{\boldsymbol{A}}'$ 的线性变换是非异的,因此 $\overline{\boldsymbol{A}}'$ 中的 $k$ 个行向量仍线性独立,$\{\overline{\boldsymbol{A}}'\boldsymbol{y}_t\}$ 为 $k$ 维的稳定过程。以 $\boldsymbol{\mu}_1$ 表示 $\overline{\boldsymbol{A}}'\boldsymbol{y}_t$ 的数学期望 $E(\overline{\boldsymbol{A}}'\boldsymbol{y}_t)$,$\overline{\boldsymbol{A}}'\boldsymbol{y}_t$ 可由下式表示:

$$\overline{\boldsymbol{A}}'\boldsymbol{y}_t = \boldsymbol{\mu}_1 + \boldsymbol{v}_t, \tag{4.19}$$

其中 $\boldsymbol{v}_t$ 是均值为零的稳定过程。将式(4.18)代入式(4.19),可得:

$$(\boldsymbol{I}_k, -\boldsymbol{\Gamma}')\begin{pmatrix} \boldsymbol{y}_{1t} \\ \boldsymbol{y}_{2t} \end{pmatrix} = \boldsymbol{\mu}_1 + \boldsymbol{v}_t,$$

其中 $\boldsymbol{y}_{1t}$ 和 $\boldsymbol{y}_{2t}$ 分别为 $k$ 维和 $(n-k)$ 维的子向量,因此有:

$$\boldsymbol{y}_{1t} = \boldsymbol{\mu}_1 + \boldsymbol{\Gamma}'\boldsymbol{y}_{2t} + \boldsymbol{v}_t, \tag{4.20}$$

这里的 $\boldsymbol{y}_{2t}$ 有表达式:

$$\boldsymbol{y}_{2t} = \boldsymbol{y}_{2,t-1} + \boldsymbol{\delta}_2 + \boldsymbol{u}_{2t}. \tag{4.21}$$

将式(4.20)和式(4.21)由联立方程形式表示,可得:

$$\begin{pmatrix} \boldsymbol{I}_k & -\boldsymbol{\Gamma}' \\ \boldsymbol{0} & \boldsymbol{I}_{(n-k)} \end{pmatrix} \begin{pmatrix} \boldsymbol{y}_{1t} \\ \boldsymbol{y}_{2t} \end{pmatrix} = \begin{pmatrix} \boldsymbol{\mu}_1 \\ \boldsymbol{\delta}_2 \end{pmatrix} + \begin{pmatrix} \boldsymbol{0} & \boldsymbol{0} \\ \boldsymbol{0} & \boldsymbol{I}_{(n-k)} \end{pmatrix} \begin{pmatrix} \boldsymbol{y}_{1,t-1} \\ \boldsymbol{y}_{2,t-1} \end{pmatrix} + \begin{pmatrix} \boldsymbol{v}_t \\ \boldsymbol{u}_{2t} \end{pmatrix}. \tag{4.22}$$

由于式(4.22)左侧的矩阵为一个 $n\times n$ 维的上三角矩阵,因此式(4.22)称作协整过程$\{\boldsymbol{y}_t\}$的三角表示形式(triangular representation)。

### 4.3.3 同趋势表示形式

最后我们介绍协整过程的同趋势表示形式(common trend representation)。若 $\boldsymbol{y}_t$ 为一个 $n$ 维的 $I(1)$随机向量,其中有 $k$ 个独立的协整向量,那么 $\boldsymbol{y}_t$ 就有式(4.22)的三角表示形式。若再进一步假设式(4.22)中的随机干扰向量$[\boldsymbol{v}_t',\boldsymbol{u}_{2t}']'$有以下的移动平均形式:

$$\begin{pmatrix} \boldsymbol{v}_t \\ \boldsymbol{u}_{2t} \end{pmatrix} = \sum_{s=0}^{\infty} \begin{pmatrix} \boldsymbol{H}_s\boldsymbol{\varepsilon}_{t-s} \\ \boldsymbol{J}_s\boldsymbol{\varepsilon}_{t-s} \end{pmatrix}, \tag{4.23}$$

其中的 $\boldsymbol{H}_s$ 和 $\boldsymbol{J}_s$ 分别为 $k\times n$ 维和 $(n-k)\times n$ 维矩阵;$\{\boldsymbol{\varepsilon}_t\}$为 $n$ 维独立同分布的随机向量,$E(\boldsymbol{\varepsilon}_t)=0$,$\mathrm{var}(\boldsymbol{\varepsilon}_t)=\boldsymbol{\Omega}$。矩阵$\{s\cdot \boldsymbol{H}_s\}_{s=0}^{\infty}$和$\{s\cdot \boldsymbol{J}_s\}_{s=0}^{\infty}$中的所有元素列都绝对可和。对 $\boldsymbol{u}_{2t}=\sum_{s=0}^{\infty}\boldsymbol{J}_s\boldsymbol{\varepsilon}_{t-s}$ 作 BN 分解,则可将 $\boldsymbol{y}_{2t}$写成下列形式:

$$\begin{aligned} \boldsymbol{y}_{2t} &= \boldsymbol{y}_{2,t-1} + \boldsymbol{\delta}_2 + \boldsymbol{u}_{2t} \\ &= \boldsymbol{y}_{20} + \boldsymbol{\delta}_2 t + \sum_{s=1}^{t}\boldsymbol{u}_{2s} \\ &= \boldsymbol{y}_{20} + \boldsymbol{\delta}_2 t + \boldsymbol{J}(1)\sum_{s=1}^{t}\boldsymbol{\varepsilon}_s + \boldsymbol{\eta}_{2t} - \boldsymbol{\eta}_{20}, \end{aligned}$$

其中,$\boldsymbol{J}(1)=\boldsymbol{J}_0+\boldsymbol{J}_1+\cdots$。令

$$\boldsymbol{\mu}_2 = \boldsymbol{\eta}_{2t} - \boldsymbol{\eta}_{20}, \quad \boldsymbol{\xi}_{2t} = \boldsymbol{J}(1)\sum_{s=1}^{t}\boldsymbol{\varepsilon}_s,$$

又可将上式写成:

$$\boldsymbol{y}_{2t} = \boldsymbol{\mu}_2 + \boldsymbol{\delta}_2 t + \boldsymbol{\xi}_{2t} + \boldsymbol{\eta}_{2t}. \tag{4.24}$$

以此代入式(4.20),得:

$$\begin{aligned} \boldsymbol{y}_{1t} &= \boldsymbol{\mu}_1 + \boldsymbol{\Gamma}'\boldsymbol{y}_{2t} + \boldsymbol{v}_t \\ &= \boldsymbol{\mu}_1 + \boldsymbol{\Gamma}'(\boldsymbol{\mu}_2 + \boldsymbol{\delta}_2 t + \boldsymbol{\xi}_{2t} + \boldsymbol{\eta}_{2t}) + \boldsymbol{v}_t \\ &= \bar{\boldsymbol{\mu}}_1 + \boldsymbol{\Gamma}'(\boldsymbol{\delta}_2 t + \boldsymbol{\xi}_{2t}) + \bar{\boldsymbol{\eta}}_{1t}. \end{aligned} \tag{4.25}$$

这里,$\bar{\boldsymbol{\mu}}_1=\boldsymbol{\mu}_1+\boldsymbol{\Gamma}'\boldsymbol{\mu}_2$,$\bar{\boldsymbol{\eta}}_{1t}=\boldsymbol{v}_t+\boldsymbol{\Gamma}'\boldsymbol{\eta}_{2t}$。将式(4.24)和式(4.25)写成联立方程的

形式：

$$\begin{bmatrix}\boldsymbol{y}_{1t}\\ \boldsymbol{y}_{2t}\end{bmatrix}=\left\{\begin{bmatrix}\bar{\boldsymbol{\mu}}_1\\ \boldsymbol{\mu}_2\end{bmatrix}+\begin{pmatrix}\boldsymbol{\eta}_{1t}\\ \boldsymbol{\eta}_{2t}\end{pmatrix}\right\}+\left\{\begin{bmatrix}\boldsymbol{\Gamma}'\\ \boldsymbol{I}_{(n-k)}\end{bmatrix}(\boldsymbol{\delta}_2 t+\boldsymbol{\xi}_{2t})\right\}. \tag{4.26}$$

式(4.26)称为协整过程 $\boldsymbol{y}_t$ 的同趋势表示形式，其中右侧第一个括弧中的两个向量都为 $I(0)$变量，第二个括弧中的 $\boldsymbol{\delta}_2 \bar{t}+\boldsymbol{\xi}_{2t}$ 是一个$(n-k)$维向量，它是非随机的时间趋势 $\boldsymbol{\delta}_2 t$ 与向量单位根过程 $\boldsymbol{\xi}_{2t}$ 的和，我们由此可以说，过程 $\boldsymbol{y}_{1t}$ 和 $\boldsymbol{y}_{2t}$ 是由共同的趋势$(\boldsymbol{\delta}_2 t+\boldsymbol{\xi}_{2t})$，经过不同的线性变换 $\boldsymbol{\Gamma}'$ 和 $\boldsymbol{I}_{(n-k)}$ 生成。同趋势表示形式着眼于协整系统 $\boldsymbol{y}_t$ 中独立的单位根变量：若 $\boldsymbol{y}_t$ 中有 $k$ 个协整关系，那么真正驱动系统的是 $n-k$ 个独立的单位根变量。

### 4.3.4 频域中的表示形式

以上介绍的几种协整的表示形式都定义在时域中(time domain)。值得注意的是，协整关系反映了变量之间的长期均衡关系，也就是变量之间在低频率上的关系，这启示我们可以在频域上定义协整关系。

当然，由于协整关系中变量的非稳定性，我们不能直接应用谱表示方法，但我们可以做以下的延伸。首先，我们介绍时间序列的谱表示定理，它的证明从略。

**定理 4.2 单变量的谱表示定理**

令$\{y_t\}$为一单变量的稳定的时间序列，并有谱密度函数 $f(\omega)$，那么我们可将$\{y_t\}$写成如下的谱表示形式：

$$y_t=\int_{-\pi}^{+\pi}\exp\{-(\mathrm{i}t\omega)\}\mathrm{d}\eta(\omega).$$

其中，$\eta(\omega)$为随机测度，使得：

(1) $E(\mathrm{d}\eta(\omega))=0,\ \forall\,\omega\in[-\pi,\pi]$；

(2) $\mathrm{cov}(\mathrm{d}\eta(\omega_1),\mathrm{d}\eta(\omega_2))=E(\mathrm{d}\eta(\omega_1)\overline{\mathrm{d}\eta(\omega_2)})=0,\ \forall\,\omega_1\neq\omega_2$；

(3) $\mathrm{var}(\mathrm{d}\eta(\omega))=f(\omega)\mathrm{d}\omega,\ \forall\,\omega\in[-\pi,\pi]$.

根据以上定理，稳定的时间序列$\{y_t\}$可表示成 $\exp\{-(\mathrm{i}t\omega)\}$的线性组合，其中各元素有随机的权数 $\mathrm{d}\eta(\omega)$，而它的平均权重为：

$$\frac{E\mid \mathrm{d}\eta(\omega)\mid^2}{\mathrm{d}\omega}\approx f(\omega).$$

因此，如 $f(\omega_1)>f(\omega_2)$，在$\{y_t\}$的分解中频率 $\omega_1$ 上的成分比在 $\omega_2$ 上的重要。由于时间序列在不同的频率上的不相关性(此定理的条件 2)，$y_t$ 的方差为：

$$\mathrm{var}(y_t)=\int_{-\pi}^{+\pi}f(\omega)\mathrm{d}\omega=\int_{-\pi}^{+\pi}\mathrm{var}(\mathrm{d}\eta(\omega))=\mathrm{var}\left(\int_{-\pi}^{+\pi}\mathrm{d}\eta(\omega)\right),$$

这说明过程的总方差是各频率上方差的和。

将这一定理推广至多变量的情况是直截了当的，在此不再赘述。

我们假设 $n$ 维单位根向量有以下的一般表示形式：

$$\boldsymbol{y}_t = \boldsymbol{\alpha} + \boldsymbol{\Phi}_1 \boldsymbol{y}_{t-1} + \boldsymbol{\Phi}_2 \boldsymbol{y}_{t-2} + \cdots + \boldsymbol{\Phi}_p \boldsymbol{y}_{t-p} + \boldsymbol{\Theta}(L)\boldsymbol{\varepsilon}_t,$$

或者

$$\boldsymbol{\Phi}(L)\boldsymbol{y}_t = \boldsymbol{\Theta}(L)\boldsymbol{\varepsilon}_t. \tag{4.27}$$

这里的 $\boldsymbol{\Theta}(L)$ 为无穷阶的向量滞后多项式，式(4.27)比式(4.13)更为一般。由于滞后多项式中含有单位根，可将式(4.27)写成下式：

$$(1-L)\boldsymbol{\phi}(L)\boldsymbol{y}_t = \boldsymbol{\Theta}(L)\boldsymbol{\varepsilon}_t, \tag{4.28}$$

其中，$\boldsymbol{\Phi}(L)=(1-L)\boldsymbol{\phi}(L)$，多项式 $|\boldsymbol{\phi}(z)|$ 的根都在单位圆外，$\{\boldsymbol{\varepsilon}_t\}$ 为独立同分布，$E(\boldsymbol{\varepsilon}_t)=0$，$\mathrm{var}(\boldsymbol{\varepsilon}_t)=\boldsymbol{\Omega}$。

在 $\omega=0$ 以外的所有频率上，可以定义向量 $\boldsymbol{y}_t$ 的谱密度函数：

$$f(\omega) = \frac{1}{2\pi} \cdot \frac{\boldsymbol{\phi}(\exp(\mathrm{i}\omega))^{-1}\boldsymbol{\Theta}(\exp(\mathrm{i}\omega))\boldsymbol{\Omega}\boldsymbol{\Theta}'(\exp(\mathrm{i}\omega))\boldsymbol{\phi}'(\exp(\mathrm{i}\omega))^{-1}}{|1-\exp(\mathrm{i}\omega)|^2} \tag{4.29}$$

由于式(4.29)在 $\omega=0$ 没有定义，我们称式(4.29)为 $\boldsymbol{y}_t$ 的‘拟谱密度函数’(pseudo-spectrum)。当 $\omega$ 在零频率周围时，式(4.29)中的分母 $|1-\exp(\mathrm{i}\omega)|^2$ 接近于零，$\boldsymbol{f}(\omega)$ 可以取任意大的值，这反映了 $\boldsymbol{y}_t$ 的非稳定性。我们从式(4.29)进一步可知，$\boldsymbol{y}_t$ 是协整向量的充分必要条件是矩阵 $\boldsymbol{H}(1)=\boldsymbol{\phi}(1)^{-1}\boldsymbol{\Theta}(1)$ 为退化矩阵，或者等价地，$\boldsymbol{H}(1)\boldsymbol{\Omega}\boldsymbol{H}(1)'$ 为退化矩阵。这样，我们有以下定理：

**定理 4.3　协整过程的拟谱密度函数**

*若向量 $\boldsymbol{I}(1)$ 过程 $\boldsymbol{y}_t$ 有表示形式*

$$(1-L)\phi(L)\boldsymbol{y}_t = \boldsymbol{\Theta}(L)\boldsymbol{\varepsilon}_t,$$

*那么，$\boldsymbol{y}_t$ 协整的充分和必要条件是它的拟谱密度函数 $f(\omega)$ 满足条件：*

$$\lim_{\omega\to 0}\det|\,|1-\exp(\mathrm{i}\omega)|^2 f(\omega)\,| = 0 \tag{4.30}$$

## 4.4　本章小结

本章讨论了协整过程的定义与它的一些重要性质和几种重要的表示形式。我们指出，协整过程的基本的也是最重要的特征之一，是它的一阶差分 $\Delta\boldsymbol{y}_t$ 有退化的长期矩阵，这使得 $\Delta\boldsymbol{y}_t$ 的移动平均表示形式是不可逆的。这样，在处理协整过程时，只考虑它的一阶差分是不够的：尽管一阶差分是稳定过程，但它却不能由有限阶的 ARMA 模型表示。

本章讨论的协整过程的几种表示形式在实际中都有广泛的应用。协整过程与均衡修正过程的联系是由格兰杰首先在协整的表示定理中给出的，它表明任何一个协整过程都可表示成均衡修正形式，其中的修正项包括了滞后的长期均衡关系。均衡修正形式不仅有重要的经济意义，也便于用最大似然方法对系统作参数估计、假设检验等。

三角表示形式是协整过程的最简明的表示，它注重系统中变量之间的长期均衡关系，常常用一个弱稳定过程描述系统的动态特性。由于这一原因，有人将协整的三角表示形式称为静态均衡表示形式。

协整过程的同趋势表示形式从另一个角度揭示了协整过程的一个重要特征，即协整系统 $\boldsymbol{y}_t$ 中起“驱动”作用的是$(n-k)$个独立的单位根过程和非随机的时间趋势(式(4.26)中的 $\boldsymbol{\xi}_{2t}$ 和 $\boldsymbol{\delta}_{2t}$)，因此可将随机向量 $\boldsymbol{y}_t$ 的各分量看作有共同成因的随机变量。

我们在最后介绍了协整过程在频域中的表现形式。这一形式并不常用，却有重要意义，因为协整关系是长期关系，它的本质集中表现为一阶差分的长期方差矩阵奇异性，这等价于拟谱密度函数在零频率的奇异性。

## 习题

1. 设$\{\boldsymbol{x}_t\}$和$\{\boldsymbol{y}_t\}$为两个 $n$ 维的向量单位根过程，$\boldsymbol{x}_{1t}$ 和 $\boldsymbol{y}_{1t}$ 分别为 $\boldsymbol{x}_t$ 和 $\boldsymbol{y}_t$ 的 $k$ 维子向量。证明：若 $\boldsymbol{x}_{1t}$ 和 $\boldsymbol{y}_{1t}$ 协整，即存在实向量 $\boldsymbol{\alpha}_1$ 和 $\boldsymbol{\alpha}_2$，使得

$$\boldsymbol{\alpha}_1'\boldsymbol{x}_{1t}+\boldsymbol{\alpha}_2'\boldsymbol{x}_{2t}\sim I(0),$$

那么，$\boldsymbol{x}_t$ 和 $\boldsymbol{y}_t$ 也协整。

2. 若上题中 $\boldsymbol{x}_t$ 和 $\boldsymbol{y}_t$ 协整，那么它们的子向量 $\boldsymbol{x}_{1t}$ 和 $\boldsymbol{y}_{1t}$ 是否也一定协整？

3. 考虑以下的两变量系统：

$$\begin{aligned} y_t &= \beta x_t + u_t, \\ x_t &= x_{t-1} + v_t. \end{aligned} \tag{4.31}$$

其中，$[u_t, v_t]'$，$t=1,2,\cdots,T$，独立同分布，且有

$$\begin{bmatrix} u_t \\ v_t \end{bmatrix} \sim N\left(0, \begin{pmatrix} \sigma_u^2 & 0 \\ 0 & \sigma_v^2 \end{pmatrix}\right).$$

(1) 令 $\boldsymbol{z}_t=[y_t, x_t]'$，$\boldsymbol{\varepsilon}_t=[u_t, v_t]'$，试将以上模型表示成 VAR(1)的形式：

$$\boldsymbol{z}_t = \boldsymbol{\Theta}\boldsymbol{z}_{t-1} + \boldsymbol{\varepsilon}_t, \tag{4.32}$$

并解释为何直接估计矩阵 $\boldsymbol{\Theta}$ 是不恰当的。

（2）由式(4.32)进一步说明：将一阶差分 $\Delta \boldsymbol{y}_t$ 表示成 VAR($p$)形式也是不恰当的。

（3）将式(4.31)表示成均衡修正形式：

$$\begin{bmatrix} \Delta y_t \\ \Delta x_t \end{bmatrix} = \boldsymbol{\pi} \begin{bmatrix} y_{t-1} \\ x_{t-1} \end{bmatrix} + \boldsymbol{\varepsilon}_t,$$

并讨论矩阵 $\boldsymbol{\pi}$ 的结构。

4. 考虑以下的两变量系统：

$$\begin{aligned} y_t &= y_{t-1} + u_{1t}, \\ x_t &= x_{t-1} + u_{2t}, \end{aligned} \tag{4.33}$$

其中，

$$\begin{bmatrix} u_t \\ v_t \end{bmatrix} \sim N\left(0, \begin{pmatrix} \sigma_1^2 & \sigma_{21} \\ \sigma_{12} & \sigma_2^2 \end{pmatrix}\right).$$

（1）给出式(4.33)中 $y_t$ 和 $x_t$ 协整的充分必要条件。

（2）特别考虑当 $\sigma_{12} = \sigma_{21} = 0$ 时的情况。

# 第五章　协整过程的参数估计和假设检验

## ——最小二乘方法

## 5.1　简介

在上一章中，我们讨论了协整系统的基本结构和主要特征以及它们的表示形式，从本章起我们讨论协整系统的参数估计和假设检验。尽管在现实中我们有时能感觉到变量之间存在协整关系，如收入和消费之间的关系，它们的具体数值一般是未知的，需要通过数据估计而得。本章主要讨论基于最小二乘方法的估计、估计量的极限分布和对协整向量的假设检验。我们将在下一章中讨论如何用最大似然方法作估计和检验。

## 5.2　协整向量的最小二乘估计

正如协整系统有多种表现形式，对它的参数估计在文献中也存在多种方法。我们下面介绍最小二乘估计方法，先说明最小二乘方法估计协整系统的合理性。考虑协整关系 $z_t=\boldsymbol{\beta}'\boldsymbol{y}_t$，$z_t\sim I(0)$，$\boldsymbol{\beta}$ 为 $\boldsymbol{y}_t$ 的一个协整向量。根据大数定律：

$$\frac{1}{T}\sum_{t=1}^{T}z_t^2=\frac{1}{T}\sum_{t=1}^{T}(\boldsymbol{\beta}'\boldsymbol{y}_t)^2\xrightarrow{p}E(z_t^2)<\infty$$

但是，若 $\boldsymbol{\beta}$ 不是 $\boldsymbol{y}_t$ 的协整向量，那么 $z_t=\boldsymbol{\beta}'\boldsymbol{y}_t$ 将仍为 $I(1)$ 向量，根据第三章的定理 3.1 的结论(9)，可得

$$T^{-2}\sum_{t=1}^{T}z_t^2=T^{-2}\sum_{t=1}^{T}(\boldsymbol{\beta}'\boldsymbol{y}_t)^2=\boldsymbol{\beta}'\left\{T^{-2}\sum_{t=1}^{T}\boldsymbol{y}_t\boldsymbol{y}_t'\right\}\boldsymbol{\beta}$$

$$\Rightarrow\boldsymbol{\beta}'\boldsymbol{\Lambda}\left\{\int_0^1\boldsymbol{W}(r)\boldsymbol{W}(r)'\right\}\boldsymbol{\Lambda}'\boldsymbol{\beta}.$$

根据第三章的定理 3.1，这是一个正定的二次型，因此

$$T^{-1}\sum_{t=1}^{T}z_t^2 = T\left\{T^{-2}\sum_{t=1}^{T}z_t^2\right\} \xrightarrow{p} \infty.$$

这说明,只要 $\boldsymbol{y}_t$ 是协整的,有协整向量 $\boldsymbol{\beta}$,那么 $\boldsymbol{\beta}$ 的最小二乘估计是

$$\min_{\hat{\boldsymbol{\beta}}\in R^n}\left\{\frac{1}{T}\sum_{t=1}^{T}(\boldsymbol{\beta}'\boldsymbol{y}_t)^2\right\} \tag{5.1}$$

的最优解,是 $\boldsymbol{\beta}$ 的一致估计。特别地,如果

$$\boldsymbol{\beta} = [1, -\gamma_2, -\gamma_3, \cdots, -\gamma_n]',$$

那么,式(5.1)中的目标函数成为

$$\frac{1}{T}\sum_{t=1}^{T}(\boldsymbol{\beta}'\boldsymbol{y}_t)^2 = \frac{1}{T}\sum_{t=1}^{T}(y_{1t}-\gamma_2 y_{2t}-\cdots-\gamma_n y_{nt})^2$$

这说明 $\boldsymbol{\beta}$ 可由 $y_{1t}$ 对其他 $y_{it}(i=1,2,\cdots,n)$ 的回归一致地估计。

在采用最小二乘法估计协整向量时,我们通常采用协整过程的三角表示形式:

$$\boldsymbol{y}_{1t} = \boldsymbol{\mu}_1 + \boldsymbol{\Gamma}'\boldsymbol{y}_{2t} + \boldsymbol{u}_{1t},$$

$$\Delta\boldsymbol{y}_{2t} = \boldsymbol{\delta}_2 + \boldsymbol{u}_{2t},$$

(参见第四章的式(4.20))。为了叙述方便,我们先考虑 $\boldsymbol{y}_{1t}$ 是单变量的情况,并暂不考虑 $\Delta\boldsymbol{y}_{2t}$ 中的常数项 $\boldsymbol{\delta}_2$,因此有

$$y_{1t} = \alpha + \boldsymbol{\gamma}'\boldsymbol{y}_{2t} + u_{1t},$$

$$\Delta\boldsymbol{y}_{2t} = \boldsymbol{u}_{2t}. \tag{5.2}$$

这里,$y_{1t}$ 为单变量的单位根过程,$\boldsymbol{y}_{2t}$ 为 $(n-1)$ 维的 $I(1)$ 随机向量。对式(5.2)的第一个方程的参数 $\alpha$ 和 $\boldsymbol{\gamma}$ 作最小二乘估计,可得估计值 $\hat{\alpha}$ 和 $\hat{\boldsymbol{\gamma}}$,它们的统计性质在以下定理中给出。

**定理 5.1** 假设在协整过程的三角表示形式中,$y_{1t}$ 为单变量的单位根随机变量,$\boldsymbol{y}_{2t}$ 为 $(n-1)$ 维的 $I(1)$ 随机向量,$n$ 维随机干扰 $[u_{1t}, \boldsymbol{u}_{2t}]'$ 有移动平均形式:

$$\begin{bmatrix} u_{1t} \\ \boldsymbol{u}_{2t} \end{bmatrix} = \boldsymbol{\Psi}(L)\boldsymbol{\varepsilon}_t.$$

这里,$\{\boldsymbol{\varepsilon}_t\}$ 为独立同分布,$E(\boldsymbol{\varepsilon}_t)=\boldsymbol{0}$, $\mathrm{var}(\boldsymbol{\varepsilon}_t)=\boldsymbol{\Omega}=\boldsymbol{PP}'$;$\boldsymbol{\Psi}(L)$ 为无穷阶的滞后多项式,$\boldsymbol{\Psi}(L)=\sum_{s=0}^{\infty}\boldsymbol{\Psi}_s\boldsymbol{L}^s$,$\boldsymbol{\Psi}_s$ 为 $n\times n$ 维矩阵,$\{s\cdot\boldsymbol{\Psi}\}_{s=0}^{\infty}$ 的每一元素列都绝对可和,$\boldsymbol{\Psi}(1)=\sum_{s=0}^{\infty}\boldsymbol{\Psi}_s$ 为满秩的 $n\times n$ 维矩阵。若协整过程 $\boldsymbol{y}_t=[y_{1t}, \boldsymbol{y}_{2t}']'$ 只有一个线性独立的协整向量 $[1, -\boldsymbol{\gamma}']'$,那么参数 $\alpha$ 和 $\boldsymbol{\gamma}$ 的最小二乘估计为:

$$\begin{pmatrix} \hat{\alpha} \\ \hat{\boldsymbol{\gamma}} \end{pmatrix} = \begin{pmatrix} T & \sum\boldsymbol{y}_{2t}' \\ \sum\boldsymbol{y}_{2t} & \sum\boldsymbol{y}_{2t}\boldsymbol{y}_{2t}' \end{pmatrix}^{-1}\begin{pmatrix} \sum y_{1t} \\ \sum\boldsymbol{y}_{2t}y_{1t} \end{pmatrix}.$$

另一方面，将矩阵 $\boldsymbol{\Psi}(1)\cdot\boldsymbol{P}$ 作分解：

$$\boldsymbol{\Psi}(1)\cdot\boldsymbol{P}=\begin{pmatrix}\boldsymbol{\lambda}_1'\\ \boldsymbol{\Lambda}_2\end{pmatrix},$$

其中的 $\boldsymbol{\lambda}_1$ 和 $\boldsymbol{\Lambda}_2$ 分别为 $n$ 维向量和 $(n-1)\times n$ 维矩阵。分别以 $T^{1/2}$ 和 $T$ 乘 $(\hat{\alpha}-\alpha)$ 和 $(\hat{\boldsymbol{\gamma}}-\boldsymbol{\gamma})$，令 $T\to\infty$，可得：

$$\begin{pmatrix}T^{1/2}(\hat{\alpha}-\alpha)\\ T(\hat{\boldsymbol{\gamma}}-\boldsymbol{\gamma})\end{pmatrix}\Rightarrow\begin{pmatrix}1 & \left\{\int_0^1\boldsymbol{W}(r)'\mathrm{d}r\right\}\boldsymbol{\Lambda}_2'\\ \boldsymbol{\Lambda}_2\left\{\int_0^1\boldsymbol{W}(r)\mathrm{d}r\right\} & \boldsymbol{\Lambda}_2\left\{\int_0^1\boldsymbol{W}(r)\boldsymbol{W}(r)'\mathrm{d}r\right\}\boldsymbol{\Lambda}_2'\end{pmatrix}^{-1}\begin{pmatrix}h_1\\ \boldsymbol{h}_2\end{pmatrix},\quad(5.3)$$

其中，$\boldsymbol{W}(r)$ 为 $n$ 维标准维纳过程，$h_1$ 和 $\boldsymbol{h}_2$ 分别为：

$$h_1=\boldsymbol{\lambda}_1'\boldsymbol{W}(1),$$

$$\boldsymbol{h}_2=\boldsymbol{\Lambda}_2\left\{\int_0^1\boldsymbol{W}(r)[\mathrm{d}\boldsymbol{W}(r)]'\right\}\boldsymbol{\lambda}_1+\sum_{s=0}^{\infty}E(\boldsymbol{u}_{2t}u_{1,t+s}).$$

**证明**　令 $\bar{u}_{1t}=\sum_{s=1}^{t}u_{1s}$，$t=1,2,\cdots,T$；$\bar{u}_{10}=0$，构造以下向量：

$$\begin{pmatrix}\bar{u}_{1t}\\ \boldsymbol{y}_{2t}\end{pmatrix}=\begin{pmatrix}0\\ \boldsymbol{y}_{20}\end{pmatrix}+\sum_{s=1}^{t}\begin{pmatrix}u_{1s}\\ \boldsymbol{u}_{2s}\end{pmatrix}=\begin{pmatrix}0\\ \boldsymbol{y}_{20}\end{pmatrix}+\boldsymbol{\xi}_t$$

根据第一章定理 1.9 的结论(5)，可知：

$$T^{-1}\sum_{t=1}^{T}\begin{pmatrix}\bar{u}_{1,t-1}\\ \boldsymbol{y}_{2,t-1}\end{pmatrix}[u_{1t},\boldsymbol{u}_{2t}']\Rightarrow\boldsymbol{\Psi}(1)\boldsymbol{P}\left\{\int_0^1\boldsymbol{W}(r)[\mathrm{d}\boldsymbol{W}(r)]'\right\}\boldsymbol{P}'\boldsymbol{\Psi}(1)'+\sum_{s=1}^{\infty}\boldsymbol{\Gamma}_s',\qquad(5.4)$$

其中，

$$\boldsymbol{\Gamma}_s'=E\left\{\begin{pmatrix}u_{1t}\\ \boldsymbol{u}_{2t}\end{pmatrix}[u_{1,t+s},\boldsymbol{u}_{2,t+s}']\right\}.$$

再由定理 1.9 的结论(1)、(7)和(9)可得：

$$T^{-1/2}\sum_{t=1}^{T}\begin{pmatrix}u_{1t}\\ \boldsymbol{u}_{2t}\end{pmatrix}\Rightarrow\boldsymbol{\Psi}(1)\boldsymbol{P}\boldsymbol{W}(1),\qquad(5.5)$$

$$T^{-3/2}\sum_{t=1}^{T}\begin{pmatrix}\bar{u}_{1t}\\ \boldsymbol{y}_{2t}\end{pmatrix}\Rightarrow\boldsymbol{\Psi}(1)\boldsymbol{P}\int_0^1\boldsymbol{W}(r)\mathrm{d}r,\qquad(5.6)$$

$$T^{-2}\sum_{t=1}^{T}\begin{pmatrix}\bar{u}_{1t}\\ \boldsymbol{y}_{2t}\end{pmatrix}[\bar{u}_{1t},\boldsymbol{y}_{2t}']\Rightarrow\boldsymbol{\Psi}(1)\boldsymbol{P}\left\{\int_0^1\boldsymbol{W}(r)\boldsymbol{W}(r)'\mathrm{d}r\right\}\boldsymbol{P}'\boldsymbol{\Psi}(1)'.\qquad(5.7)$$

另一方面，将 $\alpha$ 和 $\boldsymbol{\gamma}$ 分别从 $\hat{\alpha}$ 和 $\hat{\boldsymbol{\gamma}}$ 中减去，并以 $\boldsymbol{T}^{1/2}$ 和 $\boldsymbol{T}$ 分别相乘，可得：

$$\begin{pmatrix} T^{1/2}(\hat{\alpha}-\alpha) \\ T(\hat{\boldsymbol{\gamma}}-\boldsymbol{\gamma}) \end{pmatrix} = \left\{ \begin{pmatrix} T^{-1/2} & \mathbf{0}' \\ \mathbf{0} & T^{-1}\boldsymbol{I}_{n-1} \end{pmatrix} \begin{pmatrix} T & \sum \boldsymbol{y}_{2t}' \\ \sum \boldsymbol{y}_{2t} & \sum \boldsymbol{y}_{2t}\boldsymbol{y}_{2t}' \end{pmatrix} \right.$$

$$\cdot \left. \begin{pmatrix} T^{-1/2} & \mathbf{0}' \\ \mathbf{0} & T^{-1}\boldsymbol{I}_{n-1} \end{pmatrix} \right\}^{-1} \left\{ \begin{pmatrix} T^{-1/2} & \mathbf{0}' \\ \mathbf{0} & T^{-1}\boldsymbol{I}_{n-1} \end{pmatrix} \begin{pmatrix} \sum u_{1t} \\ \sum \boldsymbol{y}_{2t}u_{1t} \end{pmatrix} \right\}$$

$$= \begin{pmatrix} 1 & T^{-3/2}\sum \boldsymbol{y}_{2t}' \\ T^{-3/2}\sum \boldsymbol{y}_{2t} & T^{-2}\sum \boldsymbol{y}_{2t}\boldsymbol{y}_{2t}' \end{pmatrix}^{-1} \begin{pmatrix} T^{-1/2}\sum u_{1t} \\ T^{-1}\sum \boldsymbol{y}_{2t}u_{1t} \end{pmatrix}. \tag{5.8}$$

令 $\boldsymbol{T}\to\infty$，则有

$$T^{-1}\sum \boldsymbol{y}_{2t}u_{1t} = [\mathbf{0}, \boldsymbol{I}_{n-1}] \left\{ T^{-1}\sum_{t=1}^{T} \begin{pmatrix} \bar{u}_{1t} \\ \boldsymbol{y}_{2t} \end{pmatrix} [u_{1t}, \boldsymbol{u}_{2t}'] \right\} \begin{pmatrix} 1 \\ \mathbf{0} \end{pmatrix}$$

$$\Rightarrow [\mathbf{0}, \boldsymbol{I}_{n-1}]\boldsymbol{\Psi}(1)\boldsymbol{P}\left\{ \int_0^1 \boldsymbol{W}(r)[\mathrm{d}\boldsymbol{W}(r)]' \right\}$$

$$\cdot \boldsymbol{P}'\boldsymbol{\Psi}(1)' \begin{pmatrix} 1 \\ \mathbf{0} \end{pmatrix} + [\mathbf{0}, \boldsymbol{I}_{n-1}] \sum_{s=0}^{\infty} \boldsymbol{\Gamma}_s' \begin{pmatrix} 1 \\ \mathbf{0} \end{pmatrix}$$

$$= \boldsymbol{\Lambda}_2 \left\{ \int_0^1 \boldsymbol{W}(r)[\mathrm{d}\boldsymbol{W}(r)]' \right\} \boldsymbol{\lambda}_1 + \sum_{s=0}^{\infty} E(\boldsymbol{u}_{2t}u_{1,t+s}). \tag{5.9}$$

定理证毕。

在式(5.3)中，$\boldsymbol{T}^{1/2}(\hat{\boldsymbol{\alpha}}-\boldsymbol{\alpha})$和$\boldsymbol{T}(\hat{\boldsymbol{\gamma}}-\boldsymbol{\gamma})$均收敛于非零极限，因此$(\hat{\alpha}-\alpha)$和$(\hat{\boldsymbol{\gamma}}-\boldsymbol{\gamma})$都以概率收敛于零，即 $\hat{\alpha}$ 和 $\hat{\boldsymbol{\gamma}}$ 都为一致估计量。特别是估计量 $\hat{\boldsymbol{\gamma}}$ 的收敛速度为 $T$，是超一致估计量。值得注意的是，$\hat{\alpha}$ 和 $\hat{\boldsymbol{\gamma}}$ 的一致性并不受 $u_{1t}$和 $\boldsymbol{u}_{2t}$之间相关性的影响，但相关系数却影响 $T(\hat{\boldsymbol{\gamma}}-\boldsymbol{\gamma})$的极限分布，因为 $\boldsymbol{h}_2$ 中含有 $\sum_{s=0}^{\infty} E(\boldsymbol{u}_{2t}u_{1,t+s})$。$\boldsymbol{h}_2$ 中的第一项属于所谓的“局部极限混合正态分布”类(local asymptotic mixed normal, LAMN)，LaCam (1986)对这一类分布有深入的研究，它可看作正态分布的推广，因此是“最优的”。$\boldsymbol{h}_2$ 中不为零的相关系数 $\sum_{s=0}^{\infty} E(\boldsymbol{u}_{2t}u_{1,t+s})$ 使得 $\boldsymbol{h}_2$ 偏离了 LAMN，因此最小二乘估计不是“最优的”(参见菲利普斯，1991)，存在所谓的“二阶非一致性”(second order inconsistency)。我们下面会讨论对这种非一致性的纠正方法。

估计量 $\hat{\alpha}$ 和 $\hat{\boldsymbol{\gamma}}$ 都为一致的估计量，但有不同的收敛速度，这一差异有重要意义。下面这一例子说明了这种差异的重要性。考虑模型 $y_{1t}=\alpha+\boldsymbol{\gamma}'\boldsymbol{y}_{2t}+u_{1t}$的估计拟合优度 $R^2$，以 $\hat{u}_{1t}$表示回归残差 $\hat{u}_{1t}=y_{1t}-\hat{\alpha}+\hat{\boldsymbol{\gamma}}'\boldsymbol{y}_{2t}$，根据定义

$$R^2 = 1 - \frac{T^{-1}\sum_{t=1}^{T}\hat{u}_{1t}^2}{T^{-1}\sum_{t=1}^{T}(y_{1t}-\bar{y}_1)^2},$$

其中，$\bar{y}_1 = T^{-1}\sum y_{1t}$。因为存在协整关系，$\{u_{1t}\}$为 $I(0)$过程，所以

$$T^{-1}\sum_{t=1}^{T}\hat{u}_{1t}^2 \xrightarrow{p} E(u_{1t}^2) < \infty.$$

但由于$(y_{1t}-\bar{y}_1)$为 $I(1)$过程，因此

$$T^{-1}\sum_{t=1}^{T}(y_{1t}-\bar{y}_1)^2 \xrightarrow{p} +\infty,$$

这就意味着，当 $T\to\infty$，有

$$R^2 = 1 - \frac{T^{-1}\sum_{t=1}^{T}\hat{u}_{1t}^2}{T^{-1}\sum_{t=1}^{T}(y_{1t}-\bar{y}_1)^2} \xrightarrow{p} 1.$$

因此，若 $y_{1t}$和 $\mathbf{y}_{2t}$之间存在协整关系，拟合优度 $R^2$ 在评价模型优劣时失去了通常的作用。

## 5.3　协整向量的两步估计

恩格尔和格兰杰(1987)提出了对协整向量的两步估计方法(two-step procedure)。这一方法对形如式(5.2)的协整模型作两次回归：首先用最小二乘法估计静态的协整关系，然后在第二次回归中用第一步的结果，估计一个动态的均衡修正模型(ECM)。可以证明，这样所得的估计量是一致的。这一方法可行的关键，在于两次回归所得的估计量有不同收敛速度：第一步得到的估计量是超一致的，有收敛速度 $T$，而第二步的估计量有收敛速度 $T^{1/2}$，因此即使在第二步的回归中，回归变量与随机干扰相关，也不会影响估计量的一致性。

我们以一个两变量的协整系统说明恩格尔-格兰杰方法。假设 $y_{1t}$和 $y_{2t}$协整，有均衡修正表示形式(ECM)：

$$\Delta y_{1t} = \alpha\Delta y_{2t} + \gamma(y_{1,t-1} - \beta y_{2,t-1}) + \varepsilon_t. \tag{5.10}$$

第一步，以 $y_{1t}$对 $y_{2t}$作静态回归，可得：

$$y_{1t} = \hat{\beta} y_{2t} + e_t.$$

第二步，以 $\hat{\beta}$ 代替式(5.10)中的 $\beta$，作回归：

$$\Delta y_{1t}=\alpha\Delta y_{2t}+\gamma(y_{1,t-1}-\hat{\beta}y_{2,t-1})+\varepsilon_t^*,\tag{5.11}$$

其中，$\varepsilon_{1t}^*=\varepsilon_t+\gamma(\hat{\beta}-\beta)y_{2,t-1}$。由式(5.10)，可得：

$$T^{1/2}\begin{pmatrix}\hat{\alpha}-\alpha\\ \hat{\gamma}-\gamma\end{pmatrix}=\begin{pmatrix}T^{-1}\sum_{t=1}^{T}(\Delta y_{2t})^2 & T^{-1}\sum_{t=1}^{T}\Delta y_{2t}e_{t-1}\\ T^{-1}\sum_{t=1}^{T}\Delta y_{2t}e_{t-1} & T^{-1}\sum_{t=1}^{T}e_{t-1}^2\end{pmatrix}^{-1}\begin{pmatrix}T^{-1/2}\sum_{t=1}^{T}\Delta y_{2t}\varepsilon_t\\ T^{-1/2}\sum_{t=1}^{T}e_{t-1}\varepsilon_t\end{pmatrix}.\tag{5.12}$$

由式(5.11)得到的 $\alpha$ 和 $\gamma$ 的最小二乘估计和式(5.12)基本一致，只是由 $\hat{e}_{t-1}$ 和 $\varepsilon_{1t}^*$ 分别代替 $e_{t-1}$ 和 $\varepsilon_t$。这里，$\hat{e}_{t-1}=y_{1,t-1}-\hat{\beta}y_{2,t-1}$。

恩格尔-格兰杰方法的关键是利用了统计量的不同收敛速度。注意到，当 $T\to\infty$ 时，以下统计量都为 $O_p(1)$：

$$T^{-2}\sum_{t=1}^{T}y_{2,t-1}^2,\quad T^{-1}\sum_{t=1}^{T}y_{2,t-1}\hat{e}_{t-1},$$

$$T^{-1}\sum_{t=1}^{T}y_{2,t-1}\Delta y_{2t},\quad T^{-1}\sum_{t=1}^{T}y_{2,t-1}\varepsilon_t,\quad T(\hat{\alpha}-\alpha),\tag{5.13}$$

而且

$$e_{t-1}=\hat{e}_{t-1}+(\hat{\beta}-\gamma)y_{2,t-1},\tag{5.14}$$

因此，由式(5.13)可得：

$$\begin{aligned}\operatorname*{plim}_{T\to\infty}T^{-1}\sum_{t=1}^{T}\Delta y_{2t}e_{t-1}&=\operatorname*{plim}_{T\to\infty}T^{-1}\sum_{t=1}^{T}\Delta y_{2t}\hat{e}_{t-1}+\operatorname*{plim}_{T\to\infty}T^{-1}(\hat{\beta}-\beta)\sum_{t=1}^{T}\Delta y_{2t}y_{2,t-1}\\&=\operatorname*{plim}_{T\to\infty}T^{-1}\sum_{t=1}^{T}\Delta y_{2t}\hat{e}_{t-1}.\end{aligned}$$

另一方面，由(5.13)可得：

$$\begin{aligned}\operatorname*{plim}_{T\to\infty}T^{-1}\sum_{t=1}^{T}e_{t-1}^2&=\operatorname*{plim}_{T\to\infty}T^{-1}\sum_{t=1}^{T}\hat{e}_{t-1}^2+\operatorname*{plim}_{T\to\infty}T^{-1}\left\{(\hat{\beta}-\beta)^2\sum_{t=1}^{T}y_{2,t-1}^2+2(\hat{\beta}-\beta)\sum_{t=1}^{T}y_{2,t-1}\hat{e}_{t-1}\right\}\\&=\operatorname*{plim}_{T\to\infty}T^{-1}\sum_{t=1}^{T}\hat{e}_{t-1}^2.\end{aligned}$$

最后，

$$\begin{aligned}T^{-1/2}\sum_{t=1}^{T}e_{t-1}\varepsilon_t&=T^{-1/2}\sum_{t=1}^{T}\hat{e}_{t-1}\varepsilon_t+T^{-1/2}(\hat{\beta}-\beta)\sum_{t=1}^{T}y_{2,t-1}\varepsilon_t\\&=T^{-1/2}\sum_{t=1}^{T}\hat{e}_{t-1}\varepsilon_t^*-\gamma T^{-1/2}(\hat{\beta}-\beta)\sum_{t=1}^{T}\hat{e}_{t-1}y_{2,t-1}+T^{-1/2}(\hat{\beta}-\beta)\sum_{t=1}^{T}y_{2,t-1}\varepsilon_t.\end{aligned}$$

上式右侧的第二项和第三项都为 $O_p(T^{-1/2})$，因此当 $T\to\infty$：

$$\underset{T\to\infty}{\mathrm{plim}}T^{-1/2}\sum_{t=1}^{T}e_{t-1}\varepsilon_t=\underset{T\to\infty}{\mathrm{plim}}T^{-1/2}\sum_{t=1}^{T}\hat{e}_{t-1}\varepsilon_t^*.$$

这就说明，由式(5.10)和式(5.11)得到的 $\alpha$ 和 $\gamma$ 的最小二乘估计有相同的极限分布。

## 5.4　协整向量估计的菲利普斯方法

菲利普斯(1991)讨论了对协整过程的三角形表示的最优估计方法。他指出，在协整系统

$$\begin{aligned}\boldsymbol{y}_{1t}&=\boldsymbol{B}\boldsymbol{y}_{2t}+\boldsymbol{u}_{1t},\\ \Delta\boldsymbol{y}_{2t}&=\boldsymbol{u}_{2t}\end{aligned}\tag{5.15}$$

中，如果 $\boldsymbol{u}_{1t}$ 和 $\boldsymbol{u}_{2t}$ 相关，那么对 $\boldsymbol{B}$ 的最小二乘估计就不是最优的估计方法。他建议在 $\boldsymbol{u}_{1t}$ 和 $\boldsymbol{u}_{2t}$ 相关时考虑式(5.15)的中联合分布，将三角形式改写成均衡修正形式(ECM)，并证明了由此得到的最小二乘估计将是最优的。以下讨论菲利普斯方法，细节请参阅菲利普斯(1991)。

将式(5.15)的两个方程组一起写成 ECM 形式：

$$\Delta y_t=-\boldsymbol{E}\boldsymbol{A}\boldsymbol{y}_{t-1}+\boldsymbol{v}_t\tag{5.16}$$

其中，$\boldsymbol{y}_t=[\boldsymbol{y}_{1t}',\boldsymbol{y}_{2t}']'$，　$\boldsymbol{E}=\begin{pmatrix}\boldsymbol{I}_{n_1}\\ \boldsymbol{0}\end{pmatrix}$，　$\boldsymbol{A}=[\boldsymbol{I}_{n_1},-\boldsymbol{B}]$，　$\boldsymbol{v}_t=\begin{pmatrix}\boldsymbol{I}_{n_1}&\boldsymbol{B}\\ \boldsymbol{0}&\boldsymbol{I}_{n_1}\end{pmatrix}\boldsymbol{u}_t$，它们分别为 $(n_1+n_2)\times1$，$(n_1+n_2)\times n_1$，$n_1\times(n_1+n_2)$ 和 $(n_1+n_2)\times(n_1+n_2)$ 维向量或矩阵。若 $\boldsymbol{v}_t$ 为独立同分布，$\boldsymbol{v}_t\sim N(\boldsymbol{0},\boldsymbol{\Omega})$，式(5.16)中的 ECM 有对数似然函数：

$$L(\boldsymbol{B},\boldsymbol{\Omega})=-\frac{T}{2}\ln|\boldsymbol{\Omega}|-\frac{1}{2}\sum_{t=1}^{T}(\Delta\boldsymbol{y}_t+\boldsymbol{E}\boldsymbol{A}\boldsymbol{y}_{t-1})'\boldsymbol{\Omega}^{-1}(\Delta\boldsymbol{y}_t+\boldsymbol{E}\boldsymbol{A}\boldsymbol{y}_{t-1}).\tag{5.17}$$

将方差矩阵 $\boldsymbol{\Omega}$ 根据 $\boldsymbol{y}_{1t}$ 和 $\boldsymbol{y}_{2t}$ 的维数分块：

$$\boldsymbol{\Omega}=\begin{pmatrix}\boldsymbol{\Omega}_{11}&\boldsymbol{\Omega}_{12}\\ \boldsymbol{\Omega}_{21}&\boldsymbol{\Omega}_{22}\end{pmatrix},$$

并令 $\boldsymbol{\Omega}_{11.2}=\boldsymbol{\Omega}_{11}-\boldsymbol{\Omega}_{12}\boldsymbol{\Omega}_{22}^{-1}\boldsymbol{\Omega}_{21}$，可以将式(5.17)的对数似然函数分解成条件和边际对数似然函数的和：

$$-\frac{T}{2}\ln|\boldsymbol{\Omega}_{11.2}|-\frac{1}{2}\sum_{t=1}^{T}(\boldsymbol{y}_{1t}-\boldsymbol{B}\boldsymbol{y}_{2,t-1}-\boldsymbol{\Omega}_{12}\boldsymbol{\Omega}_{22}^{-1}\Delta\boldsymbol{y}_{2t})'$$

$$\times \boldsymbol{\Omega}_{11\cdot2}^{-1}(\boldsymbol{y}_{1t} - \boldsymbol{B}\boldsymbol{y}_{2,t-1} - \boldsymbol{\Omega}_{12}\boldsymbol{\Omega}_{22}^{-1}\Delta\boldsymbol{y}_{2t})$$

$$-\frac{T}{2}\ln|\boldsymbol{\Omega}_{22}| - \frac{1}{2}\sum_{t=1}^{T}\Delta\boldsymbol{y}_{2t}'\boldsymbol{\Omega}_{22}^{-1}\Delta\boldsymbol{y}_{2t}. \tag{5.18}$$

式(5.18)中的最后一项是边际对数似然函数，不含有参数矩阵 $\boldsymbol{B}$。不难看出，由条件似然函数得到的 $\boldsymbol{B}$ 的最大似然估计和以下回归模型中的 $\boldsymbol{B}$ 的最小二乘估计等同：

$$\boldsymbol{y}_{1t} = \boldsymbol{B}\boldsymbol{y}_{2,t-1} + \boldsymbol{C}\Delta\boldsymbol{y}_{2t} + \boldsymbol{v}_{1.2t}, \tag{5.19}$$

其中，$\boldsymbol{C}=\boldsymbol{\Omega}_{12}\boldsymbol{\Omega}_{22}^{-1}$，$\boldsymbol{v}_{1.2t}=\boldsymbol{v}_{1t}-\boldsymbol{\Omega}_{12}\boldsymbol{\Omega}_{22}^{-1}\boldsymbol{v}_{2t}$。由此可得 $\boldsymbol{B}$ 的最小二乘估计：

$$T(\hat{\boldsymbol{B}} - \boldsymbol{B}) = (T^{-1}\boldsymbol{V}_{1\cdot2}'\boldsymbol{Q}_{\Delta}\boldsymbol{Y}_2)(T^{-2}\boldsymbol{Y}_2'\boldsymbol{Q}_{\Delta}\boldsymbol{Y}_2)^{-1}, \tag{5.20}$$

变量 $\boldsymbol{Y}_2$ 包含所有的 $\boldsymbol{y}_{2,t-1}$，矩阵 $\boldsymbol{Q}_{\Delta}$ 是对由 $\Delta\boldsymbol{y}_{2t}$ 形成的线性空间的投影矩阵。为讨论最小二乘估计(见式(5.20))的极限分布，我们首先有

$$T^{-1/2}\sum_{t=1}^{[Tr]}\boldsymbol{v}_t \Rightarrow \boldsymbol{S}(r) \equiv \boldsymbol{W}(\boldsymbol{\Omega}), \tag{5.21}$$

这里，$\boldsymbol{W}(\boldsymbol{\Omega})$ 为方差为 $\boldsymbol{\Omega}$ 的 $n$ 维维纳过程。将 $\boldsymbol{S}(r)$ 按照 $\boldsymbol{y}_t=[\boldsymbol{y}_{1t}', \boldsymbol{y}_{2t}']'$ 分块可得 $\boldsymbol{S}=[\boldsymbol{S}_1', \boldsymbol{S}_2']'$，并令 $\boldsymbol{S}_{1\cdot2}=\boldsymbol{S}_1-\boldsymbol{\Omega}_{12}\boldsymbol{\Omega}_{22}^{-1}\boldsymbol{S}_2\equiv W(\boldsymbol{\Omega}_{11\cdot2})$。由 $\boldsymbol{S}_{1\cdot2}$ 的构造可知 $\boldsymbol{S}_{1\cdot2}$ 独立于 $\boldsymbol{S}_2$。菲利普斯(1991)的以下定理给出了 $T(\hat{\boldsymbol{B}}-\boldsymbol{B})$ 的极限分布。

**定理 5.2** 给定以上的约定和条件，我们有：

$$T(\hat{\boldsymbol{B}} - \boldsymbol{B}) \Rightarrow \left(\int_0^1 \mathrm{d}\boldsymbol{S}_{1\cdot2}\boldsymbol{S}_2'\right)\left(\int_0^1 \boldsymbol{S}_2\boldsymbol{S}_2'\mathrm{d}r\right)^{-1} \equiv \int_{G>0} N(0, \boldsymbol{\Omega}_{11\cdot2}\otimes\boldsymbol{G})\mathrm{d}P(\boldsymbol{G}), \tag{5.22}$$

其中，$G=\left(\int_0^1 \boldsymbol{S}_2\boldsymbol{S}_2'\mathrm{d}r\right)^{-1}$，$P$ 是相应的概率测度。

**证明** 此定理的证明和定理 5.1 的证明很相似，特别是式(5.22)的第二项与式(5.9)中 $\boldsymbol{h}_2$ 的第一项是一致的。由式(5.20)，可知：

$$T^{-2}\boldsymbol{Y}_2'\boldsymbol{Q}_{\Delta}\boldsymbol{Y}_2 = T^{-2}\boldsymbol{Y}_2'\boldsymbol{Y}_2 - T^{-1}(T^{-1}\boldsymbol{Y}_2'\Delta\boldsymbol{Y}_2)(T^{-1}\Delta\boldsymbol{Y}_2'\Delta\boldsymbol{Y}_2)^{-1}(T^{-1}\Delta\boldsymbol{Y}_2'\boldsymbol{Y}_2)$$

$$\Rightarrow \int_0^1 \boldsymbol{S}_2\boldsymbol{S}_2'\mathrm{d}r$$

$$T^{-1}\boldsymbol{V}_{1\cdot2}'\boldsymbol{Q}_{\Delta}\boldsymbol{Y}_2 = T^{-1}\boldsymbol{V}_{1\cdot2}'\boldsymbol{Y}_2 - (T^{-1}\boldsymbol{V}_{1\cdot2}'\Delta\boldsymbol{Y}_2)(T^{-1}\Delta\boldsymbol{Y}_2'\Delta\boldsymbol{Y}_2)^{-1}(T^{-1}\Delta\boldsymbol{Y}_2'\boldsymbol{Y}_2)$$

$$\Rightarrow \int_0^1 \mathrm{d}\boldsymbol{S}_{1\cdot2}\boldsymbol{S}_2'.$$

定理证毕。

定理 5.2 说明式(5.20)中的 $\boldsymbol{B}$ 的最小二乘估计有正态的极限分布，属于 LAMN，因此是最优的。但菲利普斯接着指出，并非对式(5.15)的最大似然估计都

是最优的。他强调，只要系统中的单位根（即 $\boldsymbol{y}_{2,t-1}$ 前的系数）是由估计得到的（直接或间接），那么 $\boldsymbol{B}$ 的最大似然估计就不是最优的，哪怕这时的随机项 $\boldsymbol{u}_{1t}$ 和 $\boldsymbol{u}_{2t}$ 有正态分布。为说明这一点，我们将式(5.15)直接写成以下的矩阵形式：

$$\begin{pmatrix} \boldsymbol{I} & -\boldsymbol{B} \\ \boldsymbol{0} & \boldsymbol{I} \end{pmatrix} \boldsymbol{y}_t = \begin{pmatrix} 0 \\ \boldsymbol{\Pi} \end{pmatrix} \boldsymbol{y}_{2,t-1} + \boldsymbol{u}_t, \tag{5.23}$$

其中，$\boldsymbol{\Pi} = \boldsymbol{I}_{n_2}$，$\boldsymbol{u}_t \sim \mathrm{iid}(0,\boldsymbol{\Sigma})$，参数矩阵 $\boldsymbol{\Pi}$ 包含单位根，我们将估计它的值。式(5.23)是一个三角型的系统，在参数矩阵 $\boldsymbol{\Pi}$ 和 $\boldsymbol{\Sigma}$ 不受条件拘束的情况下，对参数矩阵 $\boldsymbol{B}$ 的全信息最大似然估计(FIML)等价于只用前 $n_1$ 个方程的有限信息最大似然估计(LIML)，而后者又等价于两阶段最小二乘估计(two stage least square)：

$$\boldsymbol{B}^* = \boldsymbol{Y}_1' \boldsymbol{P}_{-1} \boldsymbol{Y}_2 (\boldsymbol{Y}_2' \boldsymbol{P}_{-1} \boldsymbol{Y}_2)^{-1},$$

它的极限分布由以下定理给出。

**定理 5.3**　联立方程系统式(5.23)的参数矩阵 $\boldsymbol{B}$ 的 FIML 估计 $\widetilde{\boldsymbol{B}}$ 有极限分布：

$$\begin{aligned} T(\widetilde{\boldsymbol{B}} - \boldsymbol{B}) &\Rightarrow \left(\boldsymbol{A}\int_0^1 \mathrm{d}\boldsymbol{S}\boldsymbol{S}_2'\right)\left(\int_0^1 \boldsymbol{S}_2\boldsymbol{S}_2'\mathrm{d}r\right)^{-1} \\ &\equiv \left(\int_0^1 \mathrm{d}\boldsymbol{S}_{1\cdot 2}\boldsymbol{S}_2'\right)\left(\int_0^1 \boldsymbol{S}_2\boldsymbol{S}_2'\mathrm{d}r\right)^{-1} + \boldsymbol{\Sigma}_{12}\boldsymbol{\Sigma}_{22}^{-1}\left(\int_0^1 \mathrm{d}\boldsymbol{S}_2\boldsymbol{S}_2'\right)\left(\int_0^1 \boldsymbol{S}_2\boldsymbol{S}_2'\mathrm{d}r\right)^{-1}. \end{aligned} \tag{5.24}$$

其中的矩阵 $\boldsymbol{A}$ 由式(5.16)给出。式(5.24)中的 FIML 估计量与式(5.16)的最大似然估计式(5.22)等同的充分必要条件是 $\boldsymbol{\Sigma}_{12}=\boldsymbol{0}$，即在式(5.23)中 $\boldsymbol{y}_{2t}$ 对于 $\boldsymbol{y}_{1t}$ 中的参数是外生的。

**证明**　由于 $\widetilde{\boldsymbol{B}}$ 和 $\boldsymbol{B}^*$ 是渐近等价的，因此我们只需考虑：

$$T(\boldsymbol{B}^* - \boldsymbol{B}) = (T^{-1}\boldsymbol{U}_1'\boldsymbol{P}_{-1}\boldsymbol{Y}_2)(T^{-2}\boldsymbol{Y}_2'\boldsymbol{P}_{-1}\boldsymbol{Y}_2)^{-1}. \tag{5.25}$$

由于

$$T^{-2}\boldsymbol{Y}_2'\boldsymbol{P}_{-1}\boldsymbol{Y}_2 = (T^{-2}\boldsymbol{Y}_2'\underline{\boldsymbol{Y}}_2)(T^{-2}\underline{\boldsymbol{Y}}_2'\underline{\boldsymbol{Y}}_2)^{-1}(T^{-2}\underline{\boldsymbol{Y}}_2'\boldsymbol{Y}_2) \Rightarrow \int_0^1 \boldsymbol{S}\boldsymbol{S}_2'\mathrm{d}r$$

和

$$T^{-1}\boldsymbol{U}_1'\boldsymbol{P}_{-1}\boldsymbol{Y}_2 = \boldsymbol{A}(T^{-1}\boldsymbol{V}_2'\underline{\boldsymbol{Y}}_2)(T^{-2}\underline{\boldsymbol{Y}}_2'\underline{\boldsymbol{Y}}_2)^{-1}(T^{-2}\underline{\boldsymbol{Y}}_2'\boldsymbol{Y}_2) \Rightarrow \boldsymbol{A}\int_0^1 \mathrm{d}\boldsymbol{S}\boldsymbol{S}_2',$$

定义矩阵 $\boldsymbol{S}_\sigma$：

$$\boldsymbol{S}_\sigma = \begin{pmatrix} \boldsymbol{S}_\alpha \\ \boldsymbol{S}_2 \end{pmatrix} = \begin{pmatrix} \boldsymbol{A}\boldsymbol{S} \\ \boldsymbol{S}_2 \end{pmatrix} \equiv \boldsymbol{W}\begin{pmatrix} \boldsymbol{\Sigma}_{11} & \boldsymbol{\Sigma}_{12} \\ \boldsymbol{\Sigma}_{21} & \boldsymbol{\Sigma}_{22} \end{pmatrix}.$$

这里，$\boldsymbol{W}(\boldsymbol{\Sigma})$ 为多元维纳过程。将子矩阵 $\boldsymbol{S}_\alpha$ 分解：

$$\boldsymbol{S}_\alpha = \boldsymbol{S}_{\alpha\cdot 2} + \boldsymbol{\Sigma}_{12}\boldsymbol{\Sigma}_{22}^{-1}\boldsymbol{S}_2,$$

其中，$S_{\alpha\cdot 2}=W(\boldsymbol{\Sigma}_{11\cdot 2})$独立于 $S_2$。注意到 $S_{\alpha\cdot 2}=S_1-(B+\boldsymbol{\Sigma}_{12}\boldsymbol{\Sigma}_{22}^{-1})S_2=S_{1\cdot 2}$ 和 $\boldsymbol{\Omega}_{12}\boldsymbol{\Omega}_{22}^{-1}=B+\boldsymbol{\Sigma}_{12}\boldsymbol{\Sigma}_{22}^{-1}$，所以

$$\begin{aligned}\boldsymbol{\Sigma}_{11\cdot 2}&=\boldsymbol{\Sigma}_{11}-\boldsymbol{\Sigma}_{12}\boldsymbol{\Sigma}_{22}^{-1}\boldsymbol{\Sigma}_{21}=A\boldsymbol{\Omega}A'-(\boldsymbol{\Omega}_{12}-B\boldsymbol{\Omega}_{22})\boldsymbol{\Omega}_{22}^{-1}(\boldsymbol{\Omega}_{21}-\boldsymbol{\Omega}_{22}B')\\&=\boldsymbol{\Omega}_{11}-\boldsymbol{\Omega}_{12}\boldsymbol{\Omega}_{22}^{-1}\boldsymbol{\Omega}_{21},\end{aligned}$$

从而有

$$S_{\alpha\cdot 2}=S_{1\cdot 2}\equiv W(\boldsymbol{\Omega}_{11\cdot 2}).$$

定理证毕。

这一定理说明了从均衡修正表示形式（见式(5.16)）和联立方程表示形式（见式(5.23)）得到的参数 $B$ 的最大似然估计量的极限分布之间存在差异，尽管都采用了最大似然估计，但后者的极限分布中多了一项：

$$\boldsymbol{\Sigma}_{12}\boldsymbol{\Sigma}_{22}^{-1}\left(\int_0^1 \mathrm{d}S_2S_2'\right)\left(\int_0^1 S_2S_2'\mathrm{d}r\right)^{-1},$$

使其比前者“欠优”。

菲利普斯指出，极限分布式(5.24)是两部分的线性组合：单位根过程分布 $\left(\int_0^1 \mathrm{d}S_2S_2'\right)\left(\int_0^1 S_2S_2'\mathrm{d}r\right)^{-1}$ 和混合的正态分布 $\left(\int_0^1 \mathrm{d}S_{1\cdot 2}S_2'\right)\left(\int_0^1 S_2S_2'\mathrm{d}r\right)^{-1}$。后者为混合正态的主要原因是 $\mathrm{d}S_{1\cdot 2}$ 和 $S_2'$ 相互独立。这一现象的出现，是因为对式(5.23)作最大似然估计时，实际上直接或间接地估计了系统的简约形式(reduced form)，也就直接或间接地估计了系统中的单位根，从而使其分布产生对最优分布 LANN 的偏离。式(5.24)成为最优，属于 LAMN 分布，当且仅当 $\boldsymbol{\Sigma}_{12}=\mathbf{0}$，即式(5.24)中的第二项等于零。

我们接下来考虑只对联立方程系统式(5.23)中前 $n_1$ 方程 $y_{1t}=By_{2t}+u_{1t}$ 中的参数 $B$ 最小二乘估计 $B^\dagger$，它有极限分布：

$$T(B^\dagger-B)\Rightarrow\left(A\int_0^1 \mathrm{d}SS_2'+\boldsymbol{\Sigma}_{12}\right)\left(\int_0^1 S_2S_2'\mathrm{d}r\right)^{-1}.$$

与式(5.24)的第一行右侧比较，上式右侧的第一个括号中多了一个偏差项 $\boldsymbol{\Sigma}_{12}$，尽管它并不影响估计量 $B^\dagger$ 的一致性，却使极限分布有更大的偏差。为此，菲利普斯称其为“二阶偏差”(second order bias)。所以结论是：均衡修正表示形式的最大似然估计 $\hat{B}$ 优于联立方程表示形式，或三角表示形式的最大似然估计 $\widetilde{B}$，而 $\widetilde{B}$ 又优于最小二乘估计 $B^\dagger$，因为后者的极限分布中有二阶偏差。

## 5.5 协整向量的规范化

在以最小二乘方法估计协整关系时，我们常将某一个变量（如 $y_{1t}$）的系数规范

为 1,以它作为因变量对其他变量（如 $y_{2t}$,$y_{3t}$,…）作回归,这样的处理只是为了方便。但协整过程 $\boldsymbol{y}_t=(y_{1t},\cdots,y_{nt})'$的各分量的排序并非唯一确定,没有哪个变量可以理所当然地出现在左边作为因变量的,因此就产生了这样一个问题:如对协整关系作不同的规范,是否会影响协整关系的估计？比如,在一个二维的协整系统$(y_{1t},y_{2t})'$中,我们可以规范 $y_{1t}$的系数,以 $y_{1t}$对 $y_{2t}$作回归:

$$y_{1t}=\alpha+\gamma y_{2t}+u_t,$$

并求得最小二乘估计 $\hat{\alpha}$ 和 $\hat{\gamma}$;但也可以对 $y_{2t}$的系数作规范,得:

$$y_{2t}=\theta+\eta y_{1t}+v_t$$

和最小二乘估计 $\hat{\theta}$ 和 $\hat{\eta}$。与变量是稳定变量时的情况不一样,$y_{1t}$对 $y_{2t}$的回归和 $y_{2t}$对 $y_{1t}$的回归都是可行的,它们的最小二乘估计都是超一致的估计量。从结构上看,以上的两个协整向量$[1,-\gamma]'$和$[\eta,-1]'$应存在线性关系:

$$\begin{pmatrix}1\\-\gamma\end{pmatrix}=\gamma\begin{pmatrix}\eta\\-1\end{pmatrix},$$

即 $\gamma\eta=1$。但在实际估计中,如估计样本有限,估计量 $\hat{\gamma}$ 和 $\hat{\eta}$ 不一定能满足条件 $\hat{\gamma}\hat{\eta}=1$,因此以哪个变量作为回归的因变量,对分析的结果可以有直接的影响。完全解决这一问题的方法是采用下一章介绍的系统的全信息似然估计方法,使得所有系数同时由联合估计得到,不需要事先对协整向量规范化。

## 5.6　多个协整向量

在以上的讨论中,特别在定理 5.1 的证明中我们假设协整过程 $\boldsymbol{y}_t=(y_{1t},\cdots,y_{nt})'$只有一个线性独立的协整向量,而且它相应于变量 $y_{1t}$的分量不为零。但在许多情况下,$n$ 维协整过程可存在多个含有 $y_{1t}$的协整向量,因此可能产生所谓的识别问题:以 $y_{1t}$对其他变量作回归得到的到底是哪个协整关系的估计值。

设 $n$ 维协整过程 $\boldsymbol{y}_t=(y_{1t},\cdots,y_{nt})'$有 $k>1$ 个线性独立的协整向量,将 $\boldsymbol{y}_t$ 分块,使得 $\boldsymbol{y}_t=[\boldsymbol{y}_{1t}',\boldsymbol{y}_{2t}^{*\prime}]'$,其中 $\boldsymbol{y}_{1t}$和 $\boldsymbol{y}_{2t}^*$ 分别为 $k$ 维和 $n-k$ 维子向量,且 $\boldsymbol{y}_{2t}^*$ 的各分量之间不存在协整关系。以三角形式将系统 $\boldsymbol{y}_t=[\boldsymbol{y}_{1t}',\boldsymbol{y}_{2t}^{*\prime}]'$表示为:

$$\begin{aligned}\boldsymbol{y}_{1t}&=\boldsymbol{\mu}_1+\boldsymbol{\Gamma}'\boldsymbol{y}_{2t}^*+\boldsymbol{u}_t^*,\\ \Delta\boldsymbol{y}_{2t}^*&=\boldsymbol{\delta}_2+\boldsymbol{u}_{2t},\end{aligned}\tag{5.26}$$

其中 $\boldsymbol{u}_t^*$ 为 $k$ 维的期望为零的稳定过程。对于给定的 $\boldsymbol{u}_t^*=[u_{1t}^*,u_{2t}^*,\cdots,u_{kt}^*]'$,将 $u_{1t}^*$对由 $u_{2t}^*,\cdots,u_{kt}^*$ 组成的 $k-1$ 维线性空间投影,可将 $u_{1t}^*$表示为:

$$u_{1t}^{*}=\beta_2 u_{2t}^{*}+\cdots+\beta_k u_{kt}^{*}+u_t, \tag{5.27}$$

其中 $u_t$ 的期望为零，与 $u_{2t}^{*},\cdots,u_{kt}^{*}$ 不相关。

**定理 5.4** 在协整系统式(5.26)中，若 $\boldsymbol{u}_t^{*}$ 和 $\boldsymbol{u}_{2t}$ 有移动平均形式：

$$\begin{pmatrix}\boldsymbol{u}_t^{*}\\ \boldsymbol{u}_{2t}\end{pmatrix}=\sum_{s=0}^{\infty}\boldsymbol{\Psi}_s\boldsymbol{\varepsilon}_{t-s}.$$

其中的$\{\boldsymbol{\varepsilon}_t\}$为独立同分布，$E(\boldsymbol{\varepsilon}_t)=\mathbf{0}$，$\mathrm{var}(\boldsymbol{\varepsilon}_t)=\boldsymbol{\Omega}=\boldsymbol{PP}'$；$\{s\cdot\boldsymbol{\Psi}_s\}_{s=0}^{\infty}$的每一个元素列都绝对可和；$\boldsymbol{\Psi}_1=\sum_{s=0}^{\infty}\boldsymbol{\Psi}_s$ 为满秩的 $n\times n$ 维矩阵。以 $\boldsymbol{y}_t$ 的第一个分量 $y_{1t}$对其他分量作回归：

$$y_{1t}=\alpha+\gamma_2 y_{2t}+\gamma_3 y_{3t}+\cdots+\gamma_n y_{nt}+v_t.$$

所得的最小二乘估计 $\hat{\alpha}$ 和 $\hat{\boldsymbol{\gamma}}=[\hat{\gamma}_2,\cdots,\hat{\gamma}_n]'$有极限：

$$\hat{\alpha}\xrightarrow{p}[1,-\boldsymbol{\beta}']\boldsymbol{\mu}_1,$$

$$[\hat{\gamma}_2,\hat{\gamma}_3,\cdots,\hat{\gamma}_n]'\xrightarrow{p}[\boldsymbol{\beta}',\boldsymbol{m}']'.$$

这里，$\boldsymbol{\mu}_1$ 和 $\boldsymbol{\beta}=[\beta_2,\cdots,\beta_k]'$分别由式(5.26)和式(5.27)给出；$\boldsymbol{m}'=[1,-\boldsymbol{\beta}']\boldsymbol{\Gamma}'$，其中 $\boldsymbol{\Gamma}$ 由式(5.26)定义。

以上定理表明，当协整过程$\{\boldsymbol{y}_t\}$有 $k>1$ 个以上协整向量时，以 $y_{1t}$对向量 $\boldsymbol{y}_t$ 中的其他分量作回归得到的参数估计量 $\hat{\alpha}$ 和 $\hat{\boldsymbol{\gamma}}=[\hat{\boldsymbol{\beta}}',\hat{\boldsymbol{\eta}}^{*\prime}]'$并不收敛于某个特定的协整向量，而是 $k$ 个协整向量的线性组合。$\hat{\alpha}$ 和 $\hat{\boldsymbol{\gamma}}$ 的极限还受到随机干扰 $u_{1t}^{*}$ 和 $u_{2t}^{*},\cdots,u_{kt}^{*}$ 之间的相关系数的影响。

**证明** 不失一般性，假设三角系统式(5.26)中的 $\boldsymbol{\delta}_2=\mathbf{0}$。在式(5.27)中添加回归变量 $\theta$ 和 $\boldsymbol{\eta}'\boldsymbol{y}_{2t}$，我们考虑回归模型：

$$\begin{aligned}u_{1t}^{*}&=\beta_2 u_{2t}^{*}+\cdots+\beta_k u_{kt}^{*}+\theta+\boldsymbol{\eta}'\boldsymbol{y}_{2t}+u_t\\&=\boldsymbol{\beta}'\boldsymbol{u}_t^{**}+\theta+\boldsymbol{\eta}'\boldsymbol{y}_{2t}+u_t.\end{aligned}\tag{5.28}$$

这里，$\boldsymbol{u}_t^{**}=[u_{2t}^{*},\cdots,u_{kt}^{*}]'$。比较式(5.27)和式(5.28)，可知式(5.28)中的参数 $\theta$ 和 $\boldsymbol{\eta}$ 的真值都为零。假设我们有 $\boldsymbol{u}_t^{**}$ 的观察值，参数 $\boldsymbol{\beta}$，$\theta$ 和 $\boldsymbol{\eta}$ 的最小二乘估计由下式给出：

$$\begin{pmatrix}\hat{\boldsymbol{\beta}}\\ \hat{\theta}\\ \hat{\boldsymbol{\eta}}\end{pmatrix}=\begin{pmatrix}\sum\boldsymbol{u}_{2t}^{**}\boldsymbol{u}_{2t}^{**\prime} & \sum\boldsymbol{u}_{2t}^{**} & \sum\boldsymbol{u}_{2t}^{**}\boldsymbol{y}_{2t}'\\ \sum\boldsymbol{u}_{2t}^{**\prime} & T & \sum\boldsymbol{y}_{2t}'\\ \sum\boldsymbol{y}_{2t}\boldsymbol{u}_{2t}^{**\prime} & \sum\boldsymbol{y}_{2t} & \sum\boldsymbol{y}_{2t}\boldsymbol{y}_{2t}'\end{pmatrix}^{-1}\begin{pmatrix}\sum\boldsymbol{u}_{2t}^{**}u_{1t}^{*}\\ \sum u_{1t}^{*}\\ \sum\boldsymbol{y}_{2t}u_{1t}^{*}\end{pmatrix}.\tag{5.29}$$

从式(5.29)中减去三个估计量的真值，以$\sqrt{T}$左乘 $\hat{\boldsymbol{\eta}}$，可得：

$$\begin{pmatrix}\hat{\boldsymbol{\beta}}-\boldsymbol{\beta}\\ \hat{\theta}\\ \sqrt{T}\hat{\boldsymbol{\eta}}\end{pmatrix}=\begin{pmatrix}\boldsymbol{I}_{k-1} & \boldsymbol{0} & \boldsymbol{0}\\ \boldsymbol{0}' & 1 & \boldsymbol{0}'\\ \boldsymbol{0}' & \boldsymbol{0} & \sqrt{T}\boldsymbol{I}_{n-1}\end{pmatrix}\begin{pmatrix}\sum\boldsymbol{u}_{2t}^{**}\boldsymbol{u}_{2t}^{**\prime} & \sum\boldsymbol{u}_{2t}^{**} & \sum\boldsymbol{u}_{2t}^{**}\boldsymbol{y}_{2t}'\\ \sum\boldsymbol{u}_{2t}^{**\prime} & T & \sum\boldsymbol{y}_{2t}'\\ \sum\boldsymbol{y}_{2t}\boldsymbol{u}_{2t}^{**\prime} & \sum\boldsymbol{y}_{2t} & \sum\boldsymbol{y}_{2t}\boldsymbol{y}_{2t}'\end{pmatrix}^{-1}$$

$$\cdot\begin{pmatrix}T\cdot\boldsymbol{I}_{k-1} & \boldsymbol{0} & \boldsymbol{0}\\ \boldsymbol{0}' & T & \boldsymbol{0}'\\ \boldsymbol{0}' & \boldsymbol{0} & T^{3/2}\boldsymbol{I}_{n-1}\end{pmatrix}\begin{pmatrix}T\cdot\boldsymbol{I}_{k-1} & \boldsymbol{0} & \boldsymbol{0}\\ \boldsymbol{0}' & T & \boldsymbol{0}'\\ \boldsymbol{0}' & \boldsymbol{0} & T^{3/2}\boldsymbol{I}_{n-1}\end{pmatrix}\begin{pmatrix}\sum\boldsymbol{u}_{2t}^{**}u_{1t}^{*}\\ \sum u_{1t}^{*}\\ \sum\boldsymbol{y}_{2t}u_{1t}^{*}\end{pmatrix}$$

$$=\begin{pmatrix}T^{-1}\sum\boldsymbol{u}_{2t}^{**}\boldsymbol{u}_{2t}^{**\prime} & T^{-1}\sum\boldsymbol{u}_{2t}^{**} & T^{-3/2}\sum\boldsymbol{u}_{2t}^{**}\boldsymbol{y}_{2t}'\\ T^{-1}\sum\boldsymbol{u}_{2t}^{**\prime} & 1 & T^{-3/2}\sum\boldsymbol{y}_{2t}'\\ T^{-3/2}\sum\boldsymbol{y}_{2t}\boldsymbol{u}_{2t}^{**\prime} & T^{-3/2}\sum\boldsymbol{y}_{2t} & T^{-2}\sum\boldsymbol{y}_{2t}\boldsymbol{y}_{2t}'\end{pmatrix}^{-1}\begin{pmatrix}T^{-1}\sum\boldsymbol{u}_{2t}^{**}u_{1t}^{*}\\ T^{-1}\sum u_{1t}^{*}\\ T^{-3/2}\sum\boldsymbol{y}_{2t}u_{1t}^{*}\end{pmatrix}.$$

式(5.28)说明 $u_{1t}^{*}$ 和 $u_t$ 不相关，根据大数定律，可得：

$$T^{-1}\sum_{t=1}^{T}u_{1t}^{*}u_t\xrightarrow{p}0,\quad T^{-1}\sum_{t=1}^{T}u_t\xrightarrow{p}0.$$

另一方面，根据式(5.9)有：

$$T^{-1}\sum\boldsymbol{y}_{2t}u_t\Rightarrow\boldsymbol{\Lambda}_2\left\{\int_0^1\boldsymbol{W}(r)[\mathrm{d}\boldsymbol{W}(r)]'\right\}\boldsymbol{\lambda}_1+\sum_{s=0}^{\infty}E(\boldsymbol{u}_{2t}u_{t+s}),$$

因此

$$T^{-3/2}\sum\boldsymbol{y}_{2t}u_t\xrightarrow{p}\boldsymbol{0},$$

$$\begin{pmatrix}T^{-1}\sum\boldsymbol{u}_{2t}^{**}\boldsymbol{u}_{2t}^{**\prime} & T^{-1}\sum\boldsymbol{u}_{2t}^{**} & T^{-3/2}\sum\boldsymbol{u}_{2t}^{**}\boldsymbol{y}_{2t}'\\ T^{-1}\sum\boldsymbol{u}_{2t}^{**\prime} & 1 & T^{-3/2}\sum\boldsymbol{y}_{2t}'\\ T^{-3/2}\sum\boldsymbol{y}_{2t}\boldsymbol{u}_{2t}^{**\prime} & T^{-3/2}\sum\boldsymbol{y}_{2t} & T^{-2}\sum\boldsymbol{y}_{2t}\boldsymbol{y}_{2t}'\end{pmatrix}$$

$$\Rightarrow\begin{bmatrix}E(\boldsymbol{u}_{2t}^{**}\boldsymbol{u}_{2t}^{**\prime}) & \boldsymbol{0} & \boldsymbol{0}\\ \boldsymbol{0}' & 1 & \left\{\int_0^1\boldsymbol{W}(r)'\mathrm{d}r\right\}\boldsymbol{\Lambda}_2'\\ \boldsymbol{0} & \boldsymbol{\Lambda}_2\int_0^1\boldsymbol{W}(r)\mathrm{d}r & \boldsymbol{\Lambda}_2\left\{\int_0^1\boldsymbol{W}(r)\boldsymbol{W}(r)'\mathrm{d}r\right\}\boldsymbol{\Lambda}_2'\end{bmatrix}.$$

其中的 $\boldsymbol{\Lambda}_2$ 为非异矩阵 $\boldsymbol{\Psi}(1)\cdot\boldsymbol{P}$ 的最后的 $(n-1)$ 行，是一个 $(n-1)\times n$ 维的行满秩矩阵，因此以上矩阵为非异的 $n\times n$ 维矩阵。综上所述，可得：

$$\begin{pmatrix} \hat{\boldsymbol{\beta}} - \boldsymbol{\beta} \\ \hat{\theta} \\ \sqrt{T}\hat{\boldsymbol{\eta}} \end{pmatrix} \xrightarrow{p} \mathbf{0}.$$

然后，以 $\boldsymbol{y}_t$ 的第一个分量 $y_{1t}$ 对其他分量作回归，得：

$$\begin{aligned} y_{1t} &= \alpha + \gamma_2 y_{2t} + \gamma_3 y_{3t} + \cdots + \gamma_n y_{nt} + v_t \\ &= \alpha + \boldsymbol{\gamma}' \boldsymbol{y}_{2t} + v_t \end{aligned} \tag{5.30}$$

显然，其中参数的最小二乘估计量可由式(5.29)中的 $\hat{\boldsymbol{\beta}}$,$\hat{\theta}$ 和 $\hat{\boldsymbol{\eta}}$ 经变化得到。根据式(5.28)：

$$[1, -\boldsymbol{\beta}']\boldsymbol{u}_t^* = \theta + \boldsymbol{\eta}' \boldsymbol{y}_{2t} + u_t,$$

以 $\boldsymbol{u}_t^* = \boldsymbol{y}_{1t} - \boldsymbol{\mu}_1 - \boldsymbol{\Gamma}' \boldsymbol{y}_{2t}^*$（见式(5.26)）代入上式，

$$[1, -\boldsymbol{\beta}'](\boldsymbol{y}_{1t} - \boldsymbol{\mu}_1 - \boldsymbol{\Gamma}' \boldsymbol{y}_{2t}^*) = \theta + \boldsymbol{\eta}' \boldsymbol{y}_{2t} + u_t,$$

整理后得：

$$y_{1t} = \beta_2 y_{2t} + \cdots + \beta_k y_{kt} + \alpha + \boldsymbol{\eta}^{*\prime} \boldsymbol{y}_{2t} + u_t. \tag{5.31}$$

其中的参数分别为：

$$\begin{aligned} \alpha &= \theta + [1, -\boldsymbol{\beta}']\boldsymbol{\mu}_1 = [1, -\boldsymbol{\beta}']\boldsymbol{\mu}_1, \\ \boldsymbol{\eta}^{*\prime} &= \boldsymbol{\eta}' + [1, -\boldsymbol{\beta}']\boldsymbol{\Gamma}' = [1, -\boldsymbol{\beta}']\boldsymbol{\Gamma}'. \end{aligned} \tag{5.32}$$

参数 $\theta$ 和 $\boldsymbol{\eta}$ 的真值都为零。式(5.28)中的参数估计 $\hat{\boldsymbol{\beta}}$,$\hat{\theta}$ 和 $\hat{\boldsymbol{\eta}}$ 都是一致的，因此(5.39) 中的参数估计 $\hat{\alpha}$ 和 $\hat{\boldsymbol{\gamma}} = [\hat{\boldsymbol{\beta}}', \hat{\boldsymbol{\eta}}^{*\prime}]'$ 也是一致的，分别有极限：

$$\begin{aligned} &\hat{\alpha} \xrightarrow{p} [1, -\boldsymbol{\beta}']\boldsymbol{\mu}_1, \\ &\hat{\boldsymbol{\gamma}} = [\hat{\boldsymbol{\beta}}', \hat{\boldsymbol{\eta}}^{*\prime}]' \xrightarrow{p} [\boldsymbol{\beta}', \boldsymbol{m}']', \end{aligned} \tag{5.33}$$

其中 $\boldsymbol{m} = \boldsymbol{\Gamma}[1, -\boldsymbol{\beta}']'$。定理正毕。

## 5.7 随机向量的协整性检验

以上的讨论基于我们在对协整系统作估计之前已经知道了变量之间存在协整关系这一假设，但在实际中我们事先往往并不知道单位根变量之间是否存在协整关系，一般需要进行检验，从数据中发现协整关系的证据。在以下的简单模型中，

$$y_{1t} = \alpha + \beta y_{2t} + u_t, \tag{5.34}$$

若 $I(1)$变量 $y_{1t}$和 $y_{2t}$之间存在协整关系，那么最小二乘估计 $\hat{\alpha}$ 和 $\hat{\beta}$ 都是一致的估计量，估计残差 $\hat{u}_t = y_{1t} - \hat{\alpha} - \hat{\beta} y_{2t}$ 是一个 $I(0)$变量；如果若 $y_{1t}$和 $y_{2t}$之间不存在协整关

系，那么式(5.34)给出的是一个伪回归关系，并不反映变量之间的真实关系，由此得到的估计残差 $\hat{u}_t$ 仍为一个 $I(1)$变量。我们由此可以通过对估计残差 $\hat{u}_t$ 的单位根检验来确定 $y_{1t}$和 $y_{2t}$之间的协整性：若估计残差 $\hat{u}_t$ 含有单位根，则说明 $y_{1t}$和 $y_{2t}$之间不存在协整关系；若 $\hat{u}_t$ 不含有单位根，那么我们认为 $y_{1t}$和 $y_{2t}$之间存在协整关系。对 $\hat{u}_t$ 的单位根检验可以通过 DF 方法或 ADF 方法，以及 PP 方法。我们下面会看到，由于 $\hat{u}_t$ 是最小二乘估计的残差，对它的单位根检验不那么直截了当，这与第二章中的情况有所不同。

与以前一样，设 $\boldsymbol{y}_t$ 为一个 $I(1)$的 $n$ 维随机向量，可写成：

$$\boldsymbol{y}_t = \begin{pmatrix} y_{1t} \\ \boldsymbol{y}_{2t} \end{pmatrix},$$

其中，$y_{1t}$为一标量，$\boldsymbol{y}_{2t}$为一个$(n-1)$维随机向量。以 $y_{1t}$对 $\boldsymbol{y}_{2t}$作回归：

$$y_{1t} = \alpha + \boldsymbol{\gamma}'\boldsymbol{y}_{2t} + u_t,$$

得最小二乘估计 $\hat{\alpha}$ 和 $\hat{\boldsymbol{\gamma}}$：

$$\begin{pmatrix} \hat{\alpha} \\ \hat{\boldsymbol{\gamma}} \end{pmatrix} = \begin{pmatrix} T & \sum \boldsymbol{y}_{2t}' \\ \sum \boldsymbol{y}_{2t} & \sum \boldsymbol{y}_{2t}\boldsymbol{y}_{2t}' \end{pmatrix}^{-1} \begin{pmatrix} \sum y_{1t} \\ \sum \boldsymbol{y}_{2t} \end{pmatrix},$$

以及估计残差 $\hat{u}_t$：

$$\hat{u}_t = y_{1t} - \hat{\alpha} - \hat{\boldsymbol{\gamma}}'\boldsymbol{y}_{2t}.$$

如果 $y_{1t}$和 $\boldsymbol{y}_{2t}$协整，而且协整向量中对应于 $y_{1t}$的分量不为零，那么估计残差 $\hat{u}_t$ 是 $I(0)$变量；但如果它们之间不存在协整关系，$\hat{u}_t$ 为一单位根过程。我们构造 $\hat{u}_t$ 的一阶自回归对 $\hat{u}_t$ 作单位根检验：

$$\hat{u}_t = \rho\hat{u}_{t-1} + e_t, \quad t = 1,2,\cdots,T. \tag{5.35}$$

参数 $\rho$ 的最小二乘估计为：

$$\hat{\rho}_T = \frac{\sum_{t=2}^{T}\hat{u}_{t-1}\hat{u}_t}{\sum_{t=2}^{T}\hat{u}_t^2}.$$

以 $s_T^2$ 表示估计干扰项 $e_t$ 方差的最小二乘估计：

$$s_T^2 = (T-2)^{-1}\sum_{t=2}^{T}(\hat{u}_t - \hat{\rho}_T\hat{u}_{t-1})^2 = (T-2)^{-1}\sum_{t=2}^{T}\hat{e}_t^2. \tag{5.36}$$

$\hat{\sigma}_\rho$ 为最小二乘估计 $\hat{\rho}_T$ 的标准差：

$$\hat{\sigma}_\rho = \sqrt{\frac{s_T^2}{\sum \hat{u}_t^2}}. \tag{5.37}$$

$\hat{c}_j$ 为 $\hat{e}_t$ 的 $j$ 阶样本自相关系数：

$$\hat{c}_j = (T-1)^{-1}\sum_{t=j+2}^{T}\hat{e}_t\hat{e}_{t-j},\quad j=0,1,2,\cdots,T-2. \tag{5.38}$$

首先，我们用 PP 方法的 $\rho$ 统计量检验式(5.35)中的单位根假设(参见第二章第 3 节)：

$$Z_\rho = (T-1)(\hat{\rho}_T-1) - \frac{1}{2}\{(T-1)^2 \cdot \hat{\sigma}_\rho^2/s_T^2\}(\hat{\sigma}^2\hat{\varphi}^2(1)-\hat{c}_0). \tag{5.39}$$

这里的 $\hat{\sigma}^2\hat{\varphi}^2(1)$ 可表示为：

$$\hat{\sigma}^2\hat{\varphi}^2(1) = \hat{c}_0 + 2\sum_{j=1}^{q}\left[1-\frac{j}{q+1}\right]\hat{c}_j.$$

若 $Z_\rho$ 对于给定的临界值是显著的，则拒绝单位根假设 $\rho=1$，从而接受 $y_{1t}$ 和 $\boldsymbol{y}_{2t}$ 协整的假设；反之，若 $Z_\rho$ 不显著，则接受单位根假设，从而拒绝 $y_{1t}$ 和 $\boldsymbol{y}_{2t}$ 协整的假设。

同样，我们也可以用 PP 方法的 $t$ 统计量 $Z_t$ 对单位根假设 $\rho=1$ 做检验：

$$Z_t = \frac{\hat{c}_0^{1/2}}{\hat{\sigma}\hat{\varphi}(1)} \cdot t_T - \frac{1}{2}\{(T-1) \cdot \hat{\sigma}_\rho/s_T\}(\hat{\sigma}^2\hat{\varphi}^2(1)-\hat{c}_0)/\hat{\sigma}\hat{\varphi}(1). \tag{5.40}$$

其中，$t_T=(\hat{\rho}_T-1)/\hat{\sigma}_\rho$。$t$ 统计量的用法与 $\rho$ 统计量相似，当检验统计量呈显著性，我们拒绝 $\hat{u}_t$ 含有单位根的假设，从而接受 $y_{1t}$ 和 $\boldsymbol{y}_{2t}$ 协整的假设。

除了 PP 方法，我们也可用 ADF 方法，对单位根假设 $\rho=1$ 作检验。假设$\{\varepsilon_t\}$为独立同分布，将残差 $\hat{u}_t$ 表示为：

$$\hat{u}_t = \zeta_1\Delta\hat{u}_{t-1} + \zeta_2\Delta\hat{u}_{t-2} + \cdots + \zeta_{p-1}\Delta\hat{u}_{t-p+1} + \rho\hat{u}_{t-1} + \varepsilon_t. \tag{5.41}$$

用第二章中讨论的 ADF 检验法，检验式(5.41)中的 $\rho=1$。

因为这里的 $\hat{u}_t$ 为估计残差，它的结构比较复杂，其单位根检验的检验统计量的极限分布和临界值不能直接用过去的结论，需要另作考虑。我们下面会看到这时的统计量 $Z_\rho$ 和 $Z_t$ 的临界值不同于附录表 1 和表 2 中的值。以下的定理 5.5 给出了统计量 $Z_\rho$ 和 $Z_t$ 的极限分布。

**定理 5.5** 设 $\boldsymbol{y}_t$ 为 $n$ 维的 $I(1)$ 随机向量，它的一阶差分可表示为：

$$\Delta\boldsymbol{y}_t = \sum_{s=0}^{\infty}\boldsymbol{\Psi}_s\boldsymbol{\varepsilon}_{t-s}.$$

其中，$\{\boldsymbol{\varepsilon}_t\}$ 为独立同分布的 $n$ 维随机向量，$E(\boldsymbol{\varepsilon}_t)=\boldsymbol{0}$，$\mathrm{var}(\boldsymbol{\varepsilon}_t)=\boldsymbol{\Omega}=\boldsymbol{P}\boldsymbol{P}'$，$\{s\cdot\boldsymbol{\Psi}_s\}_{s=0}^{\infty}$ 中的每一元素列绝对可和。令 $\boldsymbol{\Lambda}=\boldsymbol{\Psi}(1)\boldsymbol{P}$，因此 $\boldsymbol{\Lambda}\boldsymbol{\Lambda}'$ 为非异的 $n\times n$ 维矩阵，对$(\boldsymbol{\Lambda}\boldsymbol{\Lambda}')^{-1}$作三角分解：

$$(\boldsymbol{\Lambda}\boldsymbol{\Lambda}')^{-1} = \boldsymbol{L}\boldsymbol{L}^{-1}.$$

其中，$\boldsymbol{L}$ 为满秩的 $n\times n$ 下三角矩阵。若 $\boldsymbol{y}_t$ 中不存在协整关系，那么在(5.35)中

$\rho=1$,我们有以下结论:

(a) 统计量$(T-1)(\hat{\rho}_T-1)$有极限:

$$(T-1)(\hat{\rho}_T-1)\Rightarrow\left\{\frac{1}{2}(1,-\boldsymbol{h}_2')\boldsymbol{W}(1)\boldsymbol{W}(1)'\begin{pmatrix}1\\-\boldsymbol{h}_2\end{pmatrix}\right\}-h_1\boldsymbol{W}(1)'\begin{pmatrix}1\\-\boldsymbol{h}_2\end{pmatrix}$$

$$-\frac{1}{2H_n}(1,-\boldsymbol{h}_2')\boldsymbol{L}'\{E(\Delta y_t\Delta y_t')\}\boldsymbol{L}\begin{pmatrix}1\\-\boldsymbol{h}_2\end{pmatrix}. \tag{5.42}$$

其中,$\boldsymbol{W}(r)$为$n$维标准维纳过程:

$$\boldsymbol{W}(r)=\begin{pmatrix}W_1(r)\\\boldsymbol{W}_2(r)\end{pmatrix},$$

$W_1(r)$和$\boldsymbol{W}_2(r)$分别为1维和$(n-1)$维标准维纳过程;$h_1$和$\boldsymbol{h}_2$分别为1维和$(n-1)$维随机泛函,由下式定义:

$$\begin{pmatrix}h_1\\\boldsymbol{h}_2\end{pmatrix}=\begin{pmatrix}1 & \int_0^1\boldsymbol{W}_2(r)'\mathrm{d}r\\\int_0^1\boldsymbol{W}_2(r)\mathrm{d}r & \int_0^1\boldsymbol{W}_2(r)\boldsymbol{W}_2(r)'\mathrm{d}r\end{pmatrix}^{-1}\begin{pmatrix}\int_0^1W_1(r)\mathrm{d}r\\\int_0^1\boldsymbol{W}_2(r)W_1(r)\mathrm{d}r\end{pmatrix}.$$

$H_n$由下式给出:

$$H_n=\int_0^1[W_1(r)]^2\mathrm{d}r-\left[\int_0^1W_1(r)\mathrm{d}r,\int_0^1W_1(r)\boldsymbol{W}_2(r)'\mathrm{d}r\right]\begin{pmatrix}h_1\\\boldsymbol{h}_2\end{pmatrix}.$$

(b) 若估计量

$$\hat{\sigma}^2\hat{\varphi}^2(1)=\hat{c}_0+2\sum_{j=1}^{q}\left[1-\frac{j}{q+1}\right]\hat{c}_j$$

中的正整数$q$随$T$趋向于无穷大,但$q/T\to0$,那么$\rho$统计量$Z_\rho$有极限:

$$Z_\rho\Rightarrow Z_n\equiv\frac{1}{2H_n}\left\{(1,-\boldsymbol{h}_2')\boldsymbol{W}(1)\boldsymbol{W}(1)'\begin{pmatrix}1\\-\boldsymbol{h}_2\end{pmatrix}\right.$$

$$\left.-2h_1\boldsymbol{W}(1)'\begin{pmatrix}1\\-\boldsymbol{h}_2\end{pmatrix}-(1+\boldsymbol{h}_2'\boldsymbol{h}_2)\right\}. \tag{5.43}$$

(c) 若$T\to\infty,q\to\infty$,但$q/T\to0$,那么PP方法的$t$统计量有极限:

$$Z_t\Rightarrow Z_n\cdot\sqrt{H_n}/(1+\boldsymbol{h}_2'\boldsymbol{h}_2)^{1/2}.$$

(d) 若进一步假设$\Delta\boldsymbol{y}_t$的均值为零,有自回归移动平均表示形式,且当$T\to\infty$时,$\Delta\boldsymbol{y}_t$的自回归阶数$p$也趋向于无穷大,但$p/T^{1/3}\to0$,那么,ADF方法的$t$统计量和PP方法的$\rho$统计量$Z_\rho$有相同的极限$Z_n$。

**证明**　将$n\times n$维矩阵$\boldsymbol{\Lambda\Lambda}'$写成:

$$\boldsymbol{\Lambda\Lambda}' = \begin{bmatrix} \boldsymbol{\Sigma}_{11} & \boldsymbol{\Sigma}_{21}' \\ \boldsymbol{\Sigma}_{21} & \boldsymbol{\Sigma}_{22} \end{bmatrix}.$$

根据定义,上三角矩阵 $\boldsymbol{L}'$可表示为:

$$\boldsymbol{L}' = \begin{bmatrix} \frac{1}{\sigma_1^*} & -\frac{1}{\sigma_1^*}\boldsymbol{\Sigma}_{21}'\boldsymbol{\Sigma}_{22}^{-1} \\ \boldsymbol{0} & \boldsymbol{L}_{22}' \end{bmatrix}, \tag{5.44}$$

其中,$\boldsymbol{\Sigma}_{11}$、$\boldsymbol{\Sigma}_{21}$和 $\boldsymbol{\Sigma}_{22}$分别为 1 维、$(n-1)$维和$(n-1)\times(n-1)$维矩阵;$\boldsymbol{L}_{22}$为子矩阵 $\boldsymbol{\Sigma}_{22}^{-1}$的三角分解因子 $\boldsymbol{\Sigma}_{22}^{-1}=\boldsymbol{L}_{22}\boldsymbol{L}_{22}'$,标量 $\boldsymbol{\sigma}_1^*$ 有表达式:

$$\boldsymbol{\sigma}_1^* = \sqrt{\boldsymbol{\Sigma}_{11} - \boldsymbol{\Sigma}_{21}'\boldsymbol{\Sigma}_{22}^{-1}\boldsymbol{\Sigma}_{21}},$$

显然,$\boldsymbol{L}'\boldsymbol{\Lambda\Lambda}'\boldsymbol{L}=\boldsymbol{I}_n$。

将 $y_{1t}$和 $\boldsymbol{y}_{2t}$作以下线性变换:

$$y_{1t}^* = y_{1t} - \boldsymbol{\Sigma}_{21}'\boldsymbol{\Sigma}_{22}^{-1}\boldsymbol{y}_{2t},$$

$$\boldsymbol{y}_{2t}^* = \boldsymbol{L}_{22}'\boldsymbol{y}_{2t}.$$

不难验证,以下的两个回归模型:

$$y_{1t} = \alpha + \boldsymbol{\gamma}'\boldsymbol{y}_{2t} + u_t,$$

$$y_{1t}^* = \alpha^* + \boldsymbol{\gamma}^{*\prime}\boldsymbol{y}_{2t} + u_t^* \tag{5.45}$$

有同样的估计残差,$\hat{u}_t=\hat{u}_t^*$。

作以上的变换只是为了下面推导简便。如果这时 $y_{1t}$和 $\boldsymbol{y}_{2t}$之间不存在协整关系,根据第三章中定理 3.2 的结论,式(5.45)的第二个回归模型的参数的最小二乘估计 $\hat{\alpha}^*$ 和 $\hat{\boldsymbol{\gamma}}^*$ 有以下极限:

$$\begin{bmatrix} T^{-1/2}\hat{\alpha}^*/\sigma_1^* \\ \hat{\boldsymbol{\gamma}}/\sigma_1^* \end{bmatrix} \Rightarrow \begin{bmatrix} h_1 \\ \boldsymbol{h}_2 \end{bmatrix}. \tag{5.46}$$

下面证明定理的主要结论。

(a) 因为 $\hat{u}_t=\hat{u}_t^*$,所以

$$(T-1)(\hat{\rho}_T-1) = (T-1)\left\{\frac{\sum \hat{u}_{t-1}\hat{u}_t}{\sum \hat{u}_{t-1}^2} - 1\right\} = (T-1)\left\{\frac{\sum \hat{u}_{t-1}^*\hat{u}_t^*}{\sum \hat{u}_{t-1}^{*2}} - 1\right\}$$

$$= \frac{(T-1)^{-1}\sum \hat{u}_{t-1}^*(\hat{u}_t^* - \hat{u}_{t-1}^*)}{(T-1)^{-2}\sum \hat{u}_{t-1}^{*2}}. \tag{5.47}$$

其中的 $\hat{u}_t^*$ 可表示为:

$$\hat{u}_t^* = y_{1t}^* - \hat{\alpha}^* - \hat{\boldsymbol{\gamma}}^{*\prime}\boldsymbol{y}_{2t}$$

$$= \sigma_1^*\{[1, -\hat{\gamma}^{*\prime}/\sigma_1^*]\boldsymbol{\xi}_t^* - (\hat{\alpha}^*/\sigma_1^*)\}. \tag{5.48}$$

向量 $\boldsymbol{\xi}_t^*$ 为：

$$\boldsymbol{\xi}_t^* = \begin{pmatrix} y_{1t}^*/\sigma_1^* \\ \boldsymbol{y}_{2t}^* \end{pmatrix} = \boldsymbol{L}'\boldsymbol{y}_t.$$

对估计残差 $\hat{u}_t^*$ 取一阶差分：

$$\Delta\hat{u}_t^* = \hat{u}_t^* - \hat{u}_{t-1}^* = \sigma_1^*[1, -\hat{\boldsymbol{\gamma}}^{*\prime}/\boldsymbol{\sigma}_1^*]\Delta\boldsymbol{\xi}_t^*,$$

从而可将式(5.47)的分子写成：

$$\begin{aligned}
&(T-1)^{-1}\sum_{t=2}^{T}\hat{u}_{t-1}^*(\hat{u}_t^* - \hat{u}_{t-1}^*) \\
&=\sigma_1^{*2}(T-1)^{-1}\{[1, -\hat{\boldsymbol{\gamma}}^{*\prime}/\sigma_1^*]\boldsymbol{\xi}_{t-1}^* - (\hat{\alpha}^*/\sigma_1^*)\}\left\{(\Delta\boldsymbol{\xi}_{t-1}^*)'\begin{pmatrix} 1 \\ -\hat{\boldsymbol{\gamma}}^*/\sigma_1^* \end{pmatrix}\right\} \\
&=\sigma_1^{*2}[1, -\hat{\boldsymbol{\gamma}}^{*\prime}/\sigma_1^*]\left\{(T-1)^{-1}\sum_{t=2}^{T}\boldsymbol{\xi}_{t-1}^*(\Delta\boldsymbol{\xi}_t^*)'\right\}\begin{pmatrix} 1 \\ -\hat{\boldsymbol{\gamma}}^*/\sigma_1^* \end{pmatrix} \\
&\quad -\sigma_1^{*2}(T-1)^{-1/2}(\hat{\alpha}^*/\sigma_1^*)\left\{(T-1)^{-1/2}\sum_{t=2}^{T}(\Delta\boldsymbol{\xi}_t^*)'\right\}\cdot\begin{pmatrix} 1 \\ -\hat{\boldsymbol{\gamma}}^*/\sigma_1^* \end{pmatrix}. \qquad (5.49)
\end{aligned}$$

因为式(5.49)中右侧的第一项为一标量,因此等于它的转置：

$$\begin{aligned}
&[1, -\hat{\boldsymbol{\gamma}}^{*\prime}/\sigma_1^*]\left\{(T-1)^{-1}\sum_{t=2}^{T}\boldsymbol{\xi}_{t-1}^*(\Delta\boldsymbol{\xi}_t^*)'\right\}\begin{pmatrix} 1 \\ -\hat{\boldsymbol{\gamma}}^*/\sigma_1^* \end{pmatrix} \\
&=\frac{1}{2}[1, -\hat{\boldsymbol{\gamma}}^{*\prime}/\sigma_1^*]\left\{(T-1)^{-1}\sum_{t=2}^{T}[\boldsymbol{\xi}_{t-1}^*(\Delta\boldsymbol{\xi}_t^*)' + \Delta\boldsymbol{\xi}_t^*\boldsymbol{\xi}_{t-1}^{*\prime}]\right\}\begin{pmatrix} 1 \\ -\hat{\boldsymbol{\gamma}}^*/\sigma_1^* \end{pmatrix}. \quad (5.50)
\end{aligned}$$

根据第三章定理 3.1 的结论(4),可得：

$$\begin{aligned}
&(T-1)^{-1}\sum_{t=2}^{T}[\boldsymbol{\xi}_{t-1}^*(\Delta\boldsymbol{\xi}_t^*)' + \Delta\boldsymbol{\xi}_t^*\boldsymbol{\xi}_{t-1}^{*\prime}] \\
&= \boldsymbol{L}'\left\{(T-1)^{-1}\sum_{t=2}^{T}[\boldsymbol{y}_{t-1}(\Delta\boldsymbol{y}_t)' + \Delta\boldsymbol{y}_t\boldsymbol{y}_{t-1}']\right\}\boldsymbol{L} \\
&\Rightarrow \boldsymbol{L}'\{\boldsymbol{\Lambda}\boldsymbol{W}^*(1)\boldsymbol{W}^*(1)'\boldsymbol{\Lambda}' - E(\Delta\boldsymbol{y}_t\boldsymbol{y}_t')\}\boldsymbol{L} \\
&= \boldsymbol{W}(1)\boldsymbol{W}(1)' - E[\Delta\boldsymbol{\xi}_t^*(\Delta\boldsymbol{\xi}_t^*)']. \qquad (5.51)
\end{aligned}$$

因为 $\boldsymbol{L}'\boldsymbol{\Lambda}\boldsymbol{\Lambda}'\boldsymbol{L} = \boldsymbol{I}_n$,所以 $\boldsymbol{W}(1) = \boldsymbol{L}'\boldsymbol{\Lambda}\boldsymbol{W}^*(1)$,其中的 $\boldsymbol{W}^*(1)$ 和 $\boldsymbol{W}(1)$ 都为 $n$ 维标准维纳过程。由式(5.46)和式(5.51),可得：

$$[1, -\hat{\gamma}^{*\prime}/\sigma_1^*]\left\{(T-1)^{-1}\sum_{t=2}^{T}\boldsymbol{\xi}_{t-1}^*(\Delta\boldsymbol{\xi}_t^*)'\right\}\begin{pmatrix} 1 \\ -\hat{\gamma}^*/\sigma_1^* \end{pmatrix}$$

$$\Rightarrow \frac{1}{2}(1, -\boldsymbol{h}_2')\{\boldsymbol{W}(1)\boldsymbol{W}(1)' - E[\Delta\boldsymbol{\xi}_t^*(\Delta\boldsymbol{\xi}_t^*)']\}\begin{pmatrix}1\\-\boldsymbol{h}_2\end{pmatrix}. \tag{5.52}$$

我们再考虑式(5.49)中的第二项。根据定理3.1的结论(1),可得：

$$(T-1)^{-1/2}(\hat{\alpha}^*/\sigma_1^*)\left\{(T-1)^{-1/2}\sum_{t=2}^{T}(\Delta\boldsymbol{\xi}_t^*)'\right\}\begin{pmatrix}1\\-\hat{\gamma}^*/\sigma_1^*\end{pmatrix}\Rightarrow h_1\boldsymbol{W}(1)'\begin{pmatrix}1\\-\boldsymbol{h}_2\end{pmatrix},$$

从而可得式(5.47)中的分子的极限：

$$\begin{aligned}&(T-1)^{-1}\sum_{t=2}^{T}\hat{u}_{t-1}^*(\hat{u}_t^* - \hat{u}_{t-1}^*)\\&\Rightarrow \sigma_1^{*2}\left\{\frac{1}{2}(1, -\boldsymbol{h}_2')\boldsymbol{W}(1)\boldsymbol{W}(1)'\begin{pmatrix}1\\-\boldsymbol{h}_2\end{pmatrix} - h_1\boldsymbol{W}(1)'\begin{pmatrix}1\\-\boldsymbol{h}_2\end{pmatrix}\right.\\&\quad\left.-\frac{1}{2}(1, -\boldsymbol{h}_2')\{E[\Delta\boldsymbol{\xi}_t^*(\Delta\boldsymbol{\xi}_t^*)']\}\begin{pmatrix}1\\-\boldsymbol{h}_2\end{pmatrix}\right\}.\end{aligned} \tag{5.53}$$

另一方面,由第三章定理3.2的结论(b),可得式(5.47)中的分母的极限：

$$(T-1)^{-2}\sum\hat{u}_{t-1}^{*2}\Rightarrow\sigma_1^{*2}H_n. \tag{5.54}$$

结论(a)由此得证。

(b) 将 $\hat{c}_j$ 的表示式改写成：

$$\begin{aligned}\hat{c}_j &= (T-1)^{-1}\sum_{t=j+2}^{T}\hat{e}_t\hat{e}_{t-j} = (T-1)^{-1}\sum_{t=j+2}^{T}(\hat{u}_t^* - \hat{\rho}_T\hat{u}_{t-1}^*)(\hat{u}_{t-j}^* - \hat{\rho}_T\hat{u}_{t-j-1}^*)\\&= (T-1)^{-1}\sum_{t=j+2}^{T}\{\Delta\hat{u}_t^* - (\hat{\rho}_T - 1)\hat{u}_{t-1}^*\}\times\{\Delta\hat{u}_{t-j}^* - (\hat{\rho}_T - 1)\hat{u}_{t-j-1}^*\}.\end{aligned} \tag{5.55}$$

再将其中的一个交叉项展开如下：

$$\begin{aligned}&(T-1)^{-1}\sum_{t=j+2}^{T}(\hat{\rho}_T - 1)\hat{u}_{t-1}^*\Delta\hat{u}_{t-j}^*\\&=\sigma_1^{*2}(\hat{\rho}_T - 1)(T-1)^{-1}\sum_{t=j+2}^{T}\{[1, -\hat{\boldsymbol{\gamma}}^{*\prime}/\sigma_1^*]\boldsymbol{\xi}_{t-1}^* - \hat{\alpha}^*/\sigma_1^*\}\Delta\boldsymbol{\xi}_{t-j}^{*\prime}\begin{pmatrix}1\\-\hat{\boldsymbol{\gamma}}^*/\sigma_1^*\end{pmatrix}\\&=\sigma_1^{*2}[(T-1)^{1/2}(\hat{\rho}_T - 1)]\left\{[1, -\hat{\boldsymbol{\gamma}}^{*\prime}/\sigma_1^*]T^{-3/2}\sum_{i=j+2}^{T}\boldsymbol{\xi}_{t-1}^*\Delta\boldsymbol{\xi}_{t-j}^{*\prime}\begin{pmatrix}1\\-\hat{\boldsymbol{\gamma}}^*/\sigma_1^*\end{pmatrix}\right\}\\&\quad-\sigma_1^{*2}[(T-1)^{1/2}(\hat{\rho}_T - 1)]\cdot\left\{[(T-1)^{-1/2}(\hat{\alpha}^*/\sigma_1^*)](T-1)^{-1}\sum_{i=j+2}^{T}\Delta\boldsymbol{\xi}_{t-j}^{*\prime}\begin{pmatrix}1\\-\hat{\boldsymbol{\gamma}}^*/\sigma_1^*\end{pmatrix}\right\}.\end{aligned}$$

根据以上的结论(a)可知 $(T-1)^{1/2}(\hat{\rho}_T - 1)\xrightarrow{p}0$;而根据第三章定理3.1的结论(1)和(5)以及式(5.46),可知上式大括号中的和式都有有限极限,因此

$$(T-1)^{-1}\sum_{t=j+2}^{T}(\hat{\rho}_T-1)\hat{u}_{t-1}^{*}\Delta\hat{u}_{t-j}^{*}\xrightarrow{p}0. \tag{5.56}$$

同理可知,另一个交叉项:

$$\begin{aligned}
&(T-1)^{-1}\sum_{t=j+2}^{T}(\hat{\rho}_T-1)^2\hat{u}_{t-1}^{*}\hat{u}_{t-j-1}^{*}\\
&=\sigma_1^{*2}(T-1)^{-1}\sum_{t=j+2}^{T}(\hat{\rho}_T-1)^2\{[1,-\hat{\boldsymbol{\gamma}}^{*\prime}/\sigma_1^{*}]\boldsymbol{\xi}_{t-1}^{*}-\hat{\alpha}^{*}/\sigma_1^{*}\}\\
&\quad\cdot\{[1,-\hat{\boldsymbol{\gamma}}^{*\prime}/\sigma_1^{*}]\boldsymbol{\xi}_{t-j-1}^{*}-\hat{\alpha}^{*}/\sigma_1^{*}\}\\
&=\sigma_1^{*2}(T-1)^{-1}\sum_{t=j+2}^{T}(\hat{\rho}_T-1)^2[1,-\hat{\boldsymbol{\gamma}}^{*\prime}/\sigma_1^{*},-(T-1)^{-1/2}\hat{\alpha}^{*}/\sigma_1^{*}]\\
&\quad\cdot\begin{pmatrix}\boldsymbol{\xi}_{t-1}^{*}\\(T-1)^{1/2}\end{pmatrix}[\boldsymbol{\xi}_{t-j-1}^{*\prime},(T-1)^{1/2}]\begin{pmatrix}1\\-\hat{\boldsymbol{\gamma}}^{*}/\sigma_1^{*}\\-(T-1)^{-1/2}\hat{\alpha}^{*}/\sigma_1^{*}\end{pmatrix}\\
&=\sigma_1^{*2}[(T-1)^{1/2}(\hat{\rho}_T-1)]^2[1,-\hat{\boldsymbol{\gamma}}^{*\prime}/\sigma_1^{*},-(T-1)^{-1/2}\hat{\alpha}^{*}/\sigma_1^{*}]\\
&\quad\cdot\left\{(T-1)^{-2}\sum_{t=j+2}^{T}\begin{pmatrix}\boldsymbol{\xi}_{t-1}^{*}\boldsymbol{\xi}_{t-j-1}^{*\prime}&(T-1)^{1/2}\boldsymbol{\xi}_{t-1}^{*}\\(T-1)^{1/2}\boldsymbol{\xi}_{t-j-1}^{*\prime}&T-1\end{pmatrix}\right\}\\
&\quad\cdot\begin{pmatrix}1\\-\hat{\boldsymbol{\gamma}}^{*}/\sigma_1^{*}\\-(T-1)^{-1/2}\hat{\alpha}^{*}/\sigma_1^{*}\end{pmatrix}\xrightarrow{p}0.
\end{aligned}$$

由第三章定理 3.1 的结论(7)和(9),$(T-1)^{-2}\sum_{t=j+2}^{T}\boldsymbol{\xi}_{t-1}^{*}\boldsymbol{\xi}_{t-j-1}^{*\prime}$ 和 $(T-1)^{-3/2}\sum_{i=j+2}^{T}\boldsymbol{\xi}_{t-s}^{*}$ 都有有限极限。上式和式(5.56)说明 $\hat{c}_j$ 和 $(T-1)^{-1}\sum_{t=j+2}^{T}\Delta\hat{u}_t^{*}\Delta\hat{u}_{t-j}^{*}$ 有相同的极限,而后者的极限为:

$$\begin{aligned}
&(T-1)^{-1}\sum_{t=j+2}^{T}\Delta\hat{u}_t^{*}\Delta\hat{u}_{t-j}^{*}\\
&=\sigma_1^{*2}[1,-\hat{\gamma}^{*\prime}/\sigma_1^{*}]\left\{(T-1)^{-1}\sum_{t=j+2}^{T}\Delta\boldsymbol{\xi}_t^{*}\Delta\boldsymbol{\xi}_{t-j}^{*\prime}\right\}\begin{pmatrix}1\\-\hat{\boldsymbol{\gamma}}^{*}/\sigma_1^{*}\end{pmatrix}\\
&\Rightarrow\sigma_1^{*2}[1,-\boldsymbol{h}_2'][E(\Delta\boldsymbol{\xi}_t^{*}\Delta\boldsymbol{\xi}_{t-j}^{*\prime})]\begin{pmatrix}1\\-\boldsymbol{h}_2\end{pmatrix}\\
&=\sigma_1^{*2}[1,-\boldsymbol{h}_2'][\boldsymbol{L}'E(\Delta\boldsymbol{y}_t\Delta\boldsymbol{y}_{t-j}')]\boldsymbol{L}\begin{pmatrix}1\\-\boldsymbol{h}_2\end{pmatrix}.
\end{aligned}$$

另一方面，对于任意给定的正整数 $q$，可得：

$$\hat{\lambda}^2 = \hat{\sigma}^2\hat{\varphi}^2(1) = \hat{c}_0 + 2\sum_{j=1}^{q}\left[1-\frac{j}{q+1}\right]\hat{c}_j$$

$$\Rightarrow \sigma_1^{*2}[1, -\boldsymbol{h}_2']\boldsymbol{L}'\left\{\sum_{j=-q}^{q}\left[1-\frac{|j|}{q+1}\right]E(\Delta\boldsymbol{y}_t\Delta\boldsymbol{y}_{t-j}')\right\}\boldsymbol{L}\begin{pmatrix}1\\-\boldsymbol{h}_2\end{pmatrix},$$

令 $T\to\infty, q\to\infty$，且 $q/T\to 0$，则有：

$$\begin{aligned}\hat{\lambda}^2 &\Rightarrow \sigma_1^{*2}[1, -\boldsymbol{h}_2']\boldsymbol{L}'\left\{\sum_{j=-\infty}^{\infty}E(\Delta\boldsymbol{y}_t\Delta\boldsymbol{y}_{t-j}')\right\}\boldsymbol{L}\begin{pmatrix}1\\-\boldsymbol{h}_2\end{pmatrix}\\ &= \sigma_1^{*2}[1, -\boldsymbol{h}_2']\boldsymbol{L}'\boldsymbol{\Psi}(1)\boldsymbol{P}\boldsymbol{P}'\boldsymbol{\Psi}(1)'\boldsymbol{L}\begin{pmatrix}1\\-\boldsymbol{h}_2\end{pmatrix}\\ &= \sigma_1^{*2}[1, -\boldsymbol{h}_2']\boldsymbol{I}_n\begin{pmatrix}1\\-\boldsymbol{h}_2\end{pmatrix} = \sigma_1^{*2}(1+\boldsymbol{h}_2'\boldsymbol{h}_2).\end{aligned} \tag{5.57}$$

由于，$\hat{\sigma}_\rho^2 = s_T^2/\sum_{t=2}^{T}\hat{u}_{t-1}^2$，根据前面的结论(a)，可得：

$$(T-1)^2\hat{\sigma}_\rho^2/s_T^2 = 1/\sum_{t=2}^{T}\hat{u}_{t-1}^2 \Rightarrow (\sigma_1^*)^{-2}\cdot H_n^{-1}. \tag{5.58}$$

综合以上的讨论，可得：

$$\begin{aligned}&\{(T-1)^2\hat{\sigma}_\rho^2/s_T^2\}\{\hat{\sigma}^2\hat{\varphi}^2(1)-\hat{c}_0\}\\ &\Rightarrow [1, -\boldsymbol{h}_2']\{\boldsymbol{I}_n - \boldsymbol{L}'\boldsymbol{E}(\Delta\boldsymbol{y}_t\Delta\boldsymbol{y}_{t-j}')\boldsymbol{L}\}[1, -\boldsymbol{h}_2']'/H_n,\end{aligned}$$

以 1/2 乘上式，再将其从式(5.42)中$(T-1)(\hat{\rho}_T-1)$的极限中减去，就可得：

$$Z_\rho = (T-1)(\hat{\rho}_T-1) - \frac{1}{2}\{(T-1)^2\hat{\sigma}_\rho^2/s_T^2\}\{\hat{\sigma}^2\hat{\varphi}^2(1)-\hat{c}_0\}$$

$$\Rightarrow \frac{1}{2H_n}\left\{[1, -\boldsymbol{h}_2']\boldsymbol{W}(1)\boldsymbol{W}(1)'\begin{pmatrix}1\\-\boldsymbol{h}_2\end{pmatrix} - 2h_1\boldsymbol{W}(1)'\begin{pmatrix}1\\-\boldsymbol{h}_2\end{pmatrix} - (1+\boldsymbol{h}_2'\boldsymbol{h}_2)\right\}.$$

结论(b)由此得证。

(c) 将统计量 $Z_t$ 改写成：

$$\begin{aligned}Z_t &= \left(\frac{\hat{c}_0}{\hat{\sigma}^2\hat{\varphi}^2(1)}\right)^{1/2}\cdot t_T - \frac{1}{2}\{(T-1)\hat{\sigma}_\rho/s_T\}\{\hat{\sigma}^2\hat{\varphi}^2(1)-\hat{c}_0\}/\hat{\sigma}\hat{\varphi}(1)\\ &= \frac{1}{\hat{\sigma}\hat{\varphi}(1)}\cdot\frac{1}{(T-1)\hat{\sigma}_\rho/s_T}\\ &\quad\cdot\left\{\frac{\hat{c}_0^{1/2}}{s_T}(T-1)(\hat{\rho}_T-1) - \frac{1}{2}\{(T-1)^2\hat{\sigma}_\rho^2/s_T^2\}\{\hat{\sigma}^2\hat{\varphi}^2(1)-\hat{c}_0\}\right\}.\end{aligned}$$

因为

$$\frac{\hat{c}_0}{s_T^2}=\frac{T-2}{T-1}\rightarrow 1,$$

利用以上讨论的 $\hat{\lambda}^2$ 和$(T-1)^2\hat{\sigma}_\rho^2/s_T^2$ 的极限(见式(5.57)和式(5.58)),就可得统计量 $Z_t$ 的极限:

$$Z_t \Rightarrow Z_n\cdot\sqrt{H_n}/(1+\boldsymbol{h}_2'\boldsymbol{h}_2)^{1/2}.$$

(d) 结论(d)的证明较冗长,也未提供更多适合本教材水平的技巧与工具,在此从略,有兴趣的读者可参阅 Phillips 和 Ouliaris(1990)。

以上定理的结论(a)说明:统计量$(T-1)(\hat{\rho}_T-1)$的极限受到 $\Delta\boldsymbol{y}_t$ 的自相关的影响。若$\{\Delta\boldsymbol{y}_t\}$为独立同分布,$(T-1)(\hat{\rho}_T-1)$的极限可简化为:

$$\begin{aligned}(T-1)(\hat{\rho}_T-1)&\Rightarrow\left\{\frac{1}{2}(1,-\boldsymbol{h}_2')\boldsymbol{W}(1)\boldsymbol{W}(1)'\begin{pmatrix}1\\-\boldsymbol{h}_2\end{pmatrix}\right\}-h_1\boldsymbol{W}(1)'\begin{pmatrix}1\\-\boldsymbol{h}_2\end{pmatrix}\\&\quad-\frac{1}{2H_n}(1+\boldsymbol{h}_2'\boldsymbol{h}_2)\\&=Z_n.\end{aligned}\tag{5.59}$$

而我们知道,在简单的回归模型

$$y_t=\rho y_{t-1}+\varepsilon_t$$

中,当假设 $\rho=1$ 为真时,统计量 $T(\hat{\rho}_T-1)$的极限为:

$$T(\hat{\rho}-1)\Rightarrow\frac{\frac{1}{2}(W(1)^2-1)}{\int_0^1 W(r)^2\mathrm{d}r}.$$

这说明由于残差 $\hat{u}_t$ 的复杂性,检验向量 $\boldsymbol{y}_t$ 协整性的检验统计量 $Z_\rho$ 和 $Z_t$ 有较复杂的极限分布,附录表 1 和表 2 的临界值不再适用。但是我们也注意到,尽管 $Z_\rho$ 和 $Z_t$ 的分布复杂,它们的极限分布和其中的主要参数 $h_1$,$\boldsymbol{h}_2$ 和 $H_n$ 只决定于模型中回归变量的个数,并不受未知参数值的影响,因此就有可能对 $Z_\rho$ 和 $Z_t$ 的极限分布值作模拟计算,附录表 4 和表 5 给出了它们的极限分布的临界值。我们对这两个表的使用作些说明。表 4 的情况一适用于不带常数项的协整模型,如:

$$y_{1t}=\gamma_2 y_{2t}+\gamma_3 y_{3t}+\cdots+\gamma_n y_{nt}+u_t.$$

表中的数值是统计量 $Z_\rho$ 在不同显著水平上的临界值,它们由蒙特卡洛方法模拟计算所得。如果我们要检验四个变量 $y_{1t}$,$y_{2t}$,$y_{3t}$和 $y_{4t}$之间的协整关系,可以 $y_{1t}$对其他变量作回归,得到估计残差 $\hat{u}_t$;然后以 $\hat{u}_t$ 对 $\hat{u}_{t-1}$ 作回归:

$$\hat{u}_t=\rho\hat{u}_{t-1}+\eta_t,$$

得到估计值 $\hat{\rho}_T$,并构造 $Z_\rho$ 统计量:

$$Z_\rho = (T-1)(\hat{\rho}_T - 1) - \frac{1}{2}\{(T-1)^2 \cdot \hat{\sigma}_\rho^2 / s_T^2\}(\hat{\sigma}^2 \hat{\varphi}(1) - \hat{c}_0).$$

若这时 $T=500$，统计量 $Z_\rho$ 有 95％的概率大于临界值－27.9，那么我们接受原假设 $H_0:\rho=1$；若不然，则拒绝 $\hat{u}_t$ 中有单位根的假设，从而接受变量 $y_{1t}$，$y_{2t}$，$y_{3t}$ 和 $y_{4t}$ 之间存在协整关系。

附录表 4 的情况二适用于带常数项的协整模型：

$$y_{1t} = \alpha + \gamma_2 y_{2t} + \gamma_3 y_{3t} + \cdots + \gamma_n y_{nt} + u_t$$

仍以四个变量 $y_{1t}$，$y_{2t}$，$y_{3t}$ 和 $y_{4t}$ 为例，以 $y_{1t}$ 对常数项，$y_{2t}$，$y_{3t}$ 和 $y_{4t}$ 作回归，得估计残差 $\hat{u}_t$，以 $\hat{u}_t$ 对 $\hat{u}_{t-1}$ 作回归得估计量 $\hat{\rho}_T$，并计算统计量 $Z_\rho$ 的值。仍设 $T=500$，当 $H_0:\rho=1$ 为真时，$Z_\rho$ 有 95％的概率大于－32.1；若 $Z_\rho$ 的实际值小于－32.1，则拒绝 $\hat{u}_t$ 中存在单位根的假设，从而接受假设 $y_{1t}$，$y_{2t}$，$y_{3t}$ 和 $y_{4t}$ 之间存在协整关系。注意，与情况一相比较，情况二有较小的临界值。

附录表 5 给出的是 PP 检验法的 $Z_t$ 统计量和 ADF 检验法的 $t$ 统计量的临界值。与附录表 4 一样，附录表 5 的情况一适用于不带常数项的协整模型，情况二适用于带常数项的协整模型。

值得注意的是，以上讨论的对协整关系的检验方法是基于对估计残差 $\hat{u}_t$ 的单位根检验，它和一般的假设检验的程序是不一样的：我们接受 $\boldsymbol{y}_t$ 为协整的假设，仅当 $\hat{u}_t$ 中存在单位根的假设被拒绝。

还需指出，在以上的讨论中，我们假设 $\boldsymbol{y}_t$ 是一个向量单位根过程，它的一阶差分为零：$E(\Delta\boldsymbol{y}_t)=\boldsymbol{0}$。但如果 $E(\Delta\boldsymbol{y}_t)\neq\boldsymbol{0}$，我们须对 PP 检验和 ADF 检验作适当的修改。以一个两变量的模型为例，

$$y_{1t} = \alpha + \gamma y_{2t} + u_t, \tag{5.60}$$

其中，$\Delta y_{2t}=\delta_2+u_{2t}$，$\delta_2\neq 0$，进一步将 $y_{2t}$ 写成：

$$y_{2t} = y_{20} + \delta_2 t + \sum_{j=1}^{t} u_{2j}.$$

它由累积的随机干扰 $\boldsymbol{\Sigma}_{j=1}^{t} u_{2j}$ 和时间趋势 $\delta_2 t$ 组成，当 $t$ 足够大时，$y_{2t}$ 的统计性质主要决定于时间趋势 $\delta_2 t$。取 $y_{1t}$ 的一阶差分 $\Delta y_{1t}=\delta_1+u_{1t}$，其中的常数 $\delta_1$ 可以为零。容易证明，协整模型式(5.60)中的参数 $\gamma$ 的最小二乘估计 $\hat{\gamma}_T$ 以概率收敛与 $\delta_1/\delta_2$，估计残差 $\hat{u}_t$ 的一阶差分收敛于 $u_t-(\delta_1/\delta_2)u_{2t}$。

另一方面，若式(5.60)只是一个简单的对时间趋势的回归：

$$y_{1t} = a + bt + u_t,$$

那么用 ADF 方法对估计残差 $\hat{u}_t=y_{1t}-\hat{a}+\hat{b}t$ 作单位根检验，即在下式

$$\hat{u}_t = \zeta_1 \Delta\hat{u}_{t-1} + \zeta_2 \Delta\hat{u}_{t-2} + \cdots + \zeta_{p-1} \Delta\hat{u}_{t-p+1} + \rho\hat{\eta}_{t-1} + e_t$$

中检验单位根假设 $\rho=1$，同在下式

$$y_{1t} = \zeta_1 \Delta y_{1,t-1} + \zeta_2 \Delta y_{1,t-2} + \cdots + \zeta_{p-1} \Delta y_{1,t-p+1} + \alpha + \rho y_{1,t-1} + \delta t + u_t$$

中检验单位根假设 $\rho=1$ 是渐近等价的。因为式(5.60)的最小二乘估计残差，和将变量 $y_{1t}-(\delta_1/\delta_2)y_{2t}$对时间趋势作回归的残差有同样的统计性质。

这说明，若变量 $y_{2t}$中含有非零的常数项，要对协整关系

$$y_{1t} = \alpha + \gamma y_{2t} + u_t \tag{5.61}$$

作检验，可从式(5.60)先得到最小二乘估计残差 $\hat{u}_t$，然后对其用 ADF 检验法作单位根检验，即在

$$\hat{u}_t = \zeta_1 \Delta\hat{u}_{t-1} + \zeta_2 \Delta\hat{u}_{t-2} + \cdots + \zeta_{p-1} \Delta\hat{u}_{t-p+1} + \rho\hat{u}_{t-1} + e_t$$

中检验 $\rho=1$，也可用 PP 检测法。值得注意的是，计算所得的 $t$ 统计量 $Z_t$ 的临界值列在附录表 2 的情况四中，而不是附录表 5 的情况二中。为方便起见，我们将附录表 2 的情况四相应于 $T=500$ 的临界值也列于附录表 4 的情况三中。

我们现在将以上讨论的两变量的情况推广为 $n$ 变量的情况。考虑以下的 $n$ 维协整关系：

$$y_{1t} = \alpha + \gamma_2 y_{2t} + \gamma_3 y_{3t} + \cdots + \gamma_n y_{nt} + u_t. \tag{5.62}$$

为了考虑 $y_{it}$ 中非零常数项对协整检验的作用，我们令 $\delta_i(i=1,2,\cdots,n)$为变量 $y_{it}$ 的一阶差分 $E(\Delta y_{it})=\delta_i$，并不失一般性地假设 $\delta_n\neq 0$。与两变量的情况相似，我们先由式(5.62)得到最小二成估计残差 $\hat{u}_t$，然后以 $\hat{u}_t$ 构造 ADF 检验的 $\rho$ 统计量或 $t$ 统计量，或 PP 检验的 $Z_\rho$ 和 $Z_t$ 统计量，并与附录表 4 和表 5 的情况三中的临界值相比较。

## 5.7.1　以协整为原假设的协整检验

前面中讨论了基于回归残差的对于协整关系的检验：如果两个(或多个)变量间的回归残差不存在单位根，我们就认为这些变量间存在协整关系；反之，如果残差中的单位根假设未被拒绝，我们则拒绝变量间的协整关系。这一协整关系的间接检验方法被广为使用，但它确实和通常的假设检验理论及实践不尽符合：一般的统计检验都将我们直接关心的假设作为检验的原假设，但用检验残差单位根的方法检验协整的原假设却是“变量间不存在协整关系”，这不能不说是这一方法的不足之处。经过许多研究人员的努力，一批以“存在协整关系”为原假设的协整检验被建立起来，试图克服这一缺点。我们下面简单地介绍几种这样的检验，具体的推导请参阅参考文献。

(1) 雷帮-麦凯(LMc)检验

雷帮和麦凯(Leybourne 和 McCabe,1993)提议用以下方法对变量间的协整关系作检验。他们的检验的原假设是变量间存在协整关系,考虑以下回归模型:

$$y_{1t} = \boldsymbol{\gamma}' \boldsymbol{y}_{2t} + u_t \tag{5.63}$$

其中的随机干扰 $u_t$ 可写成:

$$u_t = a_t + \varepsilon_t, \quad \varepsilon_t \sim IN(0, \sigma_\varepsilon^2),$$
$$a_t = a_{t-1} + \eta_t, \quad \eta_t \sim IN(0, \sigma_\eta^2).$$

在这一模型中,如果变量 $y_{1t}$ 和 $\boldsymbol{y}_{2t}$ 存在协整,那么 $u_t$ 就是一个稳定过程,因此有 $\sigma_\eta^2 = 0$;反之,若 $\sigma_\eta^2 \neq 0$,$a_t$ 是一个单位根过程,由此 $u_t$ 也是一个单位根过程。因此,协整检验的原假设为:

$$H_0: \sigma_\eta^2 = 0.$$

备择假设为 $H_1: \sigma_\eta^2 > 0$。若原假设不被拒绝,则接受变量 $y_{1t}$ 和 $\boldsymbol{y}_{2t}$ 之间存在协整关系;但若原假设被拒绝,则接受备选假设 $H_1: \sigma_\eta^2 > 0$,变量 $y_{1t}$ 和 $\boldsymbol{y}_{2t}$ 之间不存在协整关系。他们由此提出了所谓的"条件局部最优不变检验"(conditionally local best invariant test,简称"LBI 检验")。这一检验所用的统计量为:

$$T^{-2} \hat{\sigma}_\varepsilon^2 \hat{\boldsymbol{e}}' \mathbf{V} \hat{\boldsymbol{e}},$$

其中,$\hat{\boldsymbol{e}}$ 为式(5.63)中 $y_{1t}$ 对 $\boldsymbol{y}_{2t}$ 作回归的估计残差向量;$\mathbf{V}$ 为一个 $T \times T$ 维矩阵,它的第 $i,j$ 个元素为 $\min\{i,j\}$,$(i,j = 1,2,\cdots,T)$。例如,一个 $2 \times 2$ 维的 $\mathbf{V}$ 可表示为:

$$\mathbf{V} = \begin{pmatrix} 1 & 1 \\ 1 & 2 \end{pmatrix}.$$

如果随机干扰 $\varepsilon_t$ 中存在序列相关,他们建议采用纽威-韦斯特(Newey-West)估计的非参数估计方法估计方差 $\sigma_\varepsilon^2$(见式(5.37)和式(5.38)):

$$\hat{\sigma}_\varepsilon^2 = \hat{c}_0 + 2 \sum_{j=1}^{q} \left[1 - \frac{j}{q+1}\right] \hat{c}_j,$$

其中,$\hat{\boldsymbol{e}} = [\hat{e}_1, \cdots, \hat{e}_T]'$;$\hat{c}_j = (T-1)^{-1} \sum_{t=j+1}^{T} \hat{e}_t \hat{e}_{t-j}$,$j = 0,1,2,\cdots,T-2$。

雷帮-麦凯(1993)给出了 LBI 检验统计量的极限分布,它是维纳过程的泛函,只依赖于给定的回归变量 $\boldsymbol{y}_{2t}$ 和方差 $\sigma_\varepsilon^2$。

尽管雷帮-麦凯检验有原假设"变量间存在协整关系",它的不寻常处是检验分布的方差为零,这要比检验期望值中参数要复杂得多。

(2) 哈里-英德(HI)检验

哈里和英德(Harris 和 Inder,1994) 提出了以下哈里-英德方法对变量间的协整关系作检验。首先,以最小二乘法作回归估计:

$$y_t = \alpha + \boldsymbol{\beta}'\boldsymbol{x}_t + u_t, \tag{5.64}$$

得到估计残查 $\hat{u}_t$ 和向量 $\boldsymbol{z}_t = [\hat{u}_t, \Delta\boldsymbol{x}_t']'$,构造以下估计量:

$$\hat{\boldsymbol{\Omega}} = \begin{bmatrix} \hat{\omega}_{11} & \hat{\boldsymbol{\Omega}}_{12} \\ \hat{\boldsymbol{\Omega}}_{21} & \hat{\boldsymbol{\Omega}}_{22} \end{bmatrix} = \frac{1}{T}\Big[\sum_{t=1}^{T}\boldsymbol{z}_t\boldsymbol{z}_t' + \sum_{k=1}^{q}\Big(1-\frac{k}{q+1}\Big)\sum_{t=k+1}^{T}(\boldsymbol{z}_{t-k}\boldsymbol{z}_t' + \boldsymbol{z}_t\boldsymbol{z}_{t-k}')\Big],$$

$$\hat{\boldsymbol{\Delta}} = \begin{bmatrix} \hat{\delta}_{11} & \hat{\boldsymbol{\Delta}}_{12} \\ \hat{\boldsymbol{\Delta}}_{21} & \hat{\boldsymbol{\Delta}}_{22} \end{bmatrix} = \frac{1}{T}\sum_{k=1}^{q}\sum_{t=k+1}^{T}\boldsymbol{z}_t\boldsymbol{z}_{t-k}'. \tag{5.65}$$

然后计算

$$\begin{aligned} y_t^* &= y_t - \hat{\Omega}_{12}\hat{\boldsymbol{\Omega}}_{22}^{-1}\Delta\boldsymbol{x}_t, \\ \hat{\boldsymbol{\Delta}}_{21}^* &= \hat{\boldsymbol{\Delta}}_{21} - \hat{\boldsymbol{\Delta}}_{22}\hat{\boldsymbol{\Omega}}_{22}^{-1}\hat{\Omega}_{21}, \end{aligned} \tag{5.66}$$

并用以下经过修正的估计量

$$\hat{\boldsymbol{\beta}}^* = (\boldsymbol{X}'\boldsymbol{X})^{-1}(\boldsymbol{X}'\boldsymbol{y}^* - T\boldsymbol{e}_k\hat{\boldsymbol{\Delta}}_{21}^*)$$

重新估计式(5.64)中的协整关系,其中 $\boldsymbol{e}_k = [0, \boldsymbol{I}_k]$,并由此得到估计残差 $\hat{u}_t^*$。构造检验统计量:

$$S^* = \frac{T^{-2}\sum_{t=1}^{T}\sum_{i=1}^{t}\hat{u}_i^*}{\hat{\boldsymbol{\Omega}}_{1.2}^2}, \tag{5.67}$$

其中,$\hat{\Omega}_{1.2}^2 = \hat{\Omega}_{11}^2 - \hat{\boldsymbol{\Omega}}_{12}\hat{\boldsymbol{\Omega}}_{22}^{-1}\hat{\boldsymbol{\Omega}}_{21}$。

哈里和英德(1994) 还给出了这一检验的临界值,它们只依赖于回归模型式(5.64)中回归变量的个数(不算常数项),他们通过统计量式(5.67)的极限分布计算出临界值,不像 DF 方法的临界值要通过模拟得到。

(3) 辛(Shin)检验

辛(1994) 提出了以下基于回归残差的辛检验。这一检验也是以存在协整关系作为原假设,以不存在协整关系作为备择假设。这一检验的特点是利用经过修正的协整回归模型

$$y_t = \boldsymbol{\beta}'\boldsymbol{x}_t + \sum_{j=-k_1}^{k_2}\boldsymbol{\gamma}_j'\Delta\boldsymbol{x}_{t-j} + u_t, \tag{5.68}$$

并由此得到回归残差 $\hat{u}_t$。辛(1994)提出以下检验统计量:

$$C = T^{-2}\sum_{t=1}^{T}\sum_{i=1}^{t}\hat{u}_i^2/\hat{\sigma}_u^2,$$

其中，$\hat{\sigma}_u^2$ 是随机项 $u_t$ 的长期期望值：

$$\sigma_u^2 = \lim_{T\to\infty} T^{-1}E\left[\left(\sum_{t=1}^{T}u_t\right)^2\right].$$

的纽威—韦斯特非参数一致估计

$$\hat{\sigma}_u^2 = \hat{c}_0 + 2\sum_{j=1}^{q}\left[1-\frac{j}{q+1}\right]\hat{c}_j,$$

其中，$\hat{\boldsymbol{u}} = [\hat{u}_1,\cdots,\hat{u}_T]'$；$\hat{c}_j = (T-1)^{-1}\sum_{t=j+2}^{T}\hat{u}_t\hat{u}_{t-j}, j = 0,1,2,\cdots,T-2$。

检验统计量 $C$ 有以下极限分布：

$$C \Rightarrow \int_0^1 Q^2,$$

其中，

$$Q = W_1(r) - \left(\int_0^r \boldsymbol{W}_2(t)'\mathrm{d}t\right)\left(\int_0^1 \boldsymbol{W}_2(r)\boldsymbol{W}_2(r)'\mathrm{d}r\right)\left(\int_0^1 \boldsymbol{W}_2(r)\mathrm{d}W_1(r)\right)$$

$W_1(r)$和$\boldsymbol{W}_2(r)$是分别由 $y_t$ 和 $\boldsymbol{x}_t$ 生成的 1 维和 $m$ 维的维纳过程。需要指出，为了得到以上的极限分布，辛假设式(5.68)中的协整关系不包含常数项。如果向量 $\boldsymbol{x}_t$ 中有一个分量为常数，以上结果需要经过适当修改后才能成立：需从维纳过程 $W_1(r)$和$\boldsymbol{W}_2(r)$中减去非零的均值。

### 5.7.2 协整检验的例子

下面我们以两个例子说明以上检验的应用。

**例 5.1 购买力平价**(Purchasing Power Parity)是经济学的一个重要原理，它为解释不同货币兑换率之间的关系提供了理论根据。根据这一理论，在有效市场的情况下，两种货币之间的兑换率与这两国的物价水平应该满足如下关系式：

$$p_t = p_t^* + s_t. \tag{5.69}$$

我们下面以美国和英国的兑换率为例。这里，$p_t$ 为美国物价指数的对数，$p_t^*$ 为英国物价指数的对数，$s_t$ 为英镑美元兑换率。我们下面使用 1970 年 1 月—1990 年 12 月的月度数据(见图 5.1)。

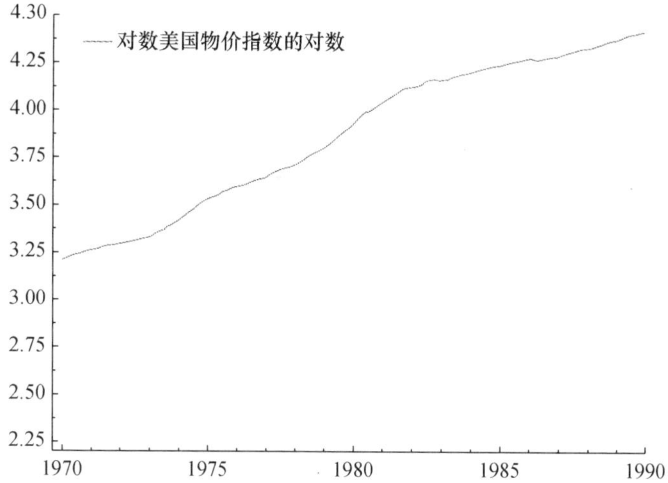


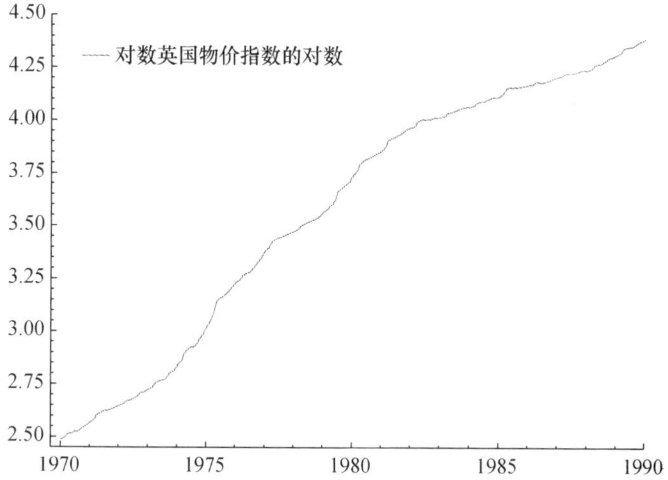


**图 5.1　美国和英国的物价指数**

从以上图像可以看出,美国和英国的物价指数在这一时期内都有明显的上升趋势,但上升的速度似乎不太一样;而这时段里的英镑对美元的兑换率却有不同的趋势(见图 5.2)。

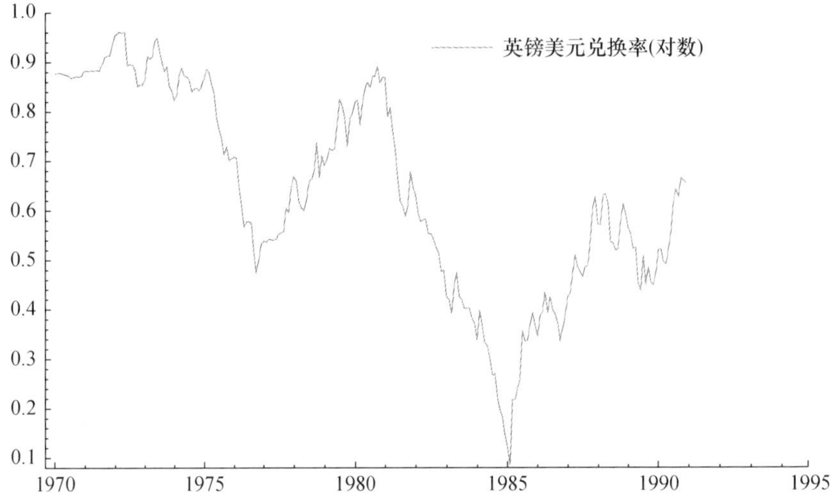


**图 5.2　英镑对美元兑换率(对数)**

**表 5.1　单位根检验结果**

$T$=248；临界值：5% =−2.87，1% =−3.46

| 滞后 | 英国物价指数 ADF 检验 | | | 美国物价指数 ADF 检验 | | | 英镑对美元兑换率 ADF 检验 | | |
|---|---|---|---|---|---|---|---|---|---|
| | $ADF_t$ | $\rho$ | $\sigma$ | $ADF_t$ | $\rho$ | $\sigma$ | $ADF_t$ | $\rho$ | $\sigma$ |
| 3 | −2.262 | 0.9984 | 0.0065 | −1.414 | 0.9993 | 0.0026 | −1.562 | 0.9852 | 0.0306 |
| 2 | −2.508 | 0.9982 | 0.0066 | −1.498 | 0.9994 | 0.0026 | −1.592 | 0.9849 | 0.0306 |
| 1 | −2.755 | 0.9981 | 0.0066 | −1.723 | 0.9993 | 0.0027 | −1.530 | 0.9856 | 0.0306 |
| 0 | −4.142** | 0.9969 | 0.0071 | −3.248* | 0.9981 | 0.0034 | −1.469 | 0.9861 | 0.0306 |

注:"*"和"**"分别表示在 1%和 5%水平上显著。

表 5.1 所示的单位根检验结果表明英国物价、美国物价和兑换率都为单位根过程,式(5.69)能否成立取决于它们之间是否存在协整关系。经济学家常常将货币之间是否存在购买力平价关系,看作市场是否开放的标志,因此这一检验有重要的经济意义。以 $p_t$ 对 $p_t^*$ 作以下回归:

$$p_t = \alpha + \beta s_t + \gamma p_t^* + u_t,$$

其中 $p_t$ 和 $p_t^*$ 分别为美国和英国的物价指数的对数,$s_t$ 为兑换率(每英镑所换美元数)对数,结果如下:

$$\underset{}{p_t} = \underset{(0.033)}{1.524} + \underset{(0.019)}{0.023}\, s_t + \underset{(0.006)}{0.652}\, p_t^* + \hat{u}_t. \tag{5.70}$$

括号中的数字为估计的标准差。从表面上看所有的参数估计值都呈显著性,回归模型的拟合似乎不错。但由于 $p_t, p_t^*$ 和 $s_t$ 都为单位根过程,显著的参数估计并不能保证它们之间存在协整关系。我们进一步考察变量 $p_t$ 和它的回归拟合之间的关系和估计残差 $\hat{u}_t$ 的表现(见图 5.3)。

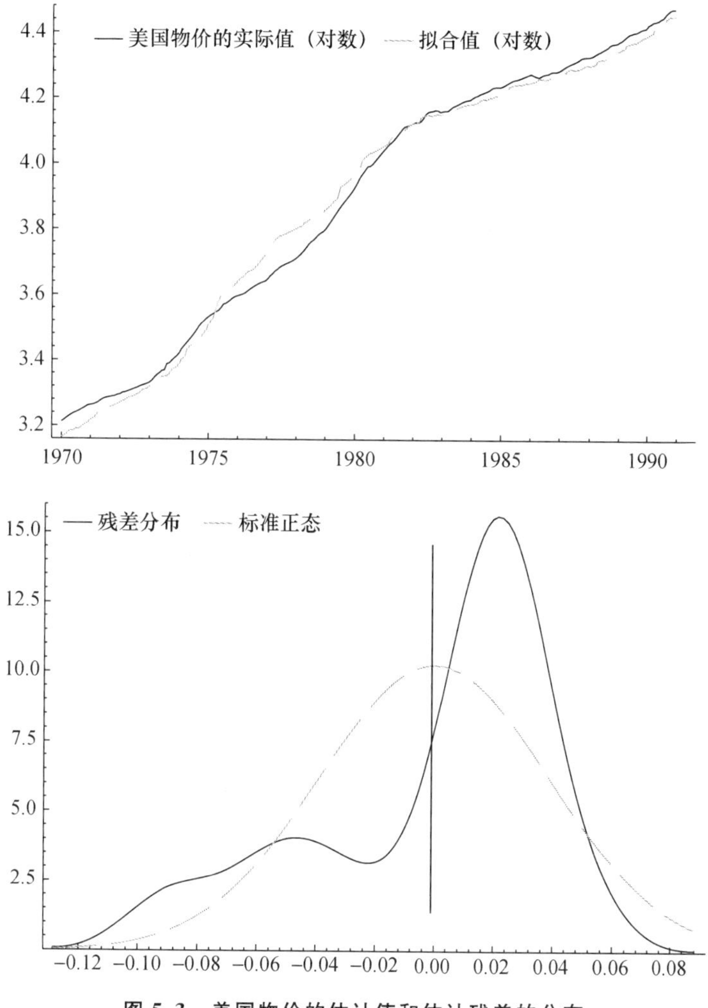


**图 5.3　美国物价的估计值和估计残差的分布**

显然,估计残差的分布是很不理想的,与标准正态分布相去甚远。

我们现在检验这三个变量之间是否存在协整。根据以上介绍的检验方法,我们对估计残差 $\hat{u}_t$ 作一价自回归:

$$\hat{u}_t = \underset{(0.0079)}{0.990}\ \hat{u}_{t-1} + \hat{e}_t,$$

然后计算

$$\hat{c}_j = (T-1)^{-1}\sum_{t=j+2}^{T}\hat{e}_t\hat{e}_{t-j},\quad j=1,2,\cdots,12.$$

由于用的是月度数据，我们考虑数据在一年内的相关程度，选取 $j=1,2,\cdots,12$，从而有

$$\hat{\sigma}^2\hat{\varphi}^2(1) = \hat{c}_0 + \sum_{j=1}^{12}\left[1-\frac{j}{13}\right]\hat{c}_j = 3.704\times 10^{-5}.$$

计算 $PP$ 检验的 $Z_\rho$ 统计量：

$$\begin{aligned}
Z_\rho &= (T-1)(\hat{\rho}_T-1) - \frac{1}{2}\{(T-1)^2\hat{\sigma}_\rho^2/s_T^2\}\{\hat{\sigma}^2\hat{\varphi}^2(1)-\hat{c}_0\}\\
&= (250)\times(0.990-1) - \frac{1}{2}\left\{(250)^2\times\frac{(0.0079)^2}{2.42\times 10^{-5}}\right\}\\
&\quad\times(3.704\times 10^{-5}-2.42\times 10^{-5})\\
&= -3.534.
\end{aligned}$$

为了确定合适的临界值，我们注意到在这一时期中英国经历了持续的通货膨胀，因此我们有理由认为 $p_t^*$ 含有非零的常数项。从附录表 4 的情况三查得相应于$(n-1)=2$，显著性水平为 5%的临界值为$-27.1$。由于$-3.534>-27.1$，我们接受估计残差 $\hat{u}_t$ 有单位根的假设，从而拒绝 $p_t$，$p_t^*$ 和 $s_t$ 之间存在协整关系的假设。

同样，我们也可采用 $Z_t$ 统计量作检验。根据以上的计算，有：

$$\begin{aligned}
Z_t &= (\hat{c}_0/\hat{\sigma}^2\hat{\varphi}^2(1))^{1/2}(\hat{\rho}_T-1)/\hat{\sigma}_\rho\\
&\quad - \frac{1}{2}\{(T-1)\hat{\sigma}_\rho/s_T\}\{\hat{\sigma}^2\hat{\varphi}^2(1)-\hat{c}_0\}/\hat{\sigma}\hat{\varphi}(1)\\
&= [2.42\times 10^{-5}/(3.704\times 10^{-5})]^{1/2}\times[(0.990-1)/(0.0079)]\\
&\quad - \frac{1}{2}[250\times 0.0079/(4.92\times 10^{-3})]\\
&\quad \times(3.704\times 10^{-5}-2.42\times 10^{-5})/(6.086\times 10^{-3})\\
&= -1.447.
\end{aligned}$$

由附录表 5 的情况三查得相应于$(n-1)=2$ 的显著性水平为 5%的临界值为$-3.80$。由于$-1.447>-3.80$，我们又一次拒绝 $p_t$，$p_t^*$ 和 $s_t$ 之间存在协整关系的假设。

这是一个典型的伪回归例子：尽管我们最后确认变量 $p_t$，$p_t^*$ 和 $s_t$ 之间不存在协整关系，式(5.70)中的每一个参数估计值仍都有很小的标准差（括号中的值）和显著的 $t_T$ 值。但另一方面，尽管我们拒绝了变量 $p_t$，$p_t^*$ 和 $s_t$ 之间存在协整关系，我们也不能由此认为购买力平价理论不真。细心人会注意到，英镑对美元的兑换率的时间序列在 20 世纪 70 年代和 80 年代中期都出现了结构变化（见图 5.2），但

相似的变化并没有在两国的物价指数中出现，这一现象会影响检验结果。

**例 5.2　GDP 与 $M_0$**：我们考虑英国的 GDP 总量和 $M_0$ 货币供应量的关系，检验它们之间是否存在协整关系。所用数据为：1970 年第一季度—2002 年第四季度的季度数据（见图 5.4）。

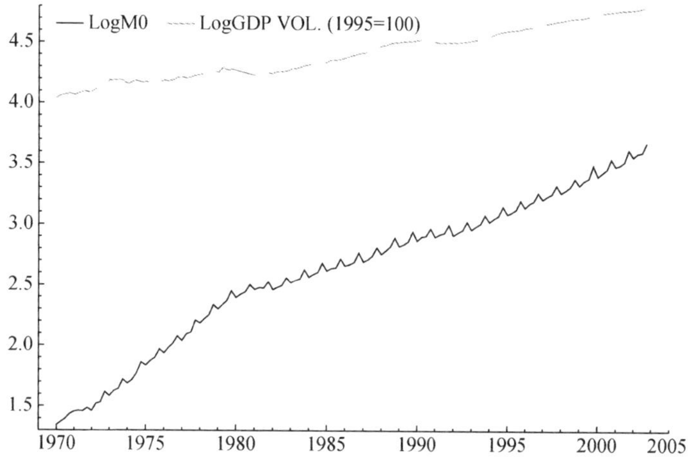


**图 5.4　$1970Q_1$ 至 $2002Q_4$ 英国的 GDP 总量（$y_t$）和 $M_0$ 货币供应量（$m_t$）**

从图 5.4 可以看出，这两个时间序列都有明显的时间趋势，我们因此用 ADF 检验法对 $y_t$ 和 $m_t$ 作单位根检验，假设它们都含有常数项和时间趋势（注意和前例的不同），即在下式中检验假设 $\rho=1$：

$$y_t = \alpha + \sum_{j=1}^{4}\beta_j \Delta y_{t-j} + \delta t + \rho y_{t-1} + u_t,$$

$$m_t = \alpha + \sum_{j=1}^{4}\beta_j \Delta c_{t-j} + \delta t + \rho c_{t-1} + u_t.$$

由于是季度数据，我们选择滞后 $p=3$。检验结果如下：

**表 5.2　单位根检验结果**

| $T=127$，临界值 5%＝−3.45，1% ＝ −4.03 | | | | | | |
|---|---|---|---|---|---|---|
| 滞后 | $M_0$ 的 ADF 检验 | | | GDP 的 ADF 检验 | | |
| | $ADF_t$ | $\rho$ | $\sigma$ | $ADF_t$ | $\rho$ | $\sigma$ |
| 3 | −2.888 | 0.9353 | 0.0271 | −2.667 | 0.9234 | 0.0095 |
| 2 | −2.076 | 0.9298 | 0.0409 | −2.042 | 0.9401 | 0.0098 |
| 1 | −2.181 | 0.9253 | 0.0415 | −1.872 | 0.9462 | 0.0098 |
| 0 | −2.925 | 0.8893 | 0.0467 | −1.743 | 0.9506 | 0.0098 |

因此可认为 $y_t$ 和 $m_t$ 都为带有常数项和时间趋势的单位根过程。以 $y_t$ 对 $m_t$ 作简单回归,得:

$$y_t = \underset{(0.0225)}{3.536} + \underset{(0.008)}{0.333}\, m_t + \hat{u}_t.$$

我们考察变量 $y_t$ 和它的回归拟合值之间的关系以及估计残差 $\hat{u}_t$ 的表现(见图 5.5):

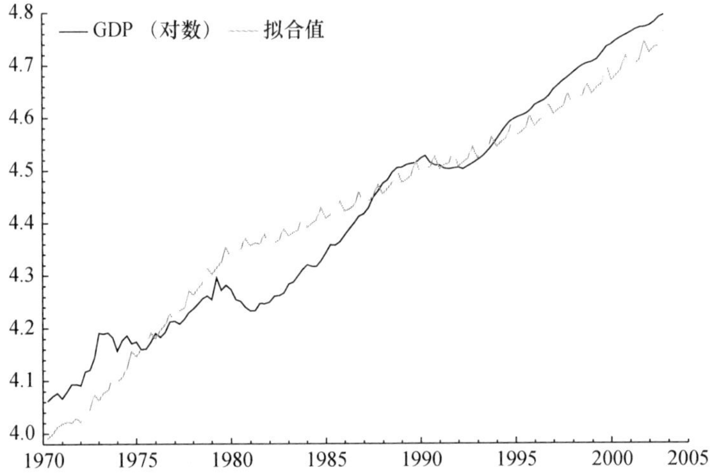


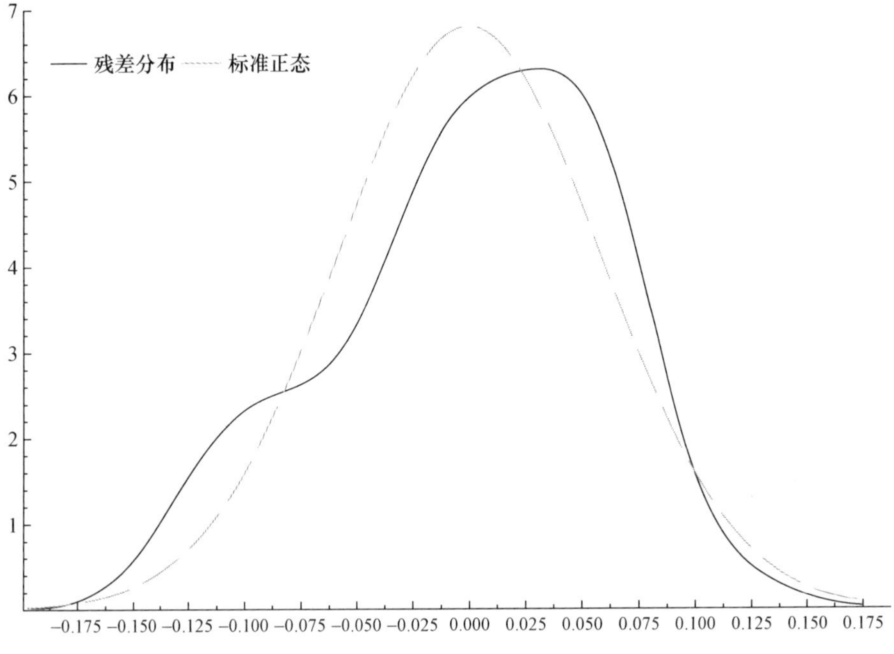


**图 5.5　英国 GDP 的估计值和估计残差的分布**

为检验 $y_t$ 和 $m_t$ 之间的协整关系，用 $\hat{u}_t$ 作一价自回归，得：

$$\underset{}{\hat{u}_t = \underset{(0.0272)}{0.9483}\ \hat{u}_{t-1} + \hat{e}_t.}$$

与前例中的计算相似，有

$$s_T^2 = (T-2)^{-1}\sum_{t=2}^{T}\hat{e}_t^2 = 3.32\times 10^{-4} = (1.88\times 10^{-2})^2,\quad \hat{c}_0 = 3.32\times 10^{-4}.$$

另一方面，由于我们使用的是季度数据，

$$\hat{c}_j = (T-1)^{-1}\sum_{t=j+2}^{T}\hat{e}_t\hat{e}_{t-j},$$

这里 $j=1,\cdots,4$，因此有

$$\hat{\sigma}^2\hat{\varphi}^2(1) = \hat{c}_0 + \sum_{j=1}^{4}\left[1-\frac{j}{5}\right]\hat{c}_j = 2.2818\times 10^{-4}.$$

计算 PP 检验的 $Z_\rho$ 统计量：

$$\begin{aligned}Z_\rho &= (T-1)(\hat{\rho}_T-1) - \frac{1}{2}\{(T-1)^2\hat{\sigma}_\rho^2/s_T^2\}\{\hat{\sigma}^2\hat{\varphi}^2(1)-\hat{c}_0\}\\ &= (133)\times(0.9483-1) - \frac{1}{2}\left[(133)^2\times\frac{(0.0272)^2}{3.32\times 10^{-4}}\right]\\ &\quad\times(2.2818\times 10^{-4} - 3.32\times 10^{-4})\\ &= -4.829.\end{aligned}$$

同样也可采用 $Z_t$ 统计量：

$$\begin{aligned}Z_t &= (\hat{c}_0/\hat{\sigma}^2\hat{\varphi}^2(1))^{1/2}(\hat{\rho}_T-1)/\hat{\sigma}_\rho\\ &\quad-\frac{1}{2}\{(T-1)\hat{\sigma}_\rho/s_T\}\{\hat{\sigma}^2\hat{\varphi}^2(1)-\hat{c}_0\}/\hat{\sigma}\hat{\varphi}(1)\\ &= [3.31\times 10^{-4}/(2.2818\times 10^{-4})]^{1/2}\times[(0.9483-1)/(0.0272)]\\ &\quad-\frac{1}{2}[133\times 0.0272/(1.88\times 10^{-2})]\\ &\quad\times[(2.2818\times 10^{-4}-3.32\times 10^{-4})/(1.5106\times 10^{-2})]\\ &= -1.628.\end{aligned}$$

由于回归变量 $m_t$ 明显地呈现时间趋势，我们采用附录表 4 和表 5 的情况三中 $(n-1)=1$、显著性水平为 0.05 的临界值分别为 $-21.5$ 和 $-3.42$。显然，这两个检验都接受了残差 $\hat{u}_t$ 有单位根的假设，从而拒绝 $y_t$ 和 $m_t$ 之间存在协整关系的假设。这一结果并不出乎意料，从图 5.4 可看出，在这一时段内英国的 $M_0$ 货币供应量的增长速度大于 GDP 的增长，造成不同的时间趋势，使得两个时间序列不协整。

综上所述，可将协整关系的检验方法归结为以下三类：

(1) 在以下模型中检验协整关系：

$$y_{1t} = \gamma_2 y_{2t} + \gamma_3 y_{3t} + \cdots + \gamma_n y_{nt} + u_t,$$

其中不包含常数项或时间趋势。首先，由最小二乘法得到以下的估计残差 $\hat{u}_t$：

$$\hat{u}_t = y_t - \hat{\gamma}_2 y_{2t} - \hat{\gamma}_3 y_{3t} - \cdots - \hat{\gamma}_n y_{nt}.$$

对 $\hat{u}_t$ 作一价自回归估计：

$$\hat{u}_t = \hat{\rho}_T \hat{u}_{t-1} + \hat{e}_t,$$

其中 $\hat{\rho}_T$ 为最小二成估计：

$$\hat{\rho}_T = \frac{\sum_{t=2}^{T} \hat{u}_t \hat{u}_{t-1}}{\sum_{t=2}^{T} \hat{u}_{t-1}^2}.$$

然后，用估计量 $\hat{\rho}_T$ 构造 PP 检验法的 $Z_\rho$ 和 $Z_t$ 统计量：

$$Z_\rho = (T-1)(\hat{\rho}_T - 1) - \frac{1}{2}\{(T-1)^2 \hat{\sigma}_\rho^2 / s_T^2\}\{\hat{\sigma}^2 \hat{\varphi}^2(1) - \hat{c}_0\},$$

$$Z_t = (\hat{c}_0 / \hat{\sigma}^2 \hat{\varphi}^2(1))^{1/2} (\hat{\rho}_T - 1)/\hat{\sigma}_\rho - \frac{1}{2}\{(T-1)\hat{\sigma}_\rho / s_T\}\{\hat{\sigma}^2 \hat{\varphi}^2(1) - \hat{c}_0\} / \hat{\sigma}\hat{\varphi}(1),$$

其中，

$$s_T^2 = (T-2)^{-1} \sum_{t=2}^{T} \hat{e}_t^2, \quad \hat{e}_t = \hat{u}_t - \hat{\rho}_T \hat{u}_{t-1},$$

$$\hat{\sigma}_\rho^2 = s_T^2 / \sum_{t=2}^{T} \hat{u}_t^2, \quad \hat{c}_j = (T-1)^{-1} \sum_{t=j+2}^{T} \hat{e}_t \hat{e}_{t-j},$$

$$\hat{\sigma}^2 \hat{\varphi}^2(1) = \hat{c}_0 + \sum_{j=1}^{q} \left[1 - \frac{j}{q+1}\right] \hat{c}_j.$$

检验的临界值分别由附录表 4 和表 5 的情况一给出。

这一类型的检验也可由估计残差 $\hat{u}_t$ 构造 ADF 检验的 $t$ 统计量，在下式

$$\hat{u}_t = \zeta_1 \Delta\hat{u}_{t-1} + \cdots + \zeta_{p-1} \Delta\hat{u}_{t-p+1} + \rho \hat{u}_{t-1} + e_t$$

中计算检验假设 $\rho=1$ 的 $t$ 统计量，它与 $Z_t$ 统计量有相同的临界值。

(2) 在以下模型中检验协整关系：

$$y_{1t} = \alpha + \gamma_2 y_{2t} + \gamma_3 y_{3t} + \cdots + \gamma_n y_{nt} + u_t,$$

对估计残差 $\hat{u}_t$ 作一阶自回归 $\hat{u}_t = \hat{\rho}_T \hat{u}_{t-1} + \hat{e}_t$，用 ADF 检测法的 $t_T$ 统计量，或 PP 检测法的 $Z_\rho$ 和 $Z_t$ 统计量作单位根检验，临界值由附录表 4 和表 5 的情况二给出。

(3) 在以下模型中检验协整关系：

$$y_{1t} = \alpha + \gamma_2 \boldsymbol{y}_{2t} + \gamma_3 \boldsymbol{y}_{3t} + \cdots + \gamma_n \boldsymbol{y}_{nt} + u_t.$$

此模型和类型(2)一样的是其中 $\boldsymbol{y}_t = [y_{1t}, y_{2t}, \cdots, y_{nt}]'$ 为带有非零常数项的单位根向量，可表示为：

$$\Delta \boldsymbol{y}_t = \delta + \sum_{s=0}^{\infty} \boldsymbol{\Psi}_s \boldsymbol{\varepsilon}_{t-s}.$$

检验的程序和上面一样：以估计残差 $\hat{u}_t$ 作一阶自回归 $\hat{u}_t = \hat{\rho}_T \hat{u}_{t-1} + \hat{e}_t$，用 ADF 检验法的 $t_T$ 统计量，或 PP 检验法的 $Z_\rho$ 和 $Z_t$ 统计量作单位根检验，临界值由附录表 4 和表 5 的情况三给出。

## 5.8 协整向量的假设检验

我们下面在最小二乘估计框架中继续讨论对协整向量的假设检验，这在下一章中还会有进一步的讨论。根据定义，如果 $I(1)$ 变量 $y_{1t}, y_{2t}, \cdots, y_{nt}$ 之间存在协整关系，则存在一个分量不全为零的实数向量 $\boldsymbol{\alpha}_t = [\alpha_1, \alpha_2, \cdots, \alpha_n]'$，使得：

$$\alpha_1 \boldsymbol{y}_{1t} + \alpha_2 \boldsymbol{y}_{2t} + \cdots \alpha_n \boldsymbol{y}_{nt} \sim I(0).$$

经济学家们往往对这个协整向量 $\boldsymbol{\alpha}$ 的各分量之间是否存在约束条件感兴趣，因为它们可以反映深层的经济结构，成功识别分量之间的约束条件不仅能更有效地估计这些分量，还可以赋予 $\boldsymbol{\alpha}$ 重要的经济意义，揭示深层经济结构。为此我们考虑以下的三角形协整系统：

$$\begin{aligned} y_{1t} &= \alpha + \boldsymbol{\gamma}' \boldsymbol{y}_{2t} + u_{1t}, \\ \boldsymbol{y}_{2t} &= \boldsymbol{y}_{2,t-1} + \boldsymbol{u}_{2t}. \end{aligned} \tag{5.71}$$

其中，$\boldsymbol{y}_{2t}$ 为 $n-1$ 维随机向量，$u_{1t}$ 和 $\boldsymbol{u}_{2t}$ 分别为独立同分布，互不相关，且有

$$\begin{pmatrix} u_{1t} \\ \boldsymbol{u}_{2t} \end{pmatrix} \sim N\left(\begin{matrix} 0 \\ 0 \end{matrix} \begin{bmatrix} \sigma_1^2 & \boldsymbol{0}' \\ \boldsymbol{0} & \boldsymbol{\Omega}_{22} \end{bmatrix}\right)$$

这里，$\boldsymbol{\Omega}_{22}$ 为 $n-1$ 维非异正定矩阵。由于 $u_{1t}$ 和 $\boldsymbol{u}_{2t}$ 相互独立，$u_{1t}$ 和 $\boldsymbol{y}_{2t}$ 也相互独立，因此可将 $\alpha + \boldsymbol{\gamma}' \boldsymbol{y}_{2t}$ 看作给定 $\boldsymbol{y}_{2t}$ 值的 $y_{1t}$ 的条件期望，从而可知最小二乘估计 $\hat{\alpha}_T$ 和 $\hat{\boldsymbol{\gamma}}_T$ 有条件分布：

$$\left(\begin{matrix} \hat{\alpha}_T - \alpha \\ \hat{\boldsymbol{\gamma}}_T - \boldsymbol{\gamma} \end{matrix} \middle| \boldsymbol{y}_{2t}, t = 1, 2, \cdots, T \right)$$

$$=\begin{pmatrix} T & \sum \boldsymbol{y}_{2t}' \\ \sum \boldsymbol{y}_{2t} & \sum \boldsymbol{y}_{2t}\boldsymbol{y}_{2t}' \end{pmatrix}^{-1}\begin{pmatrix} \sum u_{1t} \\ \sum \boldsymbol{y}_{2t}u_{1t} \end{pmatrix}$$

$$\sim N\left(\begin{matrix} 0 \\ \boldsymbol{0} \end{matrix},\ \sigma_1^2\begin{pmatrix} T & \sum \boldsymbol{y}_{2t}' \\ \sum \boldsymbol{y}_{2t} & \sum \boldsymbol{y}_{2t}\boldsymbol{y}_{2t}' \end{pmatrix}^{-1}\right).$$

基于这一正态分布可以构造检验参数 $\alpha$ 和 $\boldsymbol{\gamma}$ 的约束条件的 $t$ 统计量和 $F$ 统计量。当约束条件为真时，这两个统计量分别有 $t$ 分布和 $F$ 分布，尽管这时 $y_{1t}$ 和 $\boldsymbol{y}_{2t}$ 都为 $I(1)$ 变量。假如所需检验的约束条件有表示式：

$$H_0: \boldsymbol{R}_1\alpha + \boldsymbol{R}_2\boldsymbol{\gamma} = \boldsymbol{d}, \tag{5.72}$$

这里，$\boldsymbol{R}_1$ 和 $\boldsymbol{d}$ 为 $m$ 维已知实向量，$\boldsymbol{R}_2$ 为 $m\times(n-1)$ 维已知实矩阵。以 $\hat{\alpha}_T$ 和 $\hat{\boldsymbol{\gamma}}_T$ 代入式(5.72)，并利用 $\hat{\alpha}_T-\alpha$ 和 $\hat{\boldsymbol{\gamma}}_T-\boldsymbol{\gamma}$ 的条件分布，在给定样本下，约束条件 $\boldsymbol{R}_1\alpha+\boldsymbol{R}_2\boldsymbol{\gamma}-\boldsymbol{d}$ 有以下的条件分布：

$$\boldsymbol{R}_1\hat{\alpha}_T + \boldsymbol{R}_2\hat{\boldsymbol{\gamma}}_T - \boldsymbol{d} = (\boldsymbol{R}_1, \boldsymbol{R}_2)\begin{pmatrix} \hat{\alpha}_T \\ \hat{\boldsymbol{\gamma}}_T \end{pmatrix} - \boldsymbol{d}$$

$$\sim \boldsymbol{N}\left(\boldsymbol{R}_1\alpha + \boldsymbol{R}_2\boldsymbol{\gamma} - \boldsymbol{d}, \sigma_1^2(\boldsymbol{R}_1, \boldsymbol{R}_2)\begin{pmatrix} T & \sum \boldsymbol{y}_{2t}' \\ \sum \boldsymbol{y}_{2t} & \sum \boldsymbol{y}_{2t}\boldsymbol{y}_{2t}' \end{pmatrix}^{-1}\begin{pmatrix} \boldsymbol{R}_1' \\ \boldsymbol{R}_2' \end{pmatrix}\right). \tag{5.73}$$

当约束条件为真，条件分布(见式(5.73))的期望值为零。构造如下的二次型：

$$\boldsymbol{Q} = (\boldsymbol{R}_1\hat{\alpha}_T + \boldsymbol{R}_2\hat{\boldsymbol{\gamma}}_T - \boldsymbol{d})'\left\{s_T^2(\boldsymbol{R}_1, \boldsymbol{R}_2)\begin{pmatrix} T & \sum \boldsymbol{y}_{2t}' \\ \sum \boldsymbol{y}_{2t} & \sum \boldsymbol{y}_{2t}\boldsymbol{y}_{2t}' \end{pmatrix}^{-1}\begin{pmatrix} \boldsymbol{R}_1' \\ \boldsymbol{R}_2' \end{pmatrix}\right\}^{-1}$$

$$\times (\boldsymbol{R}_1\hat{\alpha}_T + \boldsymbol{R}_2\hat{\boldsymbol{\gamma}}_T - \boldsymbol{d})/m,$$

其中，$m$ 为约束条件的个数；$s_T^2$ 是未知参数 $\sigma_1^2$ 的最小二乘估计：

$$s_T^2 = (T-n)^{-1}\sum_{t=1}^{T}(y_{1t} - \hat{\alpha}_T - \hat{\boldsymbol{\gamma}}_T'\boldsymbol{y}_{2t})^2.$$

如原假设 $H_0: \boldsymbol{R}_1\alpha+\boldsymbol{R}_2\boldsymbol{\gamma}=\boldsymbol{d}$ 为真，$\boldsymbol{Q}$ 的条件分布是自由度为$(m, T-n)$的 $F$ 分布：

$$\boldsymbol{Q} \sim F(m, T-n).$$

当然，条件分布的特征常受到给定数据的影响，因此我们有必要考虑 $T\to\infty$ 时的极限分布。为此，我们继续考虑二次型 $\boldsymbol{Q}$ 的极限分布，分别以 $T^{1/2}$ 和 $T$ 乘 $\hat{\alpha}_T-\alpha$ 和 $\hat{\boldsymbol{\gamma}}_T-\boldsymbol{\gamma}$，可得

$$\begin{pmatrix} T^{1/2}(\hat{\alpha}_T - \alpha) \\ T(\hat{\boldsymbol{\gamma}}_T - \boldsymbol{\gamma}) \end{pmatrix} \sim N\left(\begin{matrix} 0 \\ \boldsymbol{0} \end{matrix},\ \sigma_1^2\begin{pmatrix} 1 & T^{-3/2}\sum \boldsymbol{y}_{2t}' \\ T^{-3/2}\sum \boldsymbol{y}_{2t} & T^{-2}\sum \boldsymbol{y}_{2t}\boldsymbol{y}_{2t}' \end{pmatrix}^{-1}\right).$$

利用定理 5.1 的结果，并令其中 $\boldsymbol{\Psi}(L)=\boldsymbol{I}_n$，以及

$$\boldsymbol{P}=\begin{pmatrix}\sigma_1 & \boldsymbol{0}' \\ \boldsymbol{0} & \boldsymbol{P}_{22}\end{pmatrix},$$

这里的 $\boldsymbol{P}_{22}$ 为非异的下三角矩阵，并满足条件：

$$\boldsymbol{\Omega}_{22}=\boldsymbol{P}_{22}\boldsymbol{P}_{22}'.$$

定理 5.1 中的矩阵 $\boldsymbol{\Psi}(1)\boldsymbol{P}=\boldsymbol{P}=\begin{pmatrix}\sigma_1 & \boldsymbol{0}' \\ \boldsymbol{0} & \boldsymbol{P}_{22}\end{pmatrix}$。令 $T\to\infty$，根据定理 5.1，可得：

$$\begin{pmatrix}T^{1/2}(\hat{\alpha}_T-\alpha) \\ T(\hat{\boldsymbol{\gamma}}_T-\boldsymbol{\gamma})\end{pmatrix}=\begin{pmatrix}1 & T^{-3/2}\sum\boldsymbol{y}_{2t}' \\ T^{-3/2}\sum\boldsymbol{y}_{2t} & T^{-2}\sum\boldsymbol{y}_{2t}\boldsymbol{y}_{2t}'\end{pmatrix}^{-1}\begin{pmatrix}T^{-1/2}\sum u_{1t} \\ T^{-1}\sum\boldsymbol{y}_{2t}u_{1t}\end{pmatrix}$$

$$\Rightarrow\begin{pmatrix}1 & \int_0^1\boldsymbol{W}(r)'\mathrm{d}r\begin{pmatrix}\boldsymbol{0}' \\ \boldsymbol{P}_{22}'\end{pmatrix} \\ [\boldsymbol{0},\boldsymbol{P}_{22}]\int_0^1\boldsymbol{W}(r)\mathrm{d}r & [\boldsymbol{0},\boldsymbol{P}_{22}]\int_0^1\boldsymbol{W}(r)\boldsymbol{W}(r)'\mathrm{d}r\begin{pmatrix}\boldsymbol{0}' \\ \boldsymbol{P}_{22}'\end{pmatrix}\end{pmatrix}^{-1}$$

$$\cdot\begin{pmatrix}(\sigma_1\quad\boldsymbol{0}')\boldsymbol{W}(1) \\ [\boldsymbol{0},\boldsymbol{P}_{22}]\int_0^1\boldsymbol{W}(r)[\mathrm{d}\boldsymbol{W}(r)]'\begin{pmatrix}\sigma_1 \\ \boldsymbol{0}\end{pmatrix}\end{pmatrix}.$$

其中的 $\boldsymbol{W}(r)$ 是由 $[u_{1t},\boldsymbol{u}_{2t}']'$ 生成的 $n$ 维标准维纳过程，可分解成：

$$\boldsymbol{W}(r)=(W_1(r)\quad\boldsymbol{W}_2(r)')',$$

这里的 $W_1(r)$ 和 $\boldsymbol{W}_2(r)$ 分别为 1 维和 $(n-1)$ 维。由此，可将以上的条件分布进一步写成：

$$\begin{pmatrix}T^{1/2}(\hat{\alpha}_T-\alpha) \\ T(\hat{\boldsymbol{\gamma}}_T-\boldsymbol{\gamma})\end{pmatrix}\Rightarrow\begin{pmatrix}1 & \left(\int_0^1\boldsymbol{W}_2(r)'\mathrm{d}r\right)\boldsymbol{P}_{22}' \\ \boldsymbol{P}_{22}\int_0^1\boldsymbol{W}_2(r)\mathrm{d}r & \boldsymbol{P}_{22}\left(\int_0^1\boldsymbol{W}_2(r)\boldsymbol{W}_2(r)'\mathrm{d}r\right)\boldsymbol{P}_{22}'\end{pmatrix}^{-1}$$

$$\cdot\begin{pmatrix}\sigma_1W_1(1) \\ \sigma_1\boldsymbol{P}_{22}\int_0^1\boldsymbol{W}_2(r)\mathrm{d}W_1(r)\end{pmatrix}\equiv\sigma_1\begin{pmatrix}\boldsymbol{V}_1 \\ \boldsymbol{V}_2\end{pmatrix}.\tag{5.74}$$

由于 $u_{1t}$ 和 $\boldsymbol{u}_{2t}$ 相互独立性，维纳过程 $W_1(r)$ 和 $\boldsymbol{W}_2(r)$ 也相互独立。根据变量 $\mathrm{d}W_1(r)$ 的定义，给定维纳过程 $\boldsymbol{W}_2(r)$，表达式 $\int_0^1 W_2(r)\mathrm{d}W_1(r)$ 有条件分布：

$$\int_0^1\boldsymbol{W}_2(r)\mathrm{d}W_1(r)\sim N\left(0,\int_0^1\boldsymbol{W}_2(r)\boldsymbol{W}_2(r)'\mathrm{d}r\right),$$

由于式(5.74)中的 $\boldsymbol{V}_2$ 只含有常数矩阵 $\boldsymbol{P}_{22}$ 和维纳过程 $\boldsymbol{W}_2(r)$，因此给定 $\boldsymbol{W}_2(r)$，有下式：

$$\begin{pmatrix} T^{1/2}(\hat{\alpha}_T-\alpha) \\ T(\hat{\boldsymbol{\gamma}}_T-\boldsymbol{\gamma}) \end{pmatrix} \Rightarrow \begin{bmatrix} 1 & \left(\int_0^1 \boldsymbol{W}_2(r)'\mathrm{d}r\right)\boldsymbol{P}_{22}' \\ \boldsymbol{P}_{22}\int_0^1 \boldsymbol{W}_2(r)\mathrm{d}r & \boldsymbol{P}_{22}\left(\int_0^1 \boldsymbol{W}_2(r)\boldsymbol{W}_2(r)'\mathrm{d}r\right)\boldsymbol{P}_{22}' \end{bmatrix}^{-1}$$

$$\cdot \begin{bmatrix} \sigma_1 W_1(1) \\ \sigma_1 \boldsymbol{P}_{22}\int_0^1 \boldsymbol{W}_2(r)(\mathrm{d}W_1(r)) \end{bmatrix}$$

$$\sim N\left(\begin{bmatrix} 0 \\ \boldsymbol{0} \end{bmatrix}, \begin{bmatrix} 1 & \left(\int_0^1 \boldsymbol{W}_2(r)'\mathrm{d}r\right)\boldsymbol{P}_{22}' \\ \boldsymbol{P}_{22}\int_0^1 \boldsymbol{W}_2(r)\mathrm{d}r & \boldsymbol{P}_{22}\left(\int_0^1 \boldsymbol{W}_2(r)\boldsymbol{W}_2(r)'\mathrm{d}r\right)\boldsymbol{P}_{22}' \end{bmatrix}^{-1}\right). \quad (5.75)$$

式(5.75)中的正态分布称为“混合正态分布”(mixed normal distribution)，它的协方差矩阵包含维纳过程 $\boldsymbol{W}_2(r)$ 的泛函，给定 $\boldsymbol{W}_2(r)$ 和 $\boldsymbol{P}_{22}$ 的值它就有条件正态分布。这一结果成立的关键是 $u_{1t}$ 和 $\boldsymbol{u}_{2t}$ 的相互独立性。

利用以上结果，我们可以进一步考虑当 $T\to\infty$ 时，二次型 $\boldsymbol{Q}$ 的极限分布。以正整数 $m$ 乘 $\boldsymbol{Q}$，得：

$$mQ = (\boldsymbol{R}_1\hat{\alpha}_T + R_2\hat{\boldsymbol{\gamma}}_T - \boldsymbol{d})'\left\{s_T^2[\boldsymbol{R}_1,\boldsymbol{R}_2]\begin{bmatrix} T & \sum \boldsymbol{y}_{2t}' \\ \sum \boldsymbol{y}_{2t} & \sum \boldsymbol{y}_{2t}\boldsymbol{y}_{2t}' \end{bmatrix}^{-1}\begin{bmatrix} \boldsymbol{R}_1' \\ \boldsymbol{R}_2' \end{bmatrix}\right\}^{-1}$$

$$\times(\boldsymbol{R}_1\hat{\alpha}_T + \boldsymbol{R}_2\hat{\boldsymbol{\gamma}}_T - \boldsymbol{d}).$$

为叙述方便，我们假设给定的约束条件只涉及协整向量 $\boldsymbol{\gamma}$，而与常数项 $\alpha$ 无关，因此可令 $\boldsymbol{R}_1=\boldsymbol{0}$，简化表达式：

$$mQ = (\boldsymbol{R}_2\hat{\boldsymbol{\gamma}}_T - \boldsymbol{d})'\left\{s_T^2[\boldsymbol{0},\boldsymbol{R}_2]\begin{bmatrix} T & \sum \boldsymbol{y}_{2t}' \\ \sum \boldsymbol{y}_{2t} & \sum \boldsymbol{y}_{2t}\boldsymbol{y}_{2t}' \end{bmatrix}^{-1}\begin{bmatrix} \boldsymbol{0}' \\ \boldsymbol{R}_2' \end{bmatrix}\right\}^{-1}(\boldsymbol{R}_2\hat{\boldsymbol{\gamma}}_T - \boldsymbol{d})$$

$$= s_T^{-2}[\boldsymbol{R}_2 T(\hat{\boldsymbol{\gamma}}_T - \boldsymbol{\gamma})]'$$

$$\cdot\left\{[\boldsymbol{0},\boldsymbol{R}_2]\begin{bmatrix} 1 & T^{-3/2}\sum \boldsymbol{y}_{2t}' \\ T^{-3/2}\sum \boldsymbol{y}_{2t} & \sum \boldsymbol{y}_{2t}\boldsymbol{y}_{2t}' \end{bmatrix}^{-1}\begin{bmatrix} \boldsymbol{0}' \\ \boldsymbol{R}_2' \end{bmatrix}\right\}^{-1}[\boldsymbol{R}_2 T(\hat{\boldsymbol{\gamma}}_T - \boldsymbol{\gamma})].$$

令 $T\to\infty$，$s_T^2\to\sigma_1^2$，$mQ$ 有以下极限分布：

$$mQ \Rightarrow [\boldsymbol{R}_2\sigma_1\boldsymbol{V}_2]'\sigma_1^{-2} \cdot \left\{[\boldsymbol{0},\boldsymbol{R}_2]\begin{pmatrix} 1 & \left(\int_0^1 \boldsymbol{W}_2(r)'\mathrm{d}r\right)\boldsymbol{P}_{22}' \\ \boldsymbol{P}_{22}\int_0^1 \boldsymbol{W}_2(r)\mathrm{d}r & \boldsymbol{P}_{22}\left(\int_0^1 \boldsymbol{W}_2(r)\boldsymbol{W}_2(r)'\mathrm{d}r\right)\boldsymbol{P}_{22}' \end{pmatrix}^{-1}\begin{pmatrix}\boldsymbol{0}' \\ \boldsymbol{R}_2'\end{pmatrix}\right\}^{-1}[\boldsymbol{R}_2\sigma_1\boldsymbol{V}_2].$$

由式(5.68)式可知，随机向量$[\boldsymbol{R}_2\sigma_1\boldsymbol{V}_2]$有正态分布，其期望为零，协方差矩阵为：

$$\mathrm{var}[\boldsymbol{R}_2\sigma_1\boldsymbol{V}_2] = \sigma_1^2[\boldsymbol{0},\boldsymbol{R}_2]\begin{pmatrix} 1 & \left(\int_0^1 \boldsymbol{W}_2(r)'\mathrm{d}r\right)\boldsymbol{P}_{22}' \\ \boldsymbol{P}_{22}\int_0^1 \boldsymbol{W}_2(r)\mathrm{d}r & \boldsymbol{P}_{22}\left(\int_0^1 \boldsymbol{W}_2(r)\boldsymbol{W}_2(r)'\mathrm{d}r\right)\boldsymbol{P}_{22}' \end{pmatrix}^{-1}\begin{pmatrix}\boldsymbol{0}' \\ \boldsymbol{R}_2'\end{pmatrix}.$$

因此，二次型 $m\boldsymbol{Q}$ 有极限分布：

$$m\boldsymbol{Q} \Rightarrow [\boldsymbol{R}_2\sigma_1\boldsymbol{V}_2]'(\mathrm{var}[\boldsymbol{R}_2\sigma_1\boldsymbol{V}_2])^{-1}[\boldsymbol{R}_2\sigma_1\boldsymbol{V}_2] \sim \chi^2(m), \tag{5.76}$$

其中，$\chi^2$ 分布的自由度 $m$ 是矩阵 $\mathrm{R}_2$ 的秩。

可见，如果 $y_{1t}$和 $\boldsymbol{y}_{2t}$之间存在协整关系，对协整向量的约束条件的合理性可以使用通常的 $\chi^2$ 检验。当然，这一结果只在大样本下成立。还需指出，这一结果在 $\boldsymbol{R}_1 \neq \boldsymbol{0}$ 时也成立。

以上的讨论基于假设 $u_{1t}$和 $\boldsymbol{u}_{2t}$为独立同分布，且互不相关。我们下面放宽这一独立同分布的假设，但仍假定它们之间互不相关。

假设随机向量$[u_{1t},\boldsymbol{u}_{2t}']'$有以下表达式：

$$\begin{pmatrix} u_{1t} \\ \boldsymbol{u}_{2t} \end{pmatrix} = \boldsymbol{\Psi}(L)\boldsymbol{\varepsilon}_t = \sum_{s=0}^{\infty}\boldsymbol{\Psi}_s\boldsymbol{\varepsilon}_{t-s},$$

其中，$\{s \cdot \boldsymbol{\Psi}_s\}_{s=0}^{\infty}$的每一元素列都绝对可和；随机向量$\{\boldsymbol{\varepsilon}_t\}$独立同分布，且 $E(\boldsymbol{\varepsilon}_t) = \boldsymbol{0}$，$\mathrm{var}(\boldsymbol{\varepsilon}_t) = \boldsymbol{\Omega} = \boldsymbol{PP}'$；由于 $u_{1t}$和 $\boldsymbol{u}_{2t}$互不相关，矩阵滞后多项式和矩阵 $\boldsymbol{P}$ 的分块对角表示形式为：

$$\boldsymbol{\Psi}(L) = \begin{pmatrix} \boldsymbol{\Psi}_{11}(L) & \boldsymbol{0}' \\ \boldsymbol{0} & \boldsymbol{\Psi}_{22}(L) \end{pmatrix}, \quad \boldsymbol{P} = \begin{pmatrix} \sigma_1 & \boldsymbol{0}' \\ \boldsymbol{0} & \boldsymbol{P}_{22} \end{pmatrix},$$

从而有

$$\begin{aligned}\boldsymbol{\Psi}(1) \cdot \boldsymbol{P} &= \begin{pmatrix} \boldsymbol{\Psi}_{11}(1) & \boldsymbol{0}' \\ \boldsymbol{0} & \boldsymbol{\Psi}_{22}(1) \end{pmatrix}\begin{pmatrix} \sigma_1 & \boldsymbol{0}' \\ \boldsymbol{0} & \boldsymbol{P}_{22} \end{pmatrix} \\ &= \begin{pmatrix} \sigma_1\boldsymbol{\Psi}_{11}(1) & \boldsymbol{0}' \\ \boldsymbol{0} & \boldsymbol{\Psi}_{22}(1)\boldsymbol{P}_{22} \end{pmatrix} = \begin{pmatrix} \lambda_1 & \boldsymbol{0}' \\ \boldsymbol{0} & \boldsymbol{\Lambda}_{22} \end{pmatrix}\end{aligned}$$

与式(5.75)比较，立即可得：

$$\begin{bmatrix} T^{1/2}(\hat{\alpha}_T-\alpha) \\ T(\hat{\boldsymbol{\gamma}}_T-\boldsymbol{\gamma}) \end{bmatrix} \Rightarrow \begin{bmatrix} 1 & \left(\int_0^1 \boldsymbol{W}_2(r)'\mathrm{d}r\right)\boldsymbol{\Lambda}_{22}' \\ \boldsymbol{\Lambda}_{22}\int_0^1 \boldsymbol{W}_2(r)\mathrm{d}r & \boldsymbol{\Lambda}_{22}\left(\int_0^1 \boldsymbol{W}_2(r)\boldsymbol{W}_2(r)'\mathrm{d}r\right)\boldsymbol{\Lambda}_{22}' \end{bmatrix}^{-1}$$

$$\cdot \begin{bmatrix} \lambda_1 W_1(1) \\ \lambda_1 \boldsymbol{\Lambda}_{22}\int_0^1 \boldsymbol{W}_2(r)(\mathrm{d}W_1(r)) \end{bmatrix}.$$

随机变量 $\boldsymbol{u}_{1t}$ 和 $\boldsymbol{u}_{2t}$ 的不相关,使得上式中的 $W_1(r)$ 与 $\boldsymbol{W}_2(r)$ 也不相关。给定 $\boldsymbol{W}_2(r)$ 的值,上式有正态的条件极限分布:

$$N\left\{\begin{pmatrix} 0 \\ \boldsymbol{0} \end{pmatrix}, \lambda_1^2 \begin{bmatrix} 1 & \left(\int_0^1 \boldsymbol{W}_2(r)'\mathrm{d}r\right)\boldsymbol{\Lambda}_{22}' \\ \boldsymbol{\Lambda}_{22}\int_0^1 \boldsymbol{W}_2(r)\mathrm{d}r & \boldsymbol{\Lambda}_{22}\left(\int_0^1 \boldsymbol{W}_2(r)\boldsymbol{W}_2(r)'\mathrm{d}r\right)\boldsymbol{\Lambda}_{22}' \end{bmatrix}^{-1}\right\} \tag{5.77}$$

和前面一样,其中的未知参数 $\lambda_1^2$ 可由下式估计:

$$\hat{\lambda}_1^2 = \hat{c}_0 + 2\sum_{j=1}^{q}\left[1-\frac{j}{q+1}\right]\hat{c}_j,$$

这里的 $\hat{c}_j$ 为:

$$\hat{c}_j = T^{-1}\sum_{t=j+1}^{T}\hat{u}_{1t}\hat{u}_{1,t-j}, \quad j=0,1,\cdots,q,$$

$$\hat{u}_{1t} = (y_{1t}-\hat{\alpha}_T-\hat{\boldsymbol{\gamma}}'\boldsymbol{y}_{2t}).$$

当 $q\to\infty, q/T\to 0$,则 $\hat{\lambda}_1 \xrightarrow{p} \lambda_1$。以 $\hat{\lambda}_1$ 代替 $\lambda_1$,可得估计的 $m\boldsymbol{Q}$ 在 $u_{1t}$ 和 $\boldsymbol{u}_{2t}$ 不相关时的极限分布:

$$\widehat{m\boldsymbol{Q}} = (\boldsymbol{R}_1\hat{\alpha}_T+\boldsymbol{R}_2\hat{\boldsymbol{\gamma}}_T-\boldsymbol{d})'\left\{\hat{\lambda}_1^2[\boldsymbol{R}_1,\boldsymbol{R}_2]\begin{bmatrix} T & \sum\boldsymbol{y}_{2t}' \\ \sum\boldsymbol{y}_{2t} & \sum\boldsymbol{y}_{2t}\boldsymbol{y}_{2t}' \end{bmatrix}^{-1}\begin{bmatrix}\boldsymbol{R}_1' \\ \boldsymbol{R}_2'\end{bmatrix}\right\}^{-1}$$

$$\times(\boldsymbol{R}_1\hat{\alpha}_T+\boldsymbol{R}_2\hat{\boldsymbol{\gamma}}_T-\boldsymbol{d}) \xrightarrow{d} \chi^2(m)$$

以上讨论说明,只要 $u_{1t}$ 和 $\boldsymbol{u}_{2t}$ 不相关,$[T^{1/2}(\hat{\alpha}_T-\alpha), T(\hat{\boldsymbol{\gamma}}_T-\boldsymbol{\gamma})']'$ 就有正态的极限分布,而且从(5.77)可以看出,$u_{1t}$ 和 $\boldsymbol{u}_{2t}$ 的自相关只影响分布的方差矩阵,但不改变分布的正态性。

下面我们讨论 $u_{1t}$ 和 $\boldsymbol{u}_{2t}$ 相关时对 $y_{1t}$ 和 $\boldsymbol{y}_{2t}$ 的协整向量的假设检验。

## 5.9 随机向量的协整性检验：$\boldsymbol{u}_{1t}$和$\boldsymbol{u}_{2t}$相关

在协整系统

$$\begin{aligned} \boldsymbol{y}_{1t} &= \alpha + \boldsymbol{\gamma}'\boldsymbol{y}_{2t} + \boldsymbol{u}_{1t} \\ \boldsymbol{y}_{2t} &= \boldsymbol{y}_{2,t-1} + \boldsymbol{u}_{2t} \end{aligned} \tag{5.78}$$

中，无论 $u_{1t}$和$\boldsymbol{u}_{2t}$是否相关，或者 $u_{1t}$和$\boldsymbol{u}_{2t}$本身是否自相关，参数 $\alpha$ 和 $\gamma$ 的最小二乘估计量 $\hat{\alpha}$ 和 $\hat{\gamma}$ 是超一致的估计量。但如果 $u_{1t}$和$\boldsymbol{u}_{2t}$之间存在相关系数，根据以上讨论，统计量 $T(\hat{\boldsymbol{\gamma}}_T-\boldsymbol{\gamma})$不再有正态的条件极限分布，因为这时由 $u_{1t}$和$\boldsymbol{u}_{2t}$生成的维纳过程 $W_1(r)$和$\boldsymbol{W}_2(r)$不再相互独立，泛函 $\int \boldsymbol{W}_2(r)\mathrm{d}W_1(r)$ 不再有正态的条件分布，不属于 LANN，因此二次型 $m\boldsymbol{Q}$ 也不再有 $\chi^2$ 分布。

如果仍想采用传统的 $\chi^2$ 分布检验协整向量的限制条件，我们须对 $m\boldsymbol{Q}$ 作适当的修正，除去其中 $u_{1t}$和$\boldsymbol{u}_{2t}$相关系数的影响。

将 $u_{1t}$对由 $\boldsymbol{u}_{2,t-p},\boldsymbol{u}_{2,t-p+1},\cdots,\boldsymbol{u}_{2t},\boldsymbol{u}_{2,t+1},\cdots,\boldsymbol{u}_{2,t+p}$ 构成的线性空间作投影，可得：

$$u_{1t} = \sum_{s=-p}^{p}\boldsymbol{l}_s'\boldsymbol{u}_{2,t-s} + \tilde{u}_{1t}, \tag{5.79}$$

其中，$p$ 是一正整数。投影残差 $\tilde{u}_{1t}(t=1,2,\cdots)$与向量 $\boldsymbol{u}_{2,t-s}(s=-p,\cdots,p)$不相关。如果 $u_{1t}$和$\boldsymbol{u}_{2t}$有不为零的相关系数，那么 $\boldsymbol{l}_s(s=-p,\cdots,p)$中至少有一个不全为零的向量。以式(5.79)代入式(5.78)的第一个方程，可得系统：

$$\begin{aligned} y_{1t} &= \alpha + \boldsymbol{\gamma}'\boldsymbol{y}_{2t} + \sum_{s=-p}^{p}\boldsymbol{l}_s'\boldsymbol{u}_{2,t-s} + \tilde{u}_{1t} \\ \boldsymbol{y}_{2t} &= \boldsymbol{y}_{2,t-1} + \boldsymbol{u}_{2t} \end{aligned} \tag{5.80}$$

其中的随机干扰 $\tilde{u}_{1t}$和$\boldsymbol{u}_{2t}$不再相关。假设$[\tilde{u}_{1t},\boldsymbol{u}_{2t}']'$有无穷阶移动平均表示形式：

$$\begin{pmatrix} \tilde{u}_{1t} \\ \boldsymbol{u}_{2t} \end{pmatrix} = \sum_{s=0}^{\infty}\boldsymbol{\Psi}_s\boldsymbol{\varepsilon}_{t-s}$$

这里$\{s\cdot\boldsymbol{\Psi}_s\}_{s=0}^{\infty}$为 $n\times n$ 维矩阵序列，其中的每一元素列都绝对可和；$\{\boldsymbol{\varepsilon}_t\}$为独立同分布，$E(\boldsymbol{\varepsilon}_t)=\boldsymbol{0}$，$\mathrm{var}(\boldsymbol{\varepsilon}_t)=\boldsymbol{\Omega}=\boldsymbol{P}\boldsymbol{P}'$。随机干扰 $\tilde{u}_{1t}$和$\boldsymbol{u}_{2t}$的不相关，使得矩阵 $\boldsymbol{P}$ 和 $\tilde{\boldsymbol{\Psi}}(L)$有分块对角形式：

$$\boldsymbol{P} = \begin{pmatrix} \sigma_1 & \boldsymbol{0}' \\ \boldsymbol{0} & \boldsymbol{P}_{22} \end{pmatrix} \quad 和 \quad \tilde{\boldsymbol{\Psi}}(L) = \begin{pmatrix} \tilde{\boldsymbol{\Psi}}_{11}(L) & \boldsymbol{0}' \\ \boldsymbol{0} & \tilde{\boldsymbol{\Psi}}_{22}(L) \end{pmatrix}, \tag{5.81}$$

其中，$\boldsymbol{P}_{22}$ 和 $\widetilde{\boldsymbol{\Psi}}_{22}(L)$ 均为 $(n-1)\times(n-1)$ 维矩阵。

定义随机向量：

$$\boldsymbol{z}_t=[\boldsymbol{u}_{2,t-p}',\cdots,\boldsymbol{u}_{2t}',\cdots,\boldsymbol{u}_{2,t+p}']',$$

以及参数向量：

$$\boldsymbol{l}=[\boldsymbol{l}_p',\boldsymbol{l}_{p-1}',\cdots,\boldsymbol{l}_{-p}']',$$

将式(5.80)的第一个方程改写成以下形式：

$$\begin{aligned} y_{1t}&=\alpha+\boldsymbol{\gamma}'\boldsymbol{y}_{2t}+\sum_{s=-p}^{p}\boldsymbol{l}_s'\boldsymbol{u}_{2,t-s}+\tilde{u}_{1t}\\ &=\boldsymbol{l}'\boldsymbol{z}_t+\alpha+\boldsymbol{\gamma}'\boldsymbol{y}_{2t}+\tilde{u}_{1t}. \end{aligned}\tag{5.82}$$

根据以前的讨论，参数 $\boldsymbol{l}$、$\boldsymbol{\alpha}$ 和 $\boldsymbol{\gamma}$ 的最小二乘估计有以下极限：

$$\begin{pmatrix} T^{1/2}(\hat{\boldsymbol{l}}_T-\boldsymbol{l})\\ T^{1/2}(\hat{\alpha}_T-\alpha)\\ T(\hat{\boldsymbol{\gamma}}_T-\boldsymbol{\gamma}) \end{pmatrix}\Rightarrow\begin{pmatrix} \boldsymbol{G}^{-1}\boldsymbol{h}\\ \tilde{\lambda}_{11}V_1\\ \tilde{\lambda}_{11}\boldsymbol{V}_2 \end{pmatrix},$$

其中，$G=E(z_t\boldsymbol{z}_t')$，$T^{-1/2}\sum_{t=1}^{T}\boldsymbol{z}_t\tilde{u}_{1t}\Rightarrow\boldsymbol{h}$，$\tilde{\lambda}_{11}=\sigma_1\widetilde{\boldsymbol{\Psi}}_{11}(1)$，以及

$$\begin{pmatrix} V_1\\ \boldsymbol{V}_2 \end{pmatrix}=\begin{pmatrix} 1 & \left(\int_0^1\boldsymbol{W}_2(r)'\mathrm{d}r\right)\widetilde{\boldsymbol{\Lambda}}_{22}'\\ \widetilde{\boldsymbol{\Lambda}}_{22}\int_0^1\boldsymbol{W}_2(r)\mathrm{d}r & \widetilde{\boldsymbol{\Lambda}}_{22}\left(\int_0^1\boldsymbol{W}_2(r)\boldsymbol{W}_2(r)'\mathrm{d}r\right)\widetilde{\boldsymbol{\Lambda}}_{22}' \end{pmatrix}^{-1}\begin{pmatrix} W_1(1)\\ \widetilde{\boldsymbol{\Lambda}}_{22}\int_0^1\boldsymbol{W}_2(r)(\mathrm{d}W_1(r)) \end{pmatrix}.$$

这里，$\widetilde{\boldsymbol{\Lambda}}_{22}=\widetilde{\boldsymbol{\Psi}}_{22}(1)\boldsymbol{P}_{22}$，$W_1(r)$ 和 $\boldsymbol{W}_2(r)$ 分别为 1 维和 $(n-1)$ 维的相互独立的标准维纳过程。这样，若给定 $\boldsymbol{W}_2(r)$ 的值，$[V_1,\boldsymbol{V}_2']'$ 有条件正态分布：

$$\left(\begin{matrix} v_1\\ \boldsymbol{V}_2 \end{matrix}\middle|\boldsymbol{W}_2(r)\right)\sim N\left\{\begin{pmatrix} 0\\ \boldsymbol{0} \end{pmatrix},\begin{pmatrix} 1 & \left(\int_0^1\boldsymbol{W}_2(r)'\mathrm{d}r\right)\widetilde{\boldsymbol{\Lambda}}_{22}'\\ \widetilde{\boldsymbol{\Lambda}}_{22}\int_0^1\boldsymbol{W}_2(r)\mathrm{d}r & \widetilde{\boldsymbol{\Lambda}}_{22}\left(\int_0^1\boldsymbol{W}_2(r)\boldsymbol{W}_2(r)'\mathrm{d}r\right)\widetilde{\boldsymbol{\Lambda}}_{22}' \end{pmatrix}^{-1}\right\}.$$

利用上一节的方法，构造二次型 $m\boldsymbol{Q}$，若假设 $\boldsymbol{R}_2\boldsymbol{\gamma}=\boldsymbol{d}$ 为真，$m\boldsymbol{Q}$ 有条件极限分布：

$$\begin{aligned} m\boldsymbol{Q}=&(\boldsymbol{R}_2\hat{\boldsymbol{\gamma}}_T-\boldsymbol{d})'\left\{s_T^2[\boldsymbol{0},\boldsymbol{0},\boldsymbol{R}_2]\begin{bmatrix} \sum\boldsymbol{z}_t\boldsymbol{z}_t' & \sum\boldsymbol{z}_t & \sum\boldsymbol{z}_t\boldsymbol{y}_{2t}'\\ \sum\boldsymbol{z}_t' & T & \sum\boldsymbol{y}_{2t}'\\ \sum\boldsymbol{y}_{2t}\boldsymbol{z}_t' & \sum\boldsymbol{y}_{2t} & \sum\boldsymbol{y}_{2t}\boldsymbol{y}_{2t}' \end{bmatrix}^{-1}\begin{bmatrix} \boldsymbol{0}'\\ \boldsymbol{0}'\\ \boldsymbol{R}_2' \end{bmatrix}\right\}^{-1}\\ &\times(\boldsymbol{R}_2\hat{\boldsymbol{\gamma}}_T-\boldsymbol{d}) \end{aligned}$$

$$\Rightarrow \frac{\tilde{\lambda}_{11}^2}{\text{plim}s_T^2}[\boldsymbol{R}_2\boldsymbol{V}_2]'\left\{[\boldsymbol{0},\boldsymbol{R}_2]\begin{bmatrix} 1 & \left(\int_0^1 \boldsymbol{W}_2(r)'\text{d}r\right)\widetilde{\boldsymbol{\Lambda}}_{22}' \\ \widetilde{\boldsymbol{\Lambda}}_{22}\int_0^1 \boldsymbol{W}_2(r)\text{d}r & \widetilde{\boldsymbol{\Lambda}}_{22}\left(\int_0^1 \boldsymbol{W}_2(r)\boldsymbol{W}_2(r)'\text{d}r\right)\widetilde{\boldsymbol{\Lambda}}_{22}' \end{bmatrix}^{-1}\begin{pmatrix}\boldsymbol{0}' \\ \boldsymbol{R}_2'\end{pmatrix}\right\}^{-1}$$

$$\times[\boldsymbol{R}_2\boldsymbol{V}_2]$$

与上一节的式(5.59)比较，立即可得：

$$m\boldsymbol{Q} \xrightarrow{d} \frac{\tilde{\lambda}_{11}^2}{\text{plim}s_T^2}\cdot\chi^2(m) \tag{5.83}$$

由于 $\tilde{u}_{1t}$存在自相关，一般 $\text{plim}s_T^2 \neq \tilde{\lambda}_{11}^2$。下面我们用两种不同的方法构造参数 $\tilde{\lambda}_{11}^2$ 的一致估计。

首先，对以下回归模型

$$y_{1t} = \alpha + \boldsymbol{\gamma}'\boldsymbol{y}_{2t} + \sum_{s=-p}^{p}\boldsymbol{l}_s'\Delta\boldsymbol{y}_{2,t-s} + \tilde{u}_{1t}$$

中的参数作最小二乘估计，构造估计回归残差 $\hat{e}_t$ 的 $p$ 阶自回归模型：

$$\hat{e}_t = \phi_1\hat{e}_{t-1} + \phi_2\hat{e}_{t-2} + \cdots + \phi_p\hat{e}_{t-p} + \eta_t. \tag{5.84}$$

取得参数的最小二乘估计 $\hat{\phi}_1,\hat{\phi}_2,\cdots,\hat{\phi}_p$，因为

$$\tilde{\lambda}_{11} = \sigma_1\widetilde{\boldsymbol{\Psi}}_{11}(1),$$

我们构造参数 $\tilde{\lambda}_{11}$的一致估计量：

$$\hat{\tilde{\lambda}}_{11} = \frac{\hat{\sigma}_1}{1-\hat{\phi}_1-\hat{\phi}_2-\cdots-\hat{\phi}_p},$$

其中，$\hat{\sigma}_1^2 = (T-P)^{-1}\sum_{t=p+1}^{T}\hat{\eta}_t^2$，$\hat{\eta}_t^2$ 为回归模型的估计残差。当 $T\to\infty$，我们有$\hat{\tilde{\lambda}}_{11}\to\tilde{\lambda}_{11}$，以$\hat{\tilde{\lambda}}_{11}$代入 $m\boldsymbol{Q}$ 中的 $s_T$，可得估计量$\widehat{m\boldsymbol{Q}}$，并有极限分布：

$$\widehat{m\boldsymbol{Q}} = (\boldsymbol{R}_2\hat{\boldsymbol{\gamma}}_T-\boldsymbol{d})'\left\{\tilde{\lambda}_{11}^2[\boldsymbol{0},\boldsymbol{0},\boldsymbol{R}_2]\begin{bmatrix}\sum\boldsymbol{z}_t\boldsymbol{z}_t' & \sum\boldsymbol{z}_t & \sum\boldsymbol{z}_t\boldsymbol{y}_{2t}' \\ \sum\boldsymbol{z}_t' & T & \sum\boldsymbol{y}_{2t}' \\ \sum\boldsymbol{y}_{2t}\boldsymbol{z}_t' & \sum\boldsymbol{y}_{2t} & \sum\boldsymbol{y}_{2t}\boldsymbol{y}_{2t}'\end{bmatrix}^{-1}\begin{pmatrix}\boldsymbol{0}' \\ \boldsymbol{0}' \\ \boldsymbol{R}_2'\end{pmatrix}\right\}^{-1}$$

$$\times(\boldsymbol{R}_2\hat{\boldsymbol{\gamma}}_T-\boldsymbol{d}) \xrightarrow{d} \frac{\tilde{\lambda}_{11}^2}{\text{plim}\,\hat{\tilde{\lambda}}_{11}^2}\cdot\chi^2(m) = \chi^2(m). \tag{5.85}$$

这样，经过修正的统计量 $\widehat{m\boldsymbol{Q}}$有 $\chi^2(m)$的条件极限分布。

其次，利用回归残差 $\hat{e}_t$ 构造参数 $\tilde{\lambda}_{11}^2$ 的一致估计量：

$$\tilde{\tilde{\lambda}}_{11}^2 = \hat{c}_0 + 2\sum_{j=1}^{q}\left[1 - \frac{j}{q+1}\right]\cdot \hat{c}_j,$$

其中，$\hat{c}_j = T^{-1}\sum_{t=j+1}^{T}\hat{e}_t\hat{e}_{t-j}, \quad j = 1,2,\cdots,q$。当 $T\to\infty$，有 $\tilde{\tilde{\lambda}}_{11}^2 \xrightarrow{p} \tilde{\lambda}_{11}^2$。

以 $\tilde{\tilde{\lambda}}_{11}^2$ 代替式(5.85)中的 $\hat{\tilde{\lambda}}_{11}^2$，构成统计量 $\widetilde{\widetilde{mQ}}$，当 $T\to\infty$，有极限分布：

$$\widetilde{\widetilde{mQ}} = (\boldsymbol{R}_2\hat{\boldsymbol{\gamma}}_T - \boldsymbol{d})'\left\{\tilde{\tilde{\lambda}}_{11}^2[\boldsymbol{0},\boldsymbol{0},\boldsymbol{R}_2]\begin{bmatrix}\sum \boldsymbol{z}_t\boldsymbol{z}_t' & \sum \boldsymbol{z}_t & \sum \boldsymbol{z}_t\boldsymbol{y}_{2t}' \\ \sum \boldsymbol{z}_t' & T & \sum \boldsymbol{y}_{2t}' \\ \sum \boldsymbol{y}_{2t}\boldsymbol{z}_t' & \sum \boldsymbol{y}_{2t} & \sum \boldsymbol{y}_{2t}\boldsymbol{y}_{2t}'\end{bmatrix}^{-1}\begin{bmatrix}\boldsymbol{0}' \\ \boldsymbol{0}' \\ \boldsymbol{R}_2'\end{bmatrix}\right\}^{-1}$$

$$\cdot(\boldsymbol{R}_2\hat{\boldsymbol{\gamma}}_T - \boldsymbol{d}) \xrightarrow{d} \frac{\tilde{\lambda}_{11}^2}{\operatorname{plim}\tilde{\tilde{\lambda}}_{11}^2}\cdot\chi^2(m) = \chi^2(m).$$

## 5.10 充分改进的最小二乘估计

为了进一步改进由 $u_{1t}$ 和 $\boldsymbol{u}_{2t}$ 相关造成的最小二乘法估计量极限分布中的偏差，我们在本节讨论“充分改进的最小二乘估计”(fully modified OLS)，简称“改进的OLS”。仍利用协整系统的三角表示形式：

$$\begin{aligned} y_{1t} &= \boldsymbol{\alpha} + \boldsymbol{\gamma}'\boldsymbol{y}_{2t} + u_{1t}, \\ \Delta\boldsymbol{y}_{2t} &= \boldsymbol{u}_{2t}. \end{aligned} \tag{5.86}$$

和以前一样，我们仍假设系统的随机干扰有如下表示形式：

$$\begin{bmatrix}u_{1t} \\ \boldsymbol{u}_{2t}\end{bmatrix} = \boldsymbol{\Psi}(L)\boldsymbol{\varepsilon}_t = \sum_{s=0}^{\infty}\boldsymbol{\Psi}_s\boldsymbol{\varepsilon}_{t-s},$$

其中，$\{s\cdot\boldsymbol{\Psi}_s\}_{s=0}^{\infty}$ 的每一元素列都绝对可和；随机向量$\{\boldsymbol{\varepsilon}_t\}$为独立同分布，且 $E(\boldsymbol{\varepsilon}_t)=\boldsymbol{0}$，$\operatorname{var}(\boldsymbol{\varepsilon}_t)=\boldsymbol{\Omega}=\boldsymbol{PP}'$。但和以上不同的是，我们不再假设 $u_{1t}$ 和 $\boldsymbol{u}_{2t}$ 不相关；相反，我们假设：

$$\boldsymbol{\Lambda} = \boldsymbol{\Psi}(1)\boldsymbol{P},$$

$$\boldsymbol{\Sigma} = \boldsymbol{\Lambda\Lambda}' = \boldsymbol{\Psi}(1)\boldsymbol{PP}'\boldsymbol{\Psi}(1)' = \begin{bmatrix}\Sigma_{11} & \boldsymbol{\Sigma}_{21}' \\ \boldsymbol{\Sigma}_{21} & \boldsymbol{\Sigma}_{22}\end{bmatrix} = \sum_{v=-\infty}^{\infty}\begin{bmatrix}E(u_{1t}u_{1,t-v}) & E(u_{1t}\boldsymbol{u}_{2,t-v}) \\ E(\boldsymbol{u}_{2t}u_{1,t-v}) & E(\boldsymbol{u}_{2t}\boldsymbol{u}_{2,t-v})\end{bmatrix},$$

这里 $\boldsymbol{\Sigma}_{11}$ 为一标量。我们以前假设 $u_{1t}$ 和 $\boldsymbol{u}_{2t}$ 不相关，所以子矩阵 $\boldsymbol{\Sigma}_{21}=\boldsymbol{0}$，维纳过程 $W_1(r)$ 和 $\boldsymbol{W}_2(r)$ 相互独立，由最小二乘估计构成的统计量 $T(\hat{\boldsymbol{\gamma}}_T-\boldsymbol{\gamma})$ 有正态的极限

分布。但我们下面假设 $\boldsymbol{\Sigma}_{21}\neq\mathbf{0}$,统计量 $T(\hat{\boldsymbol{\gamma}}_T-\boldsymbol{\gamma})$也因此不再有正态的极限分布。为了修正由相关性引起的偏差,我们介绍改进的 OLS。

因为 $\boldsymbol{\Sigma}_{21}\neq\mathbf{0}$,我们构造 $\boldsymbol{\Sigma}_{21}'\boldsymbol{\Sigma}_{22}^{-1}\Delta\boldsymbol{y}_{2t}$,将其从 $y_{1t}$ 中减去,得

$$y_{1t}^{+}=y_{1t}-\boldsymbol{\Sigma}_{21}'\boldsymbol{\Sigma}_{22}^{-1}\Delta\boldsymbol{y}_{2t},$$

从而有改进后的协整系统:

$$\begin{aligned}&y_{1t}^{+}=\alpha+\boldsymbol{\gamma}'\boldsymbol{y}_{2t}+u_{1t}^{+},\\&\Delta\boldsymbol{y}_{2t}=\boldsymbol{u}_{2t}.\end{aligned}\tag{5.87}$$

其中的 $u_{1t}^{+}$ 为:

$$u_{1t}^{+}=u_{1t}-\boldsymbol{\Sigma}_{21}'\boldsymbol{\Sigma}_{22}^{-1}\Delta\boldsymbol{y}_{2t},$$

相应地,$[u_{1t}^{+},\boldsymbol{u}_{2t}']'$可表示为:

$$\begin{bmatrix}u_{1t}^{+}\\\boldsymbol{u}_{2t}\end{bmatrix}=\boldsymbol{L}'\begin{bmatrix}u_{1t}\\\boldsymbol{u}_{2t}\end{bmatrix}=\begin{bmatrix}1&-\boldsymbol{\Sigma}_{21}'\boldsymbol{\Sigma}_{22}^{-1}\\\mathbf{0}&\boldsymbol{I}_{n-1}\end{bmatrix}\begin{bmatrix}u_{1t}\\\boldsymbol{u}_{2t}\end{bmatrix}=\begin{bmatrix}\boldsymbol{L}_1'\\\boldsymbol{L}_2'\end{bmatrix}\begin{bmatrix}u_{1t}\\\boldsymbol{u}_{2t}\end{bmatrix}.$$

式(5.87)的参数的最小二乘估计可表示为:

$$\begin{bmatrix}\hat{\alpha}_T^{+}\\\hat{\boldsymbol{\gamma}}_T^{+}\end{bmatrix}=\begin{bmatrix}T&\sum\boldsymbol{y}_{2t}'\\\sum\boldsymbol{y}_{2t}&\sum\boldsymbol{y}_{2t}\boldsymbol{y}_{2t}'\end{bmatrix}^{-1}\begin{bmatrix}\sum y_{1t}^{*}\\\sum\boldsymbol{y}_{2t}y_{1t}^{*}\end{bmatrix}.$$

根据定理(5.1),立即可得:

$$\begin{aligned}\begin{bmatrix}T^{1/2}(\hat{\alpha}_T^{+}-\alpha^{+})\\T(\hat{\boldsymbol{\gamma}}_T^{+}-\boldsymbol{\gamma}^{+})\end{bmatrix}&=\begin{bmatrix}1&T^{-3/2}\sum\boldsymbol{y}_{2t}'\\T^{-3/2}\sum\boldsymbol{y}_{2t}&T^{-2}\sum\boldsymbol{y}_{2t}\boldsymbol{y}_{2t}'\end{bmatrix}^{-1}\begin{bmatrix}T^{-1/2}\sum\boldsymbol{u}_{1t}^{+}\\T^{-1}\sum\boldsymbol{y}_{2t}u_{1t}^{+}\end{bmatrix}\\&\Rightarrow\begin{bmatrix}1&\left(\int_0^1\boldsymbol{W}(r)'\mathrm{d}r\right)\boldsymbol{\Lambda}'\boldsymbol{L}_2\\\boldsymbol{L}_2'\boldsymbol{\Lambda}\int_0^1\boldsymbol{W}(r)\mathrm{d}r&\boldsymbol{L}_2'\boldsymbol{\Lambda}\left(\int_0^1\boldsymbol{W}(r)\boldsymbol{W}(r)'\mathrm{d}r\right)\boldsymbol{\Lambda}'\boldsymbol{L}_2\end{bmatrix}^{-1}\\&\quad\cdot\begin{bmatrix}\boldsymbol{L}_1'\boldsymbol{\Lambda}\boldsymbol{W}(1)\\\boldsymbol{L}_2'\boldsymbol{\Lambda}\int_0^1\boldsymbol{W}(r)[\mathrm{d}\boldsymbol{W}(r)]'\boldsymbol{\Lambda}'+\boldsymbol{\delta}^{+}\end{bmatrix}.\end{aligned}\tag{5.88}$$

其中,$\boldsymbol{\delta}^{+}$可表示为:

$$\begin{aligned}\boldsymbol{\delta}^{+}&=\sum_{v=0}^{\infty}E(\boldsymbol{u}_{2t}u_{1,t+v})=\sum_{v=0}^{\infty}E\{\boldsymbol{u}_{2t}(u_{1,t+v}-\boldsymbol{\Sigma}_{21}'\boldsymbol{\Sigma}_{22}^{-1}\boldsymbol{u}_{2,t+v})\}\\&=\sum_{v=0}^{\infty}E\{\boldsymbol{u}_{2t}[u_{1,t+v},\boldsymbol{u}_{2,t+v}']\}\begin{bmatrix}1\\-\boldsymbol{\Sigma}_{22}^{-1}\boldsymbol{\Sigma}_{21}\end{bmatrix}.\end{aligned}$$

如果 $\boldsymbol{\delta}^+\neq\mathbf{0}$,以上极限分布将不是正态的。我们的目的是对估计量 $\hat{\alpha}_T^+$ 和 $\hat{\boldsymbol{\gamma}}_T^+$ 作进一步修正,使其有正态的极限分布。定义 $n$ 维维纳过程 $\boldsymbol{B}(r)$:

$$\boldsymbol{B}(r)=\begin{pmatrix}\boldsymbol{L}_1'\\ \boldsymbol{L}_2'\end{pmatrix}\boldsymbol{\Lambda W}(r)=\begin{pmatrix}\boldsymbol{L}_1'\boldsymbol{\Lambda W}(r)\\ \boldsymbol{L}_2'\boldsymbol{\Lambda W}(r)\end{pmatrix}=\begin{pmatrix}B_1(r)\\ \boldsymbol{B}_2(r)\end{pmatrix},$$

其中,$B_1(r)$和 $\boldsymbol{B}_2(r)$分别为 1 维和$(n-1)$维的维纳过程。由于

$$\begin{aligned}E\{\boldsymbol{B}(1)\boldsymbol{B}(1)'\}&=\begin{pmatrix}\boldsymbol{L}_1'\\ \boldsymbol{L}_2'\end{pmatrix}\boldsymbol{\Lambda\Lambda}'[\boldsymbol{L}_1,\boldsymbol{L}_2]\\&=\begin{pmatrix}1&-\boldsymbol{\Sigma}_{21}'\boldsymbol{\Sigma}_{22}^{-1}\\ \mathbf{0}&\boldsymbol{I}_{n-1}\end{pmatrix}\begin{pmatrix}\Sigma_{11}&\boldsymbol{\Sigma}_{21}'\\ \boldsymbol{\Sigma}_{21}&\boldsymbol{\Sigma}_{22}\end{pmatrix}\begin{pmatrix}1&\mathbf{0}'\\ -\boldsymbol{\Sigma}_{22}^{-1}\boldsymbol{\Sigma}_{21}&\boldsymbol{I}_{n-1}\end{pmatrix}\\&=\begin{pmatrix}(\sigma_1^+)^2&\mathbf{0}'\\ \mathbf{0}&\boldsymbol{\Sigma}_{22}\end{pmatrix}.\end{aligned}$$

可见 $B_1(r)$和 $\boldsymbol{B}_2(r)$是相互独立的维纳过程,其中$(\sigma_1^+)^2=\boldsymbol{\Sigma}_{11}-\boldsymbol{\Sigma}_{21}'\boldsymbol{\Sigma}_{22}^{-1}\boldsymbol{\Sigma}_{21}$。

令 $\boldsymbol{\Sigma}_{22}=\boldsymbol{P}_{22}^+\boldsymbol{P}_{22}^{+'}$,将 $\boldsymbol{B}(r)$改写如下

$$\boldsymbol{B}(r)=\begin{pmatrix}B_1(r)\\ \boldsymbol{B}_2(r)\end{pmatrix}=\begin{pmatrix}\sigma_1^+&\mathbf{0}'\\ \mathbf{0}&\boldsymbol{P}_{22}^+\end{pmatrix}\begin{pmatrix}W_1^+(r)\\ \boldsymbol{W}_2^+(r)\end{pmatrix},$$

这里,

$$\sigma_1^+W_1^+(r)=\boldsymbol{L}_1'\boldsymbol{\Lambda W}(r),\quad \boldsymbol{P}_{22}^+\boldsymbol{W}_2^+(r)=\boldsymbol{L}_2'\boldsymbol{\Lambda W}(r).$$

$W_1^+(r)$和 $\boldsymbol{W}_2^+(r)$为独立的 1 维和$(n-1)$维的标准维纳过程。由此,可将式(5.88)等价地写成

$$\begin{aligned}\begin{pmatrix}T^{1/2}(\hat{\alpha}_T^+-\alpha)\\ T(\hat{\boldsymbol{\gamma}}_T^+-\boldsymbol{\gamma})\end{pmatrix}&=\begin{pmatrix}1&T^{-3/2}\sum\boldsymbol{y}_{2t}'\\ T^{-3/2}\sum\boldsymbol{y}_{2t}&T^{-2}\sum\boldsymbol{y}_{2t}\boldsymbol{y}_{2t}'\end{pmatrix}^{-1}\begin{pmatrix}T^{-1/2}\sum u_{1t}^+\\ T^{-1}\sum\boldsymbol{y}_{2t}u_{1t}^+\end{pmatrix}\\&\Rightarrow\begin{pmatrix}1&\left(\int_0^1\boldsymbol{W}_2^+(r)'\mathrm{d}r\right)\boldsymbol{P}_{22}^{+'}\\ \boldsymbol{P}_{22}^+\int_0^1\boldsymbol{W}_2^+(r)\mathrm{d}r&\boldsymbol{P}_{22}^+\left(\int_0^1\boldsymbol{W}_2^+(r)\boldsymbol{W}_2^+(r)'\mathrm{d}r\right)\boldsymbol{P}_{22}^{+'}\end{pmatrix}^{-1}\\&\quad\cdot\begin{pmatrix}\sigma_1^+W_1^+(1)\\ \boldsymbol{P}_{22}^+\int_0^1\boldsymbol{W}_2^+(r)[\mathrm{d}W_1^+(r)]\sigma_1^++\boldsymbol{\delta}^+\end{pmatrix}\end{aligned}\qquad(5.89)$$

我们首先对未知参数 $\boldsymbol{\delta}^+$ 作一致的估计,然后将其从 $T(\hat{\boldsymbol{\gamma}}_T^+-\boldsymbol{\gamma}^+)$中减去,这样就完成了对最小二乘估计的“充分改进”。

由下式对方差矩阵作估计：

$$\hat{\boldsymbol{\Sigma}} = \begin{pmatrix} \hat{\Sigma}_{11} & \hat{\boldsymbol{\Sigma}}_{21}' \\ \hat{\boldsymbol{\Sigma}}_{21} & \hat{\boldsymbol{\Sigma}}_{22} \end{pmatrix} = \hat{\boldsymbol{\Gamma}}_0 + \sum_{v=0}^{q}\left(1 - \frac{v}{q+1}\right)(\hat{\boldsymbol{\Gamma}}_v + \hat{\boldsymbol{\Gamma}}_v'), \tag{5.90}$$

其中，

$$\hat{\boldsymbol{\Gamma}}_v = T^{-1}\sum_{t=v+1}^{T}\begin{pmatrix} E(\hat{u}_{1t}\hat{u}_{1,t-v}) & E(\hat{u}_{1t}\hat{\boldsymbol{u}}_{2,t-v}) \\ E(\hat{\boldsymbol{u}}_{2t}\hat{u}_{1,t-v}) & E(\hat{\boldsymbol{u}}_{2t}\hat{\boldsymbol{u}}_{2,t-v}) \end{pmatrix} = \begin{pmatrix} \hat{\boldsymbol{\Gamma}}_v^{11} & \hat{\boldsymbol{\Gamma}}_v^{12} \\ \hat{\boldsymbol{\Gamma}}_v^{21} & \hat{\boldsymbol{\Gamma}}_v^{22} \end{pmatrix}.$$

估计量 $\hat{\boldsymbol{\Gamma}}_v^{11}$ 为一标量，式中 $\hat{u}_{1t} = y_{1t} - \hat{a} - \hat{\boldsymbol{b}}'\boldsymbol{y}_{2t}$，$\hat{\boldsymbol{u}}_{2t} = \Delta\boldsymbol{y}_{2t}$。因为

$$\boldsymbol{\delta}^+ = \sum_{v=0}^{\infty}\begin{pmatrix} E(\hat{u}_{1t}\hat{u}_{1,t-v}) \\ E(\hat{\boldsymbol{u}}_{2t}\hat{u}_{1,t-v}) \end{pmatrix}\begin{pmatrix} 1 \\ -\boldsymbol{\Sigma}_{22}^{-1}\boldsymbol{\Sigma}_{21} \end{pmatrix} = \sum_{v=0}^{\infty}\begin{pmatrix} \boldsymbol{\Gamma}_v^{12} \\ \boldsymbol{\Gamma}_v^{22} \end{pmatrix}'\begin{pmatrix} 1 \\ -\boldsymbol{\Sigma}_{22}^{-1}\boldsymbol{\Sigma}_{21} \end{pmatrix},$$

可以构造未知参数 $\boldsymbol{\delta}^+$ 的一致估计量为：

$$\hat{\boldsymbol{\delta}}^+ = \sum_{v=0}^{q}\left(1 - \frac{v}{q+1}\right)[\hat{\boldsymbol{\Gamma}}_v^{12'}, \hat{\boldsymbol{\Gamma}}_v^{22'}]\begin{pmatrix} 1 \\ -\hat{\boldsymbol{\Sigma}}_{22}^{-1}\hat{\boldsymbol{\Sigma}}_{21} \end{pmatrix}. \tag{5.91}$$

充分改进的最小二乘估计量由下式给出（参见 Phillips 和 Hansen (1990)）：

$$\begin{pmatrix} \hat{\alpha}_T^{++} \\ \hat{\gamma}_T^{++} \end{pmatrix} = \begin{pmatrix} T & \sum \boldsymbol{y}_{2t}' \\ \sum \boldsymbol{y}_{2t} & \sum \boldsymbol{y}_{2t}\boldsymbol{y}_{2t}' \end{pmatrix}^{-1}\begin{pmatrix} \sum \hat{y}_{1t}^+ \\ \sum \boldsymbol{y}_{2t}\hat{y}_{1t}^+ - T\hat{\boldsymbol{\delta}}^+ \end{pmatrix}, \tag{5.92}$$

其中，

$$\hat{y}_{1t}^+ = y_{1t} - \hat{\boldsymbol{\Sigma}}_{21}'\hat{\boldsymbol{\Sigma}}_{22}^{-1}\Delta\boldsymbol{y}_{2t}.$$

综上所述，构造充分改进的最小二乘估计 $\hat{\alpha}_T^{++}$ 和 $\hat{\boldsymbol{\gamma}}_T^{++}$ 由以下步骤构成：

（1）以 $y_{1t}$ 对常数项和变量 $\boldsymbol{y}_{2t}$ 作回归，得估计残差 $\hat{u}_{1t}$；

（2）用 $\hat{u}_{1t}$ 和 $\hat{\boldsymbol{u}}_{2t} = \Delta\boldsymbol{y}_{2t}$ 构造统计量 $\hat{\boldsymbol{\Gamma}}_v$ 和 $\hat{\boldsymbol{\Sigma}}$；

（3）作修正：$\hat{y}_{1t}^+ = y_{1t} - \hat{\boldsymbol{\Sigma}}_{21}'\hat{\boldsymbol{\Sigma}}_{22}^{-1}\Delta\boldsymbol{y}_{2t}$；

（4）计算 $\hat{\boldsymbol{\delta}}^+ = \sum_{v=0}^{q}\left(1 - \frac{v}{q+1}\right)[\hat{\boldsymbol{\Gamma}}_v^{12'}, \hat{\boldsymbol{\Gamma}}_v^{22'}]\begin{pmatrix} 1 \\ -\hat{\boldsymbol{\Sigma}}_{22}^{-1}\hat{\boldsymbol{\Sigma}}_{21} \end{pmatrix}$；

（5）以 $\hat{y}_{1t}^+$ 对常数项和变量 $y_{2t}$ 作回归，并将 $T\delta^+$ 从 $\sum \boldsymbol{y}_{2t}\hat{y}_{1t}^+$ 中减去。

根据定理 5.1，估计量 $\hat{\alpha}_T^{++}$ 和 $\hat{\boldsymbol{\gamma}}_T^{++}$ 均为一致估计量，并有以下的极限分布：

$$\begin{pmatrix} T^{1/2}(\hat{\alpha}_T^{++} - \alpha) \\ T(\hat{\boldsymbol{\gamma}}_T^{++} - \boldsymbol{\gamma}) \end{pmatrix} = \begin{pmatrix} 1 & T^{-3/2}\sum \boldsymbol{y}_{2t}' \\ T^{-3/2}\sum \boldsymbol{y}_{2t} & T^{-2}\sum \boldsymbol{y}_{2t}\boldsymbol{y}_{2t}' \end{pmatrix}^{-1}\begin{pmatrix} T^{-1/2}\sum u_{1t}^+ \\ T^{-1}\sum \boldsymbol{y}_{2t}u_{1t}^+ - \hat{\boldsymbol{\delta}}^+ \end{pmatrix}$$

$$\Rightarrow \sigma_1^+\begin{pmatrix} 1 & \left(\int_0^1 \boldsymbol{W}_2^+(r)'\mathrm{d}r\right)\boldsymbol{P}_{22}^{+'} \\ \boldsymbol{P}_{22}^+\int_0^1 \boldsymbol{W}_2^+(r)\mathrm{d}r & \boldsymbol{P}_{22}^+\left(\int_0^1 \boldsymbol{W}_2^+(r)\boldsymbol{W}_2^+(r)'\mathrm{d}r\right)\boldsymbol{P}_{22}^{+'} \end{pmatrix}^{-1}$$

$$\cdot \begin{pmatrix} W_1^+(1) \\ \boldsymbol{P}_{22}^+ \int_0^1 \boldsymbol{W}_2^+(r)[\mathrm{d}W_1^+(r)] \end{pmatrix}$$

$$= \sigma_1^+ \begin{pmatrix} V_1 \\ \boldsymbol{V}_2 \end{pmatrix}. \tag{5.93}$$

其中 $W_1^+(r)$ 和 $\boldsymbol{W}_2^+(r)$ 为相互独立的维纳过程，给定 $\boldsymbol{W}_2^+(r)$ 的值，$[V_1, \boldsymbol{V}_2']'$ 有期望为零的正态条件分布：

$$\begin{pmatrix} V_1 \\ \boldsymbol{V}_2 \end{pmatrix} \Bigg| \boldsymbol{W}_2^+(r) \sim N(0, \boldsymbol{H}^{-1}), \tag{5.94}$$

这里，

$$\boldsymbol{H} = \begin{pmatrix} 1 & \left(\int_0^1 \boldsymbol{W}_2^+(r)'\mathrm{d}r\right)\boldsymbol{P}_{22}^{+\prime} \\ \boldsymbol{P}_{22}^+ \int_0^1 \boldsymbol{W}_2^+(r)\mathrm{d}r & \boldsymbol{P}_{22}^+\left(\int_0^1 \boldsymbol{W}_2^+(r)\boldsymbol{W}_2^+(r)'\mathrm{d}r\right)\boldsymbol{P}_{22}^{+\prime} \end{pmatrix}.$$

未知参数 $\sigma_1^+$ 可由下式一致地估计：

$$\hat{\sigma}_1^+ = \sqrt{\hat{\Sigma}_{11} - \hat{\boldsymbol{\Sigma}}_{21}'\hat{\boldsymbol{\Sigma}}_{22}^{-1}\hat{\boldsymbol{\Sigma}}_{21}},$$

由此可以构造假设 $H_0: \boldsymbol{R\gamma} = \boldsymbol{d}$ 的检验统计量：

$$\overline{mQ} = (\boldsymbol{R}_2\hat{\boldsymbol{\gamma}}_T^{++} - \boldsymbol{d})'\left\{(\hat{\sigma}_1^+)^2[\boldsymbol{0}, \boldsymbol{R}]\begin{pmatrix} T & \sum \boldsymbol{y}_{2t}' \\ \sum \boldsymbol{y}_{2t} & \sum \boldsymbol{y}_{2t}\boldsymbol{y}_{2t}' \end{pmatrix}^{-1}\begin{pmatrix} \boldsymbol{0}' \\ \boldsymbol{R}' \end{pmatrix}\right\}^{-1}$$

$$\times (\boldsymbol{R}_2\hat{\boldsymbol{\gamma}}_T^{++} - \boldsymbol{d})$$

若假设 $H_0: \boldsymbol{R\gamma} = \boldsymbol{d}$ 为真，统计量 $\overline{mQ}$ 有 $\chi^2(m)$ 的条件极限分布：

$$\overline{mQ} \Rightarrow (\sigma_1^+)^2(\boldsymbol{RV}_2)'\left\{(\sigma_1^+)^2[\boldsymbol{0}, \boldsymbol{R}]H^{-1}\begin{pmatrix} \boldsymbol{0}' \\ \boldsymbol{R}' \end{pmatrix}\right\}(\boldsymbol{RV}_2) \sim \chi^2(m). \tag{5.95}$$

值得注意的是，以上的分析并不依赖于 $u_{1t}$ 和 $\boldsymbol{u}_{2t}$ 分布的参数结构，因此从这个意义上说，充分改进的 OLS 方法是一种非参数的方法。

## 5.11 本章小结

本章讨论了协整过程的参数估计和对协整向量的假设检验，讨论基于对协整向量的最小二乘估计。

我们在讨论中指出，若随机变量 $y_{1t}$ 和 $\boldsymbol{y}_{2t}$ 间存在协整关系，那么它们之间的协整向量的最小二乘估计是超一致收敛的。定理 5.1 给出了最小二乘估计的极限和极限分布。定理 5.1 的一个重要结论是最小二乘估计 $\hat{\alpha}_T$ 和 $\hat{\boldsymbol{\gamma}}_T$ 的超一致收敛性不受到随机干扰 $u_{1t}$ 和 $\boldsymbol{u}_{2t}$ 之间的相关性的影响，但这一相关性却影响 $\hat{\alpha}_T$ 和 $\hat{\boldsymbol{\gamma}}_T$ 的极限分布：如果 $u_{1t}$ 和 $\boldsymbol{u}_{2t}$ 之间有不为零的相关系数，那么 $T^{1/2}(\hat{\alpha}_T-\alpha)$ 和 $T(\hat{\boldsymbol{\gamma}}_T-\boldsymbol{\gamma})$ 的极限分布将不是正态的。

我们介绍了检验协整关系的 ADF 检验和 PP 检验法。这两种方法以随机变量 $y_{1t}$ 和 $\boldsymbol{y}_{2t}$ 间不存在协整关系为原假设。如果这两个变量的回归残差中存在单位根，则表示变量 $y_{1t}$ 和 $\boldsymbol{y}_{2t}$ 不协整；反之，若回归残差中不存在单位根，则接受 $y_{1t}$ 和 $\boldsymbol{y}_{2t}$ 协整的假设。我们也介绍了几种以随机变量 $y_{1t}$ 和 $\boldsymbol{y}_{2t}$ 间存在协整关系为原假设的检验方法，虽不如 ADF 检验和 PP 检验法有广泛应用，它们却似乎更符合假设检验的常规，但对它们检验的效益却众说纷纭，这里不再赘述。

给定 $y_{1t}$ 和 $\boldsymbol{y}_{2t}$ 间存在协整关系，我们还讨论了对协整向量参数的约束条件的假设检验。由于 $y_{1t}$ 和 $\boldsymbol{y}_{2t}$ 的协整，我们可以使用 $t_T$ 和 $F_T$ 统计量，其在稳定过程的情况一样。只要 $u_{1t}$ 和 $\boldsymbol{u}_{2t}$ 之间不相关，即使它们本身分别有自相关，$t_T$ 和 $\boldsymbol{F}_T$ 检验也是一致的检验。

如果随机干扰 $u_{1t}$ 和 $\boldsymbol{u}_{2t}$ 相关，估计量 $\hat{\alpha}_T$ 和 $\hat{\boldsymbol{\gamma}}_T$ 不再有正态的极限分布，我们因此介绍了两种改进方法，使得改进后的统计量 $T(\hat{\boldsymbol{\gamma}}_T-\boldsymbol{\gamma})$ 仍有正态的极限分布，从而使统计量 $mQ$ 具有条件的中心 $\chi^2(m)$ 极限分布。

应该注意到，本章的讨论基于 $y_{1t}$ 和 $\boldsymbol{y}_{2t}$ 间只存在一个协整关系，若存在一个以上的协整关系，本章的方法有其局限性。这些弱点将在下一章中介绍的系统方法中得到改善。

## 习题

1. 设 $W_1(r)$ 为一维的标准维纳过程，定义随机微分 $\mathrm{d}W_1(r)$ 如下：

$$\mathrm{d}W_1(r)=W_1(r+\mathrm{d}t)-W_1(r).$$

根据维纳过程的定义，$\mathrm{d}W_1(r)\sim N(0,\mathrm{d}t)$。若 $n$ 维标准维纳过程 $\boldsymbol{W}_2(r)$ 与 $W_1(r)$ 互相独立，根据随机积分的定义，证明：

$$\int_0^1 \boldsymbol{W}_2(r)\mathrm{d}W_1(r)\sim N\left(\boldsymbol{0},\int_0^1 \boldsymbol{W}_2(r)\boldsymbol{W}_2(r)'\mathrm{d}r\right)$$

2. 若随机向量$[u_{1t},\boldsymbol{u}_{2t}']'$有如下表示形式：

$$\begin{bmatrix}u_{1t}\\ \boldsymbol{u}_{2t}\end{bmatrix}=\sum_{s=0}^{\infty}\boldsymbol{\Psi}_s\boldsymbol{\varepsilon}_{t-s}$$

其中，$\{\boldsymbol{\varepsilon}_t\}$为独立同分布，$E(\boldsymbol{\varepsilon}_t)=\mathbf{0}$，$\mathrm{var}(\boldsymbol{\varepsilon}_t)=\boldsymbol{\Omega}=\boldsymbol{P}\boldsymbol{P}'$。验证：若

$$\boldsymbol{P}=\begin{pmatrix}\sigma_1 & \mathbf{0}'\\ \mathbf{0} & \boldsymbol{P}_{22}\end{pmatrix},\quad \boldsymbol{\Psi}(L)=\begin{pmatrix}\boldsymbol{\Psi}_{11}(L) & \mathbf{0}'\\ \mathbf{0} & \boldsymbol{\Psi}_{22}(L)\end{pmatrix},$$

则有

$$E(u_{1t}\boldsymbol{u}_{2t})=\mathbf{0}.$$

3. 比较5.6节中介绍的纠正$u_{1t}$和$\boldsymbol{u}_{2t}$之间相关系数的两种方法，讨论它们各自的优缺点，并举例说明这两种方法的使用。

# 第六章　协整过程的参数估计和假设检验

## ——最大似然方法

## 6.1　简介

前两章中介绍的处理协整过程的方法主要基于对协整向量的最小二乘估计。由于在适当条件下最小二乘估计是一致和超一致的，在此基础上对各种假设的检验也将是一致的。由上一章的讨论中，我们主要采用协整系统的三角表示形式：

$$\begin{aligned} y_{1t} &= \alpha + \boldsymbol{\gamma}' \boldsymbol{y}_{2t} + u_{1t}, \\ \boldsymbol{y}_{2t} &= \boldsymbol{y}_{2,t-1} + \boldsymbol{u}_{2t}. \end{aligned} \tag{6.1}$$

这一表示形式的主要特点是：(1) 系统中只存在一个协整关系，它由式(6.1)中的第一个方程给出；(2) 这一协整是静态的，不包含变量的动态结构，变量 $y_{1t}$ 和 $\boldsymbol{y}_{2t}$ 的滞后项都被压缩在随机干扰 $u_{1t}$ 和 $\boldsymbol{u}_{2t}$ 中；(3) 随机项 $u_{1t}$ 和 $\boldsymbol{u}_{2t}$ 由此服从一般的弱平稳过程。这一分析方法基于最小二乘方法，简单明确，应用方便，在许多场合都很有效，特别是当系统中只含有唯一的协整关系，并且事先能确定对哪一变量进行规范。然而在现实中，上述(1)和(2)两个条件往往难以满足，特别在一个复杂的现代经济系统中，许多相关的经济变量交织在一起，形成多个协整关系的系统，很难从中剥离出单个关系，并对它作独立的处理；另外，事先确定对哪个变量进行规范也确非易事。

我们在本章中介绍对协整系统作全面分析的最大似然方法，对系统中所有独立的协整关系作整体分析，无须事先假定系统中协整关系的个数，或决定对哪个变量作规范(即在回归分析中哪个变量作为因变量)。这与以前介绍的单方程方法形成明显的对照。本章的讨论基于约翰森(Johansen，1988)的工作并采用他的符号和表达形式，这与前几章的约定有些不同，但不会引起误解。

## 6.2 协整系统与均衡修正过程

我们在第四章的讨论中指出，协整系统的一个重要特征是它和均衡修正过程的本质联系，下面我们从更一般的角度讨论这一性质。令 $\boldsymbol{x}_t$ 为一个 $n$ 维的 $I(1)$ 随机过程，它的一阶差分 $\Delta\boldsymbol{x}_t$ 为 $I(0)$ 过程，并有表达式：

$$\Delta\boldsymbol{x}_t = \boldsymbol{C}(L)(\boldsymbol{m}+\boldsymbol{\varepsilon}_t). \tag{6.2}$$

这里的 $\boldsymbol{m}$ 为一个 $n$ 维常数向量，$\{\boldsymbol{\varepsilon}_t\}$ 为独立同分布的正态向量，$\boldsymbol{\varepsilon}_t \sim N(\boldsymbol{0},\boldsymbol{\Omega})$，$\boldsymbol{\Omega}$ 为 $n\times n$ 维协方差矩阵。常数向量 $\boldsymbol{m}$ 给出了随机向量 $\{\boldsymbol{x}_t\}$ 中的时间趋势，若 $\boldsymbol{m}=\boldsymbol{0}$，则成为不含时间趋势的向量的单位根过程。随机向量 $\boldsymbol{x}_t$ 的各个分量间可以存在一个或一个以上独立的协整关系，它们的个数和估计量在分析过程中同时确定。矩阵滞后多项式 $\boldsymbol{C}(L)$ 有表达式：

$$\boldsymbol{C}(L) = \sum_{i=0}^{\infty}\boldsymbol{C}_i L^i,$$

其中，$\boldsymbol{C}_i\,(i=0,1,2,\cdots)$ 为 $n\times n$ 维矩阵，$\boldsymbol{C}_0=\boldsymbol{I}_n$。矩阵 $\boldsymbol{C}(1)$ 称为滞后多项式的总积累效应，满足

$$|\,\boldsymbol{C}(1)\,| = \left|\boldsymbol{I}_n + \sum_{i=1}^{\infty}\boldsymbol{C}_i\right| < \infty,$$

因此矩阵 $\boldsymbol{C}(1)$ 中的每一元素都有限。利用 $\boldsymbol{C}(1)$ 可将滞后多项式 $\boldsymbol{C}(L)$ 分解为：

$$\boldsymbol{C}(L) = \boldsymbol{C}(1) + (1-L)\boldsymbol{C}^*(L), \tag{6.3}$$

这里，

$$\boldsymbol{C}^*(L) = \sum_{i=0}^{\infty}\boldsymbol{C}_i^*\boldsymbol{L}^i, \quad \boldsymbol{C}_i^* = -\sum_{j=i+1}^{\infty}\boldsymbol{C}_j.$$

显然，$\boldsymbol{C}_0^*=\boldsymbol{I}_n-\boldsymbol{C}(1)$。利用式(6.3)可将 $\Delta\boldsymbol{x}_t$ 改写成：

$$\begin{aligned}\Delta\boldsymbol{x}_t &= \boldsymbol{C}(L)(\boldsymbol{m}+\boldsymbol{\varepsilon}_t) = \boldsymbol{C}(1)\boldsymbol{m}+\boldsymbol{C}(L)\boldsymbol{\varepsilon}_t\\ &= \boldsymbol{C}(1)\boldsymbol{m}+\boldsymbol{C}(1)\boldsymbol{\varepsilon}_t+\boldsymbol{C}^*(L)\Delta\boldsymbol{\varepsilon}_t,\end{aligned}$$

或者

$$\Delta\boldsymbol{x}_t - \boldsymbol{\mu} = \boldsymbol{C}(1)\boldsymbol{\varepsilon}_t + \boldsymbol{C}^*(L)\Delta\boldsymbol{\varepsilon}_t. \tag{6.4}$$

其中，$\boldsymbol{\mu}=\boldsymbol{C}(1)\boldsymbol{m}$。以式(6.4)表示协整系统 $\boldsymbol{x}_t$ 有很多方便之处，为进一步讨论它的结构，先作如下定义：

**定义 6.1** 令 $\boldsymbol{P}$ 为一 $n\times q$ 维列满秩矩阵，即 $rk(\boldsymbol{P})=q<n$，$n\times(n-q)$ 维矩阵 $\boldsymbol{P}_\perp$ 称为矩阵 $\boldsymbol{P}$ 的正交补矩阵，若：(1) $\boldsymbol{P}_\perp'\boldsymbol{P}=0$；(2) $rk(\boldsymbol{P}_\perp)=n-q$，下面对滞后多

项式 $\boldsymbol{C}(z)=\sum_{i=0}^{\infty}\boldsymbol{C}_i z^i$ 作以下假设：

**假设一**　无穷阶多项式 $\boldsymbol{C}(z)=\sum_{i=0}^{\infty}\boldsymbol{C}_i z^i$ 所有的根都不在单位圆内，即若 $|\boldsymbol{C}(z)|=0$，则有 $|z|\geqslant 1$。

**假设二**　若 $n\times n$ 维矩阵 $\boldsymbol{C}(1)$ 的秩为 $n-r$，其中 $r$ 为 $\boldsymbol{x}_t$ 中独立的协整关系的个数，则存在 $n\times(n-r)$ 维矩阵 $\boldsymbol{A}$ 和 $\boldsymbol{B}$，$rk(\boldsymbol{A})=rk(\boldsymbol{B})=n-r$，使得 $\boldsymbol{C}(1)=\boldsymbol{A}\boldsymbol{B}'$。

**假设三**　以 $\boldsymbol{A}_{\perp}$ 和 $\boldsymbol{B}_{\perp}$ 分别表示矩阵 $\boldsymbol{A}$ 和 $\boldsymbol{B}$ 的正交补矩阵，那么 $\boldsymbol{A}_{\perp}'\boldsymbol{C}^*(1)\boldsymbol{B}_{\perp}$ 为满秩的 $n\times n$ 维矩阵。

以 $\boldsymbol{A}'$ 同时左乘式(6.4)的两侧，由以上假设二可得：

$$\begin{aligned}\boldsymbol{A}'(\Delta\boldsymbol{x}_t-\boldsymbol{\mu})&=\boldsymbol{A}'\boldsymbol{C}(1)\boldsymbol{\varepsilon}_t+\boldsymbol{A}'\boldsymbol{C}^*(L)\Delta\boldsymbol{\varepsilon}_t\\&=\boldsymbol{A}'\boldsymbol{A}\boldsymbol{B}'\boldsymbol{\varepsilon}_t+\boldsymbol{A}'\boldsymbol{C}^*(L)\Delta\boldsymbol{\varepsilon}_t.\end{aligned}\tag{6.5}$$

另以 $\boldsymbol{A}_{\perp}'$ 左乘式(6.4)，因为 $\boldsymbol{A}_{\perp}'\boldsymbol{A}=\boldsymbol{0}$，又得：

$$\begin{aligned}\boldsymbol{A}_{\perp}'(\Delta\boldsymbol{x}_t-\boldsymbol{\mu})&=\boldsymbol{A}_{\perp}'\boldsymbol{C}(1)\boldsymbol{\varepsilon}_t+\boldsymbol{A}'\boldsymbol{C}^*(L)\Delta\boldsymbol{\varepsilon}_t\\&=\boldsymbol{A}_{\perp}'\boldsymbol{A}\boldsymbol{B}'\boldsymbol{\varepsilon}_t+\boldsymbol{A}_{\perp}'\boldsymbol{C}^*(L)\Delta\boldsymbol{\varepsilon}_t\\&=\boldsymbol{A}_{\perp}'\boldsymbol{C}^*(L)\Delta\boldsymbol{\varepsilon}_t.\end{aligned}\tag{6.6}$$

令

$$\begin{aligned}\boldsymbol{z}_t&=(\boldsymbol{B}'\boldsymbol{B})^{-1}\boldsymbol{B}'\boldsymbol{\varepsilon}_t=\overline{\boldsymbol{B}}'\boldsymbol{\varepsilon}_t\\\boldsymbol{y}_t&=(\boldsymbol{B}_{\perp}'\boldsymbol{B}_{\perp})^{-1}\boldsymbol{B}_{\perp}'=\overline{\boldsymbol{B}}_{\perp}'\boldsymbol{\varepsilon}_t\end{aligned}\tag{6.7}$$

显然，$\overline{\boldsymbol{B}}$ 和 $\overline{\boldsymbol{B}}_{\perp}$ 互为正交补矩阵，这是因为：

$$\overline{\boldsymbol{B}}'\overline{\boldsymbol{B}}_{\perp}=(\boldsymbol{B}'\boldsymbol{B})^{-1}\boldsymbol{B}'\boldsymbol{B}_{\perp}(\boldsymbol{B}_{\perp}'\boldsymbol{B}_{\perp})^{-1}=\boldsymbol{0}.$$

定义 $n\times n$ 维满秩矩阵 $\boldsymbol{R}=[\boldsymbol{B},\boldsymbol{B}_{\perp}]$，可得：

$$\boldsymbol{R}(\boldsymbol{R}'\boldsymbol{R})^{-1}\boldsymbol{R}'=\boldsymbol{R}\boldsymbol{R}^{-1}(\boldsymbol{R}')^{-1}\boldsymbol{R}'=\boldsymbol{I}_n,$$

这一结果说明

$$\begin{aligned}\boldsymbol{R}(\boldsymbol{R}'\boldsymbol{R})^{-1}\boldsymbol{R}'&=[\boldsymbol{B},\boldsymbol{B}_{\perp}]\begin{pmatrix}\boldsymbol{B}'\boldsymbol{B}&\boldsymbol{0}\\\boldsymbol{0}&\boldsymbol{B}_{\perp}'\boldsymbol{B}_{\perp}\end{pmatrix}^{-1}\begin{pmatrix}\boldsymbol{B}'\\\boldsymbol{B}_{\perp}'\end{pmatrix}\\&=\boldsymbol{B}(\boldsymbol{B}'\boldsymbol{B})^{-1}\boldsymbol{B}'+\boldsymbol{B}_{\perp}(\boldsymbol{B}_{\perp}'\boldsymbol{B}_{\perp})^{-1}\boldsymbol{B}_{\perp}=\boldsymbol{I}_n.\end{aligned}$$

由此，可对 $\Delta\boldsymbol{\varepsilon}_t$ 作以下分解：

$$\begin{aligned}\Delta\boldsymbol{\varepsilon}_t&=\boldsymbol{I}_n\Delta\boldsymbol{\varepsilon}_t=(\boldsymbol{B}(\boldsymbol{B}'\boldsymbol{B})^{-1}\boldsymbol{B}'+\boldsymbol{B}_{\perp}(\boldsymbol{B}_{\perp}'\boldsymbol{B}_{\perp})^{-1}\boldsymbol{B}_{\perp})\Delta\boldsymbol{\varepsilon}_t\\&=(\boldsymbol{B}\overline{\boldsymbol{B}}'+\boldsymbol{B}_{\perp}\overline{\boldsymbol{B}}_{\perp}')\Delta\boldsymbol{\varepsilon}_t=\boldsymbol{B}\overline{\boldsymbol{B}}'\Delta\boldsymbol{\varepsilon}_t+\boldsymbol{B}_{\perp}\overline{\boldsymbol{B}}_{\perp}\Delta\boldsymbol{\varepsilon}_t.\end{aligned}$$

根据式(6.7)中的定义，可得：

$$\Delta\boldsymbol{\varepsilon}_t = \boldsymbol{B}_\perp \boldsymbol{y}_t + \boldsymbol{B}\Delta\boldsymbol{z}_t.$$

这样可将式(6.5)和式(6.6)改写成：

$$\begin{aligned}\boldsymbol{A}'(\Delta\boldsymbol{x}_t - \boldsymbol{\mu}) &= \boldsymbol{A}'\boldsymbol{A}\boldsymbol{B}'\boldsymbol{\varepsilon}_t + \boldsymbol{A}'\boldsymbol{C}^*(L)\Delta\boldsymbol{\varepsilon}_t \\ &= \boldsymbol{A}'\boldsymbol{A}\boldsymbol{B}'(\boldsymbol{B}\overline{\boldsymbol{B}}' + \boldsymbol{B}_\perp \overline{\boldsymbol{B}}_\perp')\boldsymbol{\varepsilon}_t + \boldsymbol{A}'\boldsymbol{C}^*(L)(\boldsymbol{B}_\perp \boldsymbol{y}_t + \boldsymbol{B}\Delta\boldsymbol{z}_t) \\ &= (\boldsymbol{A}'\boldsymbol{A})(\boldsymbol{B}'\boldsymbol{B})\boldsymbol{z}_t + \boldsymbol{A}'\boldsymbol{C}^*(L)\boldsymbol{B}\Delta\boldsymbol{z}_t + \boldsymbol{A}'\boldsymbol{C}^*(L)\boldsymbol{B}_\perp \boldsymbol{y}_t,\end{aligned} \tag{6.8}$$

以及

$$\boldsymbol{A}_\perp'(\Delta\boldsymbol{x}_t - \boldsymbol{\mu}) = \boldsymbol{A}_\perp'\boldsymbol{C}^*(L)\Delta\boldsymbol{\varepsilon}_t = \boldsymbol{A}_\perp'\boldsymbol{C}^*(L)\boldsymbol{B}\Delta\boldsymbol{z}_t + \boldsymbol{A}_\perp'\boldsymbol{C}^*(L)\boldsymbol{B}_\perp \boldsymbol{y}_t. \tag{6.9}$$

定义矩阵 $\boldsymbol{H}(z)$ 如下：

$$\boldsymbol{H}(z) = \begin{pmatrix}(\boldsymbol{A}'\boldsymbol{A})(\boldsymbol{B}'\boldsymbol{B}) + \boldsymbol{A}'\boldsymbol{C}^*(z)\boldsymbol{B}(1-z) & \boldsymbol{A}'\boldsymbol{C}^*(z)\boldsymbol{B}_\perp \\ \boldsymbol{A}_\perp'\boldsymbol{C}^*(z)\boldsymbol{B}(1-z) & \boldsymbol{A}_\perp'\boldsymbol{C}^*(z)\boldsymbol{B}_\perp\end{pmatrix},$$

就可将式(6.8)和式(6.9)写成以下的系统形式：

$$(\boldsymbol{A},\boldsymbol{A}_\perp)'(\Delta\boldsymbol{x}_t - \boldsymbol{\mu}) = \boldsymbol{H}(L)(\boldsymbol{z}_t', \boldsymbol{y}_t')'. \tag{6.10}$$

根据以上的假设三，$\boldsymbol{A}_\perp'\boldsymbol{C}^*(1)\boldsymbol{B}_\perp$ 为 $n\times n$ 维满秩矩阵，因此当 $z=1$ 时，矩阵 $\boldsymbol{H}(1)$ 的行列式为：

$$\begin{aligned}|\boldsymbol{H}(1)| &= |(\boldsymbol{A}'\boldsymbol{A})(\boldsymbol{B}'\boldsymbol{B})\boldsymbol{A}_\perp'\boldsymbol{C}^*(1)\boldsymbol{B}_\perp| \\ &= |\boldsymbol{A}'\boldsymbol{A}||\boldsymbol{B}'\boldsymbol{B}||\boldsymbol{A}_\perp'\boldsymbol{C}^*(1)\boldsymbol{B}_\perp| \neq 0,\end{aligned}$$

这说明多项式 $|\boldsymbol{H}(z)|$ 不具有单位根。当 $|z|>1$，由 $\boldsymbol{C}(z)$ 和 $\boldsymbol{C}^*(z)$ 的关系，可知：

$$\boldsymbol{C}^*(z) = \frac{1}{1-z}(\boldsymbol{C}(z) - \boldsymbol{C}(1)),$$

以此代入矩阵 $\boldsymbol{H}(z)$，注意到 $\boldsymbol{C}(1)=\boldsymbol{A}\boldsymbol{B}'$，$\boldsymbol{A}_\perp'\boldsymbol{A}=\boldsymbol{B}_\perp'\boldsymbol{B}=\boldsymbol{0}$，可得：

$$\boldsymbol{H}(z) = [\boldsymbol{A},\boldsymbol{A}_\perp]'\boldsymbol{C}(z)[\boldsymbol{B},\boldsymbol{B}_\perp(1-z)^{-1}].$$

当 $|z|>1$，矩阵 $[\boldsymbol{A},\boldsymbol{A}_\perp]'$ 和 $[\boldsymbol{B},\boldsymbol{B}_\perp(1-z)^{-1}]$ 都满秩非异。$|\boldsymbol{H}(z)|$ 等于零当且仅当 $|\boldsymbol{C}(z)|=0$。由于 $|\boldsymbol{C}(z)|=0$ 的根都不在单位圆内，因此 $|\boldsymbol{H}(z)|=0$ 的根都在单位圆外，矩阵 $\boldsymbol{H}(z)$ 的逆矩阵 $\boldsymbol{H}(z)^{-1}$ 存在。这样，就可从(6.10)中解出 $[(\boldsymbol{z}_t', \boldsymbol{y}_t']'$：

$$(\boldsymbol{z}_t', \boldsymbol{y}_t')' = \boldsymbol{H}(L)^{-1}(\boldsymbol{A},\boldsymbol{A}_\perp)'(\Delta\boldsymbol{x}_t - \boldsymbol{\mu}).$$

又因为

$$\boldsymbol{H}(1) = \begin{pmatrix}(\boldsymbol{A}'\boldsymbol{A})(\boldsymbol{B}'\boldsymbol{B}) & \boldsymbol{A}'\boldsymbol{C}^*(1)\boldsymbol{B}_\perp \\ \boldsymbol{0} & \boldsymbol{A}_\perp'\boldsymbol{C}^*(1)\boldsymbol{B}_\perp\end{pmatrix},$$

矩阵 $\boldsymbol{H}(1)$ 的逆矩阵有以下形式：

$$\boldsymbol{H}(1)^{-1} = \begin{pmatrix}(\boldsymbol{B}'\boldsymbol{B})^{-1}(\boldsymbol{A}'\boldsymbol{A})^{-1} & -(\boldsymbol{B}'\boldsymbol{B})^{-1}(\boldsymbol{A}'\boldsymbol{A})^{-1}\boldsymbol{A}'\boldsymbol{C}^*(1)\boldsymbol{B}_\perp(\boldsymbol{A}_\perp'\boldsymbol{C}^*(1)\boldsymbol{B}_\perp)^{-1} \\ \boldsymbol{0} & (\boldsymbol{A}_\perp'\boldsymbol{C}^*(1)\boldsymbol{B}_\perp)^{-1}\end{pmatrix}.$$

将以上结果代入 $\Delta\boldsymbol{\varepsilon}_t$ 的表达式，就有：

$$\begin{aligned}\Delta\boldsymbol{\varepsilon}_t &= (\boldsymbol{B}\overline{\boldsymbol{B}}' + \boldsymbol{B}_\perp\ \overline{\boldsymbol{B}}'_\perp)\Delta\boldsymbol{\varepsilon}_t = \boldsymbol{B}\Delta z_t + \boldsymbol{B}_\perp\ \boldsymbol{y}_t \\ &= [\boldsymbol{B}(1-L),\boldsymbol{B}_\perp][\boldsymbol{z}'_t,\boldsymbol{y}'_t]' \\ &= [\boldsymbol{B}(1-L),\boldsymbol{B}_\perp]\boldsymbol{H}(L)^{-1}[\boldsymbol{A},\boldsymbol{A}_\perp]'(\Delta\boldsymbol{x}_t-\boldsymbol{\mu}) \\ &= \boldsymbol{F}(L)(\Delta\boldsymbol{x}_t-\boldsymbol{\mu}).\end{aligned}$$

对上式从 $t=0$ 到 $t=j$ 作和，得：

$$\sum_{t=0}^{j}\Delta\boldsymbol{\varepsilon}_t = \sum_{t=0}^{j}\boldsymbol{F}(L)(\Delta\boldsymbol{x}_t-\boldsymbol{\mu}),$$

整理后可得

$$\boldsymbol{F}(L)\boldsymbol{x}_t = \boldsymbol{F}(1)t\boldsymbol{\mu} + \boldsymbol{\varepsilon}_t + \boldsymbol{x}_0,$$

式中的 $\boldsymbol{x}_0$ 为一常数向量。由于

$$\boldsymbol{F}(1) = [0,\boldsymbol{B}_\perp]\boldsymbol{H}(1)^{-1}[\boldsymbol{A},\boldsymbol{A}_\perp]',$$

其中 $\boldsymbol{H}(1)^{-1}$ 为分块的上三角矩阵，所以

$$\boldsymbol{F}(1) = \boldsymbol{B}_\perp(\boldsymbol{A}'_\perp\boldsymbol{C}^*(1)\boldsymbol{B}_\perp)^{-1}\boldsymbol{A}'_\perp.$$

另一方面，因为 $\boldsymbol{\mu}=\boldsymbol{C}(1)\boldsymbol{m}=(\boldsymbol{AB}')\boldsymbol{m}$，所以

$$\boldsymbol{F}(1)\boldsymbol{\mu} = \boldsymbol{B}_\perp(\boldsymbol{A}'_\perp\boldsymbol{C}^*(1)\boldsymbol{B}_\perp)^{-1}\boldsymbol{A}'_\perp(\boldsymbol{AB}')\boldsymbol{m} = \boldsymbol{0},$$

最终可得

$$\boldsymbol{F}(L)\boldsymbol{x}_t = \boldsymbol{x}_0 + \boldsymbol{\varepsilon}_t. \tag{6.11}$$

这一结果说明，任何一个协整的随机向量都有自回归表示形式，这对研究协整系统的一般特征有重要意义。从以上讨论不难看出，$n\times n$ 维矩阵 $\boldsymbol{F}(1)$ 是不满秩的，因为在 $\boldsymbol{F}(1)=\boldsymbol{B}_\perp(\boldsymbol{A}'_\perp\boldsymbol{C}^*(1)\boldsymbol{B}_\perp)^{-1}\boldsymbol{A}'_\perp$ 中，矩阵 $\boldsymbol{B}_\perp$ 和 $\boldsymbol{A}_\perp$ 的秩都为 $r<n$，所以 $rk(\boldsymbol{F}(1))=r$。因此可将 $n\times n$ 维矩阵 $\boldsymbol{F}(1)$ 分解为：

$$\boldsymbol{F}(1) = \boldsymbol{\alpha\beta}',$$

其中，矩阵 $\boldsymbol{\alpha}$ 和 $\boldsymbol{\beta}$ 均为 $n\times r$ 维，且 $rk(\boldsymbol{\alpha})=rk(\boldsymbol{\beta})=r$。假设滞后多项式的阶数为 $k$，我们可将式(6.11)写成以下形式：

$$\begin{aligned}\Delta\boldsymbol{x}_t &= \boldsymbol{D}(L)\Delta\boldsymbol{x}_{t-1} + \boldsymbol{x}_0 + \boldsymbol{F}(1)\boldsymbol{x}_{t-1} + \boldsymbol{\varepsilon}_t \\ &= \boldsymbol{D}(L)\Delta\boldsymbol{x}_{t-1} + \boldsymbol{x}_0 + \boldsymbol{\alpha\beta}'\boldsymbol{x}_{t-1} + \boldsymbol{\varepsilon}_t.\end{aligned} \tag{6.12}$$

式(6.12)称为协整系统 $\boldsymbol{x}_t$ 的均衡修正形式(ECM)(参见第四章的讨论)，其中的滞后多项式 $\boldsymbol{D}(L)$ 由 $\boldsymbol{F}(L)$ 衍生。根据第四章的讨论，矩阵 $\boldsymbol{\beta}$ 包含了 $r$ 个独立的协整向量，矩阵 $\boldsymbol{\alpha}$ 给出了 $r$ 个协整关系($\boldsymbol{\beta}'\boldsymbol{x}_{t-1}$)对 $\Delta\boldsymbol{x}_t$ 各分量的贡献。需要指出的是，矩阵 $\boldsymbol{F}(1)=\boldsymbol{\alpha\beta}'$ 的分解不是唯一的，因此 $r$ 个独立的协整向量也不是唯一确定的，因为利用任何非异的 $r\times r$ 维矩阵 $\boldsymbol{P}$ 均可作以下分解：

$$F(1) = \boldsymbol{\alpha\beta}' = (\boldsymbol{\alpha P})(\boldsymbol{P}^{-1}\boldsymbol{\beta}') = \boldsymbol{\alpha}^* \boldsymbol{\beta}^{*'}.$$

矩阵 $\boldsymbol{\beta}^*$ 也包含了 $\boldsymbol{x}_t$ 的 $r$ 个独立的协整向量。当然，尽管 $\boldsymbol{\beta}$ 和 $\boldsymbol{\beta}^*$ 看起来不同，它们之间存在非异的线性变换，从而产生同样的线性空间。由矩阵 $\boldsymbol{\beta}$ 和 $\boldsymbol{\beta}^*$ 的 $r$ 个列向量产生的线性空间，称为向量随机过程 $\boldsymbol{x}_t$ 的协整空间。

约翰森方法（*Johansen method*）基于以上协整系统的均衡修正表示形式，对系统作整体分析，给出参数的最大似然估计并对参数的约束条件作假设检验。作为进一步的理论准备，我们下面介绍典型相关的概念和方法，这会帮助我们理解约翰森方法。

## 6.3 典型相关

典型相关(canonical correlation)是多元分析中的一个经典课题，它从多元的角度考虑两组变量之间的相关性。比如，我们可以考虑大学的教学水平与学生毕业后就业水平之间的关系。教学水平可包含多个不同标准，如专业知识、语言能力、数学与计算机能力，等等；就业水平除了包括薪金外还可包括就业环境、迁升机会，等等。这两组变量之间的相关性不能由简单的相关系数给出，但可由典型相关系数描述。本节只对典型相关方法作简单的介绍，着重于它与约翰森方法之间的联系，这有利于理解协整系统的结构和约翰森分析方法。

以 $\boldsymbol{y}_t$ 和 $\boldsymbol{x}_t$ 分别表示 $n_1$ 维和 $n_2$ 维稳定的期望为零的随机向量。以 $\boldsymbol{\Sigma}$ 表示随机向量 $(\boldsymbol{y}_t', \boldsymbol{x}_t')'$ 的协方差矩阵：

$$\boldsymbol{\Sigma} = \begin{pmatrix} E(\boldsymbol{y}_t\boldsymbol{y}_t') & E(\boldsymbol{y}_t\boldsymbol{x}_t') \\ E(\boldsymbol{x}_t\boldsymbol{y}_t') & E(\boldsymbol{x}_t\boldsymbol{x}_t') \end{pmatrix} = \begin{pmatrix} \boldsymbol{\Sigma}_{11} & \boldsymbol{\Sigma}_{12} \\ \boldsymbol{\Sigma}_{21} & \boldsymbol{\Sigma}_{22} \end{pmatrix},$$

其中 $\boldsymbol{\Sigma}_{12} = \boldsymbol{\Sigma}_{21}'$ 是 $\boldsymbol{y}_t$ 和 $\boldsymbol{x}_t$ 的协方差。令 $n = \min(n_1, n_2)$，构造线性变换：

$$\boldsymbol{\eta}_t = \boldsymbol{G}_1' \boldsymbol{y}_t, \quad \boldsymbol{\xi}_t = \boldsymbol{G}_2' \boldsymbol{x}_t,$$

其中，$\boldsymbol{G}_1$ 和 $\boldsymbol{G}_2$ 分别为 $n_1 \times n$ 和 $n_2 \times n$ 维矩阵。经变换后的随机向量 $\boldsymbol{\eta}_t$ 和 $\boldsymbol{\xi}_t$ 满足条件：

(1) 随机向量 $\boldsymbol{\eta}_t$ 和 $\boldsymbol{\xi}_t$ 都有单位协方差矩阵，它们的所有分量都互不相关，即

$$\mathrm{var}(\boldsymbol{\eta}_t) = E(\boldsymbol{\eta}_t\boldsymbol{\eta}_t') = \boldsymbol{G}_1' E(\boldsymbol{y}_t\boldsymbol{y}_t')\boldsymbol{G}_1 = \boldsymbol{G}_1'\boldsymbol{\Sigma}_{11}\boldsymbol{G}_1 = \boldsymbol{I}_n,$$

$$\mathrm{var}(\boldsymbol{\xi}_t) = E(\boldsymbol{\xi}_t\boldsymbol{\xi}_t') = \boldsymbol{G}_2' E(\boldsymbol{x}_t\boldsymbol{x}_t')\boldsymbol{G}_2 = \boldsymbol{G}_2'\boldsymbol{\Sigma}_{22}\boldsymbol{G}_2 = \boldsymbol{I}_n.$$

(2) 若 $i \neq j$，向量 $\boldsymbol{\eta}_t$ 的第 $i$ 个分量与向量 $\boldsymbol{\xi}_t$ 的第 $j$ 个分量不相关；若 $i = j$，则有 $E(\eta_{it}\xi_{jt}) = r_i$，$i = 1, 2, \cdots, n$，因此

$$E(\boldsymbol{\eta}_t\boldsymbol{\xi}_t') = \boldsymbol{G}_1' E(\boldsymbol{y}_t\boldsymbol{x}_t')\boldsymbol{G}_2 = \boldsymbol{G}_1'\boldsymbol{\Sigma}_{12}\boldsymbol{G}_2 = \boldsymbol{R}.$$

这里的 $\boldsymbol{R}$ 为 $n\times n$ 维对角矩阵：

$$\boldsymbol{R} = \begin{pmatrix} r_1 & 0 & \cdots & 0 \\ 0 & r_2 & \cdots & 0 \\ \vdots & \vdots & \ddots & \vdots \\ 0 & 0 & \cdots & r_n \end{pmatrix}. \tag{6.13}$$

(3) 调整矩阵 $\boldsymbol{G}_1$ 和 $\boldsymbol{G}_2$ 各行向量的前后次序，使得对角矩阵 $\boldsymbol{R}$ 的对角元素按以下次序排列：

$$1 \geqslant r_1 \geqslant r_2 \geqslant \cdots \geqslant r_n \geqslant 0.$$

系数 $r_i(i=1,2,\cdots,n)$ 称为随机向量 $\boldsymbol{y}_t$ 和 $\boldsymbol{x}_t$ 的典型相关系数，与 $\boldsymbol{y}_t$ 和 $\boldsymbol{x}_t$ 的方差矩阵和协方差矩阵有密切关系。

我们下面叙述与本章内容有关的结果，略去一些具体的推导。构造 $n_1\times n_1$ 维矩阵 $\boldsymbol{\Sigma}_{11}^{-1}\boldsymbol{\Sigma}_{12}\boldsymbol{\Sigma}_{22}^{-1}\boldsymbol{\Sigma}_{21}$，并记 $\lambda_1,\cdots,\lambda_{n_1}$ 为它的特征值，$\tilde{\boldsymbol{k}}_1,\cdots,\tilde{\boldsymbol{k}}_{n_1}$ 为相应的 $n_1$ 维特征向量。将特征向量 $\tilde{\boldsymbol{k}}_i(i=1,2,\cdots,n_1)$ 规范化，使得 $\tilde{\boldsymbol{k}}_i'\tilde{\boldsymbol{k}}_i=1$。再令

$$\boldsymbol{k}_i = \tilde{\boldsymbol{k}}_i / \sqrt{\tilde{\boldsymbol{k}}_i'\boldsymbol{\Sigma}_{11}\tilde{\boldsymbol{k}}_i}, \tag{6.14}$$

因此

$$\boldsymbol{k}_i'\boldsymbol{\Sigma}_{11}\boldsymbol{k}_i = 1.$$

以下定理给出了特征值 $\lambda_1,\cdots,\lambda_{n_1}$ 和典型相关系数 $\gamma_1,\cdots,\gamma_{n_1}$ 之间的关系。

**定理 6.1**　设 $(n_1+n_2)\times(n_1+n_2)$ 维矩阵

$$\boldsymbol{\Sigma} = \begin{pmatrix} \boldsymbol{\Sigma}_{11} & \boldsymbol{\Sigma}_{12} \\ \boldsymbol{\Sigma}_{21} & \boldsymbol{\Sigma}_{22} \end{pmatrix}$$

为正定的，其中的子矩阵 $\boldsymbol{\Sigma}_{11}$、$\boldsymbol{\Sigma}_{12}$、$\boldsymbol{\Sigma}_{21}$ 和 $\boldsymbol{\Sigma}_{22}$ 分别为 $n_1\times n_1$ 维、$n_1\times n_2$ 维、$n_2\times n_1$ 维和 $n_2\times n_2$ 维。令 $\lambda_1,\cdots,\lambda_{n_1}$ 为矩阵 $\boldsymbol{\Sigma}_{11}^{-1}\boldsymbol{\Sigma}_{12}\boldsymbol{\Sigma}_{22}^{-1}\boldsymbol{\Sigma}_{21}$ 的特征值，且有 $\lambda_1\geqslant\lambda_2\geqslant\cdots\geqslant\lambda_{n_1}$，$\boldsymbol{k}_i(i=1,2,\cdots,n_1)$ 为相应的 $n_1$ 维特征向量，且 $\boldsymbol{k}_i'\boldsymbol{\Sigma}_{11}\boldsymbol{k}_i=1$，$i=1,2,\cdots,n_1$。

另设 $\mu_1,\cdots,\mu_{n_2}$ 和 $\boldsymbol{h}_1,\cdots,\boldsymbol{h}_{n_2}$ 分别为 $n_2\times n_2$ 维矩阵 $\boldsymbol{\Sigma}_{22}^{-1}\boldsymbol{\Sigma}_{21}\boldsymbol{\Sigma}_{11}^{-1}\boldsymbol{\Sigma}_{12}$ 的特征值和相应的特征向量，且也有 $\mu_1\geqslant\mu_2\geqslant\cdots\geqslant\mu_{n_2}$，$\boldsymbol{h}_i'\boldsymbol{\Sigma}_{22}\boldsymbol{h}_i=1$，$i=1,2,\cdots,n_2$。将 $\boldsymbol{k}_i$ 和 $\boldsymbol{h}_i$ 中的前 $n$ 个向量 $(n=\min(n_1,n_2))$，分别列入矩阵 $\boldsymbol{G}_1$ 和 $\boldsymbol{G}_2$：

$$\boldsymbol{G}_1 = (\boldsymbol{k}_1,\boldsymbol{k}_2,\cdots,\boldsymbol{k}_n),$$
$$\boldsymbol{G}_2 = (\boldsymbol{h}_1,\boldsymbol{h}_2,\cdots,\boldsymbol{h}_n),$$

如果当 $i\neq j$ 时，有 $\lambda_i\neq\lambda_j$，那么

(a) 对所有 $i=1,\cdots,n_1$，$j=1,\cdots,n_2$，有 $0\leqslant\lambda_i<1$，和 $0\leqslant\mu_j<1$；

(b) 对所有 $i=1,\cdots,n,n=\min(n_1,n_2)$，有 $\lambda_i=\mu_i$；

(c) $\boldsymbol{G}_1'\boldsymbol{\Sigma}_{11}\boldsymbol{G}_1=\boldsymbol{I}_n$，$\boldsymbol{G}_2'\boldsymbol{\Sigma}_{22}\boldsymbol{G}_2=\boldsymbol{I}_n$；

(d) $\boldsymbol{G}_2'\boldsymbol{\Sigma}_{21}\boldsymbol{G}_1=\boldsymbol{R}$，这里

$$\boldsymbol{R}^2=\begin{pmatrix}\lambda_1 & & & \\ & \lambda_2 & & \\ & & \ddots & \\ & & & \lambda_n\end{pmatrix}=\begin{pmatrix}r_1^2 & & & \\ & r_2^2 & & \\ & & \ddots & \\ & & & r_n^2\end{pmatrix}.$$

**证明** 以下对定理的四个结论分别给出证明。

(a) 矩阵 $\boldsymbol{\Sigma}_{11}^{-1}\boldsymbol{\Sigma}_{12}\boldsymbol{\Sigma}_{22}^{-1}\boldsymbol{\Sigma}_{21}$ 的特征值 $\lambda_1,\cdots,\lambda_{n_1}$ 是以下方程的解：

$$|\boldsymbol{\Sigma}_{11}^{-1}\boldsymbol{\Sigma}_{12}\boldsymbol{\Sigma}_{22}^{-1}\boldsymbol{\Sigma}_{21}-\lambda\boldsymbol{I}_{n_1}|=0.$$

由于矩阵 $\boldsymbol{\Sigma}_{11}$ 非异正定，上式等价于

$$|\boldsymbol{\Sigma}_{11}^{-1}||\boldsymbol{\Sigma}_{12}\boldsymbol{\Sigma}_{22}^{-1}\boldsymbol{\Sigma}_{21}-\lambda\boldsymbol{\Sigma}_{11}|=0.$$

由于 $|\boldsymbol{\Sigma}_{11}^{-1}|\neq 0$，所以

$$|\boldsymbol{\Sigma}_{12}\boldsymbol{\Sigma}_{22}^{-1}\boldsymbol{\Sigma}_{21}-\lambda\boldsymbol{\Sigma}_{11}|=0. \tag{6.15}$$

矩阵 $(\boldsymbol{\Sigma}_{11}-\boldsymbol{\Sigma}_{12}\boldsymbol{\Sigma}_{22}^{-1}\boldsymbol{\Sigma}_{21})$ 是随机向量 $\boldsymbol{y}_t$ 在给定 $\boldsymbol{x}_t$ 时的条件协方差矩阵，因此是正定非异的，所以 $|\boldsymbol{\Sigma}_{11}-\boldsymbol{\Sigma}_{12}\boldsymbol{\Sigma}_{22}^{-1}\boldsymbol{\Sigma}_{21}|\neq 0$，这说明 $\lambda=1$ 不是方程(6.15)的解。另一方面，由于

$$\lambda\boldsymbol{\Sigma}_{11}-\boldsymbol{\Sigma}_{12}\boldsymbol{\Sigma}_{22}^{-1}\boldsymbol{\Sigma}_{21}=(\lambda-1)\boldsymbol{\Sigma}_{11}+(\boldsymbol{\Sigma}_{11}-\boldsymbol{\Sigma}_{12}\boldsymbol{\Sigma}_{22}^{-1}\boldsymbol{\Sigma}_{21}),$$

所以当 $\lambda>1$ 时，上式是两个正定矩阵的和，因此也是正定的，从而有

$$|\lambda\boldsymbol{\Sigma}_{11}-\boldsymbol{\Sigma}_{12}\boldsymbol{\Sigma}_{22}^{-1}\boldsymbol{\Sigma}_{21}|=|(\lambda-1)\boldsymbol{\Sigma}_{11}+(\boldsymbol{\Sigma}_{11}-\boldsymbol{\Sigma}_{12}\boldsymbol{\Sigma}_{22}^{-1}\boldsymbol{\Sigma}_{21})|\neq 0.$$

这表明矩阵 $(\boldsymbol{\Sigma}_{11}^{-1}\boldsymbol{\Sigma}_{12}\boldsymbol{\Sigma}_{22}^{-1}\boldsymbol{\Sigma}_{21})$ 的所有特征根 $\lambda_i(i=1,2,\cdots,n_1)$ 都满足 $\lambda_i<1$。

下面我们进一步说明所有特征根 $\lambda_i(i=1,2,\cdots,n_1)$ 还满足 $\lambda_i\geqslant 0$。若不然，则至少存在某一个 $\lambda_j<0$，使得 $\lambda_j\boldsymbol{\Sigma}_{11}$ 为负定矩阵，从而使 $\lambda_j\boldsymbol{\Sigma}_{11}-\boldsymbol{\Sigma}_{12}\boldsymbol{\Sigma}_{22}^{-1}\boldsymbol{\Sigma}_{21}$ 也为负定，行列式 $|\lambda_j\boldsymbol{\Sigma}_{11}-\boldsymbol{\Sigma}_{12}\boldsymbol{\Sigma}_{22}^{-1}\boldsymbol{\Sigma}_{21}|$ 因此不可能为零。综上所述，就有

$$0\leqslant\lambda_i<1,\quad i=1,2,\cdots,n_1,$$

同理可证

$$0\leqslant\mu_j<1,j=1,2,\cdots,n_2.$$

(b) 以 $\boldsymbol{k}_i$ 表示相应于特征值 $\lambda_i$ 的特征向量，即

$$\boldsymbol{\Sigma}_{11}^{-1}\boldsymbol{\Sigma}_{12}\boldsymbol{\Sigma}_{22}^{-1}\boldsymbol{\Sigma}_{21}\cdot\boldsymbol{k}_i=\lambda_i\boldsymbol{k}_i, \tag{6.16}$$

以矩阵 $\boldsymbol{\Sigma}_{21}$ 左乘上式，可得

$$(\boldsymbol{\Sigma}_{21}\boldsymbol{\Sigma}_{11}^{-1}\boldsymbol{\Sigma}_{12}\boldsymbol{\Sigma}_{22}^{-1})(\boldsymbol{\Sigma}_{21}\boldsymbol{k}_i)=\lambda_i(\boldsymbol{\Sigma}_{21}\boldsymbol{k}_i).$$

向量 $\boldsymbol{\Sigma}_{21}\boldsymbol{k}_i$ 非零，不然式(6.16)左侧为零，因此 $\lambda_i$ 也是矩阵($\boldsymbol{\Sigma}_{21}\boldsymbol{\Sigma}_{11}^{-1}\boldsymbol{\Sigma}_{12}\boldsymbol{\Sigma}_{22}^{-1}$)的特征值，其相应的特征向量为 $\boldsymbol{\Sigma}_{21}\boldsymbol{k}_i$。矩阵($\boldsymbol{\Sigma}_{21}\boldsymbol{\Sigma}_{11}^{-1}\boldsymbol{\Sigma}_{12}\boldsymbol{\Sigma}_{22}^{-1}$)和它的转置($\boldsymbol{\Sigma}_{22}^{-1}\boldsymbol{\Sigma}_{21}\boldsymbol{\Sigma}_{11}^{-1}\boldsymbol{\Sigma}_{12}$)有同样的特征值，所以 $\lambda_i$ 也是矩阵($\boldsymbol{\Sigma}_{22}^{-1}\boldsymbol{\Sigma}_{21}\boldsymbol{\Sigma}_{11}^{-1}\boldsymbol{\Sigma}_{12}$)的特征值，从而有

$$\lambda_i = \mu_i, \quad i = 1,2,\cdots,n.$$

(c) 由于

$$\boldsymbol{\Sigma}_{11}^{-1}\boldsymbol{\Sigma}_{12}\boldsymbol{\Sigma}_{22}^{-1}\boldsymbol{\Sigma}_{21}\cdot\boldsymbol{k}_i = \lambda_i\boldsymbol{k}_i,$$

以矩阵 $\boldsymbol{k}_j'\boldsymbol{\Sigma}_{11}$ 左乘上式，可得：

$$\boldsymbol{k}_j'\boldsymbol{\Sigma}_{12}\boldsymbol{\Sigma}_{22}^{-1}\boldsymbol{\Sigma}_{21}\boldsymbol{k}_i = \lambda_i\boldsymbol{k}_j'\boldsymbol{\Sigma}_{11}\boldsymbol{k}_i.$$

同理，

$$\boldsymbol{k}_i'\boldsymbol{\Sigma}_{12}\boldsymbol{\Sigma}_{22}^{-1}\boldsymbol{\Sigma}_{21}\boldsymbol{k}_j = \lambda_j\boldsymbol{k}_i'\boldsymbol{\Sigma}_{11}\boldsymbol{k}_j,$$

将以上两式相减，可得：

$$(\lambda_i - \lambda_j)\boldsymbol{k}_i'\boldsymbol{\Sigma}_{11}\boldsymbol{k}_j = 0.$$

上式对任何 $i,j$ 成立。因此当 $i\neq j$ 时，必然有 $\boldsymbol{k}_i'\boldsymbol{\Sigma}_{11}\boldsymbol{k}_j=0$；而当 $i=j$ 时，$\boldsymbol{k}_i'\boldsymbol{\Sigma}_{11}\boldsymbol{k}_i=1$。综上所述，即有 $\boldsymbol{G}_1'\boldsymbol{\Sigma}_{11}\boldsymbol{G}_1=\boldsymbol{I}_n$。同理可得，$\boldsymbol{G}_2'\boldsymbol{\Sigma}_{22}\boldsymbol{G}_2=\boldsymbol{I}_n$。

(d) 因为

$$\boldsymbol{\Sigma}_{22}^{-1}\boldsymbol{\Sigma}_{21}\boldsymbol{\Sigma}_{11}^{-1}\boldsymbol{\Sigma}_{12}\cdot\boldsymbol{h}_i = \mu_i\boldsymbol{h}_i,$$

将其转置，并以 $\boldsymbol{\Sigma}_{21}\boldsymbol{k}_j$ 右乘，可得：

$$\boldsymbol{h}_i'\boldsymbol{\Sigma}_{21}\boldsymbol{\Sigma}_{11}^{-1}\boldsymbol{\Sigma}_{12}\boldsymbol{\Sigma}_{22}^{-1}\boldsymbol{\Sigma}_{21}\boldsymbol{k}_j = \mu_i\boldsymbol{h}_i'\boldsymbol{\Sigma}_{21}\boldsymbol{k}_j.$$

其中 $\boldsymbol{k}_j$ 是矩阵($\boldsymbol{\Sigma}_{11}^{-1}\boldsymbol{\Sigma}_{12}\boldsymbol{\Sigma}_{22}^{-1}\boldsymbol{\Sigma}_{21}$)相应于特征值 $\lambda_j$ 的特征向量，因此上式等价于

$$\boldsymbol{h}_i'\boldsymbol{\Sigma}_{21}\boldsymbol{\Sigma}_{11}^{-1}\boldsymbol{\Sigma}_{12}\boldsymbol{\Sigma}_{22}^{-1}\boldsymbol{\Sigma}_{21}\boldsymbol{k}_j = \lambda_j\boldsymbol{h}_i'\boldsymbol{\Sigma}_{21}\boldsymbol{k}_j.$$

根据(b)中的结论 $\lambda_i=\mu_i$，由以上两式的差可得：

$$(\lambda_i - \lambda_j)\boldsymbol{h}_i'\boldsymbol{\Sigma}_{21}\boldsymbol{k}_j = 0,$$

当 $i\neq j$ 时，$\lambda_i-\lambda_j\neq 0$，因此 $\boldsymbol{h}_i'\boldsymbol{\Sigma}_{21}\boldsymbol{k}_j=0$。

当 $i=j$ 时，首先注意到

$$\boldsymbol{h}_i'\boldsymbol{\Sigma}_{21}\boldsymbol{\Sigma}_{11}^{-1}\boldsymbol{\Sigma}_{12}\boldsymbol{h}_i = \mu_i\boldsymbol{h}_i'\boldsymbol{\Sigma}_{22}\boldsymbol{h}_j = \mu_i = \lambda_i. \tag{6.17}$$

其次，不失一般性地假设 $n=n_1$，由以上结论(c)可知 $\boldsymbol{G}_1'\boldsymbol{\Sigma}_{11}\boldsymbol{G}_1=\boldsymbol{I}_n$，由于 $\boldsymbol{G}_1$ 非异，其逆矩阵存在，所以

$$\boldsymbol{\Sigma}_{11} = (\boldsymbol{G}_1')^{-1}\boldsymbol{G}_1^{-1},$$

或等价地表示为：

$$\boldsymbol{\Sigma}_{11}^{-1} = \boldsymbol{G}_1\boldsymbol{G}_1'.$$

以上式代入(6.17)，可得：

$$\boldsymbol{h}_i'\boldsymbol{\Sigma}_{21}\boldsymbol{G}_1\boldsymbol{G}_1'\boldsymbol{\Sigma}_{12}\boldsymbol{h}_i = \lambda_i.$$

由于

$$\begin{aligned}\boldsymbol{h}_i'\boldsymbol{\Sigma}_{21}\boldsymbol{G}_1 &= \boldsymbol{h}_i'\boldsymbol{\Sigma}_{21}[\boldsymbol{k}_1,\boldsymbol{k}_2,\cdots,\boldsymbol{k}_n] \\ &= [\boldsymbol{h}_i'\boldsymbol{\Sigma}_{21}\boldsymbol{k}_1,\boldsymbol{h}_i'\boldsymbol{\Sigma}_{21}\boldsymbol{k}_2,\cdots,\boldsymbol{h}_i'\boldsymbol{\Sigma}_{21}\boldsymbol{k}_n] \\ &= [0,\cdots,0,\boldsymbol{h}_i'\boldsymbol{\Sigma}_{21}\boldsymbol{k}_i,0,\cdots,0],\end{aligned}$$

可得：

$$\boldsymbol{h}_i'\boldsymbol{\Sigma}_{21}\boldsymbol{G}_1\boldsymbol{G}_1'\boldsymbol{\Sigma}_{12}\boldsymbol{h}_i = (\boldsymbol{h}_i'\boldsymbol{\Sigma}_{21}\boldsymbol{k}_i)^2 = \lambda_i, \quad i = 1,2,\cdots,n.$$

综上所述，显然有

$$\boldsymbol{G}_2'\boldsymbol{\Sigma}_{21}\boldsymbol{G}_1 = \boldsymbol{R},$$

其中，

$$\boldsymbol{R}^2 = \begin{pmatrix}\lambda_1 & & & \\ & \lambda_2 & & \\ & & \ddots & \\ & & & \lambda_n\end{pmatrix} = \begin{pmatrix}r_1^2 & & & \\ & r_2^2 & & \\ & & \ddots & \\ & & & r_n^2\end{pmatrix}.$$

定理证毕。

典型相关分析与回归分析有直接的联系，它对研究协整关系和理解约翰森方法起到关键作用，我们以下面的例子说明典型相关分析与回归分析的关系。设$\{y_t\}$和$\{x_t\}$是期望为零的单变量随机过程，向量$[y_t,x_t]'$的协方差矩阵为

$$\boldsymbol{\Sigma} = \begin{pmatrix}E(y_ty_t) & E(y_tx_t) \\ E(x_ty_t) & E(x_tx_t)\end{pmatrix} = \begin{pmatrix}\boldsymbol{\Sigma}_{11} & \boldsymbol{\Sigma}_{12} \\ \boldsymbol{\Sigma}_{21} & \boldsymbol{\Sigma}_{22}\end{pmatrix}$$

由于这时 $\boldsymbol{\Sigma}_{11}^{-1}\boldsymbol{\Sigma}_{12}\boldsymbol{\Sigma}_{22}^{-1}\boldsymbol{\Sigma}_{21}$ 为一标量，它自身即为它的特征值，而且是唯一确定的。以 $\lambda_1$ 表示此特征值，$r_1$ 表示典型相关系数，由定理 6.1 可知：

$$\lambda_1 = r_1^2 = \frac{\boldsymbol{\Sigma}_{12}\boldsymbol{\Sigma}_{22}^{-1}\boldsymbol{\Sigma}_{21}}{\boldsymbol{\Sigma}_{11}}.$$

若以 $y_t$ 和 $x_t$ 的样本($t=1,2,\cdots,T$)对 $\boldsymbol{\Sigma}_{12}$、$\boldsymbol{\Sigma}_{22}$和 $\boldsymbol{\Sigma}_{11}$作估计，可得估计值：

$$\hat{\lambda}_1 = \hat{r}_1^2 = \frac{\hat{\boldsymbol{\Sigma}}_{12}\hat{\boldsymbol{\Sigma}}_{22}^{-1}\hat{\boldsymbol{\Sigma}}_{21}}{\hat{\boldsymbol{\Sigma}}_{11}},$$

其中，$\hat{\boldsymbol{\Sigma}}_{11} = (1/T)\sum_{t=1}^{T} y_t^2$，$\hat{\boldsymbol{\Sigma}}_{12} = (1/T)\sum_{t=1}^{T} y_tx_t$，$\hat{\boldsymbol{\Sigma}}_{22} = (1/T)\sum_{t=1}^{T} x_t^2$。这里的 $\hat{r}_1^2$ 称为样本典型相关系数(sample canonical correlation)，可写成以下形式：

$$\hat{r}_1^2 = \frac{(\boldsymbol{\Sigma}y_tx_t)^2}{(\boldsymbol{\Sigma}x_t^2)(\boldsymbol{\Sigma}y_t^2)}.$$

不难看出，这正是以 $y_t$ 对 $x_t$ 作回归所得的拟合优度(goodness of fit)$R^2$。

## 6.4　协整的均衡修正形式和集中的对数似然函数

以 $\boldsymbol{x}_t$ 表示一个 $n$ 维 $I(1)$ 随机向量，$\Delta\boldsymbol{x}_t$ 为其一阶差分。如前所述，$\boldsymbol{x}_t$ 的均衡修正形式(ECM)为：

$$\Delta\boldsymbol{x}_t = \sum_{i=1}^{k-1}\boldsymbol{D}_i\Delta\boldsymbol{x}_{t-i} + \boldsymbol{\pi}\boldsymbol{x}_{t-1} + \boldsymbol{\varepsilon}_t,\quad t = 1,2,\cdots,T, \tag{6.18}$$

式中的 $\boldsymbol{D}_i(i=1,2,\cdots,k-1)$ 和 $\boldsymbol{\pi}$ 都为 $n\times n$ 维矩阵；$\{\boldsymbol{\varepsilon}_t\}$ 为独立同分布的正态随机向量，且有 $E(\boldsymbol{\varepsilon}_t)=\boldsymbol{0}$，$\mathrm{var}(\boldsymbol{\varepsilon}_t)=\boldsymbol{\Omega}$。

协整系统的均衡修正形式适用于对 $\boldsymbol{x}_t$ 作系统分析，它是约翰森方法的基础。矩阵 $\boldsymbol{\pi}$ 的秩 $r$ 是系统中独立的协整关系的个数。若 $r=n$，系统 $\boldsymbol{x}_t$ 中有 $n$ 个独立的协整关系，这说明 $\boldsymbol{x}_t$ 实际上是一个 $I(0)$ 系统而并非 $I(1)$ 系统；若 $r=0$，那么 $\pi$ 为一个零矩阵，因此系统中不存在任何协整关系。除了这两种极端情况外，有实际研究和应用价值的是 $0<r<n$ 的情况，此时的 $n\times n$ 维矩阵 $\boldsymbol{\pi}$ 不满秩($r<n$)，因此有分解形式：

$$\boldsymbol{\pi} = \boldsymbol{\alpha}\boldsymbol{\beta}',$$

其中的 $\boldsymbol{\alpha}$ 和 $\boldsymbol{\beta}$ 都为列满秩的 $n\times r$ 维矩阵。约翰森方法的一个重要特征，是不事先假设或决定系统中独立的协整关系的个数 $r$；相反，$r$ 是对系统作假设检验的结果。在确定了 $r$ 值以后，再进一步估计矩阵 $\boldsymbol{\alpha}$ 和 $\boldsymbol{\beta}$ 的值。矩阵 $\boldsymbol{\beta}$ 包含了系统 $\boldsymbol{x}_t$ 中独立的协整向量，矩阵 $\boldsymbol{\alpha}$ 则包含了这些协整关系对各个 $\Delta\boldsymbol{x}_t$ 的影响的权重。

由于假设 $\boldsymbol{\varepsilon}_t$ 为独立同分布的正态随机向量，$E(\boldsymbol{\varepsilon}_t)=\boldsymbol{0}$，$\mathrm{var}(\boldsymbol{\varepsilon}_t)=\boldsymbol{\Omega}$，式(6.18)中的 $\Delta\boldsymbol{x}_t$ 有以下对数似然函数：

$$L(\boldsymbol{D}_1,\cdots,\boldsymbol{D}_{k-1},\boldsymbol{\pi},\boldsymbol{\Omega}) = -\frac{Tn}{2}\ln(2\pi) - \frac{T}{2}\ln|\boldsymbol{\Omega}| - \frac{1}{2}\sum_{t=1}^{T}\boldsymbol{\varepsilon}_t'\boldsymbol{\Omega}\boldsymbol{\varepsilon}_t \tag{6.19}$$

这里的 $\boldsymbol{D}_1,\cdots,\boldsymbol{D}_{k-1},\boldsymbol{\pi},\boldsymbol{\Omega}$ 均为未知的参数矩阵，其中最为重要的是矩阵 $\boldsymbol{\pi}$，它包含了协整系统的主要信息和特征。为了更有效地估计和分析矩阵 $\boldsymbol{\pi}$，我们将对数似然函数式(6.19)集中在参数矩阵 $\boldsymbol{\pi}$ 上，即除了参数矩阵 $\boldsymbol{\pi}$ 外，其他的矩阵都用它们的最大似然估计代替，然后在此基础上对矩阵 $\boldsymbol{\pi}$ 作估计，这样的 $\boldsymbol{\pi}$ 估计值仍是一致的。固定式(6.19)中的矩阵 $\boldsymbol{\pi}$，对 $L(\boldsymbol{D}_1,\cdots,\boldsymbol{D}_{k-1},\boldsymbol{\pi},\boldsymbol{\Omega})$ 作关于 $\boldsymbol{D}_1,\cdots,\boldsymbol{D}_{k-1}$ 和 $\boldsymbol{\Omega}$ 的一阶偏微分并令其等于零，可解出最大似然估计值 $\boldsymbol{D}_1^*,\cdots,\boldsymbol{D}_{k-1}^*$ 和 $\boldsymbol{\Omega}^*$：

$$\boldsymbol{\Omega}^* = T^{-1}\sum_{t=1}^{T}\hat{\boldsymbol{\varepsilon}}_t\hat{\boldsymbol{\varepsilon}}_t',$$

$$\hat{\boldsymbol{\varepsilon}}_t = (\Delta \boldsymbol{x}_t - \boldsymbol{\pi} \boldsymbol{x}_{t-1}) - \left( \sum_{i=1}^{k-1} \boldsymbol{D}_i^* \Delta \boldsymbol{x}_{t-i} \right). \tag{6.20}$$

将以上估计量代入 $L(\boldsymbol{D}_1, \cdots, \boldsymbol{D}_{k-1}, \boldsymbol{\pi}, \boldsymbol{\Omega})$，可得：

$$L(\boldsymbol{D}_1^*, \cdots, \boldsymbol{D}_{k-1}^*, \boldsymbol{\pi}, \boldsymbol{\Omega}^*) = k - \frac{T}{2} \ln \left| \sum \hat{\boldsymbol{\varepsilon}}_t \hat{\boldsymbol{\varepsilon}}_t' \right| - \frac{1}{2} \sum_{t=1}^{T} \hat{\boldsymbol{\varepsilon}}_t' \boldsymbol{\Omega}^* \hat{\boldsymbol{\varepsilon}}_t, \tag{6.21}$$

其中，$k = -(Tn/2)\ln(2\pi)$，估计残差 $\hat{\boldsymbol{\varepsilon}}_t (t=1,2,\cdots,T)$ 与滞后变量 $\Delta \boldsymbol{x}_{t-1}, \cdots, \Delta \boldsymbol{x}_{t-k}$ 正交。

尽管式(6.21)比式(6.19)简单了不少，如将式(6.20)代入式(6.21)，$\hat{\boldsymbol{\varepsilon}}_t$ 的第二项 $\sum \boldsymbol{D}_i^* \Delta \boldsymbol{x}_{t-i}$ 仍会引起复杂的计算。为了进一步简化残差 $\hat{\boldsymbol{\varepsilon}}_t$ 的表示形式，使 $\sum \boldsymbol{D}_i^* \Delta \boldsymbol{x}_{t-i}$ 在表达式里不出现，我们作以下的回归：

$$\begin{aligned} \Delta \boldsymbol{x}_t &= \hat{\boldsymbol{D}}_1 \Delta \boldsymbol{x}_{t-1} + \hat{\boldsymbol{D}}_2 \Delta \boldsymbol{x}_{t-2} + \cdots + \hat{\boldsymbol{D}}_{k-1} \Delta \boldsymbol{x}_{t-k+1} + \boldsymbol{R}_{0t}, \\ \boldsymbol{x}_{t-1} &= \widetilde{\boldsymbol{D}}_1 \Delta \boldsymbol{x}_{t-1} + \widetilde{\boldsymbol{D}}_2 \Delta \boldsymbol{x}_{t-2} + \cdots + \widetilde{\boldsymbol{D}}_{k-1} \Delta \boldsymbol{x}_{t-k+1} + \boldsymbol{R}_{kt}. \end{aligned} \tag{6.22}$$

其中，$\boldsymbol{R}_{0t}$ 和 $\boldsymbol{R}_{kt}$ 为最小二乘的估计残差；最小二乘估计量 $\hat{\boldsymbol{D}}_i$ 和 $\widetilde{\boldsymbol{D}}_i (i=1,2,\cdots,k-1)$ 分别由以下两式给出

$$\begin{aligned} [\hat{\boldsymbol{D}}_1, \cdots, \hat{\boldsymbol{D}}_{k-1}] &= \left( \sum \Delta \boldsymbol{x}_t \boldsymbol{q}_t' \right) \left( \sum \boldsymbol{q}_t \boldsymbol{q}_t' \right)^{-1}, \\ [\widetilde{\boldsymbol{D}}_1, \cdots, \widetilde{\boldsymbol{D}}_{k-1}] &= \left( \sum \boldsymbol{x}_{t-1} \boldsymbol{q}_t' \right) \left( \sum \boldsymbol{q}_t \boldsymbol{q}_t' \right)^{-1}. \end{aligned} \tag{6.23}$$

其中，

$$\boldsymbol{q}_t = [\Delta \boldsymbol{x}_{t-1}', \cdots, \Delta \boldsymbol{x}_{t-k+1}']'.$$

以 $\boldsymbol{R}_{0t}$ 和 $\boldsymbol{R}_{kt}$ 构造下式：

$$\begin{aligned} \boldsymbol{R}_{0t} - \boldsymbol{\pi} \boldsymbol{R}_{kt} &= \left( \Delta \boldsymbol{x}_t - \sum_{i=1}^{k-1} \hat{\boldsymbol{D}}_i \Delta \boldsymbol{x}_{t-i} \right) - \boldsymbol{\pi} \left( \boldsymbol{x}_{t-1} - \sum_{i=1}^{k-1} \widetilde{\boldsymbol{D}}_i \Delta \boldsymbol{x}_{t-i} \right) \\ &= (\Delta \boldsymbol{x}_t - \boldsymbol{\pi} \boldsymbol{x}_{t-1}) - \left[ \sum_{i=1}^{k-1} (\hat{\boldsymbol{D}}_i - \boldsymbol{\pi} \widetilde{\boldsymbol{D}}_i) \Delta \boldsymbol{x}_{t-i} \right] \end{aligned} \tag{6.24}$$

与式(6.20)相比，如 $\boldsymbol{D}_i^* = \hat{\boldsymbol{D}}_i - \boldsymbol{\pi} \widetilde{\boldsymbol{D}}_i$ 成立，$\boldsymbol{R}_{0t} - \boldsymbol{\pi} \boldsymbol{R}_{kt}$ 和 $\hat{\boldsymbol{\varepsilon}}_t$ 就有相同的表达形式。事实上，因为回归残差 $\boldsymbol{R}_{0t}$ 和 $\boldsymbol{R}_{kt}$ 与滞后变量 $\Delta \boldsymbol{x}_{t-1}, \cdots, \Delta \boldsymbol{x}_{t-k}$ 正交，所以 $\boldsymbol{R}_{0t} - \boldsymbol{\pi} \boldsymbol{R}_{kt}$ 也与这些变量正交。由正交投影的唯一性可知 $\boldsymbol{D}_i^* = \hat{\boldsymbol{D}}_i - \pi \widetilde{\boldsymbol{D}}_i, i=1,2,\cdots,k-1$。这样，可以 $\boldsymbol{R}_{0t} - \boldsymbol{\pi} \boldsymbol{R}_{kt}$ 代替 $L(\boldsymbol{D}_1^*, \cdots, \boldsymbol{D}_{k-1}^*, \boldsymbol{\pi}, \boldsymbol{\Omega}^*)$ 中的 $\hat{\boldsymbol{\varepsilon}}_t$，得：

$$\begin{aligned} & L(\boldsymbol{D}_1^*, \cdots, \boldsymbol{D}_{k-1}^*, \boldsymbol{\pi}, \boldsymbol{\Omega}^*) \\ &= k - \frac{T}{2} \ln | \boldsymbol{\Omega}^* | - \frac{1}{2} \sum_{t=1}^{T} (\boldsymbol{R}_{0t} - \boldsymbol{\pi} \boldsymbol{R}_{kt}) (\boldsymbol{\Omega}^*)^{-1} (\boldsymbol{R}_{0t} - \boldsymbol{\pi} \boldsymbol{R}_{kt})', \end{aligned}$$

其中，

$$\boldsymbol{\Omega}^* = \frac{1}{T}\sum_{t=1}^{T}(\boldsymbol{R}_{0t} - \boldsymbol{\pi}\boldsymbol{R}_{kt})(\boldsymbol{R}_{0t} - \boldsymbol{\pi}\boldsymbol{R}_{kt})'. \tag{6.25}$$

以下引理可使表达式 $L(\boldsymbol{D}_1^*, \cdots, \boldsymbol{D}_{k-1}^*, \boldsymbol{\pi}, \boldsymbol{\Omega}^*)$ 进一步简化。

**引理 6.1** 设 $\boldsymbol{A}$、$\boldsymbol{B}$ 分别为 $n\times k$ 维和 $k\times n$ 维矩阵，那么

$$\mathrm{tr}(\boldsymbol{AB}) = \mathrm{tr}(\boldsymbol{BA}),$$

这里"tr"表示矩阵的迹数(trace)。若 $n\times n$ 维矩阵 $\boldsymbol{A}=\{a_{ij}; i,j=1,2,\cdots,n\}$，那么 $\boldsymbol{A}$ 的迹数为 $\mathrm{tr}(\boldsymbol{A}) = \sum_{j=1}^{n} a_{jj}$。证明见习题。

以 $\boldsymbol{R}^*$ 表示 $L(\boldsymbol{D}_1^*, \cdots, \boldsymbol{D}_{k-1}^*, \boldsymbol{\pi}, \boldsymbol{\Omega}^*)$ 中的最后一项：

$$\boldsymbol{R}^* = \frac{1}{2}\sum_{t=1}^{T}(\boldsymbol{R}_{0t} - \boldsymbol{\pi}\boldsymbol{R}_{kt})'(\boldsymbol{\Omega}^*)^{-1}(\boldsymbol{R}_{0t} - \boldsymbol{\pi}\boldsymbol{R}_{kt}),$$

对上式取迹数，由于 $\boldsymbol{R}^*$ 为一标量，因此，

$$\begin{aligned}
\boldsymbol{R}^* &= \mathrm{tr}(\boldsymbol{R}^*) = \mathrm{tr}\left[\frac{1}{2}\sum_{t=1}^{T}(\boldsymbol{R}_{0t} - \boldsymbol{\pi}\boldsymbol{R}_{kt})'(\boldsymbol{\Omega}^*)^{-1}(\boldsymbol{R}_{0t} - \boldsymbol{\pi}\boldsymbol{R}_{kt})\right] \\
&= \frac{1}{2}\sum_{t=1}^{T}\mathrm{tr}\left\{(\boldsymbol{R}_{0t} - \boldsymbol{\pi}\boldsymbol{R}_{kt})'\left[\frac{1}{T}\sum_{t=1}^{T}(\boldsymbol{R}_{0t} - \boldsymbol{\pi}\boldsymbol{R}_{kt})(\boldsymbol{R}_{0t} - \boldsymbol{\pi}\boldsymbol{R}_{kt})'\right]^{-1}(\boldsymbol{R}_{0t} - \boldsymbol{\pi}\boldsymbol{R}_{kt})\right\} \\
&= \frac{T}{2}\mathrm{tr}\left\{\left[\frac{1}{T}\sum_{t=1}^{T}(\boldsymbol{R}_{0t} - \boldsymbol{\pi}\boldsymbol{R}_{kt})(\boldsymbol{R}_{0t} - \boldsymbol{\pi}\boldsymbol{R}_{kt})'\right]^{-1}\left[(\boldsymbol{R}_{0t} - \boldsymbol{\pi}\boldsymbol{R}_{kt})(\boldsymbol{R}_{0t} - \boldsymbol{\pi}\boldsymbol{R}_{kt})'\right]\right\} \\
&= \frac{Tn}{2}.
\end{aligned}$$

这样，我们就有进一步简化了的集中的对数似然函数：

$$\begin{aligned}
L^*(\boldsymbol{\pi}) &= L(\boldsymbol{D}_1^*, \cdots, \boldsymbol{D}_{k-1}^*, \boldsymbol{\pi}, \boldsymbol{\Omega}^*) \\
&= \left[-\frac{Tn}{2}\ln(2\pi) - \frac{Tn}{2}\right] - \frac{T}{2}\ln|\boldsymbol{\Omega}^*| \\
&= k_0 - \frac{T}{2}\ln\left|\frac{1}{T}\sum_{t=1}^{T}(\boldsymbol{R}_{0t} - \boldsymbol{\pi}\boldsymbol{R}_{kt})(\boldsymbol{R}_{0t} - \boldsymbol{\pi}\boldsymbol{R}_{kt})'\right|.
\end{aligned} \tag{6.26}$$

其中 $\boldsymbol{\pi}$ 是唯一的未知参数。我们将在式(6.26)的基础上作参数 $\boldsymbol{\pi}$ 的最大似然估计。

## 6.5 最大似然估计和典型相关分析

我们首先将说明，使用集中的对数似然函数 $L^*(\boldsymbol{\pi})$ 求参数矩阵 $\boldsymbol{\pi}$ 的最大似然估计与典型相关分析有密切的关系。

利用回归估计残差 $\boldsymbol{R}_{0t}$ 和 $\boldsymbol{R}_{kt}$ 构造下列样本协方差矩阵：

$$\hat{\boldsymbol{\Sigma}}_{00}=\frac{1}{T}\sum_{t=1}^{T}\boldsymbol{R}_{0t}\boldsymbol{R}_{0t}',\quad \hat{\boldsymbol{\Sigma}}_{kk}=\frac{1}{T}\sum_{t=1}^{T}\boldsymbol{R}_{kt}\boldsymbol{R}_{kt}',$$
$$\hat{\boldsymbol{\Sigma}}_{0k}=\frac{1}{T}\sum_{t=1}^{T}\boldsymbol{R}_{0t}\boldsymbol{R}_{kt}'=\hat{\boldsymbol{\Sigma}}_{0k}'. \tag{6.27}$$

为讨论方便，我们假设残差 $\boldsymbol{R}_{0t}$ 和 $\boldsymbol{R}_{kt}$ 已经规范化，呈典型形式(canonical form)，即

$$\hat{\boldsymbol{\Sigma}}_{00}=\boldsymbol{I}_n,\quad \hat{\boldsymbol{\Sigma}}_{kk}=\boldsymbol{I}_n,\quad \hat{\boldsymbol{\Sigma}}_{0k}=\hat{\boldsymbol{\Sigma}}_{k0}=\boldsymbol{R}, \tag{6.28}$$

$$\boldsymbol{R}=\begin{pmatrix}\hat{r}_1 & & & \\ & \hat{r}_2 & & \\ & & \ddots & \\ & & & \hat{r}_n\end{pmatrix}.$$

矩阵 $\boldsymbol{R}$ 的对角线元素 $\hat{r}_i(i=1,2,\cdots,n)$ 为样本典型相关系数。

我们的目的是利用集中的对数似然函数 $L^*(\boldsymbol{\pi})$(见式(6.26))求参数矩阵 $\boldsymbol{\pi}$ 的最大似然估计。很明显，使 $L^*(\boldsymbol{\pi})$ 对于参数 $\boldsymbol{\pi}$ 取极大值，等价于使下式对于 $\boldsymbol{\pi}$ 取极小值：

$$\left|T^{-1}\sum_{t=1}^{T}(\boldsymbol{R}_{0t}-\boldsymbol{\pi}\boldsymbol{R}_{kt})(\boldsymbol{R}_{0t}-\boldsymbol{\pi}\boldsymbol{R}_{kt})'\right|, \tag{6.29}$$

并满足约束条件：矩阵 $\boldsymbol{\pi}$ 中含有 $r$ 个独立的协整向量，$\boldsymbol{\pi}$ 的秩为 $r$。这一约束条件在以下的讨论中起到关键作用，它使得我们能在解决这一条件最优问题中同时得到参数 $\boldsymbol{\pi}$ 和 $r$ 的估计量。若不对矩阵 $\boldsymbol{\pi}$ 施加这一约束条件，对 $\boldsymbol{\pi}$ 的估计要简单得多：只要用 $R_{i0t}$ 对 $\boldsymbol{R}_{kt}$ 作回归，就可得到 $\boldsymbol{\pi}_i$ 的无约束的最大似然估计：

$$\hat{\boldsymbol{\pi}}_i'=\left(T^{-1}\sum_{t=1}^{T}\boldsymbol{R}_{kt}\boldsymbol{R}_{kt}'\right)^{-1}\left(T^{-1}\sum_{t=1}^{T}\boldsymbol{R}_{kt}R_{i0t}\right).$$

这里，$R_{i0t}$ 为向量 $\boldsymbol{R}_{0t}$ 的第 $i$ 个元素，$\boldsymbol{\pi}_i$ 为矩阵 $\boldsymbol{\pi}$ 的第 $i$ 行。利用式(6.28)中的假设条件可简化以上表达式，因为这时有 $\hat{\boldsymbol{\pi}}_i'=\hat{r}_i\boldsymbol{e}_i$，$\boldsymbol{e}_i$ 为单位向量，是单位矩阵的第 $i$ 列。由此可得 $\hat{\boldsymbol{\pi}}_i'$ 的估计残差的平方的均值：

$$\begin{aligned}&T^{-1}\sum_{t=1}^{T}(R_{i0t}-\hat{\boldsymbol{\pi}}_i\boldsymbol{R}_{kt})^2\\&=T^{-1}\sum_{t=1}^{T}(R_{i0t})^2-2T^{-1}\sum_{t=1}^{T}\hat{\boldsymbol{\pi}}_i\boldsymbol{R}_{kt}R_{i0t}+T^{-1}\sum_{t=1}^{T}(\hat{\boldsymbol{\pi}}_i\boldsymbol{R}_{kt})^2\\&=T^{-1}\sum_{t=1}^{T}(R_{i0t})^2-2T^{-1}\sum_{t=1}^{T}\hat{r}_i\boldsymbol{e}_i\boldsymbol{R}_{kt}R_{i0t}+T^{-1}\sum_{t=1}^{T}(\hat{r}_i\boldsymbol{e}_i\boldsymbol{R}_{kt})^2\\&=1-2\hat{r}_1^2+\hat{r}_1^2=1-\hat{r}_1^2.\end{aligned}$$

另一方面，由式(6.28)可知第 $i$ 个回归残差 $R_{i0t}-\hat{\boldsymbol{\pi}}_i\boldsymbol{R}_{kt}$ 与第 $j$ 个回归残差 $R_{j0t}-\hat{\boldsymbol{\pi}}_j\boldsymbol{R}_{kt}$ 在 $i\neq j$ 时正交，即

$$\sum_{t=1}^{T}(R_{i0t}-\hat{\boldsymbol{\pi}}_i\boldsymbol{R}_{kt})(R_{j0t}-\hat{\boldsymbol{\pi}}_j\boldsymbol{R}_{kt})=0.$$

这样，在参数矩阵不受约束的条件下，式(6.29)在 $\hat{\boldsymbol{\pi}}$ 处取得极小值，并有如下形式：

$$\min_{\boldsymbol{\pi}}\left|T^{-1}\sum_{t=1}^{T}(\boldsymbol{R}_{0t}-\boldsymbol{\pi}\boldsymbol{R}_{kt})(\boldsymbol{R}_{0t}-\boldsymbol{\pi}\boldsymbol{R}_{kt})'\right|$$

$$=\begin{vmatrix}1-\hat{r}_1^2 & & & \\ & 1-\hat{r}_2^2 & & \\ & & \ddots & \\ & & & 1-\hat{r}_n^2\end{vmatrix}=\prod_{i=1}^{n}1-\hat{r}_i. \qquad (6.30)$$

如果系统中有 $r$ 个独立的协整向量，$r<n$，矩阵 $\boldsymbol{\pi}$ 的秩为 $r$，在估计 $r$ 值时施加约束条件 $rk(\boldsymbol{\pi})=r$ 可以提高估计和假设检验的效率。我们知道 $\hat{\boldsymbol{\pi}}_i'=\hat{r}_i\boldsymbol{e}_i$，其中估计值 $\hat{r}_i$ 满足条件 $\hat{r}_1>\hat{r}_2>\cdots>\hat{r}_n$，这表明约束条件 $rk(\boldsymbol{\pi})=r$ 等价于

$$\hat{r}_{r+1}=\hat{r}_{r+2}=\cdots=\hat{r}_n=0$$

因此当 $rk(\boldsymbol{\pi})=r$ 成立时，式(6.29)成为

$$\min_{\boldsymbol{\pi}}\left|T^{-1}\sum_{t=1}^{T}(\boldsymbol{R}_{0t}-\boldsymbol{\pi}\boldsymbol{R}_{kt})(\boldsymbol{R}_{0t}-\boldsymbol{\pi}\boldsymbol{R}_{kt})'\right|$$

$$=\begin{vmatrix}1-\hat{r}_1^2 & & & & & \\ & 1-\hat{r}_2^2 & & & & \\ & & \ddots & & & \\ & & & 1-\hat{r}_n^2 & & \\ & & & & 1 & \\ & & & & & \ddots \\ & & & & & & 1\end{vmatrix}=\prod_{i=1}^{r}1-\hat{r}_i \qquad (6.31)$$

式(6.31)揭示了协整系统的最大似然估计与典型相关分析之间的密切联系。

## 6.6　参数矩阵 $\boldsymbol{\pi}$ 的最大似然估计

在集中的对数似然函数

$$L^*(\boldsymbol{\pi})=k_0-\frac{T}{2}\ln\left|\frac{1}{T}\sum_{t=1}^{T}(\boldsymbol{R}_{0t}-\boldsymbol{\pi}\boldsymbol{R}_{kt})(\boldsymbol{R}_{0t}-\boldsymbol{\pi}\boldsymbol{R}_{kt})'\right| \qquad (6.32)$$

中，未知参数矩阵 $\boldsymbol{\pi}$ 的秩为 $r<n$，有分解式：

$$\boldsymbol{\pi} = \boldsymbol{\alpha\beta}', \tag{6.33}$$

这里的 $\boldsymbol{\alpha}$ 和 $\boldsymbol{\beta}$ 都为 $n\times r$ 维满秩矩阵，其秩为 $r$。式(6.33)给出了矩阵 $\boldsymbol{\pi}$ 的约束条件。当然，分解式 $\boldsymbol{\pi}=\boldsymbol{\alpha\beta}'$ 不是唯一的，因为利用任何一个非异 $n\times n$ 维矩阵 $\boldsymbol{M}$ 都可构造一个不同的分解式：

$$\boldsymbol{\pi} = \boldsymbol{\alpha\beta}' = \boldsymbol{\pi} = (\boldsymbol{\alpha M})(\boldsymbol{M}^{-1}\boldsymbol{\beta}') = \boldsymbol{\alpha}^{*}\boldsymbol{\beta}^{*\prime}.$$

因此矩阵 $\boldsymbol{\alpha}$ 和 $\boldsymbol{\beta}$ 的元素不能被唯一地识别(identified)，也就不能被唯一地估计。为克服这一困难，我们将式(6.32)中的最大似然函数 $L^{*}(\boldsymbol{\pi})$ 进一步集中于矩阵 $\boldsymbol{\beta}$，即消除 $L^{*}(\boldsymbol{\pi})$ 中的 $\boldsymbol{\alpha}$，然后求出矩阵 $\boldsymbol{\beta}$ 的最大似然估计，最后由 $\boldsymbol{\alpha}$ 和 $\boldsymbol{\beta}$ 的关系求出 $\boldsymbol{\alpha}$ 的最大似然估计。

为计算简便，令

$$\boldsymbol{S}_{ij} = T^{-1}\sum_{t=1}^{T}\boldsymbol{R}_{it}\boldsymbol{R}_{jt}', \quad i,j = 0,k, \tag{6.34}$$

将 $L^{*}(\boldsymbol{\pi})$ 改写成

$$\begin{aligned} L^{*}(\boldsymbol{\pi}) &= k_0 - \frac{T}{2}\ln\left|\frac{1}{T}\sum_{t=1}^{T}(\boldsymbol{R}_{0t} - \boldsymbol{\pi R}_{kt})(\boldsymbol{R}_{0t} - \boldsymbol{\pi R}_{kt})'\right| \\ &= k_0 - \frac{T}{2}\ln\mid \boldsymbol{S}_{00} - \boldsymbol{\pi S}_{k0} - \boldsymbol{S}_{0k}\boldsymbol{\pi}' + \boldsymbol{\pi S}_{kk}\boldsymbol{\pi}' \mid \\ &= k_0 - \frac{T}{2}\ln\mid \boldsymbol{S}_{00} - \boldsymbol{\alpha\beta}'\boldsymbol{S}_{k0} - \boldsymbol{S}_{0k}\boldsymbol{\beta\alpha}' + \boldsymbol{\alpha\beta}'\boldsymbol{S}_{kk}\boldsymbol{\beta\alpha}'. \mid \end{aligned} \tag{6.35}$$

为了将 $L^{*}(\boldsymbol{\pi})$ 集中在 $\boldsymbol{\beta}$ 上，我们对 $L^{*}(\boldsymbol{\pi})$ 求关于 $\boldsymbol{\alpha}$ 的一阶偏微分，并令其等于零：

$$\frac{\partial L^{*}(\boldsymbol{\alpha},\boldsymbol{\beta})}{\partial\boldsymbol{\alpha}} = 0,$$

由此可解出 $\boldsymbol{\alpha}$ 的估计值：

$$\tilde{\boldsymbol{\alpha}} = \boldsymbol{S}_{0k}\boldsymbol{\beta}(\boldsymbol{\beta}'\boldsymbol{S}_{kk}\boldsymbol{\beta})^{-1}, \tag{6.36}$$

它是矩阵 $\boldsymbol{\beta}$ 的函数。将式(6.36)代回 $L^{*}(\boldsymbol{\pi})$，可得：

$$\begin{aligned} L^{**}(\boldsymbol{\beta}) &= k_1 - \frac{T}{2}\ln\mid \boldsymbol{S}_{00} - \boldsymbol{S}_{0k}\boldsymbol{\beta}(\boldsymbol{\beta}'\boldsymbol{S}_{kk}\boldsymbol{\beta})^{-1}\boldsymbol{\beta}'\boldsymbol{S}_{k0} - \boldsymbol{S}_{0k}\boldsymbol{\beta}(\boldsymbol{S}_{0k}\boldsymbol{\beta}(\boldsymbol{\beta}'\boldsymbol{S}_{kk}\boldsymbol{\beta})^{-1})' \\ &\quad + \boldsymbol{S}_{0k}\boldsymbol{\beta}(\boldsymbol{\beta}'\boldsymbol{S}_{kk}\boldsymbol{\beta})^{-1}\boldsymbol{\beta}'\boldsymbol{S}_{kk}\boldsymbol{\beta}(\boldsymbol{S}_{0k}\boldsymbol{\beta}(\boldsymbol{\beta}'\boldsymbol{S}_{kk}\boldsymbol{\beta})^{-1})' \mid \\ &= k_1 - \frac{T}{2}\ln\mid \boldsymbol{S}_{00} - \boldsymbol{S}_{0k}\boldsymbol{\beta}(\boldsymbol{\beta}'\boldsymbol{S}_{kk}\boldsymbol{\beta})^{-1}\boldsymbol{\beta}'\boldsymbol{S}_{k0} \mid \end{aligned} \tag{6.37}$$

我们将从 $L^{**}(\boldsymbol{\beta})$ 求出矩阵 $\boldsymbol{\beta}$ 的最大似然估计。但式(6.37)中含有矩阵 $\boldsymbol{\beta}$ 的二次型，因此对 $L^{**}(\boldsymbol{\beta})$ 求微分绝非易事。我们需要进一步简化 $L^{**}(\boldsymbol{\beta})$。

**引理 6.2**　若 $n\times n$ 维矩阵 $\boldsymbol{A}$ 有分块形式：

$$\boldsymbol{A}=\begin{pmatrix}\boldsymbol{A}_{11} & \boldsymbol{A}_{12}\\ \boldsymbol{A}_{21} & \boldsymbol{A}_{22}\end{pmatrix},$$

其中，矩阵 $\boldsymbol{A}_{11}$ 和 $\boldsymbol{A}_{22}$ 分别为 $n_1\times n_1$ 维和 $n_2\times n_2$ 维非异子矩阵，$n_1+n_2=n$，那么 $\boldsymbol{A}$ 的行列式可表示为：

$$|\boldsymbol{A}|=|\boldsymbol{A}_{11}||\boldsymbol{A}_{22}-\boldsymbol{A}_{21}\boldsymbol{A}_{11}^{-1}\boldsymbol{A}_{12}|=|\boldsymbol{A}_{22}||\boldsymbol{A}_{11}-\boldsymbol{A}_{12}\boldsymbol{A}_{22}^{-1}\boldsymbol{A}_{21}|$$

证明见习题。

构造矩阵 $\boldsymbol{S}$ 如下：

$$\boldsymbol{S}=\begin{pmatrix}\boldsymbol{S}_{00} & \boldsymbol{S}_{0k}\boldsymbol{\beta}\\ \boldsymbol{\beta}'\boldsymbol{S}_{k0} & \boldsymbol{\beta}'\boldsymbol{S}_{kk}\boldsymbol{\beta}\end{pmatrix},$$

由矩阵 $\boldsymbol{S}_{00}$ 和 $\boldsymbol{\beta}'\boldsymbol{S}_{kk}\boldsymbol{\beta}$ 的构造可知它们都为非异的子矩阵，因此行列式 $|\boldsymbol{S}_{00}|$ 和 $|\boldsymbol{\beta}'\boldsymbol{S}_{kk}\boldsymbol{\beta}|$ 都不为零。根据引理 6.2，矩阵 $\boldsymbol{S}$ 的行列式可表示为：

$$\begin{aligned}|\boldsymbol{S}|&=|\boldsymbol{S}_{00}||\boldsymbol{\beta}'\boldsymbol{S}_{kk}\boldsymbol{\beta}-\boldsymbol{\beta}'\boldsymbol{S}_{k0}\boldsymbol{S}_{00}^{-1}\boldsymbol{S}_{0k}\boldsymbol{\beta}|\\ &=|\boldsymbol{\beta}'\boldsymbol{S}_{kk}\boldsymbol{\beta}||\boldsymbol{S}_{00}-\boldsymbol{S}_{0k}\boldsymbol{\beta}(\boldsymbol{\beta}'\boldsymbol{S}_{kk}\boldsymbol{\beta})^{-1}\boldsymbol{\beta}'\boldsymbol{S}_{k0}|,\end{aligned}\qquad(6.38)$$

因此有

$$|\boldsymbol{S}_{00}-\boldsymbol{S}_{0k}\boldsymbol{\beta}(\boldsymbol{\beta}'\boldsymbol{S}_{kk}\boldsymbol{\beta})^{-1}\boldsymbol{\beta}'\boldsymbol{S}_{k0}|=|\boldsymbol{\beta}'\boldsymbol{S}_{kk}\boldsymbol{\beta}|^{-1}|\boldsymbol{S}_{00}||\boldsymbol{\beta}'(\boldsymbol{S}_{kk}-\boldsymbol{S}_{k0}\boldsymbol{S}_{00}^{-1}\boldsymbol{S}_{0k})\boldsymbol{\beta}|.$$

将上式与式(6.37)中的 $L^{**}(\boldsymbol{\beta})$ 比较，可知求 $L^{**}(\boldsymbol{\beta})$ 关于 $\boldsymbol{\beta}$ 的极大值，等价于求下式关于 $\boldsymbol{\beta}$ 的极小值：

$$\frac{|\boldsymbol{\beta}'(\boldsymbol{S}_{kk}-\boldsymbol{S}_{k0}\boldsymbol{S}_{00}^{-1}\boldsymbol{S}_{0k})\boldsymbol{\beta}|}{|\boldsymbol{\beta}'\boldsymbol{S}_{kk}\boldsymbol{\beta}|}.\qquad(6.39)$$

由于在分解式 $\boldsymbol{\pi}=\boldsymbol{\alpha}\boldsymbol{\beta}'$ 中，矩阵 $\boldsymbol{\alpha}$ 和 $\boldsymbol{\beta}$ 的值并非唯一确定，因此总可以选择某一 $\boldsymbol{\beta}$，使得 $\boldsymbol{\beta}'\boldsymbol{S}_{kk}\boldsymbol{\beta}=\boldsymbol{I}_r$，我们以此为约束条件求解式(6.39)的最小值，即

$$\begin{aligned}&\min_{\boldsymbol{\beta}}|\boldsymbol{\beta}'(\boldsymbol{S}_{kk}-\boldsymbol{S}_{k0}\boldsymbol{S}_{00}^{-1}\boldsymbol{S}_{0k})\boldsymbol{\beta}|\\ &\text{s.t.}\ \boldsymbol{\beta}'\boldsymbol{S}_{kk}\boldsymbol{\beta}=\boldsymbol{I}_r,\end{aligned}\qquad(6.40)$$

相应的拉格朗日函数为：

$$|\boldsymbol{\beta}'(\boldsymbol{S}_{kk}-\boldsymbol{S}_{k0}\boldsymbol{S}_{00}^{-1}\boldsymbol{S}_{0k})\boldsymbol{\beta}|-\phi[\mathrm{tr}(\boldsymbol{\beta}'\boldsymbol{S}_{kk}\boldsymbol{\beta}-\boldsymbol{I}_r)],\qquad(6.41)$$

这里的 $\phi$ 为拉格朗日乘数，tr 表示矩阵的迹数。

求式(6.40)中关于矩阵 $\boldsymbol{\beta}$ 的极值在文献中已有成熟的方法。下面介绍 T. W. 安德森（T. W. Anderson，1958）的方法，详细推导请参阅其书中的第十二章。

安德森指出，求解式(6.40)关于矩阵 $\boldsymbol{\beta}$ 的极值等价于在下列线性方程组

$$(\lambda\boldsymbol{S}_{kk}-\boldsymbol{S}_{k0}\boldsymbol{S}_{00}^{-1}\boldsymbol{S}_{0k})\boldsymbol{\beta}=\boldsymbol{0}\qquad(6.42)$$

中求 $\boldsymbol{\beta}$ 的解，其中 $\lambda$ 为特征方程

$$|\lambda \boldsymbol{S}_{kk}-\boldsymbol{S}_{k0}\boldsymbol{S}_{00}^{-1}\boldsymbol{S}_{0k}|=0 \tag{6.43}$$

的解。根据6.3节中关于典型相关的讨论，式(6.43)的 $n$ 个特征值满足条件 $\lambda_1 \geqslant \lambda_2 \geqslant \cdots \geqslant \lambda_n$。以 $\boldsymbol{V}_1,\cdots,\boldsymbol{V}_n$ 记作相应于 $\lambda_1,\cdots,\lambda_n$ 的 $n$ 个特征向量，并满足条件：

$$\boldsymbol{V}_i'\boldsymbol{S}_{kk}\boldsymbol{V}_i=1,\quad i=1,2,\cdots,n, \tag{6.44}$$

这样就有 $(\boldsymbol{S}_{kk}^{-1}\boldsymbol{S}_{k0}\boldsymbol{S}_{00}^{-1}\boldsymbol{S}_{0k})\boldsymbol{V}_i=\lambda_i\boldsymbol{V}_i$，因此

$$(\lambda_i\boldsymbol{S}_{kk}-\boldsymbol{S}_{k0}\boldsymbol{S}_{00}^{-1}\boldsymbol{S}_{0k})\boldsymbol{V}_i=\boldsymbol{0},\quad i=1,2,\cdots,n. \tag{6.45}$$

在 $n$ 个特征向量中选取前 $r$ 个，$\boldsymbol{V}_1,\cdots,\boldsymbol{V}_r$，使其分别对应于最大的 $r$ 个特征值 $\lambda_1,\cdots,\lambda_r$，令

$$\hat{\beta}=[\boldsymbol{V}_1,\cdots,\boldsymbol{V}_r],$$

显然，矩阵 $\hat{\beta}$ 满足式(6.42)和(6.43)，是式(6.40)的一组解。令

$$\boldsymbol{V}=[\boldsymbol{V}_1,\cdots,\boldsymbol{V}_n]=[\hat{\boldsymbol{\beta}},\hat{\boldsymbol{\delta}}],$$

矩阵 $\hat{\boldsymbol{\beta}}$ 还可表示为 $\hat{\boldsymbol{\beta}}=\boldsymbol{VP}$，这里 $\boldsymbol{P}=[\boldsymbol{I}_r,\boldsymbol{0}']'$，$\boldsymbol{0}$ 为 $(n-r)\times r$ 维的零矩阵；子矩阵 $\hat{\boldsymbol{\delta}}$ 包含了对应于 $(n-r)$ 个最小的特征值的特征向量。有了估计量 $\hat{\boldsymbol{\beta}}=\boldsymbol{VP}$，集中的似然函数 $L^*(\boldsymbol{\alpha},\boldsymbol{\beta})$ 中的其他参数就可相应地得到。将 $\hat{\boldsymbol{\beta}}$ 的表示式代回式(6.36)，可得到矩阵 $\boldsymbol{\alpha}$ 的估计量

$$\hat{\boldsymbol{\alpha}}=\boldsymbol{S}_{0k}\hat{\boldsymbol{\beta}}(\hat{\boldsymbol{\beta}}'\boldsymbol{S}_{kk}\hat{\boldsymbol{\beta}})^{-1}=\boldsymbol{S}_{0k}\hat{\boldsymbol{\beta}},$$

因为 $\boldsymbol{\beta}'\boldsymbol{S}_{kk}\boldsymbol{\beta}=\boldsymbol{I}_r$。最后，矩阵 $\boldsymbol{\pi}$ 的最大似然估计为：

$$\hat{\boldsymbol{\pi}}=\hat{\boldsymbol{\alpha}}\hat{\boldsymbol{\beta}}'=\boldsymbol{S}_{0k}\hat{\boldsymbol{\beta}}\hat{\boldsymbol{\beta}}'. \tag{6.46}$$

我们下面考虑利用似然函数 $L(\boldsymbol{D}_1,\cdots,\boldsymbol{D}_{k-1},\boldsymbol{\pi},\boldsymbol{\Omega})$ 计算参数矩阵 $\boldsymbol{\Omega}$ 的最大似然估计。矩阵 $\boldsymbol{\Omega}$ 是随机向量 $\boldsymbol{x}_t$ 的均衡修正形式

$$\Delta\boldsymbol{x}_t=\sum_{i=1}^{k-1}\boldsymbol{D}_i\Delta\boldsymbol{x}_{t-i}+\boldsymbol{\pi}\boldsymbol{x}_{t-1}+\boldsymbol{\varepsilon}_t$$

的随机项 $\boldsymbol{\varepsilon}_t$ 的协方差矩阵。由集中的对数似然函数 $L^*(\boldsymbol{\pi})$ 的表达形式（见(6.35)），可知矩阵 $\boldsymbol{\Omega}$ 的最大似然估计为：

$$\hat{\boldsymbol{\Omega}}=\frac{1}{T}\sum_{t=1}^{T}\hat{\boldsymbol{e}}_t\hat{\boldsymbol{e}}_t'=\frac{1}{T}(\boldsymbol{S}_{00}-\hat{\boldsymbol{\pi}}\boldsymbol{S}_{k0}-\boldsymbol{S}_{0k}\hat{\boldsymbol{\pi}}'+\hat{\boldsymbol{\pi}}\boldsymbol{S}_{kk}\hat{\boldsymbol{\pi}}').$$

以 $\hat{\boldsymbol{\pi}}=\hat{\boldsymbol{\alpha}}\hat{\boldsymbol{\beta}}'=\boldsymbol{S}_{0k}\hat{\boldsymbol{\beta}}\hat{\boldsymbol{\beta}}'$ 代入，可得：

$$\hat{\boldsymbol{\Omega}}=\frac{1}{T}(\boldsymbol{S}_{00}-\boldsymbol{S}_{0k}\hat{\boldsymbol{\beta}}\hat{\boldsymbol{\beta}}'\boldsymbol{S}_{k0})=\frac{1}{T}(\boldsymbol{S}_{00}-\hat{\boldsymbol{\pi}}\boldsymbol{S}_{k0}),$$

估计量 $\hat{\boldsymbol{\Omega}}$ 和 $\hat{\boldsymbol{\pi}}$ 都是一致的估计量（约翰森，1988）。

以上的讨论表明，求解特征方程式(6.42)是得到参数矩阵 $\boldsymbol{\alpha}$、$\boldsymbol{\beta}$ 和 $\boldsymbol{\Omega}$ 最大似然

估计的关键所在。解得特征值 $\lambda_i$ 后就可进一步求得特征向量 $\boldsymbol{V}_i$。由于矩阵 $\boldsymbol{S}_{kk}$ 是非异的 $n\times n$ 维对称矩阵，因此存在非异的 $n\times n$ 维矩阵 $\boldsymbol{G}$，使得：

$$\boldsymbol{S}_{kk}^{-1}=\boldsymbol{G}\boldsymbol{G}'.$$

这样，特征方程式(6.45)关于 $\lambda$ 的解与下式的解等价：

$$|\lambda\boldsymbol{I}_n-\boldsymbol{G}'\boldsymbol{S}_{k0}\boldsymbol{S}_{00}^{-1}\boldsymbol{S}_{0k}\boldsymbol{G}|=\boldsymbol{0}. \tag{6.47}$$

因此，$\boldsymbol{\lambda}$ 也是矩阵$(\boldsymbol{G}'\boldsymbol{S}_{k0}\boldsymbol{S}_{00}^{-1}\boldsymbol{S}_{0k}\boldsymbol{G})$的特征值。计算这些特征值只需用一般的矩阵计算方法，将每一个解得的 $\lambda_i(i=1,2,\cdots,n)$代入式(6.45)就可解得相应的特征向量 $\boldsymbol{V}_i(i=1,2,\cdots,n)$。

值得注意的是，$n\times n$ 维矩阵 $\boldsymbol{V}=[\boldsymbol{V}_1,\boldsymbol{V}_2,\cdots,\boldsymbol{V}_n]$同时将矩阵 $\boldsymbol{S}_{kk}$ 和$(\boldsymbol{S}_{k0}\boldsymbol{S}_{00}^{-1}\boldsymbol{S}_{0k})$对角化。由式(6.45)可知：

$$(\boldsymbol{S}_{k0}\boldsymbol{S}_{00}^{-1}\boldsymbol{S}_{0k})\boldsymbol{V}_i=\lambda_i\boldsymbol{S}_{kk},\quad i=1,2,\cdots,n,$$

从而有

$$(\boldsymbol{S}_{k0}\boldsymbol{S}_{00}^{-1}\boldsymbol{S}_{0k})\boldsymbol{V}=\boldsymbol{S}_{kk}\boldsymbol{V}\boldsymbol{\Lambda},$$

其中，

$$\boldsymbol{\Lambda}=\begin{pmatrix}\lambda_1 & & & \\ & \lambda_2 & & \\ & & \ddots & \\ & & & \lambda_n\end{pmatrix}.$$

以 $\boldsymbol{V}'$左乘上式，由于 $\boldsymbol{V}'\boldsymbol{S}_{kk}\boldsymbol{V}=\boldsymbol{I}_n$，所以

$$\boldsymbol{V}'\boldsymbol{S}_{k0}\boldsymbol{S}_{00}^{-1}\boldsymbol{S}_{0k}\boldsymbol{V}=(\boldsymbol{V}'\boldsymbol{S}_{kk}\boldsymbol{V})\boldsymbol{\Lambda}=\boldsymbol{\Lambda}, \tag{6.48}$$

这个结果在计算中很有用。

因为对角矩阵 $\boldsymbol{\Lambda}$ 中的对角元素 $\lambda_i(i=1,2,\cdots,n)$都为非负，因此可将它们按从大到小的的顺序排列。若以 $\boldsymbol{\Lambda}_r$ 和 $\boldsymbol{\Lambda}_{n-r}$分别表示矩阵 $\boldsymbol{\Lambda}$ 的前 $r\times r$ 维和后$(n-r)\times(n-r)$维子矩阵：

$$\boldsymbol{\Lambda}=\begin{pmatrix}\boldsymbol{\Lambda}_r & \\ & \boldsymbol{\Lambda}_{n-r}\end{pmatrix},$$

根据式(6.48)，有

$$\boldsymbol{\Lambda}_r=\hat{\boldsymbol{\beta}}'\boldsymbol{S}_{k0}\boldsymbol{S}_{00}^{-1}\boldsymbol{S}_{0k}\hat{\boldsymbol{\beta}}=\hat{\boldsymbol{\alpha}}'\boldsymbol{S}_{00}^{-1}\hat{\boldsymbol{\alpha}},$$

$$\boldsymbol{\Lambda}_{n-r}=\hat{\boldsymbol{\delta}}'\boldsymbol{S}_{k0}\boldsymbol{S}_{00}^{-1}\boldsymbol{S}_{0k}\hat{\boldsymbol{\delta}}=\hat{\boldsymbol{\rho}}'\boldsymbol{S}_{00}^{-1}\hat{\boldsymbol{\rho}},$$

其中，$\hat{\boldsymbol{\rho}}=\boldsymbol{S}_{0k}\hat{\boldsymbol{\delta}}$ 为$(n-r)\times n$ 维矩阵。

## 6.7 协整关系的假设检验

给定一个系统，约翰森方法用假设检验确认系统中独立的协整向量的个数。以 $H_r$ 表示原假设：$n$ 维系统 $\boldsymbol{x}_t(t=1,2,\cdots,T)$ 中有 $r$ 个独立的协整关系，$r=1,2,$ $n-1$。在集中的对数似然函数

$$L^{**}(\boldsymbol{\beta})=k_1-\frac{T}{2}\ln|\boldsymbol{S}_{00}-\boldsymbol{S}_{0k}\boldsymbol{\beta}(\boldsymbol{\beta}'\boldsymbol{S}_{kk}\boldsymbol{\beta})^{-1}\boldsymbol{\beta}'\boldsymbol{S}_{k0}|$$

中，若以估计量 $\hat{\boldsymbol{\beta}}$ 代入，并注意到式(6.38)和式(6.39)，可得：

$$L^{**}(\hat{\boldsymbol{\beta}})=k_2-\frac{T}{2}\ln|\hat{\boldsymbol{\beta}}'(\boldsymbol{S}_{kk}-\boldsymbol{S}_{k0}\boldsymbol{S}_{00}^{-1}\boldsymbol{S}_{0k})\hat{\boldsymbol{\beta}}|.$$

又因为

$$\hat{\boldsymbol{\beta}}'\boldsymbol{S}_{kk}\hat{\boldsymbol{\beta}}=\boldsymbol{I}_r,\quad \hat{\boldsymbol{\beta}}'\boldsymbol{S}_{k0}\boldsymbol{S}_{00}^{-1}\boldsymbol{S}_{0k}\hat{\boldsymbol{\beta}}=\boldsymbol{\Lambda}_r,$$

所以

$$\begin{aligned}L^{**}(\hat{\boldsymbol{\beta}})&=k_2-\frac{T}{2}\ln|\boldsymbol{I}_r-\boldsymbol{\Lambda}_r|\\&=k_2-\frac{T}{2}\sum_{i=1}^{r}\ln(1-\lambda_i).\end{aligned}\tag{6.49}$$

由此可见，系统中有 $r$ 个独立的协整关系的假设等价于对角矩阵 $\boldsymbol{\Lambda}$ 中后 $(n-r)$ 个元素为零的假设。构造检验 $H_r$ 的迹数统计量 $\eta_r$：

$$\eta_r=-T\sum_{i=r+1}^{n}\ln(1-\lambda_i),\quad r=0,1,2,\cdots,n-1,\tag{6.50}$$

显然，当原假设 $H_r$ 为真时，$\eta_r=0$。

如果在估计参数矩阵 $\boldsymbol{\pi}$ 时不对其秩施加限制条件 $rk(\boldsymbol{\pi})=r$，从而不作分解 $\boldsymbol{\pi}=\boldsymbol{\alpha\beta}'$，那么可以对集中的对数似然函数

$$L^*(\boldsymbol{\pi})=k_0-\frac{T}{2}\ln\left|\frac{1}{T}\sum_{t=1}^{T}(\boldsymbol{R}_{0t}-\boldsymbol{\pi R}_{kt})(\boldsymbol{R}_{0t}-\boldsymbol{\pi R}_{kt})'\right|$$

求参数矩阵 $\boldsymbol{\pi}$ 的极大值，得到估计量 $\tilde{\boldsymbol{\pi}}$。不难看出，

$$L^*(\tilde{\boldsymbol{\pi}})=k_2-\frac{T}{2}\sum_{i=1}^{n}\ln(1-\lambda_i),\tag{6.51}$$

这样就可以构造假设检验 $H_r:\lambda_{r+1}=\lambda_{r+2}=\cdots=\lambda_n=0$ 的似然比检验统计量：

$$\eta_r=2(L^*(\tilde{\boldsymbol{\pi}})-L^{**}(\hat{\boldsymbol{\beta}}))=-T\sum_{i=r+1}^{n}\ln(1-\lambda_i).\tag{6.52}$$

不难看出，式(6.50)和式(6.52)是一致的，这就说明迹数统计量 $\eta_r$ 同时也是似然

比检验统计量。当原假设 $H_r$ 为真时，统计量 $\eta_r$ 有极限：

$$\eta_r \Rightarrow \left(\int_0^1 \boldsymbol{W}(r)\mathrm{d}\boldsymbol{W}'(r)\right)' \left(\int_0^1 \boldsymbol{W}(r)\boldsymbol{W}'(r)\mathrm{d}r\right)^{-1} \left(\int_0^1 \boldsymbol{W}(r)\mathrm{d}\boldsymbol{W}'(r)\right), \quad (6.53)$$

其中 $\boldsymbol{W}(r)$为$(n-r)$维的标准维纳过程。式(6.53)的分布是非标准的，附录表 6 的情况一中给出了 $\eta_r$ 的临界值的模拟值。值得注意的是，当 $n-r=1$ 时，即系统中有 $n-1$ 个独立的协整关系时，$\boldsymbol{W}(r)$为单变量的标准维纳过程，$\eta_r$ 可表示为：

$$\eta_r \Rightarrow \frac{\left(\int_0^1 W(r)\mathrm{d}W(r)\right)^2}{\int_0^1 W(r)^2\mathrm{d}r} = \frac{(1/2)^2\ (W^2(1)-1)^2}{\int_0^1 W(r)^2\mathrm{d}r}.$$

与第二章中介绍的迪基-福勒的单位根检验统计量比较，$\eta_r$ 正好是 $t_T$ 的平方。这一结果并非巧合，因为如果系统中存在 $n-1$ 个独立的协整向量，那么系统中最多只有一个独立的单位根：系统中存在 $n-1$ 个独立的协整关系的假设与系统中只存在一个独立的单位根的假设是相辅相成的。

迹数统计量 $\eta_r$ 在样本量足够大的情况下，有以下的近似表示：

$$\eta_r = h\chi^2(2m^2),$$

这里，$h=0.85-0.58/2m^2$；$m=n-r$；$\chi^2(2m^2)$是自由度为 $2m^2$ 的 $\chi^2$ 分布。

迹数统计量 $\eta_r$ 所检验的是联合假设 $H_r:\lambda_{r+1}=\lambda_{r+2}=\cdots=\lambda_n=0$。从以上的分析中可以看到，由于特征值 $\lambda_1,\lambda_2,\cdots,\lambda_n$ 都为非负，而且按从大到小的次序排列，因此从逻辑上讲，若已知 $\lambda_{r+1}=0$，即可推导出 $\lambda_{r+2}=\cdots=\lambda_n=0$。如此，我们可以构造另一种检验方法：

$$\zeta_r = -T\ln(1-\lambda_{r+1}), \quad r=0,1,2,\cdots,n-1.$$

它用来检验第$(r+1)$个特征值 $\lambda_{r+1}$是否为零。文献中称 $\zeta_r$ 为 $\lambda$-max 检验统计量，与统计量 $\eta_r$ 一样也是似然比统计量。$\lambda$-max 统计量 $\zeta_r$ 的极限也有非标准的分布，它的模拟值在附录表 7 中给出。统计量 $\zeta_r$ 和统计量 $\eta_r$ 的关系密切，特别是当系统中有$(n-1)$个独立的协整关系（即 $n-r=1$）时，它们是完全一致的，所以附录表 6 和表 7 的第一行是一样的。

需要指出的是，在实际检验中，迹数统计量 $\eta_r$ 和 $\lambda$-max 统计量 $\zeta_r$ 会出现差异，特别是在样本量有限的情况下，这种差异可能会导致不同的结论。这方面的研究在文献中大量存在，在此不再赘述。

下面用一个实例说明以上两种检验方法的应用。

在第一章的第 5 节中我们用一实例讨论了美国和英国的物价水平 $p_t$，$p_t^*$ 和兑换率 $s_t$ 之间的协整关系。根据 PP 检验的 $Z_t$ 和 $Z_\rho$ 检验结果，它们之间的协整关系的假设被拒绝了。下面我们再考虑一个美国和意大利的实例，检验这两个经济的物价水平 $p_t, p_t^*$ 和兑换率 $s_t$ 之间是否存在协整关系，不同的是，我们用统计量 $\eta_r$ 和 $\zeta_r$ 作检验，所用的数据是 1973 年 1 月—1989 年 10 月的月度数据。将 $p_t, p_t^*$ 和 $s_t(t=1,2,\cdots,T)$ 列入随机向量 $\boldsymbol{x}_t'$，使得：

$$\boldsymbol{x}_t' = [p_t, s_t, p_t^*].$$

分别以 $\Delta \boldsymbol{x}_t$ 和 $\boldsymbol{x}_{t-k}$ 对滞后变量 $\Delta \boldsymbol{x}_{t-1},\cdots,\Delta \boldsymbol{x}_{t-k+1}$ 作回归，可得回归估计残差 $\boldsymbol{R}_{0t}$ 和 $\boldsymbol{R}_{kt}$。构造如下矩阵：

$$\boldsymbol{S}_{00} = \frac{1}{T}\sum_{t=1}^{T}\boldsymbol{R}_{0t}\boldsymbol{R}_{0t}', \quad \boldsymbol{S}_{0k} = \frac{1}{T}\sum_{t=1}^{T}\boldsymbol{R}_{0t}\boldsymbol{R}_{kt}',$$

$$\boldsymbol{S}_{kk} = \frac{1}{T}\sum_{t=1}^{T}\boldsymbol{R}_{kt}\boldsymbol{R}_{kt}', \quad \boldsymbol{S}_{k0} = \boldsymbol{S}_{0k}',$$

计算可得：

$$\boldsymbol{S}_{00} = \begin{pmatrix} 0.0435 & -0.0316 & 0.0154 \\ -0.0316 & 4.687 & 0.0320 \\ 0.0154 & 0.0320 & 0.1799 \end{pmatrix},$$

$$\boldsymbol{S}_{kk} = \begin{pmatrix} 427.37 & -370.70 & 805.81 \\ -370.70 & 424.08 & -709.04 \\ 805.81 & -709.04 & 1525.45 \end{pmatrix},$$

$$\boldsymbol{S}_{0k} = \begin{pmatrix} -0.4849 & 0.4988 & -0.8377 \\ -1.8140 & -2.9593 & -2.4690 \\ -1.8084 & 1.4690 & -3.5899 \end{pmatrix}.$$

矩阵 $(\boldsymbol{S}_{kk}^{-1}\boldsymbol{S}_{k0}\boldsymbol{S}_{00}^{-1}\boldsymbol{S}_{0k})$ 的特征值为：

$$\lambda_1 = 0.1105, \quad \lambda_2 = 0.05603, \quad \lambda_3 = 0.03039.$$

它们都为正数，并按从大到小依次排列。

首先检验原假设 $H_0$：系统中无协整关系，对应的备择假设为 $H_1$：系统中有协整关系。计算迹数统计量 $\eta_0$：

$$\begin{aligned}\eta_0 &= -T\sum_{i=1}^{3}\ln(1-\lambda_i) \\ &= -202\times[\ln(1-0.1105)+\ln(1-0.05603)+\ln(1-0.03039)] \\ &= 41.53.\end{aligned}$$

由附录表 6 的情况三查得，相应于 5% 的临界值为 29.51，因为 41.54>29.51，我们拒绝原假设 $H_0$，从而接受系统中存在协整关系的假设。

再以 $\lambda$-max 统计量 $\zeta_0$ 检验原假设 $H_0$。因为

$$\zeta_0 = -T\ln(1-\lambda_1) = -202\times(1-0.1105) = 23.65,$$

附录表 7 情况三给出的 5%的临界值为 20.78，所以我们又一次拒绝原假设，接受系统中有协整关系的假设。

但是接受系统中存在协整关系的假设并不表明我们知道系统中独立协整关系的确切个数：因为在一个三维的系统中最多可以存在两个独立的协整关系。因此我们还需进一步检验系统中是否存在两个协整关系，即检验原假设 $H_1: r=1$，以及对应的备择假设 $H_2: r=2$。分别计算统计量 $\eta_1$ 和 $\zeta_1$：

$$\begin{aligned}\eta_1 &= -T\sum_{i=2}^{3}\ln(1-\lambda_i)\\ &= -202\times[\ln(1-0.05603)+\ln(1-0.03039)]\\ &= 17.88,\end{aligned}$$

$$\zeta_1 = -T\ln(1-\lambda_2) = -202\times(1-0.05603) = 11.64.$$

相应于 5%显著水平的临界值分别为 15.2 和 14.0。由于 17.88>15.2，我们拒绝原假设 $H_1: r=1$，并接受备选假设 $H_2: r=2$，即系统中存在两个协整关系；但是根据 $\lambda$-max 统计量 $\zeta_1=11.64<14.0$，我们不拒绝原假设 $H_1: r=1$，即系统中只存在一个协整关系。这样，统计量 $\eta_1$ 和 $\zeta_1$ 给出了不同的统计结论。在解释和评价这些检验结果时应十分谨慎，往往有必要作进一步的研究，如增加样本量，检查样本中是否有结构变化，等等。随意选择检验结果对正确评价模型的可靠性是不利的。

如果说我们作了进一步的研究，根据各方面的考虑最后决定系统中只存在一个协整关系的假设，我们接下来就可以计算这一协整关系的值，它是相应于最大特征值 $\lambda_1=0.1105$ 的特征向量。当然，这一向量并非唯一确定，但在规范条件 $\boldsymbol{\beta}_1'\boldsymbol{S}_{kk}\boldsymbol{\beta}_1=1$ 下，可得：

$$\hat{\boldsymbol{\beta}}_1' = [-0.7579, 0.028, 0.4220].$$

若将其中的第一个元素规范设为 1，又得：

$$\hat{\boldsymbol{\beta}}_1' = [1, -0.04, -0.56]. \tag{6.54}$$

用最大似然方法和最小二乘法得到的协整向量应该是一致的（除常数项外）。这一例子中的检验步骤是有普遍意义的。一般来说，检验从原假设 $H_0$ 开始，若其被拒绝，则进一步检验 $H_1: r=1$，一直到原假设 $H_r$ 被接受为止。

## 6.8　对协整向量的假设检验

在确定了系统中协整关系的个数，估计出协整向量的值以后，往往需要对协整

向量的值作假设检验。这些假设往往有明显的经济和统计意义，可以提高模型估计的准确度和可靠性。比如，在协整向量（见式(6.54)）

$$\hat{\boldsymbol{\beta}}_1' = [1, -0.04, -0.56]$$

中，我们发现其中的第二个分量绝对值相对于其他两个分量要小的多，因此它的真值可能为零。若这一假设成立，式(6.54)成为

$$\hat{\boldsymbol{\beta}}_1' = [1, 0, -0.56],$$

这说明美国和意大利的物价在数据时段内存在协整关系，但两者都不与兑换率协整。显然，这一结论是有很重要的经济含义的。从这个例子推而广之，我们关心的是：如果一个 n 维的系统 $\boldsymbol{x}_t$ 中存在 $r$ 个协整关系，那么它们是否可能是由 $\boldsymbol{x}_t$ 中的 $q$ 个分量组成，这里 $r \leqslant q \leqslant n$。在以上的例子中，$r=1, q=2, n=3$。

以 $\boldsymbol{R}$ 表示 $n\times q$ 维的选择矩阵，使得 $\boldsymbol{R}'\boldsymbol{x}_t$ 表示随机向量 $\boldsymbol{x}_t$ 中组成协整关系的 $q$ 个分量。在上例中，

$$\boldsymbol{R} = \begin{pmatrix} 1 & 0 \\ 0 & 0 \\ 0 & 1 \end{pmatrix}. \tag{6.55}$$

我们仍然用以上讨论的方法检验协整关系是否有 $\boldsymbol{x}_t$ 中的 $\boldsymbol{R}'\boldsymbol{x}_t$ 分量组成，但在计算残差时用 $\boldsymbol{R}'\boldsymbol{x}_{t-k}$ 对 $\Delta\boldsymbol{x}_{t-1}, \Delta\boldsymbol{x}_{t-2}, \cdots, \boldsymbol{R}'\boldsymbol{x}_{t-k+1}$ 作回归。显然，这样得到的回归残差 $\widetilde{\boldsymbol{R}}_{kt}$ 与 $\boldsymbol{R}_{kt}$ 之间有如下关系：

$$\widetilde{\boldsymbol{R}}_{kt} = \boldsymbol{R}'\boldsymbol{R}_{kt}.$$

推而广之，其他相应的矩阵分别为：

$$\widetilde{\boldsymbol{S}}_{0k} = \frac{1}{T}\sum_{t=1}^{T}\boldsymbol{R}_{0t}\widetilde{\boldsymbol{R}}_{kt}' = \frac{1}{T}\boldsymbol{R}_{0t}\boldsymbol{R}_{kt}'\boldsymbol{R} = \boldsymbol{S}_{0k}\boldsymbol{R},$$

$$\widetilde{\boldsymbol{S}}_{kk} = \frac{1}{T}\sum_{t=1}^{T}\widetilde{\boldsymbol{R}}_{kt}\widetilde{\boldsymbol{R}}_{kt}' = \frac{1}{T}\sum_{t=1}^{T}\boldsymbol{R}'\boldsymbol{R}_{kt}\boldsymbol{R}_{kt}'\boldsymbol{R} = \boldsymbol{R}'\boldsymbol{S}_{kk}\boldsymbol{R}.$$

由此，构造矩阵

$$\widetilde{\boldsymbol{S}}_{kk}^{-1}\widetilde{\boldsymbol{S}}_{k0}\boldsymbol{S}_{00}^{-1}\widetilde{\boldsymbol{S}}_{0k} \tag{6.56}$$

显然有

$$\widetilde{\boldsymbol{S}}_{kk}^{-1}\widetilde{\boldsymbol{S}}_{k0}\boldsymbol{S}_{00}^{-1}\widetilde{\boldsymbol{S}}_{0k} = (\boldsymbol{R}'\boldsymbol{S}_{kk}^{-1}\boldsymbol{R})^{-1}(\boldsymbol{R}'\boldsymbol{S}_{k0}\boldsymbol{S}_{00}^{-1}\boldsymbol{S}_{0k}\boldsymbol{R}).$$

根据前面的讨论，$\Delta x_t$ 的集中的对数似然函数可表示为：

$$L^{**}(\hat{\boldsymbol{\beta}}) = k_2 - \frac{T}{2}\sum_{i=1}^{r}\ln(1-\lambda_i).$$

若进一步假设系统中的 $r$ 个协整关系由 $\boldsymbol{x}_t$ 中的 $\boldsymbol{R}'\boldsymbol{x}_t$ 分量组成，相应的集中的数似然函数可表示为：

$$\widetilde{L}^{**}(\widetilde{\boldsymbol{\beta}}) = k_2 - \frac{T}{2}\sum_{i=1}^{r}\ln(1-\widetilde{\lambda}_i).$$

这里，$\widetilde{\lambda}_i$ 表示式(6.56)的第 $i$ 个特征值。$\widetilde{L}^{**}(\widetilde{\boldsymbol{\beta}})$和 $L^{**}(\hat{\boldsymbol{\beta}})$分别为有限制的和无限制的集中的对数似然函数，可以用来构造检验约束条件 $\boldsymbol{R}'\boldsymbol{x}_t$ 的似然比统计量：

$$\begin{aligned}\widetilde{\eta}_0 &= 2(L^{**}(\hat{\boldsymbol{\beta}}) - \widetilde{L}^{**}(\widetilde{\boldsymbol{\beta}})) \\ &= -\sum_{i=1}^{r}\ln(1-\lambda_i) + \sum_{i=1}^{r}\ln(1-\widetilde{\lambda}_i)\end{aligned} \tag{6.57}$$

当限制条件为真时，统计量 $\widetilde{\eta}_0$ 有自由度为 $r(n-q)$的 $\chi^2$ 极限分布。

作为例子，我们再次考虑式(6.54)中的协整向量：

$$\hat{\boldsymbol{\beta}}_1' = [1, -0.04, -0.56],$$

并检验其第二个分量是否为零。利用式(6.55)，容易算得：

$$\widetilde{\boldsymbol{S}}_{0k} = \boldsymbol{S}_{0k}\boldsymbol{R} = \begin{pmatrix} -0.4849 & -0.8377 \\ -1.8084 & -3.5899 \end{pmatrix},$$

$$\widetilde{\boldsymbol{S}}_{kk} = \boldsymbol{R}'\boldsymbol{S}_{kk}\boldsymbol{R} = \begin{pmatrix} 424.37 & 805.81 \\ 805.81 & 1525.45 \end{pmatrix}.$$

矩阵 $\widetilde{\boldsymbol{S}}_{kk}^{-1}\widetilde{\boldsymbol{S}}_{k0}\boldsymbol{S}_{00}^{-1}\widetilde{\boldsymbol{S}}_{0k}$ 的特征值为：

$$\widetilde{\lambda}_1 = 0.1059, \quad \widetilde{\lambda}_2 = 0.0468.$$

系统 $\boldsymbol{x}_t$ 中只有一个协整关系，因此 $r=1$。由 $\lambda_1=0.1105$ 和 $\widetilde{\lambda}_1=0.1059$ 可得统计量 $\widetilde{\eta}_0$ 的值：

$$\begin{aligned}\widetilde{\eta}_0 &= -\sum_{i=1}^{r}\ln(1-\lambda_i) + \sum_{i=1}^{r}\ln(1-\widetilde{\lambda}_i) \\ &= -202\times\ln(1-0.1105) + 202\times(1-0.1059) = 1.042.\end{aligned}$$

统计量 $\widetilde{\eta}_0$ 在约束条件为真时有 $\chi^2$ 极限分布，自由度为：

$$r(n-q) = 1\times(3-2) = 1.$$

因为 $\chi^2(1)$的 5%的临界值为 3.84，$1.041<3.84$，我们不拒绝约束条件：$\boldsymbol{x}_t$ 中的第二个分量为零。从而确认美国和意大利的物价水平之间存在协整关系，但两者都不与兑换率协整。

用同样的方法还可以验证以下更具意义的经济学理论——购买力平价（Purchasing Power Parity）。若 $p_t$，$p_t^*$ 和 $s_t$ 之间存在如下关系：

$$p_t = s_t + p_t^* + \varepsilon_t,$$

则称美元和里拉(意大利以前的货币)之间存在购买力平价关系,这里 $\varepsilon_t$ 为独立同分布,$E(\varepsilon_t)=0$,$\mathrm{var}(\varepsilon_t)=\sigma^2$。不难看出,购买力平价关系在这里等价于系统 $\boldsymbol{x}_t'=(p_t,s_t,p_t^*)$中存在协整向量

$$\tilde{\boldsymbol{\beta}}_1' = [1,-1,-1]$$

的假设。我们可以用以上讨论的方法检验这一假设。这里相应的选择矩阵为:

$$\boldsymbol{R}' = [1,-1,-1],$$

从而有

$$\tilde{\boldsymbol{S}}_{kk} = \boldsymbol{R}'\boldsymbol{S}_{kk}\boldsymbol{R} = 88.60,$$

$$\tilde{\boldsymbol{S}}_{0k} = \boldsymbol{S}_{0k}\boldsymbol{R} = [-0.145, 3.614, 0.313]'.$$

矩阵 $\tilde{\boldsymbol{S}}_{kk}^{-1}\tilde{\boldsymbol{S}}_{k0}\boldsymbol{S}_{00}^{-1}\tilde{\boldsymbol{S}}_{0k}$因此为一标量,它的特征值即为它本身,所以

$$\tilde{\lambda}_1 = \tilde{\boldsymbol{S}}_{kk}^{-1}\tilde{\boldsymbol{S}}_{k0}\boldsymbol{S}_{00}^{-1}\tilde{\boldsymbol{S}}_{0k} = 0.042,$$

从而有 $T\ln(1-\tilde{\lambda}_1)=-8.20$,检验假设 $\tilde{\boldsymbol{\beta}}_1'=[1,-1,-1]$的统计量:

$$\begin{aligned}\tilde{\eta}_0 &= -T\sum_{i=1}^{r}\ln(1-\lambda_i) + T\sum_{i=1}^{r}\ln(1-\tilde{\lambda}_i)\\ &= -202\times\ln(1-0.1105) + 202\times(1-0.042) = 14.98.\end{aligned}$$

当购买力平价关系成立时 $\tilde{\eta}_0$ 有 $\chi^2$ 极限分布,自由度为:

$$r(n-q) = 1\times(3-1) = 2,$$

相应的5%的临界值为5.99,因为14.98>5.99,我们拒绝美元和里拉之间存在购买力平价的假设。

## 6.9 对矩阵 $\boldsymbol{\alpha}$ 的假设检验

最大似然方法是研究协整系统的最有效的工具和框架,它的一个重要特点是对系统

$$\Delta\boldsymbol{x}_t = \sum_{i=1}^{k-1}\boldsymbol{D}_i\Delta\boldsymbol{x}_{t-i} + \boldsymbol{\alpha}\boldsymbol{\beta}'\boldsymbol{x}_{t-1} + \boldsymbol{\varepsilon}_t$$

中的参数作联合的估计,因此不需要事先对系统作假定,如系统是否协整,其中有几个协整关系等,利用系统中所有 n 个方程包含的信息,对协整关系和协整关系的个数进行统一和全面的估计和检验,提高了分析的有效性。虽然事先对系统施加某些约束条件能简化参数估计和检验的程序,却不一定符合数据的实际情况;另一

方面，在实际中我们的样本量往往有限，如果这时系统过大要求估计的方程和参数过多，那么对所有参数作联合估计会造成估计方差增加，假设检验的自由度减少。尤其是当我们感兴趣的只是系统的一部分而不是整个系统，我们要问：在什么条件下我们可以只估计这一部分而不降低估计和检验的有效性？如果这样的条件存在并可行，我们就可以在给定样本量的情况下提高估计的精确度，增加检验的自由度。

下面我们将系统分解为 $\boldsymbol{x}_t=[\boldsymbol{x}_{1t}',\boldsymbol{x}_{2t}']'$，并假设我们只对系统中有关 $\boldsymbol{x}_{1t}$ 的方程和参数感兴趣。将系统 $\boldsymbol{x}_t=[\boldsymbol{x}_{1t}',\boldsymbol{x}_{2t}']'$ 写成均衡修正形式：

$$\Delta\boldsymbol{x}_{1t} = \sum_{i=1}^{k-1}\boldsymbol{D}_{1i}\Delta\boldsymbol{x}_{t-i}+\boldsymbol{\alpha}_1\boldsymbol{\beta}'\boldsymbol{x}_{t-1}+\boldsymbol{\varepsilon}_{1t}, \tag{6.58}$$

$$\Delta\boldsymbol{x}_{2t} = \sum_{i=1}^{k-1}\boldsymbol{D}_{2i}\Delta\boldsymbol{x}_{t-i}+\boldsymbol{\alpha}_2\boldsymbol{\beta}'\boldsymbol{x}_{t-1}+\boldsymbol{\varepsilon}_{2t}, \tag{6.59}$$

问题是能否仅用式(6.58)中的方程对参数 $\boldsymbol{\alpha}_1$，$\boldsymbol{\beta}$ 和 $\boldsymbol{D}_{1i}(i=1,2,\cdots,k-1)$作估计和检验而不降低有效性。如果式(6.59)中的 $\boldsymbol{\alpha}_2$ 不为零，协整向量($\boldsymbol{\beta}'\boldsymbol{x}_{t-1}$)也出现在子系统 $\Delta\boldsymbol{x}_{2t}$ 中，如果只利用子系统式(6.58)估计参数 $\boldsymbol{\beta}$ 就可能降低估计的有效性，因为式(6.59)中有关参数 $\boldsymbol{\beta}$ 的信息被忽视了。只有当 $\boldsymbol{\alpha}_2=\mathbf{0}$ 时，单独估计子系统式(6.58)中的参数 $\boldsymbol{\alpha}_1$，$\boldsymbol{\beta}$ 和 $\boldsymbol{D}_{1i}$ 才是可行的，不会降低估计和检验的有效性。这时称 $\boldsymbol{x}_{2t}$ 对于子系统 $\Delta\boldsymbol{x}_{1t}$ 中的参数 $\boldsymbol{\alpha}_1$，$\boldsymbol{\beta}$ 和 $\boldsymbol{D}_{1i}(i=1,2,\cdots,k-1)$是弱外生的(weakly exogenous)，忽略其中的信息不会降低对这些参数估计和检验的有效性。

以下定理对 $\boldsymbol{x}_{2t}$ 的外生性作了进一步阐述(Johansen，1995)。

**定理 6.2**　在式(6.58)和式(6.59)中，若 $\boldsymbol{\alpha}_2=\mathbf{0}$，那么 $\boldsymbol{x}_{2t}$ 对于子系统 $\Delta\boldsymbol{x}_{1t}$ 中的参数 $\boldsymbol{\alpha}_1$ 和 $\boldsymbol{\beta}$ 是弱外生的，$\boldsymbol{\alpha}_1$ 和 $\boldsymbol{\beta}$ 的最大似然估计可由子系统 $\Delta\boldsymbol{x}_{1t}$ 得到。

因此，在式(6.59)中检验假设 $\boldsymbol{\alpha}_2=\mathbf{0}$ 对提高参数估计的准确性和有效性有重要意义。当然，检验 $\boldsymbol{\alpha}_2=\mathbf{0}$ 可看作对矩阵 $\boldsymbol{\alpha}$ 作假设检验的一个特例。我们下面讨论对矩阵 $\boldsymbol{\alpha}$ 一般的线性约束条件的检验，这些约束条件有如下形式：

$$\boldsymbol{\alpha}=\boldsymbol{A}\boldsymbol{\psi}. \tag{6.60}$$

其中，$\boldsymbol{A}$ 为 $n\times s$ 维的已知实矩阵，$\boldsymbol{\psi}$ 为 $s\times r$ 维参数矩阵，其元素需由估计确定，$r$ 为系统中协整关系的个数，且有 $r\leqslant s\leqslant n$。显然，约束条件 $\boldsymbol{\alpha}_2=\mathbf{0}$ 是式(6.60)的一个特例，因为若令

$$\boldsymbol{A}=\begin{pmatrix}\boldsymbol{I}\\ \mathbf{0}\end{pmatrix},\quad \boldsymbol{\psi}=\boldsymbol{\alpha},$$

则有

$$\boldsymbol{\alpha} = \begin{pmatrix} \boldsymbol{\alpha}_1 \\ \boldsymbol{\alpha}_2 \end{pmatrix} = \boldsymbol{A\psi} = \begin{pmatrix} \boldsymbol{I} \\ \boldsymbol{0} \end{pmatrix} \boldsymbol{\alpha}_1 = \begin{pmatrix} \boldsymbol{\alpha}_1 \\ \boldsymbol{0} \end{pmatrix}.$$

上式等价于 $\boldsymbol{\alpha}_2 = \boldsymbol{0}$。

如前所述，如果不对参数矩阵 $\boldsymbol{\pi}$ 的秩施加限制条件 $rk(\boldsymbol{\pi}) = r$，不作分解 $\boldsymbol{\pi} = \boldsymbol{\alpha\beta}'$，$\boldsymbol{\pi}$ 可由集中的对数似然函数

$$L^*(\boldsymbol{\pi}) = k_0 - \frac{T}{2}\ln\left| \frac{1}{T}\sum_{t=1}^{T} \hat{\boldsymbol{\varepsilon}}_t \hat{\boldsymbol{\varepsilon}}_t' \right|$$

得到，其中的 $\hat{\boldsymbol{\varepsilon}}_t$ 适合如下方程：

$$\boldsymbol{R}_{0t} = \boldsymbol{\pi}'\boldsymbol{R}_{kt} + \hat{\boldsymbol{\varepsilon}}_t = \boldsymbol{\alpha\beta}'\boldsymbol{R}_{kt} + \hat{\boldsymbol{\varepsilon}}_t, \tag{6.61}$$

$\boldsymbol{R}_{0t}$ 和 $\boldsymbol{R}_{kt}(t = 1, 2, \cdots, T)$ 为估计残差。

以 $\boldsymbol{A}_\perp$ 表示矩阵 $\boldsymbol{A}$ 的正交补阵，$rk(\boldsymbol{A}, \boldsymbol{A}_\perp) = n$，使得 $\boldsymbol{A}'\boldsymbol{A}_\perp = \boldsymbol{0}$。分别以 $\boldsymbol{A}'$ 和 $\boldsymbol{A}_\perp'$ 左乘式(6.61)，可得：

$$\boldsymbol{A}'\boldsymbol{R}_{0t} = \boldsymbol{A}'\boldsymbol{\alpha\beta}'\boldsymbol{R}_{kt} + \boldsymbol{A}'\hat{\boldsymbol{\varepsilon}}_t = (\boldsymbol{A}'\boldsymbol{A})\boldsymbol{\psi\beta}'\boldsymbol{R}_{kt} + \boldsymbol{A}'\hat{\boldsymbol{\varepsilon}}_t,$$

$$\boldsymbol{A}_\perp'\boldsymbol{R}_{0t} = \boldsymbol{A}_\perp'\boldsymbol{\alpha\beta}'\boldsymbol{R}_{kt} + \boldsymbol{A}_\perp'\hat{\boldsymbol{\varepsilon}} = (\boldsymbol{A}_\perp'\boldsymbol{A})\boldsymbol{\psi\beta}'\boldsymbol{R}_{kt} + \boldsymbol{A}_\perp'\hat{\boldsymbol{\varepsilon}}_t = \boldsymbol{A}_\perp'\hat{\boldsymbol{\varepsilon}}_t.$$

令

$$\bar{\boldsymbol{\varepsilon}}_t = \begin{pmatrix} \boldsymbol{A}'\hat{\boldsymbol{\varepsilon}}_t \\ \boldsymbol{A}_\perp'\hat{\boldsymbol{\varepsilon}}_t \end{pmatrix},$$

就可计算和式

$$\sum_{t=1}^{T}\bar{\boldsymbol{\varepsilon}}_t\bar{\boldsymbol{\varepsilon}}_t' = \begin{pmatrix} \boldsymbol{S}_{aa} - \boldsymbol{S}_{a1}\boldsymbol{\beta\psi}'\boldsymbol{A}'\boldsymbol{A} - \boldsymbol{A}'\boldsymbol{A\psi\beta}'\boldsymbol{S}_{1a} - \boldsymbol{A}'\boldsymbol{A\psi\beta}'\boldsymbol{S}_{kk}\boldsymbol{\psi}'\boldsymbol{A}'\boldsymbol{A} & \boldsymbol{S}_{ab} - \boldsymbol{A}'\boldsymbol{A\psi\beta}'\boldsymbol{S}_{1b} \\ \boldsymbol{S}_{ba} - \boldsymbol{S}_{b1}\boldsymbol{\beta\psi}'\boldsymbol{A}'\boldsymbol{A} & \boldsymbol{S}_{bb} \end{pmatrix}.$$

其中，

$$\boldsymbol{S}_{aa} = \boldsymbol{A}'\boldsymbol{S}_{00}\boldsymbol{A}, \quad \boldsymbol{S}_{bb} = \boldsymbol{A}_\perp'\boldsymbol{S}_{00}\boldsymbol{A}_\perp,$$

$$\boldsymbol{S}_{ab} = \boldsymbol{A}'\boldsymbol{S}_{00}\boldsymbol{A}_\perp, \quad \boldsymbol{S}_{a1} = \boldsymbol{S}_{1a}' = \boldsymbol{A}'\boldsymbol{S}_{0k}.$$

由引理 6.2，矩阵 $\sum_{t=1}^{T}\bar{\boldsymbol{\varepsilon}}_t\bar{\boldsymbol{\varepsilon}}_t'$ 的行列式为：

$$\left|\sum_{t=1}^{T}\bar{\boldsymbol{\varepsilon}}_t\bar{\boldsymbol{\varepsilon}}_t'\right| = |\boldsymbol{S}_{bb}|\,|(\boldsymbol{S}_{aa} - \boldsymbol{S}_{ab}\boldsymbol{S}_{bb}^{-1}\boldsymbol{S}_{ba}) - (\boldsymbol{S}_{a1} - \boldsymbol{S}_{ab}\boldsymbol{S}_{bb}^{-1}\boldsymbol{S}_{b1})\boldsymbol{\beta\psi}'\boldsymbol{A}'\boldsymbol{A}$$
$$- \boldsymbol{A}'\boldsymbol{A\psi\beta}'(\boldsymbol{S}_{1a} - \boldsymbol{S}_{1b}\boldsymbol{S}_{bb}^{-1}\boldsymbol{S}_{ba}) + \boldsymbol{A}'\boldsymbol{A\psi\beta}'(\boldsymbol{S}_{kk} - \boldsymbol{S}_{1b}\boldsymbol{S}_{bb}^{-1}\boldsymbol{S}_{b1})\boldsymbol{\beta\psi}'\boldsymbol{A}'\boldsymbol{A}|.$$

分别以 $\boldsymbol{S}_{aa.b}$，$\boldsymbol{S}_{a1.b}$，$\boldsymbol{S}_{1a.b}$ 和 $\boldsymbol{S}_{11.b}$ 按顺序表示上式中四个括号中的表达式，可得：

$$\left|\sum_{t=1}^{T}\bar{\boldsymbol{\varepsilon}}_t\bar{\boldsymbol{\varepsilon}}_t'\right| = |\boldsymbol{S}_{bb}|\,|\boldsymbol{S}_{aa\cdot b} - \boldsymbol{S}_{a1\cdot b}\boldsymbol{\beta\psi}'\boldsymbol{A}'\boldsymbol{A} - \boldsymbol{A}'\boldsymbol{A\psi\beta}'\boldsymbol{S}_{1a\cdot b} + \boldsymbol{A}'\boldsymbol{A\psi\beta}'\boldsymbol{S}_{11\cdot b}\boldsymbol{\beta\psi}'\boldsymbol{A}'\boldsymbol{A}|,$$

由此可以构造受约束的对数似然函数：

$$\bar{L}(\boldsymbol{\alpha},\boldsymbol{\beta}) = k_0 - \frac{T}{2}\ln\left|\sum_{t=1}^{T}\bar{\boldsymbol{\varepsilon}}_t\bar{\boldsymbol{\varepsilon}}_t'\right|. \tag{6.62}$$

将式(6.62)集中在参数 $\boldsymbol{\beta}$ 上，从而求得 $\boldsymbol{\beta}$ 受约束的最大似然估计。按照前述的讨论，我们首先解特征方程：

$$|\bar{\lambda}\boldsymbol{S}_{11\cdot b} - \boldsymbol{S}_{1a\cdot b}\boldsymbol{S}_{aa\cdot b}^{-1}\boldsymbol{S}_{a1\cdot b}| = 0,$$

得到矩阵($\boldsymbol{S}_{11\cdot b}^{-1}\boldsymbol{S}_{1a\cdot b}\boldsymbol{S}_{aa\cdot b}^{-1}\boldsymbol{S}_{a1\cdot b}$)的特征值 $\bar{\lambda}_i$，$i=1,2,\cdots,n$。然后计算相应于最大的 $r$ 个特征值的特征向量，并将它们排列构成矩阵 $\boldsymbol{\beta}$ 的最大似然估计 $\bar{\boldsymbol{\beta}}$。类似于非约束的最大似然估计量 $\hat{\boldsymbol{\alpha}}$ 和 $\hat{\boldsymbol{\beta}}$ 之间的关系(见(6.46))，受约束的最大似然估计 $\bar{\boldsymbol{\beta}}$ 和参数矩阵 $\bar{\boldsymbol{\psi}}$ 之间存在如下关系：

$$\boldsymbol{A}'\boldsymbol{A}\bar{\boldsymbol{\psi}} = \boldsymbol{S}_{a1\cdot b}\bar{\boldsymbol{\beta}}(\bar{\boldsymbol{\beta}}'\boldsymbol{S}_{11\cdot b}\bar{\boldsymbol{\beta}})^{-1} = \boldsymbol{S}_{a1\cdot b}\bar{\boldsymbol{\beta}},$$

由此可以得到 $\bar{\boldsymbol{\alpha}}$ 和 $\bar{\boldsymbol{\beta}}$ 之间的关系：

$$\bar{\boldsymbol{\alpha}} = \boldsymbol{A}(\boldsymbol{A}'\boldsymbol{A})^{-1}\boldsymbol{S}_{a1\cdot b}\bar{\boldsymbol{\beta}}.$$

将以上关系式代入集中的对数似然函数 $\bar{L}(\boldsymbol{\alpha},\boldsymbol{\beta})$，可得：

$$\bar{L}(\bar{\boldsymbol{\psi}},\bar{\boldsymbol{\beta}}) = k_0 - \frac{T}{2}\sum_{i=1}^{r}\ln(1-\bar{\lambda}_i).$$

如果约束条件 $\boldsymbol{\alpha}=\boldsymbol{A}\boldsymbol{\psi}$ 为真，集中的对数似然函数 $\bar{L}(\boldsymbol{\psi},\boldsymbol{\beta})$ 在 $\bar{\boldsymbol{\psi}}$ 和 $\bar{\boldsymbol{\beta}}$ 取得极大值，由此构造检验假设 $\boldsymbol{\alpha}=\boldsymbol{A}\boldsymbol{\psi}$ 的似然比统计量：

$$\begin{aligned}\bar{\eta}_0 &= 2(L^{**}(\hat{\boldsymbol{\beta}}) - \bar{L}(\bar{\boldsymbol{\psi}},\bar{\boldsymbol{\beta}}))\\ &= -T\left\{\sum_{i=1}^{r}\ln(1-\lambda_i) + \sum_{i=1}^{r}\ln(1-\bar{\lambda}_i)\right\}.\end{aligned}$$

这里，$\hat{\boldsymbol{\beta}}$ 为非限制的最大似然估计，$L^{**}(\hat{\boldsymbol{\beta}})$ 由(6.49)式给出。当原假设 $\boldsymbol{\alpha}=\boldsymbol{A}\boldsymbol{\psi}$ 为真时，$\bar{\eta}_0$ 有极限分布 $\chi^2(r(n-s))$。

## 6.10　协整系统实例

在这一节中，我们以一个实例具体解释如何对一个小型的协整系统运用前面介绍的约翰森最大似然方法，目的是使读者掌握操作过程中的细节，从而进一步理解约翰森最大似然方法的本质。

我们将构造一个小型宏观经济模型，它是一个简单的协整系统，包括四个宏观变量——“消费”($\mathrm{Con}_t$)，“收入”($\mathrm{Inc}_t$)，“通货膨胀率”($\mathrm{Inf}_t$)和“产出”($\mathrm{Otp}_t$)。我们一共有 159 个季度数据(1953 年第一季度—1992 年第二季度)，都已经过对数处理。但唯一遗憾的是这些数据并不是实际数据，是由计算机模拟产生的（参阅 Dorrnik 和 Hendry，2001）。

在建模之前，我们先对数据作直观的分析，获得感性的认识。从图 6.1 中上面两图可以看出变量 $\mathrm{Con}_t$、$\mathrm{Inc}_t$ 和 $\mathrm{Otp}_t$ 很有可能是非稳定的时间序列，还可能带有时间趋势；图 6.1 的下面两图分别描述了变量 $\mathrm{Con}_t$ 和 $\mathrm{Inc}_t$、$\mathrm{Inc}_t$ 和 $\mathrm{Otp}_t$ 之间的相关性。很明显，这两对变量有很高的相关性。对这三个变量的 DF 检验确认它们都为单位跟过程。但变量 $\mathrm{Inf}_t$ 却有不同的表现，它的图像（见图 6.2）似乎不呈现明显非稳定性。

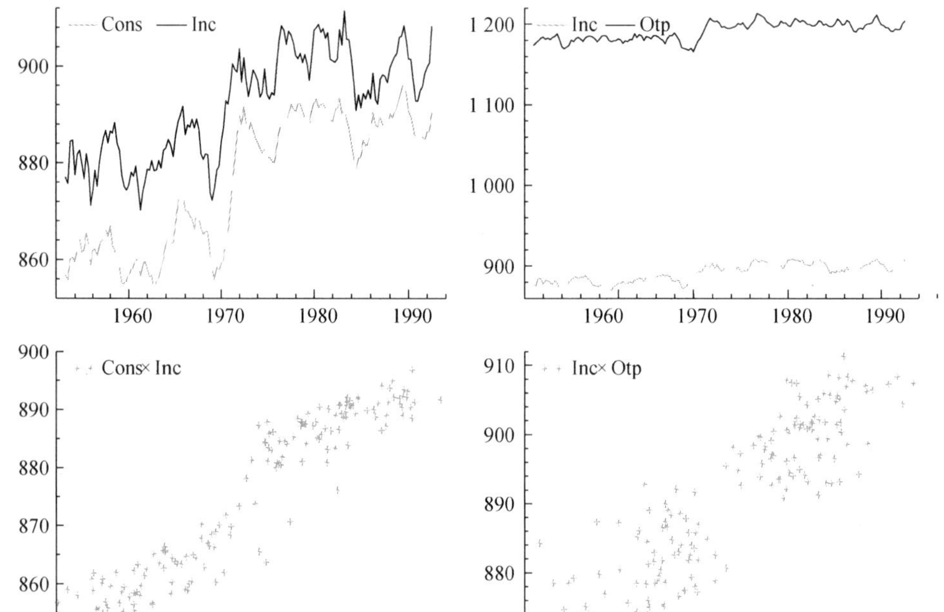


**图 6.1　四个变量的趋势图**

DF 检验进一步确认变量 $\mathrm{Inf}_t$ 不是单位跟过程。这些初步的观察告诉我们：这是一组非稳定而又紧密相关的变量，因此可以用协整系统的方法先对三个 $I(1)$ 变量 $\mathrm{Con}_t$、$\mathrm{Inc}_t$ 和 $\mathrm{Otp}_t$ 建模。

（1）第一步，建立非限制的向量自回归模型

从第四章和第五章的讨论我们知道，任何一个 $n$ 维的 $I(1)$ 随机向量 $\boldsymbol{x}_t$ 都可以有 $p$ 阶的向量自回归表现形式：

$$\boldsymbol{x}_t = \boldsymbol{\Gamma} + \boldsymbol{\Phi}_1 \boldsymbol{x}_{t-1} + \boldsymbol{\Phi}_2 \boldsymbol{x}_{t-2} + \cdots + \boldsymbol{\Phi}_p \boldsymbol{x}_{t-p} + \boldsymbol{\varepsilon}_t, \tag{6.63}$$

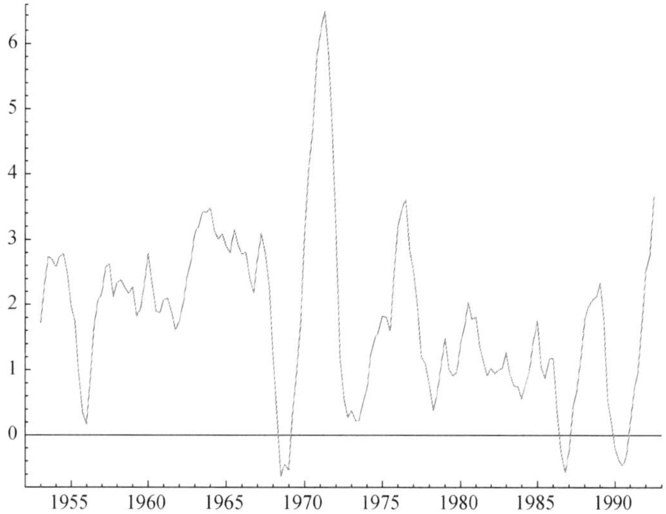


**图 6.2 通货膨胀率 ($\mathrm{Inf}_t$)的趋势图**

这里，$\{\boldsymbol{\varepsilon}_t\}$为独立同分布，且 $E(\boldsymbol{\varepsilon})=\mathbf{0}$，$\mathrm{var}(\boldsymbol{\varepsilon}_t)=\boldsymbol{\Omega}$。因此，我们的首要任务是建立一个具有良好统计性质和可操作性的，与给定数据吻合的向量自回归模型，只有在该模型的基础上，约翰森方法才能有效地进行。

令 $\boldsymbol{x}_t=[\mathrm{Con}_t,\mathrm{Inc}_t,\mathrm{Otp}_t]'$，我们建立一个三维的 $p$ 阶自回归模型。因为所用的数据是季度数据，我们先取 $p=5$，希望通过检验使 $p$ 达到数据所能接受的最小值。[①] 用最小二乘法估计不受限制的 $p=5$ 的三维自回归模型，结果显示 $p\geqslant 2$ 的系数的 $t$ 值都不显著。因此，我们令 $p=2$，可得估计结果见表 6.1。

**表 6.1 三维二阶自回归模型的参数估计**

| | Constant | Con_1 | Con_2 | Inc_1 | Inc_2 | Otp_1 | Otp_2 |
|---|---|---|---|---|---|---|---|
| Con | 26.0 | 1.469** | −0.482** | −0.284** | 0.304** | 0.061 | −0.088 |
| Inc | 157.78** | 0.694** | −0.469* | 0.499** | 0.349** | −0.046 | −0.138 |
| Otp | 122.01** | 0.507** | −0.519** | 0.043 | 0.284* | 0.845** | −0.184* |

注："**"和"*"分别表示 $t$ 值在 1%和 5%水平上显著。

变量除了 Otp_2，其他的二阶滞后在三个方程中基本上都呈显著性，因此如果将滞后变量 Otp_2 从自回归模型中去掉，可能会影响模型的平衡，以后将模型转变为均衡修正模型时会引起计算上的负担，所以将其保留。图 6.3 的第一列给出了

① 我们使用的软件是 PcGive (请参阅 http://www.pcgive.com/pcgive)，同样的操作也可由 Eviews 等软件实现。

三个变量的实际值和估计值,第二列给出了估计的残差。

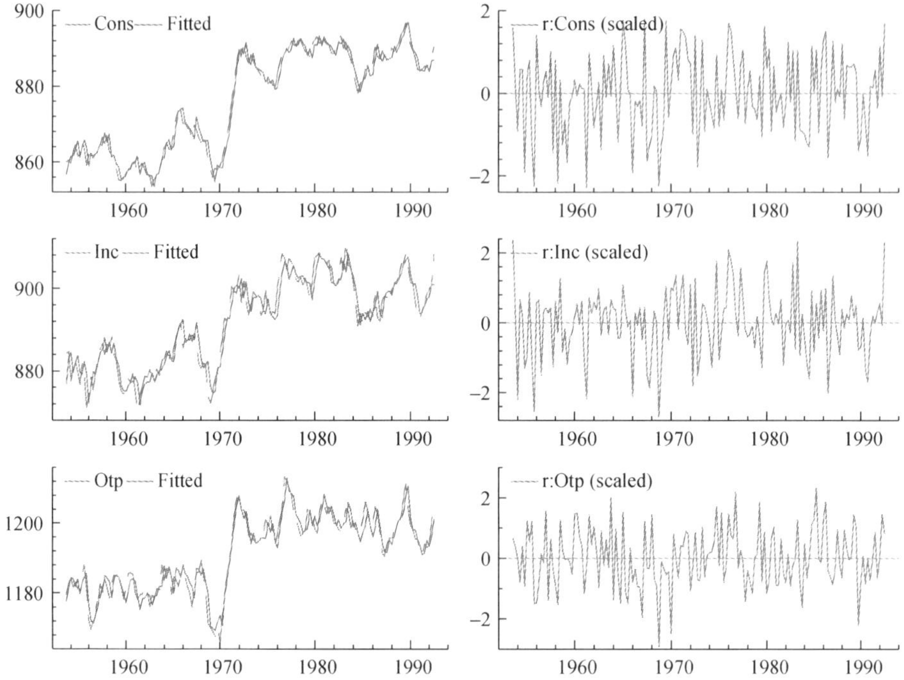


**图 6.3　非限制向量自回归模型的估计**

图 6.3 表明三个变量的实际值和估计值的吻合度很高,$R^2$ 达到 0.9976;估计残差向量也较接近于稳定过程,其正态性的 $\chi^2$ 检验为 $\chi^2(6)=1.1537$,明显小于5%的临界值 12.6,相应的 $p$ 值为 97.91%。由此,我们接受上述的三维二阶的自回归模型为可行的操作模型。

(2) 第二步,向量自回归模型的协整分析

将已经建立的三维二阶自回归过程

$$\boldsymbol{x}_t = \boldsymbol{\Gamma} + \boldsymbol{\Phi}_1 \boldsymbol{x}_{t-1} + \boldsymbol{\Phi}_2 \boldsymbol{x}_{t-2} + \boldsymbol{\varepsilon}_t \tag{6.64}$$

转换成均衡修正形式,这是约翰森方法的关键步骤:

$$\Delta \boldsymbol{x}_t = \boldsymbol{D}_1 \Delta \boldsymbol{x}_{t-1} + \boldsymbol{\pi} \boldsymbol{x}_{t-1} + \boldsymbol{\varepsilon}_t. \tag{6.65}$$

以下的分析将集中于矩阵 $\boldsymbol{\pi}$:确定它的秩 $r<n$,由此作分解 $\boldsymbol{\pi}=\boldsymbol{\alpha\beta}'$,估计向量 $\boldsymbol{\alpha}$ 和 $\boldsymbol{\beta}$。

首先,我们估计系数矩阵 $\boldsymbol{\pi}$ 的特征值,并用迹数统计量对其作检验。三个特征值的估计值分别为:

$$\lambda_1 = 0.248, \quad \lambda_2 = 0.172, \quad \lambda_3 = 0.015.$$

显然，第三个特征值的估计值比前两个小了一个数量级，它的真实值可能为零。检验结果见表 6.2。

**表 6.2　矩阵 $\pi$ 的秩的估计和检验**

| $H_0:\boldsymbol{\pi}$ 的秩(≤) | 迹数检验量 | $\lambda_{max}$- 检验量 | 拒绝概率($p$-value) |
|---|---|---|---|
| 0 | 76.80 | 44.85 | [0.000]** |
| 1 | 31.95 | 29.58 | [0.000]** |
| 2 | 2.37 | 2.37 | [1.24] |

由此我们确认 $\lambda_3=0$，系统中有两个协整关系。

其次，我们估计矩阵 $\boldsymbol{\pi}=\boldsymbol{\alpha\beta}'$，并在估计中施加秩约束条件 $\mathrm{rk}(\boldsymbol{\pi})=2$。但在这之前我们须决定常数项在估计中是否受到限制，即是否将其限制在协整空间中，因为这一限制条件会影响估计的有效性。从表 6.1 可知，非限制的向量自回归模型式(6.64)有非零的常数项，在将式(6.64)转换成均衡修正模型时我们面临如下选择：或将常数项限制在协整空间中(如式(6.65))，这时常数项系数含在向量 $\boldsymbol{\beta}$ 中；或使常数项不受限制，均衡修正模型为：

$$\Delta \boldsymbol{x}_t=\boldsymbol{\phi}+\boldsymbol{D}_1\Delta \boldsymbol{x}_{t-1}+\boldsymbol{\pi x}_{t-1}+\boldsymbol{\varepsilon}_t,$$

这里 $\boldsymbol{\phi}$ 为非零的常数向量。一般地，我们将常数项限制于协整空间中，因为如若不然，$\boldsymbol{x}_t$ 中将含有时间趋势，这与大多数处于均衡状态的经济变量的情况不相符合。由此，可得矩阵 $\boldsymbol{\alpha}$ 和 $\boldsymbol{\beta}$ 的估计值，见表 6.3 和表 6.4。

**表 6.3　矩阵 $\boldsymbol{\beta}$ 的估计值**

| | 协整向量 1 | 协整向量 2 |
|---|---|---|
| Con | $\beta_{11}$:1.000 | $\beta_{12}$:−0.794 |
| Inc | $\beta_{21}$:0.816 | $\beta_{22}$:1.000 |
| Opt | $\beta_{31}$:−2.280 | $\beta_{32}$:0.059 |
| 常数项 | $\beta_{41}$:1112.3 | $\beta_{42}$:−267.22 |

**表 6.4　矩阵 $\boldsymbol{\alpha}$ 的估计值**

| | 载荷向量 1 | 载荷向量 2 |
|---|---|---|
| Con | $\alpha_{11}$:0.014 | $\alpha_{12}$:0.004 |
| Inc | $\alpha_{21}$:0.078 | $\alpha_{22}$:−0.233 |
| Opt | $\alpha_{31}$:0.155 | $\alpha_{32}$:0.202 |

接下来,我们进一步对系统中的两个协整关系进行识别,通过假设检验确定它们合理性,即是否与经济理论和实践相符合。在这样一个生产消费系统中,两个协整关系可能分别反映了生产和消费这两个侧面;若是这样,其中的每个方程应该不会包括所有的三个变量。观察表 6.3 和表 6.4 中的估计值和它们的显著程度,我们检验以下的联合假设:

$$H_0:\beta_{11}=0,\quad \beta_{32}=0,\quad \alpha_{12}=0,\quad \alpha_{32}=0.$$

并进一步将参数 $\beta_{31}$ 和 $\beta_{22}$ 单位化,见表 6.5 和表 6.4。

**表 6.5 矩阵 $\boldsymbol{\beta}$ 的估计值**

| | 协整向量 1 | 协整向量 2 |
|---|---|---|
| Con | $\beta_{11}$:0.000 | $\beta_{12}$:−0.750 (0.041)** |
| Inc | $\beta_{21}$:−0.955 (0.064)** | $\beta_{22}$:1.000 |
| Opt | $\beta_{31}$:1.000 | $\beta_{32}$:0.000 |
| 常数项 | $\beta_{41}$:−339.64 (57.731)** | $\beta_{42}$:−234.96 (36.246)** |

注:表中括号中为 $\chi^2$ 检验的 $p$ 值,"**"表示 1%的显著性。

**表 6.6 矩阵 $\boldsymbol{\alpha}$ 的估计值**

| | 载荷向量 1 | 载荷向量 2 |
|---|---|---|
| Con | $\alpha_{11}$:0.000 | $\alpha_{12}$:0.000 |
| Inc | $\alpha_{21}$:−0.154 (0.038)** | $\alpha_{22}$:−0.335 (0.057)** |
| Opt | $\alpha_{31}$:−0.327 (0.048)** | $\alpha_{32}$:0.000 |

注:表中括号中为 $\chi^2$ 检验的 $p$ 值,"**"表示 1%的显著性。

以上的分析说明在这一系统中有两个独立的协整关系,即变量 Opt 和 Inc,以及 Inc 和 Con 的线性组合分别产生稳定的变量 $C_1$ 和 $C_2$:

$$\begin{aligned} C_1 &= \text{Opt} - 339.64 - 0.955 \times \text{Inc}, \\ C_2 &= \text{Inc} - 234.96 - 0.75 \times \text{Con}. \end{aligned} \tag{6.66}$$

图 6.4 更说明了变量 $C_1$ 和 $C_2$ 的稳定性:

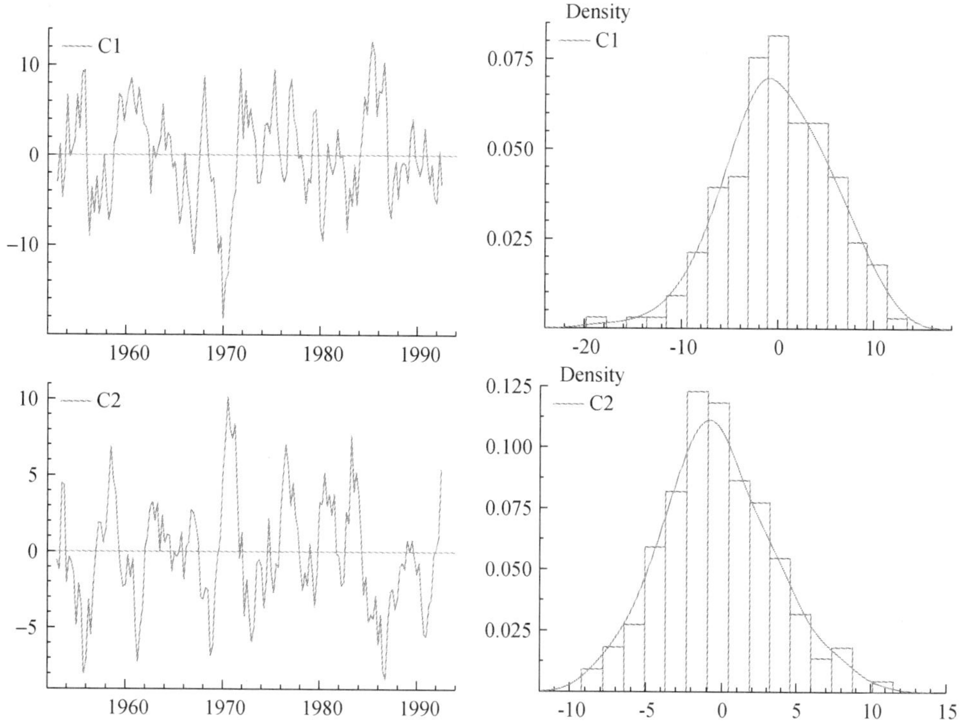


**图 6.4　变量 $C_1$ 和 $C_2$ 的趋势图和分布**

## 6.11　本章小结

本章讨论了对协整系统进行参数估计和假设检验的约翰森最大似然方法。一个 $n$ 维的 $I(1)$ 系统 $\boldsymbol{x}_t$ 中若存在 $r$ 个独立的协整关系，$\boldsymbol{x}_t$ 就有均衡修正形式：

$$\Delta \boldsymbol{x}_t = \sum_{i=1}^{k-1} \boldsymbol{D}_i \Delta \boldsymbol{x}_{t-i} + \boldsymbol{\pi} \boldsymbol{x}_{t-1} + \boldsymbol{\varepsilon}_t.$$

其中的参数矩阵 $\boldsymbol{\pi}$ 包含了 $r$ 个协整向量，是一个降秩矩阵，是约翰森最大似然方法研究的主要对象。协整系统和均衡修正形式之间的联系揭示了协整系统的本质：第一，均衡修正模型是宏观经济学中的一个重要模型，但一直被认为只适合于稳定的经济数据。当经济学家们发现宏观经济数据中普遍存在的非稳定性后，开始怀疑均衡修正模型的可行性。但自从协整理论建立，协整系统的均衡修正表示形式在更高层次上又一次确立了均衡修正模型在宏观计量经济学中的地位，也使我们更深刻地理解了协整系统的本质；第二，两者之间的联系使我们能将非稳定的

$I(1)$系统 $\boldsymbol{x}_t$ 转换成稳定的 $I(0)$均衡修正模型(如式(6.63)),而不损失任何重要的有关长期均衡的信息(试比较简单的差分方法);第三,两者之间的联系使我们能将分析的重点集中于参数矩阵 $\boldsymbol{\pi}$,一个 $n\times n$ 维降秩矩阵($\mathrm{rk}(\boldsymbol{\pi})=r<n$)。约翰森最大似然方法的重要贡献之一,是对系统中协整关系的个数 $r$ 不作先验的假定,而是作为估计值由假设检验决定,从而分解和估计矩阵 $\boldsymbol{\pi}=\boldsymbol{\alpha\beta}'$。

本章介绍了检验 $r$ 值的迹数统计量,$\lambda$-max 统计量和它们的极限分布,并用实例说明了它们的应用步骤;本章还指出,尽管这两种检验都是一致的检验,在样本有限时可能会给出不同的结果。我们介绍了对协整向量矩阵 $\boldsymbol{\beta}$ 的检验方法,这对于识别 $\boldsymbol{r}$ 个协整关系中的元素是很重要的,因为在一般情况下 $\boldsymbol{\beta}$ 中的元素不是唯一确定的;本章还介绍了对矩阵 $\boldsymbol{\alpha}$ 的限制条件,特别是弱外生性的检验。弱外生性在协整系统的估计和检验中起重要作用,它可以减少系统估计的计算量,提高估计和检验的精确度。最后,我们用一个小型的宏观计量模型具体解释了协整系统估计和检验的程序,帮助读者理解约翰森方法的实质和具体操作中的细节。

## 习题

1. 考虑如下系统:

$$y_t = \alpha x_t + \varepsilon_t,$$
$$x_t = x_{t-1} + \eta_t.$$

其中,$\{\varepsilon_t\}$和$\{\eta_t\}$为独立同分布,且 $E(\varepsilon_t)=E(\eta_t)=0$,$E(\varepsilon_t\eta_t)=0$。试将系统写成均衡修正形式,并计算其中矩阵 $\boldsymbol{\pi}$ 的秩。将 $\boldsymbol{\pi}$ 分解成 $\boldsymbol{\alpha\beta}'$,并以实例说明 $\boldsymbol{\alpha}$ 和 $\boldsymbol{\beta}$ 不是唯一确定的。

2. 以 $\boldsymbol{A}$ 和 $\boldsymbol{B}$ 分别表示 $n\times k$ 维和 $k\times n$ 维矩阵,验证

$$\mathrm{tr}(\boldsymbol{AB}) = \mathrm{tr}(\boldsymbol{BA}).$$

3. 设 $\boldsymbol{B}$ 和 $\boldsymbol{C}=[\boldsymbol{I}_k,\boldsymbol{O}_1]'$都为 $n\times k$ 维矩阵,其中,$\boldsymbol{I}_k$ 为 $k\times k$ 维单位矩阵,$\boldsymbol{O}_1$ 为 $k\times(n-k)$维零矩阵。验证:$n\times(n-k)$维矩阵

$$\boldsymbol{C}_{\perp} = [\boldsymbol{O}_2,\boldsymbol{I}_{n-k}]'$$

是矩阵 $\boldsymbol{C}$ 的正交补阵,即

$$\boldsymbol{C}'\boldsymbol{C}_{\perp} = \boldsymbol{0},\quad \mathrm{rk}(\boldsymbol{C},\boldsymbol{C}_{\perp}) = n.$$

同时,$n\times(n-k)$维矩阵

$$\boldsymbol{B}_{\perp} = [\boldsymbol{I}-\boldsymbol{C}(\boldsymbol{B}'\boldsymbol{C})^{-1}\boldsymbol{B}']\boldsymbol{C}_{\perp}$$

也是矩阵 $\boldsymbol{B}$ 的正交补阵。

4. 在简单回归模型

$$y_t = x_t\beta + \varepsilon_t$$

中，$\beta$ 为未知参数，$\{\varepsilon_t\}$ 为独立同分布，$E(\varepsilon_t)=0$，$\mathrm{var}(\varepsilon_t)=\sigma^2$。若此时回归变量 $x_t$ 与 $\varepsilon_t$ 相关，即 $E(x_t\varepsilon_t)\neq 0$，试证：此时的参数 $\beta$ 的最小二乘估计 $\hat{\beta}_T$ 不是一致的估计量，即 $\mathrm{plim}\hat{\beta}_T\neq\beta$。在这种情况下，则称变量 $\boldsymbol{x}_t$ 对于参数 $\beta$ 是非弱外生的。

5. 在协整系统中，

$$\Delta\boldsymbol{x}_{1t} = \alpha_1\boldsymbol{\beta}'\boldsymbol{x}_{t-1} + \varepsilon_{1t},$$
$$\Delta x_{2t} = \alpha_2\boldsymbol{\beta}'\boldsymbol{x}_{t-1} + \varepsilon_{2t},$$

$\boldsymbol{x}_t=[x_{1t},x_{2t}]'$，$\alpha_1$、$\alpha_2$ 为标量参数，$\boldsymbol{\beta}$ 为未知向量，$E(\varepsilon_{1t}\varepsilon_{2t})\neq 0$。试将 $\Delta x_{1t}$表示成 $\Delta x_{2t}$的函数：

$$\Delta x_{1t} = \rho\Delta x_{2t} + \upsilon_t.$$

这里，$\rho=\alpha_1/\alpha_2$，$\upsilon_t=\varepsilon_{1t}-\rho\varepsilon_{2t}$，并证明此时 $\Delta x_{2t}$对于参数 $\rho$ 不是弱外生的。

# 第七章　金融计量经济:变异性与随机变异模型

## 7.1　简介

前几章介绍了处理非稳定时间序列的一些新发展,着重讨论了对单位根过程和协整系统的参数估计和假设检验方法。本章将讨论时间序列计量经济学中的另一个重大课题,即对变异性和随机变异性的描述和建模,这在现代金融学和金融计量经济学中都有广泛的应用。我们首先介绍自回归条件异方差模型(Autoregressive Conditional Heteroskedasticity Model),简称 ARCH 模型;然后介绍随机变异性模型(Stochastic Volatility Model),简称 SV 模型。

ARCH 模型在过去几十年中得到了广泛的重视,此领域中的研究成果斐然,如今已经成为研究实证金融和计量金融的主要工具之一。ARCH 模型首先由恩格尔(Engle, 1982)提出,立即受到广大研究人员的重视,随即出现了许多重要的研究成果, ARCH 模型不断得到推广形成了 ARCH 类模型,它包含一批描述和分析变异性的模型,它们的理论和数学结构已经较完整,主要性质和特点也已被研究人员和实际工作者掌握和应用。

在 ARCH 模型提出之前,股票及其他金融产品的价格一般用一个随机游动模型来描述:

$$P_t = P_{t-1} + \varepsilon_t,$$

其中,$\varepsilon_t$ 为时刻 $t$ 的白噪声干扰。根据这一模型,股价(或其他资产价格)$P_t$ 在时刻 $t$ 的变化 $\Delta P_t = P_t - P_{t-1}$ 是期望为零的白噪声,在样本较大时一般用正态分布作近似描述。这一简单的模型符合金融学中有效市场(efficient market)的假设,运用简便,常用来分析和估算股票价格。但是简单的随机游动模型在实际应用中有明显的局限性,因为金融市场有一个常见而重要的特征,就是股价或其他金融产品的变异性(volatility)不仅随时间 $t$ 变化,而且在某一时段内连续出现偏高或偏低现象。以下的图 7.1 给出了两个常用的金融时间序列数据，它们的上下波动范围对应于序列的变异性的大小。我们称这两个时间序列都呈现所谓的变异性聚类(volatility clustering)：

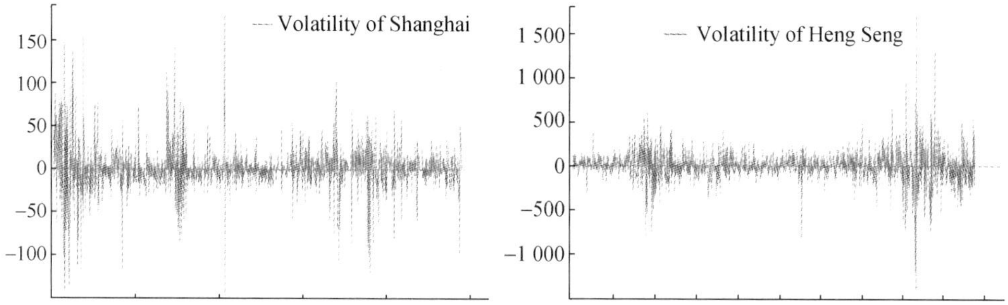


**图 7.1 上证指数和香港恒生指数日回报率(%)：2000—2012**

在实际中研究人员意识到金融数据的实际分布比正态分布有更大的峰度和更厚的尾部，如图(7.2)所示。

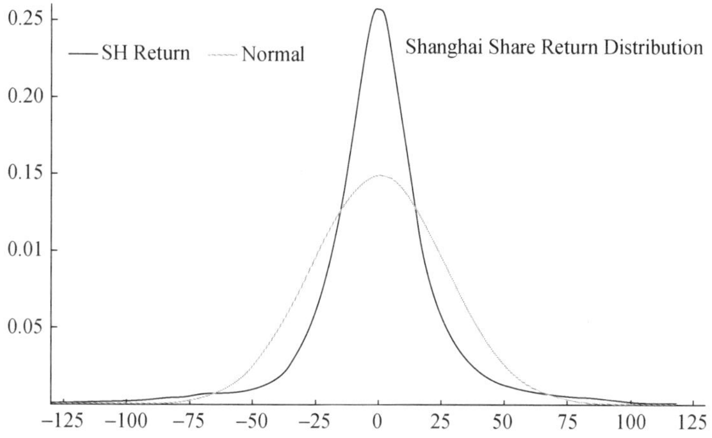


**图 7.2 上证指数日回收和正态分布的峰度和尾部**

股价和其他金融产品(如货币兑换率等)的这些特征很难由简单的随机游动模型描述和解释，而 ARCH 模型及其各种推广却可以有较为精确的描述。正是由于 ARCH 类模型的这一特性，它在金融领域里有广泛的应用，对它的研究也是日新月异，重要结果层出不穷。

## 7.2 自回归条件异方差模型的定义

自回归条件异方差过程(ARCH)在文献中有多种不同的定义，下面我们采用恩格尔在1982年提出的定义来讲解。

一个随机变量 $x_t$ 有 $p$ 阶的自回归表示形式(AR($p$))，如果

$$x_t = \beta_0 + \beta_1 x_{t-1} + \beta_2 x_{t-2} + \cdots + \beta_p x_{t-p} + \varepsilon_t, \tag{7.1}$$

其中，$\{\varepsilon_t\}$为独立同分布的白噪声过程，且有 $E(\varepsilon_t)=0$，$\mathrm{var}(\varepsilon_t)=\sigma^2$。式(7.1)也可等价地表示为滞后多项式形式：

$$(1-\beta_1 L - \beta_2 L^2 - \cdots \beta_p L^p)x_t = \beta_0 + \varepsilon_t.$$

如果它的特征多项式

$$1-\beta_1 z - \beta_2 z^2 - \cdots - \beta_p z^p = 0$$

的所有的根都在单位圆外，式(7.1)中的 AR($p$)是一稳定过程。在式(7.1)中，若变量 $x_{t-1}, x_{t-2}, \cdots, x_{x-p}$的值固定，随机变量 $x_t$ 的条件期望值为：

$$E(x_t \mid x_{t-1}, \cdots, x_{t-p}) = \beta_0 + \beta_1 x_{t-1} + \cdots + \beta_p x_{t-p}.$$

它是在给定 $x_{t-1}, x_{t-2}, \cdots, x_{x-p}$时对变量 $x_t$ 的最佳线性预测。另一方面，不难计算变量 $x_t$ 的无条件期望为：

$$E(x_t) = \frac{\beta_0}{1-\beta_1-\cdots-\beta_p}. \tag{7.2}$$

它是一个与时间 $t$ 无关的常数，这和 $x_t$ 的条件期望值$E(x_t|x_{t-1}, \cdots, x_{t-p})$是时间 $t$ 的函数形成了对照。

同样，我们也可以定义一个$\{\varepsilon_t^2\}$的 $q$ 阶自回归过程 AR($q$)：

$$\varepsilon_t^2 = \alpha_0 + \alpha_1 \varepsilon_{t-1}^2 + \cdots + \alpha_q \varepsilon_{t-q}^2 + \eta_t. \tag{7.3}$$

其中，$\{\eta_t\}$为独立同分布，$E(\eta_t)=0$，$\mathrm{var}(\eta_t)=\lambda^2$，$t=1,2,\cdots$。如果式(7.3)成立，我们称$\{\varepsilon_t\}$服从 $q$ 阶的 ARCH 过程，记为 $\varepsilon_t \sim \mathrm{ARCH}(q)$。在式(7.3)中，我们还假设 $\alpha_0>0$，$\alpha_i \geqslant 0$，$i=1,2,\cdots,q$。由于随机变量 $\varepsilon_t^2$ 的非负性，给定 $\varepsilon_{t-1}^2, \cdots, \varepsilon_{t-q}^2$的值，白噪声过程$\{\eta_t\}$的分布是受到限制的，因为它必须满足 $\eta_t \geqslant -\alpha_0$，$t=1,2,\cdots$。

为确保$\{\varepsilon_t^2\}$为一稳定过程，我们还假设式(7.3)的特征方程

$$1-a_1 z - \alpha_2 z^2 - \cdots - \alpha_q z^q = 0$$

的所有根都在单位圆外。因为 $\alpha_0>0$，$\alpha_i \geqslant 0$，$i=1,2,\cdots,q$，以上条件等价于

$$a_1 + \alpha_2 + \cdots + \alpha_q < 1, \tag{7.4}$$

这样，若 $\varepsilon_t \sim \mathrm{ARCH}(q)$，那么 $\varepsilon_t$ 的无条件方差

$$\sigma^2 = E(\varepsilon_t^2) = \frac{\alpha_0}{1-\alpha_1-\cdots-\alpha_q} \tag{7.5}$$

为一常数。

ARCH 模型的一个重要特点是给出了计算时间序列的条件方差的方法。在每一时刻 $t$，ARCH 过程的条件方差是过去的随机干扰的函数，是时间的函数(注意和它的无条件方差的区别)，可由递推公式计算。以 $\sigma^2$ 表示 ARCH($q$)过程 $\varepsilon_t$ 在时刻 $t$ 的条件方差，给定随机变量 $\varepsilon_{t-1}^2,\cdots,\varepsilon_{t-q}^2$的值，我们有

$$\sigma_t^2 = E(\varepsilon_t^2 \mid \varepsilon_{t-1}^2,\cdots+\varepsilon_{t-q}^2) = \alpha_0+\alpha_1\varepsilon_{t-1}^2+\cdots+\alpha_q\varepsilon_{t-q}^2.$$

因此，只要知道参数 $\alpha_0,\alpha_1,\cdots,\alpha_q$ 的值，就可以在时刻$(t-1)$利用给定的数据 $\varepsilon_{t-1}^2,\cdots,\varepsilon_{t-q}^2$准确地预测$\varepsilon_t$ 在时刻$t$ 的条件方差$\sigma_t^2$，具体做法如下：以 $\hat{\varepsilon}_{t+s/t}^2$表示在时刻 $t$，对随机变量 $\varepsilon_t$ 在时刻 $t+s(s>0)$的条件方差 $\sigma_{t+s}^2$的估计值。当 $s=1$ 时，

$$\hat{\varepsilon}_{t+1/t}^2 = \alpha_0+\alpha_1\varepsilon_t^2+\cdots+\alpha_q\varepsilon_{t-q+1}^2. \tag{7.6}$$

根据式(7.5)，可将参数 $\alpha_0$ 表示为：

$$\alpha_0 = (1-\alpha_1-\cdots-\alpha_q)\sigma^2,$$

并以此代入式(7.6)，可得：

$$\hat{\varepsilon}_{t+1/t}^2 = (1-\alpha_1-\cdots-\alpha_q)\sigma^2+\alpha_1\varepsilon_t^2+\cdots+\alpha_q\varepsilon_{t-q+1}^2,$$

整理后又得：

$$\hat{\varepsilon}_{t+1/t}^2-\sigma^2 = \alpha_1(\varepsilon_t^2-\sigma^2)+\alpha_2(\varepsilon_{t-1}^2-\sigma^2)+\cdots+\alpha_q(\varepsilon_{t-q+1}^2-\sigma^2).$$

同理可得在时刻 $t+1$ 对 $\varepsilon_t$ 在时刻 $t+2$ 的条件方差的估计值为：

$$\hat{\varepsilon}_{t+2/t}^2-\sigma^2 = \alpha_1(\varepsilon_{t+1}^2-\sigma^2)+\alpha_2(\varepsilon_t^2-\sigma^2)+\cdots+\alpha_q(\varepsilon_{t-q+2}^2-\sigma^2). \tag{7.7}$$

因为 $\hat{\varepsilon}_{t+1/t}^2$是对随机变量 $\varepsilon_{t+1}^2$ 的最佳线性预测，以 $\hat{\varepsilon}_{t+1/t}^2$代替式(7.7)中的 $\varepsilon_{t+1}^2$，就可得在时刻 $t$ 对 $\varepsilon_t$ 在时刻 $t+2$ 的条件方差的估计值为：

$$\hat{\varepsilon}_{t+2/t}^2-\sigma^2 = \alpha_1(\hat{\varepsilon}_{t+1}^2-\sigma^2)+\alpha_2(\varepsilon_t^2-\sigma^2)+\cdots+\alpha_q(\varepsilon_{t-q+2}^2-\sigma^2).$$

一般地，可以定义在时刻 $t$ 对 $\varepsilon_t$ 在时刻 $t+s$ 的条件方差的估计值为：

$$\hat{\varepsilon}_{t+s/t}^2 = E(\varepsilon_{t+s}^2 \mid \varepsilon_t^2,\cdots),$$

这也是在时刻 $t$ 对 $\hat{\varepsilon}_{t+s/t}^2(s=1,2,\cdots)$的 $s$ 步向前预测。

用式(7.7)中的方法连续往后迭代，可得计算 $\hat{\varepsilon}_{t+s/t}^2$的递推公式：

$$\hat{\varepsilon}_{t+s/t}^2-\sigma^2 = \alpha_1(\hat{\varepsilon}_{t+s-1}^2-\sigma^2)+\alpha_2(\hat{\varepsilon}_{t+s-2}^2-\sigma^2)+\cdots+\alpha_q(\varepsilon_{t+s-q}^2-\sigma^2),$$

其中的 $\hat{\varepsilon}_{t+s-i/t}^2(i=1,2,\cdots,q)$是在时刻 $t$ 对 $\varepsilon_{t+s-i/t}^2$的最佳线性预测。当 $s\leqslant q$ 时，显然有

$$\hat{\varepsilon}_{t+s-q/t}^2 = \varepsilon_{t+s-q}^2.$$

为进一步研究 ARCH($q$)的性质，我们下面将 $\varepsilon_t\sim$ARCH($q$)表示为：

$$\varepsilon_t = \sqrt{h_t} \cdot v_t, \tag{7.8}$$

并假设$\{v_t\}$为独立同分布，$E(v_t)=0$，$\mathrm{var}(v_t)=1$，$h_t$ 有表达式

$$h_t = \alpha_0 + \alpha_1\varepsilon_{t-1}^2 + \alpha_2\varepsilon_{t-2}^2 + \cdots + \alpha_q\varepsilon_{t-q}^2.$$

这样，在任何时刻 $t$，$\varepsilon_t$ 的条件期望为

$$E(\varepsilon_t \mid \varepsilon_{t-1},\cdots) = \sqrt{h_t} \cdot (v_t) = 0,$$

条件方差为

$$E(\varepsilon_t^2 \mid \varepsilon_{t-1},\cdots) = h_t \cdot E(v_t^2) = h_t$$

以 $\varepsilon_t=\sqrt{h_t} \cdot v_t$ 代入式(7.3)，则有

$$h_t \cdot v_t^2 = h_t + \eta_t,$$

因此可将式(7.3)中的随机干扰 $\eta_t$ 表示为：

$$\eta_t = h_t(v_t^2 - 1). \tag{7.9}$$

这说明，尽管随机变量 $\eta_t$ 有无条件方差$\lambda^2$，它的条件方差是时间的函数，因为

$$\sigma_t^2 = E(\eta_t^2 \mid \varepsilon_{t-1},\cdots) = h^2 \cdot E\,(v^2 - 1)^2,$$

利用 $\eta_t$ 的条件方差$\sigma^2$ 和无条件方差 $\lambda^2$ 之间的关系，可进一步揭示 ARCH($q$)过程参数间的约束关系。根据条件方差的定义，显然有

$$\lambda^2 = E(h_t^2) \cdot E\,(v^2 - 1)^2.$$

为叙述简便起见，假设 $h_t=\alpha_0+\alpha_1\varepsilon_{t-1}^2$，则 $h_t^2$ 的无条件期望为：

$$\begin{aligned} E(h_t^2) &= E\,(\alpha_0 + \alpha_1\varepsilon_{t-1}^2)^2 = E(\alpha_0^2 + \alpha_1^2\varepsilon_{t-1}^4 + 2\alpha_0\alpha_1\varepsilon_{t-1}^2) \\ &= \alpha_0^2 + \alpha_1^2\{\mathrm{var}(\varepsilon_{t-1}^2) + [E(\varepsilon_{t-1}^2)]^2\} + 2\alpha_0\alpha_1 E(\varepsilon_{t-1}^2) \\ &= \alpha_0^2 + \alpha_1^2\left[\frac{\lambda^2}{1-\alpha_1^2} + \frac{\alpha_0^2}{(1-\alpha_1)^2}\right] + \frac{2\alpha_0^2\alpha_1}{1-\alpha_1} \\ &= \frac{\alpha_1^2\lambda^2}{1-\alpha_1^2} + \frac{\alpha_0^2}{(1-\alpha_1)^2}. \end{aligned}$$

以此代入 $\lambda^2$ 的表达式，可得：

$$\lambda^2 = \left[\frac{\alpha_1^2\lambda^2}{1-\alpha_1^2} + \frac{\alpha_0^2}{(1-\alpha_1)^2}\right] \cdot E\,(v^2 - 1)^2. \tag{7.10}$$

这是一个 $\lambda$ 的二次方程，一般不存在对 $\lambda$ 的实数解. 我们假设 $v_t$ 服从标准的正态分布，则有 $E\,(v^2-1)^2=2$，式(7.10)简化为

$$\frac{(1-3\alpha_1^2)\lambda^2}{1-\alpha_1^2} = \frac{2\alpha_0^2}{(1-\alpha_1)^2}.$$

当 $\alpha_1^2 \geqslant \frac{1}{3}$时，上式不存在 $\lambda$ 的实数解。由此可以看出 $\eta_t$ 的条件方差$\sigma^2$ 和无条件方差 $\lambda^2$ 之间有非线性的关系。

给定 $h_t = \alpha_0 + \alpha_1 \varepsilon_{t-1}^2 + \alpha_2 \varepsilon_{t-2}^2 + \cdots + \alpha_q \varepsilon_{t-q}^2$ 中的参数 $\alpha_0, \alpha_1, \cdots, \alpha_q$ 的值，我们可以用蒙特卡罗方法模拟产生 ARCH($q$)数据。图 7.3 和图 7.4 分别是模拟给出的白噪声(WN) 过程和 ARCH(4)过程的图像，从中可以清楚地看到它们的区别，ARCH 模型显然能够更好地描述数据中的变异率的聚类等特性：

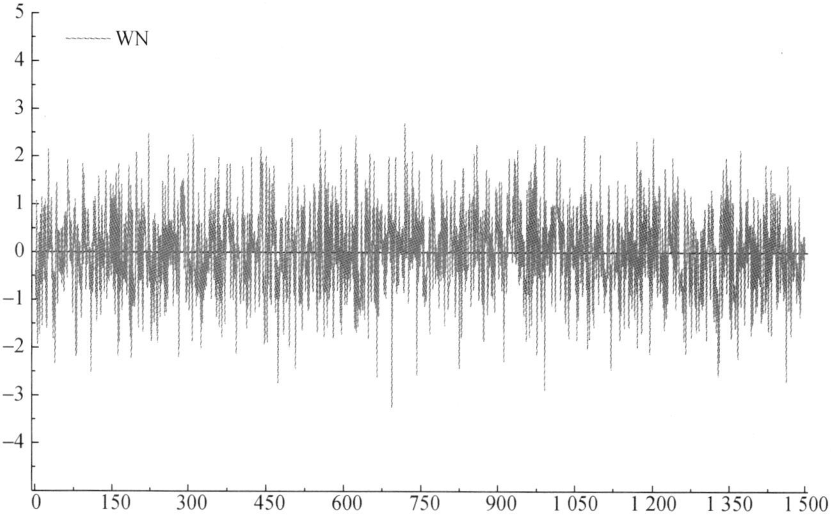


**图 7.3　白噪声过程**

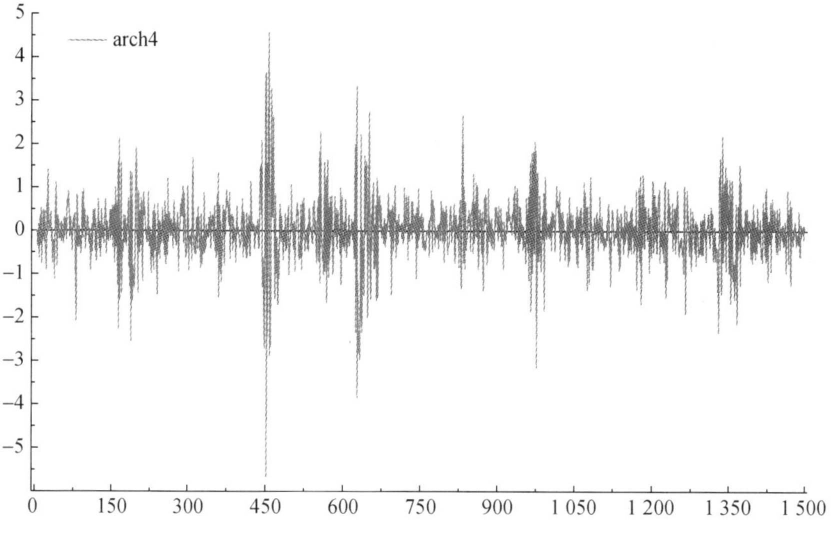


**图 7.4　ARCH(4)过程**

在以上的模拟计算中，两个过程的无条件方差都设为1，使得这两个过程的不同条件方差的作用表现得更为明显。

## 7.3 ARCH模型参数的最大似然估计

ARCH过程最通常的应用是在一个回归模型中的假设随机干扰服从一个ARCH过程，如

$$y_t = \boldsymbol{x}_t'\boldsymbol{\beta} + \varepsilon_t, \tag{7.11}$$

其中，假设 $\varepsilon_t \sim \mathrm{ARCH}(q)$。为计算方便，我们不妨假设 $y_t$ 的前 $q$ 个观察值已知，记为 $y_{-q+1}, y_{-q+2}, \cdots, y_0$，以区别于用于估计的数据 $y_t, t=1,\cdots,T$。式(7.11)中的 $\boldsymbol{x}_t$ 为已知的回归变量，它们可包括滞后的 $y_t$ 的值。$\varepsilon_t$ 服从 ARCH($q$)，可表示为 $\varepsilon_t = \sqrt{h_t}\cdot v_t$，其中

$$h_t = \alpha_0 + \alpha_1\varepsilon_{t-1}^2 + \alpha_2\varepsilon_{t-2}^2 + \cdots + \alpha_q\varepsilon_{t-q}^2.$$

为了讨论的方便，我们下面假设 $v_t$ 服从标准的正态分布，以后再讨论 $v_t$ 为非正态分布的情况。

将 $y_t$ 和 $\boldsymbol{x}_t$ 以及它们的滞后都排列在向量 $\boldsymbol{Y}_t$ 中：

$$\boldsymbol{Y}_t = [y_t, y_{t-1}, \cdots, y_1, y_0, \cdots, y_{-q+1}, \boldsymbol{x}_t', \cdots, \boldsymbol{x}_1', \boldsymbol{x}_0', \cdots, \boldsymbol{x}_{-q+1}']',$$

由式(7.11)的构造，随机干扰 $v_t$ 与 $\boldsymbol{x}_t$ 和 $\boldsymbol{Y}_{t-1}$ 相互独立。给定 $\boldsymbol{x}_t$ 和 $\boldsymbol{Y}_{t-1}$ 的值，因变量 $y_t$ 也服从条件正态分布，有如下密度函数：

$$f(y_t \mid \boldsymbol{x}_t, \boldsymbol{Y}_{t-1}) = \frac{1}{\sqrt{2\pi h_t}}\exp\left\{\frac{-(y_t - \boldsymbol{x}_t'\boldsymbol{\beta})^2}{2h_t}\right\}, \tag{7.12}$$

其中，

$$\begin{aligned} h_t &= \alpha_0 + \alpha_1(y_{t-1} - \boldsymbol{x}_{t-1}'\boldsymbol{\beta})^2 + \alpha_2(y_{t-2} - \boldsymbol{x}_{t-2}'\boldsymbol{\beta})^2 + \cdots + \alpha_q\varepsilon_{t-q}^2 \\ &\quad + \cdots + \alpha_q(y_{t-q} - \boldsymbol{x}_{t-q}'\boldsymbol{\beta})^2 \\ &= [\boldsymbol{z}_t(\boldsymbol{\beta})]'\boldsymbol{\delta}, \end{aligned}$$

$$\boldsymbol{\delta} = [\alpha_0, \alpha_1, \cdots, \alpha_q]',$$

$$\boldsymbol{z}_t(\boldsymbol{\beta}) = [1, (y_{t-1} - \boldsymbol{x}_{t-1}'\boldsymbol{\beta})^2, \cdots, (y_{t-q} - \boldsymbol{x}_{t-q}'\boldsymbol{\beta})^2].$$

将参数 $\boldsymbol{\beta}$ 和 $\boldsymbol{\delta}$ 列入向量 $\boldsymbol{\theta}$，得

$$\boldsymbol{\theta} = \begin{bmatrix}\boldsymbol{\beta}\\ \boldsymbol{\delta}\end{bmatrix},$$

即可得式(7.11)的条件对数似然函数：

$$L(\boldsymbol{\theta})=\sum_{t=1}^{T}\ln f(y_t \mid \boldsymbol{x}_t,\boldsymbol{Y}_{t-1};\boldsymbol{\theta})$$

$$=-\frac{T}{2}\ln(2\pi)-\frac{1}{2}\sum_{t=1}^{T}\ln(h_t)-\frac{1}{2}\sum_{t=1}^{T}(y_t-\boldsymbol{x}_t'\boldsymbol{\beta})^2/h_t. \tag{7.13}$$

参数 $\boldsymbol{\theta}$ 的最大似然估计 $\hat{\boldsymbol{\theta}}$ 使 $L(\boldsymbol{\theta})$ 在 $\boldsymbol{\theta}=\hat{\boldsymbol{\theta}}$ 处获极大值。对 $L(\boldsymbol{\theta})$ 求关于 $\boldsymbol{\theta}$ 的一阶微分，令

$$\boldsymbol{l}_t(\boldsymbol{\theta})=\frac{\partial\ln f(y_t \mid \boldsymbol{x}_t,\boldsymbol{Y}_{t-1};\boldsymbol{\theta})}{\partial\boldsymbol{\theta}},$$

则有

$$\frac{\partial L(\boldsymbol{\theta})}{\partial\boldsymbol{\theta}}=\sum_{t=1}^{T}\boldsymbol{l}_t(\boldsymbol{\theta}).$$

这里，

$$\boldsymbol{l}_t(\boldsymbol{\theta})=-\frac{1}{2}\frac{\partial\ln(h_t)}{\partial\boldsymbol{\theta}}-\frac{1}{2}\left\{\frac{1}{h_t}\frac{\partial(y_t-\boldsymbol{x}_t'\boldsymbol{\beta})^2}{\partial\boldsymbol{\theta}}-\frac{(y_t-\boldsymbol{x}_t'\boldsymbol{\beta})^2}{h_t^2}\frac{\partial h_t}{\partial\boldsymbol{\theta}}\right\}.$$

由于

$$\frac{\partial(y_t-x_t'\boldsymbol{\beta})^2}{\partial\boldsymbol{\theta}}=\begin{bmatrix}\dfrac{\partial(y_t-\boldsymbol{x}_t'\boldsymbol{\beta})^2}{\partial\boldsymbol{\beta}}\\[2ex] \dfrac{\partial(y_t-\boldsymbol{x}_t'\boldsymbol{\beta})^2}{\partial\boldsymbol{\delta}}\end{bmatrix}=\begin{bmatrix}-2\boldsymbol{x}_t\varepsilon_t\\ \boldsymbol{0}\end{bmatrix}, \tag{7.14}$$

$$\frac{\partial h_t}{\partial\boldsymbol{\theta}}=\frac{\partial\left(\alpha_0+\sum_{j=1}^{q}\alpha_j\varepsilon_{t-j}^2\right)}{\partial\boldsymbol{\theta}}=\frac{\partial\alpha_0}{\partial\boldsymbol{\theta}}+\sum_{j=1}^{q}\left(\frac{\partial\alpha_j}{\partial\boldsymbol{\theta}}\right)\cdot\varepsilon_{t-j}^2+\sum_{j=1}^{q}\alpha_j\left(\frac{\partial\varepsilon_{t-j}^2}{\partial\boldsymbol{\theta}}\right),$$

$$=\begin{bmatrix}\boldsymbol{0}\\1\\0\\ \vdots\\0\end{bmatrix}+\begin{bmatrix}\boldsymbol{0}\\0\\ \varepsilon_{t-1}^2\\0\\ \vdots\\0\end{bmatrix}+\cdots+\begin{bmatrix}\boldsymbol{0}\\0\\ \vdots\\0\\ \varepsilon_{t-q}^2\end{bmatrix}+\sum_{j=1}^{q}\begin{bmatrix}-2\alpha_j\varepsilon_{t-j}\boldsymbol{x}_{t-j}\\0\\0\\ \vdots\\0\end{bmatrix}$$

$$=\begin{bmatrix}-2\sum_{j=1}^{q}\alpha_j\varepsilon_{t-j}\boldsymbol{x}_{t-j}\\ \boldsymbol{z}_t(\boldsymbol{\beta})\end{bmatrix}, \tag{7.15}$$

所以有

$$\boldsymbol{l}_t(\boldsymbol{\theta})=\frac{\partial \ln f(y_t \mid \boldsymbol{x}_t,\boldsymbol{Y}_{t-1};\boldsymbol{\theta})}{\partial \boldsymbol{\theta}}$$

$$=-\left(\frac{1}{2h_t}-\frac{\varepsilon_t^2}{2h_t^2}\right)\begin{bmatrix}2\sum_{j=1}^{q}\alpha_j\varepsilon_{t-j}\boldsymbol{x}_{t-j}\\ \boldsymbol{z}_t(\boldsymbol{\beta})\end{bmatrix}+\begin{bmatrix}\boldsymbol{x}_t\varepsilon_t/h_t\\ \boldsymbol{0}\end{bmatrix}. \tag{7.16}$$

因此,我们进一步有

$$\frac{\partial L(\boldsymbol{\theta})}{\partial \boldsymbol{\theta}}=s(\boldsymbol{\theta})=\sum_{t=1}^{T}\boldsymbol{l}_t(\boldsymbol{\theta})=\begin{bmatrix}\dfrac{\partial L(\boldsymbol{\theta})}{\partial \boldsymbol{\beta}}\\ \dfrac{\partial L(\boldsymbol{\theta})}{\partial \boldsymbol{\delta}}\end{bmatrix}=\begin{bmatrix}\boldsymbol{s}_1(\boldsymbol{\theta})\\ \boldsymbol{s}_2(\boldsymbol{\theta})\end{bmatrix}$$

$$=\frac{1}{2}\sum_{t=1}^{T}\left\{h_t^{-2}(\varepsilon_t^2-h_t)\begin{bmatrix}2\sum_{j=1}^{q}\alpha_j\varepsilon_{t-j}\boldsymbol{x}_{t-j}\\ \boldsymbol{z}_t(\boldsymbol{\beta})\end{bmatrix}+\begin{bmatrix}\boldsymbol{x}_t\varepsilon_t/h_t\\ \boldsymbol{0}\end{bmatrix}\right\}. \tag{7.17}$$

参数向量 $\boldsymbol{\theta}$ 的最大似然估计 $\hat{\boldsymbol{\theta}}$ 为方程

$$\frac{\partial L(\boldsymbol{\theta})}{\partial \boldsymbol{\theta}}=\boldsymbol{0}$$

的解,使得 $L(\boldsymbol{\theta})$在 $\boldsymbol{\theta}=\hat{\boldsymbol{\theta}}$ 时取极大值。这一优化问题一般可由数值计算方法解决。以下介绍的是恩格尔在 1982 年提出的算法。

由式(7.17),子向量 $\boldsymbol{s}_1(\boldsymbol{\theta})$可表示为

$$\boldsymbol{s}_1(\boldsymbol{\theta})=\frac{1}{2}\sum_{t=1}^{T}\left(\frac{\varepsilon_t^2}{h_t}-1\right)\frac{\partial \ln(h_t)}{\partial \boldsymbol{\beta}}-\frac{1}{2}\sum_{t=1}^{T}\frac{1}{h_t}\cdot\frac{\partial \varepsilon_t^2}{\partial \boldsymbol{\beta}}$$

$$=\sum_{t=1}^{T}\left[\frac{\boldsymbol{x}_t\varepsilon_t}{h_t}-\frac{1}{h_t}\left(\frac{\varepsilon_t^2}{h_t}-1\right)\sum_{j=1}^{q}\alpha_j\varepsilon_{t-j}\boldsymbol{x}_{t-j}\right], \tag{7.18}$$

整理后,可得

$$\boldsymbol{s}_1(\boldsymbol{\theta})=\sum_{t=1}^{T}\boldsymbol{x}_t\varepsilon_t\left[h_t^{-1}-\sum_{j=1}^{q}\alpha_j h_{t+j}^{2}(\varepsilon_{t+j}^2-h_{t+j})\right]$$

$$=\sum_{t=1}^{T}\boldsymbol{x}_t\varepsilon_t m_t. \tag{7.19}$$

式(7.19)在以后的计算中会经常用到。对 $\boldsymbol{s}_1(\boldsymbol{\theta})$求关于参数 $\boldsymbol{\beta}$ 的微分,得

$$\frac{\partial^2 L(\boldsymbol{\theta})}{\partial \boldsymbol{\beta}\partial \boldsymbol{\beta}'}=\frac{\partial \boldsymbol{s}_1(\boldsymbol{\theta})}{\partial \boldsymbol{\beta}'}=\frac{1}{2}\sum_{t=1}^{T}\frac{\partial \ln(h_t)}{\partial \boldsymbol{\beta}}\left(\frac{1}{h_t}\frac{\partial \varepsilon_t^2}{\boldsymbol{\beta}'}-\frac{\varepsilon_t^2}{h_t^2}\frac{\partial h_t}{\partial \boldsymbol{\beta}'}\right)$$

$$+\frac{1}{2}\sum_{t=1}^{T}\left(\frac{\varepsilon_t^2}{h_t}-1\right)\frac{\partial^2 \ln(h_t)}{\partial \boldsymbol{\beta}\partial \boldsymbol{\beta}'}-\frac{1}{2}\sum_{t=1}^{T}\frac{1}{h_t}\frac{\partial^2 \varepsilon_t^2}{\partial \boldsymbol{\beta}\partial \boldsymbol{\beta}'}$$

$$+\frac{1}{2}\sum_{t=1}^{T}\frac{1}{h_t^2}\frac{\partial\varepsilon_t^2}{\partial\boldsymbol{\beta}}\frac{\partial h_t}{\partial\boldsymbol{\beta}'}.$$

将式(7.14)和式(7.15)中 $\partial\varepsilon_t^2/\partial\boldsymbol{\beta}$ 和 $\partial h_t/\partial\boldsymbol{\beta}$ 的表达式代入上式，可得

$$\frac{\partial^2 L(\boldsymbol{\theta})}{\partial\boldsymbol{\beta}\partial\boldsymbol{\beta}'}=\frac{1}{2}\sum_{t=1}^{T}\frac{\partial\ln(h_t)}{\partial\boldsymbol{\beta}}\left(-\frac{\boldsymbol{x}_t\varepsilon_t}{h_t}-\frac{\varepsilon_t^2}{h_t^2}\frac{\partial h_t}{\partial\boldsymbol{\beta}'}\right)$$
$$+\frac{1}{2}\sum_{t=1}^{T}\left(\frac{\varepsilon_t^2}{h_t}-1\right)\frac{\partial^2\ln(h_t)}{\partial\boldsymbol{\beta}\partial\boldsymbol{\beta}'}-\sum_{t=1}^{T}\frac{\boldsymbol{x}_t\boldsymbol{x}_t'}{h_t}\frac{\partial^2\varepsilon_t^2}{\partial\boldsymbol{\beta}\partial\boldsymbol{\beta}'}$$
$$-\sum_{t=1}^{T}\frac{\boldsymbol{x}_t\varepsilon_t}{h_t^2}\frac{\partial h_t}{\partial\boldsymbol{\beta}'}.$$

给定 $\boldsymbol{x}_t$ 和 $\boldsymbol{Y}_{t-1}$ 的值，$h_t$ 为非随机变量。由于

$$E(\boldsymbol{\varepsilon}_t \mid \boldsymbol{x}_t,\boldsymbol{Y}_{t-1})=0,\quad E(\varepsilon_t^2 \mid \boldsymbol{x}_t,\boldsymbol{Y}_{t-1})=h_t,$$

可得

$$E\left\{\frac{\partial^2 L(\boldsymbol{\theta})}{\partial\boldsymbol{\beta}\partial\boldsymbol{\beta}'}\middle|\boldsymbol{x}_t,\boldsymbol{Y}_{t-1}\right\}=\frac{1}{2}\sum_{t=1}^{T}\frac{\partial\ln(h_t)}{\partial\boldsymbol{\beta}}\frac{\partial\ln(h_t)}{\partial\boldsymbol{\beta}'}-\sum_{t=1}^{T}\frac{\boldsymbol{x}_t\boldsymbol{x}_t'}{h_t},$$

由此可以定义 $\boldsymbol{s}_1(\boldsymbol{\theta})$ 的信息矩阵：

$$\mathcal{I}_\beta=-\frac{1}{T}E\left\{\frac{\partial^2 L(\boldsymbol{\theta})}{\partial\boldsymbol{\beta}\partial\boldsymbol{\beta}'}\middle|\boldsymbol{x}_t,\boldsymbol{Y}_{t-1}\right\}.$$

又由式(7.15)，

$$\frac{\partial\ln(h_t)}{\partial\boldsymbol{\beta}}=-2\sum_{j=1}^{q}\alpha_j\frac{\varepsilon_{t-j}}{h_t}\boldsymbol{x}_{t-j},$$

因为 $\varepsilon_{t-i}$ 和 $\varepsilon_{t-j}$ 在 $i\neq j$ 时不相关，信息矩阵 $\mathcal{I}_{\boldsymbol{\beta}}$ 可由下式一致地估计：

$$\hat{\mathcal{I}}_{\boldsymbol{\beta}}=\frac{1}{T}\sum_{t=1}^{T}\left(\frac{\boldsymbol{x}_t\boldsymbol{x}_t'}{h_t}+2\sum_{j=1}^{q}\alpha_j^2\frac{\varepsilon_{t-j}^2}{h_t}\boldsymbol{x}_{t-j}\boldsymbol{x}_{t-j}'\right).\tag{7.20}$$

将 $\boldsymbol{x}_t\boldsymbol{x}_t'$ 提到括号外，适当整理后可得

$$\hat{\mathcal{I}}_{\boldsymbol{\beta}}=\frac{1}{T}\sum_{t=1}^{T}\boldsymbol{x}_t\boldsymbol{x}_t'\left(h_t^{-1}+2\varepsilon_t^2\sum_{j=1}^{q}\alpha_j^2h_{t+j}^{-2}\right)=\sum_{t=1}^{T}\boldsymbol{x}_t\boldsymbol{x}_t'n_t,\tag{7.21}$$

式(7.21)也会在以后计算中用到。

接下来对子向量 $\boldsymbol{s}_2(\boldsymbol{\theta})$ 作类似的处理，根据式(7.17)，

$$\boldsymbol{s}_2(\boldsymbol{\theta})=\frac{\partial L(\boldsymbol{\theta})}{\partial\boldsymbol{\delta}}=\frac{1}{2}\sum_{t=1}^{T}\left(\frac{\varepsilon_t^2}{h_t}-1\right)\frac{\partial\ln(h_t)}{\partial\boldsymbol{\delta}}-\sum_{t=1}^{T}\frac{1}{2h_t}\frac{\partial\varepsilon_t^2}{\partial\boldsymbol{\delta}}.$$

由式(7.14)，可知 $\partial\varepsilon_t^2/\partial\boldsymbol{\delta}=\boldsymbol{0}$，因此

$$\boldsymbol{s}_2(\boldsymbol{\theta})=\frac{1}{2}\sum_{t=1}^{T}\left(\frac{\varepsilon_t^2}{h_t}-1\right)\frac{\partial\ln(h_t)}{\partial\boldsymbol{\delta}}.$$

对 $\boldsymbol{s}_2(\boldsymbol{\theta})$ 求关于 $\boldsymbol{\delta}'$ 的微分，得

$$\frac{\partial \boldsymbol{s}_2(\boldsymbol{\theta})}{\partial \boldsymbol{\delta}'} = \frac{\partial^2 L(\boldsymbol{\theta})}{\partial \boldsymbol{\delta}\partial \boldsymbol{\delta}'} = \frac{1}{2}\sum_{t=1}^{T}\left(\frac{\varepsilon_t^2}{h_t}-1\right)\frac{\partial^2 \ln(h_t)}{\partial \boldsymbol{\delta}\partial \boldsymbol{\delta}'} + \frac{1}{2}\sum_{t=1}^{T}\frac{\partial \ln(h_t)}{\partial \boldsymbol{\delta}}\cdot\frac{\partial}{\partial \boldsymbol{\delta}'}\left(\frac{\varepsilon_t^2}{h_t}-1\right).$$

因为

$$\frac{\partial \varepsilon_t^2}{\partial \boldsymbol{\delta}} = \boldsymbol{0}, \quad \frac{\partial z(\boldsymbol{\beta})}{\partial \boldsymbol{\beta}'} = \boldsymbol{0},$$

所以有

$$\frac{\partial^2 L(\boldsymbol{\theta})}{\partial \boldsymbol{\delta}\partial \boldsymbol{\delta}'} = -\frac{1}{2}\sum_{t=1}^{T}\frac{\varepsilon_t^2}{h_t}\cdot\frac{\partial \ln(h_t)}{\partial \boldsymbol{\delta}}\cdot\frac{\partial \ln(h_t)}{\partial \boldsymbol{\delta}'}.$$

记 $\boldsymbol{s}_2(\boldsymbol{\theta})$的信息矩阵为

$$\mathcal{I}_\delta = -\frac{1}{T}E\left\{\frac{\partial^2 L(\boldsymbol{\theta})}{\partial \boldsymbol{\delta}\partial \boldsymbol{\delta}'}\middle|\boldsymbol{x}_t,\boldsymbol{Y}_{t-1}\right\},$$

给定 $\boldsymbol{x}_t,\boldsymbol{Y}_{t-1}$的值，有 $E(\varepsilon_t^2|\boldsymbol{x}_t,\boldsymbol{Y}_{t-1})=h_t$，再由(7.15)，可得

$$\frac{\partial \ln(h_t)}{\partial \boldsymbol{\delta}} = \frac{1}{h_t}\cdot \boldsymbol{z}_t(\beta),$$

由此构造信息矩阵$\mathcal{I}_{\boldsymbol{\delta}}$的一致估计：

$$\hat{\mathcal{I}}_{\boldsymbol{\delta}} = \frac{1}{2T}\sum_{t=1}^{T}h_t^{-2}\{\boldsymbol{z}_t(\boldsymbol{\beta})\boldsymbol{z}_t(\boldsymbol{\beta})'\}. \tag{7.22}$$

综合以上讨论，我们可以构造参数 $\boldsymbol{\beta}$ 和 $\boldsymbol{\delta}$ 最大似然估计的迭代公式。以 $i$ 表示统计量在第 $i$ 步迭代式的值，我们有以下的递推公式：

$$\hat{\boldsymbol{\beta}}^{i+1} = \hat{\boldsymbol{\beta}}^{i} + (\hat{\mathcal{I}}_{\boldsymbol{\beta}}^{i})^{-1}\left(\frac{1}{T}\frac{\partial L(\boldsymbol{\theta})^i}{\partial \boldsymbol{\beta}}\right),$$

$$\hat{\boldsymbol{\delta}}^{i+1} = \hat{\boldsymbol{\delta}}^{i} + (\hat{\mathcal{I}}_{\boldsymbol{\delta}}^{i})^{-1}\left(\frac{1}{T}\frac{\partial L(\boldsymbol{\theta})^i}{\partial \boldsymbol{\delta}}\right).$$

注意到式(7.19)到式(7.22)中的结果，可得

$$\begin{aligned}\hat{\boldsymbol{\beta}}^{i+1} &= \hat{\boldsymbol{\beta}}^{i} + \left(\sum_{t=1}^{T}\boldsymbol{x}_t\boldsymbol{x}_t'\hat{n}_t^i\right)^{-1}\left(\sum_{t=1}^{T}\boldsymbol{x}_t\boldsymbol{x}_t'\hat{m}_t^i\right),\\ \hat{\boldsymbol{\delta}}^{i+1} &= \hat{\boldsymbol{\delta}}^{i} + \left[\sum_{t=1}^{T}\boldsymbol{z}_t(\hat{\boldsymbol{\beta}}^i)\boldsymbol{z}_t(\hat{\boldsymbol{\beta}}^i)'/h_t^i\right]^{-1}\left[\sum_{t=1}^{T}\boldsymbol{z}_t(\hat{\boldsymbol{\beta}}^i)(\hat{\varepsilon}_t^{i2}-h_t^i)/h_t^i\right].\end{aligned} \tag{7.23}$$

这里的 $m_t$ 和 $n_t$ 的表示式由式(7.19)和式(7.21)给出。

参数 $\hat{\boldsymbol{\beta}}$ 和 $\hat{\boldsymbol{\delta}}$ 的递推计算的步骤大致如下：首先，用最小二乘法从回归模型 $y_t=\boldsymbol{x}_t'\boldsymbol{\beta}+\boldsymbol{\varepsilon}_t$ 得到估计值 $\hat{\boldsymbol{\beta}}$ 和估计残差 $\hat{\varepsilon}_t(t=1,2,\cdots,T)$，并将它们设为迭代计算的初始值 $\hat{\boldsymbol{\beta}}^0$ 和 $\hat{\varepsilon}_t^0$；其次，计算出 $\hat{\boldsymbol{\delta}}^0$ 和 $h_t^0$；最后，将初始值代入式(7.23)即可计算出 $\hat{\boldsymbol{\beta}}^1$ 和 $\hat{\boldsymbol{\delta}}^1$，不断重复迭代过程直到达到预先设定的收敛标准为止。这样的迭代方法得到

的估计值 $\hat{\boldsymbol{\beta}}$ 和 $\hat{\boldsymbol{\delta}}$ 是一致的估计，在一定的准则条件下有正态的极限分布：

$$\begin{aligned}\sqrt{T}(\hat{\boldsymbol{\beta}}-\boldsymbol{\beta}) &\xrightarrow{d} N(0,\boldsymbol{I}_{\boldsymbol{\beta}}^{-1}),\\ \sqrt{T}(\hat{\boldsymbol{\delta}}-\boldsymbol{\delta}) &\xrightarrow{d} N(0,\boldsymbol{I}_{\delta}^{-1}).\end{aligned} \tag{7.24}$$

以上介绍的迭代方法有一个重要特点是不需要对未知参数 $\boldsymbol{\beta}$ 和 $\boldsymbol{\delta}$ 作联合估计，这就大大减少了计算强度，但又不降低估计的效率和精确度。当然，由联合估计方法得到的 $\hat{\boldsymbol{\beta}}$ 和 $\hat{\boldsymbol{\delta}}$ 一般是最优的，只有在以下条件满足时，由式(7.23)迭代方法得到的估计值 $\hat{\boldsymbol{\beta}}$ 和 $\hat{\boldsymbol{\delta}}$ 是等价最优的：

$$\mathcal{I}_{\boldsymbol{\delta\beta}}=-\frac{1}{T}E\left\{\frac{\partial^2 L(\boldsymbol{\theta})}{\partial\boldsymbol{\delta}\partial\boldsymbol{\beta}'}\middle|\boldsymbol{x}_t,\boldsymbol{Y}_{t-1}\right\}=\boldsymbol{0} \tag{7.25}$$

不难验证，ARCH($q$)模型满足这一条件。

以上的讨论基于假设：$\varepsilon_t=\sqrt{h_t}\cdot v_t$ 有独立的正态分布，其实在大样本情况下这一假设并非必要。事实上，当样本量 $T$ 足够大时，根据中心极限定理，以上的计算方法经适当修改后仍能适合非正态分布的情况，只要

$$E(v_t\mid\boldsymbol{x}_t,\boldsymbol{Y}_{t-1})=0,\quad E(v_t^2\mid\boldsymbol{x}_t,\boldsymbol{Y}_{t-1})=1$$

成立。也就是说，$v_t$ 服从正态分布不是必要条件，非正态的 $v_t$ 并不会影响 $\hat{\boldsymbol{\beta}}$ 和 $\hat{\boldsymbol{\delta}}$ 极限分布的正态性，只是此时的正态极限分布有不同的协方差矩阵：

$$\sqrt{T}(\hat{\boldsymbol{\theta}}-\boldsymbol{\theta})\xrightarrow{d} N(\boldsymbol{0},\boldsymbol{D}^{-1}\boldsymbol{S}\boldsymbol{D}^{-1}). \tag{7.26}$$

这里，

$$\boldsymbol{\theta}=[\boldsymbol{\beta}',\boldsymbol{\delta}']',$$

$$\boldsymbol{S}=\operatorname*{plim}_{T\to\infty}\left\{T^{-1}\sum_{t=1}^{T}\boldsymbol{l}_t(\boldsymbol{\theta})\cdot\boldsymbol{l}_t(\boldsymbol{\theta})'\right\}.$$

$\boldsymbol{l}_t(\boldsymbol{\theta})$的表达式由式(7.14)给出。矩阵 $\boldsymbol{D}$ 由下式得到：

$$\begin{aligned}\boldsymbol{D}&=\operatorname*{plim}_{T\to\infty}T^{-1}\sum_{t=1}^{T}\left\{-E\left[\frac{\partial\boldsymbol{l}_t(\boldsymbol{\theta})}{\partial\boldsymbol{\theta}'}\middle|\boldsymbol{x}_t,\boldsymbol{Y}_{t-1}\right]\right\}\\ &=\operatorname*{plim}_{T\to\infty}T^{-1}\sum_{t=1}^{T}\left\{\frac{1}{2h_t^2}\begin{bmatrix}\sum_{j=1}^{q}-2\alpha_j\varepsilon_{t-j}\boldsymbol{x}_{t-j}\\ \boldsymbol{z}_t(\boldsymbol{\beta})\end{bmatrix}\cdot\begin{bmatrix}\sum_{j=1}^{q}-2\alpha_j\varepsilon_{t-j}\boldsymbol{x}_{t-j}\\ \boldsymbol{z}_t(\boldsymbol{\beta})\end{bmatrix}'-\frac{1}{h_t}\begin{bmatrix}\boldsymbol{x}_t\boldsymbol{x}_t' & \boldsymbol{0}\\ \boldsymbol{0} & \boldsymbol{0}\end{bmatrix}\right\}.\end{aligned}$$

如果随机干扰$\{v_t\}$为独立正态分布，矩阵 $\boldsymbol{D}$ 和 $\boldsymbol{S}$ 相等，式(7.26)为：

$$\sqrt{T}(\hat{\boldsymbol{\theta}}-\boldsymbol{\theta})\xrightarrow{d} N(\boldsymbol{0},\boldsymbol{S}^{-1})$$

矩阵 $\boldsymbol{S}$ 可进一步表示为

$$\boldsymbol{S}=\underset{T\to\infty}{\operatorname{plim}}T^{-1}\left\{\sum_{t=1}^{T}\boldsymbol{l}_t(\boldsymbol{\theta})\cdot\boldsymbol{l}_t(\boldsymbol{\theta})'\right\}$$

$$=\underset{T\to\infty}{\operatorname{plim}}T^{-1}E\left\{\frac{\partial^2 L(\boldsymbol{\theta})}{\partial\boldsymbol{\theta}\partial\boldsymbol{\theta}'}\bigg|\boldsymbol{x}_t,\boldsymbol{Y}_{t-1}\right\}=\begin{bmatrix}\underset{T\to\infty}{\operatorname{plim}}\mathcal{I}_{\boldsymbol{\beta}} & \boldsymbol{0}\\ \boldsymbol{0} & \underset{T\to\infty}{\operatorname{plim}}\mathcal{I}_{\boldsymbol{\delta}}\end{bmatrix}$$

这与式(7.24)中的结果一致。

当随机变量 $v_t$ 为非正态分布时，矩阵 $\boldsymbol{D}$ 和 $\boldsymbol{S}$ 之间会有差异，我们可以利用这一差异来修正估计值 $\hat{\boldsymbol{\beta}}$ 和 $\hat{\boldsymbol{\delta}}$ 的标准差，以提高在小样本下的估计精度。构造矩阵 $\boldsymbol{D}$ 和 $\boldsymbol{S}$ 的一致估计量：

$$\hat{\boldsymbol{S}}=T^{-1}\sum_{t=1}^{T}\boldsymbol{l}_t(\hat{\boldsymbol{\theta}})\cdot\boldsymbol{l}_t(\hat{\boldsymbol{\theta}})',$$

$$\hat{\boldsymbol{D}}=T^{-1}\sum_{t=1}^{T}\left\{\frac{1}{2\hat{h}_t^2}\begin{bmatrix}\sum_{j=1}^{q}-2\hat{\alpha}_j\hat{\varepsilon}_{t-j}x_{t-j}\\ \boldsymbol{z}_t(\hat{\boldsymbol{\beta}})\end{bmatrix}\cdot\begin{bmatrix}\sum_{j=1}^{q}-2\hat{\alpha}_j\hat{\varepsilon}_{t-j}\boldsymbol{x}_{t-j}\\ \boldsymbol{z}_t(\hat{\boldsymbol{\beta}})\end{bmatrix}'-\frac{1}{\hat{h}_t}\begin{bmatrix}\boldsymbol{x}_t\boldsymbol{x}_t' & \boldsymbol{0}\\ \boldsymbol{0} & \boldsymbol{0}\end{bmatrix}\right\}.$$

这里，$\hat{h}_t$ 为 $h_t$ 的一致估计：$\hat{h}_t=\hat{\alpha}_0+\hat{\alpha}_1\hat{\varepsilon}_{t-1}^2+\hat{\alpha}_2\hat{\varepsilon}_{t-2}^2+\cdots+\hat{\alpha}_q\hat{\varepsilon}_{t-q}^2$. 与式(7.25)中最大似然估计 $\hat{\boldsymbol{\theta}}$ 的极限分布比较，可知 $\hat{\boldsymbol{\theta}}$ 的标准差是矩阵 $\boldsymbol{T}^{-1}\hat{\boldsymbol{D}}^{-1}\hat{\boldsymbol{S}}\hat{\boldsymbol{D}}^{-1}$ 主对角线元素的平方根。

## 7.4 非正态 ARCH 模型参数的最大似然估计

在实践中，许多时间序列，特别是金融时间序列的无条件分布往往具有比正态分布更厚的尾部。我们也注意到在 ARCH($q$)模型

$$\varepsilon_t=\sqrt{h_t}\cdot v_t \tag{7.27}$$

中，即使随机干扰 $v_t$ 有正态分布，$\varepsilon_t$ 也可以有非正态的无条件分布和较厚的尾部。为了更精确地描述这些时间序列的分布和它们的尾部特征，下面我们假设随机变量 $\varepsilon_t$ 服从 $t$ 分布，加深我们对 ARCH 模型的实质的理解。$t$ 分布和正态分布很相似，都是对称的，只是有较厚的尾部；当自由度足够大时 $t$ 分布趋向于标准正态分布。$t$ 分布的分布密度函数为：

$$f(\varepsilon_t)=\frac{\Gamma[(k+1)/2]}{\sqrt{\pi k}\cdot\Gamma(k/2)}c_t^{-1/2}\left(1+\frac{\varepsilon_t^2}{c_t k}\right)^{-\frac{k+1}{2}}, \tag{7.28}$$

其中，$\Gamma(\cdot)$为 $\Gamma$ 函数，$c_t$ 为一比例参数，$k$ 为一正整数也是 $t$ 分布的自由度。当

$k>2$，随机变量 $\varepsilon_t$ 的期望值为零，方差为

$$\operatorname{var}(\varepsilon_t) = c_t \frac{k}{k-2}.$$

我们下面通过比例参数 $c_t$ 在 $\varepsilon_t$ 中直接引入 ARCH 效应，令

$$c_t = h_t \cdot \frac{k-2}{k},$$

这里的 $h_t$ 为条件方差，将式(7.28)中的密度函数改写为

$$f(\varepsilon_t) = \frac{\Gamma[(k+1)/2]}{\sqrt{\pi k}\cdot\Gamma(k/2)}\cdot(k-2)^{-1/2}h_t^{-1/2}\left[1+\frac{\varepsilon_t^2}{h_t(k-2)}\right]^{-\frac{k+1}{2}}. \quad (7.29)$$

和以前一样，这里

$$h_t = \alpha_0 + \alpha_1\varepsilon_{t-1}^2 + \alpha_2\varepsilon_{t-2}^2 + \cdots + \alpha_q\varepsilon_{t-q}^2.$$

我们的目的仍然是估计回归模型

$$y_t = \boldsymbol{x}_t'\boldsymbol{\beta} + \varepsilon_t, \quad t = 1,2,\cdots,T,$$

但这里我们假设 $\varepsilon_t$ 服从 $t$ 分布并带有 ARCH 效应。由样本 $y_1, y_2, \cdots, y_T$ 构造对数似然函数如下：

$$\begin{aligned} L(\boldsymbol{\theta}) &= \sum_{t=1}^{T}\ln f(y_t \mid \boldsymbol{x}_t, \boldsymbol{Y}_{t-1}; \boldsymbol{\theta}) \\ &= T\ln\left\{\frac{\Gamma[(k+1)/2]}{\sqrt{\pi k}\cdot\Gamma(k/2)}\cdot(k-2)^{-1/2}\right\} \\ &\quad -\frac{1}{2}\sum_{t=1}^{T}\ln(h_t) - \frac{k+1}{2}\sum_{t=1}^{T}\ln\left[1+\frac{(y_t-\boldsymbol{x}_t'\boldsymbol{\beta})^2}{h_t(k-2)}\right]. \end{aligned}$$

我们可以用与上一节中相似的数值计算方法估计其中的参数 $k$，$\boldsymbol{\beta}$ 和 $\boldsymbol{\delta}$，只是这时 $L(\boldsymbol{\theta})$的一阶和二阶偏微分有更复杂的形式。

除了 $t$ 分布，我们也可以用此方法考虑有其他分布形式的 ARCH($q$)模型。比如，可以假设 $\varepsilon_t$ 服从正态-泊松混合型分布(见 Jorion, 1988)，或正态-对数正态混合型分布(见 Hsieh, 1989)，等等。

## 7.5　ARCH 模型的假设检验

我们在这一节中讨论 ARCH 模型参数估计的假设检验。如果回归模型 $y_t = \boldsymbol{x}_t'\boldsymbol{\beta} + \varepsilon_t$ 中的随机变量 $\varepsilon_t$ 服从 ARCH($q$)过程，那么单独对参数 $\boldsymbol{\beta}$ 作最小二乘估计将不是最优的。最优的估计方法是上一节中介绍的迭代估计，利用式(7.23)中的两个公式不断迭代，计算出估计值 $\hat{\boldsymbol{\beta}}$ 和 $\hat{\boldsymbol{\delta}}$。但是迭代计算一般比较复杂，工作量较

大，为了避免不必要的计算，我们一般在计算前先对 $\varepsilon_t$ 服从 ARCH($q$)作假设检验，决定采取何种估计方法。随机变量 $\varepsilon_t$ 中的 ARCH 效应集中在条件方差 $h_t$ 的各参数上，若在

$$h_t = \alpha_0 + \alpha_1\varepsilon_{t-1}^2 + \alpha_2\varepsilon_{t-2}^2 + \cdots + \alpha_q\varepsilon_{t-q}^2$$

中 $\alpha_1=\alpha_2=\cdots=\alpha_q=0$，$h_t=\alpha_0$ 为一常数，$\varepsilon_t$ 为一白噪声过程，不存在 ARCH 效应，由此我们可以用简单的最小二乘法有效地估计回归模型中的参数 $\boldsymbol{\beta}$。但只要 $\alpha_1$，$\alpha_2$，…，$\alpha_q$ 中的任何一个 $\alpha_i$ 不为零我们就需要用迭代方法作参数估计。

我们下面讨论用拉格朗日乘数法(LM)对假设 $H_0:\alpha_1=\alpha_2=\cdots=\alpha_q=0$ 作假设检验，相应的备选假设是 $H_1$：存在某一 $\alpha_i\neq 0, 1\leqslant i\leqslant q$。由于 LM 检验只需考虑在原假设为真时检验统计量的值，因此是检验 ARCH 效应的一种较为简单的方法。首先我们计算 LM 检验所需的 $L(\boldsymbol{\theta})$对参数 $\boldsymbol{\delta}$ 的一阶和二阶偏微分。根据上一节中的计算，有

$$\frac{\partial L(\boldsymbol{\theta})}{\partial\boldsymbol{\delta}} = \frac{1}{2}\sum_{t=1}^{T}\left\{\frac{\varepsilon_t^2}{h_t}-1\right\}\frac{\partial \ln(h_t)}{\partial\boldsymbol{\delta}} - \sum_{t=1}^{T}\frac{1}{2h_t}\frac{\partial\varepsilon_t^2}{\partial\boldsymbol{\delta}},$$

$$\frac{\partial^2 L(\boldsymbol{\theta})}{\partial\boldsymbol{\delta}\partial\boldsymbol{\delta}'} = -\frac{1}{2}\sum_{t=1}^{T}\frac{\varepsilon_t^2}{h_t}\cdot\frac{\partial \ln(h_t)}{\partial\boldsymbol{\delta}}\cdot\frac{\partial \ln(h_t)}{\partial\boldsymbol{\delta}'}.$$

信息矩阵

$$\mathcal{I}_{\boldsymbol{\delta}} = -\frac{1}{T}E\left\{\frac{\partial^2 L(\boldsymbol{\theta})}{\partial\boldsymbol{\delta}\partial\boldsymbol{\delta}'}\middle|\boldsymbol{x}_t,\boldsymbol{Y}_{t-1}\right\}$$

可由下式一致地估计：

$$\hat{\mathcal{I}}_{\boldsymbol{\delta}} = \frac{1}{2T}\sum_{t=1}^{T}h_t^{-2}\boldsymbol{z}_t(\boldsymbol{\theta})\cdot\boldsymbol{z}_t(\boldsymbol{\theta})'.$$

以 $\boldsymbol{\theta}$ 的估计值 $\hat{\boldsymbol{\theta}}$ 代入 $L(\boldsymbol{\theta})$和它的一阶和二阶偏微分，并记 $h_0$，$\varepsilon_t^0$ 和 $z_t^0(\hat{\boldsymbol{\beta}})$为 $h_t$，$\varepsilon_t$ 和 $\boldsymbol{z}_t(\boldsymbol{\theta})$在原假设 $H_0$ 为真时的估计值，则有

$$h_0 = \hat{\alpha}_0 = \frac{1}{T}\sum_{t=1}^{T}e_t^2,\quad \varepsilon_t^0 = e_t,\quad \boldsymbol{z}_t^0(\hat{\boldsymbol{\beta}}) = [1, e_{t-1}^2, \cdots, e_{t-q}^2]'.$$

其中的 $e_t$ 是 $y_t$ 对 $\boldsymbol{x}_t$ 作回归的估计残差。当原假设为真时，有

$$\frac{\partial L(\hat{\boldsymbol{\theta}})}{\partial\boldsymbol{\delta}} = \frac{1}{2h_0}\sum_{t=1}^{T}\left\{\frac{e_t^2}{h_0}-1\right\}\cdot\boldsymbol{z}_t^0(\hat{\boldsymbol{\beta}}),$$

$$\hat{\mathcal{I}}_{\boldsymbol{\delta}} = \frac{1}{2h_0^2T}\sum_{t=1}^{T}\boldsymbol{z}_t^0(\hat{\boldsymbol{\beta}})\cdot\boldsymbol{z}_t^0(\hat{\boldsymbol{\beta}})'.$$

这样，我们就可以构造检验 $H_0:\alpha_1=\alpha_2=\cdots=\alpha_q=0$ 的 LM 检验统计量如下：

$$\xi = T \cdot \left(\frac{\partial L(\hat{\boldsymbol{\theta}})}{\partial \boldsymbol{\delta}}\right)' \hat{\mathcal{I}}_{\boldsymbol{\delta}}^{-1} \left(\frac{\partial L(\hat{\boldsymbol{\theta}})}{\partial \boldsymbol{\delta}}\right)$$

$$= \frac{1}{2}\left\{\sum_{t=1}^{T}\left[\frac{e_t^2}{h_0}-1\right]\cdot \boldsymbol{z}_t^0(\hat{\boldsymbol{\beta}})\right\}'\left\{\sum_{t=1}^{T}\boldsymbol{z}_t^0(\hat{\boldsymbol{\beta}})\cdot \boldsymbol{z}_t^0(\hat{\boldsymbol{\beta}})'\right\}^{-1}\left\{\sum_{t=1}^{T}\left[\frac{e_t^2}{h_0}-1\right]\cdot \boldsymbol{z}_t^0(\hat{\boldsymbol{\beta}})\right\}.$$

在原假设为真时，统计量 $\xi$ 有 $\chi^2(q)$ 极限分布。

为方便统计量 $\xi$ 的计算，我们分别定义矩阵 $\boldsymbol{Z}^0$ 和向量 $\boldsymbol{f}^0$ 如下：

$$\boldsymbol{Z}^0 = [\boldsymbol{z}_1^0(\hat{\boldsymbol{\beta}}), \boldsymbol{z}_2^0(\hat{\boldsymbol{\beta}}), \cdots, \boldsymbol{z}_T^0(\hat{\boldsymbol{\beta}})]',$$

$$\boldsymbol{f}^0 = \left[\left(\frac{e_1^2}{h_0}-1\right), \left(\frac{e_2^2}{h_0}-1\right), \cdots, \left(\frac{e_T^2}{h_0}-1\right)\right]'.$$

将检验统计量 $\xi$ 改写成以下矩阵形式：

$$\xi = \frac{1}{2}\boldsymbol{f}^{0\prime}\boldsymbol{Z}^0(\boldsymbol{Z}^{0\prime}\boldsymbol{Z}^0)^{-1}\boldsymbol{Z}^{0\prime}\boldsymbol{f}^0.$$

因为

$$\operatorname*{plim}_{T\to\infty}\frac{\boldsymbol{f}^{0\prime}\boldsymbol{f}^0}{T} = 2,$$

在样本足够大时，统计量 $\xi$ 渐近地等于

$$\xi^* = T\frac{\boldsymbol{f}^{0\prime}\boldsymbol{Z}^0(\boldsymbol{Z}^{0\prime}\boldsymbol{Z}^0)^{-1}\boldsymbol{Z}^{0\prime}\boldsymbol{f}^0}{\boldsymbol{f}^{0\prime}\boldsymbol{f}^0}.$$

我们可以用 $\xi^*$ 近似地计算 $\xi$，因为前者可以较为简便地由辅助回归模型计算而得。以向量 $\boldsymbol{f}^0$ 对矩阵 $\boldsymbol{Z}^0$ 作回归：

$$\boldsymbol{f}^0 = \boldsymbol{Z}^0\boldsymbol{\pi} + \boldsymbol{\eta},$$

然后计算回归的拟合优度 $R^2$：

$$R^2 = \frac{\boldsymbol{f}^{0\prime}\boldsymbol{Z}^0(\boldsymbol{Z}^{0\prime}\boldsymbol{Z}^0)^{-1}\boldsymbol{Z}^{0\prime}\boldsymbol{f}^0}{\boldsymbol{f}^{0\prime}\boldsymbol{f}^0},$$

显然

$$\xi^* = T\cdot R^2.$$

综上所述，检验统计量 $\xi^*$ 可由以下两个简单的回归得到：

(1) 以 $y_t$ 对 $\boldsymbol{x}_t$ 作回归，得到残差 $e_1, e_2, \cdots, e_T$，计算 $h_0 = T^{-1}\sum e_t^2$；

(2) 构造 $f_t^0 = e_t^2/h_0 - 1$，$z_t^0(\hat{\boldsymbol{\beta}}) = [1, e_{t-1}^2, \cdots, e_{t-q}^2]'$，并以 $f_t^0$ 对 $\boldsymbol{z}_t^0(\hat{\boldsymbol{\beta}})$ 作回归，计算回归的拟合优度 $R^2$；

(3) 最后 $\xi^* = T\cdot R^2$。

## 7.6 广义 ARCH 模型——GARCH 模型

如上所述，ARCH 模型可以有效地捕捉和描述数据中变异性聚类等现象，但在实践中处理有些数据，特别是金融数据时，往往需要在 ARCH($q$)过程中采用较大的 $q$ 才能有实际效用。这样在 ARCH($q$)过程的条件异方差

$$h_t = \alpha_0 + \alpha_1\varepsilon_{t-1}^2 + \alpha_2\varepsilon_{t-2}^2 + \cdots + \alpha_q\varepsilon_{t-q}^2$$

中就出现了过多的参数，使得迭代估计方法在样本有限时效率降低。为弥补这一不足，下面介绍广义 ARCH 模型——GARCH 模型，它已经成为理论和实践中最常用的 ARCH 类模型。

回顾 ARCH($q$) 的定义，如在 $\varepsilon_t = \sqrt{h_t} \cdot v_t$ 中，令 $q \to \infty$，可将条件异方差表示为：

$$h_t = \alpha_0 + \pi(L)\varepsilon_t^2.$$

这里的 $\pi(L)$为无限阶的滞后多项式：

$$\pi(L) = \sum_{j=1}^{\infty}\pi_j L^j, \tag{7.30}$$

它总可以被表示成两个有限阶滞后多项式的商：

$$\pi(L) = \frac{\alpha(L)}{1-\rho(L)} = \frac{\alpha_1 L + \alpha_2 L^2 + \cdots + \alpha_q L^q}{1 - \rho_1 L - \rho_2 L^2 - \cdots - \rho_r L^r}, \tag{7.31}$$

其中滞后多项式$(1-\rho(L))$的特征方程

$$1 - \rho_1 z - \rho_2 z^2 - \cdots - \rho_r z^r = 0$$

的根都在单位圆外，从而可将无限阶的 $h_t$ 改写成

$$h_t = k_0 + \rho_1 h_{t-1} + \rho_2 h_{t-2} + \cdots + \rho_r h_{t-r} + \alpha_1\varepsilon_{t-1}^2 + \alpha_2\varepsilon_{t-2}^2 + \cdots + \alpha_q\varepsilon_{t-q}^2, \tag{7.32}$$

其中的常数项 $k_0$ 为

$$k_0 = (1 - \rho_1 - \rho_2 - \cdots - \rho_r)\alpha_0.$$

由式(7.32)中的 $h_t$ 所定义的 ARCH 模型 $\varepsilon_t = \sqrt{h_t} \cdot v_t$ 称为广义 ARCH 模型，简称 GARCH 模型，记为 $\varepsilon_t \sim$ GARCH($r,q$)。显然，当 $r=0$ 时，我们有 ARCH($q$)过程：$\varepsilon_t \sim$ ARCH($q$)；当 $r=q=0$ 时，$\varepsilon_t$ 为一白噪声过程。比较式(7.30)和式(7.32)，可以得到系数 $\pi_i$ 和 $\rho_i$，$\alpha_i$ 之间的关系：

$$\pi_i = \begin{cases} \alpha_i + \sum_{j=1}^{n} \rho_j \pi_{i-j}, & i = 1,2,\cdots,q \\ \sum_{j=1}^{n} \rho_j \pi_{i-j}, & i = q+1,\cdots. \end{cases}$$

这里，$n=\min\{r,i-1\}$。以下定理给出了 GARCH$(r, q)$为稳定过程的充要条件。

**定理 7.1**　由式(7.32)中的 $h_t$ 定义的 GARCH$(r,q)$过程是一个稳定的随机过程，$E(\varepsilon_t)=0$，$\mathrm{var}(\varepsilon_t)=k_0[1-\alpha(1)-\rho(1)]^{-1}$ 和 $\mathrm{cov}(\varepsilon_t,\varepsilon_t)=0(t\neq s)$的充要条件为

$$\alpha(1)+\rho(1)<1,$$

这里，$\alpha(1)=\sum_{i=1}^{q}\alpha_i$，$\rho(1)=\sum_{i=1}^{r}\rho_i$。

**证明**　在式(7.32)中以 $h_{t-i}\cdot v_{t-i}^2$ 代替 $\varepsilon_{t-i}^2$，可得：

$$\begin{aligned} h_t &= k_0 + \sum_{i=1}^{r}\rho_i h_{t-i} + \sum_{i=1}^{q}\alpha_i \varepsilon_{t-i}^2 \\ &= k_0 + \sum_{i=1}^{r}\rho_i h_{t-i} + \sum_{i=1}^{q}\alpha_i v_{t-i}^2 h_{t-i}. \end{aligned}$$

不断重复以上对 $h_{t-i}$ 的迭代，可得：

$$\begin{aligned} h_t &= k_0 + \sum_{j=1}^{r}\rho_j\left(k_0 + \sum_{i=1}^{r}\rho_i h_{t-i-j} + \sum_{i=1}^{q}\alpha_i v_{t-i-j}^2 h_{t-i-j}\right) \\ &\quad + \sum_{i=1}^{q}\alpha_i v_{t-i}^2\left(k_0 + \sum_{i=1}^{r}\rho_i h_{t-i-j} + \sum_{i=1}^{q}\alpha_i v_{t-i-j}^2 h_{t-i-j}\right) \\ &= \cdots\cdots \\ &= k_0 + \sum_{k=0}^{\infty} M(t,k). \end{aligned}$$

这里，$M(t,k)$可表示为

$$\left(\prod_{i=1}^{q}\alpha_i^{c_i}\right)\left(\prod_{j=1}^{r}\rho_j^{d_j}\right)\left(\prod_{l=1}^{n}v_{t-s_l}^2\right),$$

$c_i$ 和 $d_j$ 为正整数，满足条件

$$\sum_{j=1}^{q}c_i + \sum_{j=1}^{r}d_j = k,\quad \sum_{i=1}^{q}c_i = n,$$

$v_{t-s_l}^2$ 的下标 $s_l$ 满足条件

$$1 \leqslant s_1 < \cdots < s_n \leqslant \max\{kq,(k-1)q+r\},$$

从而可以计算

$$M(t,0)=1,\quad M(t,1)=\sum_{i=1}^{r}\rho_i+\sum_{i=1}^{q}\alpha_i v_{t-i}^2,$$

$$M(t,2)=\sum_{j=1}^{r}\rho_j\left(\sum_{i=1}^{q}\alpha_i v_{t-i-j}^2+\sum_{i=1}^{r}\rho_i\right),$$

由此可得计算 $M(t,k)$ 的递推公式为：

$$M(t,k+1)=\sum_{i=1}^{r}\rho_i M(t-i,k)+\sum_{i=1}^{q}\alpha_i v_{t-i}^2 M(t-i,k).\tag{7.33}$$

由于 $\{v_t^2\}$ 为独立同分布，因此 $M(t,k)$ 的各阶矩（无条件矩）与时刻 $t$ 无关，特别地，

$$E\{M(t,k)\}=E\{M(s,k)\}.\tag{7.34}$$

根据式(7.33)和式(7.34)，可得：

$$\begin{aligned}E\{M(t,k+1)\}&=\left\{\sum_{i=1}^{q}\alpha_i+\sum_{i=1}^{r}\rho_i\right\}E\{M(t,k)\}\\&=\cdots\cdots\\&=\left\{\sum_{i=1}^{q}\alpha_i+\sum_{i=1}^{r}\rho_i\right\}^{k+1}E\{M(t,0)\}\\&=\left\{\sum_{i=1}^{q}\alpha_i+\sum_{i=1}^{r}\rho_i\right\}^{k+1}.\end{aligned}\tag{7.35}$$

最后，计算 $\varepsilon_t$ 的二阶矩为

$$\begin{aligned}E(\varepsilon_t^2)&=k_0E\left\{\sum_{k=0}^{\infty}M(t,k)\right\}\\&=k_0\sum_{k=0}^{\infty}E\{M(t,k)\}=k_0\sum_{k=0}^{\infty}[1-\alpha(1)-\rho(1)]^k\\&=k_0[1-\alpha(1)-\rho(1)]^{-1},\end{aligned}$$

此式成立的充分必要条件是

$$\alpha(1)+\rho(1)<1.$$

定理证毕。

### 7.6.1 GARCH(1,1)模型

GARCH(1,1)是最简单的一种 GARCH 模型，尽管形式简单，却在经济学、金融学和实际工作中有广泛的应用，是一个非常有用和有效的模型。GARCH(1,1)模型可表示为

$$\varepsilon_t=\sqrt{h_t}\cdot v_t,\quad h_t=k_0+\rho_1h_{t-1}+\alpha_1\varepsilon_{t-1}^2,\tag{7.36}$$

其中，$\{v_t\}$ 为独立同分布，有 $v_t\sim N(0,1)$，参数满足条件 $k_0>0$，$\rho_1\geqslant 0$ 和 $\alpha_1\geqslant 0$。根

据定理 7.1，$\varepsilon_t \sim \text{GARCH}(1,1)$是稳定过程的充要条件是 $\rho_1+\alpha_1<1$。

在实际应用中，我们不仅要求 $\varepsilon_t \sim \text{GARCH}(1,1)$是个稳定过程，还要求它有高阶矩。以下定理给出了 $\varepsilon_t \sim \text{GARCH}(1,1)$存在 $2m$ 阶矩的充要条件。

**定理 7.2**　GARCH(1,1)模型（见式(7.36)）具有 $2m$ 阶矩的充分必要条件为：

$$\mu(\rho_1,\alpha_1,m)=\sum_{j=0}^{m}\binom{m}{j}d_i\rho_1^{m-j}\alpha_1^j<1. \tag{7.37}$$

这里，$m$ 为一正整数；$d_0=1$，　$d_i=\prod_{i=1}^{j}(2j-1)$，　$j=1,2,\cdots$ 而且，$\varepsilon_t$ 的 $2m$ 阶矩满足递推公式：

$$E(\varepsilon_t^{2m})=d_m\left[\sum_{n=0}^{m}d_n^{-1}E(\varepsilon_t^{2n})k_0^{m-n}\binom{m}{m-n}\mu(\rho_1,\alpha_1,n)\right][1-\mu(\rho_1,\alpha_1,n)]^{-1}.$$

**证明**　由于 $\varepsilon_t\sqrt{h_t}\cdot v_t$，$v_t\sim N(0,1)$，所以 $\varepsilon_t^{2m}=h_t^m v_t^{2m}$，并有以下关系：

$$E(\varepsilon_t^{2m})=\prod_{j=1}^{m}(2j-1)E(h_t^m)=d_mE(h_t^m).$$

其中的 $h_t^m$ 可由二项式公式展开为

$$\begin{aligned}h_t^m&=(k_0+\rho_1h_{t-1}+\alpha_1\varepsilon_{t-1}^2)^m\\&=\sum_{n=0}^{m}\binom{m}{n}k_0^{m-n}\sum_{j=0}^{n}\binom{n}{j}\rho_1^{n-j}\alpha_1^jh_{t-1}^{n-j}\varepsilon_{t-1}^{2j}.\end{aligned}$$

式中的 $h_{t-1}^{n-j}\varepsilon_{t-1}^{2j}$ 有条件期望

$$E\{h_{t-1}^{n-j}\varepsilon_{t-1}^{2j}\mid \boldsymbol{x}_{t-1},\boldsymbol{Y}_{t-2}\}=d_jh_{t-1}^n,$$

因此

$$E(h_t^m\mid \boldsymbol{x}_{t-1},\boldsymbol{Y}_{t-2})=\sum_{n=0}^{m}h_{t-1}^n\binom{m}{n}k_0^{m-n}\sum_{j=0}^{n}d_j\rho_1^{n-j}\alpha_1^j. \tag{7.38}$$

令 $\boldsymbol{u}_t=[h_t^m,h_t^{m-1},\cdots,h_t]'$，由式(7.38)可得：

$$E(\boldsymbol{u}_t\mid \boldsymbol{Y}_{t-2})=\boldsymbol{b}+\boldsymbol{C}\boldsymbol{u}_{t-1}.$$

这里的 $\boldsymbol{b}$ 为一 $m$ 维常数向量，$\boldsymbol{C}$ 为一 $m\times m$ 维上三角矩阵，其对角线元素为：

$$\mu(\rho_1,\alpha_1,i)=\sum_{j=0}^{i}\binom{i}{j}d_j\rho_1^{i-j}\alpha_1^j,\quad i=1,2,\cdots,m. \tag{7.39}$$

给定 $\boldsymbol{Y}_{t-k-1}$ 的值，向量 $\boldsymbol{u}_t=[h_t^m,h_t^{m-1},\cdots,h_t]'$ 的条件期望为：

$$E(\boldsymbol{u}_t\mid \boldsymbol{Y}_{t-k-1})=(\boldsymbol{I}+\boldsymbol{C}+\boldsymbol{C}^2+\cdots+\boldsymbol{C}^{k-1})\boldsymbol{b}+\boldsymbol{C}^k\boldsymbol{u}_{t-k}.$$

其中 $\boldsymbol{C}^k$ 为矩阵 $\boldsymbol{C}$ 的 $k$ 阶幂。上式在 $k\to\infty$ 时存在极限的充要条件是 $\boldsymbol{C}^k\to\boldsymbol{0}$，这等价于矩阵 $\boldsymbol{C}$ 的所有特征值都在单位圆内。由于 $\boldsymbol{C}$ 是一上三角矩阵，它的特征值等

于它的对角线元素，所以对所有 $i=1,2,\cdots,m$，有

$$\mu(\rho_1,\alpha_1,i)<1.$$

不难看出上式意味着 $\mu(\rho_1,\alpha_1,i-1)<1$，因此 $\mu(\rho_1,\alpha_1,m)<1$ 足以保证 $\varepsilon_t$ 的 $2m$ 阶矩存在。定理证毕。

## 7.6.2 GARCH 模型的参数估计

GARCH 模型最常见的应用也是在回归分析中，特别是应用于金融数据。与上一节中考虑的 ARCH 模型应用相似，我们定义 GARCH 回归模型如下：

$$y_t=\boldsymbol{x}_t'\boldsymbol{\beta}+\varepsilon_t,\quad \varepsilon_t=\sqrt{h_t}\cdot v_t,$$

$$h_t=k_0+\sum_{i=1}^{r}\rho_i h_{t-i}+\sum_{i=1}^{q}\alpha_i\varepsilon_{t-i}^2,\quad v_t\sim N(0,1). \tag{7.40}$$

我们下面讨论式(7.40)中的参数估计，令

$$\boldsymbol{z}_t=[1,\varepsilon_{t-1}^2,\varepsilon_{t-2}^2,\cdots,\varepsilon_{t-q}^2,h_{t-1},\cdots,h_{t-r}]',$$

$$\boldsymbol{\delta}=[k_0,\alpha_1,\cdots,\alpha_q,\rho_1,\cdots,\rho_r]',$$

$$\boldsymbol{\theta}=[\boldsymbol{\beta}',\boldsymbol{\delta}']',$$

GARCH 模型的对数似然函数可表示为

$$L(\boldsymbol{\theta})=-\frac{T}{2}\ln(2\pi)-\frac{1}{2}\sum_{t=1}^{T}\ln(h_t)-\frac{1}{2}\sum_{t=1}^{T}\varepsilon_t^2h_t^{-1}.$$

对 $L(\boldsymbol{\theta})$ 求关于参数 $\boldsymbol{\delta}$ 的一阶和二阶偏微分，可得：

$$\frac{\partial L(\boldsymbol{\theta})}{\partial\boldsymbol{\delta}}=\frac{1}{2}\sum_{t=1}^{T}h_t^{-1}\frac{\partial h_t}{\partial\boldsymbol{\delta}}\left(\frac{\varepsilon_t^2}{h_t}-1\right),$$

$$\frac{\partial^2 L(\boldsymbol{\theta})}{\partial\boldsymbol{\delta}\partial\boldsymbol{\delta}'}=\sum_{t=1}^{T}\left(\frac{\varepsilon_t^2}{h_t}-1\right)\frac{\partial}{\partial\boldsymbol{\delta}'}\left(\frac{1}{2}h_t^{-1}\frac{\partial h_t}{\partial\boldsymbol{\delta}}\right)-\frac{1}{2}\sum_{t=1}^{T}h_t^{-2}\frac{\partial h_t}{\partial\boldsymbol{\delta}}\frac{\partial h_t}{\partial\boldsymbol{\delta}'}\frac{\varepsilon_t^2}{h_t}. \tag{7.41}$$

其中，

$$\frac{\partial h_t}{\partial\boldsymbol{\delta}}=\boldsymbol{z}_t(\boldsymbol{\beta})+\sum_{i=1}^{r}\rho_i\frac{\partial h_{t-1}}{\partial\boldsymbol{\delta}}. \tag{7.42}$$

与 ARCH($q$)比较，式(7.42)比(7.15)式中的$(\partial h_t/\partial\boldsymbol{\delta})$多了第二项 $\sum_{i=1}^{r}\rho_i(\partial h_{t-1}/\partial\boldsymbol{\delta})$。同时注意到

$$E\left\{\sum_{t=1}^{T}\left(\frac{\varepsilon_t^2}{h_t}-1\right)\frac{\partial}{\partial\boldsymbol{\delta}'}\left(\frac{1}{2}h_t^{-1}\frac{\partial h_t}{\partial\boldsymbol{\delta}}\right)\middle|\boldsymbol{x}_t,\boldsymbol{Y}_{t-1}\right\}=0,$$

我们只需用$(\partial h_t/\partial\boldsymbol{\delta})$就能一致的估计 GARCH 模型中关于参数 $\boldsymbol{\delta}$ 的信息矩阵

$$\mathcal{I}_{\boldsymbol{\delta}}=-\frac{1}{T}E\left\{\frac{\partial^2 L(\boldsymbol{\theta})}{\partial\boldsymbol{\delta}\partial\boldsymbol{\delta}'}\middle|\boldsymbol{x}_t,\boldsymbol{Y}_{t-1}\right\}.$$

再对 $L(\boldsymbol{\theta})$ 求关于参数 $\boldsymbol{\beta}$ 的一阶和二阶偏微分，可得：

$$\frac{\partial L(\boldsymbol{\theta})}{\partial\boldsymbol{\beta}}=\sum_{t=1}^{T}\varepsilon_t\boldsymbol{x}_t h_t^{-1}+\frac{1}{2}\sum_{t=1}^{T}h_t\frac{\partial h_t}{\partial\boldsymbol{\beta}}\left(\frac{\varepsilon_t^2}{h_t}-1\right),$$

$$\frac{\partial^2 L(\boldsymbol{\theta})}{\partial\boldsymbol{\beta}\partial\boldsymbol{\beta}'}=-\sum_{t=1}^{T}h_t^{-1}\boldsymbol{x}_t\boldsymbol{x}_t'-\frac{1}{2}\sum_{t=1}^{T}h_t^{-2}\frac{\partial h_t}{\partial\boldsymbol{\beta}}\frac{\partial h_t}{\partial\boldsymbol{\beta}'}\left(\frac{\varepsilon_t^2}{h_t}\right)$$
$$-2\sum_{t=1}^{T}h_t^{-2}\varepsilon_t\boldsymbol{x}_t\frac{\partial h_t}{\partial\boldsymbol{\beta}'}+\sum_{t=1}^{T}\left(\frac{\varepsilon_t^2}{h_t}-1\right)\frac{\partial}{\partial\boldsymbol{\beta}'}\left(\frac{1}{2}h_t^{-1}\frac{\partial h_t}{\partial\boldsymbol{\beta}}\right). \tag{7.43}$$

其中，

$$\frac{\partial h_t}{\partial\boldsymbol{\beta}}=-2\sum_{j=1}^{q}\alpha_j\boldsymbol{x}_{t-j}\varepsilon_{t-j}+\sum_{j=1}^{r}\rho_j\frac{\partial h_{t-j}}{\partial\boldsymbol{\beta}}.$$

与 ARCH($q$)相比，上式比式(7.15)中的($\partial h_t/\partial\boldsymbol{\beta}$)多了一项 $\sum_{j=1}^{r}\rho_j(\partial h_{t-j}/\partial\boldsymbol{\beta})$。由于($\partial h_t/\partial\boldsymbol{\beta}$)和($\partial h_t/\partial\boldsymbol{\delta}$)都包含了自回归项 $\sum_{j=1}^{r}\rho_j(\partial h_{t-j}/\partial\boldsymbol{\beta})$ 和 $\sum_{j=1}^{r}\rho_j(\partial h_{t-j}/\partial\boldsymbol{\delta})$，因此估计 ARCH($q$)过程的迭代公式(式(7.23))不再适用。下面介绍的 GARCH 模型的算法基于 BHHH 算法，细节请参阅 Berndt、Hall 和 Hausman (1974)。

以 $\hat{\boldsymbol{\theta}}^{i+1}$ 表示第 $i+1$ 步迭代时的 $\boldsymbol{\theta}=[\boldsymbol{\beta}',\boldsymbol{\delta}']'$ 的估计值，并由下式计算 $\hat{\boldsymbol{\theta}}^{i+1}$：

$$\hat{\boldsymbol{\theta}}^{i+1}=\hat{\boldsymbol{\theta}}^{i}+\lambda_i\left\{\sum_{t=1}^{T}\frac{\partial\ln^i(f_t(\boldsymbol{\theta}))}{\partial\boldsymbol{\theta}}\cdot\frac{\partial\ln^i(f_t(\boldsymbol{\theta}))}{\partial\boldsymbol{\theta}'}\right\}^{-1}\sum_{t=1}^{T}\frac{\partial\ln^i(f_t(\boldsymbol{\theta}))}{\partial\boldsymbol{\theta}}.$$

其中，$L(\boldsymbol{\theta})=\sum\ln(f_t(\boldsymbol{\theta}))$，$(\partial\ln f_t(\boldsymbol{\theta})/\partial\boldsymbol{\theta})$ 表示一阶微分在 $\hat{\boldsymbol{\theta}}^i$ 的值；$\lambda_i$ 是一个步长变量，它在给定的方向下使似然函数 $L(\boldsymbol{\theta})$ 取极大值；方向向量可由一个单位向量$[1,1,\cdots,1]'$对$(\partial\ln^i f_t(\boldsymbol{\theta})/\partial\boldsymbol{\theta})(t=1,2,\cdots,T)$作回归得到。

参数 $\boldsymbol{\beta}$ 和 $\boldsymbol{\delta}$ 之间的分离性(见式(7.24)及其讨论)，使我们能用以下迭代公式分别计算 $\hat{\boldsymbol{\beta}}^{i+1}$ 和 $\hat{\boldsymbol{\delta}}^{i+1}$：

$$\hat{\boldsymbol{\beta}}^{i+1}=\hat{\boldsymbol{\beta}}^{i}+\lambda_i\left\{\sum_{t=1}^{T}\frac{\partial\ln^i(f_t(\boldsymbol{\theta}))}{\partial\boldsymbol{\beta}}\cdot\frac{\partial\ln^i(f_t(\boldsymbol{\theta}))}{\partial\boldsymbol{\beta}'}\right\}^{-1}\sum_{t=1}^{T}\frac{\partial\ln^i(f_t(\boldsymbol{\theta}))}{\partial\boldsymbol{\beta}},$$
$$\hat{\boldsymbol{\delta}}^{i+1}=\hat{\boldsymbol{\delta}}^{i}+\lambda_i\left\{\sum_{t=1}^{T}\frac{\partial\ln^i(f_t(\boldsymbol{\theta}))}{\partial\boldsymbol{\delta}}\cdot\frac{\partial\ln^i(f_t(\boldsymbol{\theta}))}{\partial\boldsymbol{\delta}'}\right\}^{-1}\sum_{t=1}^{T}\frac{\partial\ln^i(f_t(\boldsymbol{\theta}))}{\partial\boldsymbol{\delta}}. \tag{7.44}$$

迭代估计 $\hat{\boldsymbol{\beta}}^{i+1}$ 和 $\hat{\boldsymbol{\delta}}^{i+1}$ 是一致的估计，当 $T\to\infty$，$\hat{\boldsymbol{\theta}}=[\hat{\boldsymbol{\beta}}',\hat{\boldsymbol{\delta}}']'$有正态的极限分布：

$$\sqrt{T}(\hat{\boldsymbol{\theta}}-\boldsymbol{\theta})\xrightarrow{d}N(\mathbf{0},\mathcal{I}^{-1}),$$

其中，$\mathcal{I}=-E(\partial^2\ln f_t/\partial\boldsymbol{\theta}\partial\boldsymbol{\theta}')$。

若 GARCH 模型 $\varepsilon_t=\sqrt{h_t}\cdot v_t$ 中的随机干扰 $v_t$ 有非正态的分布，迭代公式(见

式(7.44))仍能使用,只要这时有

$$E(\varepsilon_t \mid \boldsymbol{Y}_{t-1}) = 0, \quad E(\varepsilon_t^2 h_t^{-1} \mid \boldsymbol{Y}_{t-1}) = 1,$$

$$E(\varepsilon_t^2 h_t^{-2} \mid \boldsymbol{Y}_{t-1}) \leqslant M < \infty,$$

$M$ 为某一正常数,迭代估计 $\hat{\boldsymbol{\theta}}=[\hat{\boldsymbol{\beta}}',\hat{\boldsymbol{\delta}}']'$ 仍有正态的极限分布:

$$\sqrt{T}(\hat{\boldsymbol{\theta}}-\boldsymbol{\theta}) \xrightarrow{d} N(\boldsymbol{0}, \mathcal{I}^{-1}\mathcal{F}\mathcal{I}^{-1})$$

其中,$\mathcal{F}=\mathrm{E}(\partial \ln f_t/\partial\boldsymbol{\theta} \cdot \partial \ln f_t/\partial\boldsymbol{\theta}')$;当 $v_t \sim N(0,1)$,$\mathcal{F}=\mathcal{I}$。

### 7.6.3 GARCH 模型的假设检验

这一节中我们讨论对 GARCH$(r,q)$过程的参数的假设检验。在模型

$$y_t = x_t'\boldsymbol{\beta} + \varepsilon_t, \quad \varepsilon_t = \sqrt{h_t} \cdot v_t,$$

$$h_t = k_0 + \sum_{i=1}^{r}\rho_i h_{t-i} + \sum_{i=1}^{q}\alpha_i \varepsilon_{t-i}^2, \quad v_t \sim N(0,1)$$

中,我们最为关注的是参数 $\boldsymbol{\delta}$ 的值,因此我们将其分解成 $\boldsymbol{\delta}=[\boldsymbol{\delta}_1',\boldsymbol{\delta}_2']'$,以便对它的部分或整体做检验。相应地将 $h_t$ 表示成

$$h_t = \boldsymbol{z}_t'\boldsymbol{\delta} = \boldsymbol{z}_{1t}'\boldsymbol{\delta}_1 + \boldsymbol{z}_{2t}'\boldsymbol{\delta}_2,$$

我们讨论如何用拉格朗日方法对原假设 $H_0:\boldsymbol{\delta}_2=\boldsymbol{0}$ 作检验。仍采用 7.5 节中的方法,检验 $H_0:\boldsymbol{\delta}_2=\boldsymbol{0}$ 的 LM 统计量有如下形式:

$$\xi = \frac{1}{2}\boldsymbol{f}^{0\prime}\boldsymbol{Z}^0(\boldsymbol{Z}^{0\prime}\boldsymbol{Z}^0)^{-1}\boldsymbol{Z}^{0\prime}\boldsymbol{f}^0.$$

其中的向量 $\boldsymbol{f}^0$ 和矩阵 $\boldsymbol{Z}^0$ 分别为:

$$\boldsymbol{f}^0 = [(e_1^2 h_1^{-1}-1),\cdots,(e_T^2 h_T^{-1}-1)]', \quad \boldsymbol{Z}^0 = \left[h_1\frac{\partial h_1}{\partial\boldsymbol{\delta}},\cdots,h_T\frac{\partial h_T}{\partial\boldsymbol{\delta}}\right].$$

当原假设 $H_0:\boldsymbol{\delta}_2=\boldsymbol{0}$ 为真,统计量 $\xi$ 的极限分布为 $\chi^2(p)$,$p$ 为子向量 $\boldsymbol{\delta}_2$ 的维数。和 7.5 节中的讨论一样,统计量 $\xi$ 的值可由辅助回归得到,计算回归

$$\boldsymbol{f}^0 = \boldsymbol{Z}^0\pi + \boldsymbol{\eta}$$

的拟合优度 $R^2$,统计量 $\xi$ 等价于 $\xi^* = T \cdot R^2$。

## 7.7 ARCH 模型的其他推广形式

除了 GARCH 模型,文献中还出现了一些其他形式的 ARCH 类模型,它们在理论和实践中都有广泛的应用,下面简要介绍几种常见的推广形式。

### 7.7.1　指数 GARCH 模型——EGARCH 模型

在处理金融数据时，研究人员注意到冲击市场的利好和利坏消息往往具有不对称性，如利率增加或减少一个百分点对市场的影响是很不一样的：坏消息的作用往往会被放大；如在股市中，股价往往对同样程度的负干扰（指绝对值相同）的反应更强烈。但我们前面所介绍的 ARCH 和 GARCH 模型对信息的处理是对称的，不能描述和分析利好和利坏消息作用的不对称。奈尔逊（Nelson）在 1991 年提出了指数 GARCH 模型——EGARCH 模型，目的就是处理金融数据中的这种非对称性。

如果 $\varepsilon_t=\sqrt{h_t}\cdot v_t$，其中 $\{v_t\}$ 为独立同分布，$E(v_t)=0$，$\mathrm{var}(\varepsilon_t)=1$，条件方差 $h_t$ 有如下形式：

$$\ln h_t=\alpha_0+\sum_{j=1}^{\infty}\pi_j\{|v_{t-j}|-E|v_{t-j}|+gv_{t-j}\},\tag{7.45}$$

则称 $\varepsilon_t$ 服从 EGARCH 过程。

EGARCH 模型的一个重要特点是在条件方差 $h_t$ 中引入了参数 $g$，使得 $h_t$ 能抓住信息作用的非对称性，在 $v_t$ 取正、负值时能有不同程度的变化，从而更准确地描述金融产品价格的波动情况：如参数 $g$ 为一负数，$-1<g<0$，那么一个负干扰（$v_{t-j}<0$）引起的 $h_t$ 的变化比相同程度的正干扰（$v_{t-j}>0$）引起的要大；反之，如果 $g>0$，同样程度的正干扰引起的 $h_t$ 的变化更大；如果 $g=0$，则 $h_t$ 对于正负干扰的变化是对称的。

由于 EGARCH 模型的条件方差 $h_t$ 以指数形式表示，因此无论式(7.45)中参数 $\pi_j(j=1,2,\cdots)$取何实数，条件方差 $h_t$ 总是大于零的，因此在对 EGARCH 模型作参数估计时就不需对 $\pi_j$ 的值加以约束，减少了很多计算量。不难验证，当条件

$$\sum_{j=1}^{\infty}\pi_j^2<\infty$$

成立时，EGARCH 过程是一个稳定的随机过程。

在一般情况下，我们可将无穷阶的滞后多项式 $\pi(L)$表示成两个有限阶的滞后多项式 $\alpha(L)$和 $1-\rho(L)$的比，即：

$$\pi(L)=\frac{\alpha(L)}{1-\rho(L)}=\frac{\alpha_1L+\alpha_2L^2+\cdots+\alpha_qL^q}{1-\rho_1L-\rho_2L^2-\cdots-\rho_rL^r}$$

然后，可将 $\ln h_t$ 表示成

$$\begin{aligned}\ln h_t=&k_0+\rho_1\ln h_{t-1}+\rho_2\ln h_{t-2}+\cdots+\rho_r\ln h_{t-r}\\&+\alpha_1\{|v_{t-1}|-E|v_{t-1}|+g\cdot v_{t-1}\}+\alpha_1\{|v_{t-2}|-E|v_{t-2}|+g\cdot v_{t-2}\}\\&+\cdots+\alpha_q\{|v_{t-q}|-E|v_{t-q}|+g\cdot v_{t-q}\}.\end{aligned}\tag{7.46}$$

它的参数可以由最大似然方法估计。为了使 EGARCH 模型有最大的灵活性和最广泛的应用,奈尔逊建议随机干扰$\{v_t\}$服从广义误差分布(generalized error distribution),其密度函数为:

$$f(v_t)=\frac{c\cdot\exp\left[-\frac{1}{2}\mid v_t/\lambda^c\mid\right]}{\lambda\cdot 2^{[(c+1)/c]}\Gamma(1/c)};\quad 0<c\leqslant\infty. \tag{7.47}$$

其中,$\Gamma(\cdot)$为$\Gamma$-函数,$c$ 和 $\lambda$ 均为常数,$\lambda$ 的值为:

$$\lambda=\left\{\frac{2^{(-2/c)}\Gamma(1/c)}{\Gamma(3/c)}\right\}^{1/2}.$$

它被称为尾部厚度参数(tail-thickness parameter)。当参数 $c=2$,$v_t$ 有正态分布;当 $c<2$,$v_t$ 的分布函数较正态分布有更厚的尾部;当 $c>2$,$v_t$ 的分布函数较正态分布有更薄的尾部;特别当 $c=\infty$,$v_t$ 服从$[-3^{1/2},3^{1/2}]$上的均匀分布。不难验证,若 $v_t$ 服从广义误差分布,则有

$$E|v_t|=\frac{\lambda\cdot 2^{1/c}\Gamma(2/c)}{\Gamma(1/c)}$$

特别地,若 $c=2$,则 $E|v_t|=\sqrt{\frac{2}{\pi}}$。

## 7.7.2 向量的 GARCH 模型

在 $n$ 维回归系统

$$\boldsymbol{y}_t=\boldsymbol{\pi}'\boldsymbol{x}_t+\boldsymbol{\varepsilon}_t \tag{7.48}$$

中,$\boldsymbol{y}_t$ 和 $\boldsymbol{\varepsilon}_t$ 都为 $n$ 维随机向量,$\boldsymbol{x}_t$ 为 $k$ 维回归变量;$\boldsymbol{\varepsilon}_t$ 独立同分布,给定 $\boldsymbol{Y}_{t-1}=[\boldsymbol{y}_{t-1},\boldsymbol{y}_{t-2},\cdots,\boldsymbol{x}_t,\boldsymbol{x}_{t-1},\cdots]$,$\boldsymbol{\varepsilon}_t$ 的条件期望和条件方差为:

$$E(\boldsymbol{\varepsilon}_t\mid\boldsymbol{Y}_{t-1})=\boldsymbol{0},$$

$$E(\boldsymbol{\varepsilon}_t\boldsymbol{\varepsilon}_t'\mid\boldsymbol{Y}_{t-1})=\boldsymbol{H}_t.$$

这里,$\boldsymbol{H}_t$ 为 $n\times n$ 条件方差矩阵。我们称随机向量 $\boldsymbol{\varepsilon}_t$ 服从向量的 GARCH$(r, q)$过程,如果 $\boldsymbol{H}_t$ 有表达式

$$\begin{aligned}\boldsymbol{H}_t=&\boldsymbol{K}+\boldsymbol{\Delta}_1\boldsymbol{H}_{t-1}\boldsymbol{\Delta}_1'+\boldsymbol{\Delta}_2\boldsymbol{H}_{t-2}\boldsymbol{\Delta}_2'+\cdots+\boldsymbol{\Delta}_r\boldsymbol{H}_{t-r}\boldsymbol{\Delta}_r'\\&+\boldsymbol{A}_1\boldsymbol{\varepsilon}_{t-1}\boldsymbol{\varepsilon}_{t-1}'\boldsymbol{A}_1'+\boldsymbol{A}_1\boldsymbol{\varepsilon}_{t-2}\boldsymbol{\varepsilon}_{t-2}'\boldsymbol{A}_2'+\cdots+\boldsymbol{A}_q\boldsymbol{\varepsilon}_{t-q}\boldsymbol{\varepsilon}_{t-q}'\boldsymbol{A}_q',\end{aligned}$$

其中 $\boldsymbol{K}$,$\boldsymbol{\Delta}_j$ 和 $\boldsymbol{A}_j(j=1,2,\cdots)$均为 $n\times n$ 维系数矩阵。显然,若矩阵 $\boldsymbol{K}$ 是正定的,那么 $\boldsymbol{H}_t$ 也是正定的。

若向量 $\boldsymbol{y}_t$ 和 $\boldsymbol{\varepsilon}_t$ 的维数较大,矩阵 $\boldsymbol{\Delta}_j$ 和 $\boldsymbol{A}_j(j=1,2,\cdots)$中未知参数的个数也会很大,因此有必要对这些未知参数作适当的约束,使它们在样本量有限时能被识别

和估计。一种常用的方法是假设参数矩阵 $\boldsymbol{\Delta}_j$ 和 $\boldsymbol{A}_j$ $(j=1,2,\cdots)$ 为对角矩阵，这一约束条件使这两个矩阵大大简化，随机变量 $\varepsilon_{it}$ 和 $\varepsilon_{jt}$ 之间的条件协方差 $\mathrm{cov}(\varepsilon_{it},\varepsilon_{jt}\mid \boldsymbol{Y}_{t-1})$ 仅为 $(\varepsilon_{i,t-s}\cdot\varepsilon_{j,t-s})$ 的函数，而不依赖于其他随机干扰 $\varepsilon_{k,t-s}$，$(k\neq i,j)$，这使参数估计大为简化。

另一常用的简化方法是假设随机向量 $\boldsymbol{\varepsilon}_t$ 的各分量之间的相关系数不依赖于时间 $t$，尽管这时仍假设 $\boldsymbol{\varepsilon}_t$ 的各分量的条件方差是时间的函数。以 $h_{ii}^{(t)}$ 表示矩阵 $\boldsymbol{H}_t$ 的第 $i$ 行和第 $i$ 列上的元素，它是随机变量 $\varepsilon_{it}$ 的条件方差，即

$$h_{ii}^{(t)} = E(\varepsilon_{it}^2 \mid \boldsymbol{Y}_{t-1}).$$

若进一步假设 $\varepsilon_{it}\sim\mathrm{GARCH}(1,1)$，$h_{ii}^{(t)}$ 可表示为：

$$h_{ii}^{(t)} = k_i + \delta_i h_{ii}^{(t-1)} + \alpha_i \varepsilon_{i,t-1}^2.$$

再对向量 $\boldsymbol{\varepsilon}_t$ 的其他分量作相同处理，可得 $n$ 个如上式的 GARCH(1,1)过程。以 $h_{ij}^{(t)}$ 表示矩阵 $\boldsymbol{H}_t$ 的第 $i$ 行和第 $j$ 列上的元素，也即向量 $\boldsymbol{\varepsilon}_t$ 中因素 $\varepsilon_{it}$ 和 $\varepsilon_{jt}$ 的条件协方差。若这时因素 $\varepsilon_{it}$ 和 $\varepsilon_{jt}$ 之间的相关系数

$$\rho_{ij} = \frac{\mathrm{cov}(\varepsilon_{it},\varepsilon_{jt}\mid \boldsymbol{Y}_{t-1})}{\sqrt{\mathrm{var}(\varepsilon_{it})\cdot \mathrm{var}(\varepsilon_{jt})}}$$

不依赖于时间 $t$，则可将 $h_{ij}^{(t)}$ 表示为：

$$h_{ij}^{(t)} = \mathrm{cov}(\varepsilon_{it},\varepsilon_{jt}\mid \boldsymbol{Y}_{t-1}) = \rho_{ij}\cdot\sqrt{h_{ii}^{(t)}}\cdot\sqrt{h_{jj}^{(t)}}.$$

这样，矩阵 $\boldsymbol{H}_t$ 中的元素完全由其对角线上的元素 $h_{ii}^{(t)}$ 和 $\rho_{ij}$ 所决定。

如果进一步假设随机向量 $\boldsymbol{\varepsilon}_t$ 有多元的正态分布，那么向量 GARCH$(r,q)$过程一般可由最大似然方法估计，比起以上介绍的两种特殊的情况要复杂得多。

### 7.7.3　ARCH-M 模型

前面讨论的 ARCH、GARCH 和 EGARCH 模型主要用于回归模型的干扰项，与回归模型的条件期望 $E(y_t\mid \boldsymbol{Y}_{t-1})=\boldsymbol{x}_t'\boldsymbol{\beta}$ 无关。但在实际应用中人们注意到条件方差的变化往往会直接影响条件期望的值，如在金融市场中人们都习惯地将金融资产的回报看作其风险的函数，即期望依赖于变异性。ARCH-M 模型就是建立于这样思考的基础上，这里的 M 是英语中“期望”(mean)的第一个字母，可见创造者的用心。ARCH-M 模型在回归模型的期望和方差中都引入了 ARCH 效应，将因变量 $y_t$ 表示成以下形式：

$$y_t = \boldsymbol{x}_t'\boldsymbol{\beta} + \delta g(h_t) + \varepsilon_t. \tag{7.49}$$

其中，$\varepsilon_t=\sqrt{h_t}\cdot v_t$，$\{v_t\}$为独立同分布，且 $v_t\sim N(0,1)$；$g(h_t)$为条件方差 $h_t$ 的函

数;$h_t$ 有 ARCH($q$)或 GARCH($r$, $q$)的表示形式。由于条件方差 $h_t$ 同时出现在 $g(h_t)$和 $\varepsilon_t$ 中,ARCH-M 模型的参数估计一般较为复杂,下面我们用一个较为简单的例子说明 ARCH-M 的一些主要性质。考虑以下 ARCH-M 模型:

$$y_t = \delta h_t + \varepsilon_t,$$

其中,$\varepsilon_t \mid \boldsymbol{Y}_{t-1} \sim N(0,h_t)$, $h_t = \alpha_0 + \delta\alpha_1\varepsilon_{t-1}^2$,因此,

$$y_t = \delta\alpha_0 + \delta\alpha_1\varepsilon_{t-1}^2 + \varepsilon_t.$$

其中 $\varepsilon_{t-1}^2$ 有无条件期望

$$E(\varepsilon_{t-1}^2) = \frac{\alpha_0}{1-\alpha_1},$$

所以 $y_t$ 的无条件期望为:

$$E(y_t) = \delta\alpha_0\left(1 + \frac{\alpha_0}{1-\alpha_1}\right).$$

不难计算 $y_t$ 的无条件方差为:

$$\mathrm{var}(y_t) = \frac{\alpha_0}{1-\alpha_1} + \frac{2\alpha_0^2(\delta\alpha_1)^2}{(1-\alpha_1)^2(1-3\alpha_1^2)}.$$

它的一阶和 $k$ 阶相关系数为:

$$\rho_1 = \frac{2\alpha_1^3\delta^2\alpha_0}{2\alpha_1^2\delta^2\alpha_0 + (1-\alpha_1)(1-3\alpha_1^2)},$$

$$\rho_k = \alpha_1^{k-1}\rho_1, \quad k = 2,3,\cdots.$$

其中的参数 $\alpha_0$,$\alpha_1$ 和 $\delta$ 必须满足一定的约束条件才能使以上三个表达式有实际意义。由于 $\mathrm{var}(y_t)$,$\rho_1$ 和 $\rho_k$ 都是参数 $\alpha_0$、$\alpha_1$ 和 $\delta$ 的非线性函数,相应的约束条件也往往呈非线性,这就增加了参数估计的难度。为简便起见,在实际应用中可取 $g(h_t)=\sqrt{h_t}$或 $g(h_t)=\ln h_t$,两者都不包含参数;但对于 $g(h_t)=\ln h_t$ 应多加小心,因为当 $h_t<1$,$\ln h_t$ 为负值,特别当 $h_t\to 0$,$\ln h_t\to -\infty$,会给建模带来麻烦。

## 7.8 ARCH 模型的综合

随着现代通信技术和计算机技术、管理技术的发展,许多金融数据,如股价、货币兑换率都以小时甚至分秒作为记录单位,这些高频率的数据提供了丰富的信息资源,使建立在大样本基础上的统计推断和预测更为精确可靠。另一方面,经济学家们注重经济变量的长期发展和它们之间的均衡关系,这往往需要到用较低频率的数据,如月度、季度或年度数据,以它们建模作参数估计和统计推断。如何掌握这两类数据之间的关系是一项重要课题,本节讨论存在 ARCH 效应的时间序列综

合问题(aggregation)，以及它们对经济计量模型的影响。

由高频数据构造较低频率的数据一般可以采用以下两种方法：一是以一定的时间间隔在高频时间序列 $y_t(t=1,2,\cdots)$ 中抽取一个子序列 $y_t^{(m)}$，$t=m,2m,\cdots$，$m$ 为一正整数；二是取一个正整数 $m$ 作部分和，

$$\bar{y}_t^{(m)}=\sum_{i=0}^{m-1}y_{t-i},\quad t=m,2m,\cdots.$$

由此产生的随机变量 $y_t^{(m)}$ 和 $\bar{y}_t^{(m)}$ 分别称为由 $y_t$ 衍生的积变量(stock variable)和流变量(flow variable)。我们的问题是：如果一个高频率的时间序列 $y_t$ 服从 ARCH（或 GARCH，EGARCH）过程，由它衍生的积变量 $y_t^{(m)}$ 和流变量 $\bar{y}_t^{(m)}$ 是否也服从同样的过程？如果 $y_t^{(m)}$ 和 $\bar{y}_t^{(m)}$ 也服从同样的过程，只是有不同的参数，则称 $y_t$ 的分布是封闭的。下面以 GARCH(1,1) 为例讨论这一问题，对于其他 ARCH 类过程可作类似的讨论。

首先介绍几个有关 GARCH 过程的概念。

若随机过程$\{\varepsilon_t\}$可表示为

$$\varepsilon_t=\sqrt{h_t}\cdot v_t,\tag{7.50}$$

其中，$h_t=k_0+\sum_{i=1}^{r}\rho_i h_{t-i}+\sum_{i=1}^{q}\alpha_i\varepsilon_{t-i}^2$，$\{v_t\}$为独立同分布，有 $E(v_t)=0$，$\mathrm{var}(v_t)=1$，则称 $\varepsilon_t$ 服从强 GARCH($r$, $q$)过程。

若式(7.50)中的 $\varepsilon_t$ 只满足更一般的矩条件：

$$\begin{aligned}E(\varepsilon_t\mid\varepsilon_{t-1},\varepsilon_{t-2},\cdots)&=0,\\E(\varepsilon_t^2\mid\varepsilon_{t-1},\varepsilon_{t-2},\cdots)&=h_t,\end{aligned}\tag{7.51}$$

则称 $\varepsilon_t$ 服从半强 GARCH($r$, $q$)过程。

以 $p[\varepsilon_t|\varepsilon_{t-1},\varepsilon_{t-2},\cdots]$表示由元素 $1,\varepsilon_{t-1},\varepsilon_{t-2},\cdots,\varepsilon_{t-1}^2,\varepsilon_{t-2}^2,\cdots$构成的对 $\varepsilon_t$ 的最佳线性预测，且 $\varepsilon_t$ 满足条件：

$$\begin{aligned}p[\varepsilon_t\mid\varepsilon_{t-1},\varepsilon_{t-2},\cdots]&=0,\\p[\varepsilon_t^2\mid\varepsilon_{t-1},\varepsilon_{t-2},\cdots]&=h_t,\end{aligned}\tag{7.52}$$

则称 $\varepsilon_t$ 服从弱 GARCH($r$, $q$)过程。不难验证，式(7.52)中的矩条件等价于

$$E\{(\varepsilon_t-p[\varepsilon_t\mid\varepsilon_{t-1},\varepsilon_{t-2},\cdots])\varepsilon_{t-i}^r\}=0,\tag{7.53}$$

其中 $i\geqslant1$，$r=0,1,2,\cdots$。

显然，强 GARCH($r$, $q$)过程是半强 GARCH($r$, $q$) 过程的特例，而它们都满足弱 GARCH($r$, $q$)过程的条件(见式(7.52))。我们下面考虑积变量 $y_t^{(m)}$ 和流变量 $\bar{y}_t^{(m)}$ 的分布情况，先考虑 $\varepsilon_t$ 服从弱 GARCH($r$, $q$)的情况。

**定理 7.3** 假设 $\varepsilon_t$ 服从弱 GARCH(1, 1)过程：

$$\varepsilon_t \sqrt{h_t} \cdot v_t, \quad h_t = k_0 + \rho_1 h_{t-1} + \alpha_i \varepsilon_{t-1}^2.$$

其中 $\varepsilon_t$ 满足式(7.52)中的矩条件，那么积变量 $\varepsilon_t^{(m)}$ 在综合后也服从弱 GARCH(1, 1)，且有条件方差

$$h_{tm}^{(m)} = k_0^{(m)} + \rho_1^{(m)} h_{tm-m}^{(m)} + \alpha_1^{(m)} (\varepsilon_{tm-m}^{(m)})^2.$$

其中 $m$ 为一正整数，

$$k_0^{(m)} = k_0 \frac{1-(\rho_1+\alpha_1)^m}{1-(\rho_1+\alpha_1)}, \quad \alpha_1^{(m)} = (\rho_1+\alpha_1)^m - \rho_1^{(m)}. \tag{7.54}$$

$\rho_1^{(m)} \in (0,1)$，是以下方程

$$\frac{\rho_1^{(m)}}{1+(\rho_1^{(m)})^2} = \frac{\rho_1 (\rho_1+\alpha_1)^{m-1}}{1+\alpha_1^2 \dfrac{1-(\rho_1+\alpha_1)^{2m-2}}{1-(\rho_1+\alpha_1)^2} + \rho_1^2 (\rho_1+\alpha_1)^{2m-2}} \tag{7.55}$$

的解。

**证明** 为简单起见我们只考虑 $m=2$ 的情况，对更一般的情况证明方法类似。积变量 $\varepsilon_t^{(m)}$ 由元素 $\varepsilon_2, \varepsilon_4, \varepsilon_6, \cdots$ 构成，由于 $\varepsilon_t$ 服从弱 GARCH(1, 1)过程，所以 $\varepsilon_t (t=2,4,6,\cdots)$ 显然满足式(7.52)中的第一个条件，只要证明 $\varepsilon_t^2$ 满足式(7.52)中的第二个矩条件，命题即可得证。将 $\varepsilon_t^2$ 等价地表示为

$$\varepsilon_t^2 = k_0 + (\rho_1+\alpha_1)\varepsilon_{t-1}^2 + \eta_t - \rho_1 \eta_{t-1}, \tag{7.56}$$

其中 $\eta_t = \varepsilon_t^2 - h_t, t=1,2,\cdots$，并且前后不相关，将 $\varepsilon_{t-1}^2$ 往后迭代，可得

$$\varepsilon_t^2 = k_0(1+\rho_1+\alpha_1) + (\rho_1+\alpha_1)^2 \varepsilon_{t-2}^2 + \delta_t, \tag{7.57}$$

这里 $\delta_t = \eta_t + \alpha_1 \eta_{t-1} - \rho_1(\rho_1+\alpha_1)\eta_{t-2}$。不难验证，对任何 $k>1, E(\delta_t \cdot \delta_{t-2k})=0$。令

$$\omega_t = (1-\lambda L^2)^{-1}\delta_t,$$

其中 $L$ 为滞后算子，$\lambda$ 为选定常数。使 $\omega_t$ 互不相关，因此有

$$-\frac{\lambda}{1+\lambda^2} = E(\delta_t \cdot \delta_{t-2})/E(\delta_t^2).$$

$\omega_t$ 是 $\varepsilon_t^2, \varepsilon_{t-2}^2, \varepsilon_{t-4}^2, \cdots$ 的线性组合，所以

$$\begin{aligned} p[\varepsilon_t^2 \mid \varepsilon_{t-2}, \varepsilon_{t-4}, \cdots] = {} & \lambda p[\varepsilon_{t-2}^2 \mid \varepsilon_{t-4}, \varepsilon_{t-6}, \cdots] + k_0(1+\rho_1+\alpha_1) \\ & + \{(\rho_1+\alpha_1)^2 - \lambda\}\varepsilon_{t-2}^2, \end{aligned} \tag{7.58}$$

从而证明 $\varepsilon_{2t}(t=1,2,\cdots)$ 也服从弱 GARCH(1, 1)过程，且有参数

$$k_0^{(2)} = k_0(1+\rho_1+\alpha_1), \quad \rho_1^{(2)} = \lambda, \quad \alpha_1^{(2)} = (\rho_1+\alpha_1)^2 - \lambda.$$

定理证毕。

从以上证明可看出，ARCH(1)过程在综合后也是封闭的，因为只需设 $\rho_1^{(m)}=0$

即得。注意到式(7.55)是一个实数的二次方程，且存在实数解，这就保证了 $\rho_1^{(m)}$ 的存在。由式(7.54)可知，$\alpha_1^{(m)}+\rho_1^{(m)}=(\rho_1+\alpha_1)^m$，因为 $\rho_1+\alpha_1<1$，所以

$$\lim_{m\to\infty}(\alpha_1^{(m)}+\rho_1^{(m)})=\lim_{m\to\infty}(\rho_1+\alpha_1)^m=0.$$

这说明，随着综合度的提高($m\to\infty$)，积变量序列的变异性中的 ARCH 效应随之逐渐减弱。

**定理 7.4**　在与定理 7.3 相同的条件下，流变量序列 $\bar{\varepsilon}_t^{(m)}$ 在综合后也服从弱 GARCH(1, 1)过程，且有条件方差

$$\bar{h}_t^{(m)}=\bar{k}_0^{(m)}+\bar{\rho}_i^{(m)}\bar{h}_{tm-m}^{(m)}+\bar{\alpha}_1^{(m)}(\bar{\varepsilon}_{tm-m}^{(m)})^2.$$

其中，

$$\bar{k}_0^{(m)}=mk_0\frac{1-(\rho_1+\alpha_1)^m}{1-(\rho_1+\alpha_1)},\quad \bar{\alpha}_1^{(m)}=(\rho_1+\alpha_1)^m-\bar{\rho}_1^{(m)}.$$

$\bar{\rho}_1^{(m)}$ 满足条件 $|\bar{\rho}_1^{(m)}|<1$，是以下二次方程的解：

$$\frac{\bar{\rho}_1^{(m)}}{1+(\bar{\rho}_1^{(m)})^2}=\frac{A}{A(\rho_1,\alpha_1,c_\varepsilon,m)\{1+(\rho_1+\alpha_1)^{2m}\}-2B(\rho_1,\alpha_1,m)}.\tag{7.59}$$

参数 $c_\varepsilon$ 为随机变量 $\varepsilon_t$ 的峰度，定义为

$$c_\varepsilon=\frac{E(\varepsilon_t^4)}{E(\varepsilon_t^2)^2}.$$

函数 $A(\cdot)$和 $B(\cdot)$的形式分别为：

$$\begin{aligned}A(\rho_1,\alpha_1,c_\varepsilon,m)=&m(1-\rho_1)^2+2m(m-1)\frac{(1-\rho_1-\alpha_1)^2(1-\rho_1^2-2\rho_1\alpha_1)}{(c_\varepsilon-1)[1-(\rho_1+\alpha_1)^2]}\\&+4\frac{[m-1-(\rho_1+\alpha_1)+(\rho_1+\alpha_1)^m][\alpha_1-\rho_1\alpha_1(\rho_1+\alpha_1)]}{1-(\rho_1+\alpha_1)^2},\end{aligned}$$

$$B(\rho_1,\alpha_1,m)=[\alpha_1-\rho_1\alpha_1(\rho_1+\alpha_1)]\frac{1-(\rho_1+\alpha_1)^{2m}}{1-(\rho_1+\alpha_1)^2}.$$

**证明**　仍考虑 $m=2$ 的情况。根据构造，流变量显然满足式(7.52)中第一个条件：

$$p[\varepsilon_t\mid\varepsilon_{t-1},\varepsilon_{t-2},\cdots]=0.$$

令 $\eta_t=\varepsilon_t^2-h_t$，代入式(7.57)，可得

$$(\bar{\varepsilon}_t^{(2)})^2=2k_0(1+\rho_1+\alpha_1)+(\rho_1+\alpha_1)^2(\bar{\varepsilon}_{t-2}^{(2)})^2+\bar{\delta}_t,$$

这里，$\bar{\varepsilon}_t^{(2)}=\varepsilon_t+\varepsilon_{t-1}$，$\bar{\delta}_t=\delta_t+\delta_{t-1}$。因为

$$\delta_t=\eta_t+\alpha_1\eta_{t-1}-\rho_1(\rho_1+\alpha_1)\eta_{t-2},$$

所以

$$\bar{\delta}_t=\eta_t+(1+\alpha_1)\eta_{t-1}+\{\alpha_1-\rho_1(\rho_1+\alpha_1)\}\eta_{t-2}$$

$$-\rho_1(\rho_1+\alpha_1)\eta_{t-3}+2\varepsilon_t\varepsilon_{t-1}-2(\rho_1+\alpha_1)^2\varepsilon_{t-2}\varepsilon_{t-3}.$$

不难看出 $\bar{\delta}_t$ 的前后各项是不相关的，对任何大于 1 的正整数 $k$，有

$$E(\bar{\delta}_t\cdot\bar{\delta}_{t-2k})=0.$$

令 $\bar{\omega}_t(1-\bar{\lambda}L^2)^{-1}\bar{\delta}_t$，其中 $L$ 为滞后算子，$\bar{\lambda}$ 为选定常数，使 $\bar{\omega}_t$ 互不相关，从而有

$$(\bar{\varepsilon}_t^{(2)})^2=2k_0(1+\rho_1+\alpha_1)+(\rho_1+\alpha_1)^2(\bar{\varepsilon}_{t-2}^{(2)})^2+\bar{\omega}_t-\bar{\lambda}\bar{\omega}_{t-2}.\qquad(7.60)$$

以式(7.58)对式(7.60)作投影，即可证明 $\bar{\varepsilon}_t^{(2)}$ 服从弱 GARCH(1, 1)，其参数为

$$\bar{k}_0^{(2)}=2k_0(1+\rho_1+\alpha_1),\quad\bar{\rho}_1^{(2)}=\bar{\lambda},\quad\bar{\alpha}_1^{(2)}=(\rho_1+\alpha_1)^2-\bar{\lambda}.$$

定理证毕。

与积变量相比，流变量 $\bar{\varepsilon}_t^{(m)}$ 的证明与结果都要复杂得多，这是因为 $\bar{\delta}_t$ 含有交叉项($\varepsilon_t\varepsilon_{t-1}$)和($\varepsilon_{t-2}\varepsilon_{t-3}$)，使得 $\bar{\lambda}$ 值的计算较为复杂。

需要指出的是，在式(7.60)中若令 $\rho_1=0$，即假设此时 $\varepsilon_t$ 服从 ARCH(1)，式(7.60)并未由此简化为 ARCH(1)形式。这说明 ARCH(1)过程对于流变量是不封闭的，这与积变量形成明显的对照。

我们下面考虑强 GARCH 的情况。

**定理 7.5** 强 GARCH($r$, $q$)过程

$$\varepsilon_t=\sqrt{h_t}\cdot v_t$$

其中，$\{v_t\}$为独立同分布，

$$v_t\sim N(0,1),\quad h_t=k_0+\sum_{i=1}^{r}\rho_i h_{t-i}+\sum_{i=1}^{q}\alpha_i\varepsilon_{t-i}^2,$$

对于综合是不封闭的。

**证明** 考虑 $m=2,r=0,q=1$ 的积变量情况：

$$\varepsilon_t=\sqrt{h_t}\cdot v_t=\sqrt{k_0+\alpha_1\varepsilon_{t-1}^2}\cdot v_t,$$

以 $\varepsilon_{t-1}^2=(k_0+\alpha_1\varepsilon_{t-2}^2)\cdot v_{t-1}^2$ 代入 $h_t$，可将 $\varepsilon_t^2$ 写成

$$\begin{aligned}\varepsilon_t^2=h_t\cdot v_t^2&=(k_0+\alpha_1\varepsilon_{t-1}^2)\cdot v_t^2\\&=[k_0+\alpha_1(k_0+\alpha_1\varepsilon_{t-2}^2)\cdot v_{t-1}^2]\cdot v_t^2.\end{aligned}$$

给定 $\varepsilon_{t-2}$，…的值，我们计算积变量 $\varepsilon_t^{(2)}$ 的条件方差如下：

$$h_t^{(2)}=E(\varepsilon_t^2\mid\varepsilon_{t-2},\cdots)=k_0(1+\alpha_1)+\alpha_1^2\varepsilon_{t-2}^2.$$

令 $v_t^{(2)}=\varepsilon_t/\sqrt{h_t^{(2)}}$，则有

$$v_t^{(2)}=\varepsilon_t/\sqrt{h_t^{(2)}}=\left[\sqrt{\frac{k_0}{h_t^{(2)}}+\frac{\alpha_1}{h_t^{(2)}}\cdot\varepsilon_{t-1}^2}\right]\cdot v_t.$$

再令 $\lambda_t=k_0/h_t^{(2)}$，并注意到 $\varepsilon_{t-1}^2=(k_0+\alpha_1\varepsilon_{t-2}^2)\cdot v_{t-1}^2$，可得

$$v_t^{(2)} = \left[\sqrt{\frac{k_0}{h_t^{(2)}} + \frac{\alpha_1(k_0 + \alpha_1\varepsilon_{t-2}^2)}{h_t^{(2)}} \cdot v_{t-1}^2}\right] \cdot v_t$$

$$= \left[\sqrt{\lambda_t + (1-\lambda_t)v_{t-1}^2}\right] \cdot v_t. \tag{7.61}$$

不难看出，$\{v_t^{(2)}\}$不是独立同分布的，积变量 $\varepsilon_t^{(2)} = \sqrt{h_t^{(2)}} \cdot v_t^{(2)}$ 不服从强 GARCH 过程。定理证毕。

我们下面考虑半强 GARCH 的情况。

**定理 7.6** 半强 GARCH$(r, q)$过程

$$\varepsilon_t = \sqrt{h_t} \cdot v_t$$

其中 $\varepsilon_t$ 服从矩条件

$$E(\varepsilon_t \mid \varepsilon_{t-1}, \cdots) = 0,$$

$$E(\varepsilon_t^2 \mid \varepsilon_{t-1}, \cdots) = h_t.$$

$$h_t = k_0 + \sum_{i=1}^{r}\rho_i h_{t-i} + \sum_{i=1}^{q}\alpha_i\varepsilon_{t-i}^2.$$

对于综合是不封闭的。

**证明** 为叙述简便，考虑半强的 GARCH(1, 1)，并且只在三点上取值，其分布为：

$$\mathrm{Prob}\{v_t = 0\} = 1 - \alpha_1,$$

$$\mathrm{Prob}\{v_t = -1/\sqrt{\alpha_1}\} = \mathrm{Prob}\{v_t = 1/\sqrt{\alpha_1}\} = \frac{\alpha_1}{2}.$$

因此 $\varepsilon_t$ 可以取以下这些值作为样本：

$$\sqrt{k_0/\alpha_1}[0, -1, \sqrt{2}, \sqrt{3}, -\sqrt{4}, 0, 0, 1, 0, 0, 0, 1, -\sqrt{2}, 0, \cdots]. \tag{7.62}$$

我们仍考虑 $m=2$ 的情况，用反证法证明流变量 $\bar{\varepsilon}_t^{(2)}$ 不服从半强 GARCH。如若不然，$\bar{\varepsilon}_t^{(2)}$ 服从半强 GARCH 过程，根据定理 7.4 及其证明，其中的参数 $\bar{k}_0^{(2)}$，$\bar{\rho}_1^{(2)}$ 和 $\bar{\alpha}_1^{(2)}$ 分别由式(7.59)给出。$\bar{\varepsilon}_t^{(2)}$ 的条件方差 $\bar{h}_t^{(2)}$ 有表达式：

$$\bar{h}_t^{(2)} = E[(\bar{\varepsilon}_t^{(2)} \mid \bar{\varepsilon}_{t-2}^{(2)}, \bar{\varepsilon}_{t-4}^{(2)}, \cdots)] = \bar{k}_0^{(2)} + \bar{\rho}_1^{(2)}\bar{h}_{t-2}^{(2)} + \bar{\alpha}_1^{(2)}\bar{\varepsilon}_{t-1}^{(2)}. \tag{7.63}$$

另一方面，我们知道 $\varepsilon_t$ 只取式(7.62)中的值，那么变量 $\alpha_1\varepsilon_t^2/k_0$ 将取值于

$$[0, 1, 2, 3, 4, 0, 0, 1, 0, 0, 0, 1, 2, 0, \cdots],$$

这些值除了零都为正整数。若这时 $\bar{\varepsilon}_t^{(2)} = \varepsilon_t + \varepsilon_{t-1}$ 服从 GARCH(1, 1)过程，并取 $\bar{\varepsilon}_t^{(2)} = \sqrt{k_0 n/\alpha_1}$，$n$ 为一正整数，那么必然有

$$\varepsilon_t = 0, \quad \varepsilon_{t-1} = \sqrt{k_0 n/\alpha_1}.$$

这表明，条件方差 $\bar{h}_t^{(2)}$ 有表达式：

$$\bar{h}_t^{(2)} = E[(\bar{\varepsilon}_t^{(2)})^2 \mid \bar{\varepsilon}_{t-2}^{(2)}, \bar{\varepsilon}_{t-4}^{(2)}, \cdots] = E[(\bar{\varepsilon}_t^{(2)})^2 \mid \bar{\varepsilon}_{t-2}^{(2)} = \sqrt{k_0 n/\alpha_1}, \bar{\varepsilon}_{t-4}^{(2)}, \cdots]$$
$$= E[\varepsilon_t^2 + \varepsilon_{t-1}^2 + 2\varepsilon_t\varepsilon_{t-1} \mid \varepsilon_{t-2} = 0, \varepsilon_{t-3} = \sqrt{k_0 n/\alpha_1}, \bar{\varepsilon}_{t-4}^{(2)}, \cdots]$$
$$= E[k_0 + (1+\alpha_1)\varepsilon_{t-1}^2 \mid \varepsilon_{t-2} = 0, \varepsilon_{t-3} = \sqrt{k_0 n/\alpha_1}, \bar{\varepsilon}_{t-4}^{(2)}, \cdots]$$
$$= k_0(2+\alpha_1).$$

随机变量 $\bar{\varepsilon}_t^{(2)}$ 的条件方差 $\bar{h}_t^{(2)}$ 为一常数，不依赖于 $\bar{\varepsilon}_{t-4}^{(2)}, \bar{\varepsilon}_{t-6}^{(2)}, \cdots$。与式(7.63) 比较，立即可知：

$$\bar{\rho}_1^{(2)} = 0, \quad \bar{\alpha}_1^{(2)} = 0.$$

但这与流变量 $\varepsilon_t^{(2)}$ 服从半强 GARCH(1, 1)过程的假设相矛盾，定理由反证法得证。

# 7.9 随机变异性模型

前几节中我们讨论了 ARCH 类模型，包括 GARCH 和 EGARCH 模型，以及它们在处理金融数据上的应用。回顾 GARCH$(r, q)$ 回归模型：

$$y_t = \boldsymbol{x}_t'\boldsymbol{\beta} + \varepsilon_t, \quad \varepsilon_t = \sqrt{h_t} \cdot v_t,$$
$$h_t = k_0 + \sum_{i=1}^{r}\rho_i h_{t-i} + \sum_{i=1}^{q}\alpha_i\varepsilon_{t-i}^2, \quad v_t \sim N(0,1),$$

尽管给定 $h_{t-i}$ 和 $\varepsilon_{t-i}^2$，$i=1,2,\cdots$，条件方差 $h_t$ 是时间的函数，它本身却不是一个随机变量。在这一节中，我们将引入一类新的描述变异性的模型：随机变异性模型(stochastic volatility model)，简称 SV 模型，其中将同时假设 $h_t$ 和 $v_t$ 为随机变量。显然，这是一类更广泛的模型，我们将讨论它的性质和应用，以及和 ARCH 类模型的关系。由于 $\varepsilon_t$ 是两个随机变量 $\sqrt{h_t}$ 和 $v_t$ 的乘积，SV 模型技术上要复杂得多，我们在叙述中尽量避免公式的推导和定理的证明，而注重于结果的背景阐述。

## 7.9.1 离散的随机变异性模型

与 ARCH 类模型一样，随机变异性(SV)模型也是用来捕捉和描述金融数据的一些特有的统计特征，如高峰度、厚尾部和变异性聚类等。我们下面先介绍离散的随机变异性模型 (discrete time SV)，然后介绍连续的变异性模型 (continuous time SV)。离散的 SV 模型一般可表示为：

$$y_t = \sigma_t\varepsilon_t, \quad t = 1, \cdots, T. \tag{7.64}$$

我们可以将其中的 $y_t$ 理解为某一金融资产的收益，为简单起见将其表示成偏差形式(deviation form)：

$$y_t = \log \frac{S_t}{S_{t-1}} - \mu,$$

这里 $S_t$ 为此金融资产的价格。式(7.64)中的 $\varepsilon_t$ 为独立同分布的白噪声，$E(\varepsilon_t) = 0$，$\mathrm{var}(\varepsilon_t) = 1$；将变异性参数 $\sigma_t$ 表示为 $\log\sigma_t^2 = h_t$，其中 $h_t$ 服从稳定的 AR(1)过程：

$$h_t = \varphi h_{t-1} + \eta_t, \quad \eta_t \sim \mathrm{iid}(0, \sigma_\eta^2), \quad |\varphi| < 1. \tag{7.65}$$

由于 $\sigma_t = \exp\left(\frac{1}{2}h_t\right)$，可将式(7.64)中的离散的 SV 模型表示为：

$$y_t = \sigma\varepsilon_t \exp\left(\frac{1}{2}h_t\right). \tag{7.66}$$

其中的 $\sigma$ 为一标量参数，它的引入可使式(7.65)中的 AR(1)过程不含常数项。虽然假设随机变量$\{\varepsilon_t\}$和$\{\eta_t\}$不相关，但这一假设并非必要，事实上若允许它们相关，SV 模型还能进一步描述所谓的杠杆效应(leverage effects)。

显然，若在 SV 模型中假设变异性 $\sigma_t$ 服从以下动态规律：

$$\sigma_t^2 = \alpha + \beta y_{t-1}^2 + \gamma\sigma_{t-1}^2,$$

$y_t$ 则服从 GARCH(1, 1)过程。

## 7.9.2 离散的 SV 模型的矩

矩是随机过程的重要特征，在一般情况下，分布函数中含有的信息可由有限阶矩近似表示。比如，只要知道了一阶和二阶矩，即期望和方差，就完全知道了正态分布的结构。在分布函数形式复杂时，有限阶矩及它们存在的条件对于理解随机过程的结构更具重要性，如在式(7.64)中，SV 模型是两个随机变量 $\varepsilon_t$ 和 $\eta_t$ 的乘积，$y_t$ 的分布函数从而会很复杂，甚至不存在解析的表达形式，因此 SV 模型的矩表达的信息尤为重要。

由变异性的表达式 $\log\sigma_t^2 = h_t = \varphi h_{t-1} + \eta_t$，容易计算 $h_t$ 的期望和方差：

$$E(h_t) = \mu_h = 0, \quad \mathrm{var}(h_t) = \sigma_h^2 = \sigma_\eta^2 (1 - \varphi^2)^{-1}.$$

若进一步假设 $h_t = \log\sigma_t^2 \sim N(0, \sigma_h^2)$，即 $\sigma_t^2$ 有对数正态分布，可得 $\sigma_t^2$ 的期望值和方差：

$$E(\sigma_t^2) = E\{\exp(h_t)\} = \exp\left(\frac{\sigma_h^2}{2}\right),$$

$$\mathrm{var}(\sigma_t^2) = \mathrm{var}\{\exp(h_t)\} = \exp(\sigma_h^2). \tag{7.67}$$

我们利用以下公式计算 $y_t$ 的矩：

$$E\{\exp(ah_t)\} = \exp\left(\frac{a^2\sigma_h^2}{2}\right), \tag{7.68}$$

其中的 $a$ 为一常数。由于$\{\varepsilon_t\}$和$\{\eta_t\}$不相关,所以有:

$$E(y_t)=E\left\{\sigma\varepsilon_t\exp\left(\frac{1}{2}h_t\right)\right\}=\sigma E(\varepsilon_t)\cdot E\exp\left(\frac{1}{2}h_t\right)=0,$$

$$\mathrm{var}(y_t)=E(\sigma^2\varepsilon_t^2e^{h_t})=\sigma^2E(e^{h_t})=\sigma^2\exp\left(\frac{\sigma_h^2}{2}\right).$$

利用式(7.68)可以计算 $y_t$ 的 $r$ 阶矩的值:

$$E(y_t^r)=\sigma^rE\left\{\varepsilon_t^r\exp\left(\frac{rh_t}{2}\right)\right\}=\sigma^rE(\varepsilon_t^r)\exp\left(\frac{r^2\sigma_h^2}{8}\right).\qquad(7.69)$$

其中 $E(\varepsilon_t^r)$取决于 $\varepsilon_t$ 的分布,若 $\varepsilon_t$ 有标准的正态分布,$r=4$,则有 $E(\varepsilon_t^4)=3$。

### 7.9.3 离散的SV模型的峰度

随机变量的峰度定义为:

$$\kappa=\frac{E\{v_t-E(v_t)\}^4}{\{\mathrm{var}(v_t)\}^2}.$$

峰度是分布的一个很重要的指标,它度量了分布的峰值的高度和尾部的厚度,过大的峰度 $\kappa$ 表明这个随机变量取极端值的可能性较大。若 $v_t\sim N(0,\sigma^2)$,则有

$$\kappa=\frac{E\{v_t-E(v_t)\}^4}{\{\mathrm{var}(v_t)\}^2}=\frac{E(v_t-\mu)^4}{\sigma_v^4}=3.$$

利用式(7.68),可计算 SV 过程 $y_t=\sigma\varepsilon_t\exp(0.5h_t)$的峰度:

$$\kappa_y=\frac{E(\sigma^4\varepsilon_t^4e^{2h_t})}{\sigma^4\exp(\sigma_h^2)}=\kappa_\varepsilon\frac{\sigma^4\exp(2\sigma_h^2)}{\sigma^4\exp(\sigma_h^2)}=\kappa_e\exp(\sigma_h^2).\qquad(7.70)$$

由于 $\exp(\sigma_h^2)>1$,$y_t$ 的峰度$\kappa_y$ 总是大于$\varepsilon_t$ 的峰度$\kappa_\varepsilon$,除非 $\sigma_h^2=0$。若进一步假设 $\varepsilon_t$ 服从正态分布,由于正态分布的峰度等于 3,则有

$$\kappa_y=3\exp(\sigma_h^2)>3.$$

$y_t$ 的峰度$\kappa_y$ 超过正态分布的程度决定于 $\exp(\sigma_h^2)$的值,我们称超越 3 的部分为 $y_t$ 的超峰度(excess kurtosis)。SV 模型的这一特点,使它能更有效地抓住金融数据的特点,对它们作出更准确和可靠的描述和分析。

### 7.9.4 离散的SV模型的对数变换

在这一部分中我们进一步讨论 SV 模型的动态性质,特别是它的变异性之间的前后联系。我们首先考虑 $y_t^2$ 和 $y_{t-1}^2$之间的相关性,假设 $\varepsilon_t$ 服从独立的标准正态分布。它们乘积的期望值为:

$$E(y_t^2y_{t-s}^2)=\sigma^4E(\varepsilon_t^2\varepsilon_{t-s}^2)\cdot E\{\exp(h_t+h_{t-s})\}=\sigma^4E\{\exp(h_t+h_{t-s})\}.$$

计算上式中的最后一项时，注意到若随机变量 $u_i = \log v_i \sim N(0,\sigma_i^2)$，$i=1,2$，有协方差 $\mathrm{cov}(u_1,u_2)=E(u_1u_2)=\rho$，那么

$$E(v_1v_2) = \exp\left\{\rho + \frac{1}{2}(\sigma_1^2+\sigma_2^2)\right\}. \qquad (7.71)$$

由于 $h_t$ 服从一阶自回归过程 $h_t=\varphi h_{t-1}+\eta_t$，所以有

$$\mathrm{cov}(h_t,h_{t-s}) = E(h_th_{t-s}) = \sigma_h^2\varphi^s.$$

由式(7.70)可得

$$E(y_t^2y_{t-s}^2) = \sigma^4E\{\exp(h_t+hE_{t-s})\} = \sigma^4\exp\{\sigma_h^2(1+\varphi^s)\},$$

从而可计算 $y_t^2$ 和 $y_{t-s}^2$ 的协方差：

$$\begin{aligned}\mathrm{cov}(y_t^2,y_{t-s}^2) &= \sigma^4\{\exp[\sigma_h^2(1+\varphi^s)]-\exp(\sigma_h^2)\}\\ &= \sigma^4\exp(\sigma_h^2)\exp(\sigma_h^2\varphi^s-1).\end{aligned}$$

另一方面，$y_t^2$ 的方差为

$$\begin{aligned}\mathrm{var}(y_t^2) &= E(y_t^4)-(E(y_t^2))^2\\ &= \sigma^4\{E(\varepsilon_t^4)\exp(2\sigma_h^2)-\exp(\sigma_h^2)\}\\ &= \sigma^4\exp(\sigma_h^2)\{3\exp(\sigma_h^2)-1\}.\end{aligned}$$

这样可得 $y_t^2$ 的 $s$ 阶自相关系数：

$$\begin{aligned}\rho(s) &= \frac{\mathrm{cov}(y_t^2,y_{t-s}^2)}{\mathrm{var}(y_t^2)} = \frac{\sigma^4\exp(\sigma_\eta^2)\{\exp(\sigma_\eta^2\varphi^3)-1\}}{\sigma^4\exp(\sigma_\eta^2)\{\exp(3\sigma_\eta^2\varphi^3)-1\}}\\ &= \frac{\exp(\sigma_\eta^2\varphi^3)-1}{3\exp(\sigma_\eta^2\varphi^3)-1} \approx \frac{\exp(\sigma_\eta^2)-1}{3\exp(\sigma_\eta^2)-1}\varphi^s.\end{aligned}$$

上式揭示了 $y_t^2$ 的动态性质：$y_t^2$ 的 $s$ 阶自相关系数决定于系数 $\varphi$，当 $s\to\infty$ 时，$\rho(s)$ 和 $\varphi^s$ 以同样的速率趋向于零。值得注意的是，在上式中若 $\varphi<0$，自相关系数 $\rho(s)$ 可取负值，这与 ARCH 类模型形成了明显的对照。下面我们对 $y_t^2$ 取对数，进一步揭示 SV 模型的动态性质。由模型 $y_t=\sigma\varepsilon_t\exp(0.5h_t)$，可得

$$\begin{aligned}\log y_t^2 &= \log\sigma^2+h_t+\log\varepsilon_t^2\\ &= \omega+h_t+\xi_t.\end{aligned}$$

其中，$\omega=\log\sigma^2+E(\log\varepsilon_t^2)$，　$\xi_t=\log\varepsilon_t^2-E(\log\varepsilon_t^2)$。显然，$\{\xi_t\}$是期望为零的独立同分布的白噪声过程。由于$(\omega+h_t)$是带常数项的 AR(1)过程，$\{\log y_t^2\}$就成为一个 ARMA(1, 1)过程，SV 模型的动态性质可进一步由传统的时间序列理论揭示。值得注意的是，$\xi_t$ 的分布是非对称的，有非零的期望值，若 $\varepsilon_t$ 有标准正态分布，$\xi_t=\log\varepsilon_t^2$ 的期望和方差分别为 $-1.27$ 和 $\pi^2/2\approx4.93$（参见 Abramovitz 和 Stegun，1970）。

在有些情况下，我们还可假设 $\varepsilon_t$ 服从自由度为 $v$ 的 $t$ 分布，使得 SV 模型有更大的峰度，可以更有力地抓住金融数据的尾部特征。令

$$\varepsilon_t = \zeta_t \kappa_t^{-0.5},$$

其中，$\zeta_t$ 服从标准正态分布，$\kappa_t$ 独立于 $\zeta_t$，有分布 $v\kappa_t \sim \chi^2(v)$。这样，

$$\log\varepsilon_t^2 = \log\zeta_t^2 - \log\kappa_t,$$

可以算得 $\log\varepsilon_t^2$ 的期望和方差为：

$$-1.27 - \psi\left(\frac{v}{2}\right) - \log\left(\frac{v}{2}\right), \quad 4.93 + \psi'\left(\frac{v}{2}\right).$$

这里的 $\psi(\cdot)$ 为双 $\Gamma$ 函数(digamma function)。与正态分布相比，$\log\varepsilon_t^2$ 的分布侧向于一边，有一更长的左尾部结构。可以计算，$\log y_t^2$ 的 $s$ 阶自相关系数为：

$$\rho(s) = \frac{\varphi^s}{1 + \left[\frac{\pi^2}{2\mathrm{var}(h_t)}\right]}.$$

当 $s \to \infty$，$\rho(s)$ 和 $\varphi^s$ 以同样的速率趋向于零。

### 7.9.5 SV 模型和 GARCH 模型的比较

我们下面比较 SV 模型和 ARCH 类模型，着重讨论它们的峰度特征及其描述和分析金融数据的能力。我们在前面指出，如在 SV 模型 $y_t = \sigma_t\varepsilon_t$ 中，假设 $\varepsilon_t$ 服从独立的正态分布，有零期望和方差 $\sigma_\varepsilon^2$，变异性 $\sigma_t$ 服从如下动态规律：

$$\sigma_t^2 = \gamma + \alpha y_{t-1}^2 + \beta\sigma_{t-1}^2, \quad t = 1, \cdots, T.$$

SV 模型就转变成一个 GARCH(1, 1)模型。我们这里用了不同于前几节中的符号，只为尽可能与文献中的常用符号一致。我们在 7.6 节中指出，$y_t$ 若服从 GARCH(1, 1)，它的无条件方差为

$$\mathrm{var}(y_t) = \frac{\gamma}{1-\alpha-\beta}. \tag{7.72}$$

$y_t$ 是稳定过程的充要条件是 $\alpha+\beta<1$。要使 ARCH 类模型能有效地描述金融数据的超峰度，$y_t$ 必须存在四阶矩，对于 GARCH(1, 1)模型四阶矩存在的充要条件为(Bollerslev, 1986)：

$$2\alpha^2 + (\alpha+\beta)^2 < 1. \tag{7.73}$$

在这些约束条件下，GARCH(1, 1)的峰度为：

$$\kappa_y = \frac{E(y_t^4)}{(E(y_t^2))^2} = \frac{3(1-\alpha^2-\beta^2)}{1-2\alpha\beta-[2\alpha^2+(\alpha+\beta)^2]}, \tag{7.74}$$

可以验证 $\kappa_y > 3$(参见习题)。GARCH(1,1)模型的超峰态性质使它能更精确地描

述金融数据，抓住它们厚尾部等条件变异性等特点。但是它的峰度 $\kappa_y$ 是参数 $\alpha$ 和 $\beta$ 的非线性函数，而 $\alpha$ 和 $\beta$ 又必须满足非线性约束条件（见式(7.71)和(7.72)），这对参数估计和假设检验决非易事。相比之下，SV 模型的峰度的表达式

$$\kappa_y = \kappa_\varepsilon \exp(\sigma_h^2) \tag{7.75}$$

要简单得多，它对参数 $\sigma_h^2$ 的依赖并不对 $\kappa_y$ 有实际的约束，因为在

$$\sigma_h^2 = \frac{\sigma_\eta^2}{1-\varphi^2}$$

中，即使 $\varphi=0$，仍有 $\exp(\sigma_h^2)>1$，$\kappa_y=\kappa_\varepsilon\exp(\sigma_h^2)>\kappa_\varepsilon$。可见，SV 模型比 GARCH 模型有更大的灵活性，它的参数估计和假设检验有较少的约束条件。当然，SV 模型的参数估计有它特有的困难。

我们将 SV 模型和 GARCH 模型的主要区别总结如下：

(1) SV 模型有超峰度，且不依赖于参数 $\varphi$ 的大小，即使在 $h_t=\varphi h_{t-1}+\eta_t$ 中 $\varphi=0$。随机变量 $\eta_t$ 的方差 $\sigma_h^2$ 在 $y_t$ 的变异性 $\sigma_t$ 和峰度 $\kappa_y$ 中都起到主要作用。但 GARCH(1,1)的峰度依赖于参数 $\alpha$ 和 $\beta$，而后者又受制于非线性的约束条件。这样，GARCH 模型反映金融数据的特点的能力就受到限制，常需要假设 $\varepsilon_t$ 服从 $t$ 分布来捕捉数据中的高峰度。

(2) SV 模型还可反应所谓的杠杆作用(leverage effects)，它一般是非对称的。对 SV 模型 $y_t=\sigma_t\varepsilon_t$，$\log\sigma_t^2=h_t=\varphi h_{t-1}+\eta_t$ 稍作改变，允许 $\varepsilon_t$ 和 $\eta_t$ 相关，就可有效地反映这一特征。这比我们以前介绍的 EGARCH 模型更为简便有效。在 GARCH(1,1)模型中，$\sigma_t^2$ 是 $\sigma_{t-1}^2$ 和 $y_{t-1}^2$ 的确定性的函数，且非随机，所以无法与 $\varepsilon_t$ 相关，因此也就不能反映杠杆作用。

## 7.9.6　SV 模型的参数估计

尽管 SV 模型有许多优点，它的参数估计却不是直截了当的。不像前面介绍的 GARCH(1,1)模型那样，我们可以写下它的对数似然函数，直接计算参数的最大似然估计，尽管时常需用数值计算方法。根据定义，SV 模型 $y_t=\sigma_t\varepsilon_t$ 含有两个随机变量 $\varepsilon_t$ 和 $\eta_t$ 的乘积，它的分布函数一般不存在显函数形式，我们必须考虑其他的估计方法。

**广义矩方法**

广义矩方法(GMM)在经济计量学中有广泛的应用，它只需要用一些适当的矩条件而不需要知道确切分布函数的形式就可作出参数的一致估计。GMM 方法有非常好的统计性质，与最大似然方法比较，它有更大的灵活性和简易性，更适合实

证的经济和金融研究，因为对于实际经济和金融数据，特别在样本较小时，假设其服从某一特定分布有很大的局限性。对于 SV 模型，用 GMM 方法作参数估计有显而易见的优点，因为 SV 模型的分布函数一般不存在显函数形式。

为叙述方便，我们仍假设随机变量 $\varepsilon_t$ 和 $\eta_t$ 相互独立，并都有期望为零的正态分布，方差分别为 $\sigma_\varepsilon^2$ 和 $\sigma_\eta^2$。SV 模型的 GMM 方法步骤简要如下：

第一，由式(7.69)和式(7.70)可知，SV 过程$\{y_t\}$的二阶和四阶距分别为：

$$\sigma^2\exp\left(\frac{\sigma_h^2}{2}\right),\quad 3\sigma^4\exp(2\sigma_h^2).$$

由于 SV 过程的稳定性和遍历性(ergodicity)，这些矩的估计值将一致收敛于它们的母体值。这样，SV 过程的峰度 $\kappa_y$ 可有以下的估计值：

$$\hat{k}_y=\frac{3\hat{\sigma}^4\exp(2\hat{\sigma}_h^2)}{\hat{\sigma}^4(\hat{\sigma}_h^2)}=3\exp(\hat{\sigma}_h^2).$$

从中可解出 $\sigma_h^2$ 的估计值为：

$$\hat{\sigma}_h^2=\log\left(\frac{\hat{\kappa}_y}{3}\right).$$

第二，将以上的估计值 $\hat{\sigma}_h^2$ 代入 $y_t$ 的样本二阶距

$$\hat{\sigma}_y^2=\hat{\sigma}^2\exp\left(\frac{\hat{\sigma}_h^2}{2}\right),$$

从而解得

$$\hat{\sigma}^2=\exp\left\{\log\hat{\sigma}_y^2-\frac{\hat{\sigma}_h^2}{2}\right\}.$$

第三，我们计算 $y_t^2$ 的一阶自相关的估计值 $\hat{m}_2=\sum_{t=1}^{T}(y_t^2y_{t-1}^2)$，它将一致地收敛于 $\sigma^4\exp\{(1+\varphi)\sigma_h^2\}$，再由

$$\hat{m}_2=\hat{\sigma}^4\exp\{(1+\hat{\varphi})\hat{\sigma}_h^2\}$$

解出参数 $\varphi$ 的估计值

$$\hat{\varphi}=\frac{\log\hat{m}_2-\log\hat{\sigma}^4}{\hat{\sigma}_h^2}-1.$$

第四，给定样本量 $T$，一般可计算母体的 $m$ 阶矩以及它们的估计。这里，$m>l$，$l$ 为参数向量 $\boldsymbol{\beta}$ 的维数，在 SV 模型中参数向量 $\boldsymbol{\beta}=(\sigma^2,\varphi,\sigma_h^2)'$。以 $m\times1$ 维的 $\boldsymbol{g}_T(\boldsymbol{\beta})$表示母体的各阶矩与它们的估计值的差异，参数 $\boldsymbol{\beta}$ 的 GMM 估计由下式给出：

$$\hat{\boldsymbol{\beta}}=\arg\min_{\beta}\boldsymbol{g}_T(\boldsymbol{\beta})^T\boldsymbol{W}_t\boldsymbol{g}_T(\boldsymbol{\beta}).\tag{7.76}$$

其中，$\boldsymbol{W}_T$ 为一 $m \times m$ 维的加权矩阵(weighting matrix)，它反映了各阶矩在 GMM 估计中的重要程度。在实际工作中，$m$ 可以是一较大的整数，如 Jacquier、Polson 和 Possi (1994)在他们研究中建议用 24 阶矩条件。当然，在样本量有限时，过多的矩条件会导致估计的效率降低。

尽管 GMM 方法有许多优点，而且计算上也较方便，它的以下弱点也是不能忽视的：

(1) 尽管 GMM 方法是一致的，它却不是有效的估计方法，即它在所有的一致估计中不是估计方差最小的。这说明 GMM 方法与最大似然估计方法还是有差异的，但在后者不可得的情况下我们所考虑的是如何使 GMM 的非有效性维持在最低水平。

(2) 当参数 $\varphi$ 接近于 1 时，它的 GMM 估计尤为不理想。这是一个较大的弱点，因为在金融数据中，特别在高频率的金融数据中，接近于 1 的参数 $\varphi$ 是经常出现的。

(3) GMM 的参数估计不具有估计不变性 (estimation invariance)，即若将 SV 模型重新参数化(reparameterisation)，使 $\lambda = f(\beta)$，那么参数 $\lambda$ 的估计不能从 $\beta$ 的估计值求得，即 $\tilde{\lambda} \neq f(\tilde{\beta})$。这一弱点有时会引起不良结果，因为 SV 模型中的参数 $\boldsymbol{\theta} = (\sigma^2, \varphi, \sigma_h^2)'$ 不一定就是研究者真正感兴趣的参数。

(4) 最后，GMM 方法不能对 $h_t$ 给出直接的估计值。

另一方面，计算加权矩阵有多种设置方法，要选取和计算最佳的加权矩阵 $\boldsymbol{W}_T$ 并非易事。Andersen 和 Sørensen (1993)的蒙特卡罗研究结果建议用较小数量的矩条件，提出根据给定观察数据选取最佳加权矩阵的具体方法。

**伪最大似然估计方法**

伪最大似然估计方法 (quasi maximum likelihood estimation, QML) 是最近发展起来的一种估计方法。QML 方法基于所谓的伪似然函数 (quasi likelihood function)，它是对真实的似然函数的近似，有时还是很粗糙的近似。显然，QML 方法很适用于 SV 模型，因为 SV 模型的似然函数不存在显函数形式。

为了讨论 QML 方法在 SV 模型中的应用，我们有必要先介绍状态空间模型(state space model)和卡尔曼滤波(Kalman filter)。状态空间模型可表示为：

$$\boldsymbol{y}_t = \boldsymbol{Z}_t \boldsymbol{\alpha}_t + \boldsymbol{S}_t \xi_t, \quad t = 1, 2, \cdots, T. \tag{7.77}$$

其中，$\boldsymbol{Z}_t$ 和 $\boldsymbol{S}_t$ 分别为 $N \times m$ 维和 $N \times n$ 维的常数(非随机)矩阵；向量 $\boldsymbol{\xi}_t$ 是 $n \times 1$ 维的随机向量，期望为零，方差矩阵为 $\boldsymbol{H}_t$；$\boldsymbol{\alpha}_t$ 为 $m \times 1$ 维向量，描述在时间 $t$ 时的 $m$ 个状态。在一般情况下，状态向量 $\boldsymbol{\alpha}_t$ 由于不断受到噪声的影响，不能被直接观察到；

但 $N\times 1$ 维的随机向量 $\boldsymbol{y}_t$ 是可观察的,它通过测量方程(measurement equation)(见式(7.77))与状态变量 $\boldsymbol{\alpha}_t$ 联系。虽然 $\boldsymbol{\alpha}_t$ 向量不能直接被观察,它的动态过程由以下转移方程(transition equation)所决定:

$$\boldsymbol{\alpha}_t = \boldsymbol{T}_t\boldsymbol{\alpha}_{t-1} + \boldsymbol{R}_t\boldsymbol{\eta}_t, \quad t = 1,2,\cdots,T. \tag{7.78}$$

其中,$\boldsymbol{\eta}_t$ 为一白噪声过程,随机干扰 $\boldsymbol{\xi}_t$ 和 $\boldsymbol{\eta}_t$ 均为独立同分布过程,而且互不相关。将 SV 模型写成 $y_t^2$ 的对数形式,可得

$$\log y_t^2 = \log\sigma^2 + h_t + \log\varepsilon_t^2, \quad h_t = \varphi h_{t-1} + \eta_t. \tag{7.79}$$

与式(7.77)和式(7.78)比较,SV 模型式(7.79)可看作一个状态空间模型,并有非正态的随机干扰 $\log\varepsilon_t^2$。

用卡尔曼滤波方法,可对状态空间模型中的状态向量 $\boldsymbol{\alpha}_t$ 作出最优的线性无偏估计。卡尔曼滤波是一方程组,对于每一个新得到的观察值 $\boldsymbol{y}_t$,这些方程可以使 $\boldsymbol{\alpha}_t$ 的估计值及时更新。此方法由两步组成:第一,用式(7.78)以 $\boldsymbol{\alpha}_{t-1}$ 作 $\boldsymbol{\alpha}_t$ 的预测值,从而预测 $\boldsymbol{y}_t$ 的值;第二,用 $\boldsymbol{y}_t$ 的最新观察值,更新 $\boldsymbol{\alpha}_t$ 的估计值,细节可参阅 Harvey (1989)。

以下介绍的估计 SV 模型的伪似然估计方法是由 Harvey、Ruiz 和 Shephard (1994)提出的,他们建议使用以下的伪似然函数:

$$l(\boldsymbol{\beta}) = -\frac{1}{2}\sum_{t=1}^{T}\log F_t - \frac{1}{2}\sum_{t=-}^{T}\frac{v_t^2}{F_t}. \tag{7.80}$$

其中 $v_t$ 是式(7.79)中第一个方程的一步向前预测误差,$F_t$ 为相应的卡尔曼滤波的均方误差。不难看出,如果式(7.79)中的误差项 $\log\varepsilon_t^2$ 服从正态分布,那么式(7.80)就是 $\log y_t^2$ 的准确的似然函数。建立在式(7.80)上的参数 $\boldsymbol{\beta}=(\sigma^2,\varphi,\sigma_h^2)'$ 的伪最大似然估计 $\hat{\boldsymbol{\beta}}$ 是一致的估计,且有正态的渐近分布。值得指出的是,当 $h_t=\varphi h_{t-1}+\eta_t$ 中的参数 $\varphi$ 接近于 1 时,伪似然估计比 GMM 估计有更好的统计性质,因为这时 $h_t$ 的自相关系数降低得很慢,不能有效地被矩条件反映出来。另一方面,当 $\varphi$ 较小时,GMM 估计似乎更精确,效率相对更高。

## 7.9.7 带有 SV 干扰项的回归模型

我们考虑带有 SV 干扰项的回归模型:

$$y_t = \boldsymbol{x}_t'\boldsymbol{\beta} + u_t, \quad t = 1,2,\cdots,T, \tag{7.81}$$

其中,$\boldsymbol{x}_t$ 为一 $k\times 1$ 维向量;$\boldsymbol{\beta}$ 为 $k\times 1$ 维未知参数向量;$u_t$ 为随机干扰,服从 SV 过程:

$$u_t = \sigma\varepsilon_t\exp\left(\frac{1}{2}h_t\right),$$

其中，$h_t = \varphi h_{t-1} + \eta_t$，　$\eta_t \sim \mathrm{iid}(0, \sigma_\eta^2)$，　$|\varphi| < 1$。

由于$\{u_t\}$的稳定性，$y_t$ 对自变量 $\boldsymbol{x}_t$ 作回归得到的$\boldsymbol{\beta}$ 的最小二乘估计 $\hat{\boldsymbol{\beta}}$ 是一致的估计，但由于$\{u_t\}$存在异方差，$\hat{\boldsymbol{\beta}}$ 并不是有效估计。为了提高估计效率，我们采取可行的广义二乘估计方法。根据前面的讨论，用 GMM 或 QML 方法估计出参数 $\varphi$ 和 $\sigma_h^2$，然后将$\{\exp(-0.5\hat{h}_t)\}$同乘式(7.81)的两侧，可得

$$\hat{y}_t = \hat{\boldsymbol{x}}_t'\boldsymbol{\beta} + \hat{u}_t,$$

其中，$\hat{y}_t = \exp(-0.5\hat{h}_t) \cdot y_t$，$\hat{\boldsymbol{x}} = \exp(-0.5\hat{h}_t) \cdot \boldsymbol{x}_t$，$\hat{u}_t = \exp(-0.5\hat{h}_t) \cdot u_t$。随机干扰 $\hat{u}_t$ 不再呈现异方差。参数 $\boldsymbol{\beta}$ 的可行的广义二乘估计为：

$$\boldsymbol{\beta} = \left(\sum_{t=1}^{T} \mathrm{e}^{-\hat{h}_t} \hat{\boldsymbol{x}}_t \hat{\boldsymbol{x}}_t'\right)^{-1} \sum_{t=1}^{T} \mathrm{e}^{-\hat{h}_t} \hat{\boldsymbol{x}}_t \hat{y}_t. \tag{7.82}$$

如果在式(7.82)中，$h_t$ 是 $h_{t-1}$ 的一个确定性函数，即不包括随机项 $\eta_t$，那么只要异方差中的参数 $\varphi$ 能被一致地估计，可行的广义二乘估计和广义二乘估计，即假设参数 $\varphi$ 为已知，有同样的极限分布。但由于 $h_t$ 包括随机项 $\eta_t$，不再是 $h_{t-1}$ 的确定函数，以上结果不再成立。尽管如此，研究表明可行的广义二乘估计(见式(7.82))的效率与广义二乘估计几乎一致，远比最小二乘估计高。

### 7.9.8　连续的 SV 模型

金融学的一个重要课题是计算金融财产如期货、期权的价格，而这些价格是连续变化的。连续的 SV 模型为研究人员提供了有力的工具。以 $S_t$ 表示某一金融财产在时刻 $t$ 的市场价格，根据有效市场理论它完全反映了直到时刻 $t$ 的所用的市场信息 $\mathfrak{I}_t$；以 $h$ 表示在时刻 $t$ 的时间增量，金融财产在时段$[t, t+h]$内的变化为 $S_{t+h}/S_t$。以 $E_t$ 表示在时刻 $t$ 对将来的期望，给定市场信息 $\mathfrak{I}_t$，可近似地给出对 $S_{t+h}$ 的预期：

$$E_t(S_{t+h} \mid \mathfrak{I}_t) \approx S_t + h\mu_t S_t,$$

其中，$\mu_t$ 为预计的收益率在 $h \to 0$ 时的概率极限，可得

$$\operatorname*{plim}_{h\to 0} \frac{E_t(S_{t+h} \mid \mathfrak{I}_t) - S_t}{h} = \frac{\mathrm{d}}{\mathrm{d}\tau} E_t(S_\tau \mid \mathfrak{I}_t)\big|_{\tau=t} = \mu_t S_t,$$

同样可得

$$\lim_{h\to 0} \mathrm{var}_t\left(\frac{S_{t+h}}{S_t}\right) = \sigma_t^2, \quad \frac{\mathrm{d}}{\mathrm{d}\tau} \mathrm{var}_t(S_\tau \mid \mathfrak{I}_t)\big|_{\tau=t} = \sigma_t^2 S_t^2.$$

以上结果说明：

$$E_t(\mathrm{d}S_t) = \mu_t S_t \mathrm{d}t, \quad \mathrm{var}(\mathrm{d}S_t) = \sigma_t^2 S_t^2 \mathrm{d}t.$$

金融产品价格 $S_t$ 的动态过程可由以下随机微分方程描述：

$$\mathrm{d}S_t = \mu_t S_t \mathrm{d}t + \sigma_t S_t \mathrm{d}W_t,$$

这里 $W_t$ 为标准的布朗运动，上式定义了伊藤过程(Itô process)，它是扩散过程(diffusion process)的一种特殊形式，是研究金融产品价格连续变化的常用工具。

**连续的 SV 模型的结构**

连续的 SV 模型有以下的一般形式：

$$\begin{aligned} \mathrm{d}S_t/S_t &= \mu_t \mathrm{d}t + \sigma_t(h_t)\mathrm{d}W_t, \\ \mathrm{d}h_t &= \gamma_t \mathrm{d}t + \delta_t \mathrm{d}\overline{W}_t, \quad t \in [0,T], \\ \mathrm{d}W_t \mathrm{d}\overline{W}_t &= \rho_t \mathrm{d}t. \end{aligned} \tag{7.83}$$

其中，$h_t$ 服从一扩散过程，它决定变异性的动态过程；$W_t$ 和 $\overline{W}_t$ 均为标准布朗运动，且有

$$\mathrm{cov}(\mathrm{d}W_t \mathrm{d}\overline{W}_t) = \rho_t \mathrm{d}t.$$

为了叙述的简便，我们在下文中暂且假设 $\rho_t=0$，非零的 $\rho_t$ 能捕捉金融数据中的非对称的杠杆效应。

文献中常见的连续的 SV 模型经常采用以下的特殊形式，其中 $\log\sigma_t^2$ 服从 OU (Ornstein-Uhlenbeck)随机过程：

$$\begin{aligned} \mathrm{d}y_t &= \sigma_t \mathrm{d}W_t, \\ \sigma_t^2(h_t) &= \sigma^2 \exp(h_t), \\ \mathrm{d}h_t &= -\beta h_t \mathrm{d}t + \sigma_\zeta \mathrm{d}\overline{W}_t, \end{aligned} \tag{7.84}$$

其中，$\mathrm{d}y_t = \mathrm{d}S_t/S_t$，$\beta>0$。解出以上方程组的第三个随机微分方程，可得 $h_t$ 的表达式。一般地，OU 过程 $\mathrm{d}x_t = -\alpha x_t \mathrm{d}t + \sigma \mathrm{d}W_t$ 的解可表示为：

$$x_t = \mathrm{e}^{-\alpha t}\left[x_0 + \sigma\int_0^t \mathrm{e}^{\alpha s}\mathrm{d}W_s\right], \tag{7.85}$$

其中 $x_0$ 为 $x_t$ 的起始值。利用式(7.85)，可得式(7.84)中 $h_t$ 的解：

$$h_t = \mathrm{e}^{-\beta t}h_0 + \sigma_\zeta \int_0^t \mathrm{e}^{-\beta(t-s)}\mathrm{d}\overline{W}_s.$$

特别地，如果将 $h_t$ 的解限制在区间 $[t-1,t]$ 内，则有

$$h_t = \mathrm{e}^{-\beta}h_{t-1} + \sigma_\zeta \int_{t-1}^t \mathrm{e}^{-\beta(t-s)}\mathrm{d}\overline{W}_s = \varphi h_{t-1} + \eta_t, \tag{7.86}$$

其中，$\varphi = \mathrm{e}^{-\beta}$，$\eta_t = \sigma_\zeta \int_{t-1}^t \mathrm{e}^{-\beta(t-s)}\mathrm{d}\overline{W}_s$。不难验证

$$\eta_t = \sigma_\zeta \int_{t-1}^t \mathrm{e}^{-\beta(t-s)}\mathrm{d}\overline{W}_s \sim N\left(0, \frac{\sigma_\zeta^2}{2\beta}(1-\mathrm{e}^{-2\beta})\right) \triangleq N(0,\sigma_\eta^2),$$

从而，$h_t$ 有期望为零、方差为 $\sigma_\zeta^2/2\beta$ 的正态分布。

式(7.86)给出了连续的和离散的SV模型之间的联系，在一定意义上前者可看作后者的概率极限。

**连续的SV模型的滤波和离散近似**

ARCH类模型可以作为连续的SV模型的滤波(filtering)，从离散的数据中提取信息。奈尔逊(1990)首先提出ARCH类模型和连续的SV模型之间的联系，他指出，如在ARCH模型中假设变异性 $\sigma_t^2$ 是时刻 $t-1$ 的收益平方的函数，当时间间隔趋近于零，样本量趋近于无穷大时，在不同的条件下，或趋近于一个连续的扩散过程，或一个连续的CEV过程(constant elasticity of variance)。下面考虑CEV过程的情况。一般地，CEV过程有以下表示形式：

$$\begin{aligned} \sigma_t(h_t) &= \sigma h_t^{1/2}, \\ d\sigma_t^2 &= k(\theta-\sigma_t^2)dt + \gamma(\sigma_t^2)^\delta d\overline{W}_t, \end{aligned} \tag{7.87}$$

其中 $\delta \leqslant 1/2$，保证了 $\{\sigma_t^2\}$ 为非负的稳定过程。

考虑时间间隔为 $l$ 的一个单位根过程：

$$y_{t+l} = y_t + l^{1/2}\cdot\omega_{t+l}, \tag{7.88}$$

其中，$\omega_{t+l}$ 服从GARCH(1, 1)过程 $\omega_{t+l}=\sigma_{t+l}\varepsilon_{t+l}$，$\varepsilon_{t+l}\sim N(0,1)$；给定在 $t$ 时刻的所有信息 $\Im_t$，$\omega_{t+l}$ 的条件方差为

$$\sigma_{t+l}^2 = \mathrm{var}(\omega_{t+l}\mid\Im_t) = k_0 l + (1-\theta l-\alpha l^{1/2})\sigma_t^2 + \alpha l^{1/2}\omega_t^2;$$

$l$ 为时间间隔的长度，给定 $y_t$ 和 $\sigma_t^2$，由于 $E(\omega_t^2-\sigma_t^2)=0$，可得

$$\begin{aligned} &l^{-1}E(y_{t+l}-y_t) = 0, \\ &l^{-1}E(\sigma_{t+l}^2-\sigma_t^2) = (k_0-\theta\sigma_t^2) - \alpha l^{-1/2}E(\omega_t^2-\sigma_t^2) = (k_0-\theta\sigma_t^2). \end{aligned}$$

进一步令时间间隔的长度 $l\to 0$，则有

$$\begin{aligned} &\lim_{l\to 0} l^{-1}\mathrm{var}(y_{t+l}-y_t) = \lim_{l\to 0} l^{-1}E(l^{1/2}\cdot\omega_{t+l})^2 = \lim_{l\to 0}\{k_0 l + (1-\theta l)\sigma_t^2\} = \sigma_t^2, \\ &\lim_{l\to 0} l^{-1}\mathrm{var}(\sigma_{t+l}^2-\sigma_t^2) = \lim_{l\to 0} l^{-1}E\{(\sigma_{t+l}^2-\sigma_t^2)-(k_0-\theta\sigma_t^2)\}^2 = 2\alpha^2\sigma_t^4. \end{aligned} \tag{7.89}$$

另一方面，定义

$$\begin{aligned} \frac{dy_t}{dt} &= \lim_{l\to 0}\{l^{-1}(y_{t+l}-y_t)\}, \\ \frac{d\sigma_t^2}{dt} &= \lim_{l\to 0}\{l^{-1}(\sigma_{t+l}^2-\sigma_t^2)\}, \end{aligned} \tag{7.90}$$

综合式(7.89)和式(7.90)中的结果，离散的GARCH(1, 1)模型(见式(7.88))一

致地收敛于连续的 SV 模型：

$$dy_t = \sigma_t dW_t,$$

$$d\sigma_t^2 = (k_0 - \theta\sigma_t^2)dt + \sqrt{2}\alpha\sigma_t^2 d\overline{W}_t,$$

其中，$W_t$ 和 $\overline{W}_t$ 为相互独立的布朗运动。

**有间断跳跃的连续的 SV 模型**

金融数据，特别是金融资产收益数据，不仅呈现变异性的各种特征，还往往带有间断性的跳跃，而这种跳跃是不能由连续变化的过程来描述的。为了有效地描述和分析这种现象，我们将连续的 SV 模型推广，使其包括一个不连续的跳跃过程，如：

$$dS_t/S_t = (\mu_t - \lambda\mu_0)dt + \sigma_t(h_t)dW_t + (Y-1)dq_t(\lambda), \tag{7.91}$$

其中，$\mu_t$ 为收益的即时期望(instantaneous expectation)；$\sigma_t^2(h_t)$ 为即时条件方差；$q_t(\lambda)$ 为一独立的泊松过程，其中参数 $\lambda$ 为单位时间内跳跃发生的平均数。$(Y-1)$ 为间断跳跃的幅度，跳跃发生的概率由下式给出：

$$\text{Prob}(dq_t = 1) = \lambda dt,$$

$$\text{Prob}(dq_t = 0) = 1 - \lambda dt.$$

比如，如果 $Y=0.9$，那么此金融财产就有 10%的可能性出现突然下跌。还可以进一步将跳跃幅度 $Y$ 假设成随机变量，服从标准对数正态(Log-normal)分布，并有 $E(Y_t-1)=\mu_0$。莫顿(Merton 1990)用以下的间断跳跃过程构造期权的定价模型：

$$\frac{dS_t}{S_t} = (\mu - \lambda\mu_0)dt + \sigma dW_t + (Y_t - 1)dq_t(\lambda). \tag{7.92}$$

令 $s_t = \log S_t$，还可将上述随机微分方程写为：

$$ds_t = \left(\mu_t - \lambda\mu_0 - \frac{1}{2}\sigma^2\right)dt + \sigma dW_t + (\log Y_t)dq_t(\lambda),$$

其中，$\log Y_t$ 服从标准正态分布。若瞬时跳跃发生，即 $dq_t(\lambda)=1$，则有

$$\frac{dS_t}{S_t} = (\mu - \lambda\mu_0)dt + \sigma dW_t + (Y_t - 1),$$

否则，

$$dq_t(\lambda) = 0,$$

$$\frac{dS_t}{S_t} = (\mu - \lambda\mu_0)dt + \sigma dW_t.$$

给定起始值 $S_0$，随机微分方程式(7.92)的解为：

$$S_t = S_0 \exp\left[\left(\mu - \frac{\sigma^2}{2} - \lambda\mu_0\right)t + \sigma Z_t\right]Y_n,$$

其中 $Z_t \sim N(0,t)$，$Y_j$ 为独立同分布的对数正态变量。若 $n \geqslant 1$，$Y_n = \prod_{j=1}^{n} Y_j$；若

$n=0, Y_0=1$。变量 $n$ 服从泊松分布，其期望值为 $\lambda t$。

**连续的 SV 模型的参数估计**

文献中存在多种连续的 SV 模型的参数估计方法，包括连续的 GMM 方法等。下面我们介绍所谓的间接推断估计法（indirect inference estimation，IIE），这是由法国的 Gourieroux 等(1993)首先提出和发展起来的。IIE 方法开创了一个新的方向，在很多其他模型估计中都有应用。

如果一经济计量模型 $M$ 完全由其概率密度函数 $f(y_t|\boldsymbol{x}_t;\boldsymbol{\theta})$ 所决定，其中 $\boldsymbol{x}_t$ 为外生变量，$\boldsymbol{\theta}$ 为未知参数，那么给定观察数据，$\boldsymbol{\theta}$ 的最大似然估计可由下式给出：

$$\hat{\boldsymbol{\theta}}_T = \arg\max_\theta \sum_{t=1}^{T} \log f(y_t \mid \boldsymbol{x}_t;\boldsymbol{\theta}).$$

但如果模型过于复杂，概率密度函数不存在显函数形式，最大似然估计可以变得异常复杂，甚至不可行。比如以下模型

$$\begin{aligned} y_t &= \gamma(y_{t-1}, \boldsymbol{x}_t, u_t;\boldsymbol{\theta}), \\ u_t &= \varphi(u_{t-1}, \varepsilon_t;\boldsymbol{\theta}), \end{aligned} \tag{7.93}$$

其中 $\varepsilon_t \sim N(0,1)$，$\boldsymbol{x}_t$ 为外生变量，$\gamma(\cdot)$ 和 $\varphi(\cdot)$ 为非线性的函数形式，要得到参数 $\boldsymbol{\theta}$ 的最大似然估计几乎是不可能的。IIE 方法并不直接依赖于模型的似然函数（或密度函数），因此有较大的灵活性。IIE 方法的核心是建立一个辅助模型（auxiliary model）$M^a$，它可以是原模型的近似，也可采取其他形式，只要它存在可操作的、有显函数表达形式的密度函数 $f^a(y_t|\boldsymbol{x}_t;\boldsymbol{\beta})$，从中可得参数 $\beta$ 的最大似然估计：

$$\hat{\boldsymbol{\beta}}_T = \arg\max_\beta \sum_{t=1}^{T} \log f^a(y_t \mid \boldsymbol{x}_t;\boldsymbol{\beta}). \tag{7.94}$$

我们下面介绍估计模型式(7.93)中参数 $\boldsymbol{\theta}$ 的 IIE 方法的主要步骤：

(1) 构造一辅助模型 $M^a$，用实际的观察数据由式(7.94)得到最大似然估计 $\hat{\boldsymbol{\beta}}_T$，$\boldsymbol{\beta}$ 为 $r$ 维的参数向量。

(2) 选定一参数值 $\boldsymbol{\theta}=\dot{\boldsymbol{\theta}}$，从标准正态分布中抽取随机数 $\dot{\varepsilon}_t$，$t=1,2,\cdots,ST$。$T$ 为观察值的样本量，$S$ 为模拟重复量（simulation replications）。重复 $S$ 次使用外生变量 $\boldsymbol{x}_t$，使得 $\dot{\boldsymbol{x}}_1=\boldsymbol{x}_1$，…，$\dot{\boldsymbol{x}}_T=\boldsymbol{x}_T$，$\dot{\boldsymbol{x}}_{T+1}=\boldsymbol{x}_1$，…，$\dot{\boldsymbol{x}}_{2T}=\boldsymbol{x}_T$，…，$\dot{\boldsymbol{x}}_{ST}=\boldsymbol{x}_T$，产生 $y_t$ 的 $S$ 组模拟数据 $y_t^s(\dot{\boldsymbol{\theta}})$：

$$\begin{aligned} y_t^s(\dot{\boldsymbol{\theta}}) &= \gamma(y_{t-1}^s, \dot{\boldsymbol{x}}_t, \dot{u}_t;\dot{\boldsymbol{\theta}}), \\ \dot{u}_t &= \varphi(\dot{u}_{t-1}, \dot{\varepsilon}_t;\dot{\boldsymbol{\theta}}). \end{aligned}$$

(3) 用模拟数据 $y_t^s(\dot{\boldsymbol{\theta}})$ 和 $\dot{\boldsymbol{x}}_t$，估计密度函数 $f^a(y_t|x_t;\boldsymbol{\beta})$ 中的参数 $\boldsymbol{\beta}$：

$$\hat{\boldsymbol{\beta}}_{ST}(\dot{\boldsymbol{\theta}}) = \arg\max_\beta \sum_{s=1}^{S}\sum_{t=1}^{T} \log f^a(y_t^s(\dot{\theta}) \mid \dot{x}_t;\boldsymbol{\beta}). \tag{7.95}$$

(4) 选择另一个不同的参数值 $\boldsymbol{\theta}=\dot{\boldsymbol{\theta}}$，重复上述过程。比较 $\hat{\boldsymbol{\beta}}_T$ 和 $\hat{\boldsymbol{\beta}}_{ST}$ 之间的差异，我们最后在一系列的选定的 $\dot{\boldsymbol{\theta}}$ 中选择 $\hat{\boldsymbol{\theta}}_{ST}$ 使得 $\hat{\boldsymbol{\beta}}_T$ 和 $\hat{\boldsymbol{\beta}}_{ST}$ 之间的差异达到最小，由此 IIE 估计量 $\hat{\boldsymbol{\theta}}_{ST}$ 为：

$$\hat{\boldsymbol{\theta}}_{ST} = \arg\min_{\theta}[\hat{\boldsymbol{\beta}}_T - \hat{\boldsymbol{\beta}}_{ST}(\boldsymbol{\theta})]'\boldsymbol{\Omega}[\hat{\boldsymbol{\beta}}_T - \hat{\boldsymbol{\beta}}_{ST}(\boldsymbol{\theta})]. \tag{7.96}$$

其中 $\boldsymbol{\Omega}$ 为一个 $r\times r$ 维的对称正定矩阵，定义了 $\hat{\boldsymbol{\beta}}_T$ 和 $\hat{\boldsymbol{\beta}}_{ST}$ 之间的差异度量。

以上的计算一般由数值计算方法实现。在循环计算的第 $i$ 步，我们用 $h(\cdot)$ 寻找一个新的参数值 $\dot{\boldsymbol{\theta}}^{(i)}$ 作为 $\boldsymbol{\theta}$ 的估计值，$\dot{\boldsymbol{\theta}}^{(i+1)}=h(\dot{\boldsymbol{\theta}}^{(i)},\hat{\boldsymbol{\beta}}_T,\hat{\boldsymbol{\beta}}_{ST}(\dot{\boldsymbol{\theta}}^{(i)}))$，最后，

$$\hat{\boldsymbol{\theta}}_{ST} = \lim_{i\to\infty}\dot{\boldsymbol{\theta}}^{(i)}.$$

我们下面介绍一个简单的例子说明 IIE 方法的应用，并讨论它的一些统计性质，选择这个例子只是为了说明的方便，例子本身并无特别的经济和金融意义。

考虑一阶移动平均 MA(1)过程：

$$y_t = \varepsilon_t - \theta\varepsilon_{t-1}, \tag{7.97}$$

其中$\{\varepsilon_t\}$是正态的白噪声过程。如果参数$|\theta|<1$，MA(1)过程可看作一个无穷阶的自回归 AR($\infty$)过程。显然，估计一个 MA(1)过程比估计一个有限阶自回归过程要困难得多。我们选择一个有限阶的 AR($r$)作为 MA(1)的近似和 IIE 估计的辅助模型 $M^a$，并利用它构造目标函数：

$$Q_T^{(r)} = \sum_{t=r+1}^{T}(y_t - \beta_1 y_{t-1} - \cdots - \beta_r y_{t-r})^2. \tag{7.98}$$

首先，我们用实际观察数据 $y_1,\cdots,y_T$ 估计参数 $\boldsymbol{\beta}=(\beta_1,\cdots,\beta_r)'$：

$$\hat{\boldsymbol{\beta}}_T = \arg\min_{\boldsymbol{\beta}}\sum_{t=r+1}^{T}(y_t - \beta_1 y_{t-1} - \cdots - \beta_r y_{t-r})^2.$$

然后，选定一个值 $\dot{\theta}$ 作为估计的开始值，如 $\dot{\theta}=0.5$；产生随机数 $\varepsilon_t$，再由 MA(1)模型(式(7.97))产生 $y_t$ 的模拟值 $y_t^s$，$s=1,\cdots,S$，$t=1,\cdots,T$，得到得估计值：

$$\hat{\boldsymbol{\beta}}_s = (\hat{\beta}_{s1}(\dot{\theta}),\cdots,\hat{\beta}_{sr}(\dot{\theta}))',$$

$$\hat{\boldsymbol{\beta}}_{Sj}(\dot{\theta}) = \frac{1}{S}\sum_{s=1}^{S}\hat{\beta}_{sj}(\dot{\theta}), \quad j = 1,\cdots,r.$$

不断选取新的 $\dot{\theta}$，重复以上数据模拟和参数估计步骤。最后，将实际的估计值 $\hat{\boldsymbol{\beta}}_T=(\tilde{\beta}_1,\cdots,\tilde{\beta}_r)'$和由模拟数据得到的估计值$\hat{\boldsymbol{\beta}}_S(\dot{\theta})=(\hat{\beta}_{S1}(\dot{\theta}),\cdots,\hat{\beta}_{Sr}(\dot{\theta}))'$比较，可得到参数 $\theta$ 的 IIE 估计：

$$\hat{\theta}_{ST} = \min_{\theta}\sum_{j=1}^{r}(\hat{\beta}_{Tj} - \hat{\beta}_{Sj}(\theta))^2.$$

Gourieroux 等(1993)对以上的 MA(1)模型作了蒙特卡罗模拟研究，在模拟

中，参数 $\theta$ 的真值设为 $\theta=0.5$，三个目标函数分别为 $Q_T^{(i)}$，$i=1,2,3$，用来作为 IIE 估计的辅助函数，并将估计结果与最大似然估计作了比较，我们将他们的研究结果列于表 7.1 和图 7.5 中：

**表 7.1　MA(1)模型的 IIE 和最大似然估计值**

| 估计量 | 均值 | 标准差 | 均方误差 |
|---|---|---|---|
| IIE by $Q_T^{(1)}$ | 0.481 | 0.105 | 0.106 |
| IIE by $Q_T^{(2)}$ | 0.491 | 0.065 | 0.066 |
| IIE by $Q_T^{(3)}$ | 0.497 | 0.053 | 0.053 |
| 最大似然估计 | 0.504 | 0.061 | 0.061 |

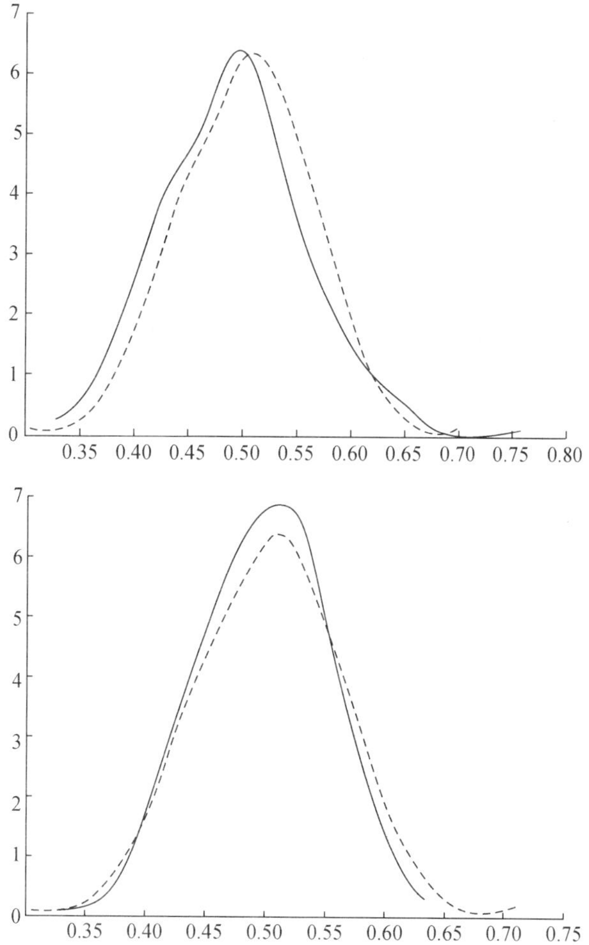


**图 7.5　基于 $Q_T^{(2)}$ 和 $Q_T^{(3)}$ 的 IIE 估计与最大似然估计的分布比较**

以上结果表明 IIE 估计的精确度很高，尽管 AR(3)对于 MA(1)只是一个粗糙的近似，以 $Q_T^{(3)}$ 为辅助函数的 IIE 估计甚至比最大似然估计的精确度还高；估计量的分布与标准正态分布亦相去不远（图 7.5 中的虚线为标准正态分布）。

**连续的 SV 模型的 IIE 估计**

要用离散的数据估计一个连续模型的参数，我们首先必须将连续模型离散化。下面先介绍如何将一个连续 SV 过程表示成个一向量扩散过程（vector diffusion process），然后将其离散化，用 IIE 方法作估计。向量扩散过程有以下形式：

$$\mathrm{d}\boldsymbol{y}_t = \boldsymbol{\mu}(\boldsymbol{y}_t, \boldsymbol{\theta})\mathrm{d}t + \sigma(\boldsymbol{y}_t, \boldsymbol{\theta})\mathrm{d}\boldsymbol{W}_t, \tag{7.99}$$

其中 $\boldsymbol{y}_t$ 为 $n$ 维随机向量。同时我们考虑式(7.83)中的连续的 SV 过程：

$$\begin{aligned} \mathrm{d}y_t &= \sigma_t \mathrm{d}W_t, \\ \sigma_t^2(h_t) &= \sigma^2 \exp(h_t), \\ \mathrm{d}h_t &= -\beta h_t \mathrm{d}t + \sigma_\zeta \mathrm{d}\overline{W}_t. \end{aligned} \tag{7.100}$$

令 $\boldsymbol{y}_t = [y_t^{(1)}, y_t^{(2)}]'$，$y_t^{(1)} = y_t$，$y_t^{(2)} = \log\sigma_t^2$，将式(7.100)中的方程改写成以下形式：

$$\begin{aligned} \mathrm{d}y_t^{(1)} &= \log\left(\frac{y_t^{(2)}}{2}\right)\mathrm{d}W_t, \\ \mathrm{d}y_t^{(2)} &= -\beta(y_t^{(2)} - \alpha)\mathrm{d}t + \sigma_\zeta \mathrm{d}\overline{W}_t, \end{aligned}$$

其中 $\alpha = \log\sigma^2$，从而可将式(7.100)看作一个二维的扩散系统。

我们下面对向量扩散过程进行离散化，然后用 IIE 方法估计参数。文献中存在多种离散化的方法，较为常见的方法基于伊藤公式。

伊藤公式(Itô Formula)是解随机微分方程的有力工具。假设随机过程$\{y_t\}$服从扩散过程式(7.99)（为简单起见，假设 $n=1$，$y_t$ 为一个单变量），如这时还存在一个二次可微函数 $k(\cdot)$，那么 $k(y_t)$也是一连续的随机过程，并有微分表达式：

$$\mathrm{d}k(y_t) = \left[\frac{\partial k}{\partial y}(y_t) \cdot \mu(y_t, \theta) + \frac{1}{2}\frac{\partial^2 k}{\partial y^2} \cdot \sigma^2(y_t, \theta)\right]\mathrm{d}t + \frac{\partial k}{\partial y}(y_t) \cdot \sigma(y_t, \theta)\mathrm{d}W_t,$$

这就是著名的伊藤公式。我们用差分代替微分：

$$\mathrm{d}k(y_t) = k(y_t) - k(y_{t-1}), \quad \mathrm{d}t = t - (t-1) = 1, \quad \mathrm{d}W_t = \varepsilon_t.$$

将伊藤公式离散化，可得

$$\begin{aligned} k(y_t) - k(y_{t-1}) =& \frac{\partial k}{\partial y}(y_{t-1})\mu(y_{t-1}, \theta) + \frac{1}{2}\frac{\partial^2 k}{\partial y^2}(y_{t-1}) \\ & \cdot \sigma^2(y_{t-1}, \theta) + \frac{\partial k}{\partial y}(y_{t-1})\sigma(y_{t-1}, \theta)\varepsilon_t. \end{aligned} \tag{7.101}$$

其中$\{\varepsilon_t\}$为独立同分布，服从标准正态分布。我们用式(7.101)产生模拟数据$y_t^{(s)}$，并用下式作为IIE估计的辅助模型$M^a$：

$$Q_T=\frac{1}{T}\sum_{t=2}^{T}-\log\sigma(y_{t-1})$$

$$-\frac{1}{2T}\sum_{t=2}^{T}\frac{\{k(y_t)-k(y_{t-1})-(\partial k/\partial y)(y_{t-1})\mu(y_{t-1})-1/2(\partial^2 k/\partial y^2)(y_{t-1})\sigma^2(y_{t-1})\}^2}{[(\partial k/\partial y)(y_{t-1})]^2\sigma^2(y_{t-1})}.$$

以下是一个简单的例子。

OU(Ornstein-Uhlenbeck)过程是一个较为简单的扩散过程，可表示为：

$$dy_t=k(a-y_t)dt+\sigma dW_t. \tag{7.102}$$

我们的目的是估计参数向量$\boldsymbol{\theta}=(k,a,\sigma)'$。由式(7.85)可知式(7.102)的解为：

$$y_t=e^{-kt}\left[y_0+a(e^{kt}-1)+\sigma\int_0^t e^{ks}dW_s\right]. \tag{7.103}$$

不难验证，随机量$\sigma\int_0^t e^{ks}dW_s$有期望为零，方差为$\sigma^2(e^{2k}-1)/2k$的正态分布。如果将以上的解限制在闭区间$[t-1,t]$内，可得OU模型式(7.102)的精确的离散形式(exact discretisation)：

$$y_t=a(1-e^{-k})+e^{-k}y_{t-1}+\sigma\left(\frac{1-e^{-2k}}{2k}\right)^{1/2}\varepsilon_t, \tag{7.104}$$

这里的$\varepsilon_t$有标准的正态分布。式(7.104)的对数似然函数并不很复杂，参数向量$\boldsymbol{\theta}=(k,a,\sigma)'$的最大似然估计是不难得到的。另一方面，如果直接用差分代替微分，即$dy_t=y_t-y_{t-1}$，$dW_t=W_t-W_{t-1}$，OU模型还可以有粗糙的离散化形式(crude discretisation)：

$$y_t=ka+(1-k)y_{t-1}+\sigma\varepsilon_t. \tag{7.105}$$

我们用OU模型的精确的离散形式产生模拟数据$y_t^s$，用粗糙的离散化形式作为IIE估计的辅助模型$M^a$，得到参数向量$\boldsymbol{\theta}=(k,a,\sigma)'$的IIE估计：

1. 利用真实数据，由辅助模型得到参数向量$\boldsymbol{\theta}=(k,a,\sigma)'$的估计值；

2. 然后用精确的离散方程产生模拟数据$y_t^s$。

算法的其余步骤与前同，这里不再赘述。

Gourieroux等(1993)将IIE估计与精确的最大似然估计(基于式(7.104))和粗糙的最大似然估计(基于式(7.105))作了蒙特卡罗模拟分析与比较。他们将参数向量$\boldsymbol{\theta}=(k,a,\sigma)'$预先设定为$k=0.8$，$a=0.1$，$\sigma=0.06$，$T=250$，$S=1$。分析结果如下：

表 7.2 OU 模型 IIE 估计和最大似然估计的比较

| 估计方法 | 参数 | 均值 | 偏差 | 标准差 | 均方误差 |
|---|---|---|---|---|---|
| 精确的最大似然估计 | $k$ | 0.859 | 0.059 | 0.122 | 0.135 |
| | $a$ | 0.100 | 0.000 | 0.005 | 0.005 |
| | $\sigma$ | 0.063 | 0.003 | 0.004 | 0.005 |
| IIE 估计 | $k$ | 0.811 | 0.011 | 0.170 | 0.170 |
| | $a$ | 0.100 | 0.000 | 0.007 | 0.007 |
| | $\sigma$ | 0.060 | 0.000 | 0.005 | 0.005 |
| 粗糙的最大似然估计 | $k$ | 0.574 | −0.226 | 0.051 | 0.232 |
| | $a$ | 0.100 | 0.000 | 0.005 | 0.005 |
| | $\sigma$ | 0.043 | −0.017 | 0.002 | 0.017 |

这些结果说明，单独用精确的和粗糙的离散模型作出的估计都不很理想，但同时用精确的和粗糙的模型的 IIE 估计方法却大大提高了估计的精确度和有效性。

## 7.10 本章小结

本章介绍了 ARCH 类模型，包括 ARCH、GARCH 和 EGARCH，以及随机变异性模型(SV 模型)的一些主要的统计性质以及参数估计和假设检验的一些基本方法。ARCH 类模型在一定的约束条件下是稳定的随机过程，它的无条件期望和方差均为常数，但它的条件方差却随着时间变化，是过去随机干扰的函数。这使得 ARCH 类模型适合于描述和分析金融资产的时间序列数据。ARCH 过程的参数结构较为复杂，一般需用数值方法计算参数的估计值，本章介绍的恩格尔方法是较常用的一种数值方法，已被多个计量经济和统计软件采用，如 EViews、OxMetrics、STATA 等。

SV 模型是最近十几年中发展起来的一个崭新的研究方向，由于它在金融上有直接的应用，受到了广大研究者的注意，引发了广泛的兴趣。一个很重要的而且至今仍有争议的问题，是 SV 模型与 ARCH、GARCH 类模型之间的关系，当它们对数据解释不一致的时候如何解释这些模型的结果等。一般来说，SV 模型和 ARCH 类模型各有长短，不能被看作简单的竞争者。近来在 ARCH 领域内有许多新的研究成果，如用非参数(non-parametric) 的方法估计随机过程的条件变异性，进一步放宽 GARCH 模型的条件等，克服了 ARCH 和 GARCH 类模型的一些不足之处。另一方面，对 SV 模型的研究近来也有许多重要的进展，如在随机微分方程中引入 Levy 过程，使 SV 模型有更广泛的应用。

SV 模型有多种估计方法，我们在本章中着重介绍了间接推断方法，它完全抛开了建立在似然函数上的估计和推断的传统，我们用实例说明它有很好精确度。随着计算设备和软件的发展，间接推断方法一定会有更多更广泛的应用。

## 习题

1. 随机变量 $X$ 服从广义误差分布，若它的密度函数 $f(x)$ 可表示为

$$f(x)=\frac{c\cdot\exp\left[-\frac{1}{2}\mid x/\lambda\mid^{c}\right]}{\lambda\cdot 2^{[(c+1)/2]}\Gamma(1/c)},$$

其中，$0<c\leqslant\infty$，$\Gamma(\cdot)$为 $\Gamma$- 函数，$\lambda$ 为常数，其值为

$$\lambda=\left\{\frac{2^{(-2/c)\Gamma(1/c)}}{\Gamma(3/c)}\right\}^{1/2}.$$

验证：

(a) 当 $c=2$ 时，随机变量 $X$ 有标准正态分布。

(b) 当 $c<2$ 时，$X$ 的分布有较正态分布更厚的尾部。

(c) 当 $c>2$ 时，$X$ 的分布有较正态分布更薄的尾部。

(d) 当 $c\to\infty$时，$X$ 的极限分布是闭区间$[-3^{1/2},3^{1/2}]$上的均匀分布。

2. 若随机变量 $X$ 服从广义误差分布，证明：

$$E\mid X\mid=\frac{\lambda\cdot 2^{1/c}\Gamma(2/c)}{\Gamma(1/c)},$$

然后利用 $\Gamma$ 函数的性质

$$\Gamma(2/c)=(2\pi)^{-1/2}\cdot 2^{2/c-1/2}\Gamma\left(1/c+\frac{1}{2}\right),$$

$$\Gamma(3/c)=(2\pi)^{-1/2}\cdot 3^{3/c-1/2}\Gamma\left(1/c+\frac{1}{3}\right)\Gamma\left(1/c+\frac{2}{3}\right),$$

证明：

$$\lim_{c\to\infty}E\mid X\mid=\lim_{c\to\infty}\frac{\lambda\cdot 2^{1/c}\Gamma(2/c)}{\Gamma(1/c)}=\frac{\sqrt{3}}{2},$$

并与上题的结论(4)比较。

3. 以 $p[\varepsilon_t|\varepsilon_{t-1},\varepsilon_{t-2},\cdots]$表示由 $1,\varepsilon_{t-1},\varepsilon_{t-2},\cdots,\varepsilon_{t-1}^2,\varepsilon_{t-2}^2,\cdots$ 构成的对 $\varepsilon_t$ 的最佳线性预测，证明：

$$E\{(\varepsilon_t-p[\varepsilon_t\mid\varepsilon_{t-1},\varepsilon_{t-2},\cdots])\varepsilon_{t-i}^r\}=0,$$

这里，$i\geqslant 1,r=0,1,2$。

4. 假设 $h_t=\log\sigma_t^2\sim N(0,\sigma_h^2)$，即 $\sigma_t^2$ 有对数正态分布，证明：

$$E(\exp(ah_t))=\exp\left(\frac{a^2\sigma_h^2}{2}\right),$$

这里 $a$ 为一常数。

5. GARCH(1，1)模型的峰度为

$$\kappa_y=\frac{E(y_t^4)}{(E(y_t^2))^2}=\frac{3(1-\alpha^2-\beta^2)}{1-2\alpha\beta-[2\alpha^2+(\alpha+\beta)^2]},$$

其中，$2\alpha^2+(\alpha+\beta)^2<1$，证明：$\kappa_y>3$。

# 附　　录

**表1　菲利普斯-配荣的 $z_\rho$ 检验和迪基-福勒检验的临界值**

（基于 OLS 估计值）

| 样本量 $T$ | 统计量 $T(\hat{\rho}_T-1)$小于表中数值的概率 | | | | | | | |
|---|---|---|---|---|---|---|---|---|
| | 0.01 | 0.025 | 0.05 | 0.10 | 0.90 | 0.95 | 0.975 | 0.99 |
| | | | | 情况一 | | | | |
| 25 | −11.9 | −9.3 | −7.3 | −5.3 | 1.01 | 1.40 | 1.79 | 2.28 |
| 50 | −12.9 | −9.9 | −7.7 | −5.5 | 0.97 | 1.35 | 1.70 | 2.16 |
| 100 | −13.3 | −10.2 | −7.9 | −5.6 | 0.95 | 1.31 | 1.65 | 2.09 |
| 250 | −13.6 | −10.3 | −8.0 | −5.7 | 0.93 | 1.28 | 1.62 | 2.04 |
| 500 | −13.7 | −10.4 | −8.0 | −5.7 | 0.93 | 1.28 | 1.61 | 2.03 |
| ∞ | −13.8 | −10.5 | −8.1 | −5.7 | 0.93 | 1.28 | 1.60 | 2.03 |
| | | | | 情况二 | | | | |
| 25 | −17.2 | −14.6 | −12.5 | −10.2 | −0.76 | 0.01 | 0.65 | 1.40 |
| 50 | −18.9 | −15.7 | −13.3 | −10.7 | −0.81 | −0.07 | 0.53 | 1.22 |
| 100 | −19.8 | −16.3 | −13.7 | −11.0 | −0.83 | −0.10 | 0.47 | 1.14 |
| 250 | −20.3 | −16.6 | −14.0 | −11.2 | −0.84 | −0.12 | 0.43 | 1.09 |
| 500 | −20.5 | −16.8 | −14.0 | −11.2 | −0.84 | −0.13 | 0.42 | 1.06 |
| ∞ | −20.7 | −16.9 | −14.1 | −11.3 | −0.86 | −0.13 | 0.41 | 1.04 |
| | | | | 情况四 | | | | |
| 25 | −22.5 | −19.9 | −17.9 | −15.6 | −3.66 | −2.51 | −1.53 | −0.43 |
| 50 | −25.7 | −22.4 | −19.8 | −16.8 | −3.71 | −2.60 | −1.66 | −0.65 |
| 100 | −27.4 | −23.6 | −20.7 | −17.5 | −3.74 | −2.62 | −1.73 | −0.75 |
| 250 | −28.4 | −24.4 | −21.3 | −18.0 | −3.75 | −2.64 | −1.78 | −0.82 |
| 500 | −28.9 | −24.8 | −21.5 | −18.1 | −3.76 | −2.65 | −1.78 | −0.84 |
| ∞ | −29.5 | −25.1 | −21.8 | −18.3 | −3.77 | −2.66 | −1.79 | −0.87 |

资料来源：Fuller, W. A., *Introduction to Statistical Time Series*, New York: Wiley, 1976.

表 2　菲利普斯-配荣 $z_t$ 检验和迪基-福勒 t 检验的临界值

| 样本量 $T$ | 统计量 $T(\hat{\rho}_T-1)/\hat{\sigma}_p$ 小于表中数值的概率 | | | | | | | |
|---|---|---|---|---|---|---|---|---|
| | 0.01 | 0.025 | 0.05 | 0.10 | 0.90 | 0.95 | 0.975 | 0.99 |
| | | | | 情况一 | | | | |
| 25 | −2.66 | −2.26 | −1.95 | −1.60 | 0.92 | 1.33 | 1.70 | 2.16 |
| 50 | −2.62 | −2.25 | −1.95 | −1.61 | 0.91 | 1.31 | 1.66 | 2.08 |
| 100 | −2.60 | −2.24 | −1.95 | −1.61 | 0.90 | 1.29 | 1.64 | 2.03 |
| 250 | −2.58 | −2.23 | −1.95 | −1.62 | 0.89 | 1.29 | 1.63 | 2.01 |
| 500 | −2.58 | −2.23 | −1.95 | −1.62 | 0.89 | 1.28 | 1.62 | 2.00 |
| ∞ | −2.58 | −2.23 | −1.95 | −1.62 | 0.89 | 1.28 | 1.62 | 2.00 |
| | | | | 情况二 | | | | |
| 25 | −3.76 | −3.33 | −3.00 | −2.63 | −0.37 | 0.00 | 0.34 | 0.72 |
| 50 | −3.58 | −3.22 | −2.93 | −2.60 | −0.40 | −0.03 | 0.29 | 0.66 |
| 100 | −3.51 | −3.17 | −2.89 | −2.58 | −0.42 | −0.05 | 0.26 | 0.63 |
| 250 | −3.46 | −3.14 | −2.88 | −2.57 | −0.42 | −0.06 | 0.24 | 0.62 |
| 500 | −3.44 | −3.13 | −2.87 | −2.57 | −0.43 | −0.07 | 0.24 | 0.61 |
| ∞ | −3.43 | −3.12 | −2.86 | −2.57 | −0.44 | −0.07 | 0.23 | 0.60 |
| | | | | 情况四 | | | | |
| 25 | −4.38 | −3.95 | −3.60 | −3.24 | −1.14 | −0.80 | −0.50 | −0.15 |
| 50 | −4.15 | −3.80 | −3.50 | −3.18 | −1.19 | −0.87 | −0.58 | −0.24 |
| 100 | −4.04 | −3.73 | −3.45 | −3.15 | −1.22 | −0.9 | −0.62 | −0.28 |
| 250 | −3.99 | −3.69 | −3.43 | −3.13 | −1.23 | −0.92 | −0.64 | −0.31 |
| 500 | −3.98 | −3.68 | −3.42 | −3.13 | −1.24 | −0.93 | −0.65 | −0.32 |
| ∞ | −3.43 | −3.66 | −3.41 | −3.12 | −1.25 | −0.94 | −0.66 | −0.33 |

资料来源：Fuller, W. A., *Introduction to Statistical Time Series*, New York: Wiley, 1976.

**表 3 迪基-福勒 $F$ 检验的临界值**

| 样本量 $T$ | $F$ 统计量大于表中数值的概率 | | | | | | | |
|---|---|---|---|---|---|---|---|---|
| | 0.99 | 0.975 | 0.95 | 0.90 | 0.10 | 0.05 | 0.025 | 0.01 |
| | 情况二<br>（在 $y_t=\alpha+\rho y_{t-1}+u_t$ 中检验 $\alpha=0,\rho=1$ 的 $F$ 检验） | | | | | | | |
| 25 | 0.29 | 0.38 | 0.49 | 0.65 | 4.12 | 5.18 | 6.30 | 7.88 |
| 50 | 0.29 | 0.39 | 0.50 | 0.66 | 3.94 | 4.86 | 5.80 | 7.06 |
| 100 | 0.29 | 0.39 | 0.50 | 0.67 | 3.86 | 4.71 | 5.57 | 6.70 |
| 250 | 0.30 | 0.39 | 0.51 | 0.67 | 3.81 | 4.63 | 5.45 | 6.52 |
| 500 | 0.30 | 0.39 | 0.51 | 0.67 | 3.79 | 4.61 | 5.41 | 6.47 |
| ∞ | 0.30 | 0.40 | 0.51 | 0.67 | 3.78 | 4.59 | 5.38 | 6.43 |
| | 情况四<br>（在 $y_t=\alpha+\delta t+\rho y_{t-1}+u_t$ 中检验 $\delta=0,\rho=1$ 的 $F$ 检验） | | | | | | | |
| 25 | 0.74 | 0.90 | 1.08 | 1.33 | 5.91 | 7.24 | 8.65 | 10.61 |
| 50 | 0.76 | 0.93 | 1.11 | 1.37 | 5.61 | 6.73 | 7.81 | 9.31 |
| 100 | 0.76 | 0.94 | 1.12 | 1.38 | 5.47 | 6.49 | 7.44 | 8.73 |
| 250 | 0.76 | 0.94 | 1.13 | 1.39 | 5.39 | 6.34 | 7.25 | 8.43 |
| 500 | 0.76 | 0.94 | 1.13 | 1.39 | 5.36 | 6.30 | 7.20 | 8.34 |
| ∞ | 0.77 | 0.94 | 1.13 | 1.39 | 5.34 | 6.25 | 7.16 | 8.27 |

资料来源：Dicky D. A. , and W. A. Fuller, “Likelihood Ratio Statistics for Autoregressive Time Series with a Unit Root”, *Econometrica*, 1990, 49:1063.

表 4　检验协整关系的菲利普斯-配荣的 $z_\rho$ 检验的临界值

| 不包括常数或时间趋势的回归变量个数减 1 $(n-1)$ | 样本量 $T$ | 统计量 $(T-1)(\hat{\rho}_T-1)$ 小于表中数值的概率 | | | | | | |
|---|---|---|---|---|---|---|---|---|
| | | 0.010 | 0.025 | 0.050 | 0.075 | 0.100 | 0.125 | 0.150 |
| | | | | | 情况一 | | | |
| 1 | 500 | −22.8 | −18.9 | −15.6 | −13.8 | −12.5 | −11.6 | −10.7 |
| 2 | 500 | −29.3 | −25.2 | −21.5 | −19.6 | −18.2 | −17.0 | −16.0 |
| 3 | 500 | −36.2 | −31.5 | −27.9 | −25.5 | −23.9 | −22.6 | −21.5 |
| 4 | 500 | −42.9 | −37.5 | −33.5 | −30.9 | −28.9 | −27.4 | −26.2 |
| 5 | 500 | −48.5 | −42.5 | −38.1 | −35.5 | −33.8 | −32.3 | −30.9 |
| | | | | | 情况二 | | | |
| 1 | 500 | −28.3 | −23.8 | −20.5 | −18.5 | −17.0 | −15.9 | −14.9 |
| 2 | 500 | −34.2 | −29.7 | −26.1 | −23.9 | −22.2 | −21.0 | −19.9 |
| 3 | 500 | −41.1 | −35.7 | −32.1 | −29.5 | −27.6 | −26.2 | −25.1 |
| 4 | 500 | −47.5 | −41.6 | −37.2 | −34.7 | −32.7 | −31.2 | −29.9 |
| 5 | 500 | −52.2 | −46.5 | −41.9 | −39.1 | −37.0 | −35.5 | −34.2 |
| | | | | | 情况三 | | | |
| 1 | 500 | −28.9 | −24.8 | −21.5 | — | −18.1 | — | — |
| 2 | 500 | −35.4 | −30.8 | −27.1 | −24.8 | −23.2 | −21.8 | −20.8 |
| 3 | 500 | −40.3 | −36.1 | −32.2 | −29.7 | −27.8 | −26.5 | −25.3 |
| 4 | 500 | −47.4 | −42.6 | −37.7 | −35.0 | −33.2 | −31.7 | −30.3 |
| 5 | 500 | −53.6 | −47.1 | −42.5 | −39.7 | −37.7 | −36.0 | −34.6 |

资料来源：Phillips P. C. B. , S. Ouliaris,"Asymptotic Properties of Residual Based Tests for Cointegration", *Econometrica*, 1990, 58:189—190.

**表 5 检验协整关系的菲利普斯-配荣 $z_t$ 检验**
**和迪基-福勒 $t$ 检验的临界值**

| 不包括常数或时间趋势的回归变量个数减 1 $(n-1)$ | 样本量 $T$ | 统计量 $(T-1)(\hat{\rho}_T-1)$ 小于表中数值的概率 | | | | | | |
|---|---|---|---|---|---|---|---|---|
| | | 0.010 | 0.025 | 0.050 | 0.075 | 0.100 | 0.125 | 0.150 |
| | | | | 情况一 | | | | |
| 1 | 500 | −3.39 | −3.05 | −2.76 | −2.58 | −2.45 | −2.35 | −2.26 |
| 2 | 500 | −3.84 | −3.55 | −3.27 | −3.11 | −2.99 | −2.88 | −2.79 |
| 3 | 500 | −4.30 | −3.99 | −3.74 | −3.57 | −3.44 | −3.35 | −3.26 |
| 4 | 500 | −4.67 | −4.38 | −4.13 | −3.95 | −3.81 | −3.71 | −3.61 |
| 5 | 500 | −4.99 | −4.67 | −4.40 | −4.25 | −4.14 | −4.04 | −3.94 |
| | | | | 情况二 | | | | |
| 1 | 500 | −3.96 | −3.64 | −3.37 | −3.20 | −3.07 | −2.96 | −2.86 |
| 2 | 500 | −4.31 | −4.02 | −3.77 | −3.80 | −3.45 | −3.35 | −3.26 |
| 3 | 500 | −4.73 | −4.37 | −4.11 | −3.96 | −3.83 | −3.73 | −3.65 |
| 4 | 500 | −5.07 | −4.71 | −4.45 | −4.29 | −4.16 | −4.05 | −3.96 |
| 5 | 500 | −5.28 | −4.98 | −4.71 | −4.56 | −4.43 | −4.33 | −4.24 |
| | | | | 情况三 | | | | |
| 1 | 500 | −3.98 | −3.68 | −3.42 | — | −3.13 | — | — |
| 2 | 500 | −4.36 | −4.07 | −3.80 | −3.65 | −3.52 | −3.42 | −3.33 |
| 3 | 500 | −4.65 | −4.39 | −4.16 | −3.98 | −3.84 | −3.74 | −3.66 |
| 4 | 500 | −5.04 | −4.77 | −4.49 | −4.32 | −4.20 | −4.08 | −4.00 |
| 5 | 500 | −5.36 | −5.02 | −4.74 | −4.58 | −4.46 | −4.36 | −4.28 |

资料来源：Phillips P. C. B.，S. Ouliaris，"Asymptotic Properties of Residual Based Tests for Cointegration"，*Econometrica*，1990，58：190.

表 6　检验 $r$ 个协整关系的约翰森迹数统计量检验的临界值

| 随机游动个数 $(g=n-r)$ $g$ | 样本量 $T$ | 迹数统计量 $\eta_r$ 大于表中数值的概率 | | | | | |
|---|---|---|---|---|---|---|---|
| | | 0.500 | 0.200 | 0.100 | 0.050 | 0.025 | 0.001 |
| | | | | 情况一 | | | |
| 1 | 400 | 0.58 | 1.82 | 2.86 | 3.84 | 4.93 | 6.51 |
| 2 | 400 | 5.42 | 8.45 | 10.47 | 12.53 | 14.43 | 16.31 |
| 3 | 400 | 14.30 | 18.83 | 21.63 | 24.31 | 26.64 | 29.75 |
| 4 | 400 | 27.10 | 33.16 | 36.58 | 39.89 | 42.30 | 45.58 |
| 5 | 400 | 43.79 | 51.13 | 55.44 | 59.46 | 62.91 | 66.52 |
| | | | | 情况二 | | | |
| 1 | 400 | 2.415 | 4.905 | 6.691 | 8.083 | 9.658 | 11.576 |
| 2 | 400 | 9.335 | 13.038 | 15.583 | 17.844 | 19.611 | 21.962 |
| 3 | 400 | 20.188 | 25.445 | 28.436 | 31.256 | 34.062 | 37.291 |
| 4 | 400 | 34.873 | 41.623 | 45.248 | 48.419 | 51.801 | 55.551 |
| 5 | 400 | 53.373 | 61.566 | 65.956 | 69.977 | 73.031 | 77.911 |
| | | | | 情况三 | | | |
| 1 | 400 | 0.447 | 1.699 | 2.816 | 3.962 | 5.332 | 6.936 |
| 2 | 400 | 7.638 | 11.164 | 13.338 | 15.197 | 17.299 | 19.310 |
| 3 | 400 | 18.759 | 23.868 | 26.791 | 29.509 | 32.313 | 35.397 |
| 4 | 400 | 33.672 | 40.250 | 43.964 | 47.181 | 50.424 | 53.792 |
| 5 | 400 | 52.588 | 60.215 | 65.063 | 68.905 | 72.140 | 76.955 |

资料来源：Osterwald-Lenum, M. ,"A Note with Quantiles of the Asymptotic Distribution of the Maximum Likelihood Cointegration Rank Test Statistics", *Oxford Bulletin of Economics and Statistics*, 1992, 54:462.

**表 7　检验 $r$ 个协整关系的约翰森 $\lambda$-max 统计量检验的临界值**

| 随机游动个数 $(g=n-r)$ $g$ | 样本量 $T$ | $\lambda$-max 统计量大于表中数值的概率 | | | | | |
|---|---|---|---|---|---|---|---|
| | | 0.500 | 0.200 | 0.100 | 0.050 | 0.025 | 0.001 |
| | | | | 情况一 | | | |
| 1 | 400 | 0.58 | 1.82 | 2.86 | 3.84 | 4.93 | 6.51 |
| 2 | 400 | 4.83 | 7.58 | 9.52 | 11.44 | 13.27 | 15.69 |
| 3 | 400 | 9.71 | 13.31 | 15.59 | 17.89 | 20.02 | 22.99 |
| 4 | 400 | 14.94 | 18.97 | 21.58 | 23.80 | 26.14 | 28.82 |
| 5 | 400 | 20.16 | 24.83 | 27.62 | 30.04 | 32.51 | 35.17 |
| | | | | 情况二 | | | |
| 1 | 400 | 2.415 | 4.905 | 6.691 | 8.083 | 9.658 | 11.576 |
| 2 | 400 | 7.474 | 10.666 | 12.783 | 14.595 | 16.403 | 18.782 |
| 3 | 400 | 12.707 | 16.521 | 18.959 | 21.279 | 23.362 | 26.154 |
| 4 | 400 | 17.875 | 22.341 | 24.917 | 27.341 | 29.599 | 32.616 |
| 5 | 400 | 23.132 | 27.953 | 30.818 | 33.262 | 35.700 | 38.858 |
| | | | | 情况三 | | | |
| 1 | 400 | 0.447 | 1.699 | 2.816 | 3.962 | 5.332 | 6.936 |
| 2 | 400 | 6.852 | 10.125 | 12.099 | 14.036 | 15.810 | 17.936 |
| 3 | 400 | 12.381 | 16.324 | 18.697 | 20.778 | 23.002 | 25.521 |
| 4 | 400 | 17.719 | 22.113 | 24.712 | 27.169 | 29.335 | 31.943 |
| 5 | 400 | 23.211 | 27.899 | 30.774 | 33.178 | 35.546 | 38.341 |

资料来源：Osterwald-Lenum, M. ,"A Note with Quantiles of the Asymptotic Distribution of the Maximum Likelihood Cointegration Rank Test Statistics", *Oxford Bulletin of Economics and Statistics*, 1992, 54:462

# 参考文献

1. Abramowitz, M., and N. C. Stegun, *Handbook of Mathematical Functions*, New York: Dover Publications Inc., 1970.

2. Anderson, T. W., *An Introduction to Multivariate Statistical Analysis*, New York: John Wiley & Sons, 1958.

3. Banerjee, A., Dolado, J., Galbraith, J. W., and D. F. Hendry, *Co-integration, Error Correction, and the Econometric Analysis of Non-stationary Data*, Oxford University Press, 1994.

4. Beveridge, S., and C. R. Nelson, "A New Approach to Decomposition of Economic Time Series into Permanent and Transitory Components with Particular Attention to Measurement of Business Cycle", *Journal of Monetary Economics*, 1981, 7:151—174.

5. Berndt, E. K., Hall, B., Hall, R. E., and J. A. Hausman, "Estimation and Inference in Non-linear Structural Models", *Annals of Economic and Social Measurement*, 1974, 3:653—665.

6. Billingsley, P., *Convergence of Probability Measure*, New York: John Wiley & Sons, 1968.

7. Bollerslev, T., "Generalised Autoregressive Conditional Heteroskedasticity", *Journal of Econometrics*, 1986, 31:307—327.

8. Dicky, D. A., and W. A. Fuller, "Distribution of the Estimators of Autoregressive Time Series with a Unit Root", *Journal of the American Statistical Association*, 1978, 75:427—431.

9. Disky, D. A., and W. A. Fuller, "Likelihood Ratio Statistica doe Autoregressive Time Series with a Unit Rood", *Econometrica*, 1981, 49:355—367.

10. Engle, R. F., "Autoregressive Conditional Heteroskedasticity with Estimates of the Variance of United Kingdom Inflations", *Econometrica*, 1982, 50:

987—1007.

11. Engle, R. F. , *ARCH: Selected Readings*, Oxford University Press, 1985.

12. Engle, R. F. , and C. W. J. Granger, "Cointegration and Error Correction: Representation, Estimation and Testing", *Econometrica*, 1987, 55:119—139.

13. Granger, C. W. J. , and P. Newbold, "Spurious Regression in Econometrics", *Journal of Econometrics*, 1974, 2:111—120.

14. Gallant, A. R. , Rossi, P. E. , and G. Tauchen, "Stock Prices and Volume", *Review of Financial Studies*. 1992, 5:199—242.

15. Gouriéroux, C. , Monfort, A. , and E. Renault, "Indirect Inference", *Journal of Applied Econometrics*, 1993, 8:S85—S118.

16. Hall, P. , and C. C. Heyde, *Martingale Limit Theory and its Applications*, London: Academic Press, 1980.

17. Hamilton, J. D. , *Time Series Analysis*, Princeton University Press, 1994.

18. Harvey, A. C. , *Forecasting, Structural Time Series Models and the Kalman Filter*, Cambridge University Press, 1989.

19. Harvey, A. C. , Ruiz, E. , and N. Shepherd, "Multivariate Stochastic Variance Models", *Review of Economic Studies*, 1994, 61:247—264.

20. Hendry, D. F. , *Dynamic Econometrics*, Oxford University Press, 1995.

21. Hsieh, D. A. , "Modelling Heteroskedasticity in Daily Foreign Exchange Rates", *Journal of Business and Economic Statistics*, 1989, 7:307—317.

22. Jacquier, E. , Polson, N. G. , and P. E. Rossi, "Bayesian Analysis of Stochastic Volatility Models", *Journal of Business Economics and Statistics.*, 1994, 12:371—417.

23. Jorion, P. , "On Jump Processes in the Foreign Exchange and Stock Markets", *Review of Financial Studies*, 1988, 1:427—445.

24. Johansen, S. , "Statistical Analysis of Cointegration Vectors", *Journal of Economic Dynamics and Control*, 1988, 12:231—254.

25. Johansen, S. , "Cointegration in Partial Systems and Efficiency of Single-equation Analysis", *Journal of Econometrics*, 1992, 52:389—402.

26. Johansen, S. , "A Representation of Vector Autoregressive Processes Integrated of Order 2", *Econometric Theory*, 1992, 8:188—202.

27. Johansen, S. , *Likelihood-Based Inference in Cointegrated Vector Autoregressive Models*, Oxford University Press, 1995.

28. Nelson, D. B. , "Stationarity and Persistence in the GARCH (1, 1) Model", *Econometric Theory*, 1990, 6:318—334.

29. Merton, R. C. , *Continuous-Time Finance*, Blackwell, Cambridge, 1990.

30. Nelson, D. B. , "ARCH Models as Diffusion Approximations", *Journal of Econometrics*, 1990, 45:7—39.

31. Nelson, D. B. , "Conditional Heteroskedasticity in Asset Returns: A New Approach", *Econometrics*, 1991, 59:347—370.

32. Newey, W. K. , and K. D. West, "A Simple Positive Semi-definite, Heteroskedasticity and Autocorrelation Consistent Covariance Matrix", *Econometrica*, 1987, 55:703—708.

33. Phillips, P. C. B. , "Understanding Spurious Regression in Econometrics", *Journal of Econometrics*, 1986, 33:311—340.

34. Phillips, P. C. B. , "Time Series Regression with a Unit Root", *Econometrica*, 1987, 55:277—301.

35. Phillips, P. C. B. , "Regression Theory for Near-integrated Time Series", *Econometrica*, 1988, 56:1021—1043.

36. Phillips, P. C. B. , "Optimal Inference in Cointegrated Systems", *Econometrica*, 1991, 59:283—306.

37. Phillips, P. C. B. , and S. Ouliaris, "Asymptotic Properties of Residual Based Tests for Cointegration", *Econometrica*, 1990, 58:pp. 165—193.

38. Phillips, P. C. B. , and P. Perron, "Testing for a Unit Root in Times Series Regression", *Biometrika*, 1988, 75:335—346.

39. Rovanov, Y. A. , *Stationary Radom Process*, San Francisco: Holden-Day, 1967.

40. Tauchen, G. , and M. Pitts, "The Price Variability-volume Relationship on Speculative Markets", *Econometrica*, 1983, 51:485—505.

# 术 语 表

假设检验
间接推断估计法
　　（见 IIE）
阶梯函数
结构变化
近单位根过程
矩阵多项式
矩稳定过程
均衡
　　～ 关系
　　～ 修正
　　～ 表示形式

**K**

卡尔曼滤波(Kalman Filter)
科克伦-奥克特方法
可测函数
扩散过程 (Diffusion Process)
　　向量～

**L**

拉格朗日
　　～ 乘数
　　～ 函数
　　～ 检验法
λ-max 检验
离散化
　　精确的～
　　粗糙的～
连续映照定理
　　泛函的 ～
两步估计方法
林德伯格-利维中心极限定理
临界值
流变量

**M**

蒙特卡罗

**N**

拟合优度
纽威-韦斯特估计

**O**

OU 过程

**P**

谱密度函数
　　拟～

**Q**

强 GARCH(r，q) 过程
　　（见 GARCH 过程）

**R**

ρ-统计量
弱收敛
弱外生

**S**

SV 模性
　　连续的～
　　离散的～
三角

T



V



W



X